U0557281

俄国史译丛·政治

Серия переводов книг по истории России

Политические партии России:
история и современность

俄罗斯政党：历史与现实

〔俄〕 阿·伊·杰维廖夫 А.И. Зевелев
尤·巴·斯维里坚科 Ю.П. Свириденко
瓦·瓦·舍洛哈耶夫 В.В. Шелохаев
/ 主编

崔志宏　万冬梅 / 译

© «Российская политическая энциклопедия» (РОССПЭН), 2000.

本书根据俄罗斯政治百科全书出版社 2000 年版本译出

俄国史译丛编委会

主　编　张广翔

副主编　卡尔波夫（С. П. Карпов）　钟建平　许金秋

委　员　杜奇科夫（И. И. Тучков）　鲍罗德金（Л. И. Бородкин）
姚　海　黄立茀　鲍里索夫（Н. С. Борисов）　张盛发
戈里科夫（А. Г. Голиков）　科兹罗娃（Н. В. Козлова）
刘玉宝　戴桂菊

著者简介

阿·伊·杰维廖夫（А. И. Зевелев），历史学博士，教授，俄罗斯自然科学院院士，俄罗斯功勋科学家，莫斯科国立服务大学俄罗斯政党史研究室主任，俄罗斯国内史博士及副博士论文答辩委员会副主席。出版专著4部，发表论文多篇，主要研究领域为俄国史学文献和方法论，具体研究内容包括俄罗斯政党史、中亚史等。

尤·巴·斯维里坚科（Ю. П. Свириденко），历史学博士，教授，俄罗斯自然科学院院士，俄罗斯功勋科学家，莫斯科国立服务大学校长，历史与文化研究室主任。主要研究领域包括俄国国内史、独联体国家间的关系等。出版专著20余部，发表学术论文100余篇。

瓦·瓦·舍洛哈耶夫（В. В. Шелохаев），历史学博士，教授，俄罗斯科学院俄国史研究所“19～20世纪初俄国史”研究中心主任，俄罗斯社会思想研究院院长，俄罗斯国际信息研究院、自然科学院、政治学研究院学术委员，学术期刊《历史问题》和《俄罗斯历史》编辑委员会成员，俄罗斯学位鉴定委员会俄国史委员会专家。出版多部著作，发表论文300余篇，其中，2002年因出版多卷本著作《俄罗斯政党　19世纪末至20世纪30年代　文献遗产》而获得俄罗斯联邦国家奖。

译者简介

崔志宏，毕业于俄罗斯莫斯科国立大学历史系，历史学博士，吉林大学东北亚研究院国际政治所副教授。主要从事俄罗斯政治制度与外交、东北亚地区国际关系等领域的研究与教学工作，出版专著《当代俄罗斯多党制》、译著《俄国专制制度与商人——18 世纪 20 年代至 60 年代初》，编著《东北亚地缘政治与长吉图战略》等，发表学术论文 20 余篇。主持及参与各类基金项目 10 余项。

万冬梅，毕业于俄罗斯莫斯科国立大学语文系，文学博士，吉林大学外国语学院俄语系副教授。主要从事俄罗斯文学、翻译等领域的研究与教学实践工作，出版专著《阿·尼·托尔斯泰女性群像研究》（俄文），译著《钢铁是怎样炼成的》《俄国专制制度与商人——18 世纪 20 年代至 60 年代初》。参与国家出版基金重大项目“世界文学史”的翻译工作，译作 120 余万字。先后在《莫斯科大学学报》等国内外学术期刊上发表论文 20 余篇。主持及参与各类基金项目 10 余项。

总 序

我们之所以组织翻译这套“俄国史译丛”，一是由于我们长期从事俄国史研究，深感国内俄国史方面的研究严重滞后，远远满足不了国内学界的需要，而且国内学者翻译俄罗斯史学家的相关著述过少，不利于我们了解、吸纳和借鉴俄罗斯学者有代表性的成果。有选择地翻译数十册俄国史方面的著作，既是我们深入学习和理解俄国史的过程，还是鞭策我们不断进取的过程，培养人才和锻炼队伍的过程，也是为国内俄国史研究添砖加瓦的过程。

二是由于吉林大学俄国史研究团队（以下简称我们团队）与俄罗斯史学家的交往十分密切，团队成员都有赴俄进修或攻读学位的机会，每年都有多人次赴俄参加学术会议，每年请 2～3 位俄罗斯史学家来校讲学。我们与莫斯科大学历史系、俄罗斯科学院俄国史研究所、世界史所、俄罗斯科学院圣彼得堡历史所、俄罗斯科学院乌拉尔分院历史与考古所等单位学术联系频繁，有能力、有机会与俄学者交流译书之事，能最大限度地得到俄同行的理解和支持。以前我们翻译鲍里斯·尼古拉耶维奇·米罗诺夫的著作时就得到了其真诚帮助，此次又得到了莫大历史系的大力支持，而这是我们顺利无偿取得系列书的外文版权的重要条件。舍此，“俄国史译丛”工作无从谈起。

三是由于我们团队得到了吉林大学校长李元元、党委书记杨振斌、学校职能部门和东北亚研究院的鼎力支持和帮助。2015 年 5 月 5 日李元元校长访问莫大期间，与莫大校长萨多夫尼奇（В. А. Садовничий）院士，俄罗斯科学院院士、莫大历史系主任卡尔波夫教授，莫大历史系副主任鲍罗德金教授等就加强两校学术合作与交流达成重要共识，李元元校长明确表示吉林大学将大力支持俄国史研究，为我方翻译莫大学者的著作提供充足的经费支持。萨多夫尼奇校长非常欣赏吉林大学的举措，责成莫大历史系全力配合我方的相关工作。吉林大学主管文科科研的副校长吴振武教授，社科处霍志刚处长非常重视我们团队与莫大历史系的合作，2015 年尽管经费很紧张，还是为我们提供了一定的科研经费。2016 年又为我们提供了一定经费。这一经费支持将持续若干年。

我们团队所在的东北亚研究院建院伊始，就尽一切可能扶持我们团队的发展。现任院长于潇教授上任以来 3 年时间里，一直关怀、鼓励和帮助我们团队，一直鼓励我们不仅立足国内，而且要不断与俄罗斯同行开展各种合作与交流，不断扩大我们团队在国内外的影响。在 2015 年我们团队与莫大历史系新一轮合作中，于潇院长积极帮助我们协调校内有关职能部门，与我们一起起草吉林大学东北亚研究院与莫斯科大学历史系合作方案（2015～2020年），获得了学校的支持。2015 年 11 月 16 日，于潇院长与来访的莫大历史系主任卡尔波夫院士签署了《吉林大学东北亚研究院与莫斯科大学历史系合作方案（2015～2020 年）》，两校学术合作与交流进入了新阶段，其中，我们团队拟 4 年内翻译莫大学者 30 种左右学术著作的工作正式启动。学校职能部门和东北亚研究院的大力支持是我们团队翻译出版“俄国史译丛”的根本保障。于潇院长为我们团队补充人员和提供一定的经费使我们更有信心完成上述任务。

2016 年 7 月 5 日，吉林大学党委书记杨振斌教授率团参加在莫斯科大学举办的中俄大学校长峰会，于潇院长和张广翔等随团参加，会议期间，杨振斌书记与莫大校长萨多夫尼奇院士签署了吉林大学与莫大共建历史学中心的协议。会后莫大历史系学术委员会主任卡尔波夫院士，莫大历史系主任杜奇科夫（И. И. Тучков）教授（2015 年 11 月底任莫大历史系主任），莫大历史系副主任鲍罗德金教授陪同杨振斌书记一行拜访了莫大校长萨多夫尼奇院士，双方围绕共建历史学中心进行了深入的探讨，有力地助推了我们团队翻译莫大历史系学者学术著作一事。

四是由于我们团队同莫大历史系长期的学术联系。我们团队与莫大历史系交往渊源很深，李春隆教授、崔志宏副教授于莫大历史系攻读了副博士学位，张广翔教授、雷丽平教授和杨翠红教授在莫大历史系进修，其中张广翔教授三度在该系进修。与该系鲍维金教授、费多罗夫教授、卡尔波夫院士、米洛夫院士、库库什金院士、鲍罗德金教授、谢伦斯卡雅教授、伊兹梅斯杰耶娃教授、戈里科夫教授、科什曼教授等结下了深厚的友谊。莫大历史系为我们团队的成长倾注了大量的心血。卡尔波夫院士、米洛夫院士、鲍罗德金教授、谢伦斯卡雅教授、伊兹梅斯杰耶娃教授、科什曼教授和戈尔斯科娃副教授前来我校讲授俄国史专题，开拓了我们团队及俄国史方向硕士生和博士生的视野。卡尔波夫院士、米洛夫院士和鲍罗德金教授被我校聘为名誉教授，他们经常为我们团队的发展献计献策。莫大历史系的学者还经常向我们馈赠俄国史方面的著作。正是由于双方有这样的合作基础，在选择翻译的书目方面，很容易沟通。尤其是双方商定拟翻译的30种左右的莫大历史系学者著作，需要无偿转让版权，在这方面，莫大历史系从系主任到所涉及的作者，克服一切困难帮助我们解决关键问题。

五是由于我们团队有一支年富力强的队伍，既懂俄语，又有俄国史方面的基础，进取心强，甘于坐冷板凳。学校层面和学院层面一直重视俄国史研究团队的建设，一直注意及时吸纳新生力量，使我们团队人员年龄结构合理，后备有人，有效避免了俄国史研究队伍青黄不接、后继无人的问题。我们在培养后备人才方面颇有心得，严格要求俄国史方向硕士生和博士生，以阅读和翻译俄国史专业书籍为必修课，硕士学位论文和博士学位论文必须以使用俄文文献为主，研究生从一入学就加强这方面的训练，效果很好：培养了一批俄语非常好，专业基础扎实，后劲足，崭露头角的好苗子。我们在组织力量翻译米罗诺夫所著的《俄国社会史》《帝俄时代生活史》方面，以及在中文刊物上发表的70多篇俄罗斯学者论文的译文，都为我们承担“俄国史译丛”的翻译工作积累了宝贵的经验，锻炼了队伍。

译者队伍长期共事，彼此熟悉，容易合作，便于商量和沟通。我们深知高质量地翻译这些著作绝非易事，需要认真再认真，反复斟酌，不得有半点的马虎和粗心大意。我们翻译的这些俄国史著作，既有俄国经济史、社会史、城市史、政治史，还有文化史和史学理论，以专题研究为主，覆盖的问题方方面面，有很多我们不懂的问题，需要潜心翻译。我们的翻译团队将定期碰头，利用群体的智慧解决共同面对的问题，单个人所无法解决的问题，以及人名、地名、术语统一的问题。更为重要的是，译者将分别与相关作者直接联系，经常就各自遇到的问题用电子邮件向作者请教，我们还将根据翻译进度，有计划地邀请部分作者来我校共商译书过程中遇到的各种问题，尽可能地减少遗憾。

我们翻译的“俄国史译丛”能够顺利进行，离不开吉林大学校领导、社科处和国际合作与交流处、东北亚研究院领导的坚定支持和可靠后援；莫大历史系上下共襄此举，化解了很多合作路上的难题，将此举视为我们共同的事业；社会科学文献出版社的恽薇、高雁等相关人员将此举视为我们共同的任务，尽可能地替我们着想，我们之间的合作将更为愉快、更有成效。我们唯有竭尽全力将“俄国史译丛”视为学术生命，像爱护眼睛一样呵护它、珍惜它，这项工作才有可能做好，才无愧于各方的信任和期待，才能为中国的俄国史研究的进步添砖加瓦。

上述所言与诸位译者共勉。

吉林大学东北亚研究院
张广翔
2016 年 7 月 22 日

致读者

俄罗斯政党和政治运动的历史多次证明，它们是俄国历史发展重要的组成部分。这是有迹可寻的。自1994年第一部《俄罗斯政党史》（莫斯科，1994）问世以来，已经过去了很长时间。在此期间，历史学和史料学研究领域都发生了很大的变化。1995年和1996年，在莫斯科先后出版了学术著作《俄国政党史纲：19世纪末20世纪初》以及开国内外史学研究之先河的《俄国政党：19世纪末至20世纪30年代》百科辞典；1997年，在莫斯科举行了“俄国政党史”国际学术研讨会，并出版了同名专著；另外，多卷本的研究项目“俄罗斯政党：文献遗产”也顺利启动并运行（目前已经出版15卷）。

现在，学者们在学术研究中引入大量文献资料，运用新的方法论及教学法对俄国政党史进行研究，这些极大地推动了教材的更新换代。本书编写人员在编撰过程中充分结合多年来从事“俄国政党及运动”这门课程的教学实践经验，认为必须突破编年和主题的限制，加入新的章节，即一党制的形成、发展和灭亡史以及当代多党制的形成及发展史。应该说，前者以苏共为核心，而后者在俄罗斯新的政党制度形成过程中发挥了重要作用。

本书尝试运用理论研究、史学研究及古文献学研究的方法，拓宽并加深读者对20世纪以来俄罗斯政治发展进程的了解，揭示其发展规律与特点，阐明各党派和政治运动在这一过程中所占有的地位和所发挥的作用。同时，考虑到广大读者对20世纪初政党史的兴趣日渐浓厚，作者还特意加入一章专门讲述各民族党派的历史。

在此，希望这本新的教材能够对俄国政党史以及19世纪末20世纪初的俄国政治史进行更为深入和全面的介绍。在本书中，编者们并没有人云亦云，而是提出了一些颇具讨论价值的观点，期望激发读者的思辨能力。

目　录

第一部分　多党制的形成

第二部分　一党制的形成

第三部分　辉煌与悲剧　退出政治舞台

第四部分 当代俄罗斯多党制

理论研究、史学研究及档案文献学研究视角下的“党”

А. И. 杰维廖夫　Ю. П. 斯维里坚科
Д. Б. 巴甫洛夫　А. Д. 斯捷潘斯基

什么是“政党”

“党”（来源于拉丁语“partis”，意为“部分”）泛指志同道合、利益一致的人结成的有组织的团体，这一解释也适用于“政党”一词。“政党”是政治性组织（为争取政权而斗争），代表一定阶级或社会阶层的利益，由其中最积极的一部分人组成，为实现政党所设立的目标而斗争。党的主要目标是夺取政权，为了实现这一目标，党需要制定行动纲领和改造社会的计划，制定明确的组织原则（章程），并且需要在中央和地方拥有一定的组织机构。党的组织机构（中央委员会、主席团、地方委员会）不应虚有其表，而要切实运转起来，展现其组织各项群众性政治活动（罢工、抵制、选举、游行示威）的能力，通过这些活动实现党的策略性或纲领性目标。党竭力推举其代表进入议会及其他立法和权力机构，并在这些机构中组建活跃且有影响力的党团。

俄罗斯的一位俄国政治史研究者曾写道：“政党是在法治国家内部形成的自由的社会团体，由志趣相同的个体组成，并且以联合执政为目的。”同时，他还认为，根据政党的定义可以看出，只有一个党存在是多么的“荒谬”[①]。

---

① Гамбаров Ю. С. *Политические партии России в их прошлом и настоящем*, СПб. , 1904. С. 3.

1906年，Ю. О. 马尔托夫尝试为“政党”这一概念下定义，他指出，政党是“志同道合、目标一致的人结成的联盟，共同参与管理国家生活”。他认为，建立政党的目的是在“公民具备公开参与管理国家政治活动的可能性”[①] 的情况下，使其关注国家的日常活动与发展。

斯大林也曾谈到自己对“政党”（当然，他提到的应仅限于布尔什维克）的理解。1921年，斯大林简练而又形象地阐释了“政党”的定义，他指出，“政党”就是“圣剑骑士团”[②]；而在1924～1926年，他对“政党”的阐述变得更加具体和完整：“政党”是工人阶级的先锋队，是具有高度组织性的工人阶级队伍，是无产阶级政治组织的最高形式，是无产阶级专政的工具，同时它也凝聚了全体党员的统一意志，它通过清洗内部的机会主义分子而得到巩固和加强，并且它不能与其他党派共存[③]。

一般来说，马克思主义著作在界定“政党”的概念时，首先是要确定它的阶级属性。换言之，任何“政党”都应该具有一定的社会基础，代表一定的阶级、阶层及团体的利益。事实上，“政党”未必一定要在“单一”的社会基础之上产生，而且它也只能代表其名义上所代表的阶层和团体的利益。首先，一些政党宣称自己具有全民或无阶级属性，但这并不意味着“他们可以成功地掩盖自己的阶级本质”（马克思主义者经常就此批评他们）。其次，还有一些党具有民族性，甚至是宗教性，这也对“任何政党组织都具有阶级属性”这一论题是否具有普遍性提出了质疑。

从历史学的角度对“政党”这一概念的不同释义[④]进行分析，可以得出如下定义：“政党”由社会上的一群积极分子组成，大多数情况下它是由志

---

① Мартов Л. *Политические партии в России*, 2 – е изд. М. , 1917. С. 1.

② 耐人寻味的是，1921年斯大林没有冒险出版自己关于党是“圣剑骑士团”的作品，直到1952年该书才出版。

③ *Сталин И. В. Соч.* Т. 6. С. 170 – 186, Т. 8. С. 31 – 60.

④ См. , например: Спирин Л. М. “Некоторые теоретические и методологические проблемы изучения непролетарских партий России”, *Банкротство мелкобуржуазных партий в России, 1917 – 1922 гг.* М. , 1977. С. 1, 3; Литвин А. Л. , Овруцкий Л. М. *Левые эсеры: программа и тактика* (*некоторые вопросы*), Казань, 1992. С. 6 и др.

同道合者组成的政治组织，其目的是实现其成员及一部分人的政治利益。政党的职能和使命是夺取国家政权并执政，同时，政党的思想及活动要依据完整的思想体系。

政党的产生通常是一个进化的过程，一般是以某个小组、团体、流派及运动为基础建立起来的。而在代表大会、各种会议以及论坛上宣布组织成立并不意味着党建工作已经完成。一般而言，这些组织都会经历衰落、分裂、走下坡路，并最终消亡的一个自然过程。

社会政治运动通常是指致力于一定目标的人群结成的联盟，他们通过共同行动为完成这一目标而奋斗，但是在纲领和章程中并没有明确形成固定的组织关系。当现有的国家及社会体制无法满足部分知名和有影响力的选民的政治需求时，政治运动便应运而生。在大多数情况下，政治运动可以被认为是政党组建所经历的一个阶段。

政党的产生需要具备相应的客观条件和主观条件。最重要的客观条件是社会经济发展要达到一定的水平，为明确社会利益分化奠定基础。这也是为什么大多数政党是在人类社会发展到资本主义阶段产生的，确切地说，是在资本主义形成和确立时期产生的。

而主观条件则是指社会先进分子自觉地意识到自身应该拥有的政治利益，而普通民众对此仍处于一片茫然的状态。政党产生的意义就在于，它可以向民众宣传政党的宗旨和原则，营造进行政治内省所必需的氛围。历史经验表明，较早认识到一个阶级（阶层、团体）的目标的常常不是本阶级的代表，而是其他阶级（阶层、团体）当中一些更有文化、更善于表达模糊且尚未成熟的思想的人。这样的人首先应该是知识分子，正是知识分子成为大多数政党的创始人和领袖。

近年来，研究者们尝试将“多党制”“多党政治制度”“政党制度”这些术语区分开来。В. И. 米勒对此做出了最为充分的描述，他认为，多党制尚且不是政党制度，在进一步展开自己的观点时他指出，“多党制是指在国内有若干政党并存，但是并未涉及参与政权管理及政策制定等问题”，而“多党政治制度”则是指“一系列政党参与了政权管理，不管他们是亲政府派还是反对派”。

作者还大致勾勒了多党政治制度的一些特征，如在议会、地方自治机构及其他类似的机构设有党团，存在反对派等。对此，我们还可以加以补充，如政党需要一定的选民支持，各个政党之间为争夺政权而展开斗争或者合作。政党制度是指由若干政党组成一个整体，并由此确定了相应的政治力量格局，其中包含各种不同属性的政党，如从保守派到革命派，从温和派到激进派。政党制度的典型特征是思想及观点的多元化，是公民社会的基本原则和民主制度的标志①。

谈及当代，米勒认为，目前俄罗斯政党林立的局面未必会一直保持下去，而分化的进程势必将为一体化所取代。

此外，米勒还谈到一点。1932 年 7 月 10 日，全俄中央执行委员会和人民委员会批准通过了《关于志愿者协会及其联盟的条例》，以此来规范苏联时期的政党活动。形式上，该章程也同样适用于俄共（布）和苏共。直到 1936 年通过了新的苏联宪法，这才对布尔什维克党的地位做出了法律上的规定，确立了俄共（布）的领导地位和管理者的角色。这一点在苏联 1977 年宪法第六条中也得到了同样的肯定，特别强调苏共是“社会主义政治制度的核心”。尽管苏共的活动要受苏联宪法的约束，但它依然是执政党，国家的法律、内政外交政策实际上都是由苏共来制定。

自 1991 年 1 月 1 日起生效的苏联《社会团体法》规定，政党作为一种社会团体，应该建立在自愿、平等、自治、守法及公开等原则的基础上并开展相应的活动，由此在法律和政治上奠定了建立多党制的基础。

政党的分类

政党研究中最重要的一个方法是对政党进行分类。这种分类首先要遵循

---

① См.：Миллер В. И. *Осторожно：история!*（*Книга представляет собой сборник статей автора，в том числе и предсмертный автореферат докторской диссертации.*），Указ. соч. С. 24 – 25.

一定的社会政治和思想道德标准：党的宗旨和任务、社会成分、战略对策（包括与现政权的相互关系）、对现阶段最受关注的问题（如农业、金融、工人和民族）的认识、对宗教问题的观点以及党的领袖的政治动机等。

如前所述，布尔什维克的分类标准只有一个，即阶级标准。早在1906年，列宁就将“阶级”的方法等同于“科学”的方法，之后他一直秉持这一观点[①]。在他看来，国内的政治斗争具有阶级性，这一有力的、无可辩驳的事实证明党的阶级原则是绝对正确的。同时，列宁还推翻了一些设想，即无产阶级可以派自己人加入不同的政党进行活动，但在一般情况下，这些政党的成员往往来自彼此对立的社会阶层，那么在最终的政党归属问题上对他们起重要作用的仍然会是民族、伦理道德、宗教、地理等方面的因素。

通常认为，列宁将他所在时期的所有政党分为四种类型：无产阶级政党、小资产阶级政党、资产阶级政党和地主保皇派（君主派）政党。而资产阶级政党又分为自由派和反动派。而通过对列宁著作的研究表明，他实际上并未对政党做出过这种分类，它应属于《俄共（布）简史》。在《尝试对俄国政党进行分类》一文中，列宁将政党划分为五种类型：黑帮、十月党、立宪民主党、劳动派、社会民主党。在同一篇文章中他还做出如下划分：自觉的社会主义无产阶级政党、急进派或激进派小资产阶级政党、资产阶级自由派政党、资产阶级反动派政党。这种分类分别在七八年后发表的《第九届国家杜马选举活动》和《俄国政党》[②] 两篇文章中再次被提及。根据不同政治力量与国家现行制度、改革的方法与形式之间的关系，尤·马尔托夫也曾提出不同的政党分类，即反动保守派、温和保守派、自由民主派和革命派政党[③]。

当代史学界常常根据三大政治阵营对20世纪初的俄国政党进行分类，即执政党（保皇派和资产阶级保守派）、反政府的自由主义派（资产阶级自由派）和革命民主派（小资产阶级及无产阶级的政党）。在近年来的一系列

① Ленин В. И. *Полное собрание сочинений* (*далее-ПСС*), Т. 14. С. 21; Т. 21. С. 237.

② См.: *Там же.* Т. 14. С. 22, 26 – 27; Т. 21. С. 37 – 55, 247 – 251, 275 – 287 и др.

③ См.: Мартов Л. *Указ. соч.*, С. 4 – 9, 17 – 24.

著作中（如《俄国政党：19世纪末至20世纪30年代》百科辞典），提出根据政党的意识形态将其划分为保守主义、自由主义及社会主义政党。但这些著述对诸如布尔什维克和孟什维克这类社会主义政党的区别认识（主要指它们的宗旨、活动方法与形式等方面）尚显不足，并且对各民族派政党之间的政治分歧，以及保守派同自由派政党内部的差异也没有予以应有的解释和论述。

现阶段，随着知识水平和认知能力的提升，我们又对政党做出了如下分类：保守派、自由派、中间派和社会主义派政党与运动。在19世纪末20世纪初的俄国，名义上大约有300个政党，包括全国性政党和民族派政党。如果说在1905年之前，俄国国内只有4个全国性政党和47个民族派政党和运动，那么到1917年2月前，这一数量分别提高到45个和113个；在1917年2～10月产生了8个全国性政党和46个民族派政党和运动；自1917年末至1925年期间，在这一数量的基础上分别增加了7个和76～79个，其中大多数为社会主义倾向的政党。这样一来，1882～1925年，在俄国一共产生过大约60个全国性政党以及200多个民族派政党和运动（民族派政党包括中亚各加盟共和国和哈萨克斯坦等地新组建的，以及联邦一级的民族派政党和团体，如盎格鲁族、捷克斯洛伐克族、德意志族和罗马尼亚族等）①。对政党数量及“质量”的研究表明，近300个政党中远不是所有的政党或流派都名副其实，或者说都符合“政党”的概念及标准，这里指的是应拥有自己的纲领、在俄国各地区有分支、有自己的报纸或其他出版物等。相当一部分政党只是在1917年10月以前在司法部注册过，或者始终处于半合法的状态，其宗旨与政党的宗旨也相去甚远。一些自由派知识分子曾被1905～1907年革命所鼓舞，自称是米留可夫、列宁、吉兹莱尔的追随者，因此积极创建了政党，但随着革命结束，他们认为自己的政党生涯也随之结束了。

① См.：Кривенький В. В. “Новые данные сравнительно-количественного анализа политических партий России”, *История национальных политических партий России*, М.，1997. С. 123－130；*Красная книга ВЧК / Под ред. М. И. Лациса*, Т. 1－2. М.，1922（2－е издание－1989）.

在苏维埃俄国立国初期，在农村地区，农民建立了村或者乡党支部，但他们不称呼自己的支部为乡党组织，常常自称为“党”（这是受限于文化水平）。还有一个戏剧性的现象，众所周知，当时的全俄肃反委员会和苏联人民委员会国家政治保卫总局为了提高自己在党中央和地方党组织心目中的影响，“批量制造”了一批党组织；有时他们甚至为人“量身定做”虚假的组织（最典型的例子就是康德拉季耶夫和恰亚诺夫这样一些著名的经济学家和农业经济学家“被加入”事实上并不存在的反苏维埃党，与此相仿的还有臆想出的“俄国社会民主工党”联盟局）。此外，同革命前一样，现阶段俄罗斯的多党制与“政党制度”也是不同的，这是因为在俄罗斯的历史上没有出现过公民社会。并且，一些政党组织经常产生分裂（尤其是那些一直强调民主的政党），然后再冠以新的名称重组成新的政党。目前，只有俄共、“雅博卢”联盟、俄罗斯农业党、俄罗斯自由民主党、“我的家园——俄罗斯”等少数政党和政治运动在国家杜马拥有自己的议员团。

尽管俄罗斯政党数量众多，但是其成员的人数并不多。1906～1907年，各政党成员人数约占全国人口总数的0.5%。在第一次和第二次革命期间，无论是政党的数量，还是其成员的数量都呈现缩减的趋势。

直到二月革命以后，这种状况才有所改变。随着政党数量的增加，其成员人数占全国人口总数的比例上升至1.2%～1.5%。一些地方性组织，尤其是民族地区的组织得到复苏。大量政党的存在是由俄罗斯特有的社会经济及政治形势决定的，反映了政党在资本主义新兴阶段产生和形成的一般规律。在20世纪初期，俄国已经是资本主义国家，但仍保留着大量的封建残余（尤其是在中亚、高加索等一些边疆地区）。相应地，这决定了俄国人口组成的结构。而一些情况的出现也是非常重要的，如工人阶级逐渐变成“工人自己的阶级”，尽管其中一部分人还尚未脱离农业活动和农村生活。同西欧发达的资本主义国家相比，俄国城市的中产阶级，如知识分子、官吏、小资产阶级和手工业者在国家的政治生活中发挥了更大的作用；资产阶级对沙皇制度的依赖决定了它的软弱；世界大战期间，军队中广大士兵具有高度的组织性；农民越来越多地参与国家的政治生活。

应该说，三次俄国革命对俄国政党的形成产生了巨大的影响，正是革命唤醒了广大人民群众的自我意识。还需要指出的是，俄罗斯是一个多民族国家，共有 100 多个民族，这也是推动大量民族主义政党产生的主要因素之一。

但是，这并不是俄罗斯出现多党林立局面的唯一原因。起决定性作用的因素还是经济发展因素，就资本主义发展程度来说，俄国属于“第二梯队”国家，需要努力赶超发达国家，正是在此时，俄国资本主义发展的不同阶段（前资本主义时期、资本主义早期及发达资本主义时期）交织在一起，生产关系错综复杂。这导致了俄国社会结构的多样化，人群构成也极不稳定，个别人群甚至呈现过渡性的特征。另外，值得注意的是，俄国的知识分子无一例外地在国内的所有政党中发挥着主导性的作用，但是，他们由于各自社会、政治、精神及宗教特点的不同而形成不同的派别①。同时，个体因素（其中包括一些政党领袖的杰出贡献）在俄国政党的创建过程中也具有举足轻重的意义。

俄国政党史研究中最具现实意义的一个问题是要弄清楚政党退出政治舞台的时间。对此，在研究文献中存在不同的观点，但是需要特别注意描述这一现象时所使用的不同术语的不同含义，如“政治破产”“思想政治的彻底破产”“思想政治的崩溃”等②。

苏联史学界引用了列宁的观点，认为孟什维克和社会革命党人的“政治破产”始于 1917 年“七月危机”之后③。但是之后的历史发展似乎推翻了列宁的论断，这些“破产者”生存了下来，或许他们遭遇了危机，但是

---

① См.: Спирин Л. М. *Указ. соч.*, С. 7. Селезнева Л. В. *Введение к учебному пособию "Политические партии России в контексте ее истории"*, Ростов-на-Дону, 1998. В учебнике данная работа не проанализирована в связи с появлением в свет после написания нашего учебника; Постников Н. Д. *Территориальное размещение и численность политических партий России в 1907 – 1917 гг.*, М., 1998. С. 16 – 18.

② См.: Сивохина Т. А. "Советская историография банкротства мелкобуржуазных партий в России", *История и историки. Историографический ежегодник*, М., 1979. С. 72.

③ См.: Ленин В. И. *ПСС*, Т. 34. С. 30, 198, 408; Т. 40. С. 5.

接下来立宪会议的选举结果又证明，他们表现得还不错。

列宁还有一个观点也值得关注。列宁认为，正是由于孟什维克和社会革命党人在国内战争时期进行反革命活动，而布尔什维克针锋相对地运用了灵活的战术，进一步加深了孟什维克和社会革命党的危机和分化，使其领袖陷入了孤立境地。但是，在 1921～1922 年的文章和讲话中［《新闻记者札记》《俄共（布）第十次代表大会报告》等］，列宁曾指出，小资产阶级政党虽然表现活跃，但将来其思想政治的彻底崩溃是不可避免的[①]。在当代的研究文献中，对于俄国政党退出政治舞台以及一党制确立的时间问题观点各异。一些研究者认为，这一时间点应在 1918 年 3 月，当时左派社会革命党人退出了苏联人民委员会，以示对签订《布列斯特和约》的抗议。另一部分研究者则认为，这个时间点是在同年的夏天，即右派社会革命党人和孟什维克被驱逐出人民委员会之际。还有部分人认为，多党制一直延续到 20 世纪 20 年代中期，除布尔什维克以外，其他的政党实际上都不复存在了。上述不同观点表明，一些研究者认为，衡量多党制的标准是是否有若干政党同时存在，并参与政治生活；另一种观点则认为多党制最重要的特征是多个政党通过某种形式参与政权机构的管理工作。弗·米勒指出，在向新经济政策过渡时期，苏维埃俄国的多党制因素似乎得到了加强与发展。他这样总结道：“自 1918 年下半年，俄国事实上形成了一党制，但是，直到 20 年代初多政党共存的制度依然存在。”[②] 我们认为，如果排除“多党共存”的提法，那么这一结论是符合当时情况的，因为在 20 世纪 20 年代初实际上已经并不存在多党并存的制度了。

一个最为复杂的方法论问题是如何诠释列宁关于俄国政党和政治运动史的观点。在不久之前还存在的苏联史学界曾就政党和政治运动复杂、充满矛盾而又不平凡的发展历程进行过研究，但当时他们还局限于对相关问题进行列宁思想的研究。列宁认为：“就其丰富的经验来说，布尔什维克党是独一

---

① См.: *Там же*, Т. 43. С. 75, 136 – 137.

② Миллер В. И. *Указ. соч.*, С. 23 – 25.

无二的。”①

导致史学界将列宁这一观点绝对化的原因有以下几点。从宏观层面来看，这是政治思想更替（或者简言之，就是经典政治思想发生更迭）的结果。20世纪20年代，尽管布尔什维克竭力希望监督和控制真相，但社会舆论仍然呈现多元化的特征。在斯大林发表了给《无产阶级革命》杂志的一封信之后，史学界的立场开始发生急剧转变。之后，斯大林关于出版《联共（布）党史教科书》的信公开发表（1937年）以及随后《联共（布）党史简明教程》的问世（1938年），都标志着斯大林对政党和政治运动史的诠释是当时唯一正确且不容置疑的。其核心内容主要是以下两点：唯一值得进行历史研究的政党是联共（布）；其他所有政党，无论就其政治纲领，还是就其在俄国历史中所发挥的作用来说，都是反动的，没有必要对其进行专门的研究。

贯穿《联共（布）党史简明教程》的主要思想有以下几点。第一，在整个党史上党的活动都是准确无误，且战无不胜的；第二，联共（布）的历史是一部同修正主义和机会主义展开无法调和的斗争的历史；第三，党的宗旨就是建设斯大林式的社会主义；第四，在过去、现在乃至未来，党始终拥有两位领袖，即列宁和斯大林。于是，“马列主义基本知识的百科全书”［1938年11月14日召开的中央委员会的决议是这样称呼《联共（布）党史简明教程》的］变成了斯大林主义的百科全书②。

苏联共产党第二十次代表大会（1956年）及苏共中央委员会《关于克服个人崇拜及其后果的决议》（1956年6月30日）第一次在政党和政治运动史研究领域开辟了新的研究空间。自20世纪60年代起，各大学的教研室和研究院所迎来了一批新生代史学研究者，并在史学界重新掀起了列宁思想的研究热潮。当时出版了55卷本《列宁文集全集》（事实上远不是全集）、10卷本的《列宁年谱》《列宁文选》以及多卷本的《苏共党史》。研究者们

① См.：Ленин В. И. *ПСС*，Т. 41. С. 8.

② См.：Маслов Н. Н. “Краткий курс истории ВКП（б）-энциклопедия и идеология сталинизма и постсталинизма：1938 – 1988”，*Россия XX век. Советская историография*，М.，1996. С. 240 – 273.

的视角由斯大林的理论思想回归到列宁的思想，这无疑是一个进步。

马克思列宁主义思想是众多科学思想理论中的一种，把马列主义教条化是对历史学的“阉割”。引用“马克思列宁主义观点”（常常是指党中央发布的决议或者是《真理报》发表的社论）可以掩盖理论上的欠缺，并成为不去独立探求历史真相的借口。“唯一正确”的思想“一统天下”，这种思想导致了大多数研究工作实际上是重复的，其区别仅仅在于是对原始材料进行扩展或压缩，还是引入某些新的史实去论证。发表大量模式化的思想和见解成为苏联时期史学研究的典型特征，这同时也决定了研究的问答式思维模式，以及对材料的引证式叙述方式。并且，对马克思列宁主义经典著作中相应引文的甄选能力成为决定研究者学术声望的关键。

归根结底，这种“创作”与其说是对列宁方法论的理解运用，不如说是在分析具体历史问题时毫无批判性地借鉴列宁已有的思想和结论。此外，对事实和事件缺乏个人的分析，对其在历史上的地位缺乏个人的思考和评价。这样一来，在史学研究中对列宁的怀念变成了对其的神化。

俄国政党史研究的历史分期

对政党及政治运动史的研究时期和阶段进行划分，至今为止一直采用史学研究通用的历史分期（不同时期可能略有差别），即：十月革命前；1917年至20世纪30年代中期；20世纪30年代中期至1985年戈尔巴乔夫上台；在研究界，最后一个阶段被称为“当代”，时间是从戈尔巴乔夫上台到1991年8月，即指苏共、戈尔巴乔夫及其执政班子还没下台的时间。

现阶段，对历史分期的争论呈现关于“历史认识危机”的观点，这一观点要么是源于列宁，要么是源于《联共（布）党史简明教程》垄断历史学研究的时期（斯大林时期）。有观点认为，这场危机一直持续到20世纪90年代。不能否认，在现今的条件下历史学研究正经历一个困难期，但是也应该注意到它在某些领域内研究成绩斐然。况且“危机”本身并不是静态现象，其内部发展经历了不同的阶段。另有观点认为，大约是从20世纪

50年代下半期至70年代初，列宁关于历史进程的思想渐渐褪去光环，史学界重新恢复了斯大林主义的统治地位。而在20世纪70年代下半期，史学研究一直围绕着传统的观点展开，这种研究不可能对遥远的以及不久前发生的历史事件予以理性的思索和阐释①。

由Б. Н. 波诺马廖夫主编的《苏共党史教程》（1～7版）经常作为论证依据被引用。的确，《苏共党史教程》最后一版的修订正赶上“斯大林热潮”的再现，因此修订的版本又恢复了《联共（布）党史简明教程》的编写模式。同时，不应该忽略一个现象，即在20世纪70年代下半期，对一系列所谓“小资产阶级政党”的“传统”看法有所改变，如К. В. 古谢夫、Л. М. 斯皮林、Н. Г. 杜莫娃、В. В. 舍洛哈耶夫在对立宪民主党研究时就采用了新的研究方法，以编写关于该课题的总结性著作。

当然，所有论著均援引列宁的思想和观点这一主流趋势仍未改变，并且一定要强调，不管哪个政党，只要它是列宁的反对派，就必然会失败。“崩溃”“破产”这些术语依然是非无产阶级政党史研究文献中最常见的词。与此同时，不应该否认，学术研究中已经开始引入大量新的文献和史料。

到了20世纪90年代，关于历史研究的政论文献中有一种观点认为，从1917年10月至1991年8月可以归为一个统一的时期。因为直到苏共垮台前，在十月革命后确立起来的专制集权制度几乎从未发生过改变，而为了表现党的思想和活动的正确性，史学研究界不得不承担起维护者的角色并发挥了重要的作用，即通过各种方式表现党的思想和活动是正确的。

这一观点虽然有一定的道理，但是还应该考虑到另外一个因素，即在1917～1991年期间，史学界对历史的认识有了实质性的突破。例如，在20世纪20年代的文献中，社会舆论呈现多元化的特征；而在苏共第20次代表大会之后，史学界迎来了一批新的研究者，他们被称为“六十年代的知识分子”，其中许多人信奉民主思想和人道主义思想，这一点在他们关于政党

---

① *См.*：Афанасьев Ю. Н. “Феномен советской историографии”，*Советская историография*，М.，1996. С. 32－33.

史的学术著作中有所体现。到了 20 世纪 80 年代，苏联开始了改革，在以 И. И. 明茨和 М. В. 涅奇金娜院士为首的众多学者的集体努力下，政党史问题开始频频出现在论坛和期刊的议题中。

在现有的史学研究文献中，常常忽略十月革命前这一特殊时期的研究状况。而恰恰是在这一时期创作了一系列关于政党史的著作，这些成果的作者正是孟什维克、立宪民主党、无政府主义者、社会民主党人等其他政党的领袖。

在创建学术期刊时，还必须考虑到政党和政治运动的组织建设问题。1975 年、1979 年和 1981 年相继在加里宁（特维尔）举办了几次学术会议，之后出版的相关论文集包括《俄国 1917 年及国内战争期间的非无产阶级政党》（莫斯科，1980 年）、《在俄国资产阶级民主革命和社会主义革命成熟阶段的非无产阶级政党》（莫斯科，1982 年）、《“十月革命”时期及国内战争时期的布尔什维克党与非无产阶级政党》（莫斯科，1982 年）。这些成果对于研究非无产阶级政党有着重要的参考意义和价值。

当然，同其他任何观点和论断一样，对政党史阶段的划分必然会引发一些争议，这一划分方法也绝非完美无缺，并且其在学术界的垄断地位对学术发展的影响后果还是很严重的，如一些包含新思想、提出新问题，以及能够引起观念变化的论著虽然出现却被忽视了。因此，为了能够让阶段划分更为精准，史学界开始越来越多地呼吁关注那些刚面世的重新定位研究视角的图书或文章。

综上所述，对政党史研究阶段的划分一般分为十月革命前和十月革命后两个时期。而对于后者一般会细分为以下几个阶段：1917 年至 20 世纪 20 年代；20 世纪 30 年代至 50 年代末；20 世纪 50 年代末至 90 年代初；20 世纪 90 年代。

十月革命前的党史研究

俄国社会民主工党第二次代表大会（1903 年）为社会民主党的党史研究奠定基础。第一批俄国社会民主工党的党史研究者就是俄国最早的一批社会民主党人，包括 Г. В. 普列汉诺夫、П. Б. 阿克谢尔罗德、В. И. 列宁、Ю. О. 马尔托夫、Л. Д. 托洛茨基、В. А. 阿基莫夫（马赫诺维兹）、А. Н.

波特列索夫[1]。同政党一样，党史文献也分为布尔什维克党文献[2]和孟什维克党文献[3]两类。俄国社会民主工党第二次代表大会的总结报告、列宁的两部著作《怎么办?》《进一步，退两步》，以及社会民主党人的竞争对手的产生（俄国其他政党的形成），成为党内论战的焦点内容。

在普列汉诺夫、阿克谢尔罗德、马尔托夫、托洛茨基等人的早期著作中

① Аксельрод П. Б. “Объединение российской социал-демократии и ее задачи”, *Искра*, 1904. № 55, 57, 68; Троцкий Л. Д. *Наши политические задачи*, Женева, 1904; Мартов Л. О. *Политические партии в России*, СПб., 1906; Плеханов Г. В. *Дневник социал-демократа*, Женева, 1905; Он же. *На два фронта* (*Сб. политических статей*), Женева, 1905; Акимов-Махновец В. *Очерки развития социал-демократии в России*, 1 – е изд. СПб., 1905; 2 – е изд. СПб., 1906; Потресов А. Н., Аксельрод П. Б. 45 *лет общественной деятельности*, СПб., 1914; Ленин В. И. “Что делать?”, *ПСС*, Т. 6; Он же. “Рассказ о II съезде РСДРП. 1903”, *ПСС*, Т. 8; Он же. “II съезд ‘Заграничной лиги русской революционной социал-демократии’ 13 – 18 (26 – 31) октября 1903 г.”, *Там же*; Он же. “Доклад о II съезде РСДРП 14 (27) октября”, *Там же*; Он же. “Шаг вперед, два шага назад (Кризис в нашей партии). Женева, 1904”, *Там же*; Он же. “Детская болезнь ‘левизны’ в коммунизме”, *ПСС*, Т. 41.

② Н. Н. 马斯洛夫（“Ленин как историк партии”. 1-е изд. Л., 1964; 2-е изд. Л., 1969）和 А. И. 泽韦列夫（“Ленинская концепция историко-партийной науки”. М., 1982）等人站在辩护的立场对以列宁论著为主要代表的布尔什维克历史文献进行了详尽的分析。

③ 许多论著都对苏共党史进行了历史文献的汇编，在本书中并未一一列举分析，但我们重点列出以下书籍：Волин М. С. “Некоторые вопросы историографии истории партии (дооктябрьский период)”, *Вопросы истории КПСС*, 1960. № 5; Он же. “Изучение истории Коммунистической партии”, *Очерки истории исторической науки в СССР*, М., 1963; Он же. “История Коммунистической партии в советской историографии”, *Очерки истории исторической науки в СССР*, Т. 4. М., 1966; Зевелев А. И., Кузнецов С. Л. *Историография большевизма*, М., 1973; Кузнецов С. Л. *Историография борьбы Ленина за создание партии нового типа*, Саратов, 1975; Злобин В. И. *II съезд РСДРП*, М., 1980; Суслов М. Г. *Борьба против экономизма в российской социал-демократии*, Иркутск, 1986; Корниенко С. И. *Полемика вокруг ленинского наследия*, Пермь, 1991; Логунов А. П. *Революция 1905 – 1907 гг. и российская социал-демократия*, Ростов-на-Дону. М., 1992; Он же. “Кризис исторической науки или. наука в условиях общественного кризиса: Отечественная историография второй половины 80-х-начала 90-х годов”, *Советская историография*, М., 1996. С. 447 – 487; Гефтер М. “Сталин умер вчера”, *Рабочий класс и современный мир*, 1988. № 1; Наумов В. П., Рябов В. В., Филиппов Ю. И. *Об историческом пути КПСС: поиски новых подходов*, М., 1992; Афанасьев Ю. Н. “Феномен советской историографии”, *Советская историография*, М., 1996. С. 7 – 41 и др。

已经涉及的一些问题后来成为孟什维克党史文献中的核心问题。这些问题在五卷本著作《二十世纪初俄国社会运动》（圣彼得堡，1909～1914 年）中得到了非常详尽清晰的论述。

阿克谢尔罗德是第一个尝试对俄国社会民主工党第二次代表大会的历史进行思考的人。作为俄国革命运动的元老，他虽然在政论写作方面天分平平，却是孟什维克权威的理论家和史学家。阿克谢尔罗德在《火星报》上发表的三篇文章中做出了有别于列宁的论述。他认为，俄国社会民主党尚未成为工人群众的组织，所以这样来描述它的任务：工人阶级自己应该成为积极与剥削者进行斗争的战士，而俄国社会民主工党的使命就在于推动工人阶级这样做，只有这样它才能成为“真正的无产阶级政党”。至于列宁的思想，阿克谢尔罗德认为，列宁是要在绝对集中制的基础上建设党，普通党员的作用是“小齿轮和螺丝钉”（列宁语）。也许，是出于策略的考虑，阿克谢尔罗德巧妙地弱化了对对手的批评语气，并希望“我们与列宁支持者之间的分歧在很大程度上是源于误解”（《火星报》第 68 期）。

阿克谢尔罗德的思想在托洛茨基、阿基莫夫和马尔托夫的著作中得到了发扬。上述作者注意到了列宁在《怎么办?》中阐述的党的建设理论。如果说托洛茨基在《我们的政治任务》中认为，列宁概括地回答了“从何入手”这一问题，但是没有阐明“怎么办”的问题。那么，阿基莫夫在《俄国社会民主党发展概况》中揭示了，列宁党建思想的主要内容是党建的“阴谋组织说”。阿基莫夫认为，“职业革命家”思想是为这一宗旨服务的，托洛茨基则形象地称之为“无产阶级在政治上的接班人”和“帮派”。另外，他们认为，马尔托夫的构想是建立民主型的政党。

所有孟什维克党史的撰写者对俄国社会民主工党第二次代表大会召开之前的历史以及召开的过程均予以了极大的关注。托洛茨基认为，这次代表大会是一次将一套工作形式和方法强加给社会民主党的“反应测试”，而他认为，这些形式和方法事实上适用于同经济主义派以及希望组建由职业革命家参加的中间派组织的小资产阶级进行斗争。他还指出，党代会“同绝对君主制一样，都无力阻止历史的潮流”（《我们的政治任务》）。这两种观点有异曲同工之妙。阿基莫夫（马赫诺维兹）指出，列宁及其拥护者向“工人事业派分子”和“崩得分子”下发最后通牒，要求他们放弃自己的观点，并且要求崩得分子放弃自己的组织，这令其难以接受，因此他被迫退出了代表大会。

马尔托夫更加重视对党建工作在理论上的论证，以及俄国社会民主工党章程第一章的内容表述。他的主要思想在代表大会上以不同的形式得到表达，即提议“建立民主派政党”。这一思想与列宁的党建思想截然相反，后者在《怎么办?》和《进一步，退两步》中先后发表了关于建设“雅各宾派”政党的思想，马尔托夫认为，这种想法与广大的劳动群众毫无关联。

马尔托夫对几乎所有政党的历史进行了相当全面的比较分析，上至反动的保守党，下至社会民主党。他对比文献，首先是各个政党的纲领，从而确定它们之间的异同（不过，在前言中马尔托夫提出，“评价一个政党不应依据他们的纲领，而应根据他们的实际行动”）。

马尔托夫著作的另一个显著特点是作者力求阐明各政党的阶级利益。在这个问题上马尔托夫和列宁的观点是一致的，但前者的学院派风格使其避免了列宁特有的语意单一且从不妥协的特点。

马尔托夫的著作对俄国的各个政党进行了一个大致的勾画，而其著作的最后一段话至今仍然极具现实意义。他写道，俄国的所有政党“都面向人民，都以尽力改善俄国的生活，为国家谋福祉为己任”，但事实上远不是这样的，因此，“每一位公民都应该清楚，每个政党都是在捍卫谁的利益，然后才去加入那个他认为最亲近、最值得信赖、最能保护自己利益的政党，只有这样他才不会成为敌人手中操纵的玩偶”。

由马尔托夫、马斯洛夫、波特列索夫主编的五卷本《二十世纪初俄国社会运动》（自 1909 年起陆续出版）是十月革命前出版的另一部党史类著作。编者们试图对第一次俄国革命的前因后果、革命的过程以及各阶层和政党在革命中的立场进行研究。著作的第一卷和第三卷以及第二卷的第一部分记述了俄国政党史。

著作的第一卷收录了 A. 叶戈罗夫（马尔托夫）的文章《政党的产生及其活动》，详尽论述了 19 世纪 90 年代和 1900 ~ 1904 年民意党、社会民主党的活动。文中阐述的理论观点具有持久的生命力，即使在今天仍然有其学术价值。与此同时，文中某些观点具有主观色彩，因此没能经受住后来新发掘出的史料的检验。通过对史实的分析，并依据自身的政治经验，作者得出了结论，“劳动解放社对俄国的工人群众没有产生实质的影响”，这一时期“工人运动的发展与社会民主党也没有关系”。叶戈罗夫还指出，社会民主工党第一次代表大会中与会代表的政见模糊不清，具体表现在大会宣言（代表大会的纲领性文件）交由斯特鲁夫起草，而不是劳动解放社。

另外，马尔托夫还是第一个指出一系列问题的人，这些问题包括代表参加社会民主工党第二次代表大会的不是各个党组织，而是它们的中央领导；大会的人员构成主要为知识分子，这决定了大会很少讨论战略路线和策略问题；列宁派在会上主导分裂，社会民主工党分裂为策略和路线不同的两派，而列宁的小册子《地方自治运动和〈火星报〉的计划》以及普列汉诺夫对此的回应加深了两派的分裂；在两派分道扬镳之后，1905 年 1 月俄国革命的到来令社会民主党人措手不及。

《二十世纪初俄国社会运动》第三卷（1914 年）分析了俄国所有主要政党的历史（其中包括民族主义派政党）：立宪民主党（A. 马尔代诺夫）、民粹党（П. П. 马斯洛夫）、“10 月 17 日同盟”（Ф. 唐恩和 Н. 切列瓦宁）、右翼政党（В. 列维茨基）、社会民主党（Л. О. 马尔托夫）等。该卷本的主要观点如下：第一次俄国革命为俄国政党的产生创造了“肥沃的土壤”，这些政党不仅社会阶级构成不同，其为达到最终目的，即夺取国家政权的方法和手段也各有不同；几乎所有的政党都自称是进步思想的代表，其中一些政党（如立宪民主党）还努力团结所有民主力量，而社会民主党则相反，将自己与其他政党对立起来；政党在杜马中的策略（在该卷中对此尤为关注）取决于革命浪潮的起伏涨落以及俄国议会中政治力量的分布；某个政党和派别（如立宪派）的垮台在很大程度上是由于其在杜马中实施策略失败；第一次俄国革命是社会民主党人的辉煌时刻，正是这次革命确立了其决定事态发展、领导群众运动的地位和作用（尽管从某种程度上来说这一荣誉和地位出乎社会民主党人的意外）；1903 年之后，布尔什维克党非常重视对党员干部的培养，而孟什维克党则关注更为广泛的任务——培育无产阶级；在革命过程中建立的工人代表苏维埃体现了孟什维克关于建立开放式的群众组织的思想，同时也标志着抵制第一届国家杜马选举的活动彻底失败；1912 年，列宁的拥护者与其他社会民主党人断绝了一切组织联系，组成了独立的党，但是仍然保留俄国社会民主工党的名称。

上述五卷本著作的主要思想不仅对十月革命期间的历史文献有着决定性的影响，同时也在 20 世纪 20 年代初史学家们的论著中得到了进一步发展。

历史文献综述

俄国政党史文献的名目繁多，绝大部分在历史文献综述中已经予以分析。在此，我们将对其中所列出的文集进行研究。目前，一些关于个别党派的概括性历史文献类著作①已问世，它们多完成于 20 世纪 60 年代中期至 70

① Спирин Л. М. "Историография борьбы РКП（б）с мелкобуржуазными партиями в 1917 – 1920 гг. ", *Вопросы истории КПСС*, 1966. № 4; Он же. "Некоторые теоретические и методологические проблемы изучения непролетарских партий в России", *Банкротство непролетарских партий в России*, 1917 – 1922 гг. Ч. 1. М. , 1977; Гусев К. В. "Советские историки о крахе партии эсеров", *Великий Октябрь в работах советских и зарубежных историков*, М. , 1971; Он же. "Состояние разработки и задачи дальнейшего изучения истории непролетарских партий России в 1917 г. и в годы гражданской войны", *Материалы научного симпозиума*, М. , 1980; Астрахан Х. М. "История буржуазных и мелкобуржуазных партий России в 1917 г. в новейшей советской литературе", *Вопросы истории*, 1975. № 2; Черемисский И. А. "Историография правомонархических организаций（1905 – 1920）", *Непролетарские партии России*, М. , 1984; Сивохина Т. А. "Современная историография политического банкротства мелкобуржуазных партий в советской России", *История и историки. Историографический ежегодник*, М. , 1979; *Историографическое изучение истории буржуазных и мелкобуржуазных партий в России*, Калинин, 1981; *Борьба ленинской партии против непролетарских партий и течений. Дооктябрьский период*, Л. , 1987; Волобуев О. В. , Леонов М. И. , Уткин А. И. , Шелохаев В. В. "История политических партий периода первой российской революции в новейшей советской литературе", *Вопросы истории*, 1985. № 7; Они же. "История политических партий в России в 1907 – 1914 гг. в советской историографии", *Вопросы истории*, 1989. № 4; Волобуев О. В. , Миллер В. И. , Шелохаев В. В. "Непролетарские партии в России: итоги изучения и нерешенные проблемы", *Непролетарские партии в трех революциях*, М. , 1989.

年代，具有以下特征。

虽然在苏共第20次代表大会（1956年）召开后，苏联的社会学家们逐渐摆脱了“简明教程”方法论对自己的束缚，但是，这一束缚具有强大的惯性作用，难以彻底抛却和忘记。此外，勃列日涅夫时期斯大林思想的复辟很快取代了赫鲁晓夫时期的“解冻”思潮，这也让那些自诩为坚定的“意识形态战线上的战士”、善于敏锐地捕捉“党中央的决议和《真理报》社论释放出来的思想动向”的历史学者们迷失了方向，他们茫然不知所措。毫无疑问，同其他历史学科一样，政党史文献具有强烈的政治色彩。这一点作者在阐释课题中必不可少的“现实意义”时表现得尤为明显。

一般而言，有关历史文献的文章以及概括性的论著总要经过一定的时间才能面世。1963年，首部关于左派社会革命党的书籍出版，作者为基·弗·古谢夫；在1966年，斯皮林发表了第一篇关于历史文献的文章。由此，政党史的研究者们纷纷成为历史文献论著的作者。通过对所有历史文献研究方面的出版物进行综合分析可以看出，这一时期苏联的研究者们对俄国政党史文献进行了系统化的研究和评价。同时，他们也开始关注1917年的多党制问题以及社会革命党和左派社会革命党的党史问题。

20世纪80年代，在研究界又涌现出许多关于地主阶级和资产阶级政党的著作。《列宁的党反对非无产阶级政党的斗争》、《历史文献概况》（列宁格勒，1987年）、《共产党反对非无产阶级政党、团体和派别的斗争》（列宁格勒，1982年）等书中的部分章节以及沃洛布耶夫、列奥诺夫、乌特金、舍洛哈耶夫等人的文章都对上述问题有所涉及。

上述成果的典型特征是尝试总结所有阐释地主和保皇派政党及其所属阶级本质的文献，其中包括贵族联合委员会、俄罗斯人民同盟等政党以及被定性为资产阶级政党的立宪民主党。这些成果的另外一个特点是均以斯皮林所著的《俄国地主阶级及资产阶级政党的溃败：20世纪初至1920年》和古谢夫的文章为史学文献研究的标准模板。这两位研究者对政党史文献研究中所反映出的问题进行了相当充分的阐述，其中既包括亲政权的政党，也包括反对派（具体表现为政党之间的关系、议会活动、策略等）。

舍洛哈耶夫及其合著者的文章公正地指出，到目前为止，在很大程度上已经对资产阶级政党的社会成分构成与基础、纲领、自由资产阶级政治上统一的过程等问题予以介绍和分析。同时，研究者进一步明确了这些政党的数量和组成，这有助于了解政党地方组织的普及程度、各地政党力量的分布以及具体政党的组织结构。当然，研究者们对这些重要问题的研究还处于起步阶段。另外，研究者们对立宪民主派在资产阶级民主革命中失败的原因做出了详尽而中肯的分析。

研究者们指出，需要运用综合分析法对资产阶级和地主阶级政党进行研究，所研究的问题应该包括：政党的阶级性质、社会成分、数量、地区分布、思想体系的形成与纲领的理论基础、战术与策略、在群众和社会各阶层与团体中的宣传手段及形式、政党活动卓有成效（或者收效甚微）的原因、政党之间的关系以及决定这些关系的因素等。应该指出的是，这些问题同样适用于对其他政党的研究。

X. M. 阿斯特拉罕在历史文献综述中，运用新的方法对资产阶级政党史文献进行了研究，对 20 世纪 70 年代文献中所呈现的十月革命前立宪民主党的政策问题予以了分析。二月革命后，立宪民主党成员成为当时政府的核心，并将“所有右翼分子、地主和资本家”① 团结在自己周围。对此，作者运用了科尔尼洛夫叛乱的史料加以佐证。

研究者们对大量研究小资产阶级政党②的成果也进行了史学文献分析。在新的阶段，第一个对左派社会革命党进行研究的学者是古谢夫，他与斯皮

① Ленин В. И. *ПСС*, Т. 32. С. 69.

② Гусев К. В. *Советские историки о крахе партии эсеров*; Спирин Д. М. *Историография борьбы РКП (б) с мелкобуржуазными партиями в 1917 – 1920 гг.*; Шестак Ю. И. *Тактика большевиков по отношению к левым течениям мелкобуржуазной демократии (1917 – 1922 г.)*, М., 1971 и др.

林一起奠定了运用史学文献分析法对该问题进行研究的传统。

在一系列对20世纪20年代至30年代初这段时期历史文献的研究综述中，研究者们列举了关于社会革命党人、孟什维克及无政府主义者的新观点。正如综述中所指出的，几乎所有的研究者都对布尔什维克和左派社会革命党人在苏维埃政府的结盟感兴趣。在对这一问题进行研究的初始阶段，研究者们得出了一致的结论，他们认为，尽管左派社会革命党人的立场摇摆不定，但结盟还是起到了积极的作用。但是，之后的论断又将这一结论推翻，即认为似乎正是结盟削弱了布尔什维克对左派社会革命党人的打击，并且促成了布尔什维克“在组织上同农民建立起联系”。这种对同一问题前后矛盾的观点证明了，一个正确的命题是如何被否定推翻的。

历史文献综述回避了（并非由于作者的失误）20世纪20年代史学思想发展的一个特点，即苏联时期布尔什维克党以外的政党党史文献的资料均源自全俄肃反委员会和苏联人民委员会国家政治保卫总局，这两个机构有自己的政党研究“专家”组，研究范围既包括现存的政党，也包括在1917年以后消失的政党及其在国外的分支。它们在由其发表的篇幅巨大的（有倾向性的）述评中附上了其他政党及其出版机构的有关文件①。此外，这些述评还忽略了一部分内容，即20世纪20年代的文献主要关注的是社会革命党及部分无政府主义者的活动，对孟什维克和崩得分子鲜有提及，更不用说其他十月革命前的政党了。这并不是没有原因的，1922年，布尔什维克酝酿并举行了对社会革命党人的审判，他们需要在思想上为审判“做好准备”。

在20世纪20年代的苏维埃俄国出现了一种趋势，即将孟什维克和社

① См.：*Сборник циркулярных писем ВЧК – ОГПУ. 1919 – 1921*，Т. 3. Ч. 1. 1919 – 1921 гг. М.，1935；*Сборник приказов и распоряжений ВЧК – ОГПУ – НКВД СССР*，Т. 3. Ч. 2. 1922 – 1924 гг. М.，1935. 详见：Павлов Д. Б. *Отечественные и зарубежные публикации документов российских партий*，М.，1998. С. 10。

会革命党人的活动定性为由妥协主义向反革命演变[①]。阿斯特拉罕在著作中重申了这一点。1982 年，在列宁格勒出版的文集《共产党反对非无产阶级政党、团体和派别的斗争》中，阿斯特拉罕曾得出结论，认为上述政党“在十月革命中背叛了其所依靠的阶层的根本利益”。自然而然，在这一结论后面顺理成章地得出下一个结论：“伟大的十月革命胜利后，孟什维克和社会革命党人站到了与无产阶级专政和苏维埃政权敌对的阵营中。”

应该说，在 20 世纪 20 年代苏维埃俄国的研究界对其他政党党史的研究相当薄弱。造成这一现象的原因各不相同，但最主要的原因是 1922 年出版总局（苏联报刊检查制度）的建立。在成立伊始，它便下发命令禁止在苏维埃俄国普及推广非布尔什维克党领导人在西方国家出版和发表的书籍、文章及回忆录，其中包括立宪民主党的巴·尼·米留可夫和约·弗·格森、社会革命党的弗·米·晋季诺夫、十月党人米·弗·罗将柯等。1926 年，俄共（布）中央出版局要求坚决“禁止出版孟什维克、无政府主义者及社会革命党人的著作，并全面限制其从国外的引入”。与此同时，不理会党中央委员会的意见，且明显是在列·鲍·加米涅夫和娜·康·克鲁普斯卡娅的支持下，列宁文集的第三卷和第四卷以专栏“来自火星和黎明时期”的形式，刊载了 150 多份普列汉诺夫、阿克谢尔罗德、马尔托夫和波特列索夫等人在 1900～1903 年的文件。而在

---

① Вардин Ил. *Политические партии и русская революция*, М., 1922; Он же. *Эсеровские убийцы и социал - демократические адвокаты.* (*Факты и документы*), М., 1922; Он же. *Революция и меньшевизм*, М. - Л., 1925; Луначарский А. В. *Бывшие люди. Очерк истории партии эсеров*, М., 1922; Мещеряков В. *Партия социалистов - революционеров*, Ч. 1, 2. М., 1922; Стеклов Ю. *Партия социалистов - революционеров* (*правых эсеров*), М., 1922; Владимирова В. *Год службы социалистов капиталистам. Очерки из истории эсеро - меньшевистской контрреволюции в 1918 г.*, М. - Л., 1927; Лисовский П. *На службе капитала. Эсеро - меньшевистская контрреволюция*, Л., 1928; Черномордик С. *Эсеры*, Харьков, 1929; Эрде. *Меньшевики*, Харьков, 1929; Стальный В. *Кадеты* (*конституционно - демократическая партия народной свободы*), Харьков, 1929; Равич - Черкасский М. Н. *Анархисты* (*Какие партии были в России*), Харьков, 1929.

另一部文集《我们的敌人》[①] 中，则刊载了彼·贝·斯特卢维、马尔托夫、阿克谢尔罗德、唐恩和切列瓦宁等社会思想界代表人物论著的节选。另外，在《格拉纳特百科辞典》中，除了介绍俄国政党领导人的简历之外，还提到了其历史、哲学以及政论方面的论著，并且对部分著作进行了分析（见 1989 年再版的《格拉纳特百科辞典》第 40 卷和第 41 卷）。

20 世纪 30 年代中期至 50 年代中期，关于小资产阶级政党的研究成果极为少见。当时的主流观点认为，反革命的历史是不值得研究的。因此，学界主要研究的是布尔什维克对这些政党的策略问题，例如，如何让其他政党孤立于人民群众之外。有时，甚至连俄国社会民主工党都被称为“社会法西斯”党。由于所有的小资产阶级政党都被视为彻头彻尾的反革命分子，这自然影响到对其作用的研究和揭示。而事实上，十月革命后，在研究解决新经济政策的理论问题以及建设新社会的其他问题方面，这些政党都做出了一定的贡献，且发挥了一定的作用[②]。

塔·阿·西沃辛娜的历史文献综述专门分析了各文献对孟什维克、无政府主义者及社会革命党人成员数量的解释和介绍，这进一步推动了对该问题的研究。

阿斯特拉罕关于立宪民主党所做出的一些论断未能经受住时间的检验。他赞同 20 世纪 20 年代出现的一种说法，即认为立宪民主党在 1917 年是俄国反革命活动的主导力量。事实上，在当时希望充当这一角色的首先是保皇派及其他右翼政党和组织。

---

① *Наши противники. Сб. материалов и документов / Под ред. В. Юдовского, Т. 1. Легальный марксизм, экономизм, махаевщина, меньшевизм, социалисты – революционеры, либералы*, М., 1928; *Т. 2. Меньшевики, социалисты – революционеры и либералы*, М., 1929.

② Ил. 瓦尔丁写道，在 1917 年，孟什维克和社会革命党人一直致力于建立资产阶级专政（*Вардин Ил.* Революция и меньшевизм. М. – Л., 1925. С. 28），而 П. 列佩申斯基则指出，孟什维克在 1917 年的“作用已沦为反革命因素”（*Лепешинский П.* Меньшевики. М., 1931. С. 63）。С. 切尔诺莫尔季克也在书中提及社会革命党人由实行妥协政策到反革命的转变。

前文已经提及舍洛哈耶夫与他人合作撰写研究文章，文章中对 1975 ~ 1985 年出现的关于孟什维克和社会革命党人及他们在第一次俄国革命时期的历史活动的相关文献进行了分析。

在评论普列汉诺夫的著作①中，斯·瓦·丘丘金对孟什维克党史的一些一般问题进行了研究。作者将孟什维克分为三派：右派（阿克谢尔罗德、切列瓦宁、波特列索夫）、中间派（马尔托夫、马尔代诺夫、唐恩）和左派（托洛茨基、帕勒伍斯）。同时，作者还论证了普列汉诺夫在孟什维克中的特殊地位。尽管孟什维克的领袖们本来不接受其对“雅各宾党专政垮台原因的分析”，但他们还是将普列汉诺夫（当然，有充分的理据）与阿克谢尔罗德一同视为自己的“精神之父”。但是，他们尽力不让普列汉诺夫影响到自己的组织活动。应该说，这些对于了解孟什维克在革命中所发挥的作用是具有理论指导意义的。

舍洛哈耶夫及其合著者认为，对新民粹派政党研究得最为透彻的是古谢夫和基涅夫等人的著作②。通过对社会革命党人的土地纲领及其他文件进行研究，舍洛哈耶夫、沃洛布耶夫、米勒等认为，社会革命党人在俄国为建立自由的资产阶级政权而斗争，却在未来的政治体制中扮演了议会反对派的角色。对这个结论需要重新进行检验和仔细论证。分析表明，1905 ~ 1907 年期间，社会革命党尝试过由民粹派知识分子团体向群众性组织演变，但是，这一演变未能完成。接下来的研究进一步揭示这一演变过程的发展及其在革命各个阶段的具体体现。近年来的研究成果再次证明，必须修正现有文献中“社会革命党是绝对的阴谋组织和恐怖组织”之类的观点。而关于该党在政治力量体系中的地位和作用，同其他政治组织、政党和运动的联系，对社会各阶层的影响范围及程度等问题仍需进一步研究。

---

① Тютюкин С. В. *Первая российская революция и Г. В. Плеханов*, М. , 1981.

② См. : Гусев К. В. *Партия эсеров: от мелкобуржуазного революционаризма к контрреволюции*, М. , 1975; Гинев В. Н. *Аграрный вопрос и мелкобуржуазные партии в России в 1917 г.* , Л. , 1977.

史料研究者们一直关注着各政党在十月革命的准备期和结束后的活动[①]。20世纪70年代，在阿斯特拉罕、索博列娃等[②]的论著中，仍然沿用原来的研究方法解读孟什维克、社会革命党人、无政府主义者及其他社会主义政党的历史，认为其是妄图推翻苏维埃政权的社会妥协派。事实上这些观点缺乏实证，只能通过引用列宁著作中的引文来“弥补”[③]。在这种情况下，他们忽略了孟什维克党内部的右派、左派和中派在评价十月革命问题上的分歧。

在《共产党反对非无产阶级政党、团体和派别的斗争》[④] 一书中，分析了20世纪20年代出版的关于无政府主义的论著。从雅·阿·雅科夫列夫-爱珀斯坦的小册子《伟大俄国革命中的俄国无政府主义》，到斯皮林等其他当代作者的著作，都重点分析了两个重大问题，即无政府主义的历史以及由无政府主义派分化出的众多派别和团体。雅科夫列夫公正地指出：“几乎每一个无政府主义者都代表自己的一派。”书中还揭示出无政府主义思想在苏维埃政权初期活跃并与布尔什维克临时结盟的原因所在。

通过对上述历史文献述评（至20世纪80年代末）的分析可以确定，这些研究成果涵盖了俄国最大的几个政党的文件和文献资料。研究者们在工作中始终严格遵循苏共二十大之后在学界奉行的研究方法和历史分期，以及列宁关于苏联社会和俄国社会思想史的学说。同时，有责任再次强调的是，苏联历史学家们的论著始终分析的是布尔什维克党人同立宪民主党、社会革命党、孟什维克、无政府主义者以及其他企图推翻苏维埃政权的组织的斗争史。另外，历史学家们并没有力求在理论上揭示不同政党之间的相互

---

① Комин В. В. *Банкротство буржуазных и мелкобуржуазных партий России в период подготовки и победы Великой Октябрьской социалистической революции*, М. , 1965. С. 235 - 236.

② Астрахан Х. М. “История буржуазных и мелкобуржуазных партий России в 1917 г. в новейшей советской литературе”, *Вопросы истории*, 1975. № 2. С. 39; Соболева П. И. *Октябрьская революция и крах социал - соглашателей*, М. , 1968.

③ См. : Ленин В. И. *ПСС*, Т. 31. С. 123; С. 363, 367 и др.

④ См. : *Борьба коммунистической партии против непролетарских групп и течений*, Л. , 1982. С. 27.

关系，以及个别政党内部发生分裂的原因，尤其是这些发生在俄国历史的转折阶段。

当代研究

20 世纪 50 ~ 80 年代，苏联的史学研究及史料文献研究的主题主要集中在三次俄国革命、俄国的革命运动以及布尔什维克党的历史等问题上。下面将分析几部史料文献，这些著作尝试对俄国政党史的研究状况进行总结，它们对 20 世纪 80 ~ 90 年代该问题的进一步研究有一定的影响。正因如此，需要放弃已有的历史分期，重新翻阅 20 世纪 70 年代末的书籍。由集体创作的专著《列宁与俄国各阶级及政党的历史》（莫斯科，1970 年）对列宁的著作进行了分析，并展示出苏联史学研究者对列宁思想的掌握情况。该书认为，史学研究的宗旨就是掌握列宁关于政党的学说，这是颠扑不破的真理，是不可超越的，但是可以无限接近，而史学研究者的任务则在于用具体的史料来说明这些真理。

由于除了列宁之外，当时只有马克思和恩格斯是公认的真理的源泉，因此，书中即使对普列汉诺夫和考斯基这些杰出的马克思主义者也持一种怀疑态度。作者认为，尽管他们尝试将马克思对阶级和政党的研究继续下去，但是在实践中力不从心，始终未能完成这一任务。

另外，著作中还分析了苏联时期的文献资料，包括 20 世纪 70 年代。其主要观点如下：社会革命党人和孟什维克在国内战争期间及之后“重新（编者注）开始领导反革命活动”；国际上的帝国主义和国内的反革命分子再次（编者注）将全部希望寄托在小资产阶级“民主派”政党的身上。该书认为，正如列宁所预见的，这些政党的崩溃完全符合客观规律的发展，是其之前所经历程的必然结果。

著作还引用了列宁给德·伊·库尔斯基的题为《关于司法人民委员部在新经济政策条件下的任务》的信（未加注释），该信首次刊载于《列宁全集》中。信中提出，作为反对孟什维克和社会革命党人的一种斗争手段，

“必须在莫斯科、彼得格勒、哈尔科夫和其他一些最重要的中心城市安排一批示范性（在惩治的速度和力度方面）的审判”①。应该指出的是，著作的作者如果能对这一文件予以客观的研究和评价，一定会极大地推动政党和政治运动史的相关学术研究。

另一部集体创作的著作《俄国非无产阶级政党——历史的教训》（莫斯科，1984年）是一部关于俄国政党史的总结性巨著。书名本身已经证明，作者试图抛弃给政党进行模式化定义的方式，不希望再像以前一样将布尔什维克党以外的政党统称为地主阶级、资产阶级或小资产阶级政党。

作者们（其中我们可以找到最权威的研究者，如古谢夫、斯皮林、科明、丘丘金等）的一个重要功绩是尝试将众多政党的产生和活动与俄国的资本主义发展进程结合起来。书中还增加了新的内容，对各个政党在其发展不同阶段彼此之间的相互关系进行了分析。如果说之前的著作很少关注政党内部的问题，那么，该书填补了这部分的空白（尽管对不同的政党程度有所不同）。并且，该书对一些政党的地方组织机构的活动进行了相当详细的分析，包括从其成立直至退出政治舞台。

著作仅对规模最大、最具影响力的政党进行了分析。根据通用的划分标准，作者将政党分为三类，即地主阶级的、资产阶级的和小资产阶级的政党。民族主义派政党则根据其政策的方针不同自成一类。与一些全国性政党不同，除了崩得外，该著作对民族主义派政党历史的介绍相当简洁和概括。另外，采用本民族语言所著的文献不在作者的研究视野之内。

该著作解决了一些理论问题，如给“政党”下定义，以及对政党史进行历史分期。这样，该著作本着以事实材料为基础的原则展开叙述，不能算作“重复前人的工作”，因为它为科学研究工作提供了大量的资料。

可以肯定的是，布尔什维克从未以消灭其他一切政党为宗旨，也不可能这样做。因为无论是实行一党制，还是多党制，都不是共产党对非无产阶级政党制定战略的出发点和原则。由此可以得出以下结论：“布尔什维克从没

---

① Ленин В. И. *ПСС*, Т. 44. С. 396.

有报复过自己的政敌，以及千方百计地消灭其他一切政党的想法，也从未排除过与非无产阶级政党和派别结盟的可能，一些政党虽然与共产党在思想上有分歧，但仍然支持民主改革，支持劳动人民的政权，对于这些政党布尔什维克一直是予以协助的。”

关于俄国非无产阶级政党在政治上失败的原因，作者这样写道：“资产阶级和小资产阶级政党的思想家们在客观历史进程面前无能为力，因为他们始终无法左右这一进程。他们对俄国工人阶级的力量没有信心，不相信工人阶级能够建成社会主义。”在伟大的十月社会主义革命准备和进行期间，以及苏维埃政权建立的最初几年里，反革命的资产阶级政党被消灭，而小资产阶级政党则遭受了思想政治和组织上的失败，这是其 25 年历程的终结和必然结果。然而，《俄国非无产阶级政党——历史的教训》却始终未能回答俄国政党史中最重要的一个问题，即俄国多党制何时及如何终结。

该著作沿用了旧的研究方法完成了对政党社会成分构成的研究。例如，关于孟什维克，作者认为其核心力量是小资产阶级知识分子，正是他们影响了一小部分业务熟练、向往小资产阶级生活方式的工人以及部分无产阶级中的半手工业者。另外，无产阶级中还有部分人群也受到了机会主义的影响，这里指的是一些来自农村地区且还未加入革命斗争的工人。实践表明，业务熟练的工人未必会成为机会主义组织的核心力量，而在当时的情况下，他们却成了孟什维克的支柱。当然，并非所有的半手工业者团体都拥护孟什维克。

那么，为什么会有一小部分工人不仅支持孟什维克，还积极活跃在其队伍中呢？作者尝试对这一问题做出解答。对此，他们写道，俄国的无产阶级中有些阶层受到了机会主义思想的影响。这种说法从整体上来说是对的，但并不是不能反驳。例如，在哪一个拥有无产阶级的国家这种情况不是随着工人运动的兴起而出现的呢？还有一个事实也让人无法驳斥，即一部分沙皇军队的军官也支持孟什维克。孟什维克是典型的无产阶级和小资产阶级的联盟。对其他政党的社会成分的分析结果也是这样的。综上所述，研究政党的社会成分组成，同研究其退出政治舞台的原因一样，仍是史料文献研究的一个现实任务[①]。

20 世纪 90 年代初，苏联出现了一本新的著作，它从客观的角度阐述了俄国自由资产阶级的三大政党——立宪民主党、十月党人和进步党人的历史，这便是舍洛哈耶夫的著作《俄国自由资产阶级的意识形态与政治组织》（莫斯科，1991 年）。

该书作者抛弃了陈规旧俗，从“以布尔什维克为中心”的视角研究了各政党的政治发展史，揭示出上述三个政党的纲领性文件及策略中的共性特征和各自的特点。该书指出，如果说立宪民主党人曾希望将西欧国家和美国自由资产阶级在社会和政治上灵活多变的方法、手段移植到俄国，那么，进步党人尤其是十月党人则素来坚持保守主义思想。应该说，该书是史料文献研究中首次对俄国自由主义思想进行综合系统分析的著作，揭示了自由派政党的思想建设目标与其纲领之间的关系。

此外，该书揭示了主要自由派政党在数量、成分构成及地域分布上的变化情况。同时，它以以前已使用过的文献以及新发现的文献资料为基础，对各地方委员会、中央委员会及杜马党团在社会成分构成上所发生的变化进行了分析和研究，揭示出党的中央机构与工商界在政治上和财政上的联系。通过综合研究，无论是将自由派政党作为一个整体，还是将其每个派别都作为个体单独来看，都可以比以前更现实、更直观地展示出其作为反对派的不同表现。

作者认为，在 1907 ~ 1914 年期间，资产阶级政党经历了组织上的危机，其中尤以立宪民主党人的问题最为严重。这引起了学术界的极大兴趣。

维·哈·图马林松[②]尝试对孟什维克与布尔什维克两党未能成功结盟（达成一致）的原因及后果进行研究，并给出了全新的解释。历史经验表明：在这一问题上俄国社会民主工党的两派都有责任。但作者全部归咎于列

---

① 在 В. И. 米勒去世后出版的《当心：历史！》一书（М.，1997. С. 24 – 25）中，对有关一党制在俄国的确立时间这一问题的各种观点予以汇总。本章中也对此进行了分析。

② Тумаринсон В. Х. *Меньшевики и большевики: несостоявшийся консенсус*（*Опыт исторической реконструкции*），М.，1994.

宁，这在很大程度上是由于他深受德·沃尔科戈诺夫所著《列宁：政治肖像》（上下册，莫斯科，1994 年）一书的影响。该书的撰写实际上承担着一定的目的和社会任务，即抹黑布尔什维克的领袖以及布尔什维克党在 20 世纪 20 年代初的一切活动。同西方国家反动的史料文献研究相比，该书有过之而无不及。

图马林松得出这一结论的另一个原因是他所参考的文献资料有限。作者既要写布尔什维克，又要写孟什维克，但是，事实上他没有利用苏共党中央下属基金会的资料，甚至连孟什维克基金会的文献资料也极少利用。在创作时，他经常引用《社会主义学报》的资料，该杂志自 1921 年开始一直在国外出版发行。

整体来说，该书客观地展示出布尔什维克与孟什维克在看待俄国进行社会主义革命的时机是否成熟、是否做好充分准备等问题上的不同观点。作者认为，真理在孟什维克一边。

当然，作者还着重介绍了马尔托夫，他曾是孟什维克的领袖，是善良、诚实的孟什维克的代表和化身，是一个完全没有权力欲的人（这恰恰是一般领袖身上很少具有的品质）。

在最新的史料文献中，有人批评图马林松试图将马尔托夫塑造成“民主社会主义的哈姆雷特”的做法。其实，图马林松对马尔托夫的评价来源于托洛茨基和苏哈诺夫，当代具有英国和以色列双重国籍的历史学家伊·盖特茨勒也支持这一评价①。伊·乌里洛夫在关于马尔托夫的论著中公正地指出，“生存或是死亡”这一哈姆雷特式的问题对于马尔托夫来说根本不存在，而如果说到原则性的问题，马尔托夫则永远坚守自己的道德准则。

另外，图马林松在著作中对一些历史的阐述相当武断。例如，他断定，“导致孟什维克和布尔什维克两派对立的原因是双方对党章第一章的内容有意见分歧，尽管这本来就是代表大会的争论焦点，不能算是社会民主工党分

① Троцкий Л. Д. *История русской революции*, Берлин, 1993. Т. II. Ч. 2. С. 337; Суханов Н. Н. *Записки о революции*, М., 1991. Т. 2. С. 184; Cetzler J. Martov L. *Political Biography of Russian Social-Democrat*, Cambrige, 1967. pp. 218 - 220.

裂成两派的主因”[①]。作者也意识到自己的观点站不住脚，所以在接下来的一页紧接着就指出，正是在对这一问题进行投票表决时“形成了对立的两派——布尔什维克和孟什维克”[②]。

作者希望自己的观点能独树一帜，将孟什维克界定为俄国版的国际民主社会主义。但众所周知，在他之前康·尼·塔尔诺夫斯基教授就曾这样描述过[③]。

就在不久前，对民族主义政党史的研究还是史料文献研究中的“空白点”，自然限制了对“俄国政党史”问题进行研究的完整性和多样性。1996年召开了国际学术会议（有来自独联体国家、美国、芬兰的历史学者参加），会后以会议材料为基础整理出版了《俄国民族主义政党史》（莫斯科，1997年）。这无疑是一次填补空白的举措和尝试。书中分析了社会民主主义政党的历史，其中包括崩得、乌克兰极端民主党、乌克兰社会民主工党、阿塞拜疆的穆萨瓦特党、亚美尼亚的资产阶级民族主义政党“达什纳克（楚纯）党”、芬兰的政党、波罗的海各国政党、乌拉尔地区的政党等。该书没有介绍白俄罗斯、格鲁吉亚等国政党的活动。这本书的重要意义还在于，书中设有专门的章节介绍民族主义政党史研究的理论基础和方法，俄国多党制这一奇特的现象，以及民族主义政党的类型划分、思想意识形态的形成及各政党的成员数量构成。

书中提出，有必要制作专门的“政党地图”，以反映政党的地域分布，同时配以各地居民的社会成分、民族和宗教构成，以及当地的传统、文化及生活方式。并且，该书还明确了课题下一步的研究思路。此外，该书还特别强调明确概念的必要性，其中包括“民族主义政党”“民族主义思想派别”等概念。

20世纪90年代末期，俄罗斯集中出版了关于政党领袖及理论家的巨

---

① Тумаринсон В. Х. *Указ. соч.*，С. 82 – 83.

② *Там же.* С. 84.

③ Тарновский К. Н. *О некоторых особенностях формирования непролетарских партий в России*（*Непролетарские партии России в трех революциях*），М.，1989. С. 26.

著、两部论文集和一部关于政党的百科辞典①，甚至已有作者为当时的俄罗斯总统立传②。应该指出的是，上述成果的问世是俄罗斯政治百科全书出版社的成绩。

在此，我们借用法国著名历史学家马克·勃洛克的一句名言：历史是关于位于不同时间维度的人的科学。那么，我们可以说，史料研究者就是研究不同时间维度的史学研究作品，并且将其与对历史认识的发展变化结果对比的学者。

在丘丘金第二部关于普列汉诺夫的专著中，作者通过分析展示了普列汉诺夫由民粹派思想向马克思主义思想转变的过程。在学界，这并不是一个新的研究课题，不少论著曾对此有所涉及。而作者采用自己的研究方法，主要对普列汉诺夫的著作按照严格的时间顺序排列，然后进行分析。同时，作者提醒读者不要忽略并简单化思考普列汉诺夫的革命思想。总的来说，丘丘金成功地展示了马克思主义在俄国的历史形成发展过程，首先是作为政治思想流派，而后是成为以俄国社会民主工党为代表的政治派别。

至于普列汉诺夫将马克思主义运用于剖析俄国社会现实时所发挥的作用，丘丘金在论著中也研究了一系列重要的相关问题，其中包括无产阶级及其一起推翻沙皇制度的两个盟友——农民和知识分子之间的相互关系、革命党在夺取政权的斗争中所发挥的作用、俄国思想史等。

马克思与恩格斯曾预言，资本主义向社会主义的过渡有可能迅速完成，而民众则快速地实现无产阶级化。同时，他们还预言，生产过剩以及暴力摧毁旧的社会制度将造成灾难性的危机。丘丘金认为，普列汉诺夫是最早发现这些预言落空的人。作者一直避免对普列汉诺夫的过度美化，他指出，普列汉诺夫在关于社会革命和社会主义的问题上所持的观点极其抽象，而对经济和

① *Политическая история России в партиях и лицах*, М. , 1993, 1994; *Политические партии России. Конец XIX – первая четверть XX века. Энциклопедия*, М. , 1996; Шелохаев В. В. *Либеральная модель переустройства России*, М. , 1996; Тютюкин С. В. *Г. В. Плеханов. Судьба русского марксиста*, М. , 1997; Урилов И. Х. *Ю. О. Мартов. Политик и историк*, М. , 1997.

② Зевелев А. , Павлов Ю. *Расколотая власть*, М. , 1995.

政治中出现的许多新现象也并未留意，并且他逐渐“变成一个教条主义者”。

论著中对普列汉诺夫作为政治家的叙述着墨不多，当然这是有理由的。因为普列汉诺夫身上缺少领袖所应具备的超凡能力和魅力，他也无法成为一个强大政党的领袖。为此，作者指出：“在20世纪普列汉诺夫想取得政治上的成功实际上是不可能的。”

论著尤为关注普列汉诺夫与列宁的关系问题。众所周知，二人的关系盘根错节、相当复杂，这是由几个因素决定的。首先，他们对俄国资本主义发展的特点及水平的认识存在分歧，由此决定了两者对人民群众是否已经准备好进行社会主义革命这一问题的评估也有所不同。同时，普列汉诺夫认为，正是列宁和布尔什维克人为地“加速”了历史的发展，他用擅长的“格言体”这样评价道：“俄国的历史尚未磨出能烤出社会主义馅饼的面粉。”

书中强调指出，普列汉诺夫不接受无产阶级专政，他第一个认为，无产阶级专政不是劳动者专政，而是某些人的专政，而“斯莫尔尼宫的策略就是巴枯宁的策略，在很多情况下其实也就是涅恰耶夫的策略”。

虽然普列汉诺夫曾是俄国民粹派及社会民主运动史方面的专家，但是他对相关历史遗产的研究并不详尽。作者重点分析了他的主要论著《俄国社会思想史》。关于普列汉诺夫，应该指出的是，列宁曾坦承：“不研究普列汉诺夫的哲学思想，就不可能成为一个真正有觉悟的马克思主义者，因为他的思想是马克思主义经典文献中最优秀的成果。”（《列宁全集》第42卷，第290页）

乌利洛夫的著作揭示了马尔托夫作为政治家和历史学家的双重身份[①]，

---

① 第一批对马尔托夫政治生涯予以呈现的学者有Г. И. 伊利亚休克、В. И. 米勒、С. В. 丘丘金、П. А. 波得鲍洛托夫、В. С. 鲁德尼茨卡娅（Ильящук Г. И. *Ю. О. Мартов в зеркале личной переписки. 1917 г.*, М., 1991. С. 134 – 136；Ильящук Г. И., Миллер В. И. *Мартов Ю. О. Политические деятели России. Биографический словарь*, М., 1993, С. 204 – 208；Подболотов П. А., Рудницкая В. С. “Юлий Мартов: политики человек”, *История отечества в портретах политических и государственных деятелей*, Брянск, 1993；Тютюкин С. В. “Ю. О. Мартов”, *Политическая история России в партиях и лицах*, М., 1994. С. 113 – 129）。在国外的史学文献中，И. 盖茨勒的专著专门对马尔托夫进行了研究。Р. 派普斯、Н. 瓦连廷诺夫、Л. О. 唐恩、Б. И. 尼古拉耶夫斯基、А. 阿夫托尔汉诺夫也对马尔托夫的政治经历做了一些介绍。

这从书名就可以看出。该书的大部分内容将马尔托夫作为政治家来研究，其中许多史料是首次引入学界。作者在大量史实的基础上论证并得出结论，认为马尔托夫是俄国社会民主思想的杰出代表，是革命运动中的一个悲剧性人物，是具有高尚思想品质的人。

同丘丘金一样，乌利洛夫在该书中论证的最主要问题是马尔托夫和列宁之间的关系。作为“工人阶级解放斗争协会”和《火星报》的战友，在俄国社会民主工党第二次代表大会之后，二人的观点截然相反，在思想上展开了激烈的斗争。在第二次代表大会上，在对党章第一章内容进行投票表决时，马尔托夫获得了胜利。乌利洛夫认为，同布尔什维克相比，孟什维克对俄国革命运动未来前景的评价、对历史发展规律的认识都更为精准，而布尔什维克对此则是忽略和漠视——这也正是其退出历史舞台的原因所在。作者做出如此论断的根本原因在于，苏联时期那些依据列宁方法论进行研究的史学研究者走进了死胡同，而马尔托夫的论著则为他们提供了一个全新的视角，使他们得以对过去几十年的历史重新进行审视。

尽管各种统计结果显示，马尔托夫的论著数量可观，但是书中对马尔托夫作为历史学家的介绍相对较少。其实，仅在《火星报》上马尔托夫就发表了90多篇文章。这些文章的内容都是论述俄国革命运动及俄国国际社会主义运动史等重要问题。乌利洛夫主要介绍了马尔托夫的《俄国社会民主思想史》（1918年）和《社会民主党人札记》（1919年）这两部书。总之，丘丘金和乌利洛夫的著作揭示，通过研究政党领袖的传记来研究政党史会达到事半功倍的效果。同样，舍洛哈耶夫的论著也是如此，他介绍了一批19世纪末20世纪初杰出的自由派政治活动家，其中包括米留可夫、斯特鲁夫、图甘-巴拉诺夫斯基、什格列夫、别尔嘉耶夫等。作者运用现代政治学术语来阐释这些人的目标和志向（建立公民社会、建立有效的市场经济体制和法治国家、保障少数民族和宗教人士的权利），并将其总结为“真正伟大的俄国”模式。这种对问题的“现实化”研究让我们看到，作者在对“我们已经过去的”俄国问题进行思考时，并没有忘记今天的俄罗斯。

该书对自由党人的演说、文章和著作中所提出的俄国改革之路进行了大量的分析。同时，不同于以往的研究者，作者也指出了，大家在这一问题上并没有达成一致的观点。例如，一些人倾向于运用合法的斗争手段推翻沙皇制度，而另一些人则不避忌“非法手段”，甚至不排除自己也可能亲自参加革命。作者通过以上事实论证并得出了自己的结论，即自由派推崇的自由主义模式在现实中分解为一系列的子模式。这一结论不仅加深了我们对俄国自由主义实质的理解，同时也让我们对当代的一些政治进程“豁然开朗”。

苏共垮台后，在俄罗斯出现了许多新的政党，其中一部分不仅沿用了历史上曾经出现过的政党的名称，还借用了许多纲领。因此，客观上需要研究者对俄国政党史进行重新审视。这进一步推动俄罗斯政治史和经济史研究中心的研究者出版了两本书的合集《俄国政治史：政党与人物》。它将内容含量最大的政党党史概要以及关于杰出的政党领袖——从普列汉诺夫到米留可夫的传记文章汇集到“同一部书中”，这是该书的主要特色。

《俄国政治史：政党与人物》的出版是为创作百科辞典《俄国政党：19世纪末至20世纪30年代》[①] 做准备。辞典中收录文章90多篇，从体裁上来看，除了综合介绍130个政党及127个出版机构外，主要介绍政党和政治运动的知名人物——领袖和杰出的社会活动家。另外，辞典共有8个附录，其中刊载了俄国政党名录、领导机构的人员组成、党报党刊信息。该著作的问世成为史学界一次标志性的事件，在很大程度上有助于我们理解和解读20世纪80年代末期大量政党与社会运动并存的现象。

关于当代俄罗斯多党制，目前已出版了多部著作和发表了诸多文章。其中引人关注的是尤·格·柯尔古纽科、谢·叶·扎斯拉夫斯基、安·列·安德烈耶夫、M. P. 霍尔姆斯卡娅[②]的著作。

霍尔姆斯卡娅在著作中重点关注了当代俄罗斯共产主义运动中的两派，

---

① 1996年末举行的“圆桌会议”对这本百科辞典进行了详尽的分析（см.：*Отечественная история*, 1997. № 1 С. 136 – 159）。

② Коргунюк Ю. Г., Заславский С. Е. *Российская многопартийность*, М., 1996; Андреев Андрей. *Политический спектр России. Структура, идеологии, основные субъекты*, М., 1997; Холмская М. Р. *Коммунисты России: факты, идеи, тенденции*, М., 1998.

即奉行斯大林主义价值观和理想的正统派（主要代表为丘尔金领导的俄罗斯共产主义工人党、安比洛夫领导的“劳动俄罗斯”以及普里加林和克留奇科夫领导的俄罗斯共产主义者联盟）和改革派（作者将久加诺夫领导的俄共归入此派）。

霍尔姆斯卡娅公允地指出，共产党分裂为众多不同的派别是主客观因素共同作用的结果。如果说主观因素是由政党领袖的政治野心决定的，那么，构成共产主义运动基础的社会成分的多元化则是主要的客观因素。这一论点并没有引起异议。作者还认为，俄共“只是在形式上”属于共产主义阵营，因为它认同俄罗斯多种经济成分并存的模式，以及承认私有制等。作者的这一论断引起了巨大的争议，有观点认为，久加诺夫及俄共的这一立场仅仅是策略上的。

总之，霍尔姆斯卡娅的著作再次证明了一个普遍接受的观点，即在目前多党并存的局面中俄罗斯的共产主义运动是结构最完整、人数最多的强大政治力量。

在共同合作完成的著作中，柯尔古纽科和扎斯拉夫斯基从历史的维度研究俄罗斯的政党生活。作者对政党产生和活动的历史，乃至一些议会党团的历史都进行了详细的分析。他们还试图预测多党制的进一步发展，但是，自该著作问世以来，种种事实证明，他们的预测并不是都能应验。例如，向两党制过渡、恢复多党制以及形成 5 ~ 6 个“相对稳定的政党”等预测都落空了。

在安德烈耶夫的著作中，研究对象的数量大大减少，作者侧重分析和介绍那些对俄罗斯的政治发展产生现实影响和做出贡献的政党。同时，安德烈耶夫集中分析了不同政党的组织结构和意识形态。他认为，在一个政治体制稳定的国家，政党力量的配置组合过程是很缓慢的，一般会以 10 年为周期循环对比才能逐渐明朗化；而在俄罗斯，许多政治组织及其领袖的命运“仿佛流星划过天际，瞬间灿烂，随即消逝，不留一丝痕迹”。

关于极右组织最有代表性的著作是谢·阿·斯捷帕诺夫的专著《俄国黑帮：1905 ~ 1914 年》（莫斯科，1992 年）。在国内外的史料文献研究中，该书堪称一部综合研究所有与“黑帮”相关的政治联盟和组织的成果。其主要研究对象为“俄国人民同盟”、“米哈伊尔·阿尔汉格尔同盟”及俄国保皇派政党的活动。并且，作者试图将保皇派的基础理论与“黑帮”组织的纲领目标结合起来进行分析，这是在之前的学界研究和文献中未曾有过的尝试。

以前出于政治原因，研究者无法接触到与“黑帮”组织有关的资料，而在斯捷帕诺夫的专著中这些资料得到一一披露。根据“黑帮”组织的文件、党内发送的公文及其领袖个人档案的内容，作者揭示了极右翼政党鲜为人知的一面。同时，作者也研究了“黑帮”同盟的复杂结构，确定了其成员人数在1907年下半年至1908年已逾40万。另外，作者还指出：“追求数量，让整个村镇、街道或者街区的人都加入同盟，逐渐导致大多数成员只是在名义上加入了‘黑帮’组织。”（原著第109页）

通过对极右翼组织领导机构的人员组成进行比较分析，作者得出了结论。不同于传统上对“黑帮”分子社会成分构成的看法，该结论认为：“‘黑帮’的大部分党内高层通常是由知识分子担任，包括教师、医生、律师和工程师。”（第112页）“黑帮”组织的普通成员则主要由农民、工人组成，而且，当时极右翼分子已经在大型工业企业站稳了脚跟，确立了自己的势力。

此外，斯捷帕诺夫引用实例证明，在许多历史文献中一直鼓吹极右翼组织和政府的立场是完全一致的，这是不可能的。他进一步证实，即使是在极右翼组织与政府的战略利益一致的情况下，两者之间也常常有策略分歧。另外，“黑帮”同盟内部的矛盾是逐渐加深的，最初这使右翼运动分裂成互相竞争的两派，并最终导致这支政治力量彻底瓦解。

斯捷帕诺夫的著作对“极右分子”“君主主义者”“民族主义者”这些术语的运用不是很清楚，并且，书中对右翼分子与民族主义者之间的关系也没有进行应有的分析和研究。如果该书能够将其研究的时间范围扩展至1917年2月，即“黑帮”分子最终退出政治舞台的时候，那将是更加完整的研究。毫无疑问，从整体上来说，斯捷帕诺夫著作的问世是极右翼政党史料文献研究中一个意义重大的事件。

在本书进入编写阶段前面世的两个成果是论文集《苏联史料文献研究》（1996 年）和 В. И. 米勒的著作《当心：历史!》（1997 年）。

在论文集《苏联史料文献研究》中并没有文章专门论述政党史，但是，许多文章的作者对这一问题都有不同程度的涉及。在《苏联史料文献研究的奇特现象》一文中，尤·尼·阿法纳西耶夫表达了一个中心思想，他认为，斯大林主义就是列宁主义，两者没有区别和差异。

当然，这一问题并不像作者论断的那样简单。在文献中，尤其是在近些年发布的文献中存在着三种观点。如前所述，阿法纳西耶夫是第一种观点的支持者。第二种观点认为，列宁和斯大林之间既有共同点，也有许多不同。第三种观点则强调，两位领袖的立场、观点是不同的，但这一观点的持有者通常会补充说明，这些差异并不是原则性的。

有关列宁和斯大林的争论主要围绕以下问题展开：十月革命后俄国的国家性质，以及繁荣市场经济的新经济政策的推行与实施；当时运用的两种斗争手段——恐怖活动与暴行；列宁与斯大林在心理上的异同。

“反列宁派”（象征性地这样称呼这部分人）认为，列宁和斯大林的立场是要建设一个反民主、反市场经济的国家，换言之，“斯大林只是将列宁时期奠定的政权体制建设完成而已”；两者都推崇并运用恐怖手段。尽管所有人都知道，列宁只是对“阶级敌人”采取这些手段，而斯大林则是针对所有他认定为“人民公敌”的人，其中包括曾经的战友（不知斯大林是否有过“战友”?）。

另一派的观点认为，列宁是世界级的政治活动家，他遵循着“具体问题具体分析”的原则，寻找和探索解决建设新生俄国的各项复杂问题的途径。而在政治上，斯大林与列宁截然相反，他依靠自己在党和国家内建立起来的官僚体制，把无产阶级专政变成了一党专政，或者确切地说，变成了一小撮只忠实于他的政客的专政，这些人纷纷进入党中央政治局。还有一点非常重要，即斯大林没有完成，也不可能完成列宁的“遗嘱”。上台后，斯大林首先做的就是将新经济政策带来的影响扼杀在萌芽中；而列宁则认为，通过这一政策的实施有可能建成“有特色的社会主义”。此外，列宁在其后期的一些文章中指出，社会主义与资本主义可以并存，有必要从根本上改变（编者注）“对社会主义的认识”。

至于被称为“红色恐怖”的问题，在国内战争时期，当时苏维埃政权不止一次“命悬一线”，因此，“红色恐怖”成了不得已而为之的手段，尽管在许多情况下是不必要的，有时甚至是多余的（比如，对许多知识分子、宗教人士、政党及运动的领导人）。在斯大林时期的集中营经常进行大规模的抓捕、镇压和枪决，即使在和平时期也依然如此。

关于列宁和斯大林的政治评价，以安·德·萨哈罗夫为例，他写道：“我同意别尔加耶夫的观点，乌里扬诺夫和其他大多数革命家的出发点是人性的、道德的，是历史的悲剧性转折令他们的行动以及他们自己变成了后来的样子。”当然，这里应将斯大林排除在外。这是因为，在列宁及其真正的战友身上，“政治家的清醒、浪漫情怀以及对自己理想的追求是融为一体的”，而斯大林则“不知兴趣爱好为何物，永远是想当然，完全活在‘自己的世界里’”[①]。史料文献有力地证明，斯大林最终利用列宁的名义达到了自己的目的，并揭示了斯大林的动机和手段。毋庸置疑，斯大林所建立的极权制度并不是凭空出现的，而是对十月革命后俄国一系列重要创举的继承。本书的主要思路和运用的材料证明，上述问题涉及解散所有政党（布尔什维克除外），并对这些政党依然留在俄国国内的领袖进行迫害（马尔托夫除外）。

在“反列宁派”及部分持其他观点的政治学者和历史学者的论证中，缺少方法论中所界定的“历史性”。在他们的论著中，20 世纪 20 年代的俄国与 30 年代末的国内形势有所不同。但同时，论著并没有对列宁在十月革命前及新经济政策时期的观点予以区分。正如 Ю. 布尔津强调指出的：“十月革命时期的列宁和向新经济政策过渡时期的列宁，以及 1923 年初的列宁在很多方面都有很大变化，这不仅表现在制定一系列重要路线问题上的反差，还表现在其自身内部不同观点的较量。”[②]（值得一提的是，历史学家们

① См.：Буртин Юрий. “Три Ленина”, *Независимая газета*, 1999. 21 января.

② *Там же.*

在很长一段时间里并没有刻意对年轻时和成熟时的马克思进行比较）。在此，可以援引论著中的原话："列宁在生命晚期曾认为，'从社会经济范畴来说，社会主义和新经济政策几乎是一回事'。"[①]

还应考虑到一点，即列宁时期布尔什维克党的领导机构一直是政治局，而在斯大林时期则变成斯大林一个人说了算。并且，布尔什维克党自身也发生了变化，明显分成了两部分，即以斯大林为首的权力"高层"和普通党员阶层。

最后，苏联时期史料文献不局限于个体研究，它的特别之处还在于，尽管当时在苏联国内已经实行了极为严格的党内审查监督制度，但是党内仍然存在各种不同的思想和观点。在《苏联史料文献研究》一书中，А. Н. 萨哈罗夫、А. П. 洛古诺夫、Н. Н. 马斯洛夫、Н. В. 斯塔里科夫、С. О. 施密特的文章都对此有所表现。研究者认为，苏联学界的危机是由于斯大林对党史研究实行高压监控，同时苏共党中央的"眼线"保护正统的思想和观点，并扼杀新思想。

前面已经提到 В. И. 米勒的最后一部著作。但是，在这里提到的是作者对各党派的一个根本问题的研究，即为什么孟什维克或社会革命党注定无法在 1917 年十月成为领导革命的党。孟什维克拥有 20 万名党员，其组织机构遍布于全国各地，但是终究没能成为革命的领袖，这是因为他们认为俄国尚未准备好进行社会主义变革，因此没有尽力争取政治上的胜利。作者指出，正是这个原因，孟什维克拒绝"实现人民的夙愿（尽快建立和平局面，将土地归还给农民等），这不可避免地使其失去了人民群众的信任，同时也为自己埋下了失败的种子"。

而社会革命党人作为一支规模最大同时也最具影响力的政治力量，用其领袖 В. М. 切尔诺夫的话来说，在十月革命前它就患上了"权力恐惧症"。作者认为，社会革命党人不肯为"实现自己的纲领"而冒险，迟迟不去解决革命的根本问题，即便一直拖延到立宪会议，它也没有采取措施促使大会

---

① *Там же.*

尽快召开，而是主动向立宪派妥协，千方百计地拖延选举（第 188 页）。В. И. 米勒这些关于孟什维克和社会革命党人策略的观点对于解读1917 年的十月革命有着重要的意义。

同时，В. И. 米勒提出了一个令历史学家“感到困惑”的问题：“为什么取得胜利的是布尔什维克?”自然，对此他也未能给出全面的回答。但В. И. 米勒对这一问题的思考发人深思。В. И. 米勒的想法同一些历史学家不同，他认为，布尔什维克的胜利并不是因为其政敌表现出了过错，而是因为布尔什维克的纲领符合并满足人民大众的心愿和期盼。

В. И. 米勒著作的现实意义在于其面向现代（诚然，这只是论著中很少的一部分）。著作的一个概括性结论是：当今的社会民主党人（我们是从自身的角度出发，这里指的是社会其他的政治力量）提议，“首先要帮助政权建设资本主义，然后才是运用资本主义社会的典型手段和方法捍卫劳动者的利益，但这种做法未必能够获得人们的好感和支持”（第 101 页）。

综观俄罗斯政党史历史文献的研究发展脉络，可以说，截至 20 世纪 90 年代末期这一研究领域在以下几个方面取得了实质性的进展：基本克服了“简明教程”方法论对政党史的诠释，即克服了坚信布尔什维主义的历史正确性的思想；研究对象包括那些“反人民”的政党和运动，即包括右翼政党，甚至包括一些曾被列入“反人民”名单的社会主义政党；开始研究民族主义政党的历史；陆续出版了名人传记类的综合性论著，其中《俄国政党百科辞典》在学界引起了巨大反响；展开对“历史文献研究的研究状况”的课题研究；在史料文献研究的论著中，常常对历史文集的资料予以分析，对档案文献进行整理，并且资料文献的利用水平相应得到了提高，一系列科学院的出版物也相继问世，如《关于政党纲领》，以及有关孟什维克、社会革命党人及其他政党的多卷本文献等；不再刻意抹黑国外的历史文献研究，同时把研究细化为不同的类型，把达到世界级水准的学术思想归纳并列入俄罗斯国内的文献研究综述。

通过对历史文献研究综述和主要的概括性论著进行分析，结果显示，为了推动俄国政党史的研究，需要运用新的文献资料和不受意识形态的教条模式束缚的新的历史思维方式[①]。对此，研究的中心任务就是解读具体社会政治条件下的俄罗斯多党制。在分析各政党之间的关系、对它们进行比较评价以及对其社会地位进行具体分析的过程中，政党史的研究将会充分发挥自己的作用。同时，这也使我们得以揭示不同政党的纲领目标及其工作方法中的共性与特性。

另外，还需要对各政党在世界革命运动中的作用和地位进行研究，其中包括俄国社会民主工党对第二国际社会主义政党的影响。

在此，需要特别指出的是，应从现实的角度对政党史进行研究，但这并不代表可以忽视政治的历史性，而用现代的眼光来评价过去。事实上，认识论的观点与普通方法论的客观性和历史性原则并不矛盾。而这些原则不允许不加批判地重复国外关于政党史的史料文献研究思想。

综上所述，可以确定的是，在对俄国政党史进行研究的过程中，某些方面策略上的“突破”尚未转变为战略上的“进攻”。也许，其中一个因素是历史思维方式的“转换”所必需的时间尚且不够，研究者的新老交替也未完成。同时，也不排除另一种可能性，即“文字”游戏的影响，在这里是指昨天还在正面评价的东西，今天转眼变为抨击的对象，反之亦然。总体而言，上述情况首先涉及的就是苏共党史。

应该说，史料文献研究理论和方法论的进一步发展是运用新思维研究问题的相关条件之一。本着科学的态度撰写俄国政党史应该成为国家社会生活研究中的一股清流，同时也是探索民主革新道路的指路明灯，这无疑将会促进俄罗斯早日实现其作为世界强国的伟大复兴。

档案文献综述

历史学者在工作中常常接触到两类文献：一类是与创作时代同期发表的

---

① См. , например: Поляков Ю. А. “Российские просторы: благо или проклятие? Заметки историка”, *Свободная мысль*, 1992. № 12; Он же. *Наше непредсказуемое прошлое*, М. , 1995.

文献，以期快速地将研究成果向同时代人通报；第二类则是重新出版一些已经失去现实意义的文献，这类文献是专门为历史学者所用，有些甚至经过了数百年时间的检验。下面要提到的是与历史学研究相关的——档案文献，它是历史学研究所需的第二类文献。

档案文献研究的对象既包括首次发表的档案文献，也包括重新出版当年的出版物（要尽可能与原版档案进行核对）。并且，档案文献出版综述有时也包括即时出版物（作为经过史）。

上述对档案文献概念的界定决定了本篇综述涵盖的时间范围为 20 世纪 20 年代至 90 年代末。当然，俄国政党的相关文献早在十月革命前就已经开始陆续发表，还在第一次俄国革命时期，就已经出版了第一批有关政党纲领的文集①。而一些期刊和非期刊类杂志，甚至包括非法出版物，以及定期发表的党代大会、全国代表大会和党中央的会议材料和党报记者的报道也都属于档案文献研究的对象。此外，随着俄国议会的设立，各政党领袖在杜马的演讲、各党团的宣言和公告、在不同政治集团内部制订的立法草案也都作为历史资料呈现在历史学研究者的面前。尽管这些材料对于俄国政治史研究者来说很重要，但是，它们只是即时出版物，而不能算是前面所定义的党的文献出版物。

如前所述，苏联非布尔什维克政党的党史研究及其文献出版是由全俄肃反委员会、苏联人民委员会国家政治保卫总局以及俄共（布）这些脱离学术研究的机构所控制。同时，苏共还建立了契卡保密处，专门负责侦查、警卫及保密工作，下设以不同代号命名的各局，目的是与不同派别的政党团体做斗争。事实上，这种“斗争”常常是针对一些在布尔什维克党夺取政权

① См. : *Сборник программ политических партий в России / Под ред. В. В. Водовозова*, Вып. 1 – 6. СПб. , 1905 – 1906; *Полный сборник платформ всех русских политических партий с приложением высочайшего Манифеста 17 октября 1905 г. и всеподданнейшего доклада графа Витте*, СПб. , 1906; *Российские партии, союзы и лиги. Сборник программ, уставов и справочных сведений о российских политических партиях, всероссийских профессионально – политических и профессиональных союзах и всероссийских лигах / Сост. В. Иванович*, СПб. , 1906 и др.

前就已经停止存在的组织，因此，也就变成了与这些政党的残余势力的斗争。为此，苏共专门设立了非布尔什维克政党党史及当代实践研究“顾问组”。

“顾问组”的工作是定期向地方发送一些冗长无味的通报。当时的通报针对的是政权和制度的反对派，并且通报的内容主要也是反映其反革命活动。在体裁上，这些通报是介于说明、指导性信件和短论之间的一种文体。通报中常常介绍一些政党的产生和活动（如一篇关于社会革命党的通报就是从19世纪与20世纪之交“农业社会主义联盟”的活动开始讲起），研究其过去和现在的基本纲领、战略目标及组织结构特征，还包括政党党报内容的综述、政党内部派别分化及政党周围派别相关信息的介绍。通报的附录中刊载了大量经过挑选和整理的各政党的文件。于是，在契卡档案中引入了100多份文件，它们有的是直接从原版文件复制过来的，有的是以搜查和逮捕的手段获得的，还有的是通过侦查机构获得的。在20世纪30年代中期，这些通报与附录经过整理后出版，形成了沉甸甸的两卷本文献集。

20世纪20年代，另一种针对非布尔什维克政党文献的官方出版方式是定期出专题“简报”，由全俄肃反委员会和苏联人民委员会国家政治保卫总局信息部负责筹划和出版。与通报一样，这些简报同样向各地发送，因为它属于“秘密文件”，其读者对象仅限于极小范围的特定人群。

总体上，对上述类型资料的评价并不高，如果不是在理性的角度下考虑到它们曾对苏联时期非布尔什维克政党党史资料汇编产生过影响，那么它们本身就是滑稽的笑话。当然，这些资料的汇编者所面对的任务绝不是学术性的，他们的任务具有现实的目的，即要向人们展示这些非布尔什维克政党“反革命”和“反人民”的本质，揭示它们与当时“工农联合”政府不可调和的敌对性，并以此为依据制定出同它们进行斗争的方式和方法。这些“通报”和“简报”的制作者很少受到关注，但让人不能容忍的是，这些人做出的评论和结论完全是文不对题，严重歪曲了他们所引用的文件资料。例如，在契卡机关的一份信息简报（№2）中主要内容记载的就是孟什维克党人对喀琅施塔得事件的态度，引用的资料则是之前被捕的Ф. И. 唐恩和

H. A. 罗日科夫的口供。从这份供词中可以看出，俄国社会民主工党不仅没有参加喀琅施塔得水兵起义，而且坚决谴责一切企图通过武力达到民主目的的行为。但这并不能阻止契卡工作人员妄下结论，认为 1921 年 3 月 2 日参加反对苏维埃政权的是由无政府主义者、社会革命党人、孟什维克及无党派人士组成的反革命力量[①]。列宁在谴责喀琅施塔得事件时做出了类似的表述，指出，“孟什维克、社会革命党人和无党派人士一众参与了该事件”，“他们都应该进监狱”——列宁这样总结道[②]。可见，这一结论也是基于契卡分子所提供的信息及做出的评价而得出的。

与“契卡机关”的工作直接相关的就是一整套介绍非布尔什维克政党的文献和资料的出现。这些资料有的是对非布尔什维克政党政策进行曲解，有的则索性直接伪造。例如，对“社会革命党人案”提起诉讼（1922 年）的主要依据是全俄肃反委员会的侦探 Г. И. 谢苗诺夫和 Л. В. 科诺普列娃给出的证词，而捏造“社会革命党联盟案”（1931 年）的所谓证据则是由调查人员严刑逼供前孟什维克党人得来的。这些审讯过程以及一系列早前契卡侦办案件相关文献[③]的公布为官方宣传提供了大量所谓真实但从历史角度来看其实并不真实的资料。这样一来，就形成了研究非无产阶级政党“衰退”、“破产”及“溃败”的历史文献资料基础。而在现实中，这些非无产阶级政党都曾是布尔什维克恐怖活动的受害者。

传播关于非布尔什维克政党不实消息的重要渠道是党内叛徒的悔过书、声明、回忆录和历史文集，这些常常是在当局的授意或者高压之下“自愿”发表或出版的。例如，前面提及的社会革命党人谢苗诺夫[④]的回忆录就是在俄共中央政治局的直接授意下，由契卡机关直接参与出版的[⑤]。在此之列的

---

① *Центральный архив ФСБ*, Д. 1123. Т. 3. Л. 10.

② Ленин В. И. *ПСС*, Т. 43. С. 238, 387.

③ См.: *Красная книга ВЧК / Под ред. М. И. Лациса*, Т. 1 – 2. М., 1922 (2 – е изд. М., 1989).

④ Семенов Г. (Васильев). *Военная и боевая работа ПСР за 1917 – 1918 гг.*, Берлин, 1922.

⑤ *Архив Президента РФ*, Ф. 3. Оп. 59. Д. 16. Л. 3. – Выписка из протокола № 1 заседания комиссии тт. Каменева и Сталина, назначенной Политбюро [Январь 1921 г.].

还包括前社会革命党人 *Б. В.* 萨维科夫[①]的悔过书、前孟什维克党中央成员 Б. И. 高列夫[②]和 И. М. 麦斯基（连霍维茨基）[③] 的讲话、回忆录及历史文集等。在20世纪20年代初，原自由派政党的活动家们也争先开始出版回忆录和政论文集，重新审视自己原来的观点，尤其是“路标转换派分子”[④]。

传播官方思想及对非布尔什维克政党的活动进行评价的主要渠道是执政党的代表和肃反工作人员公开发表的大量文章，这些文章通常是在苏共官方组织发动针对布尔什维克的政敌的运动前发表[⑤]。

于是，在20世纪20~30年代，在肃反人员和党报记者的共同努力下，奠定了对俄国自由主义、社会主义和无政府主义运动的历史进行片面报道的基础，这种主流趋势在苏联的史料文献研究中一直持续到80年代末期，而且时至今日也偶有体现。事实上，在当时已经开始对相应的资料库进行这种“（带有偏见的）研究”，这些史料在整个苏联官方的史料文献研究史上从未做过重大修改。

对非布尔什维克政党党史进行这种由“上面”批准且内容片面、虚假的报道研究，已经成为20世纪20~30年代初期苏联历史文献研究的主流趋势，但这还不是唯一。因为同时期存在另一套研究方法，即希望通过挖掘掌

---

① Савинков Б. В. “Почему я признал советскую власть”, *Дело Бориса Савинкова / Предисловие Е. Ярославского*, М., 1924.

② Горев Б. И. “Меньшевики в октябрьской революции в Петрограде”, *Каторга и ссылка*, 1932. № 11/12.

③ Майский И. *Демократическая контрреволюция*, М. – Пг., 1923.

④ Бобрищев – Пушкин А. В. *Патриоты без отечества*, Л., 1925; Гредескул Н. А. *Россия прежде и теперь*, М. – Л., 1926.

⑤ Вардин Ил. *Политические партии и русская революция*, М., 1922; Он же. *Эсеровские убийцы и социал – демократические адвокаты* (*Факты и документы*), М., 1922; Он же. *Революция и меньшевизм*, М. – Л., 1925; Луначарский А. В. *Бывшие люди. Очерк истории партии эсеров*, М., 1922; Мещеряков В. *Партия социалистов – революционеров*; Стеклов Ю. *Партия социалистов – революционеров* (*правых эсеров*); Владимирова В. *Год службы социалистов капиталистам*; Лисовский П. *На службе капитала*; Черномордик С. *Эсеры*; Стольный В. *Кадеты*; Равич – Черкасский М. Н. *Анархисты*; Ярославский Ем. *Анархизм в России* (*Как история разрешила спор между анархистами и коммунистами в русской революции*), М., 1939 и др.

握第一手资料，从而客观地展现这段历史。这种方法具体体现在非布尔什维克阵营[①]的活动家出版的回忆录、自传及其发表的历史、哲学和政论文章中，在个别情况下，也出现在这些政党的内部文件中。

众所周知，由于布尔什维克在十月革命前并不是俄国社会民主工党中的唯一党派，因此，已出版的记录布尔什维克党史的文献中，其实有很多作者是孟什维克的著名活动家和领袖。在《列宁文集》第三卷和第四卷中，“《火星报》和《曙光》时代节选”这一专栏刊载了这两个出版机构编辑人员的书信精选[②]，其中收录了 П. Б. 阿克谢尔罗德、В. И. 列宁、Ю. О. 马尔托夫、Н. А. 诺斯科夫、А. Н. 波特列索夫、Г. В. 普列汉诺夫等人于 1900～1903 年期间发表的 150 篇书信。编辑人员对档案整理、对出版文集的装帧工作细致入微，这一好的传统在后来对俄国社会民主工党十月革命前的文献进行整理出版时得到了传承[③]。

在 20 世纪 20 年代，主要是由教育人民委员会档案事务管理总局（自 1922 年起称为全俄中央执行委员会中央档案管理局）负责文献的整理和出版工作。除了几部记录 1917 年苏维埃历史的文集[④]，还包括 И. С. 马尔切夫斯基关于立宪会议的文集[⑤]以及 Б. Б. 格拉维所著《二月革命前夕的资产阶

---

① *Энциклопедический словарь Гранат*, Т. 41. Ч. 1－3. *Свод автобиографий и авторизованных биографий деятелей СССР и Октябрьской революции* （переизд.: *Деятели СССР и революционного движения России. Энциклопедический словарь Гранат*, М., 1989）.

② *Ленинский сборник*, М.－Л., 1925. Т. 4.

③ *Второй съезд РСДРП. Июль－август 1903 г. Протоколы*, М., 1959; *Третий съезд РСДРП. Апрель－май 1905 г. Протоколы*, М., 1959; *Переписка В. И. Ленина и редакции газеты “Искра” с социал－демократическими организациями в России. 1900－1903 гг. в 3 т.*, М., 1969－1970 и др.

④ *Всероссийское совещание Советов рабочих и солдатских депутатов. Стенографический отчет / Сост. М. Н. Цапенко*, М., 1927; *Петроградский Совет рабочих и солдатских депутатов. Протоколы заседаний Исполкома / Сост. Б. Я. Наливайский*, М., 1925; *Первый Всероссийский съезд Советов рабочих и солдатских депутатов. Стенографический отчет. Т. 1－2*, М., 1930; *Второй Всероссийский съезд Советов рабочих и солдатских депутатов / Сост. К. Г. Котельников*, М.－Л., 1928.

⑤ *Всероссийское Учредительное собрание / Сост. И. С. Малчевский*, М.－Л., 1930.

级》[①]。此外，我们感兴趣的问题在所出版的书籍中未有涉及。

此后，Б. Б. 格拉维又编写了档案文献《1905～1906年立宪派政党中央委员会会议记录》[②]。尽管从档案编撰学意义上来说，该文献并不完整，更谈不上完美（出版的会议记录未注明删减的情况，而且个别地方对手稿的识别有误），但是，它是几十年来独一无二的档案资料，并且直到20世纪90年代初期一直普遍为国内外研究者所引用。

苏联时期最后出版的关于资产阶级自由派组织史的文献包括 В. 雷哈尔德选编的十月党人文献[③]，以及1932年出版的论文集《1917年的资产阶级和地主》[④]（其中收录了1917年5月初至8月国家杜马成员部分会议的记录）。此外，还包括1932～1933年期间在《红色档案》杂志的专栏“1915～1917年的进步联盟”刊载的文献汇编。

两卷本文献资料集《我们的敌人》在20世纪20年代出版的文献中占有重要的地位，该文集于1928～1929年由 Я. М. 斯维尔德洛夫共产主义大学出版社出版[⑤]。文集由自由派杂志（《解放》《极星》）、新民粹派杂志（《革命俄罗斯》）和孟什维克期刊（《星火》《劳动之声》）上刊载的文章，再加上一些小册子以及不同社会思想派别的代表人物（П. Б. 斯特鲁夫、Ю. О. 马尔托夫、Я. В. 马海斯基、Ф. Л. 切列瓦宁、П. Б. 阿克谢尔罗德、Ф. И. 唐恩等）的著作节选组成。其中比较知名的有：库斯科夫的《信条》，圣彼得堡工人阶级解放斗争联盟的纲领及章程，解放联盟及社会革命党的纲领，社会革命党人期刊《革命俄罗斯》上发表的纲领性文章（包括论证土地社会化计划的系列文章，以及曾经轰动一时的文章《我们纲领中的恐怖

---

① *Буржуазия накануне Февральской революции / Сост. Б. Б. Граве*, М. –Л., 1927.

② Граве Б. Б. “Кадеты в 1905 – 1906 гг. (Материалы ЦК партии ‘Народной свободы’)”, *Красный архив*, 1931. Т. 3 – 5 (46 – 48).

③ *Красный архив*, 1929. Т. 4 – 5.

④ *Буржуазия и помещики в 1917 году. Частные совещания членов Государственной думы / Под ред. А. К. Дрезена, с предисловием З. Б. Лозинского*, М. –Л., 1932.

⑤ *Наши противники. Сб. материалов и документов / Под ред. В. Юдовского. Т. 1. Легальный марксизм, экономизм, махаевщина, меньшевизм, социалисты – революционеры, либералы*, М., 1928; *Т. 2. Меньшевики, социалисты – революционеры и либералы*, М., 1929.

成分》，作者为社会革命党战斗组织的创始人 Г. А. 赫尔舒尼）。尽管文集资料从时间上来看没有超出第一次俄国革命的范围，但是这些资料对 20 世纪初俄国社会主义及自由主义思想的主要流派予以了中肯的介绍。文集的每一部分都单独作序，而资料均有注释。我们认为，无论是从文献的选编、资料的充实与完整程度，还是从参考文献附录来看，时至今日该文集仍然有其学术价值。

20 世纪 20 年代，学术界非常重视 Г. В. 普列汉诺夫的文学遗产。1921 年，在巴黎出版了其逝世后的第一部书[①]。4 年后，他的遗孀 Р. М. 普列汉诺娃出版了 Г. В. 普列汉诺夫与 П. Б. 阿克谢尔罗德的两卷本书信集[②]。1923 ~ 1927 年，作为由 Д. Б. 梁赞诺夫主持编写的“科学社会主义系列丛书”之一，24 卷本的《普列汉诺夫文集》问世了，至今为止该文集仍是这位俄国社会民主党创始人最全的作品集。

关于俄国社会民主党党史最重要的文献是 20 世纪 20 年代出版的《俄国社会民主运动资料汇编》，其中收录的主要是 А. Н. 波特列索夫私人档案中的文献[③]。文集中收录了近 300 篇文献，包括 1895 ~ 1914 年期间 Г. В. 普列汉诺夫、А. Н. 波特列索夫、П. Б. 阿克谢尔罗德、Ю. О. 马尔托夫、В. И. 列宁等人的通信集，以及俄国社会民主工党委员会会议记录。另外，由 Б. И. 尼古拉耶夫斯基负责编写的参考文献附录和文献注释具有独特的价值。

在 20 世纪 20 年代出版的有关非布尔什维克政党党史的文献囊括了各政党知名活动家的回忆录。这些回忆录有的刊载在《苦役与流放》《往事》《红色档案》《无产阶级革命》等杂志上，有的单独出版或者作为纪念文集的一部分出版。就这样，至 30 年代中期，苏联的研究者们已经拥有了一整

---

① Плеханов Г. В. *Год на родине. Полное собрание статей и речей, 1917 – 1918 гг. В 2 т. / С предисл. Ю. Фердмана (Арзаева)*, Париж, 1921.

② *Переписка Г. В. Плеханова и П. Б. Аксельрода / Под ред. П. А. Берлина, В. С. Войтинского и Б. И. Николаевского. в 2 т.*, М., 1925.

③ *Социал – демократическое движение в России. Материалы / Под ред. А. Н. Потресова и Б. И. Николаевского. Т.* 1, М. – Л., 1928.

套研究俄国社会主义政党与无政府主义组织的文献，主要是由各政党活动家的个人文献和作品组成。从时间上来看，这些资料绝大部分属于第一次俄国革命时期。而从 20 ~ 30 年代俄国国内的文献出版情况来看，自由派和保守派政治活动家的表现则大为逊色。

20 世纪 20 ~ 30 年代，国外学界也积极开展收集和出版政党活动家回忆录的工作。十月革命后，这类出版物主要集中在柏林、布拉格和巴黎。20 年代初，柏林先后出版了几套历史文献系列丛书，其中包括《在异国他乡》《俄国革命档案》《革命之路》和 З. И. 格尔热宾的《革命年鉴》。此外，《侨民回忆录》的作者竭力摆脱传统框架的束缚，与读者分享的不仅仅是自己的回忆，还有对亲身经历的事件的诠释，这是它的一个典型特征。

在书札文献中，值得注意的是 Ю. 马尔托夫和 П. 阿克谢尔罗德在 1901 ~ 1916 年期间的书信集[①]。与前文提到的大多数出版物不同，该书信集的整理编注工作更加专业而细致。1924 年，书信集所在系列丛书（“俄国革命运动史资料汇编”）出版了由 В. С. 沃伊京斯基、Б. И. 尼古拉耶夫斯基、Л. О. 唐恩主编的《П. Б. 阿克谢尔罗德档案文献汇编：1881 ~ 1896》，在它的注释中包含了珍贵的史料。并且，在尼古拉耶夫斯基的努力下，20 年代国内外学界对俄国社会民主制发展的历史文献研究呈现完整的面貌。

20 世纪 20 ~ 30 年代发掘了一系列关于俄国政党活动的档案资料，并形成了一定的研究规模和基础。最终，在此基础上编制出了一整套研究 20 世纪前 20 年俄国社会运动史的文献，具体内容包括运动参与者的个人作品。但是，从已公布的史料来看，还远远无法呈现这段历史的全貌。并且，各政党（社会民主党及当权政党除外）的文献资料只是偶有出版，没有一个成熟的计划。另外，档案资料也被删减了很多内容。

在这方面，苏联国内的出版情况要好于国外，因为国外的出版物大多没有形成完整的档案资料。除极个别的情况之外，应该说，回忆录、日记和书

① *Письма П. Б. Аксельрода и Ю. О. Мартова, 1901 - 1916*, Берлин, 1924.

信集仅仅描述了作者短时期内的政治活动，或者说只是一些片段。在某种程度上，研究人员和出版工作人员（全苏原苦役政治犯和移民流刑犯联盟、苏联历史杂志和《俄国革命档案》编辑部、З. И. 格尔热宾出版社）也在有意识、有目的地尝试创建专门研究 20 世纪俄国社会运动史的文献资料库，但是，这一计划仅有一部分付诸实施。20 年代末期，随着“铁幕”的开启，刚刚开始将发掘文献和思考历史融为一体的历史文化发展进程就此中断。从此，苏联和国外的档案学研究开始走上各自的独立发展道路。

20 世纪 30 ~ 40 年代，苏联的档案学研究整体经历了一个低潮期，这充分体现在对非布尔什维克政党文献的出版方面。官方大肆宣扬蒙昧主义和教条主义作风，认为非布尔什维克政治组织是“小部分反革命势力的队伍”①，他们幻想着恢复地主阶级和资产阶级制度。当时的主流观点认为，纵观各个时期，20 世纪俄国的唯一一支革命力量就是列宁和斯大林领导的布尔什维克党，其他的政治组织都是布尔什维克和人民群众永远的敌人。甚至是在起源上与布尔什维克党最为亲近的俄国社会民主工党也被视为“尚未被消灭的敌人”，它和第二国际的其他社会民主派政党都被扣上了“社会主义法西斯”“最大的反革命力量”等帽子②。

在这种情况下，无论是出于政治上的考虑，还是在具体的出版工作中，公开发表或出版任何关于非布尔什维克政党及其领导人的文献都是不可能的。于是，客观地研究和阐释俄国政治史的研究趋势被扼杀了。一般在文献汇编资料出版前，要进行最为严格的筛查工作，以清除所有包含非布尔什维克政党内容的文献。在体裁上，这不仅涉及苏联时期出版人所喜爱的专题文集，还涉及分类文集。例如，在 1942 年出版的文集《苏联国内战争时期的传单：1918 ~ 1922》中，没有一篇非布尔什维克政党的文献，该文集是根据“国内战争史”总编室收集掌握的资料整编而成的。其序言的内容则会令读者产生联想，认为在俄国国内战争期间，除了布尔什维克党之外，其他政治

---

① Кандидов Б. *Меньшевизм и поповщина после февральской революции // Меньшевистская контрреволюция и церковь*, М., 1931. С. 134.

② *Меньшевики – интервенты. Сб. ст. / Под ред. И. В. Вардина*, М. – Л., 1931.

组织根本没有发过传单[①]。

国外学界在20世纪30年代的档案文献出版热潮到了40年代骤然降温。如果不算为数不多的报刊（通常是纪念刊），在40年代的出版物中，值得一提的只有一些个别书籍，其中包括立宪派人士 Н. И. 阿斯特洛夫的回忆录[②]、В. А. 马克拉科夫的演说集[③]、社会民主派人士 П. А. 加尔维的回忆录[④]，以及 Г. П. 马克西莫夫关于苏俄时期对无政府主义者进行镇压的历史文献研究[⑤]。到1940年，大多数在20年代开始出版发行的社会政治及历史方面的侨民杂志都陆续停刊了。

在20世纪40年代的苏联，历史文献的出版仍然是执政党非常重要的一项宣传工作。在这一时期，苏联档案文献的出版以多卷本专题文献研究资料的形式为主。一般都会对这些文献资料进行严格的筛查，并且要遵循《俄共（布）简明教程》的精神，按照专题予以分类。允许这些文献资料出版并不是为了让研究者进行新的探索和总结，而只不过是对苏维埃的史料研究者早已提出的思想观点进行再次说明。并且，表面上无可挑剔的各种参考文献附录以及这些档案文献出版物的装帧同样具有明显的片面性。

《1905～1907年革命》（22卷本）的编者们“抨击”孟什维克是“资产阶级的代理人”，他们直截了当地指出，编辑本文集的任务就是为了“增强布尔什维克党领导革命运动的影响力”。因此，《1905～1907年革命》并未涉及布尔什维克与孟什维克之间的党内斗争问题，更不用说介绍后者的活动了[⑥]。如

---

① *Листовки гражданской войны в СССР. 1918 – 1922 гг. / Сост. Р. Голубева и А. Иванов*, М., 1942.

② Астров Н. И. *Воспоминания / Предисл. С. В. Паниной, П. П. Юренева*, Париж, 1940.

③ Маклаков В. А. *Речи: судебные, думские, публичные лекции* 1904 – 1926 / *Предисл. М. А. Алданова*, Париж, 1949.

④ Гарви П. А. *Воспоминания социал – демократа*, Нью – Йорк, 1946.

⑤ Maximoff G. P. *The Guillotine at Work Twenty Years of Terror in Russia* (*Data and Documents*), Chicago, 1940.

⑥ *Революция 1905 – 1907 гг. в России. Документы и материалы / Под ред. А. М. Панкратовой. Т. 1*, М., 1955 – 1965. С. XXVII [Предисловие].

果编者在论述其所选内容的时候，确实无法完全绕开某一非布尔什维克政党的活动，那么，对这一部分内容的阐释一定会选取极为片面而且有限的资料，并配以相应的注释。例如，在五卷本的《伟大的十月社会主义革命》纪念文集资料汇编中，编者通过 10 份文献资料来介绍和呈现关于民主会议的内容，并毫不掩饰地揭露“社会党人”部长们的软弱无力和奴才行径①。而立宪会议的代表们就更“不走运”了，原本超过 100 页的会议记录在文集中被缩减了 2/3②。总之，苏联时期出版的文献均要接受书刊检查。

20 世纪 40～80 年代，令我们感兴趣的史料出版情况同之前相比并没有发生质的变化，如果说有变化，那也仅仅是停留在表面上、形式上。然而，在这一时期比较流行出版多卷本的系列专题文献资料汇编，在一定程度上促进了有经验的档案学人才队伍的形成，同时促进了出版界人员职业素养的普遍提高，70 年代在《苏联档案》杂志上开展的档案学理论方面的讨论证实了这一点。

到了 20 世纪 80 年代中期，苏联国内学界对俄国非布尔什维克政党党史文献资料的出版需求凸显出来。但是，在研究同非无产阶级政党斗争的“历史经验”问题时，苏联的史学界也只是意识到“关于这些政党的史料基础很薄弱”，但是并没有想办法解决这一问题③。

同时期的国外档案学研究则是另一番景象，之前出现的出版业的混乱局面持续的时间并不长。由于《当代论丛》在 1940 年停刊，俄国侨民决定推出一份新的党外大型杂志，并于 1942 年在纽约开始出版发行，其主编为 M. A. 阿尔达诺夫和 M. O. 采特林。之后，随着采特林的去世以及阿尔达诺夫于 1946 年移居欧洲，这份新杂志的主编一直由 M. M. 卡尔波维奇担任，直至 1959 年。卡尔波维奇是历史学家，毕业于莫斯科大学，他

---

① *Великая Октябрьская социалистическая революция. Документы и материалы / Под ред. А. Л. Сидорова. В 5 т. Т.* 1, М., 1957－1959. С. IX.

② *Триумфальное шествие советской власти.* Ч. 2, М., 1963. С. 338－339.

③ *Непролетарские партии России. Урок истории / Под общ. ред. И. И. Минца*, М., 1984. С. 3, 16.

是在第一波移民潮时移民国外的，当时任哈佛大学俄国史专业教授。在他出任新杂志的主编后，凭借个人的声望与博学，杂志的历史文献部门经常更新和补充新的史料。50～80年代，杂志先后刊载了数十位俄国社会及政治活动家的回忆录及书信。总体上，新杂志的内容都带有非常充实的文献资料，但是，它延续了侨民文献所特有的传统特点，即无视一切档案学的研究规范和标准。

20世纪50年代，根据俄侨新的迁移及人口分布情况，侨民出版中心移至纽约。在纽约的契诃夫出版社出版了 П. А. 布雷什金、В. А. 马克拉科夫、А. В. 德尔科娃·威廉姆斯、В. М. 切尔诺夫、В. М. 捷季诺夫、М. В. 维什尼亚克等人的回忆录，以及 П. Н. 米留可夫的两卷本回忆录和由 П. В. 斯特鲁夫的挚友 С. Л. 弗朗克所著的《П. Б. 斯特鲁夫传》[①]。1959年，为纪念 Л. О. 唐恩八十周年诞辰，契诃夫出版社出版了孟什维克党人回忆录文集《马尔托夫和他的挚友》[②]。

除了纽约，在巴黎[③]、美因河畔的法兰克福[④]、马德里[⑤]等地也零星出版过俄侨的回忆录。回忆录中的节选、一些纪念性文章则陆续发表在

① Маклаков В. А. *Из воспоминаний*, Нью - Йорк, 1954; Тыркова А. В. *На путях к свободе*, Нью - Йорк, 1952. Чернов В. М. *Перед бурей*, Нью - Йорк, 1953; Зензинов В. М. *Пережитое*, Нью - Йорк, 1953; Вишняк М. В. *Дань прошлому. Воспоминания*, Нью - Йорк, 1954; Милюков П. Н. *Воспоминания (1859 - 1917). Т. 1 - 2*, Нью - Йорк, 1955; Франк С. Л. *Биография П. Б. Струве*, Нью - Йорк, 1956; см. также: Аронсон Г. Я. *Россия в эпоху революции. Исторические этюды и мемуары*, Нью - Йорк, 1966; Милюков П. Н. *Воспоминания государственного деятеля*, Нью - Йорк, 1982; Родзянко М. В. *Крушение империи и Государственная дума и февральская 1917 г. революция*, Нью - Йорк, 1986; Родичев В. И. *Воспоминания и очерки о русском либерализме*, Newtonville, 1983 и др.

② *Мартов и его близкие. Сборник / Сост. Г. Я. Аронсон, Л. О. Дан, Б. Л. Двинов, Б. М. Сапир*, Нью - Йорк, 1959.

③ Церетели И. Г. *Воспоминания о февральской революции. Кн. 1 - 2*, Париж, 1963; Мельгунов С. П. *Воспоминания и дневники. Ч. 1 - 2*, Париж, 1964; Гессен И. В. *Годы изгнания. Жизненный отчет*, Париж, 1979; Оболенский В. А. *Моя жизнь, мои современники*, Париж, 1988 и др.

④ Олицкая Е. Л. *Мои воспоминания*, Франкфурт - на - Майне, 1971.

⑤ Долгоруков П. Д. *Великая разруха*, Мадрид, 1964.

《社会主义学报》上，该杂志一直发行到1965年①。有时，社会政治性季刊《界限》也会刊载类似的文章，该杂志自1946年创刊于法兰克福。

一直以来，俄国侨民及其直系后代都以收集并整理出版俄国非布尔什维克政党党史的相关文献资料为己任。20世纪50与60年代之交，国外的研究者们也加入这一行列。自1959年起，在Б.И.尼古拉耶夫斯基和美国历史学家利奥波德·海默森的倡导下，启动了高校间关于孟什维克的合作研究项目。50~60年代，由海默森领导的科研团队与侨居国外的孟什维克党人进行了一系列访谈，并予以记录，同时建议他们写自传、回忆录和文章。通过这种方式收集到的资料整编后收入了由哥伦比亚大学加里马诺夫研究所创建的孟什维克党史专门档案，而这些工作则为出版系列研究成果、回忆录及论文集奠定了基础②。

20世纪70年代，在阿姆斯特丹的“社会史国际研究所”着手挖掘完整的、可供研究俄国革命史的文献资料。由美国、英国及德国的史学研究者、著名专家M.别利、P.皮尔森、K.派斯和M.希尔德尔迈耶尔等组成的团队拟定了文献出版目录，其中包括再版早已成为珍本的社会革命党一大、二大和第一次全党会议的记录，以及立宪党人第二次代表大会的会议记录。遗憾的是，这一目录最终只完成了一部分③。

20世纪80年代，在原孟什维克党人、俄侨Б.М.萨皮尔的倡导下，阿姆斯特丹的“社会史国际研究所”完成了“俄罗斯文献系列丛书”，并

① См.，например：Гарей П.А.“Дни красного террора в Одессе（Из воспоминаний）”，*Социалистический вестник*，1960. № 1.

② *The Mensheviks. From the Revolition of* 1917 *to the Second World War.* / *L. Haimson*，ed. Chicago，1974.

③ *Protokoly Pervogo S'ezda Partii Sotsialistov-Revolyutsionerov*（*Proceedings of the First Congress of the Socialist Revolutionary Party*）*together with Dobavlenie k Protokolam Pervogo C'ezda Partii Sotsialistov-Revolutsionerov*（*Supplement to the Proceedings of the First Party Congress of the Socialist-Revolutionary Party*）. *Ed. with introduction*，*notes*，*appendices and index by Maureen Perrie*，New York-Lnd.，1983.

出版了由其整编的Ф. И. 唐恩的书信集①以及《Л. О. 唐恩个人档案》的资料选编②。这两部著作主要是根据“社会史国际研究所”掌握的资料编写而成，书中包括非常专业的序言、参考文献和附录。无论是对研究俄国社会民主工党杰出代表的传记作者来说，还是对从整体上研究欧洲社会民主运动史的研究者而言，这两部书都是不可替代的珍贵史料。1989 年，该系列丛书出版了荷兰人马克·杨森主编的文献资料汇编《“十月革命”后的社会革命党》③，以纪念 1917 ~ 1925 年期间在俄国以及侨居国外的右翼社会革命党人的活动。

综上所述，20 世纪 40 ~ 80 年代，主要是在西方国家进行对俄国非布尔什维克政党文献的档案挖掘与开发工作。60 年代上半期，这项工作和以前一样，基本上是由俄侨及其后人在做，并且主要集中在收集和出版私人文献上。当然，吸引西方的研究者参与到这项工作中来，可以保障将其继续传承下去，并从本质上改变其性质、组织风格及方法。此前，西方国家有关俄国社会运动史的文献资料汇编已经粗具规模，并已开始对其中的大型档案文集进行开发利用。

在集体研究的工作中，逐渐出现一个明显的趋势，即无论是对俄国社会及政治活动家的日记、回忆录和书信，还是对纯粹党的文件，其收集和出版工作都越来越系统且有计划地开展。还应该指出的是，研究者开始竭力改变国外文献研究一直以来无视历史文献出版规范的传统。但是，这些进步仅仅是一种发展趋势。虽然西方的文献研究者做出过尝试，但是，他们没能实施出版一套完整的俄国政党文献的计划。显而易见，没有吸收俄国国内的档案资料，没有俄罗斯专家的参与，是不可能制定出庞大而完整的出版计划的，就更不用说将其付诸实施了。

政治上的自由为非布尔什维克政党的文献重新在俄国国内出版创造了先

---

① *Федор Ильич Дан. Письма (1899 - 1946)*, Амстердам, 1985.

② *Из архива Л. О. Дан*, Амстердам, 1987.

③ *Партия социалистов-революционеров после октябрьского переворота 1917 года. Документы из архива ПСР*, Амстердам, 1989.

决条件。取消对书刊的政治检查，解密档案库和档案馆（俄国国外历史档案馆、现在的苏共中央档案馆、克格勃档案馆等）的文件，应该说，随着“铁幕”的落下，已逐渐取消了对国外研究者在工作上的种种限制——这一切都促进了国内和国外两大文化流派的重新融合。此前，它们是被人为分裂开的，长期以来处于彼此孤立和封闭的状态。并且，史料档案文献的出版在组织形式和内容上都发生了变化，这种变化毫不夸张地说是具有革命性的。此外，出版业不再受国家监控，走上了自由发展的道路，由学界人士管理，并服务于科学发展需要。出版社则制定大型的出版计划，由国际研究团队负责实施工作。以前国内档案馆的保密文件和国外文献汇编资料也陆续得以出版。新发表的文献总数有数万篇，并涵盖了史料文献的所有种类。除了分类文集外，专题文集以及基金项目成果也得以出版。另外，还出现了一系列历史文选以及文献资料汇编（《链环》《人物》《无人知晓的俄罗斯》《俄罗斯档案》等），一些国外类似的出版物移至俄罗斯（《过去的事》《界限》），还有专门刊载档案文献的《历史档案》杂志也重新开始发行。应该说，在现有的历史及档案学专业出版物中，相关部分的内容不断拓宽并更为丰富充实。同时，大型文学杂志也加入出版人的行列，图书出版商已开始由20世纪20年代对书籍进行普通的翻印转向实施大型原版图书出版项目。

以上便是文献出版界发生的种种外部变化。而在内容上，就我们感兴趣的课题来说，最重要的事件便是大型出版项目“俄国政党：19世纪末至20世纪30年代文献遗产”的启动。这一项目的实施始于20世纪90年代上半期，由俄罗斯政治百科全书出版社的独立学会负责。该项目的主要目标是出版俄国所有较大的非布尔什维克政党自成立以来的基础档案史料。目前，该项目的具体成果为文献汇编系列丛书的出版，其中包括《立宪民主党中央委员会及国外团体会议记录（1905年至20世纪30年代中期）》（六卷本）、《社会革命党（1900～1922年）》（三卷本）、《10月17日同盟：中央委员会全国代表会议记录（1905～1915年）》（两卷本）、文集《孟什维克：文献与资料（1903年至1917年2月）》

（单卷本）等。

1994 年，《立宪民主党中央委员会及国外团体会议记录（1905 年至 20 世纪 30 年代中期）》第一卷的出版拉开了该项目系列丛书出版的序幕。与此同时，多卷本文献汇编《孟什维克在 1917》的第一卷也面世了，该书是由俄、美两国历史学家与档案专家组成的合作小组共同整编完成的。

这样一来，国内外档案馆收藏的数千篇文献资料被顺利地引入学界，成为研究俄罗斯各政党的基础史料。对于接下来继续出版的书籍暂时还很难做出最终的统计，但是，根据已出版的两套系列丛书的内容、档案文献的装帧，以及以近似于学院派的复制文件内容的方法、手段就可以确定，这些图书的出版无论是对俄罗斯国内的历史文献学研究史，还是对文献史料开发，都具有划时代的意义。

近年来，文献研究的主要特征是挖掘研究者在以前完全接触不到的档案文献，其中包括前克格勃的档案。在这方面历史学家 А. Л. 利特文开了先河，他于 1995 年出版了女社会革命党人 Ф. 卡普兰的审讯卷宗[①]。一年之后，俄罗斯联邦安全局档案馆的一组工作人员在他的领导下，出版了新的文献集《左派社会革命党人与契卡》[②]。文献集由布尔什维克暗探局的档案资料汇编而成，其中绝大多数资料以前从未公开过。但是很遗憾，与前文提到的文献集不同，这两部文集连同不久前刚刚面世的《苏俄时期的孟什维克》（喀山，1998 年）都缺少参考文献、附录等一些重要元素，比如未对发表的档案文献配以相应的标题和注解说明。也就是说，这些文集只是对文献的简单印制发行，而不是将其作为史料文献出版。并且，在整理编辑第二本文集时，文献的选用原则也一直未予公开。但总体而言，这两部文集的序言部分内容充实、观点鲜明，略微弥补了以上不足。

---

① *Дело Фанни Каплан / Сост. А. Л. Литвин*, Казань, 1995.

② *Левые эсеры и ВЧК. Сборник документов / Под ред. А. Л. Литвина*, Казань, 1996.

近几年，俄国社会及政治活动家的私人文献尤为引人关注。保守派①、自由派②及社会主义阵营③的杰出代表的日记、回忆录、书信、政论及历史作品陆续出版，或者单独成书，或者以杂志特刊和专辑的形式发表。

总而言之，极权制度的日趋衰落为消除东西方在研究俄国政党及文献出版方面的差异创造了有利的条件。这对双方都有积极的影响作用，一方面，能够推动俄罗斯国内的图书出版摆脱意识形态上的“成见”；另一方面，也可以促使西方的图书出版不再忽略文献研究的重要性。实际上，现阶段对俄罗斯多党制档案文献遗产的挖掘工作已达成了一致，而不必再将其分为“西方”和“东方”两部分。

俄罗斯政治体制的过渡性特征在史料出版方面也体现得较为明显。尽管已经出版大量的分析述评④、辞典及文献汇编集，但是，学者们普遍认为，现在谈当代俄罗斯已形成多党制仍为时尚早。

当代俄罗斯多党制中概念混淆严重（有的归为“左派”，有的归为“右派”，有的则是“自由派”），这常常令文献研究者在按照政治倾向对文集进行整理时不知所措。因此，现阶段出版的文献集常常采用最简单的材料归类方法，即按照字母顺序排列。至于出版文献的内容，除了纲领性的史料之外（经常是以文摘的形式转载），有时还收录一些意义不大的政党文件，包括分析和指示性的研究报告、一般性的政论文章。即使是已经出版的文献集中最精华的部分⑤，其所反映的也只是编写该书时俄罗斯多党制的状况，在书

① Шульгин В. В. *Годы. Дни. 1920. Мемуары*, М., 1990; Он же. “Размышления (Из рукописей 60 - х годов) / Публ. А. И. Ушакова”, *Неизвестная Россия. XX век. Вып.* 1, М., 1992 и др.

② Милюков П. Н. *Воспоминания. 1859 - 1917. Т. 1 - 2 / Предисл. М. Г. Вандалковской*, М., 1990; *Вехи. Интеллигенция в России. Сборники статей / Сост. Н. Казакова, предисл. В. Шелохаева*, М., 1991 и др.

③ Савинков Б. “Избранное. Л., 1990; Владимир Бурцев и его корреспонденты / Сост. О. В. Будницкий”, *Отечественная история*, 1992. № 6 и др.

④ См., например: *Партии, движения и объединения России. Справочно-аналитический сборник*, М., 1993.

⑤ *Россия. Партии, ассоциации, союзы, клубы. Справочник. Изд. Российско-американского университета. Вып. 1 - 10*, М., 1991 - 1993.

面世之前，其内容就已经过时了。

经过国内外研究者与出版界长达70年的探索，时至今日，终于形成了一套完整的俄罗斯政党史档案史料文献，其数量众多、各具特色、类别齐全。综上所述，目前学界已经具备条件客观地研究俄罗斯多党制丰富而又完整的历史，并且在解决重大出版及研究问题方面已经开始了国际合作。这些成就为重新审视和评价苏联官方的历史文献奠定了基础，研究者既可以做一般性分析（根据政党的社会属性和主要纲领对它们进行分类，或者根据它们对沙俄及布尔什维克政府对内政策的态度进行分类），也可以做个别（指对每一个政党）分析。

同时，俄罗斯政党的历史文献出版工作还远未完善。政党文件出版的不均衡性不仅表现在形式、类别、年代上，还表现在不同的政党上。因此，系统出版党的基础性文件（纲领以及党中央机构、党代会和全国代表大会的会议记录）工作直到20世纪90年代才开始，目前还处于践行阶段。呼吁书和传单作为档案馆最广泛展出的一种史料也偶有出版。而国家杜马、立宪会议、苏维埃这些全国性代表机构中各党团的档案文献还有待开发。由于引进了国外档案馆的文献，又新公开了一批国内档案馆的文献，这些可以进一步充实目前已经形成的回忆录、书信集、日记及其他私人文献文库。但需要指出的是，有关民族主义政党和无政府主义组织的文献出版物还是很少。

从时间的角度来看，史料和档案文献研究中最为薄弱的环节仍然是对十月革命后非布尔什维克政党在俄国国内外活动的研究。而且，布尔什维克对政权的垄断促使在其领导下的侦查机关的文件从根本上否定了苏联史学界一直宣称的非布尔什维克政党和组织是“自行解散”的论断。因此，应该继续出版全俄肃反委员会和苏联人民委员会国家政治保卫总局保存的相关指示性文件及侦查资料。

* * *

苏共党史的史料及档案文献研究可以分为两部分，分别对应党史发展的两个主要阶段，即1917年10月夺取政权之前和之后。第一阶段呈现在我们面前的是“合法的（1917 年 2 月前是非法的）”政党，而第二阶段——它变成“苏联社会的领导和指引力量”。应该指出的是，在研究苏共党史的时候，应该将党和国家的体制结合起来。不久前，当提到苏共党史的史料学和文献学研究时，算得上是运用了科学研究方法进行客观研究的（明显有所保留）只有“列宁时代”，即党史研究的第一阶段和第二阶段伊始，之后则完全进入了浮夸和宣传式的研究时期。

随着建立和挖掘党史资料库工作的有序进展，先后成立了俄共（布）党史和十月革命历史研究室（1920 年）以及列宁研究所（1923 年）。1928 年，俄共（布）党史和十月革命历史研究室并入了列宁研究所。1931 年，列宁研究所又与马克思、恩格斯研究所（1920 年）合并为统一的马恩列研究所，也就是后来的苏共中央马列主义研究所。这些研究机构积极地开展工作，由此产生了大量的成果。在 20 世纪 20 至 30 年代初，学界引入了大量的党史资料，其中以描述列宁生平事迹和革命工作的文件资料以及党最高领导机关（首先是各级代表大会）的文件为主①。

根据党的第九次代表大会决议（1920 年），在 1920～1924 年期间，陆续出版了第一版《列宁全集》（1926 年增补的第 20 卷面世）。这一版《列宁全集》的编写工作很仓促，因此，还很不完整。编者们主要是根据已经发表的列宁的作品进行编写，但事实上仍然缺失了许多资料、文件和作品，或者录入的作品尚未经过严格的考证和推敲。另外，全集中收录的一些文章并非列宁所写，而是张冠李戴，算作列宁之作。而且，全集的参考文献及附录最多算是面向“广大读者”的，而不能为专业的研究者所用。

第二版和第三版的《列宁全集》② 则完全不同。这两版在内容上完全相同，但是其外部装帧不同（第二版的封面是“高贵的蓝色”，而第三版则是当时最流行的红色）。这两版全集的出版完全是根据全苏苏维埃第二次代表

① Приймак Н. И. *Советское источниковедение ленинского наследия*, Л. , 1991.

② Ленин В. И. *Соч. в 30 т.* , 1925 – 1932.

大会和党的十三大所做出的决议，堪称当时出版界的创举。全集出版工作的负责人为列宁研究所首任所长、档案文献学的权威（一直致力于文献史领域的研究工作，在生命弥留之际再次证明了这一点）Л. Б. 加米涅夫。新版全集不仅在内容上更加充实了（第一版共收录作品 1536 篇，而第二版有 2737 篇），而且在当时来说，也显示出了高超的学术水平（新版被公认为学术性著作）。

苏联国内最著名的文献学家 С. Н. 瓦尔克教授作为特聘党外专家编写了专门的《列宁著作出版条例草案》（1926 年发布），该草案根据历史学专业的最高标准编写而成，对列宁生平事业的档案文献研究有着举足轻重的影响。其中，草案对出版内容、出版任务、文本（文本的表述、标题的拟定及图例说明的使用）、参考文献及附录（注释、索引、年表、参考书目、肖像集、引言）、资料的使用情况、出版物的外观等问题都制定了相关的研究规定。正是在这样的研究标准和方法的规范下，新出版的作品真正成为有学术价值的著作①。

综观不同版本的《列宁全集》，目前来看，第二版和第三版早已显得陈旧过时，但是其参考文献及附录，尤其是注释和按照人名索引排列的附录中所包含的信息（长期以来，它们是唯一能够获得那些在众多其他的文献中已经被消除，即无法查询到的人物资料的渠道）具有很高的学术价值，即使在今天仍然受到历史学研究者们的关注。1938 年 11 月 14 日，联共（布）中央“关于《联共（布）党史简明教程》出版后如何进行党的宣传”的决议责成马恩列研究所尽快修订《列宁文集》附录中愚蠢的政治错误。例如，《列宁全集》的第 13 卷刊载了列宁的文章《唯物主义和经验批判主义》，而其附录中收录的却是当时报刊对该书的否定评价。

除了《列宁全集》之外，列宁研究所自 1924 年起陆续出版《列宁文集》（至 1933 年共出版了 20 卷）。其中收录了两类资料：新发掘出的、之前出版的文集中所没有的著作；列宁著作的相关准备资料（如著名的《哲

① Валк С. Н. *Избранные труды по археографии*, Л. , 1991. С. 85 – 105.

学笔记》)。编者们为了第二类资料的出版进行了大量的档案文献整理工作，总体而言，他们很好地完成了这一任务。

关于党的最高领导机关的文献出版主要有两个发展方向。首先，“指导性文件”的出版大多是以宣传鼓动为目的。1922 年，俄共（布）党史和十月革命历史研究室出版了《俄共（布）代表大会及全国代表大会决议汇编(1898～1921 年)》。在序言中，编者极力推荐《列宁文集》作为“党的积极分子的参考书”。之后，《列宁文集》于 1925 年、1927 年、1932 年、1933 年多次再版（最后一次再版为两卷本），每次再版收录的文件内容都有所变化，有的拓展了，有的则压缩了，其中最受关注的则是陆续收录了一些此前从未发表过的党的会议决议。

出版党代会会议记录（指在党代会召开之后“即时出版”）主要面向的对象是党史研究者。1924～1933 年期间，对党的第二次至第七次代表大会会议记录进行了学术性编辑及再版发行，同时还出版了第七次全国代表大会(四月代表大会）的会议记录，这一会议记录在 1917 年没有公开发表。20 世纪 30 年代初，俄国社会民主工党召开了军事和战斗组织第一次会议(1906 年）以及《无产阶级》杂志编辑部的扩大会议（1909 年），其会议记录也首次面世。另外，文集《1905 年革命中的党》（莫斯科，1934 年）则收录了党中央委员会以及其他中央机关的一系列档案文献。

对大量革命前的党报进行学术性编辑，然后再版发行。其中包括列宁创办并长期发表文章的《火星报》、《前进报》、《无产者报》、《新生活报》、《兵营报》、《社会民主党人报》（非完整版)、《明星报》、《真理报》（非完整版)。一些杰出的党的活动家，如 Г. Е. 沃罗夫斯基、Г. Е. 季诺维也夫、Л. Б. 加米涅夫、М. С. 奥尔明斯基、Г. И. 彼得罗夫斯基、И. И. 斯克沃尔佐夫－斯捷帕诺夫等的文集通常都完整地收录了他们在报刊上发表的文章(或小册子)。在文集《布尔什维克党是怎样诞生的》中，收录了 1904 年布尔什维克还没有自己的党报时所发行的一系列小册子。

各种各样有趣的资料刊载在《无产阶级革命》《红色大事记》《革命大事记》等俄共（布）党史和十月革命历史研究室主编的杂志上和其他一些

地方党史研究机构出版的论文集中。

总的来说，20 世纪 20 至 30 年代初期发表和出版的布尔什维克党史资料就其结构来看是值得肯定的，同时，它还可以作为整合俄罗斯政党史研究成果的范例。

《联共（布）党史简明教程》极力宣扬党对意识形态的统治（20 世纪 30 年代中期至 50 年代中期），因此，有关非共产党的党史研究日益衰落，这已经影响到对这些政党党史资料的进一步挖掘。同时期，只有列宁著作的出版工作可以说是呈现了良好的发展态势，新发现的列宁文献陆续出现在《列宁文选》和党的期刊上。1941 年，《列宁全集》第四版的前两卷面世，直至二战结束后的 1946 ~ 1950 年期间，第 3 ~ 35 卷出版完成。在 1957 ~ 1962 年完成了第 36 ~ 40 卷的出版工作。这一版比之前的版本新增文献 873 篇，但是，其中只有 74 篇为首次发表。就参考文献及附录（人名索引完全没有）的学术水平来说，第四版明显逊色于前两版。

在这一时期，其他著作、文集和文献的出版工作主要是服务于宣传目的。当时，各个出版社都乐于印制传单，因为这种传单的特点就是以口号宣传为主，非常便利，并且不需要指名道姓地侮辱别人。在这一背景下，20 世纪 30 年代末由列宁格勒的文献专家们主持编写的两本学术性文集就尤为引人注目了。第一本是《第四届国家杜马中的布尔什维克党团》（1938 年）。该文集收录了大量有关布尔什维克和宪兵的文献（尽管我们发现该文集有一个明显的漏洞，即缺少“奸细马林诺夫斯基”事件的相关史料）。另一部文集为《沙皇政府新闻管制下的布尔什维克报刊（1910 ~ 1914 年）》（1939 年），主要收录了新闻出版总署及圣彼得堡出版委员会主办的《明星报》和《真理报》上发表的文献，应该说，在当时的条件下能够出版“敌对阵营”的文献是极为罕见的现象。

苏共二十大（1956 年）召开之后形成的局面在很多方面都促进了党史史料收集整理工作的繁荣发展。出版发行的规模大幅度扩大，层次水平与之前相比也有了显著提升。正是在这一时期，对苏共党史进行史料学研究逐渐成为一个运用科学方法对史料进行研究（常常与行政命令相悖）的专门的历史学科。科学院文献委员会和历史档案学院文献教研室围绕党史文献问题积极开展研究工作[①]，不少有趣的见解在《苏共党史问题》及《历史档案》杂志上发表。

史料的出版主要由苏共中央马列主义研究所负责，该研究所与科学院和档案部门的研究机构建立了紧密的合作关系。它的首要任务就是根据苏共中央1957年1月8日决议筹划出版《列宁全集》第五版（真正意义上的全集——译者注）。1960年《列宁全集》开始出版，至1975年共出版了55卷。

《列宁全集》中收录作品和文献9000多篇，其中大部分是前几版未曾收录的新增内容，近1100篇为首次发表。此外，在相应卷次的参考文献及附录中增补了200多篇文献。所收载史料的主要类别包括文献作品（著作和文章）、报告及讲话稿、书信、与列宁作为党以及苏维埃政府领导人工作相关的公文等。《列宁全集》中首次收录了一些准备性资料，包括提纲、草稿、文献资料摘录（《哲学笔记》《帝国主义笔记》《马克思主义关于国家的思想》等）。在许多卷本的附录中，还附有列宁本人的一些文献资料。在筹备出版的过程中，在确定作者以及与原文进行校对方面同样进行了大量的考证工作。

各卷的参考文献及附录包含大量的资料和信息，如序言、未找到的列宁作品目录、列宁参与编辑及翻译的作品目录、可能是列宁创作的作品目录、引用和提及的文献资料索引、注释（对正文内容所加的）、列宁的生平事业年表。针对参考资料中的上述内容，通常要开展非常复杂的研究工作，有时甚至是要进行独立的研究[②]。

在对《列宁全集》编者所取得的成果予以肯定的同时，还必须指出，列宁遗产的学术出版工作尚未完成。首先，还有许多资料和文献没有收录进

---

① Варшавчик М. А. *Источниковедение истории КПСС*, М., 1989; *Советская археография. Период развития социализма. 1960 – 1980 гг. / Под ред. М. С. Селезнева, В. М. Устинова*, М., 1983.

② См.: *Сокровищница великих идей ленинизма*, М., 1968.

《列宁全集》，档案馆中收藏的许多列宁文献由于书刊审查原因也未能刊录。另外，对正文内容所做的注释显然离学术性出版物的差距还比较大，对许多背景情况都未能做出清晰的诠释，校勘问题也没有得到足够的重视。并且，《列宁全集》一个典型的特点是其中没有注明编者及编委会成员的名字，就其实质来说，这将学术性著作变成了半官方的（“指导性的”）资料。

在筹备《列宁全集》的同时，《列宁文集》也相继出版。1959~1975年期间，先后出版了《列宁文集》的第26~38卷，而在1980年和1985年（即在《列宁全集》面世之后）又分别出版了第39卷和第40卷。最后的几卷应该算是对《列宁全集》的补充，因为其中增补了大量新挖掘的列宁文献。

在第二版至第五版《列宁文集》的各种附录中，附有列宁在相应时期的生平及工作的年表等资料。随着时间的推移，该部分内容越来越显示出其自身的价值。1931年和1933年出版了两版《列宁生平和工作年表（1870~1924年）》。之后，又有一系列记述其生平不同阶段的类似作品问世。直至1961年，苏共中央委员会通过决议，决定创作一部有重大价值的著作《弗拉基米尔·伊里奇·列宁生平大事记》，通常简称为《生平大事记》。1970~1982年期间，《生平大事记》陆续出版了12卷。无论是从列宁生平的角度，还是从史料学研究的角度，《生平大事记》都能引起研究者们极大的兴趣，因为从实质上来说，它是一整套较为完整的党史史料，其中包括列宁的著作、党各个机关的资料、新闻报刊、回忆录、档案文献。尤其需要指出的是，其中还收录了之前未曾发表过的列宁文献以及关于列宁的文献①。

20世纪20年代，出版界开始陆续出版布尔什维克其他领袖的一些文集。计划出版23卷（共27册）的Л.Д.托洛茨基文集，在1923~1927年期间，已有12卷本（共18册）先后问世。此外，最终没有完全出版的还有

---

① Зевелев А.И., Кулешов С.В. *Биографическая хроника В.И. Ленина и историко-партийная наука*, М., 1978.

Г. Е. 季诺维也夫文集，原计划出版16卷，最终完成第1～8卷和第15～16卷的出版。而已经出版的Л. Б. 加米涅夫文集第1卷《文章与讲话（1905～1925年）》（列宁格勒，1925年）主要是对列宁过往的回顾。

1946年，根据联共（布）中央委员会决议，开始出版《斯大林文集》。斯大林在世时，共出版了13卷，收录了其1901年至1935年1月的作品。1956年，《斯大林文集》第14卷印制完成，但是由于苏共二十大决议的影响最终未能与读者见面。20世纪60年代，16卷本的《斯大林文集》在美国出版。1997～1998年，莫斯科作家出版社出版了由Р. И. 科索拉波夫负责编写的第14～16卷。应该说，各个版本的《斯大林文集》无论是从完整性还是从文献整理的质量来说，都不尽如人意。

从学术性的角度来看，在布尔什维克党史文献研究方面，取得最突出成就的应该是一系列政党通信集的出版，其中包括《列宁和〈火星报〉编辑部与俄国社会民主组织通信集（1900～1903年）》（第1～3卷，莫斯科，1969～1970年）、《列宁及其所领导的俄国社会民主工党所属机构与各政党组织通信集（1903～1905年）》（第1～3卷，莫斯科，1974～1977年）以及类似系列《1905～1907年期间通信集》的前几卷。原计划这一系列丛书一直出版至1917年，但是最终未完成出版计划［1957～1974年期间出版的6卷本《俄国社会民主工党（布）、俄共（布）中央委员会秘书处与地方党组织通信集（1917～1919年）》可以看作丛书的延续］。通过极为细致复杂和高强度的查询搜索工作，编者将大量从党史档案馆、政治侦查机构史料库以及期刊中所获取的资料进行整编捋顺，并予以系统化处理。很多时候，发掘出的文本需要进行解码、破解笔名和代码，这为注释工作带来了巨大的难度。

1953年问世的第七版《苏联共产党决议汇编》（共两部，此前1940年的那一版并没有得到广泛使用）引起了广泛反响。由于斯大林逝世后，苏共党中央提出了“集体领导”的口号，所以，时至今日，党史文献编写工作应该遵循的并不是斯大林的著作，而是党的代表大会及中央全会做出的各项决议。之后，在1970～1989年期间，对《苏联共产党决议汇编》进行了第八版“增订版”的编辑工作，这一工作直至1988年完成（1990年出版了一卷相关的参考资料）。这一版的特点在于，在必要的情况下可以援引文献档案查询资料的原文内容①。

同时，对已经成为珍稀本或者专档管理的党代会（第二次至第十三次、第十五次）和全国代表大会（第六次、第八次、第十六次）的会议记录和速记笔记总结进行了整理再版。此外，《俄国社会民主工党第一次代表大会（1898年3月）文件与资料汇编》（莫斯科，1958年）以及《俄国社会民主工党第三次代表大会文件与资料汇编》（莫斯科，1955年）也进入了筹备出版阶段。众所周知，第一部汇编中没有会议记录，第二部则可以看作会议记录的附录。

1958年出版的《俄国社会民主工党（布）中央委员会会议记录（1917年8月至1918年2月）》也经历了一番波折。最初，该会议记录刊载在《无产阶级革命》杂志上，之后，于1929年单独成卷出版。同时，文中删除了列宁对托洛茨基的肯定评价的部分（之后，托洛茨基搜集到一些片段，并在移居国外期间将其发表）。1958年的版本中增补了新文献，当然，其中并没有之前删减的内容。

《俄国社会民主工党圣彼得堡委员会会议记录及资料汇编（1902年7月至1917年2月）》（列宁格勒，1986年）的出版也是独一无二的，因为档案馆只在极个别的情况下才会保存党委会的会议记录（1917年以前）。

为纪念1905～1907年革命以及1917年革命，一系列专题文集陆续面世，其中包括《1905年政治罢工的领导者布尔什维克》（莫斯科，1955年）、《两个政权并存时期为争取社会主义革命胜利而斗争的苏共（1917年2月27日至1917年7月4日）》（莫斯科，1957年）、《为争取伟大的十月社会主义革命胜利而斗争的苏共（1917年7月6日至1917年11月6日）》（莫斯科，1957年）。同时，地方出版社也出版了大量的专题文集。这些文集包含许多珍贵的史料，但是也暴露了专题类出版物一个共同的缺点，即文

① Боголюбов К. М., Петров Ф. П. *Документы борьбы и побед*, М., 1974.

献的筛选是按照预设的意识形态标准进行的。

改革和倡导公开性时代的到来为苏共党史研究（包括史学、史料学及文献学研究）带来了根本性变革的曙光。苏共中央通过决议，筹备第六版《列宁文集》以及党代会、全国代表大会、党中央全体会议文献的系列出版工作。但是这些计划最终也并未实现，各种不确定性和偶然性因素的出现打乱了系统的（甚至是得到相应政策支持和保障的）规划。

自20世纪80年代中期起，档案文献的发表以杂志为主（当然这得益于“挖掘档案文献”活动的开启），而书籍类的出版逐渐退居“二线”。1989～1991年杂志《苏共中央消息》先后刊载了党的第八次代表大会的内部会议速记记录，1919～1920年党中央、政治局和组织部会议记录节选，中央全会关于贝利亚案件的总结报告，以及赫鲁晓夫那份闻名世界的、在苏共二十大上所做的报告。另外一份半官方杂志《苏共历史问题》发表了俄国社会民主工党第六次（布拉格）全国代表大会的会议记录，而后《奇迹》（1991～1995年）取代这份杂志并刊发了第五次全国代表大会（1908～1909年）的会议记录。与此同时，其他杂志也刊登了不少新的文献（包括列宁的文献）。在此，正如我们所期待的，众人的主要关注点集中在以前从未公开过的文献内容上，于是，各个出版社也积极地发表托洛茨基、加米涅夫、季诺维也夫、布哈林、雷科夫、托姆斯基等反对派的作品和文献。

根本性转变发生在1991年底，即苏共被禁止活动之后，苏共党史作为一个独立的学术和教学研究学科也相应地被禁止了，而相关的学术中心和教研室也纷纷被取缔。原来由苏共中央马列主义研究所或者党中央直接管辖的党史档案馆转由俄罗斯联邦档案管理局管辖，党最高机构的文献及其著名活动家的个人档案库均并入俄罗斯联邦总统档案馆收藏（该档案馆的学报《老广场》自1995年起作为《史料》杂志的一部分开始发行）。这都预示着“对档案的挖掘开发”进入了一个崭新的阶段。

1992年5月，成立了由俄罗斯联邦总统直接管辖的特别档案委员会，其主要任务便是解密早前未公开的档案资料。这里首先涉及的是俄罗斯联邦宪法法院审理“苏共有关案件”所需要的一些文件。上述文件的副本转由当代文献收藏中心保存，并已形成一套完整的库存史料。其中，《克里姆林宫及老广场档案》附有简介的参考资料；苏共有关案件的文献也于1995年开始出版；在俄罗斯联邦国家档案馆出版的系列书目中，对斯大林、莫洛托夫、赫鲁晓夫的“秘密档案”内容进行了解密；《俄罗斯现代史文献保管和研究中心馆藏资料指南》也是首次问世和出版；在《俄罗斯、莫斯科和圣彼得堡档案馆概览：参考资料及图书目录》中则包含了大量有价值的信息。

在历史杂志上刊登了一系列中央全会的速记总结报告，其中包括1936年12月①、1937年2～3月②、1957年7月③、1964年10月④召开的会议。另外，《30年代斯大林时期的苏共中央政治局文献汇编》（莫斯科，1995年）的出版受到了广泛的关注，《1922～1925年的政治局与教会》（新西伯利亚、莫斯科，1997年）呈现了20世纪20年代的形势变化，《克里姆林宫的私刑：苏共中央政治局关于作家A. 索尔仁尼琴的秘密档案》（莫斯科，1994年）反映了20世纪60～70年代苏联国内的情况。此外，还有引起关注的文集《布尔什维克的领导书信集（1912～1922年）》（莫斯科，1996年）。

1994～1997年，有相当多的出版物（首先是杂志）以个别事件和主题为主要内容（其中包括地区性的事件）。而苏联时期的问题研究也力压十月革命前的问题研究，占据了主导地位。1917年前布尔什维克党史能够吸引研究者的主要是诸如党的财政资助来源、奸细行为等一些耸人听闻的消息和内容。在当时积极、专业地出版革命前其他俄国政党文献的背景下，第二种情况的出现尤为引人关注，并且后者的受关注程度很有可能超过前者，其结果是在研究领域出现“一边倒”的危险（当然，这只是“从另外一方的角

① *Вопросы истории*, 1995. № 1.

② *Вопросы истории*, 1992 - 1995.

③ *Исторический архив*, 1993. № 3 - 6.

④ *Исторический архив*, 1993. № 1.

度来说”）。

整体上来看，近十年来，学界使用的布尔什维克党史资料的数量激增，这首先是得益于向新研究领域的拓展。但是，这种增加在很大程度上并不系统。例如，“挖掘档案文献”的进程缺乏足够的连续性，图书出版的资金来源等方面都存在很大的困难，研究者和出版人也并不总是能够胜任他们所负责研究的问题。在本书完成之际，又有两本文集问世了，即《莫洛托夫、马林科夫、卡冈诺维奇 1957 年苏共中央七月全会速记记录及其他文献汇编》（莫斯科，1998 年）、《列宁不为人知的文献（1891～1922）》（莫斯科，1999 年）。

第一部分

多党制的形成

第一章 19世纪末20世纪初俄国的政治觉醒

C. B. 丘丘金

在确立了布尔什维克专政之后，俄国政党完整地经历了从产生、激烈竞争到解散和消亡的发展过程。这一过程复杂又富有戏剧性，值得对其予以关注并进行集中研究。在20世纪初期，这些政党自身的历史虽然不长，但是特点都很鲜明，已成为俄罗斯历史不可分割的一部分，是俄罗斯的过去对现在和未来的警示，是给当代政治学者和所有关心祖国的俄罗斯人的重要经验和教训。

与西方国家相比，政党在沙皇统治的旧俄时代的产生要晚得多。显然，在19世纪60年代问世的《大俄罗斯语详解词典》中，对“党”一词的诸多解释并没有表明它“是代表某一社会阶层利益的政治性组织”之意，这并不是偶然的。该词典由B. И. 达里编写，真实地反映了俄国当时的风貌和特点。在当时的情况下，对政党的界定最贴近西方意义的，就是将“政党”一词理解为思想流派，如西欧派、斯拉夫派，或者争夺皇位、有时甚至是谋朝篡位的宫廷各派。这里有一个典型的例子，未来的十二月党人成立的是同盟和协会，而不称为政党，只有民粹派革命党人将自己的组织命名为党。

政党在俄国的建立过程明显受到西方的影响，某些方面在复制它的道路，但是同时又具有鲜明的本国特色。因此，本部分首先应该研究政党在政治和经济更为发达的西方国家是如何产生的。

西方国家政党的产生

在欧洲发达国家，政党的形成经历了极为漫长的时期（如托利党和辉格党，即后来英国保守党和自由党的前身，它们早在17世纪就已经出现）。同时，各地的民主主义与社会主义政党的产生均晚于保守党与自由党。这一进程的背景是由传统的工业革命前的社会向自由民主、发展市场经济、意识形态和政治多元化的工业社会转变。

西方的政党是在各阶层和阶级矛盾冲突极为激烈的背景下诞生的，同时也是其矛盾冲突的产物，是议会内外政治斗争的积极参与者。资产阶级革命则是形成不同政党派别的催化剂。例如，在18世纪末的法国大革命时期，热月党人、吉伦特派、雅各宾派在政治舞台上斗争激烈。很难想象，如果没有议会中的辩论、选举运动、报刊上的论战，西方的政党将会是什么样子。正是在上述活动中政党领袖和杰出的政论家开始崭露头角，并获得社会的广泛支持。议会党团常常成为政党的领导中心也并不是偶然的。19世纪的欧洲是议会制和立宪制发展的鼎盛时期，在此期间公民社会加速形成，政党或多或少开始具备现代政党的雏形。

在一些西方国家，其政治生活的基本内容就是竞争以及两党轮流执政，如英国的自由党和保守党，美国的民主党和共和党等。而在其他大多数国家，政党制度则更为纷乱复杂。例如，经常被拿来同19世纪和20世纪之交的俄国做比较的德国，就同时存在四个保守派、六个自由派、五个民粹派、一个天主教派以及一个社会民主党。在这种情况下，只有经过自然淘汰之后，那些社会根基最深、思想和组织最为成熟的政党才能生存下来，才能够推选出有能力、有威望的领袖，并且获得某些社会阶层的欢迎和支持。

众所周知，政党形成的条件是具有共同的社会、政治及民族利益。因此，任何一个政党归根结底是有其社会属性的，尽管它通常是由几个社会阶层的代表组成，并有着共同的、看似“超阶级”的思想（如自由主义思想、社会民主主义思想、民族独立主义思想、基督教思想等）。有时，相同的利益和思想甚至体现在一些政党的名称中，尽管它们可能很少公开表明自己的阶级立场。

还应该指出的是，西方大部分政党的典型特征是组织结构不清晰、缺少明确的吸纳新成员的标准以及严格的纪律规范，在这一点上可能只有社会主义政党是例外。结果，这导致西方的这些政党更像是政治或选举俱乐部，在历史上甚至连其成员数量的相关信息都没能留存。

俄国第一批政治组织

西方国家的政治热情高涨，但同时，俄国的专制君主们表现得恰恰相反，他们利用对其俯首听命的官僚警察机器，竭尽所能地阻止国家社会生活的政治民主化进程，试图将政治、思想、艺术甚至是历史都变成君主及其内阁的专有财产。法国侯爵阿·德·屈斯蒂纳曾于1839年游历俄国，之后，他得出了令人窒息的结论：“这里没有自由，也就是说，没有生命。”

当然，认为俄国根本没有任何民主传统的观点也是有失偏颇的。例如，诺夫哥罗德和普斯科夫的维彻（召集的市民大会）、俄国农村实行的村社民主制度、哥萨克的自治等都具有一定的民主因素。在16～17世纪的缙绅会议上常常会讨论国家的重大事务，甚至包括俄国沙皇的继位问题。在会议上，具有发言权的不仅有波雅尔贵族和服役贵族，还有城市工商业的代表，甚至会有农民代表。这也是俄国的一些社会阶层普遍支持召开缙绅会议的原因。直到20世纪初，召开立宪会议的思想取代了缙绅会议。但是不能否认的是，专制制度或许已将这些民主制度因素彻底消除，或者将其解构，结果导致在20世纪的俄国只能重建民主制度。

在18世纪末至19世纪的俄国，正是文学取代了政党的作用。诚然，在当时的俄国，由于实行严格的书刊检查制度，这种替代不可能是等效的。而对于少数敢于公开评论自由，甚至是积极参与并为争取自由而斗争的人来说，当时只有两条路，或是移居国外，或是加入反政府的秘密团体，并且要承受由此带来的所有后果，即可能被投入监狱、流放西伯利亚，甚至是上绞刑架。

在当时的情况下，俄国能够发起自由主义改革的只有沙皇政府。但是，他们首先考虑的并不是人民的利益，而是希望俄国成为超级强国，希望不要落后于西方邻国，捍卫极少数贵族的利益以使其充当专制统治的核心社会阶层，因此，他们牢牢抓住自己的特权不放。这样，在19世纪初M. M. 斯佩兰斯基草拟的草案中所谓的“政府自由主义”是有其局限性和不连贯性的，并且这一草案的制定是由亚历山大一世倡导发起的，而随后又束之高阁，这也是可以理解的。尽管其后继任的俄国沙皇尼古拉一世认为，农奴制并不是好事，但是，在当时的俄国触犯这一制度“显然是最为致命的”，因此，最终尼古拉一世也未能下决心废除农奴制。

19世纪上半叶，俄国共爆发近3000次农民骚乱，但是在此过程中，关于彻底改变国家社会政治制度的问题却压根没有被提及。如果不是这些农民骚乱，俄国人民，正如普希金所描述的那样，基本上还在“沉默着”。至于极少数有知识、有见地的贵族及知识分子阶层，他们无数次地尝试打动当权者的心灵或是挺身而出试图改变沙皇俄国的现存秩序，但最后都失败了。十二月党人、彼得拉舍夫斯基派、别林斯基、赫尔岑、车尔尼雪夫斯基及其他俄国进步人士的悲惨命运证明了这一点。但事实上，在某些情况下他们并不赞成进行革命暴动和刺杀沙皇。

19世纪的俄国是否已经准备好进行激进的经济和社会政治改革？对这一问题一直争论不休，且没有定论。一种观点认为，专制统治并不是一无是处，而政治自由给人民带来的却只有无序和破坏。另一种观点则相反，认为正是由于延缓推行业已酝酿成熟的改革，才最终导致罗曼诺夫王朝的灭亡。虽然我们没有任何理由去理想化当时俄国社会的真实状况，但是我们仍然认为第二种观点更接近历史真相。

自从在克里米亚战争中战败，俄国国内局势的变化或多或少迫使以亚历山大二世为首的上层统治阶级在19世纪60～70年代开始实行一系列改革（历史上常将其称为“伟大的变革”），这极大地加快了国内的现代化进程。根据俄国的标准，对于构建公民社会基础而言，这是真正的突破。农奴制的废除，土地、司法、军事等方面一系列改革的实行让俄国向前迈进了一大步。同时，工业飞速发展，都市化进程大大加快，农业经济取得长足发展，城市居民的文化水平得到了提升。

但也应注意到，俄国仍保留了大量的农奴制残余和阶级特权，同时产业结构不均衡，人民群众仍然受苦挨穷、没有权利，政府和知识分子之间的矛盾冲突也日益激烈。暂时，立宪制和议会制依然停留在梦想中。

革命人士试图用恐怖主义手段推动俄国的现代化进程，他们于 1881 年 3 月 1 日刺杀了沙皇亚历山大二世。但是这一刺杀行为并没有带来预期的效果，它既没能激发起人民的斗志，也没有震慑住新的沙皇亚历山大三世。一方面，在俄国虽然没有停止改革，但是其日后越发趋于保守；另一方面，人民也开始逐渐适应废除农奴制之后形成的新社会现实。由此，俄国国家现代化的总体路线也就不需要重新制定或改变。

世纪之交

19 世纪与 20 世纪之交的俄国是世界强国，其领土面积占世界陆地面积的 1/6，人口总数近 1.3 亿（1913 年这一数量超过 1.6 亿），其中约 90% 的居民生活在农村地区。并且，俄国人口的民族（有 100 多个民族）及宗教构成也极为复杂多样。

在俄罗斯帝国，社会阶层制度虽然保留下来了，但是贵族、宗教、商人、农民、哥萨克、市民等阶层迅速进行融合演变，成为新时期所特有的阶级和阶层（资产阶级、无产阶级、农民阶级、城市中产阶级、知识分子）。同时，无产者的数量急剧攀升。如果说到 19 世纪末期，工业和交通部门的无产者总数为 250 万人，那么，到 1913 年这一数量已经增至 400 万人。而包括农业工人在内的雇佣工人总数则还要多上几倍。可以试着做个比较，这一时期在俄国社会中从事工商业的不超过 5000 人。

俄国是一个社会及文化差异巨大、两极分化极为严重的国家。如果说一个地主平均支配土地达 2300 俄亩，那么，一户农户则只有 7 俄亩。俄国对世界文化的发展做出了非常大的贡献，但是，它居然有 80% 的居民没有文化。俄国工人的工作和生活条件要比国外同行差得多，平均工资甚至还不及美国等国家的 1/4。另外，俄国欧洲部分和亚洲部分的发展水平差距巨大。虽然亚洲部分的面积是欧洲部分的 3 倍，但是 1913 年，其人口数量仅略高于全国人口总数的 1/4，农业和工业产值占比还不到 10% 。

当然，19 世纪到 20 世纪初的俄国经济得到了不断发展。仅以国民生产总值年均增长率为例，世纪之交俄国的这一数据为 3.4% ，而西欧国家为 2.7% ，俄国在世界最发达的工业强国中名列第五。但是，就农产品人均产值来看，俄国位居意大利和西班牙两国之间，不仅落后于（差距很大）所有发达国家，还落后于奥匈帝国和斯堪的纳维亚半岛各国。

农业，首先是耕作，是俄国 3/4 居民的主要收入来源。1913 年，一半以上的国民收入来源于此，而工业所占比重仅为 27% 。俄国最重要的五大粮食作物总产量稳居世界第二位，仅次于美国。但是，在俄国的经济中，农业以粗放型为主，农民的问题是拥有土地少，而农村劳动力储备大军近 3000 万人。因此，俄国亟须推行有效的人口迁移政策，建立农业借贷制度，将国家、皇室、教会的领地，尤其是地主土地的一部分分配给农民，增加农民的土地拥有量，这是世代俄国农民梦寐以求的。

16～19 世纪，沙皇俄国四处扩张自己的领土，尽管如此，它也不是传统意义上的殖民帝国（如果说它具有殖民主义成分，那么只能是指对西伯利亚、远东和中亚世居民族的统治）。俄罗斯族人占帝国将近一半的人口，但是大多数人的生活都不如非俄罗斯族人，后者通常保留着自己的民族传统、土地所有制关系、信仰、语言及文化。少数民族聚居地区的俄化趋势主要是从 19 世纪下半叶开始加强的，尽管之后沙皇政府秉承世界各大帝国的一贯做法，与当地少数民族中的上层人士进行合作，允许他们进入俄国贵族阶层。但是，随着资产阶级生产关系的发展以及国内民族自觉意识的增强，各地开始爆发民族运动，其参加者主要希望争取俄罗斯帝国统一领导下的地区自治或者是纯粹的文化自治。

在政治方面，19 世纪末 20 世纪初，俄国一直是沙皇拥有至高无上权力的君主专制国家。言论、集会、新闻自由根本无从谈及，至于说政党及组织，它们只能以非法的形式存在，同时常常遭到当局千方百计的压制和迫害。

尼古拉二世本人是一个沉静、有良好教养的人，就其知识水平及个人品性来说，他并不适合做俄罗斯帝国这样一个庞大而又复杂的国家的统治者，尤其是在20世纪初这样一个战争和革命频发的转折时期。尼古拉二世博学、勤政、满怀强国的使命感，但是他缺少应对非常时局所必需的思想上的飞跃以及强大的意志力。尼古拉二世心目中的理想国度是17世纪彼得一世统治前的罗斯，与1861年改革后发生“翻天覆地”（列夫·托尔斯泰形象的描述）变化，但是还未走上正轨的俄罗斯完全不同。正是这个面貌全新的俄罗斯时而会将沙皇逼进死胡同，甚至让其陷入绝境。每一次进行改革都要历经一番斗争，每一位大改革家——无论是С. Ю. 维特，还是П. А. 斯托雷平，最终都会为沙皇所排斥。所有这一切令本来就很复杂的局势更加混乱，革命暴动一触即发。

综上所述，并不难理解俄国政党形成过程中呈现的一些特点。同西欧国家和美国相比，俄国的这一过程在最开始就已明显处于落后状态。同时，俄罗斯帝国西部及南部部分少数民族聚居的边疆地区在政党产生方面领先于中部地区。芬兰和波兰为各国树立了榜样。例如，早在1830～1831年和1863～1864年民族起义期间，波兰国内就已形成独具特色的政党派别；而在19世纪90年代，又先后出现了波兰王国社会民主党、波兰社会党以及自由主义国家民主党。之后，19世纪80～90年代，在欧洲各国国内又相继产生了亚美尼亚“赫尼恰克”党和“达什纳克”革命党、立陶宛社会革命党，并且在立陶宛、波兰和俄罗斯先后成立了犹太工人总联盟（崩得组织）。

1898年，俄国社会民主工党第一次代表大会在明斯克召开。参加大会的共有来自圣彼得堡、莫斯科、基辅、叶卡捷琳诺斯拉夫等地的工人阶级解放斗争联盟以及崩得组织和基辅《工人报》的9名代表。但是，俄国社会民主工党在当时既没有形成纲领和章程，也没有选举产生中央领导机构。由此可以看出，马克思主义工人党尚处于形成阶段，其组织结构直至1903年召开俄国社会民主工党第二次代表大会才最终形成。

可见，在俄国，革命党的产生要早于自由派和保守派政党。至于奉公守法的自由派，其更倾向于利用地方自治会、学会（诸如自由经济学会、地理学会等）、各种文化教育组织、报刊。长期以来，保守派从未感觉到需要建立自己的政治组织，因为整个官僚专制体制及其思想机制、教会、贵族行会组织、俄罗斯文化教育会议等机制和机构都在为其服务。众所周知，1905年对它来说才是真正的转折点。20世纪初，民族解放运动进入了重要的、新的发展阶段。毫不夸张地说，俄国的政党建设过程与民族解放运动的发展有着直接的关联，同时也不能忽视其他的重要因素，包括国家整体以及各地区的社会经济发展水平、民族问题的尖锐程度、之前与专制制度进行斗争的传统经验、群众性社会运动（首先要提及的就是被当时的俄国马克思主义者寄予厚望的工业无产阶级运动）的规模等因素。

第一次全国性危机

进入20世纪，俄国忐忑不安地等待着巨变和动荡的到来。农民、工人、大学生的问题以及其他很多俄国生活中的现实问题需要立刻得到解决，而不是统治阶层模棱两可的许诺。在政治方面，俄国也需要有决定性的突破，因为至20世纪初，由于保留了已经明显落伍的专职警察制度而引发了众多民众的反对和抗议，其中不仅包括知识分子，还包括相当一部分有产阶层，更不用说在政治上已经有了自觉意识的工人阶级。换言之，旧的制度已经无法应对时代的挑战，并已经引起了全国性的抗议。

20世纪初，俄国国内形势紧张，革命一触即发。人民群众对政府极为不满，这种情绪在革命及反对派运动和组织的推动下日益升温，政府对国内局势的控制明显力不从心。1904～1905年，由于在日俄战争中战败，俄国人民和国际社会都再次对沙皇制度提出质疑。

这一时期，工人阶级的表现尤为积极。1901～1904年，俄国共注册罢工者50多万人，而且罢工常常伴随着政治示威游行，人们高呼“打倒专制制度”的口号，正如当代人所描述的那样，这一口号变成“人民的口头禅”。

1902 年，俄国农民的态度也发生急剧转变。这一年，乌克兰、俄国中部及伏尔加河沿岸地区 14 个省的农民奋起加入了反对地主的斗争。外高加索、芬兰、波兰王国等地也由于民族自觉意识的增强而秩序动荡。在1899～1902 年以及 1904 年，俄国先后爆发了多次大规模的学潮，以抗议政府对青年学生的镇压行为。

在这一时期，激进的革命党成为社会对专制制度不满的代言者，以及人民抗议活动的组织者。这些革命党包括社会民主党（1903 年分裂为布尔什维克和孟什维克）、1901～1902 年产生的新民粹派社会革命党、犹太人的崩得组织、波兰的社会党和社会民主党、亚美尼亚的“达什纳克”革命党等。同时，自由派运动的表现也十分激进。1903 年末，自由派运动内部形成了自由民主解放社，以及更为温和但是也趋向“左倾”的地方自治局立宪派分子的同盟。20 世纪初，在少数民族地区也先后出现了新的政党，如乌克兰革命党（1900 年）、白俄罗斯革命党（一年之后更名为白俄罗斯社会革命党）（1902 年）、立陶宛民主党（1902 年）、格鲁吉亚社会联邦党（1904 年）、芬兰社民党（1904 年）等。

这些政党从某种程度上动摇了沙皇专制制度的根基，并且马克思主义者的《火星报》、社会革命党人的《革命俄罗斯报》、自由派的《解放报》等在国外同时发行的报纸为俄国 1905 年革命变为事实起到了重要的推动作用。

俄国的专制统治者、贵族和资产阶级一直不肯同人民分享哪怕是一点点权力及财富。在“流血的星期日”之后，他们为此而付出代价的时刻终于到来了。而劳动群众则有机会实现自己的夙愿，即追求社会正义、平等和自由。1905～1907 年，俄国革命的主力军是无产阶级。据官方不完全统计，在 1905 年 1 月至 1907 年 6 月的革命期间，共有近 460 万人参加罢工（许多工人多次参加了罢工行动）。同时，支持某一政治主张的罢工者的比重在 1905 年达到 50%，而在 1907 年甚至超过 70%。还有一组史无前例的数据也足以说明问题，即当时农民的演说（主要是以反对地主为目的）达到 2.6

万次，而且很有可能历史学家们的统计数据尚不完整。在军队中发生了几百起骚乱，很多骚乱甚至直接发展为反政府的武装起义。1905 年，在全俄范围内爆发了大学生总罢课。整体而言，革命的主要发源地包括波罗的海沿岸地区、乌克兰、外高加索、波兰王国、芬兰等少数民族地区。这些地区在学校、法庭、地方政府机构广泛开展使用本民族语言的运动，当然也包括民主主义组织和社会组织发起的群众性演说。

1905 年革命尽管最终失败了，但是给俄国和俄国人民的生活带来了很大的变化，工人和农民的物质境况和劳动条件都有所改善。另外，工会组织合法化，服兵役的期限缩减，书刊检查的程度有所下降，并且通过了信仰自由的法令，沙皇政府对少数民族地区实行的俄化政策也极大地放松了。针对农民，沙皇政府采取了为农民分地，并将其转变为土地所有者的方针，以此加强农民对现存制度的信任。同时，拥有土地的农民、大中型工业企业的工人与上层人士一样，都可以获得参加国家杜马选举的权利。

应该说，1905 年革命后，俄国在政治制度建设领域取得了重要的进步。为了保住自己的专制地位，沙皇不得不与两个立法机构——国家杜马和国家改革委员会（其成员半数由选举产生）分享权力。这两个机构可以研究讨论并通过各项法案，控制大部分的预算开支，可以向各部长提出质问。这样一来，尽管尼古拉二世的权力仍然很大，但是他已经不再像以前的沙皇一样，不再是一位拥有无可置疑且至高无上权力的君主。虽然历史学者和法学研究者至今仍然在争论，即能否将 1905 年以后的俄国国家体制称为立宪君主制，将杜马称为真正的议会，抑或这一切事实上只是伪立宪制，但不可否认的是，1905 年后在俄国发生的这一切变化有着难以估量的意义。

还需要指出的是，革命对党的建设进程也发挥了决定性的作用。

1905 ~1907年多党制的迅猛发展

革命为俄国创造了全新的政治氛围。继多个世纪以来的沉默之后，国家好像在竭力发出自己的声音，书刊检查制度放宽了，几百种新报纸和杂志随之涌现。1906 年春，国家杜马会议公开讨论了最敏感的政治问题。所有这些变化推动着俄国社会加速实现政治民主化进程，并为一批又一批政党的形成奠定了良好的基础。在全俄大罢工进行得如火如荼之际，沙皇在 1905 年颁布了《10 月 17 日宣言》，答应为人民建立“保障公民自由不可动摇的原则基础：人身权利的真正不可侵犯，信仰、言论、集会和结社的自由”。后面的一点可以理解为当局默许了建立各种职业性以及职业政治性社团，这些社团在革命初期是自发形成的。同时，在俄国还可以建立政党，尽管不管是在当时还是之后，俄国实际上一直没有通过这方面的专门法案。

至于有社会主义革命倾向的政党，现在它们至少可以暂时转入半合法状态了，甚至可以在 1906～1907 年的第一届和第二届国家杜马中公开发表意见。同时，也正是革命浪潮推动了自由派和保守派人士积极地创建政党和集团。当然，自由派是希望通过联合，一方面对抗专制制度，另一方面方便从革命者队伍中独立出来。保守派则是为了防止进步的革命人士和自由派动摇专制制度和东正教的统治地位，同时，也是为了防止政权当局摇摆不定。保守派认为，政府在对待“骚乱分子”问题上表现得过于软弱。

在 1905 年的最后几个月以及 1906 年，俄国国内的党建活动进展迅猛。1905 年 10 月，立宪民主党（立宪派）和法律秩序党诞生了，11 月俄国人民同盟和工商企业党成立，12 月民主改革党成立。1906 年 2 月“10 月 17 日同盟”（十月党人）召开了第一次代表大会。此外，除了上述政党组织的产生，一些现存政党的组织结构也发生了一定的变化。例如，1906 年春天，布尔什维克和孟什维克，以及波兰、立陶宛和拉脱维亚的社会民主党人联合起来，稍后“崩得派”也加入其中。与这种蓬勃发展的趋势相反，社会革命党人内部则出现了分裂。1906 年，社会革命党极左集团——最高纲领派从党的核心组织中分裂出来，同时，又产生了较为温和的人民社会党改革派。

重新建立的政党不需要再进行正式注册，但是在某种程度上，这些政党的建立是为了满足一些政党领袖的个人政治野心，或者是满足某一社会阶层及民族实现自我认同和自我表现的要求。考虑到这一因素，就不难理解为何在 1905 ~ 1907 年俄国政党的建设进程如此不同寻常。《俄国政党百科辞典》（1996 年）资料显示，在第一次俄国革命期间，俄国国内至少有 100 个政党和 25 个同盟、组织及派别，其中包括保守主义、自由主义和社会主义等倾向的政党组织。这一数据大大超过了其他国家的同类指标。

应该如何来诠释这样一组令人惊讶的数字呢？首先，不应该忘记俄罗斯当时是一个多民族的帝国。因此，大部分政党及同盟都具有鲜明的民族色彩。例如，在波兰王国及乌克兰各有 12 个政党，立陶宛 11 个，拉脱维亚9个，芬兰 8 个，爱沙尼亚 5 个。另外，还有近 10 个犹太人的政党和同盟组织，反映出犹太人反抗专制制度的积极性。同其他民族相比，犹太人在沙皇专制统治下的社会地位极其卑微（如沙皇专门划出“犹太人居住区”并为犹太人设定入学指标）。其次，许多政党及同盟的产生都如昙花一现，转瞬即逝，甚至不曾在人民对历史的记忆中留下一丝痕迹。再次，俄国复杂的人口结构对俄国众多政党并存局面的出现产生了重要的影响。同时，与其他国家相比，知识分子在俄国社会政治生活中一直发挥着超大的作用，其地位远远高于所有政党，这一点毋庸置疑。最后，不应该忽略 1905 ~ 1907 年俄国国内形势变化的影响。当时的俄国正处于由完全没有政治自由向一种半自由状态急剧过渡的阶段，许多人趁机表示出明确的意愿，希望在政治领域能够发出自己的声音、找到自己的用武之地，并开始招募追随者，以及开办出版机构。如果说之前从一个很小的政治小组发展到建立政党需要历经多年的时间，那么，在革命时期这一过程常常只需要几个月，有时甚至是几周。

与此同时，在第一次俄国革命期间规模最大的政党包括以下 5 个：俄国人民联盟、10 月 17 日联盟、立宪民主党、社会革命党以及俄国社会民主工党。其中，社会民主工党内部分化为布尔什维克和孟什维克两个党团。那么，在这些看似杂乱的政党、同盟及组织内部是否存在某种体系或内在联系呢？毫无疑问，答案是肯定的。首先，可以将政党分为全国性、地区性和民族主义政党。如果根据其纲领，则可以划分为保守主义、自由主义和社会主义政党。根据政党的策略，又可以将其划分为右翼保守派、左翼激进派以及温和派。在国家杜马中，代表们公开表明自己所属党派或者倾向于哪一个政党组织，据此形成左翼和右翼以及介于两者之间的“中间派”。后者包括立宪派，有时也包括十月党人。换言之，这一切都取决于研究政党史的视角以及评价其活动的标准。

我们可以在假定的情况下谈一谈个别政党的社会目标，例如：社会民主党人公开自称为工人的政党；社会革命党最初宣称代表全体劳动人民，后来逐渐转变为代表农民的政党；“贵族联盟”的名称本身已经表明了其态度和立场；立宪派和十月党人与资产阶级之间有着千丝万缕的联系；俄国人民联盟与地主之间的关系也十分复杂。不管怎样，在对政党进行分类时，对社会标准的运用应该非常小心谨慎。

同时应该指出的是，直至 1917 年，俄国并没有任何一支政党有过执政的经验，或是进行过对国家有积极意义的活动。所有政党，甚至包括最保守的政党在内，其主要活动是对政府进行批判。除了十月党人短暂支持过斯托雷平外，俄国国内根本不存在支持政府的政党。自 1905 年 12 月起，沙皇俄国开始禁止国家官员加入政党组织，而在 1908 年，枢密院正式拒绝了立宪派提出将其政党活动合法化的要求。

根据专家评估，1906～1907 年俄国各个政党人数的总和还不到全国人口总数的 0.5%（1917 年，这一数据上升至 1.5% 左右）。在农民人口占大多数的俄国，尤其是在一些偏远地区，各政党组织的覆盖率还很低。

但是以上种种因素都无法改变一个事实，即在 20 世纪初期，尤其是在 1905～1907 年，俄国的政治生活进入了一个全新的发展阶段，其中一个主要特征表现为各个政党、联盟及组织活动频繁，竞争异常激烈。

走向新的革命之路

在两次革命期间（1908～1916 年），俄国政治舞台上各政党的力量分布并未发生实质性的改变。尽管这一时期俄国出现了大约 20 个规模不大的新政党和联盟（主要是民族主义倾向），其中也包括由介于十月党人及立宪派两者之间的进步人士组成的党派，他们试图建立直接代表工商业资产阶级利益的纯资产阶级政党组织，但是最终未能成功。

继第一次俄国革命失败后，俄国国内政党的政治积极性骤减，所有政党及运动均面临着不同的危机，人员数量锐减，出现财政困难，在革命面临危机的背景下内奸盛行，党组织分裂严重，经常围绕着意识形态问题展开无休止且无意义的争论。

至于政权的高层领导，为了保障官僚权力机构的相对独立，他们对各支社会政治力量采取了灵活多变的策略。第三届国家杜马（1907～1912年）就是依据新的却更不民主的选举法选举产生的，在对待沙皇政府的态度上它要比前两届杜马更为顺从、更易妥协。

斯托雷平改革是俄国政府为避免革命爆发而做出的最后努力，但它并没有取得预期的效果。改革的许多设想都未能实现，众多计划也都半途而废。斯托雷平改革不仅包括农业改革（建立独立田庄和独立农场、农民大规模向国家东部地区迁移、发展信贷制度），还包括一系列行政改革（实行无阶层差别的乡镇自治、在西部省份建立地方机构、废除地方官员管理制度），实行免费初级义务教育，改革中、高等教育。改革还计划征收所得税，为工人实施医疗及退休保险制度，缩短工作日时间。但是，斯托雷平既没有充足的时间，也没有获得足够的资金和高水平官僚的支持来实施这些计划。

农民仍然渴望能够得到地主的土地，他们牢牢地抓住村社不愿离开，把村社视为在贵族和国家面前维护自身社会利益的一种特有手段，以及相互扶持、帮助并实现农村民主的工具。斯托雷平的移民政策没有得到必要的财政及技术支持。而工人事实上也没能从斯托雷平改革中得到任何实惠。另外，贵族一直怀疑这位总理大臣有意触及他们的权利，自由派批评斯托雷平强制行使行政命令，而左翼党派则指责他残酷镇压革命者。沙皇很快就忘记了1905年的惨痛教训，终于也开始对这位在他看来过于独立专断的“俄国俾斯麦”感到头疼。十月党人也不再是斯托雷平最强有力的支持者，他们的政治目标是实施1905年10月17日宣言中提出的方针，但是之后这些方针大多又被政府取消。

最终，斯托雷平于1911年9月被恐怖分子博格洛夫枪击身亡，而就在前一天，他还面临被迫辞职的窘境。虽然不能说斯托雷平实施的改革政策完全失败，但是，他还是未能阻止沙皇专制制度无可挽回地走向了灭亡，现实中也并没有出现他所梦想的20年稳定的内政外交局面，而在他遇刺身亡后沙皇政权就更不会考虑什么实质性的改革了。

第一次世界大战的爆发彻底打碎了俄国旧的沙皇制度。由于与英国和法国建立了协约同盟关系，怀抱“大国”政治野心的俄国不可避免地卷入了这场战争。这进一步促使俄国国内的危机加剧，对经济和社会政治建设造成了严重破坏。随着战事的拖延以及俄国军队的节节败退，当局与社会的对立日益凸显，酝酿已久的改革被搁置，直至战争结束后，在社会力量的推动下当局才被迫考虑推进国家管理体制的自由化进程。在此背景下，城市的劳动与资本、农村的农民与地主之间的矛盾冲突日益激化；军队的战斗力越来越弱，士兵疲于战争，有经验的军官也消失殆尽，而左翼党派进行的革命宣传彻底瓦解了军队的士气。这些因素最终导致罗曼诺夫王朝威信扫地，1917年二月革命期间在工人和士兵的猛烈攻击下，它已经无法对革命者实施任何有力的镇压和反击。

1917年二月开始的革命以及之后的国内战争预示着一个时期的开始，自此俄国整个经济、社会、政治及民族关系体系发生了根本性转折。1917年俄国革命完全可以与18世纪末的法国大革命以及20世纪的中国革命相媲美，在此期间共掀起了两次革命高潮，分别为二月革命和十月革命，它们都对世界局势的变化产生了巨大的影响。并且，两次革命均为反战的民主革命，参加革命的是同一批政党，尽管是不同的组合形式。如果说1917年的二月革命主要是使俄国的上层统治阶级发生了政治变革，那么，1917年的十月革命则是一场席卷各个领域的社会政治革命，由此，一场真正宏伟的、宣扬马克思列宁主义和共产主义思想的实验拉开了序幕。在这层含义上，二月革命是十月革命的前奏，十月革命则是1917年俄国革命的终结，它推翻了在二月革命后建立起来的资产阶级临时政府，并在俄国确立了布尔什维克专政。在1917年春，俄国曾一度成为世界上最自由的国家。沙皇政府被推翻，取而代之的是临时政府、工农兵代表苏维埃和各个社会组织等多个政权并存的局面。在这一时期，整个俄国革命浪潮迭起，反对德国侵略者的革命气势高涨。同时，左派政党也成功走出地下状态，迅速赢得了人民大众的广泛支持；而俄罗斯人民同盟、10 月 17 日同盟等保皇派政党及组织只能黯然退出政治舞台；立宪民主党人摇身一变成为共和党人。在此情况下，俄国国内迅速出现了一批新的政党，仅 1917 年一年新建政党数量超过 40 个，其中包括全国性的政党。此外，原定于 1917 年 9 月举行，但之后推迟至 11 月举行的立宪会议选举在俄国成为备受瞩目的事件。按规定，立宪会议要通过各党派按比例代表制选举产生，这对于各个党派的宣传组织工作无疑是一种激励。

但应该注意的是，这一时期俄国的局势变得越来越不稳定。经济崩溃、战争继续进行、人民群众的物质生活水平下降、缺少强有力的政权领导——这一切令刚刚建立起来的俄国民主政治不堪重负、陷入困境。民众要求停战并解决社会问题，在民族分裂运动的影响下俄国国内的民族解放运动此起彼伏，而军队也处于四分五裂的状态。在这种形势下，需要当局采取果断的措施。而临时政府自 1917 年 5 月起陆续吸收孟什维克、社会革命党人、社会主义者以及苏维埃党人（直至 1917 年秋，仍以孟什维克和社会革命党人为主——译者注）加入，共同组成联合政府，但他们也只是在口头上对人民予以慷慨的许诺，而事实上，对于如何摆脱“战争—破坏—战争”这一恶性循环却毫无作为，只是幻想着将所有亟待解决的问题拖延到立宪会议召开时解决。

国家所面临的灾难以及无政府式的混乱状态令极左和极右势力（指布尔什维克和反革命军队）的活动越发活跃。布尔什维克利用人民群众对临时政府政策的不满情绪，成功打败了自己的竞争对手，于 1917 年俄历 10 月 25 日（公历 11 月 7 日）与左派社会革命党人一同夺取了政权。自此，俄国步入了新的历史发展阶段。

第二章
黑帮同盟及组织

C. A. 斯捷潘诺夫

在1905年10月17日沙皇诏书颁布以后，一批政党及运动走上了政治舞台，其中就包括黑帮。在字面上，这一称呼具有明显的贬义，也许是联想的作用，因为“黑”具有“黑暗”“反动”之意。黑帮分子自己并不拒绝这个在民主派口中具有贬低、侮辱色彩的称呼，甚至用一首打油诗来回应：

当各种辱骂毁谤
一波波叛乱将罗斯席卷，
敌人对我们恶意嘲讽
给我们起个绰号叫“黑帮”。
我们就勇敢地接受它，
我们对此满意
为此而自豪，
就用这一称呼将强大的队伍
联合起来共创一番大业。

作为保皇派的同盟，黑帮的领导人这样说道：“‘黑帮’——这是一个光荣的名字吗？是的，非常光荣。团结在米宁周围的下诺夫哥罗德黑帮组织从波兰人和背叛俄罗斯的人手中拯救了莫斯科，甚至是整个俄罗斯……”

在政治现实中，黑帮组织是俄罗斯政治生活中的极右党团，也正是因其“极端”的行为而被称为“右翼革命者”。

疯狂大屠杀

右翼党团的队伍联合要比民主派和自由派晚得多。这主要是由于在君主专制制度下，统治阶层不需要任何政治组织的存在，其意识形态是国家主义的体现，利用帝国的各种刑罚机制来维护自身利益。直到19世纪与20世纪之交，才出现了可以视为黑帮组织前身的协会。

同所有政党一样，黑帮政党在组织结构建立起来之前，也经历了思想意识的形成阶段。由于任何社会经济危机的产生首先都是体现在人类的思想领域，因此，在发生街头激战之前，在哲学、历史和文学等领域总是先经历不见血腥但同样激烈的斗争。坚持历史传统的人肯定地认为，上流社会中的高层人士所宣扬的世界主义令俄国面临险境，他们认为应该给民族主义组织以生存的空间。在这一思想的推动下，“俄罗斯会议”宣告成立，其领导人分别是作家Д. П. 戈利岑公爵、祖父曾是十二月党人的M. B. 沃尔孔斯基公爵、文学家B. Л. 韦利奇科。此外，参加“俄罗斯会议”活动的还有著名艺术家和知识分子代表，其中包括И. E. 列宾、H. K. 廖里赫。

“俄罗斯会议”以反对西方异己思潮的传播为己任，为此常常举行学术报告会宣扬斯拉夫及俄罗斯的古老文化，举办艺术展及音乐会。但温和的自由主义者则持相反观点，他们联合起来成立了“交流”小组。这个组织的活动一直受到各种检查制度的限制，其表面上冠冕堂皇地谈论着抽象的理论，而实际上却是在讨论那些迫切需要解决的问题，这已经是个公开的秘密了。未来的政治家们正是在这两个组织中得到了历练。加入“交流”小组的主要是自由派政党组织的成员，上至十月党人，下至立宪民主派人士；而“俄罗斯会议”的成员则构成了各黑帮组织的领导层。

至此，俄国国内的政治生活逐渐活跃起来，随之又陆续出现了一些极端保守的政治组织。例如，1905年初，以“莫斯科新闻”编辑部为核心成立了“俄罗斯保皇派政党”，其领袖为该报编辑 B. A. 格林戈穆特。几个月后，由巴维尔·舍列梅奇耶夫和彼得·舍列梅奇耶夫领导的“贵族小组”变身为“俄国人民同盟”。随着革命运动的风起云涌，保皇派越来越清楚地意识到，该组织成员的贵族成分削弱了它与其他政党组织斗争的竞争力。正如“俄罗斯会议”的一位领袖、法律界人士 Б. В. 尼科尔斯基所记述的：“一直以来我都觉得我们缺少普通大众的土壤。这片土壤是真实存在的，对此我没有怀疑过。但是它在哪里，我并不知道，从未接触过。”

1905 年 10 月 17 日宣言的颁布成为一个转折点，随后又发生了一系列事件。左翼极端主义政党认为，答应赋予民众政治自由是进一步向专制制度施压的信号。然而，高呼革命口号的示威活动随即发展成为手执圣像和神幡的游行，遍布俄国各城市的大街小巷，又迅速转变为骚乱事件。据不完全统计，在十月的两个星期里，由骚乱演化而来的屠杀行径席卷了 350 多个居民点。在敖德萨、基辅、维尔诺、叶卡捷琳诺斯拉夫、基什尼奥夫、明斯克、奥尔沙、辛菲罗波尔等地均发生了大规模的激战。这至少造成了 1600 人死亡、3500 人伤残。历史上，常常将这些屠杀称为“犹太人大屠杀”，而事实上它们并没有特别的种族针对性。屠杀事件的受害者首先是知识分子、大学生，是所有那些被称为“民主人士”以及被迫亲吻沙皇肖像的人。

如果说民主派知识分子认为大屠杀是当权者煽动民众潜在本能的迸发，那么保守派分子则认为，这不过是普通民众在捍卫被叛逆者和异族分子践踏的圣像时所发出的宣言，一切都是为了让事态向应有的方向发展。屠杀事件过后，黑帮组织迎来了迅猛发展的阶段。在几个月的时间里，数十个政党和同盟组织登记注册，包括法制与秩序同盟（奥廖尔）、人民秩序党（库尔斯克）、沙皇－人民协会（喀山）、专制君主党（伊万诺沃－沃兹涅先斯克）、白旗（下诺夫哥罗德）、双头鹰（基辅）、俄国东正教众同盟（舒亚）。这些组织的名称中常常凸显出其忠君保皇的思想、宗教色彩以及对政权和秩序的坚决维护。

应该说，黑帮组织最大的弱点就是其组织的松散性。大多数刚刚成立的黑帮组织将自己的活动范围限定在一个城市或县城之内，在省城开展活动的是极个别的组织。这些组织之间的关系错综复杂，在这方面它们明显不如成功创建了立宪民主党的自由资产阶级。保皇派定期召开全俄人民代表大会，但会议的决议对地方性组织并不具有约束力。当然，黑帮组织曾经多次试图建立领导中心，但在联合基础上选举产生的总委员会也对组织的联合与控制力不从心。

最大的黑帮政党是俄国人民同盟，1905 年 11 月成立于圣彼得堡。成立之初，俄国人民同盟面向的对象是广大民众，因此它迅速扩大了自己的影响。两个星期之后，俄国人民同盟在雅罗斯拉夫尔已经成立第一家分支组织，而一年半后，它的分支几乎遍布整个俄罗斯。一些之前独立的黑帮组织也加入俄国人民同盟，如阿斯特拉罕的人民民主党、伊万诺沃 - 沃兹涅先斯克的专制君主党、库尔斯克的人民秩序党、奥廖尔的法制与秩序同盟、圣彼得堡的革命斗争协会及其他一些组织。

1906 年 10 月召开的第三次君主派代表大会发布决议，承认俄国人民同盟的纲领是最明智的，应该将纲领向所有志同道合的组织分发宣传，希望其能够主动接近并接受纲领中提出的思想要求。而 1907 年 4 月举行的第四次保皇派代表大会认为，正是“由于俄国人民同盟的突出影响”，因此必须赋予它团结所有黑帮运动组织的使命。不过，最终俄国人民同盟也未能完成这个任务。

俄国人民同盟的领导机构是总委员会，往下是各省城的分支机构及其委员会，再往下是各市、县乃至乡村的分支机构。然而，这种细致的组织划分和等级制基本流表纸面，各省城分支与总委员会之间、各分支之间的关系并不稳定，后来加入同盟的黑帮组织也常常是完全独立的。同盟的一位领导人坦承：“同盟中个别人、个别团体甚至是各分支的观点意见都存在很大分歧，所以，我无法说我们能做到同声共气。”

领导俄国人民同盟的是 A. И. 杜勃洛文。他是一名儿童医生，极端的保皇派人士，主张用最残忍的手段镇压反对者，并将个人所赚取的数量可观的财产捐献出来用于宣传黑帮思想。杜勃洛文的一位同事回忆起他时这样说道：“他说起话来辞藻并不华丽，但是很有激情，能够感染普通民众，而俄国人民同盟的大多数成员正是这些人。”

第三章
工业家与企业家党

B. Ю. 卡尔尼申

工业家与企业家党的出现客观上与19世纪末20世纪初俄国的现代化进程密切相关。经济的加速发展和生产的飞速跃进不仅为个人在政治上的积极表现提供了良好的机会，同时也给政府和那些蓄势待发的企业家带来了新的问题。首先，行政部门负责监督经济政策的制定工作，但缺少明确的行动纲领。国家无论是对所有制关系，还是对其他重要的工商业领域都予以严格限定，国家垄断成为经济政策制定的基础。其次，资产阶级的代表们迫切感受到，必须清除阻碍市场经济发展的因素。他们提出，调控国家和企业家之间关系的法律规范，应该做到一致；取消从事工商业活动的权益限制；设立既能代表商界利益，又能对政府决策发挥影响的机构。

在1900～1903年经济危机、远东地区军事冲突（1904～1905年）以及1905年革命的背景下，俄国官僚与企业家之间的矛盾日益加深。如果考虑到这一点，那么，俄国商界"大佬们"在参与社会政治生活方面表现积极也是在情理之中。由于一直没有形成能够将企业家团结起来的代表组织，因此，作为社会成员的一部分，他们亟须成立自己的政党。

圣彼得堡和莫斯科企业家团体之间的区别在党的建设进程中留下了一定的印记。在"北方的帕尔米拉"（圣彼得堡——译者注），企业家团体的代表是军工企业，它们可以不断地从银行贷款，与圣彼得堡高官的联系也非常密切。作为国民经济的一部分，它们的运作直接面对国家，受市场的影响较小。

而莫斯科的情况则完全不然。正如当代研究者所嘲讽的那样："企业家坐在自己的仓库或者工厂，就像有封邑的公爵坐在自己的领地上一样，对圣彼得堡嗤之以鼻，认为它是可有可无的。"莫斯科工厂主面对的是大众消费，因此，经济衰退令他们感受到了切肤之痛。他们销售的商品主要是自己生产的日用品，所以反对一切导致居民（首先是农民）购买力下降、令国内市场萎缩的事物。

进步经济党

1905 年 1 月 27 日，47 名莫斯科企业家第一时间对罢工潮做出回应。他们上书政府，建议制定一系列保障公民自由的措施。附和莫斯科企业家提议的还有一些圣彼得堡人，包括铁厂厂主办公室的成员 M. 诺尔彼、A. 蒂洛和 Э. 埃尔杰利。

1905 年 3 月 10～11 日，工商界召开代表会议，这对其组建自己的政治组织起着举足轻重的作用。会议赞成 B. B. 茹科夫斯基关于成立"全俄保护企业家利益组织"的提议，并一致通过了由内务部长布雷金署名的报告草案（报告中提道，工商界应更为广泛地参与有关经济政策问题的法案审议以及国家杜马选举章程的制定工作）。

尽管官僚对与工商界开展联合行动没有表现出特别的兴趣，但这并没有降低首都资产阶级的积极性，尤其是团结在铁厂厂主办公室周围的那部分人，他们正在制定"俄国工商业者政治和经济纲领"草案。1905 年 6 月 25 日，圣彼得堡企业家会议决定召开全俄工商界代表大会。在此次代表大会上提出了关于成立政党的问题，并就未来召集国家杜马交换了意见。

1905 年 7 月 4 日，在莫斯科交易委员会所在地召开的代表大会具有充分的代表性，参加会议的包括 9 个交易委员会、4 个专门的交易所、2 个商业及工场手工业委员会、7 个行业协会的代表。会上，与会代表在讨论杜马提出的法案时产生了严重的分歧。少数人（莫斯科交易委员会主席 H. A. 奈焦诺夫一派）支持“布雷金提出的杜马草案”，他们认为代表大会公然变成了政治性会议，不愿继续参加而愤然离去。

其实，就在代表大会召开的当天，莫斯科省省长就对大会发出了禁令。从当时实行的法律法规来看，采取这一举措的理由相当充分：因为在交易所范围内不准讨论与其所辖事务无关的问题。

因此，与会者在 П. П. 里亚布申斯基的家中继续举行会议，并选举产生了委员会，其任务主要是筹备召开代表大会。同时，会上初步决定成立俄罗斯帝国工商业企业联盟。然而，该意向注定无法实现，因为随后当局针对代表大会的搜查、没收来往文件，直至禁止举行会议的行动接踵而来。

尽管如此，有关成立政党的争论却未停息。首都和各省的企业家大会（分别在 1905 年 10 月 13 日和 17 日召开）最终也未能就政党的社会基础问题达成一致。A. A. 沃尔斯基和 E. B. 卡沃斯认为，该政党最好能够代表社会各个阶层的人。C. C. 赫鲁廖夫则表达了截然相反的观点，他认为必须建立一个“纯资产阶级的”政党——进步经济党（ПЭП）。正如该党的创始人所设想的，党的这个名称可以吸引帝国所有“具有进步思想的”臣民，首先加入其中的就应该是大企业家和政府官员。第一批加入该党的党员包括 Я. И. 乌京（莫斯科－温道－雷宾斯克铁路公司经理、圣彼得堡贴现信贷银行董事长）、A. A. 茹科夫（大工厂厂主）、A. И. 沃罗宁（股份公司董事长）、A. A. 安尼科夫（对外检察机关中央委员会高级监察官）、A. M. 普柳舍夫斯基－普柳什科（三等文官、内务部法律顾问）等。

进步经济党在自己的纲领中宣布，拥护立宪君主制以及所有公民皆平等的原则，支持出版、言论、信仰和行动自由。他们指出，必须赋予人民代表立法、监督执行机构以及批准预算的权利。该党赞成对司法机构进行改革，其中包括取消等级制度，向广大民众普及司法规定。

党纲中有关社会部分的条款显示出了制定者的灵活性和实用性原则。不过，这并不能保证对广泛的社会各阶层都能产生影响。党纲中指出，必须为实现从村社土地所有制向农户土地所有制的自由过渡清除障碍，调整土地所有权以推广小农场和合作社经济。然而，仍有一点没有明确，即他们计划依靠哪些资源来解决耕地不足的问题。党纲中虽然间接提及该问题并且承认问题的存在，但最终并未对其进行专门审议。

党纲对工人问题和经济政策做出了最为全面生动的解读。党纲规定，赋予工人结社、集会和罢工自由，并将这些作为“调节工人和雇主之间关系的和平手段”。与此同时，党纲绕过了八小时工作制的问题，这是革命时期最受欢迎的口号。对此，进步经济党却没有明确表明自己的立场（在杂志上，进步经济党人上不止一次地指出了该措施对俄国经济产生的不良影响，他们认为，当时的经济仍受到经济危机的影响而未“恢复元气”），因此，他们更倾向于不去触及该问题。另外，围绕“根据那些竞争激烈的工业国现有的条件，通过国际谈判的方式来调整国内的劳动条件和工人组织”的问题，他们也仅在表面做出含糊其词的说明。

为了摆脱当局对劳动过程的干预，党纲起草者计划对工厂里负责监督法规执行情况的监察机关进行改组。此外，需要注意的是，党纲中的一个条款表明，起草者们不愿做出平民主义的承诺。该条款规定：“针对手工业工人，与其为其提供国家保险，不如由自治会和各城市为其提供社会保障。”应该指出的是，在这里，企业主们似乎忘了提及自己对雇佣工人所应承担的责任和义务。

党纲的最后部分阐述了进步经济党关于发展国家经济的理念。党纲提出，要改革税收制度，让民众都可以办理贷款业务，保留关税保护制度，以保护本国生产者免受外国公司扩张带来的冲击，取消国外的军工订单，消除私营企业和国有企业之间的竞争。

进步经济党的成立过程从 1905 年 10 月持续到了 1906 年 1 月。党的最高机关是由 C. C. 赫鲁廖夫领导的委员会，成立初期的各项协调工作由中央委员会主持（主席为 M. H. 特里波利托夫）。党在创建过程中得到了圣彼得堡工厂主协会的财政支持。1906 年初，进步经济党共拥有党员近 4.38 万人。但该党未能将自己的影响力扩大至全国各地，其活动范围仅限于首都周边及附近各县。

全俄工商联盟

1905年10月17日宣言的颁布激发了圣彼得堡商界人士的热情，首先以批发、零售商人为代表。圣彼得堡商会主席、一等商人 И. С. 克留奇科夫在全俄工商联盟（ВТПС）的创立过程中发挥了领导作用。

全俄工商联盟成立大会（1905年11月11日）发出了支持政府的呼吁，希望“能够以新法制为基础构建国家”。

全俄工商联盟发布的纲领内容要比进步经济党的纲领充实得多。联盟表示，支持“以法制为基础对国家制度进行大刀阔斧的改革”，同时，联盟无论同左派还是右派政党都要划清界限。尽管纲领中简单提到要将有关公民自由的条款列入基本法中，并赋予国家杜马“立法权”的必要性，但联盟不断重申实用主义政治家们的著名理论（广大群众的文化素养低，彼此之间差异巨大，这些因素会对提名农村居民成为杜马候选人产生不利影响），认为不必刻意强调出版、集会、言论和结社自由。纲领起草者的保守思想还体现在他们的一些观点上，即认为赋予妇女选举权还为时尚早（唯一的例外是女性可以参加地方自治机构的选举）。同时，全俄工商联盟对民主改革派政党提出的多项要求表示同意，其中涉及国家制度的基础问题。

全俄工商联盟的实用主义思想在纲领的农业部分也得到体现。在该部分内容中，联盟指出了解决耕地不足的问题以及构建实力雄厚的私有者阶层的重要性。当时的政府官员们正忙于落实斯托雷平改革，因此常常无暇顾及各地区的特点。与这些官僚不同，全俄工商联盟的领导层对土壤肥力、气候条件、当地居民是否有副业收入等因素都颇为关注，甚至连确立什么样的所有制形式都要考虑城镇居民的习惯和传统。至于耕地不足的问题，联盟领导人希望通过向需要的人出售土地来解决，同时他们认为，严禁把大量土地集中在一人手中。

1906年2月19～22日，在圣彼得堡召开了全俄工商联盟代表大会。会上，代表们对纲领内容做了进一步明确。Г. Г. 维先多夫在报告中特别指出，在解决经济问题时需要优先考虑以下因素：提高农业生产率，逐渐向累进税收制度过渡，消除私营企业与国有经济之间的竞争。

不同于进步经济党，全俄工商联盟的成员（由于他们的活动性质在很大程度上是由其生产产品和服务的规模较小而决定的）在开会时经常讨论当前的经济活动问题（如提请城市杜马批准在市场范围内沿街叫卖、流动售货的贸易形式）。联盟领袖为了吸引潜在的支持者，竭力利用小市民和商人的集会。例如，在一次集会上，参与集会活动的车夫（出席者超过 200 人）集体加入了全俄工商联盟。就此，联盟领导人认为，通过这种方式可以有效地扩大支持者的范围。

由于全俄工商联盟的组织结构松散，缺少自己的出版机构，很难确定其地方组织的数量及地域分布。虽然联盟在其他城市（如皇村、科斯特洛马）也有支持者，但最为活跃的中心无疑是在首都。

法律秩序党

法律秩序党（ППП）也是在圣彼得堡创建的。该党在 10 月 17 日宣言颁布之前发布了自己的第一部宣言，筹建工作则始于 1905 年 9 月，并于同年 10 月 15 日在市杜马的会议上选举产生了党的领导，确定了党的基本任务。在该党党员中，我们可以看到高官、自由职业者和企业家的身影。法律秩序党的领袖未能在首都发行属于自己的报纸，但他们在省城的同人则先后发行了《阿斯特拉罕地区报》和《法律与制度报》（基辅）。

与进步经济党和全俄工商联盟不同的是，法律秩序党拥有大量的地方性组织机构。并且，这些地方组织与圣彼得堡帝国委员会（自 1906 年 1 月 9 日起改称为党的最高机构）的联系是不定期的，有其自身的特点。例如，地方组织可以根据当地的特点对党纲做出修正。而圣彼得堡的领导层为了阻止省城的党务活动家对做出的决议施加影响，仅吸纳了首都各委员会的代表加入党的帝国委员会。

当时，中央各大报刊都纷纷报道了法律秩序党第一次代表大会即将在

1905 年 12 月 27 日召开的消息。然而，由于圣彼得堡市市长发出了禁止进行政治集会的禁令，200 名大会代表只好召开“闭门会议”，讨论相关问题。普通党员和报界代表未能获准参加会议，所以首都各大报纸仅对会议做了简要报道。会议讨论的焦点集中在国家制度和党的纪律问题上。Н. Б. 谢尔巴托夫公爵（波尔塔瓦州的大地主）当选为帝国委员会主席，而 Е. П. 科瓦列夫斯基和 Б. М. 亚坤契科夫当选为副主席。

法律秩序党在自己的纲领性宣言中宣布，拥护宪法中规定的各项原则和国家政权，坚决谴责地方自治会和各市党务活动者代表大会通过的关于宣布可能“通过合法途径”建立地方自治的决议，认为国家需要政治稳定。但法律秩序党认为，应该追究那些导致对日战争失败的相关人员的责任，以及赦免所有政治犯和宗教犯的罪行，这有助于实现政治稳定。

法律秩序党提出，解决农业问题的方法应包括给拥有土地少的农民分配额外的土地，条件是“对出让土地的人做出公正的奖励”（这样一来，等于承认了存在强行征用土地的情况）；通过减轻税负，以及由村社土地所有制向农户土地所有制过渡来改善农民的境况；农村居民的法律地位也应该改变（承认必须取消地方自治会领导制度，取消对农民和其他人的保护原则，并对落后的村民进行“公开审理”）。另外，法律秩序党在纲领中大体阐述了应该在工业企业中缩短工作日时长以及实行强制保险制度的重要性。

纲领中有关军队政策的内容则体现了法律秩序党与首都高层官员在观点上的一致性。法律秩序党的领袖坚信，俄日战争失败的惨痛教训要求必须即刻对国家的武装力量进行彻底改革，为培养军官干部创造最好的条件，同时要解决服役期限问题，并让应征入伍者与自己的家庭保持联系。

工商党

按照人数来说，俄国商界规模最大的政党是由莫斯科企业家创立的工商党，该党在 1905 年一整年的时间里表现得最为积极。在工商党的创建过程中发挥关键作用的是大资产阶级的代表——Г. А. 克列斯托夫尼科夫、В. С.

巴尔舍夫、B. П. 里亚布申斯基和П. П. 里亚布申斯基兄弟。

与其他工业家和企业家的政党不同，工商党坚决拥护《10 月 17 日宣言》的各项条款内容。表示必须加强法制，政府和国家杜马应该为此提供保障；同时还强调，“如果要保障个体自由不受权力阶层的粗暴干涉，那么也必须保障个体自由免受其他个体的干涉和限制”。在此，工商党重点强调了“应对滥用自由行为做出处罚规定”，同时认为应该谴责罢工者对不参与罢工的工人施压的行为。

工商党的纲领刻意回避了一切可能被认为不现实的内容。例如，其他的企业家政党承诺向免费初等教育过渡，而工商党则以校舍和教师不足为由，仅仅宣布会为实现该目标而努力，认为现阶段实行免费教育为时尚早。另外，工商党表示，支持地方自治的发展，坚持对地方自治会和城市杜马进行改革（所有纳税人均可参与选举，并赋予他们公开提名候选人的权利，消除管理上的等级差别）。总之，诸如此类的措施应该会给等级制度以重击，并推动自治机构成员推选的民主化。纲领起草者提出，应该进行合理的分散管理，地方机构仅限于在现行法律框架下实施全权管理。

当然，工商党无法绕过农业问题和工人问题。他们确认农村土地严重不足的事实，但原则上排斥将国家、皇室、内阁成员及私人拥有的土地分拨出来一部分以增加农民土地份额的做法。纲领起草者认为，在农村居民不断增加的情况下，将不同所有制形式下的土地分给农民这一设想并不会带来显著成效。

纲领在避免过于细化的同时指出，必须发展各类生产，以改善农村居民的生活，要确保“农村的剩余劳动力有事可做”。究其根本，致使农民沦为赤贫的不幸根源在于村社制度，应该让农民走出村社，修订有关农民的法律，取消国家对农民的保护，这些措施的实施都有利于激发他们的首创精神，并提高劳动生产率。

纲领中有关工人问题的部分也体现了工商党的保守思想。他们认为，应该承认“我们的工人是完全意义上的自由的公民”，通过在社会领域采取一系列措施（如实施国家保险，限制使用妇女、儿童作为工人，以及应该限制工人在高危生产企业的工作时间），使他们与社会其他阶层享有同等权利，有助于降低社会的紧张度。而在对待工人争取权益斗争的态度方面，纲领一方面承认工人有权结社、集会和组织罢工，另一方面也表示，希望社会的抗议行动纯粹是和平性质的。

纲领文件的最后一部分内容是关于巩固俄国国家体制的问题。其中，工商党在指出必须对武装力量进行改组的同时强调，为实现这些目标，应根据国家的财政预算情况合理开支，重点压缩非生产性开支。

工商党的党员中大多数为工商业的从业人员，其中不少人是迫于雇主的压力而加入的。也许，正是这一原因致使该党党员人数剧增。仅以莫斯科为例，1905 年 11 月末至 1906 年 1 月，工商党的党员人数由 1000 人增加至 15000 人。该党在莫斯科共计有 17 个分支机构，常常召开联席会议。截至 1906 年 1 月，工商党在俄国欧洲和亚洲部分的各城市中共计拥有近 70 个分支机构，其中包括科斯特洛马、维亚特卡、哈尔科夫、奔萨、奥廖尔、彼得罗巴甫洛夫斯克、阿克莫林斯克等城市。为了简化入党程序，扩大党的影响力，工商党取消了必须缴纳入党费用的规定。不过，工商党的一些活动家对这种“数字游戏”表示不满，他们预先警告说，此举会影响到党的纪律。看起来，国家杜马的选举结果印证了后者的正确性。

温和进步党

参与温和进步党（УПП）（1905 年 11 月）创建工作的主要有 В. П. 里亚布申斯基、П. П. 里亚布申斯基兄弟以及大型酒业的持有人 В. И. 科尔努恩格。党纲起草者希望能够预先获得民众的广泛支持，他们强调自己的纲领目标与立宪民主党相似。因此，温和进步党在建立法治国家以及涉及金融和经济政策、农业立法等领域的许多纲领都与立宪派一致。而在调节社会和政治矛盾等方面，温和进步党提出，应该承认罢工、结社、集会（不使用暴力）自由，保护妇女和儿童的劳动，实施强制性保险等。然而，关于每天工作时长的问题，温和进步党认为应与节假日天数、其他国家的法律以及

“世界范围的竞争”捆绑在一起研究。显然，诸如此类的“捆绑”未必能够引起城市工人的共鸣，他们倾向于站到左派激进力量一边。

温和进步党在国家政治生活中的作用微乎其微。该党在莫斯科的拥护者共成立了5个分委会，在顿河河畔的罗斯托夫、伊万诺沃－沃兹涅先斯克、基姆雷、托季马等城市存在的时间也并不长。显然，温和进步党领袖也意识到自己的地位，他们不断寻找机会向民主改革党靠拢，最终在1906年3月与其合并。

企业家政党的策略

对工业家和企业家政党来说，真正的考验是进入第一届国家杜马的席位之争。1905年11月25日，温和派政党联合委员会成立。其成员包括10月17日联盟、法律秩序党、全俄工商联盟、进步经济党、和平改革斗争联盟、立宪派民主联盟、人民代表联盟、图拉的保卫沙皇和法制党、自由与制度联盟、萨拉托夫的君主立宪派联盟等各组织的代表。十月党人和法律秩序党的领导人一直为是谁先提出成立联合委员会而争论不休。不过，在各组织进行联合的同时，党各机构的分化进程一直持续到1906年1月初。例如，加入工商党的人常常同时也被列入10月17日联盟的党员名单中。

各政党加入温和派政党联盟的最初目的是筹集选举活动所必需的资金。这在联盟成立之前就已计划好了，即资金主要来源于联合委员会成员组织基金会划拨以及社会募捐。联盟的政治纲领指出，现在的国家基础面临着两种危险。第一种来自革命力量。为了让革命者保持中立，必须解决在工人当中宣传工作不积极、缺乏创新精神等问题，“要重点打击社会民主党人的核心活动，在其内部制造分裂和纠纷”。联盟与工会组织建立了联系，并且成立了新的“君主立宪性质”的职业性组织，其目的就是在工人间制造矛盾。

第二种危险来自改革的反对者，这些人主要集中在政府。在致部长会议主席维特伯爵的上书草案中，他们对政府颁布选举法和落实公民自由权利时表现出的拖拉和迟缓表示困惑不解，对当局在应对“暴力侵害行为”时所表现出的软弱和犹豫不决提出批评。同时，上书草案中还明确指出，莫斯科总督下达的禁止在首都集会的禁令只会引起社会的公愤。

在1905年12月局势异常紧张的时候，工商党、法律秩序党莫斯科办事处和温和进步党等纷纷表示无条件支持政府采取的镇压莫斯科武装起义的措施。12月15日，这些党在全城范围内散发呼吁书，谴责全民性的政治大罢工和武装起义。并且，工商党中央委员会还发起为牺牲的负责人家庭捐款的活动。但正因如此，本来对政府表示支持的温和派联盟转而开始批判工商党领袖“做政府的跟屁虫”。

企业家党一直在尝试着最大限度地发挥自己的潜能。例如，进步经济党于1906年1月在圣彼得堡开设了“扎达姆木匠”政治俱乐部，吸引了В. Д. 库兹明－卡拉瓦耶夫、П. Е. 卡赞斯基、В. М. 格里博夫斯基等著名法学家来这里公开演讲。在演讲者中，法律秩序党的成员 Д. И. 佩斯特热茨基、А. С. 布季洛维奇、С. В. 拉夫罗夫教授等在俄国享有盛名。全俄工商联盟和工商党则是以数量上的优势来弥补质量上的不足，它们通过积极宣传和制造声势来弥补缺少亮点人物的缺陷。在工商党的代表大会上（1906年2月），В. С. 巴尔舍夫在报告中自豪地指出：“我们党顺利地将呼吁书和所有出版物分发至各市，当然，不包括各市管局、交易所委员会、农业协会等政府部门。”工商党拥有巨额资金，它向莫斯科和各省城分发大量的出版物，发行量接近300万册。

政党刊物出版的情况要更为复杂。《全俄工商联盟报》发行不久便停刊了。在莫斯科，十月党人和进步经济党人达成了联合发行报纸《新道路》的协议，报纸的风格和内容主要面对政治经验尚浅的人。然而，其拉拢市民的努力是徒劳无功的，即使是由圣彼得堡市市长 В. М. 克拉索夫斯基——报纸的第一任主编，以及他的接任者 Н. А. 杰姆钦斯基这样的权威人士来掌舵也无济于事。

作为工商党的“喉舌”，在莫斯科出版的报纸《俄国日记》的发行时间并不长。该报旨在帮助莫斯科的选民在政治斗争的漩涡中做出方向抉择，内容还包括报道首都发生的新闻，刊载工商党会议的总结报告，详细阐述党代会的工作进度。

如前所述，法律秩序党最终未能发行自己的党报。其在各地方发行的诸如《顿河之声》、《阿斯特拉罕通报》、《法律与制度》（基辅）等报刊没有专属法律秩序党的意义，仅限于刊载莫斯科和圣彼得堡各大报纸的文摘。

综上所述，俄国企业家党未能在信息报道领域占有优势地位。其原因不仅是缺少经验丰富的编辑和记者，更重要的一点是，它们提出的口号不得人心，因为完全没有考虑到社会意识中发生的种种变化。此外，还应指出的是，企业家党在各省的机构同首都相比要更为保守（这里首先指的就是法律秩序党，甚至连极端保守的杂志《新时代》都谴责法律秩序党顿河委员会机关报意图“维护顿河地区现有军事官僚制度”的思想和观点）。

竞选活动洋溢的激昂气氛，以及左派和右派政党对温和自由派的批评都让温和派政党联合委员会在行事上变得更加谨小慎微。尽管企业家政党的一些演讲者拥有缜密的思维以及求实进取的精神，但他们还是无法获得选民的好感。甚至在联合委员会成员就共同提名候选人一事达成一致的情况下，在选举中他们还是遭遇了失败。事实上，在选举活动中温和派政党联合委员会秘密制定复选者候选人名单、竭力拖延公布名单等举措确实对选民和选票之争的结果产生了影响。在第一届杜马中共有 16 名温和派政党联合委员会的成员，他们大多数是十月党人，而工商党的领袖中仅有 В. С. 巴尔舍夫一人成功当选。

选举失败带来的震动是巨大的。不久后，联合委员会就不复存在了，为数不多的地方组织也处于濒死状态。在这种形势下，工业家和企业家政党中有影响力的人物大多离开了自己的组织，转而加入其他组织，主要是加入十月党人。应当指出的是，各大报刊并未对温和派政党联合委员会失败的原因进行分析，党的高层也未对此展开讨论。

1906 年 4 月 23 日，法律秩序党在圣彼得堡召开了第二次代表大会。会议指出，党的财政状况“堪忧”，同时还讨论了一些纲领性问题，并选举产生了委员会。虽然个别与会代表提出应落实党报发行的事宜，并确保党员缴纳党费作为党的经费，但是，直到会议结束代表大会也没有对党的工作形式和方法问题进行审议。

此外，工商党的队伍中也流露出类似的谨慎情绪。之后，沙皇政府解散第一届杜马的决定重新激发了法律秩序党、进步经济党和工商党这些到1906年夏天仍然存在的政党组织的积极性。在新形势下，它们希望能够与“10月17日同盟”合并，并承认后者的领导地位。这样一来，进步经济党的活动家拿着十月党人的名单去参加选举，工商党与十月党人结盟后逐渐失去了自己的追随者，法律秩序党和全俄工商联盟也开始分崩离析。

可见，在俄国风起云涌的政治生活中，工业家和企业家政党已经坚持不住了，法律秩序党、进步经济党和工商党的领导机构也在艰难维系着。在第二届国家杜马选举前夕，尽管它们还在商谈结盟的可能，但这只不过是为了制造一种声势，即这些即将消逝的政党仍在积极运作。但结局是令它们失望的，即便是“六三”政变也未能让它们重整旗鼓。

第四章
“10月17日同盟”

Д. Б. 巴甫洛夫　B. B. 舍洛哈耶夫

“10 月 17 日同盟”及其相关的政党和组织代表的是俄国右翼自由派，它们的观点立场介于立宪民主派和极右派之间。然而，这些社会政治集团的界限极其不明确、不稳定。一些在起源上与十月党人有联系的党（如和平革新党、民主改革党）实际上几乎都与立宪民主党合并了；与此同时，一系列具有十月党人政治色彩的政治组织，如法制党、叶卡捷林诺斯拉夫的“10 月 17 日同盟”人民党、科洛姆纳的法律秩序党和 10 月 17 日宣言同盟、卡卢加的保卫沙皇和法律秩序党、巴库的“起锚”党等，就其实际活动性质来说，常常仅是在名称上与极端保皇党不同。这使与十月党人对立的左翼反对派将它们与黑帮相提并论，而黑帮又指责它们“暗地搞立宪主义”。随着十月党人的右倾倾向日益明显，其与极端保皇党的界限逐渐明晰，到最后已经非常清楚。

十月党人作为一股政治思潮，其组织结构是在地方自治机构城市代表大会“少数派”的基础上产生并一步步形成的。党在自由派阵营内部的界限划分是在 1905 年 10 月 17 日宣言颁布之后。未来的十月党人认为，俄国已经具备走立宪君主制道路所必需的政治条件。为此，他们着手开展组建政党的工作，并将沙皇颁布宣言的日期作为党的名称。尽管后来在十月党人中有不少人支持更换党的“招牌”，但在党存在的整个历史时期，它的名称一直没有变过。

1905 年 10 月末，在莫斯科和圣彼得堡相继举行了自由派地方自治工作者和大资产阶级代表参加的集会，这标志着“10 月 17 日同盟”在组织上开始形成。在这些会议上，除了对纲领性问题进行研究，还产生了同盟的领导机构——中央委员会莫斯科和圣彼得堡分会。11 月，在莫斯科召开的地方自治机构城市代表大会上，未来的十月党人已经是以一个比较团结的团体的姿态出现。在针对代表大会通过的一般政治性决议提出的“特别建议”中，其主张帮助和支持政府“确立制度，以及尽快召开国家杜马”，反对直接进行杜马选举，并主张将杜马变成立宪会议。此外，在“少数派”的决议中还坚决反对波兰自治，反对立刻取消各地针对“国内的革命形势”实行的“特别措施和戒严状态”。

在 1905 年 11 月召开的地方自治机构城市代表大会期间，十月党人制定了自己的纲领原则。11 月 9 日，十月党人的纲领第一稿刊载在《言论报》上。在代表大会上，与会代表推荐古契科夫兄弟中的亚历山大·古契科夫为党的领袖。世袭荣誉公民亚历山大·伊万诺维奇·古契科夫（1862～1936年）出身于莫斯科著名的企业主家庭，1902 年起担任莫斯科贴现银行行长。他曾以俄国红十字会全权代表的身份参加俄日战争，并在此期间获得了社会知名度和英勇果敢的美誉。古契科夫作为一名政治家开始崭露头角是在 1905 年 9 月召开的地方自治机构城市代表大会上。当时，他在会上表示，对他来说，在政治上“是敌是友”的衡量标准就是波兰自治问题和“立法非集中化”问题（当然，他本人坚决反对这两点）。在 11 月召开的地方自治机构城市代表大会上，古契科夫在自己的发言中又重申了这一观点。不久后，А. И. 古契科夫开始担任“10 月 17 日同盟”中央委员会莫斯科分会副主席一职。1906 年，他成为十月党人唯一的一位领袖，并在该党存续期间一直担任该职务。

地方自治运动的首领、大地主 Д. Н. 希波夫和企业家 А. И. 古契科夫、Н. И. 古契科夫、Ф. И. 古契科夫兄弟分别代表了组成十月党人的两大社会政治阶层：贵族－地主阶层和工商阶层。不久后，贵族－官僚阶层的代表也加入进来。在十月党人中，为该阶层利益代言的是以五等文官 П. Л. 科尔夫男爵，同盟中央委员会圣彼得堡分会第一任主席、二等文官 M. B. 克拉索夫斯基及其副手（副主席）为首的同盟在圣彼得堡的成员组织。

至 1907 年初，中央委员会各分会的成员人数已经超过 70 人。此外，到 1905 年末，在莫斯科和圣彼得堡分别成立了“10 月 17 日同盟”城市委员会，负责组织各区党组织的活动，还在各地方设立了 60 个同盟支部。1905 ~ 1907 年，共成立“10 月 17 日同盟”支部 260 个，其中大部分（近 200 个）是在第一届杜马选举期间成立的。在十月党存在期间，莫斯科和圣彼得堡的十月党人的组织规模最大。到 1905 年末，后者的人数已经超过 5000 人。在第一次革命时期，十月党人共计有党员 7.5 万 ~ 7.7 万人。十月党人的地方支部既容易解散，也容易在选举活动期间迅速恢复工作，而在国家杜马工作期间，还可以再次停止地方支部的活动。应当指出的是，由于同盟大多数成员态度上消极被动，所以，十月党人对国家政治生活的影响与该组织的规模之大完全不成正比。

从地域分布来看，绝大多数“10 月 17 日同盟”地方分支机构产生于俄国欧洲部分贵族土地所有制相对发达的地方自治省份。而在非地方自治省份，尤其是在少数民族边区，十月党人的数量并不多，组织也不发达。农村地区的十月党人分支数量略多一些——总共有近 30 个。除了“10 月 17 日同盟”自身的组织之外，在一些城市中还有为数不多由大学生组织成立的十月党人党团和其他组织。总之，1905 ~ 1906 年，在俄国共有 23 个在纲领策略方面与十月党相近的政治组织自愿加入该党。

“10 月 17 日同盟”在组织上被定位为“中间派政党联盟”，其并不在意成员的第二政治色彩和要求。因此，组织结构非常松散。最初，十月党人当中就有很多人同时也是其他党和组织的成员，“双重党籍”是在十月党党章允许下的普遍现象。“10 月 17 日同盟”并不要求成员必须履行某些特殊的党员义务，也无须缴纳党费。尽管自 1906 年起，十月党人领袖就试图加强对组织的领导，但许多普通党员仍然将党组织视为辩论俱乐部，而不是有着严格纪律和等级制度的组织。不可思议的是，十月党人的“爱好自由”竟然与对 A. И. 古契科夫的大肆吹捧结合到了一起。自 1907 年起，十月党的所有会议都具有一个必不可少的特点——为古契科夫歌功颂德、进行个人标榜。

各革命政党的党员为了实现党的目标可以牺牲一切，而这一点对十月党人来说是完全不可接受的。正是因为这个原因，尽管“10 月 17 日同盟”的成员大多是家境殷实甚至是富裕的人，但是该组织常常感到财政困难。“我们在俄国的国家制度方面是坚定的君主主义者……但在我们的党内制度方面，我们又是彻头彻尾的共和主义者，甚至有点倾向于无政府主义，”A. И. 古契科夫痛心地指出，“我们很难在党的队伍中树立铁一般的纪律，而这恰恰是任何严肃的政治工作必不可少的部分。”

通常来说，加入“10 月 17 日同盟”的都是年龄成熟、受教育程度较高、有着相当稳定和较高社会地位的人。大多数十月党人属于俄国解放运动时期杰出的“八十年代”的革命一代。然而，他们当中只有少数推崇年青一代激进思想的人愿意走另外一条路——通过合法途径为俄国服务。同时，“10 月 17 日同盟”吸纳学识渊博的杰出官员代表加入自己的队伍。正如 A. B. 特尔科娃 - 威廉姆斯所言：“他们不像果戈理和谢德林笔下描写的那些生活在改革前的俄国畸形人。”当然，十月党人也不像立宪民主党那样，有那么多名人可以炫耀。但应该指出的是，这一直是党的领导机构非常关心的问题，尤其是在选举前。然而，在十月党人当中，我们也还是可以发现一些知名人物。除了前文提到的，还包括：杰出的地方自治和社会活动家 П. A. 葛伊甸伯爵、M. A. 斯塔霍维奇、H. C. 沃尔孔斯基公爵；生活在首都的教授、律师、科学和文化界人士——Л. H. 伯努瓦、B. И. 格里耶、Г. E. 格鲁姆 - 戈尔日麦洛、П. П. 马尔谢罗、Ф. H. 普列瓦科、B. И. 谢尔盖耶维奇、H. C. 塔甘采夫；出版人和新闻工作者——H. H. 佩尔佐夫、A. A. 斯托雷平、Б. A. 苏沃林；工商界和银行界的杰出代表——H. C. 阿夫达科夫、A. Ф. 穆辛、Э. Л. 诺贝尔、B. П. 里亚布申斯基和 П. П. 里亚布申斯基兄弟、Я. И. 乌京；其他职业的活动家，最有名的就是珠宝公司老板 K. Г. 费贝尔日。

如果要给一个标准的十月党人画一幅社会肖像，那么画上的人应该是这个样子的：47～48岁的男人，世袭贵族（偶尔是商人、世袭荣誉公民），受过高等教育（常常是法学或者人文学科），五级至八级官员，居住在地方自治某省某城，银行或股份制企业委员会成员，地主或者房主，常常是地方自治会或城市的议员。

“10月17日同盟”的创建者本来希望能够吸引民主阶层的民众加入，首先就直指工人和农民，但最终还是事与愿违。1905年末成立的“10月17日同盟”中的工人党和农民联盟的规模一直都不大。在选举活动之初，工人组织就已不复存在了。在“10月17日同盟”的成员中，只有非常少量的工人和农民。直到一年多之后，十月党人才最终意识到自己不可能获得城市和农村广大群众的支持。与此同时，作为十月党人中比重最大的贵族，他们把贵族活动的特点——自由任性和善于搞“小圈子”带进了同盟，他们也同样挑剔和不信任“黑帮类”政治组织，无论它们是革命组织还是极右翼组织。“我们是贵族党”，十月党人在1907年2月召开的一次中央委员会会议上承认了这一点。

总的来说，就社会成分而言，“10月17日同盟”是官宦贵族和“贵族化”的大工商业资产阶级、金融资产阶级的政党。

“10月17日同盟”纲领的制定过程经历了几个阶段。第一个阶段始于1905年11月，当时同盟发表了前文提及的第一稿纲领，以及由第一届中央委员会的33名委员签署的纲领性宣言。第二阶段是从1906年至1907年上半年。“10月17日同盟”第一次代表大会（1906年2月）对纲领的内容进行增补、修改后予以通过，而在第二次代表大会（1907年5月）上，又对纲领进行了一些加工修改。第三阶段，即最后一个阶段包括两次全党大会（分别在1907年10月和1913年11月）以及第三次代表大会（1909年10月）。这一时期的特点是同盟的纲领性规则得到具体化，并且经过了反复加工和修改，作为法案向杜马提交。

“10月17日同盟”纲领的核心问题是俄国国家政权的性质和机构问题。纲领第一条指出：“俄罗斯帝国是世袭的立宪君主制国家。沙皇作为拥有最高权力的统治者，应该受到《基本法》各项法规的限制。”可见，十月党人表明了自己的立场，反对君主拥有无限的权力。

十月党人一方面提出废除拥有无限权力的专制制度，同时坚决反对在俄国实行议会制，认为无论是从历史角度还是从政治角度来说，议会制都是行不通的。在他们看来，保存君主政体是“保留与过去联系”的保证，“是确保国家沿着正确方向行驶，并且无所畏惧地为它阻挡风暴和颠簸的保证，一句话，是在过去上千年历史的基础上实现俄国合理（有机）发展的保证”。特别要指出的是，十月党人当然也曾有过彷徨和犹疑，但他们还是认为应该保留立宪君主的“统治者”封号，因为这个封号在他们看来是俄国的“历史财富”。

根据十月党人的设计和构想，俄国最高国家权力机构应该包括集统治者与管理者于一身的君主和实行两院制的人民代表机构。人民代表机构是通过有资格限制的选举产生，在城市实行直接选举，而在其他地区则实行两级选举制。这就是十月党人设想的国家杜马（下院）的组建办法。至于上院立法院——国务会议，这是一个权力有限的机关，其半数成员是由君主来任命的，其作用是对杜马的决议进行修正。从这一点来看，十月党人的纲领与1906年2月20日颁布的《国务会议章程》的主要区别在于，国务会议是否与杜马拥有平等权利（根据官方的说法，国务会议获得了投票权）。

在人民代表机关和君主之间进行权力分配时，十月党人显然偏袒后者。他们认为，未经沙皇批准，任何法律都不能生效或者被废除；只有沙皇有权任命和撤换大臣，尽管理论上大臣在工作中要对沙皇和人民代表机关负同样的责任。然而，要撤换掉一名大臣，国家杜马要求必须对其展开司法调查。显然，在这种情况下，“10月17日同盟”纲领中宣称的立法院“应对政府机构行为的合法性和合理性”实施监督不过是一句空话而已。实际上，上院和下院的真正权力和职能应是向政府提出立法倡议，发出质询，以及批准政府预算。

十月党人纲领的第二部分是关于公民权利的内容。该部分包含自由派政党通常提出的各项原则，其中包括宗教信仰自由，人身和住宅权不受侵犯，言论、集会、结社、迁徙自由等。应该说，“10月17日同盟”纲领的这一部分内容是最具民主主义精神的。但糟糕的是，在实践中十月党人自己经常违反纲领中的这些条款规定，如在涉及公民平等权利问题时，在此特别是对犹太人而言。西部和西南地区大部分十月党人组织反对赋予犹太人平等权利，在此压力下，党的领导层甚至千方百计地阻止在党内解决该问题。

至于民族问题，十月党人基于必须保存“统一的、不可分割的”俄国（第二次代表大会决定，将这句话加入党纲第一章的内容中）的考虑，认为必须反对“一切企图直接或间接分裂俄罗斯帝国和实行联邦制的做法”。但是，这一点对芬兰是例外。在“与俄罗斯帝国保持国家联系”的条件下，芬兰可以拥有“建立众所周知的自治国家制度的权利”。在谈及其他民族的权利时，十月党人表示，将满足和保护其文化需求，但不会满足其政治“要求”。并且，他们还强调指出，“该权利的获得应仅限于对俄国社会有价值和积极意义的民族”。可见，在解决俄国面临的尖锐的民族问题时，十月党人并未能摆脱狭隘民族主义和大国主义思想的束缚。要特别指出的一点是，在正式发布的“10 月 17 日同盟”纲领中，对民族问题完全避而不谈。上述条款并不是“10 月 17 日同盟”纲领的内容，而是其在 11 月发表宣言和在之后对该宣言进行“逐条解读”时出现的内容。

“10 月 17 日同盟”纲领关注的社会问题，首先就是农业问题，这一直被称为“整个俄国大地上最尖锐、最迫切而又难以解决的问题”。十月党人意识到了饱受耕地不足之苦的农民处境艰难，不仅如此，他们还认为，农民提出增加份地的要求是合理的。十月党人打算通过以下方式满足农民：第一，由国家通过特别土地委员会将空置的官地、封邑土地和皇室土地分给农民；第二，通过农民银行“帮助农民从土地私有者那里赎买土地”。“10 月 17 日同盟”纲领还规定，在万不得已的情况下，要“强制征用”私有者的部分土地，同时给予土地所有者以必要的奖励。十月党人还向农民强调，赎买土地“应该按照合理估价进行，不应令地主经济蒙受损失。而无偿掠夺土地就更不应该了，这样不公平，也不会有好的结果”。

然而，十月党人纲领中有关农业问题的重心并非土地问题，而是经济和法律问题。十月党人认为，必须废除一切在法律上贬低纳税阶层地位的法规，从而使农民与其他公民拥有平等权利，主要是通过行政手段来保护他们；取消公社，实施一系列措施提升农民的经济地位（发展农业信贷，广泛推广农业知识，推动手工业的发展等）。

可见，在解决农业问题方面，十月党人走的道路与斯托雷平农业改革提出的方向是一致的。但 П. А. 斯托雷平重点针对的主要是范围较窄的“年富力强的富裕”农民阶层。与此不同，十月党人希望能在相对较短的时间里形成广泛的富裕农民阶层，并期望他们成为沙皇制度的群众基础。

“10 月 17 日同盟”纲领关于农业和农民问题的务实特点同样体现在对工人地位的描述中。在关于工作日时长的问题上，十月党人的立场是竭力维护俄国工业企业的利益。纲领中只是对这个问题进行了非常笼统的阐述，其中谈及必须对工作日时长的上限“规定标准”，并“调整”额外的加班工作。十月党人的文献中对纲领这一条款的内容进行了解读。В. М. 彼得罗沃 - 索罗沃沃在一本手册中指出：“我们当然欢迎缩短工作日，只要这不会给工业和贸易带来损失就可以，但我们并不坚持……必须……实行八小时工作制。”十月党人对这一观点做出了合理解释。他们指出，俄国技术落后，并且宗教节日非常多（同西欧国家相比），在这种情况下，如果把工作日时长缩短到欧洲国家水平的话，将会致使俄国商品价格急剧上涨，相应地，俄国商品也就失去了竞争力。

纲领的最后一部分内容是关于国民教育、法院改革、地方行政管理和自治体制方面，以及经济、金融领域的各项举措和教会改革问题。

在纲领的结论中指出，“10 月 17 日同盟”宣扬“政治和公民自由应该唤醒沉睡的民众力量，调动他们勇往直前的干劲、积极主动性和自助精神，从而为道德复兴奠定坚实的基础、提供最好的保证”。这里体现出来的积极乐观精神与右翼自由派在解决俄国现实中存在的根本问题时所表现出来的瞻前顾后、唯唯诺诺形成了鲜明的反差。

十月党人并不掩饰自己对革命的反感，在实践中更是不遗余力地帮助政府镇压革命，当然，他们并没有像黑帮那样沦为沙皇的卫士。“同盟憎恶革命，将其视为在俄国建立秩序的最大障碍”，“10 月 17 日同盟”在圣彼得堡组织散发的一张传单中这样写道。十月党人极力希望能够让自己的策略与政府的行动“步调一致”，所以渐渐偏离了在10月17日宣言中所做的承诺。为此，同时代的人称其为“最后一支听从政府号令的政党”，更有甚者将其称为“缺失文化的政党”（不过，这种说法有失偏颇）。十月党人写道：“党的目的在于组织一个紧密团结在政府周围的群体，以便开展统一的、卓有成效的、创造性的工作。”

早在筹备组建“10月17日同盟”的时候，党未来的领袖——Д. Н. 希波夫、А. И. 古契科夫和М. А. 斯塔霍维奇就已经同С. Ю. 维特就加入由他领导的内阁一事进行了洽谈。尽管十月党人表示，“原则上同意维特伯爵提出的纲领，并且完全信任政府”，然而他们又以缺乏经验为由，拒绝帮内阁分担“难以承担的重负”。他们拒绝的真正原因，一方面，是自由派人士普遍对总理个人表示不信任；另一方面，在革命情绪日益高涨的情况下，内阁的命运将何去何从，也暂不明朗。此外，让自由派人士远离内阁的原因还有一个，在内阁中他们需要与П. Н. 杜尔诺沃共事。维特本人特别坚定地要委派这个极端反动分子担任内务部长一职，而传闻说他有可能担任总理一职。从整体上来说，尽管这些谈判都没有取得什么结果，但双方都郑重声明，在未来会开展“统一的、卓有成效的工作”。

1905年11~12月的事件表明，十月党人的立场明显向右倾斜。针对11月的邮电局大罢工事件，他们在《言论报》上发表了一系列愤怒谴责的檄文，并要求政府采取最为果断的措施以“恢复秩序”。“10月17日同盟”的严厉谴责引发了军队和舰队的革命行动。1905年12月，А. И. 古契科夫本人向莫斯科市管局捐款，帮助在镇压11月塞瓦斯托波尔水兵武装起义过程中遇难的士兵家属。与此同时，十月党人不吝表达自己的一片忠诚之心，在“以皇帝名义”发给圣彼得堡同盟组织的第一届全体会议的电报中，他们发出了“自由人民的立宪君主万岁！”的呼声。

到1905年末，十月党人和政府之间表面上似乎达成了完全的谅解，但事实上，正是在这时双方之间第一次产生了严重分歧。十月党人愕然发现，在他们看来已经完成了第一项任务——镇压“叛乱”的政府完全不急于去落实第二个任务——召集杜马。而维特伯爵在新年前的一次谈话中表示，即使在《10 月 17 日宣言》颁布后，沙皇仍然是拥有无限权力的统治者。这令十月党人茫然不知所措，起初他们先是批评内阁总理本人的“罪过”，接下来是批判整个政府的方针策略。

同盟中央委员会召集会议进行集中讨论后，该问题被列入第一次党代表大会的议程之中。会议关于政府政策的决议措辞极为激烈，十月党人要求“立刻”出台临时规则，“以保障10 月 17 日宣言中规定的自由权利”，取消戒严措施，因为这引起了全国范围的广泛不满，而又未能“达到目的”。决议中重点指出，必须“想方设法尽快”举行杜马选举，并确定召开杜马会议的准确日期。

实际上，在 1905 年 11 月，十月党人就已经着手自己的选举运动。在十月党人的倡议下，在圣彼得堡成立了温和派政党联合委员会，它包括 10 个君主立宪派组织的代表，后来其中 4 个政党——“10 月 17 日同盟”、法律秩序党、进步经济党和工商联盟结成了竞选联盟。“四党联盟”只是在莫斯科和圣彼得堡活动，而在其他地方（喀山、坦波夫、雅罗斯拉夫尔等地），十月党人同另外一个大资产阶级政党——工商党结盟。

在选举前的群众集会上，十月党人所持的温和派观点与当时社会上占主导地位的激进思想形成了强烈的反差。另外，他们没有善于辞令的演说者，所以输给了自我标榜为“左派”的邻居——立宪民主党人。在宣传方面，十月党人将重点放到了报刊上。在“10 月 17 日同盟”中，有近 1/5 的分支机构从事报纸发行业务，其中 15 个分支除了发行宣言、传单、手册外，还有自己专门的期刊出版，甚至有一些分支（雅罗斯拉夫尔分支）拥有两个期刊出版机构。在 1906 年一年的时间里，十月党人共发行俄语、德语、拉脱维亚语报纸 50 余种。“10 月 17 日同盟”中央委员会的资料显示，1905 ~ 1907 年，党出版各类手册总计约 80 种，其中一些的印数达到上百万册。

然而，这一切努力都是徒劳的，拥有民主选择权利的选民最终还是没有选择十月党人。“四党联盟”中各党最终仅有 16 名代表入选第一届杜马，他们在俄国议会中的声音微乎其微。尽管十月党人是杜马中的极右派党团，但这并没能帮他们提高自己的声望。党团领袖（П. А. 葛伊甸、М. А. 斯塔霍维奇、Н. С. 沃尔孔斯基）提议杜马对“政治暗杀”行为（革命者的行动）予以谴责，这一提议却未能得到响应；他们还反对强行征用地主土地以及主张立刻取消等级限制，并因此名声大噪。但十月党人在第一届杜马中的代表人数较少，因此，对杜马的工作产生不了多大的影响。

虽然十月党人在杜马的处境并不乐观，然而，让该党领袖担任内阁重要职位的提议令他们对未来抱有一定的希望。在 П. А. 斯托雷平的倡议下，十月党人开始同政府进行谈判，但从 1906 年 5 月持续到 7 月，结果却同 1905 年秋的谈判一样，都是无果而终。在驱散第一届杜马以及镇压了喀琅施塔得起义之后，沙皇的专制统治不再需要自由党人为其效力，因此，谈判终止了。1906 年 8 月 24 日，沙皇政府发布通告，一方面宣布设置战地法庭；另一方面，计划根据 10 月 17 日宣言精神实行一系列社会政治改革。这一官方消息成了“10 月 17 日同盟”发展进程中的重要里程碑。

А. И. 古契科夫就政府的八月通告发表讲话，在讲话中他证实了第一届杜马解散的事实，并表示完全赞成斯托雷平的政策。这次讲话成为十月党人政治路线的新起点，大部分党员全力支持古契科夫，后者也于 1906 年 10 月 29 日当选为“10 月 17 日同盟”主席。然而，对于一些人来说，党向右走的这一步是他们始料未及的，而且违背了他们的初衷。1906 年秋，同盟的创建者 Д. Н. 希波夫和 М. А. 斯塔霍维奇退出了中央委员会，继而退党，转而加入了和平革新党（ПМО），后者在立宪民主党人和十月党人之间发挥着缓冲器的作用。相应地，和平革新党与“10 月 17 日同盟”合并的计划也自然泡汤了。而这一切在 1906 年夏天的时候，在古契科夫看来还是顺理成章的。

第一次选举活动失败，随之而来的是“10 月 17 日同盟”的权力上层发生了内讧，这加速了十月党人地方支部的瓦解。到 1906 年夏，至少 60 个分支消失了。1907 年初，“10 月 17 日同盟”地方组织的数量仅剩余 128 个，而归附“10 月 17 日同盟”的政党数量也由 23 个减少至 13 个，十月党人分支在“10 月 17 日同盟”代表大会上的代表人数也骤减。如果说参加第一次党代会的有来自95个地方组织的代表，那么，到召开第二次代表大会的时候，仅有其中22个组织派出代表参会。

尽管在争取选民支持的过程中，十月党人的活动都是合法的，而且与那些左派的竞争对手不同的是，他们几乎没有遭受政府的“压制”，但最终十月党人仅有43名代表进入第二届杜马。同第一届杜马的选举结果相比，这一数量增长了一倍多。如果这也能算作成功的话，那么只能说是取得了一点点的成绩。十月党人在第二届杜马中的活动性质和方向与第一届杜马时的差别不大。他们仍坚决主张对革命恐怖行为予以谴责，并严厉批评劳动派和立宪民主派提出的农业法案（但是又提不出自己的方案），在组织扶贫助贫问题上则支持政府的观点。唯一与此前不同的是，现在十月党人认为自己参与杜马工作的主要意义在于建立“坚实的立宪制核心”，对此，他们认为应该有温和派和右翼立宪民主派的代表加入。然而，该想法在实践中未能得到积极的响应。事实上，在整个第二届杜马活动期间，十月党人一直处于被孤立的状态，既没有获得右派党团的支持，也没有获得左派的支持。

“六三”政变让十月党人的领导不得不对自己的战略做出调整。在对1907年6月3日行动的整体形势进行评价时，十月党人表示，撼动“刚刚建立起来的法律制度”的罪魁祸首不是斯托雷平政府，而是那些革命者，他们在1905年10月17日之后还在继续进行“无谓的自相残杀的战争”。基于自己对俄国国家制度模式的理解，十月党人认为，在10月17日之后，君主的“自由意志”和“特权”仍然保留下来，因而，君主有权“为了国家和民族的利益”去修改选举法。

新的选举法让十月党人有机会在第三届杜马中担任领导职务，同时，也交由他们来解决俄国现实社会中存在的根本问题。在第三届杜马中，十月党人组建了由154名代表参加的庞大党团，这比第二届杜马的代表人数多了112名，无疑是十月党人取得的一次巨大成功，而此次成功在很大程度上是得益于大民族资产阶级的支持。“10月17日同盟”在国务会议中作为“核心派”，也获得了大多数的支持，占权威地位。尽管“10月17日同盟”在杜马中人数众多，却从来都未能做到团结一致和同心同德，相反，还有明显的离心和分裂趋势。正因为如此，党在议会的方针始终摇摆不定，而在各分支组织和全党会议上通过的决议也是经常变化，可谓朝令夕改。上述这些问题再加上政府的行动，最终导致“10 月 17 日同盟”在 1907 年 10 月全党第一次会议上制订的战略计划宣告失败，未能获得通过。

虽然十月党人在选举中大获成功，但其地方组织一步步走向瓦解。同 1907 年相比，1909 年“10 月 17 日同盟”地方分支的总数尽管并没有发生实质性的变化（127 个），但其中每个组织中的具体人数都明显减少。此外，许多地方分支形同虚设，完全没有执行力。这一时期，“10 月 17 日同盟”每一个新分支的出现都是轰动一时的大事件，也一定会在中央委员会的年度报告中被特别提及。

十月党人在落实自己在杜马中的行动纲领时，特别寄希望于斯托雷平政府，在古契科夫的见证之下，他们与政府签署了“相互信任协议”。该协议规定，双方有义务通过杜马实施大规模的改革计划，旨在进一步推动“立宪制度”的发展。即使知道斯托雷平只是表面上遵守该协议，十月党人也一直都是支持政府的党派，并全心全意为其服务。在杜马中，他们主要依靠右翼温和派来落实自己的纲领。当杜马对内阁总理斯托雷平宣读的政府宣言进行讨论后，十月党人在很长的一段时间里都不同意立宪民主党提出的关于双方签订协议，以便在杜马内部成立一个“能够高效运作的立宪中心”的提议。在右派的影响下，十月党人拒绝让立宪民主党的代表进入杜马主席团，同时，也禁止他们进入杜马国防委员会。

后来，在莫斯科举行的补充选举上，十月党人遭遇了失败。此后，他们在党的第三次代表大会上通过决议，决定积极利用自己在杜马的立法动议权。代表大会起草了一系列法案提交杜马讨论，这些法案与斯托雷平的改革方案一脉相承。其中，最重要的是要进行地方自治改革和司法改革。但是，在大方向上沙皇政府持续右倾，最终甚至触动了那些对政府始终“卑躬屈膝”的十月党人的底线，让他们也忍无可忍。自 1910 年起，“10 月 17 日同盟”的杜马党团加大了对政府和地方政权“不合常规”行动的批评力度。然而，他们畏首畏尾的举动未能对政府产生丝毫影响。1911 年 3 月，为了对斯托雷平实施的反立宪行动表示抗议，古契科夫被迫辞去第三届杜马主席一职。同时，党的领导层骤然改变了对左派政党的方针，开始寻求与进步派和立宪民主派结盟的可能。对十月党人的领袖来说，这一步显然为自己带来了负面影响，出现了相当严重的后果——导致他们的杜马党团内部矛盾激化，到了第三届杜马工作的后期，其事实上已经处于分裂的边缘。

1911 年 9 月，斯托雷平遭暗杀身亡。这在十月党人当中引起了极大的震动，他们原本奢望通过杜马进行自由主义改革，但现在就连这种幻想都已彻底破灭了。在斯托雷平被刺身亡后，十月党人对政界表示了极度的不满。“10 月 17 日同盟”的地方组织按照往常的官僚做派，迅速领会“上层”的意图，立刻大规模退党，以作为对此的回应。警务司的资料显示，1912 年，大多数省份的“10 月 17 日同盟”支部都消失了，而在那些仍然留存有十月党人组织机构的地方，通常也只是些默默无闻、人数“微乎其微”的小众群体。

在第四届杜马选举中，十月党人仅获得 98 个代表席位，而且党的领袖也未能入围杜马。十月党人的领导结合与斯托雷平在第三届杜马中不甚成功的经验，对杜马党团的政治路线进行了一些调整。他们仍然对政府的“理智”、“在道德方面的权威性”及其改革潜力充满希望，因此，他们适当加大了自己在杜马的发声力度，并同进步派一起坚决要求落实和实现 10 月 17 日宣言的初衷。B. H. 科科夫佐夫政府不愿向自由派做出让步，这使得十月党人无论是对地方政府还是对包括内务部在内的中央政府都大加批评。例如，在 1913 年 11 月召开的会议上，“10 月 17 日同盟”对政府的路线方针进行了尖锐的批判。

令“10 月 17 日同盟”领袖忧心忡忡的还包括国内政治生活中的重重危机。关于如何避免“大的震动”的问题在十月党人中央委员会的会议上，以及党的中央机关报《莫斯科之声报》上都引起了热议。在这场辩论中，十月党人中的左派坚持必须与进步派和立宪民主派结盟，从而在杜马中形成“反对派中心”，并推行立宪改革。相反，十月党人中的右派认为这样的结盟是行不通的。于是，尽管在 1913 年 11 月召开的会议上十月党人杜马党团呼吁大家要团结起来，但是到了 12 月，党团内部自行分成了三派：一派是十月党人地方自治工作者（65 人），一派是“10 月 17 日同盟”的成员（22 人），还有一派由 15 名宣布自己为无党派人士的前党团成员组成，事实上他们在杜马内部已与黑帮的右翼集团结成同盟。十月党人党团以及之后党的分裂让“10 月 17 日同盟”最终走上穷途末路。

第一次世界大战最终导致了“10 月 17 日同盟”彻底瓦解。1915 年 7 月 1 日，《莫斯科之声报》停止发行，不久后，十月党人的中央委员会也彻底停止了工作。警务司试图调查清楚这一时期在各地方活动的十月党人的分支数量，但是最终也没有具体结果。在个别地方存留下来的彼此孤立、人数很少的十月党人团体仅限于做一些组织援助伤员和难民的工作，不再涉及任何政治工作。实际上，尽管直至 1917 年夏之前，一些杰出的十月党人活动家（如 А. И. 古契科夫、М. В. 罗江科、И. В. 戈德涅夫）仍在国家的政治生活中发挥着重要的作用，但作为政党，“10 月 17 日同盟”已经不复存在。

第五章
民主改革党

Н. Б. 海洛娃

1905 年末至 1906 年初，俄国自由主义内部的党派划分加快了进程。民主改革党一跃成为独具特色的俄国“本土”的创新实验室。

民主改革党的一位领袖 М. М. 科瓦列夫斯基表示：我们的政党仅是一个寻常意义上的政党，它充分尊重历史、正视过往。从这个意义上来说，既不能说它是右翼，也不能说是左翼，更不能说是中派。那种把我们的政党说成右翼立宪民主党，而在某些问题上甚至又称之为左翼社会民主党的说法实属荒诞。

民主改革党本质上是一个自由民主党派。该党继承了亚历山大二世的“伟大变革”精神，其历史可追溯至 19 世纪下半叶改革后的时代。它如同一条纽带一样，将 19 世纪 50 年代末 60 年代初的立宪运动与 19 世纪 80 ~ 90 年代的地方自由主义联系了起来。在俄国自由主义反对派力量进行联合及其思想基础形成的过程中，《欧洲公报》这一杂志发挥了举足轻重的作用，其核心编辑成员是民主改革党的未来领袖（М. М. 斯塔修列维奇、К. К. 阿尔谢尼耶夫、В. Д. 库兹明 – 卡拉瓦耶夫、А. С. 波斯尼科夫、М. М. 科瓦列夫斯基）。至 20 世纪初，加入《欧洲公报》的温和自由派成为地方自由主义的一个流派。

《欧洲公报》一直在宣传一种思想，即革命对俄国现有制度具有毁灭性的打击。该杂志的评论员认为，随着社会经济结构的变化和群众意识的改变，政治变革应运而生。在他们看来，只有社会各界力量与最高政权团结一致的大国强国，方可推行系列社会变革——这是俄国唯一可以接受的变革。

《欧洲公报》的思想家们深信：俄国的逐步发展、强大与繁荣均与其对“西方文明”的态度有着直接的关联。M. M. 科瓦列夫斯基另辟蹊径，提议借鉴外国经验，同时还强调以创新来促进国家自主发展的重要性。此外，他还认为，对俄国而言，民主的“本土模式”是再合适不过的了，并就此研究了政权的民主机构与人民的政治文化之间的关联。民主改革党的诸位创建者根据各自在地方自治机构的工作经验提出，地方自治会应该成为人民代表机构的核心环节。

在从思想和组织方面对自己进行定位的过程中，民主改革党开展的政治活动主要是为了广泛联合反对派力量。1905 年 11 月，《欧洲公报》编辑部发表声明，称与立宪民主党互相支持、团结一致。然而，两者在组织、纲领及战略等问题上存在分歧，这些分歧使得该杂志的追随者温和自由派无法在立宪民主党那里找到自己的“用武之地”。

1905 年 11 月至 1906 年 1 月，经组织签署，民主改革党以独立政党的身份亮相历史舞台。著名经济学家和地方活动家 A. C. 波斯尼科夫首倡创立民主改革党。该党的创始人还有 K. K. 阿尔谢尼耶夫——律师、历史学家、文艺学家，《欧洲公报》主编。同时，加入民主改革党组织委员会的成员还有圣彼得堡理工学院教授 K. П. 博克列夫斯基、A. Г. 古萨科夫、И. И. 伊万纽科夫、A. П. 马克东斯基、H. A. 孟舒特金、M. И. 诺萨奇，《欧洲公报》编辑 M. M. 斯塔修列维奇、B. Д. 库兹明 - 卡拉瓦耶夫和 Д. B. 斯塔索夫，以及前文提到的世界知名学者 M. M. 科瓦列夫斯基。

民主改革党的纲领是在国民支持下重建俄国的政治和社会制度。其所提出的政治改革的实质是要论证“人民君主制”思想。其政治纲领以和平革新党和进步党纲领相应部分的内容为基础。其主要思想是，国家要实现从沙皇专制制度向公民社会的过渡，其间应伴有国力的逐步加强及国家各方面的不断革新。鉴于此，民主改革党的思想家们在确定改革方向和协调变革活动时，均以国家的强大为出发点和落脚点。（顺便说一下，值得注意的是，在立宪民主党的纲领中，仍然将“公民的基本权利”这一章置于首位。）

民主改革党纲领的政治部分包括两大主要原则：具有立法功能的两院制议会君主立宪制和分权制。M. M. 科瓦列夫斯基指出：“采用何种政体——这不是随便就能决定的问题；一个国家的政体应符合人民群众的信仰和夙愿。”1905 年 11 月，他在地方自治大会上表明自己的立场时称：“在法国，我是共和主义者，而在俄国——则是君主主义者。”

维护君主权威是保证国家政治制度连续性的必要条件。

两院制议会作为人民代表的最高权力机关，是实现国家真正统一和社会和谐的有力保障。发挥主要作用的是下院，也就是国家杜马。杜马在国家的财政预算问题上拥有决定权，政府需要向其负责，成年及具有全权的男性公民可以参加杜马选举。

各地方自治机构选举产生的国务会议是上院，上院应成为国家杜马和君主之间独特的联系纽带。国务会议最重要的职能是制定俄国国家政策，同时，它也有权赋予各民族提供文化自治权。但后者只在特定情况下（要参照各项基本法的变更要求），即在地方一级的机构内，且不危及国家统一的情况下方可施行。

民主改革党的纲领规定，俄国公民在法律面前一律平等，享有广泛的公民和政治自由。民主改革党认为，必须将公民的所有基本权利都纳入俄罗斯帝国基本法的法律文本中，同时还要确保这些权利都能得到司法保护。在俄国，“作为第三种权力，法律是自由最有力的保证”。民主改革党提出的司法改革是在 1864 年司法改革的基础上，进一步发展了主要条款的内容。民主改革党主张实行法官终身制，支持公开诉讼程序，并坚持保留陪审制。

民主改革党的领袖预见到，民主制有蜕变为暴民政治的危险。因此，他们认为，广泛普及教育是民主制度得以运行的必要条件。他们指出，应尽快实施全民免费教育，并为私人及社会机构在国民教育等方面各抒己见、献计献策提供广阔的空间。

“因获取维持自身存在的必要供应而导致斗争和竞争的条件未能相当”，这些因素使得民主改革党对社会的繁盛之态从未做过任何设想。他们承认人民的能力水平各有不同，各社会群体的物质财富分配不均，因此，将竭力限制贫富悬殊、创造条件以确保“尽可能多的人能获得土地，并得到足额薪资以维持生计”这样的目标确定为国家政策的一项主要任务。

纲领中有一个章节对土地问题进行了详尽的阐释。其中指出，“要完成1861年2月19日就已开始却被搁置许久的大业”。尽量因地制宜地解决土地问题，并吸引利益各方（包括农民、地主、地方自治机构及管理部门）参与，这是民主改革党制定土地纲领的出发点。同时特别强调，要保护私有制原则并强化其在社会意识中的地位。而且1861年改革也可以证明，“国家以赎买的方式让土地充公，这样的做法并不伤及私有制原则”。

M. M. 科瓦列夫斯基在批评П. A. 斯托雷平的土地政策和左派激进党的方案时指出：“无论是政府的土地充公方案，还是取消派的废弃主张，这些极端做法都不符合我们的初衷。这两种方案的通病是要摧毁现有的一切。这些经济体制不仅与人们的过去背道而驰，更有甚者，会强行将人们置于对未来的无知之境，也就是说，它们的实施会让人民群众无端受累。以上两种纲领均脱离实际。我们所期望的是从实际出发，对原有纲领进行修补改动，而非全盘摒弃。对于村社土地所有制、家庭土地所有制、个人土地所有制这三者到底何者更优这一问题，我们不敢擅自替农民决定，同样，我们也不敢草草地就废除现有的那些法律关系，而破天荒地将占陆地面积1/6的土地交给地区公社。”

民主改革党主张各种所有制形式自由发展。它明白加强社会上的私有制管理机制很重要，但也不会将其与公有制对立起来，不给私有制冠以任何“魔力”色彩。管理部门、国民教育部门、司法部门、税收部门、信贷部门等的工作都极为重要。它们必须依据国民经济发展的需求来从事各项活动。A. C. 波斯尼科夫预言道：“如果我们把那些艰难经营的农民都转为私有者，却不对现在的生活条件做出任何改变，那么我觉得，私有制的建立起不到任何奇效，反而会让农民的处境更为艰难。”

有关工人问题的部分也是在经济可行性原则的基础上详加阐述的，该部分所要顾及的是直接生产者和整个社会的利益。工会在保护工人利益方面发挥着重要作用。纲领规定，必须提供国家意外险、职业疾病险以及养老保险。此外，还特别制定了保护劳动力、解决住房问题的相关措施，并提出要依照常理来确定工作时长。纲领主张“尽可能多地”缩短工作时长，不过对全面实行八小时工作制的可行性却持批判态度。纲领规定，工人有罢工权，同时，要“由相同数量的工人代表和资本家代表共同组成调解组，以协调解决两者之间的经济利益争端和纠纷，而非法律纠纷”。

关于章程的要求，民主改革党的创立者们认为，要在俄国建立一个组织结构严密、纪律严明的政党，时机尚不成熟。这也是他们不同意立宪民主派领导人的原因所在。M. M. 科瓦列夫斯基认为，米留可夫错就错在“过于大胆地把我们那些政治哲学流派与西方各党派相提并论”，他试图“将可以称得上是经得起大风大浪的力量吸收入党”。民主改革党的创立者们认为，他们的任务不是要“联合作战”，而是要为认识自我创造条件，要让人们可以依照信仰来“分门别类”，并让他们能在广泛的自由民主联盟的基础上团结自己的力量。所以，如若想成为民主改革党的一员，只要声明支持其纲领就可以了。民主改革党的章程既没有规定入党的缴费金额，也没有注明退党程序。

民主改革党的成员人数徘徊在1000～2000人。有人讽刺其为“老年人的政党”，理由是该党领导人的平均年龄是62岁，而普通党员的平均年龄是50岁。党员中大多数人具有高等学历，其职业领域与脑力劳动相关——诸如教育、法律、新闻等。他们在参议院、财政部、农业和国有资产部及交通部等部门中身居高位，参与股份公司、商业银行的经营活动，并掌管着俄国的私营工业企业。

民主改革党的目标是进入议会工作。“我们的全部力量在于信念和誓言。议会的讲台——这是一个无可比拟的讲坛”，科瓦列夫斯基强调道。在第一届和第二届国家杜马选举前开展竞选运动期间，民主改革党宣扬立宪力量联盟的思想，认为暂时可以与立宪民主党人、宣扬自由与和平革新的各党派及反对暴力的左派联合起来。为“建立新的国家制度，并通过广泛的社会变革来巩固该制度”而进行和平斗争，这一目标的实现是上述联盟得以建立的基础。

无论是在第一届（近 15 名议员）还是第二届（2 名议员）国家杜马中，民主改革党均没有自己独立的党团，而若要究其为何能在第一届国家杜马中影响卓著，则要归功于 M. M. 科瓦列夫斯基、B. Д. 库兹明－卡拉瓦耶夫及 C. Д. 乌鲁索夫的个人声望。

十二月党人中有一部分人实际上是站在政府一边的，他们从十二月党人中脱离出来，组成和平革新党，该党反对立宪民主党人的“杂食”战略，并在第二届国家杜马选举中成为民主改革党最为亲密的盟友。民主改革党的领袖与和平革新党人坚信，政治活动的开展必须始终以道义原则为基础。他们呼吁党内人士不要忘记政治斗争素养，否则，醉心于争取自由的斗争将会面临极大的风险，即反而将自由本身彻底埋葬。

寻求社会共识、建立广泛的改良主义力量联盟——民主改革党的这一路线在两极分化、政治分裂的社会中未能取得预期反响和支持。由此而引发的左、右派对民主改革党的批判体现在各种具有特点的“标签”中：“无士之将”“政治沙龙”“教授党”等。这些非议的背后，是对民主改革党作为一个独特的政治思想实验室的不解。

尽管民主改革党的存在是完全合法的，但最终该党也未能正式注册，到 1907 年末的时候已经是“名存实亡”。其领导人屡屡试图以非党派的形式将志同道合者团结起来，但均以失败告终。民主改革党的一些成员加入和平革新党的队伍，随后又加入进步党。

尽管民主改革党的存续时间并不长，但在俄国的政治生活中发挥了举足轻重的作用。它对俄国自由主义意识形态的发展以及一系列自由主义政党（包括立宪民主党）党纲的形成和演变都产生了一定的影响。民主改革党、和平革新党及进步党的纲领一脉相承，三者的组织原则极为相近，且具有相同的社会基础，民主改革党的领导人（科瓦列夫斯基、库兹明－卡拉瓦耶夫、波斯尼科夫）在和平革新党及进步党的组建和发展中都做出了突出贡献——这一切都让我们可以将民主改革党视为俄国进步党人的思想先驱。

第六章
和平革新党

B. M. 谢维林

和平革新派产生于第一届国家杜马之中。1906 年 6 月 8 日，召开了一个小组会议，会上选举产生了一个专门的委员会，并确定其名称为“和平革新党”（最终定名为“和平革新进步党”）。

和平革新党（ПМО）的任务是要促成一个能同时制衡革命与反革命力量的政治中心。该中心首先应将国家杜马引入“和平之境”，其次是在全社会营造和平之势。和平革新者们深信，在保持政治制度连续性和强国（而非霸国）支撑的前提下，逐步革新社会生活——这是唯一一条能在成分极为复杂、一促即爆的俄国社会行得通的路。

之所以取名为和平革新党，是为了突出强调该党对暴力（无论暴力是从何而来）持否定态度。和平革新党人谴责政府的暴力镇压和血腥屠杀行为。而令他们尤为愤懑的，则是革命恐怖。和平革新党的半官方刊物《莫斯科周刊》直接指出：“对自由构成的主要威胁并非来自上面，而是来自下面。”和平革新党人反对死刑，支持政治赦免。况且，“如果我们呈请君主实行赦免，那么我们也会将同样的内容知会下去，以请各方都拒施死刑，准确来说，同自上而下所施行的死刑一样，任何死刑的实施对我们的国家来说都是一种耻辱”。

温和的自由主义者是未来党的中坚力量，他们不仅是俄国政治向前发展的希冀，更是熄灭业已爆发的革命之火的必要工具。尽管杜马成员大多怀有

“愤懑和仇恨情绪”，但杜马本身仍被视为议会的萌芽，是“唯一一个象征着国体及经济体制演进思想的机构，唯一一个可以平息民众激昂情绪并给予其理智方向和合理界限的机构”。当然，这些都要以加强自由主义中派分子的作用为前提。

绝不能说1906年春夏出现的这种期望是空穴来风，因为甚至在十月党人中也出现了必须将各中间派团结起来的呼声。例如，В. И. 格里耶教授认为，如果杜马中没有一个强有力的可以协调政府与“人民代表机构”之间关系的统一政党，那么俄国所要面临的，就不仅是财政和文化的分崩离析，更有甚者，将是政治的垮台。

和平革新党人认为合理解决土地问题是推动国家社会经济进步的主要保障。特别应指出的是，他们在杜马中提出的第一份议案就是土地改革草案。和平革新党的领袖希望自己提出的草案可以引起农民议员的重视，这些议员尽管尚未加入任何政治力量，但在第一届国家杜马中占有相当大的分量。

和平革新党的土地纲领规定要给少地和无地的农民分地。为此，不仅会利用公家土地、封地、皇室领地、教会及修道院用地，还会强行征用一些私有土地——当然，是在“公平估价”的基础上以赎买的方式来完成的。纲领非常重视迁居、组织优惠贷款、协调解决租赁关系、调整价格、提高耕作技术等问题。同时，纲领还把解决土地问题的重任交给了中央及地方机构，这些机构都是按照平等原则由地主、农民和权力执行机关的代表共同组成的。

如果说纲领中关于土地问题的部分是由和平革新党人独立制定的，那么，其他内容则是借鉴了民主改革党的经验。与此同时，民主改革党提出的一些要求在和平革新党人这里得到了更为温和的阐释（只有年满25岁的男子有投票权；两级选举制；对波兰和芬兰的自治问题未有提及），而另外一些则更为激进（取消死刑，实行缓刑和假释等）。

和平革新党人主张实行君主立宪制。一切法案都“需要获得人民代表机构的同意”并经沙皇批准。人民代表机构由两个议院组成。其中一个议院由年满25岁的男性公民以不记名投票的方式选举产生，另一个议院由地方自治机构选举产生。国家预算和国家贷款须经人民代表机构批准同意，人民代表机构还拥有立法动议权和质询权。内阁部长在各自的政治活动中要对其负责。

和平革新党的思想家们认为，应在全国推行地方自治。各地方自治机构的代表处都建立在全民平等、直接及无记名投票的基础之上，无性别、信仰和民族之别。除了那些“在现有国家制度下必须要由中央政权统一管理的部门”，其余部门均交由地方自治机构管辖。不过，若要对一些领域及疆域实行自治，应在不危及帝国统一和国家统一管理的前提下，给且只给各地以地方立法权。在司法领域，不仅要把 1864 年法令中被剔除的部分全部恢复，还加入了预审辩护环节。

纲领中包括国民教育、财政政策及经济政策等方面的内容。和平革新党主张降低直至逐渐取消间接税、实行累进所得税及财产所得税、降低关税（在不影响国民经济发展的前提下）、给国家监察机关及国家银行以自主权。

预计重新修订所有涉及保障、维护劳动者利益的劳动法案。除了那些危及“国家和社会正常生活秩序”的罢工，罢工自由也获得了承认。此外，还出台了一系列措施，以缩短雇佣工人的工作时长、保护其劳动并为他们提供国家保险。

杜马中和平革新党党团有 25～29 名成员，还有近 40 名“支持者”。就其社会成分来说，正如左派经常指责的，这是一个“老爷党团”。按党派来区分的话，加入该党团的不仅有十月党人和立宪民主党人，还有工商党的成员及一些无党派人士。在由 14 人组成的党团委员会中，共有 13 名与工商界及金融界相关的大地主。

无疑，和平革新党领导人所设立的将农民吸引到自己这边来、使其不再受左派影响的目标未能达成。而且很显然，和平革新党人对农民议员的期许过于理想，因为后者并不急于加入其中。杜马自由派未能说服农民代表放弃特鲁别茨柯依所说的“狭隘利益观”。1906 年夏，发生了“土地恐怖事件”（大规模侵占地主的土地、放火烧毁他们的产业等），在此背景下，渐行法治的呼吁难以服众。

和平革新党人首先是从维护国家安定的角度出发，来解决现实中存在的主要问题（包括民族问题）。因此，他们提出要维护并加强俄国国家制度的统一，却拒绝对各党派做出重大让步，这就阻碍了杜马“立宪中心”的建立。而且，在第一届杜马中，当商议有关公民平等、人身不可侵犯及集会的法案时，和平革新党人表现出的极为温和的立场同样对该中心的建立造成了阻碍。鉴于此，盖登提议解决平等问题要“更为谨慎、更有说服力”。他认为，杜马若要达成这一目标，则“需要整整五年的时间”。特鲁别茨柯依则认为，赋予妇女选举权、在政治上解放她们会导致其母性退化、家园沦丧。“谁为妇女争取选举权，谁就是在筹划个人及社会的退化。”

和平革新党担心杜马会通过过于激进的决议，并因此出现破坏公民和谐的危险，所以坚持提议要用国务会议来制衡杜马。盖登在阐述温和立宪主义者的信条时指出，尽管 1905 年 10 月 17 日君主赋予人民的权利有限，但这些权利均是受宪法保护的，将不断扩大并得到进一步巩固。但这一切都要以不触及最高权力和不违背基本法的要求为前提。

实质上，1906 年 5 月 13 日发布的政府宣言把杜马的所有提议（包括确立内阁部长对杜马负责、强行征用地主土地等）都否决了，尽管和平革新党人对这些提议都比较认可，但绝大多数自由派人士对这些大臣持怀疑态度。盖登及其追随者一致表示：他们并不要求把这些大臣辞退，而是要让他们自愿离职。

自立宪民主党人在第一届杜马选举中大获全胜后，统治阶层中就萌生了可成立立宪部的想法。在讨论该方案时，和平革新党的领导人发挥了尤为重要的作用，但与立宪民主党人会面后，盖登对其是否真有能力组建“有效部门”产生了怀疑，基于此，他开始倾向于建立由立宪民主党人、杜马中的温和派和国务会议组成的联合政府这一观点。关于组建该政府（其中有 3 个席位是给和平革命党人的）的谈判失败实际上也预先决定了 1906 年 7 月 8 日第一届杜马解散。

和平革新党的活动家们认为，新革命的爆发是在所难免的，所以他们竭尽所能去避免这样的情况发生。他们谴责《维堡宣言》是在“煽动骚乱”

“太过革命”。与此同时，特鲁别茨柯依致信沙皇，请求他尽一切可能来推动“国家制度的和平重建”。和平革新党的领导人提醒尼古拉二世不要犯下“无法挽救的错误”——建立专政，他们指出了一些有望摆脱政治窘境的方法：广泛推行土地改革、加速召集新一届杜马、建立“社会部”。

第二届国家杜马竞选期间，和平革新党力图团结“所有真正的立宪主义者”，但十月党人的领袖 A. И. 古契科夫赞成引入军事法庭，成立自由主义者联盟的愿望成为泡影。更糟糕的是，支持古契科夫提议的“10 月 17 日同盟”毅然决然地与和平革新党划清了界限（为此，十月党人中央委员会主席 Д. Н. 希波夫宣告离职，以示抗议，不久后他便加入了和平革新党的队伍）。

9 月 22 日，和平革新党向当局递交请愿书，请求确立自己的合法地位，但当局以该党“所求目标会危及社会稳定”为由予以拒绝。直到盖登与斯托雷平总理会谈后，“和平革新会”才获得官方承认。在它的章程中指出，“要通过合法途径在俄国实行君主立宪制”。要达成这一目的，首先就要讨论当前俄国的国家、社会及经济生活中面临的诸多问题，还要“起草立法及其他政府活动的指导纲要和草案”。

和平革新党的管理机构是由其成员、各地方委员会、中央委员会组成的全体大会。大会每年至少要召开一次，其权利包括：决定党的基本活动方向、修订党章、选举中央委员会并批准其报告。中央委员会每届任期一年，其义务包括：执行大会决议、代表党发布各种条例、向各地方组织下达指示等。和平革新党通过收缴党费、组织捐款、出售党的文献及公开授课这些方式来筹措经费。

起初，和平革新党的组织遍布 12 个城市（基辅、敖德萨、斯摩棱斯克等），至 1906 年底，达到 25 个，总人数约 2000 人。根据组织目的来划分，俄国全国被分为两大块——以圣彼得堡为主的“西大块”和以莫斯科为主的“东大块”。这两大块形成两个中央委员会，各自为政、相互独立。

1906 年 11 月 20～22 日，圣彼得堡和莫斯科两个中央委员会召开了全体大会。会议通过了和平革新党以独立政党的身份参与第二届杜马选举的决议，却出师不利。例如，敖德萨传来消息称，委员会驻地被黑帮分子摧毁。圣彼得堡的自由派商人视和平革新者为“变相的立宪民主党人”，与其划清界限。因此，和平革新党的领导人首次在首都公开亮相选择工人作为自己的听众，进而突出党的民主性。但遗憾的是，无论是党的纲领，还是他们的战略，统统遭到了否决。

1906 年 12 月至 1907 年 1 月是和平革新党选举前最为活跃的时期。该党的领导人宣布，要坚决为争取“扩大杜马权利”和解决土地问题而斗争。与此同时，还试图召集有其他反对党参与的大会，进而为“立宪中心”的建立奠定基础。正如他们所设想，立宪中心是要在开展解放运动的同时，坚决打击一切反立宪行为。所以，和平革新党人把诸如道德底线不容侵犯、个体具有绝对价值、宗教文化具有超阶级性这样的信条与“社会主义的破坏思想”对立起来。

将自由派政党团结起来的想法在立宪主义者中引起一阵热议。1906 年 12 月 23 日，特鲁别茨柯依在圣彼得堡发表了一场宣传和平革新党思想的公开演讲。可事与愿违，到后来，演讲主要探讨的却是对死刑及政治谋杀应持何种态度的问题。为建立一个受法律约束、不能轻易解散的杜马，特鲁别茨柯依号召成立竞选联盟，但这一倡议并没有获得任何响应。

这一失败经历致使和平革新党人实际上退出了独立竞选，在竞选中，他们要么是同十月党人结盟，要么是同立宪民主党人结盟（4838 名竞选人中只有 28 名是和平革新党的代表）。和平革新党的领导人们断定：“团结足够多希冀实现和平变革国家制度的人士这一愿望是不切实际的。”这一点，他们是从社会大众不再对和平斗争手段抱任何希望中看出来的。像其他自由主义者一样，尽管他们不再寄希望于第二届杜马，但并没有放弃在杜马建立立宪中心的希望。确实，到最后，就连盖登都对杜马大失所望，他不得不承认：“只能另寻良机。”

《莫斯科周刊》公开号召杜马与“和平革新会”要直面政府，寻求合作契机，而斯塔霍维奇和利沃夫以中间人的身份参与了斯托雷平和自由派的会谈。会谈讨论了要建立亲政府的“温和的”多数派党，但和第一届杜马一样，这一愿想也受到了土地问题的牵制。

尽管知道“左倾”的杜马不可能带来国泰民安，但和平革新党人仍担心杜马会解散。爆发新一轮“流血动荡”的臆想、公众越发坚定地认为立宪之路不可行以及人民代表原则遭遇诋毁，这些都让他们惊恐万分。上述原因再加上立宪民主党人的“右倾”，致使特鲁别茨柯依发表了一系列文章，呼吁自由派政党和解与合作。但由于立宪民主党人和十月党人的利己主义思想在作祟，这一呼吁没有得到他们的任何响应。

政治上的种种失利让人大失所望，圣彼得堡中央委员会甚至宣布和平革新党解散。中央委员会大多数成员尽管不赞成和平革新党以独立政党的身份参加第三届杜马选举，但他们仍然主张将自己的组织保存下来。特鲁别茨柯依认为，和平革新党败就败在其路线有悖于人民意愿。因此，他讲道：“在这样的历史关键时刻，能强而有力存在的只能是‘和平革新派’，而非‘和平革新党’。”

事态的进一步发展证实了这一悲观的预言：在第三届杜马中当选的和平革新党人不超过8人。而且值得注意的是，这些人都是以个人名义参选的，并不代表和平革新党。无论是在杜马内部还是杜马之外，和平革新党试图团结立宪主义者的各种努力都毫无成效。

第七章

进步党

B. B. 舍洛哈耶夫

20 世纪初，俄国党派纷纭，各种运动风起云涌，许多拥有进步思想的俄国（首先是莫斯科）资产阶级和知识分子主张在社会生活的各个领域分阶段实行改革，以推动俄国社会向前发展，这些政治思想活跃的资产阶级和知识分子被泛称为“进步党人”。作为一种思想流派和政治运动，进步主义思潮发端于第一次俄国革命期间。多年间，其形成主要通过两个渠道：在大企业主中以及在知识分子中。一方面，建立在政治舞台上能够代表工业家和企业家利益的独立政党的尝试受挫，致使那些最具西方先进思想的莫斯科资本家走上了寻求联合知识分子（这些知识分子能带动思想变革、制定纲领）的道路；另一方面，第一次俄国革命期间，种种原因致使各自由党派（包括十月党人、和平革新派、民主改革党、立宪民主党）中的一部分知识分子对其所在党派大失所望。一些人（如 Д. Н. 希波夫、П. А. 盖登、М. А. 斯塔霍维奇）对以 А. И. 古契科夫为首的新的十月党人领导阶层针对 П. А. 斯托雷平及其政策所采用的战略方针不满意，另一些人（如 Н. Н. 利沃夫、Е. Н. 特鲁别茨柯依）则对立宪民主党土地纲领中的激进思想及该党领导与左派激进分子的过多互动心存芥蒂。十月党人和立宪民主党人的领导机构推出后，这些社会及政治活动家们试图建立一个新的政党——和平革新党。然而，该党成员人数稀少，未能得到广大企业家的支持。

进步党人思想的起源

1905～1907 年革命的失败、6 月 3 日政治体系的建立，加上斯托雷平实施的大刀阔斧的改革，这些使得社会意识有了长足的进步。斯托雷平改革在刚开始的时候得到了企业家和工业家的理解和支持。但与此同时，令他们惴惴不安的是政府的路线方针仍以镇压和反动政策为主，这阻滞了国内局势的稳定进程，同时也妨碍了 1905 年 10 月 17 日宣言中种种承诺的兑现。随着改革方针的变化和保守力量的增强，企业家和工业家们对 П. А. 斯托雷平的失望情绪越发高涨。在揭露斯托雷平改革方针贯彻的不连续和不彻底方面，和平革新党人及其机关报《莫斯科周刊》（编辑为 Е. Н. 特鲁别茨柯依）功不可没。

直到 1908 年，那些政治上积极的莫斯科资产阶级才得以与和平革新党和立宪民主党中的知识分子走近。一部分右翼立宪民主党人，如 П. Б. 斯特鲁夫、С. А. 科特利亚列夫斯基、П. И. 诺夫戈罗采夫、В. А. 马克拉柯夫、М. В. 切尔诺科夫及 А. В. 特尔科娃等提出应对自己政党的思想、纲领和战略原则做出批判性的修订，并开始搭建与莫斯科工业界的代表人物建立联系的桥梁。从 1908 年开始，在莫斯科资本家 П. П. 里亚布申斯基和 А. И. 科诺瓦洛夫的公寓定期举办“经济座谈会”，参加人员包括经济学家、哲学家、律师、历史学家、文学家、工业家和企业家中的进步人士代表、国家杜马和国务会议成员。拥有数百万资产的实用主义企业家从知识分子那里得到了理论支持。与此同时，知识分子也从企业家那里获得了大量的物质帮助，这为他们出版杂志、报纸和书籍提供了强大的保障。一些莫斯科进步资本家资助发行了《语言报》《俄国早报》《俄国之声》《俄国思想》《莫斯科周刊》。得到 П. П. 里亚布申斯基和 В. П. 里亚布申斯基兄弟二人资助出版的包括《伟大的俄国》两卷集、П. Б. 斯特鲁夫的博士论文《经济与价值》以及其他许多学术刊物和普及刊物。

在实用主义者和知识分子座谈期间，商讨了涉及社会生活各个方面的问题，包括政治、经济、金融和信贷体系、内外贸易、关税、军队和舰队的整改、外交政策及文化，逐渐形成了一个完整的思想和纲领目标体系，这些目标最终为俄国构建了可预见历史时期内的社会发展模式。其实质是要在始终维护国家利益的基础上，建立一个强有力的法治国家和最佳的市场运作体系，推行广泛的政治及社会改革，并实行积极的外交政策。与此同时，他们还认为，俄国拥有成为真正的强国所必需的物质资源和人力资源，这将助力俄国成为一个真正能在世界文明中占据领先地位的伟大强国。

思想和纲领

进步党人的政治理想是在三权分立的基础上建立议会制君主立宪制。所谓三权分立，即立法权、行政权、司法权三者相互独立、相互制约，共同构成统一的国家法制体系。立法权属于君主以及普选产生的两院制人民代表机构，并由他们来行使。行政权属于对杜马负责的内阁。对整个地方自治机构系统要进行一次根本性变革，在全国范围内推广地方自治。所有俄国公民，无论其民族和宗教信仰如何，都享有宪法所赋予的平等政治权利，并受独立司法机构的保护。这样一来，就为建立公民社会和法治国家、让整个社会体系正常运作和充分发挥个人潜能创造了政治条件和前提基础。

进步党人主张维护俄国作为多民族国家的统一性和不可分割性，认为给各民族以政治自决权不仅不合理，而且是有百害而无一利的。在他们看来，只需采取以下措施便可维护各少数民族的权利：赋予各民族公民以平等的政治权利、在全国范围内推行地方自治、准予各民族学校和地方法庭使用本民族语言。关于单一制俄国国家体制的构想认为，应该逐步扩大地方自治，同时兼顾各民族地区的民族文化特点。

在借鉴西欧各国推行法治国家和市场经济的历史经验的基础上，进步党人提出了自己的国家经济发展方案。其理论家认为，在资本主义现代化条件下，应该从根本上改变经济各领域之间以及大地主和工业家之间的优先顺序。进步党人还强调，世界各国贵族和资产阶级争夺政治统治权的斗争经验表明，“当地主阶级与工商阶级之间出现利益冲突的时候，进步的旗帜从未偏向过地主的阵营那一边”。由此便可得出：“俄国社会所有进步团体”的主要任务就是要同“地主阶级及其落后思想”做斗争，而且，“贵族和资产阶级已经不可能同时站在人民的肩膀之上；两者中有一方必须退出”。从本质上来讲，这其实是在宣扬一种新的价值体系，即要优先建立一种合理的资本主义经济，并把进步人士和政治表现积极的工商资产阶级划定为推动社会进步的中坚力量。

在对俄国资本主义现代化这一问题进行理论研究时，进步党人强调：“现今，提高生产力是整个国家的根本任务，也是当代国民的职责所在，这关系到俄国政治及文化的未来。”生产力是一切社会发展的基石。首先，要从经济上消除俄国与发达资本主义国家之间的差距，将俄国发展为工业强国。其次，要加强俄国资产阶级的经济实力和政治影响力，这些资产阶级可以与西欧资产阶级开展平等的合作，并为俄国争取新的销售市场和疆域。再者，要巩固国家法制体系及其制度建设的经济基础，夯实开展各项社会变革的经济根基，这些社会变革是实现国家政治稳定的必要举措。

进步党人认为，国家在推动俄国现代化进程中发挥着重要作用。他们支持私营企业的发展，鼓励激发个体的积极性和创造性，他们认为，国家“从过多的经济职能中”解放出来之后，应肩负起统筹协调的责任。他们提议在部长理事会下专设一个部门（由立法机关和工商界代表组成），负责制定国民经济发展的前景规划。对那些过时的工商法、税收及关税制度都应进行大幅修订。国家应采取措施取缔那些妨碍自由贸易发展的官僚保护条例，允许私人投资开采自然资源、兴建铁路、从事采矿和邮电等行业。与此同时，还必须积极发展包括国家长期工业信贷银行在内的各类工业信贷机构，建立辐射面广的工商交易网，扩大对外贸易，并促成领事服务机构的建立。以上举措都旨在为资本主义经济体系的运作和进一步发展创造最佳条件，加强工商阶层的经济实力和政治影响力。

尽管进步党人尤为关注工业化问题，但他们非常清楚，工业发展与农业发展水平“不相适应”的问题必须解决。这些进步党人把资本主义制度基础上的大地主经济和土地私有制度基础上的小农经济看成农业生产力发展的基础。所以，为了提高农业生产力，他们提出：鼓励发展农用工业及其与之相关的农业技术生产；发展小农手工业并发放低息贷款用于支持手工业发展；在地方开设股份制银行；建立涵盖低息小额贷款、低息长期（抵押）贷款、低息短期贷款、低息移民贷款及低息土壤改良贷款等在内的广域网络；划拨部分储蓄款项用于发放农业贷款和土壤改良贷款，支持发展多个小农公社，这些公社可以结成较大规模的联盟；建立包含各类农业联盟和信贷合作社的庞大网络；设立试点实验站、示范农庄等；降低农具、农业机械和种子的关税；普及技术教育、农业教育和商业教育。

具有进步主义思想的理论家非常重视合作社的发展问题。他们认为，在市场关系中，合作社是提高农业生产力和农民物质生活水平的强有力手段。农业合作社充分尊重农民的自主性和创造性，允许农民发展各种形式的经营活动，为其实现增收提供保障，甚至还对贫农在农业技术、农肥、农贷等方面给予政策优惠。

进步党人认为，形成合理的财政及税收体系具有极其重要的意义。为此，他们提议要从以下几方面进行改革：修订国家支出预算以缩减开支，并取消非生产性拨款；引入累进所得税、累进财产税及累进遗产税；逐渐降低间接税，并取消必需品的间接税；“在不危及俄国国民经济发展的前提下”降低关税；国家监察机关独立，由其负责监督国家的一切收支情况；国家银行独立，对其章程进行修订，“以使其发挥调控货币流通的功能”；储蓄所从国家银行分离出去，不再归财政部门管辖；储蓄机构可发放小额贷款。进步党人认为，工商部必须下设鉴定委员会和专门开展外贸金融业务的鉴定银行。他们坚持要对领事部门进行彻底变革，认为必须对国际市场进行仔细研究。

进步党人提出的经济改革体系有助于设立市场关系的分支机构，使国家能够实行强有力的社会政策，进而增强国家的财政实力。他们注意到社会各阶层（尤其是地主与农民、企业家与工人）中存在严重的两极分化问题，因而希望借助国家力量来缓和社会的紧张局势。他们认为，早晚有一天，斯托雷平土地改革会引发贵族阶级经济衰退，而地主的土地将会转归小农土地所有者所有。同时，他们还意识到，在过渡阶段必须采取一系列预防性措施，以适当减轻俄国农民群体沉重的经济负担。

进步党人认为，首先，不应加快强制解散农民公社的进程，因为这样势必会导致相当一部分农民的贫困化和无产化，这些农民在短期内是无法适应新经济形势的。其次，没有国家强大的物质技术和财力支撑，农民很难从村社经营过渡到农庄及独户田经营。“农民是俄国社会及政治生活的主要成分，是一支新的民主力量，将土地所有权转归农民个体所有是俄国实现经济发展的前提，也是促进农民阶层实现政治平等和意识觉醒的必要准备，”进步党人思想家 M. M. 费奥多罗夫写道，“不能单从临时政策组合的角度来考虑该问题，这一举措是极具历史意义的：与同时期党的各项政策相比，它的意义要更为深远。”所以，进步党人对推行“自上而下”的小农所有制（斯托雷平所实行的）的问题极其谨慎。“无论我们对村社多么反感，”E. H. 特鲁别茨柯依写道，“我们都认为，把村社交予富农去瓜分或者是将其像一座起火的房屋那样彻底拆毁是行不通的。这也就是我们为什么会反对政府的土地纲领，却支持实行土地私有制的原因。在我们看来，政府土地纲领的本质内容是有悖法律和具有革命性的。我们明白，取消村社的唯一合法途径是清除阻碍其自然发展的因素；废除村社所有制不应只征求个别社员的意愿，还应征得村社的同意。”

E. H. 特鲁别茨柯依认为，斯托雷平政府“力促在村社内引入小私有制的举措”，从经济角度来说，是“将农民经济置于完全不可能的发展条件之下”，从政治角度来说，则会“激发农民内部矛盾”。因此，他认为，即使进步党人赞成“对农村进行安抚与和平改造”，但对政府的政策他们仍然不予支持，因为这一政策终将导致“农民阶层内部发生矛盾分化和内讧”。

斯托雷平倡导强制解散村社，为了缓和这一政策所带来的负面影响，进步党人提议实行以下举措：只有征得农民公社的同意，农户方可退出村社；农民以耕地所有者的身份“整家”迁入，继续与村社共同拥有草地、森林及其他公共用地的使用权；限制征用农田；作为社会组织，保留村社的行政管理和经济单位的职能。除了上述措施外，进步党人还提出，实行一系列国家在过渡时期对农民进行扶持的经济和农业技术措施，关于这一点在前文已有提及。

进步主义理论家认为，国家应充当企业主和雇佣工人之间关系的调节者。宪法及专门的劳动法应对工人所享有的罢工、成立工会等权利做出规定。他们主张逐步缩短工作时长，并制定了一套保护雇佣工人的制度，他们坚持，国家必须大力扶持专门的职业教育，为工人提供低息住房建设贷款。应当指出的是，许多进步党领导人在自己的企业实行的都是九小时甚至是八小时工作制，建立了配备现代医疗设备的门诊医疗机构网络，为工人及底层行政技术职工子女开设了托儿所和幼儿园。

鉴于俄国在国际关系体系中的地缘政治地位，进步党人对改造军队和舰队问题尤为关注。前文提到的两卷集《伟大的俄国》中就收录了有关军事改革和军事理论研究、对青年进行爱国主义教育和民族自豪感培养等诸多方面的问题。进步党人坚持一定要给军队配备最新型的装备，建立一个陆军和海军自动管理系统，加强军人的军事技术训练，并改善其物质生活条件。他们主张建立一个涵盖中高等军事教育机构、军事体育协会和各种爱国组织的广域网络。

进步党人认为，俄国尽管在俄日战争中战败了，但仍有潜力在远东、中东和近东同时实施积极的对外政策。他们再三建议政府采取更积极的措施巩固远东边界，因为这样将会：确保俄国在远东地区拥有绝对优势，这些地区对守卫国家边界来说具有战略意义；保留住那些将来有望垦殖开拓的地区；确保自己在可能建设连接东亚铁路网的铁路沿线地区的优势地位；保住阿穆尔河沿岸地区，并确保其在满洲里北部边境地区的绝对地位不被动摇。

1912～1913年巴尔干战争期间，《俄国之声报》要求政府向奥匈帝国发出最后通牒，并宣布，俄国绝不容许其“向巴尔干半岛踏出一步”，否则，它将“不得不克服自己对战争的厌恶，在关键时刻亲自出手”。第一次世界大战前夕，进步党人在批准国家杜马和国务会议的军事预算方面做了大量工作。

进步主义理论家竭力将其所构想的“伟大的俄国”模式植入社会大众的意识中。他们号召知识分子重新彻底审视自己的“经济观”，并要认识到一点，即促进生产力发展是“整个国家的理想和任务”。进步党人坚持要把科学和资本紧密结合，他们深信，这样终会促成合理的市场运作体系的建立、“民主制度和资本主义制度”的相互配合和适应，以及国内和平秩序的建立。同时，他们还号召工人和职员要理解“自由劳动纪律”作为“经营的基础”所发挥的作用，并用和平方式解决劳动与资本之间的冲突。他们认为，参与生产的社会各方力量团结一致就能消除不同阶层中存在的矛盾，消除反资产阶级思想残余。

国家杜马的组织结构与策略

在第一次俄国革命后的时期，进步主义思想迅速发展成熟，但这一进程并不能代表其组织机构的形成。1905～1907 年，进步党人最终未能建立自己的政治组织。其成员有的加入了各种自由派政党，有的仍坚持游离于党派之外。无论是在第一届还是第二届国家杜马中，这些进步党人都未能产生任何影响。

在“六三政变”期间，形势发生了些许改变。在第三届杜马选举中，进步党人成功获取了 28 个代表资格。其杜马党团领袖（主席）是顿河地区最大的地主伊万·尼古拉耶维奇·叶夫列莫夫（拥有 825 俄亩土地）。在第四届杜马中，他继续担任杜马党团主席一职。进步党人杜马党团的纲领极其模棱两可，只要求成员“承认宪法和进步观点”。在实践中，杜马党团竭力团结自由派的中派力量，并支持所有宪法性质的倡议。进步党人的这种中派立场赢得了部分杜马议员的赞许，这也为其党团人数的增加提供了保障。第一次例会时，党团成员数量为 28 人，第二次例会时为 36 人，第三次和第四次均为 39 人，第五次为 37 人。而在杜马之外，进步党人还以《莫斯科周刊》、《言语报》及《俄国早报》编辑部为中心集聚在一起。

1908～1911 年，立宪民主党，尤其是十月党人组织溃败后，进步党人随即转而联合政治上积极的资产阶级和务实的知识分子。换句话说，进步党人的队伍像是一个大熔炉，里面容纳了各种各样的成分，包括十月党人、和平革新党人、立宪民主党人及其他党派人士。

第四届杜马选举期间，将进步党人组织成一个独立的政治组织的进程加紧推进。在杜马选举中，有 32 名进步党人当选，加上杜马党团成员，共有 48 名进步党人进入杜马。1912 年 11 月 11 ~ 13 日，进步党人在彼得格勒举行了成立大会，会上通过了杜马纲领、杜马策略，并选举产生领导机构。纲领的主要要求可归结为以下几点：撤销有关戒严的条例，取消行政专断；取消 1907 年 6 月 3 日的选举法；扩大人民代表机构的权利；改革国务会议；实行言论、出版、集会、结社自由；保护人身不受侵犯，实行宗教信仰自由；各民族享有民族文化自决权；取消等级限制和等级特权；实施城市自治和地方自治改革。纲领的最后指出，俄国必须建立“君主立宪制，并由部长对人民代表机构负责”。

提及自己在杜马的活动策略，进步党人竭力强调，他们在杜马将严格遵守法纪，“维护”杜马权利，并“保护杜马中出现的国民议会萌芽”。进步党人指出，杜马是“俄国进行和平革新的唯一手段”，他们坚持必须积极利用杜马的预算权，坚持使用立法动议，“不被经费表中一些单独条款的否决所影响”。进步党人认为，“动辄就要解散第四届杜马是欠考虑的”，他们在原则上承认，在某些情况下，“杜马将自行走向解散，条件允许的话，我们甚至会助推加快其解散进程”。

进步党人的代表大会选举产生了中央委员会，总部分别设在圣彼得堡和莫斯科，中央委员会统筹组织地方委员会。《俄国之声报》是该党非正式的机关报。

毋庸置疑，进步党人代表大会成为俄国（首先是莫斯科）实业资产阶级和部分知识分子走向政治联合道路上的一个里程碑。但其领导人要将进步党组织发展为全国性组织的计划未能实现。一方面，他们没能成功分裂立宪民主党，并将其右翼分子吸引到自己这边来。右翼立宪民主党人深知进步党在组织上的软弱性，相较而言，他们更愿意留在立宪民主党中，因为该党拥有稳固的社会声望和广泛的社会影响。另一方面，进步党人也未能吸收左翼十月党人加入自己，继 1913 年 11 ~ 12 月十月党解散后，左翼十月党人选择追随他们自己的领袖——A. И. 古契科夫。进步党人唯一做成的一件事是，他们在一系列大城市中成立了进步党选民委员会，这些选民均与杜马党团保持着联系。最主要的是，进步党人“甚至没有能力将左翼工商业主在政治上联合起来”。俄国的大部分资产阶级对政党持怀疑和不信任态度，因此，这些资产阶级宁愿活动在自己惯于活动的职业组织内。

不禁产生这样一个疑问：到底有哪些阶层支持过进步党人？或者至少说，是构成进步党人的社会基础？许多学者为此进行了大量研究，但碍于资料有限，关于这一问题的答案至今不甚明了。可以确定的是，39 名中央委员会委员中，有 29 人是贵族，9 人是世袭荣誉公民，还有 1 人阶级属性不明。29 名贵族中，有 9 人具有高等爵位，还有 14 个地主，其中有 11 个是大地主。9 个世袭荣誉公民中有 7 人拥有房产，1 人是大地主。中央委员会成员中，有 12 人从事着各种与工商及金融有关的活动。总之，在进步党的中央委员会中，有两大群体发挥了主要作用——大地主和大资本家，这两大群体构成了进步党的社会基础。

而进步党杜马党团的社会成分构成中，对第三、第四届杜马的当选议员进行的一次统计数据显示，55 人中有 27 个贵族、13 个农民、9 个商人、4 个司祭、1 个小市民、1 个哥萨克。贵族中，有 1 人具有伯爵爵位兼一品官衔，二品、四品、五品文官共有 5 人，各县的首席贵族及省、县地方自治局的主席 6 人，地方官员 1 人，市长 1 人，州法院院长 1 人。除了上述这些，杜马党团中的贵族还包括 2 名教授、2 名律师、2 名少将和上校、2 名医生及 1 名工程师。

27 个贵族中，有 18 人拥有地产，其中有 1 人拥有 10 万俄亩，平均每人拥有土地约 1100 俄亩。但遗憾的是，这些调查资料并不足以说明进步党中的贵族从事的是与工商及金融有关的活动。

商人中有 2 名手工业顾问和 3 名市长，5 人拥有房产，大地主 4 人（他们名下的土地加起来一共有 1.6 万俄亩）。

农民中有 7 人拥有份地，规模从 7 俄亩到 16 俄亩不等。3 人拥有大规模私田，其规模从 60 俄亩到 1968 俄亩不等。但大部分农民并不从事与土地有关的活动，有的在从事农耕劳动的同时，还兼做其他形式的社会活动。例如，杜马党团中的农民代表包括：乡长、乡文书（年收入 800 卢布）、医生、县地方自治会成员（年薪 1300 卢布）、店铺掌柜（拥有两家店铺）、储贷互助会会长等。

4 名司祭全都拥有教会的土地，年收入为 900 ~ 1000 卢布。小市民从事的是律师行业，其拥有的不动产总值为 15000 卢布。哥萨克被选为哥萨克村长，年薪 600 卢布，其名下拥有 25 俄亩土地和价值 5000 卢布的不动产。

总之，从进步党党团的人员组成可以看出，该党的社会基础相对较为复杂。进步党人的实践活动大多集中在杜马中，这就足以表明，该政治组织具有议会性。应当指出的是，在该党战略方针的制定中起主要作用的不是中央委员会，而是杜马党团。用进步党人的话来说："杜马党团实际上是进步党作为一种政治派别的唯一代表。"

在第四届杜马中，进步党继续保持中派立场。在 1913 年 10 月初召开的全党大会上，进步党人对 1912 年 11 月大会上拟定的政治路线做了一些修正。一方面，大会上通过决议指出，进步党应"尽力开展切实可行的立法活动"；另一方面，决议强调，无论"杜马是否会解散"，进步党人都将积极推行其纲领。会议指出，"将整体预算驳回"将成为杜马与政府相较量的唯一现实手段。

进步党人主要寄希望于与立宪民主党人开展联合行动，同时，在推行杜马的系列法案（包括参议院改革、土地改革、城市自治改革、人身不受侵犯）时，他们又希望可以吸收左翼十月党人加入其中。此外，尽管已经看到自己与右翼十月党人及十月党人中的地主洽谈无果，但进步党人仍相信可以与这些人"联合行动"。

得益于进步党党团的中派立场，反对派在第四届杜马中获得多数票的情况要比在第三届杜马中多得多。各自由派政党（包括十月党人、进步党人、立宪民主党人）对整套法案和提案进行联合表决，在一定程度上，这为杜马中“进步人士联盟”的形成提供了先决条件。他们希望能够借助该联盟推行改革。但在 1912 ~ 1914 年，自由派未能从组织上促成这一联盟的形成。

建立杜马反对派中心的想法未能落到实处，这使得像 А. И. 科诺瓦洛夫和 П. П. 里亚布申斯基之类的激进进步党人提议要在杜马外创建一个这样的中心。“杜马外中心”的主要任务是督促政府兑现其 1905 年 10 月 17 日宣言中的承诺，不过现在要运用议会之外的方法。宣言的纲领计划将左翼十月党人、进步党人、立宪民主党人、人民社会党人、社会民主党人及国家所有的政治团体团结起来。1914 年 3 月 3 ~ 4 日，在莫斯科 А. И. 科诺瓦洛夫和 П. П. 里亚布申斯基的公寓内，左翼十月党人、进步党人、立宪民主党人、人民社会党人及孟什维克一起召开会议。核心议题是关于自由党和革命党联手准备杜马外的反政府行动的问题。会上成立的信息委员会应在适当时机提出践行 10 月 17 日宣言的要求，而后各党派“依据自己的战术方法、特点及实力情况”组织开展一些革命运动，如开展工人运动，组织农民骚乱，挑起资产阶级、工商、市民等阶级的不满，以及各大报刊同时抗议示威。

但进步党领袖科诺瓦洛夫和里亚布申斯基这些“左的行为”并没有得到杜马党团的支持。1914 年 4 月，杜马中在就议会言论自由法案进行讨论时，爆发了一场冲突。杜马党团拒绝支持左派激进分子的做法，谴责他们针对 И. Л. 戈列梅金总理的起哄捣乱行径。杜马党团的立场令其与各左派政党及杜马外各组织的谈判变得更为艰难。不久，信息委员会便不复存在了。

战争年代和二月革命期间

第一次世界大战期间，进步党人在杜马内外都十分活跃，在杜马外尤其明显。1914 年 7 月 26 日，在第四届杜马大会上，进步党人提出支持政府一战到底，直至获取胜利。他们投票赞成军事贷款，并参加了 1915 年政府召开的特别会议（议题主要涉及国防、燃料、运输和食品）。

由于俄国战败，加上政府无法应付军队供给方面出现的困难，进步党人转而开始反对专制政府。1915 年 5 月，莫斯科进步工业家团体提出了“动员工业力量”以满足军队供给的口号。莫斯科的工业家提议成立军工委员会，积极参与军队供给工作。П. П. 里亚布申斯基当选莫斯科工业区军工委员会主席。除此之外，进步党人还参与创建了全俄地方自治联合会、全俄城市自治联合会、全俄地方和城市自治联合委员会及其他社会组织，这些组织均担负着为军队提供供给、援助伤民和难民的使命。这是最为崇高的社会使命，在战争年代，拯救了数以十万计俄国战士的生命，向成千上万的难民伸出了援手。

渐渐地，军工委员会、全俄地方自治联合会、全俄城市自治联合会、全俄地方和城市自治联合委员会的活动开始具有社会政治色彩。其代表大会和例会也越来越频繁地讨论一些政治问题，这些问题的妥善解决是有效支援前线的前提和基础。进步党的领袖提出了设立杜马责任内阁的口号，并强调指出：“以目前政府的情况，军工委员会及其他为军队服务的社会组织都不可能开展任何工作。”他们坚持要设立一个有杜马中多数派代表和自由派官僚参与的“国防内阁”。1915 年 8 月，《俄国早报》上刊登了“政府委任”的拟定名单，其中有两个部长职位由进步党人担任：А. И. 科诺瓦洛夫任工商部长，И. Н. 叶夫列莫夫任国家稽核员。

在进步党人的积极参与下，1915 年 8 月，杜马中建立了“进步联盟”，加入该联盟的除了自由派代表，还有温和的右派人士。进步党人是“进步联盟”的极左翼力量，他们一直在努力落实建立杜马责任内阁的想法。在他们看来，该内阁一来可以组织国防，二来能有效“动员工业力量”，还能通过改革缓解社会的紧张局势。进步党党团的立场得到了莫斯科工业家的全力支持。1915 年 8 月 16 日，在 А. И. 科诺瓦洛夫的寓所内，立宪民主党领袖、全俄地方自治联合会和全俄城市自治联合会的主要代表及其他社会组织的代表聚在一起召开会议。会议主张成立特别“联合委员会”，该委员会在莫斯科中央联合委员会领导下开展全面的宣传工作，支持杜马“进步联盟”

的纲领。莫斯科中央联合委员会的成员有 15 人，由 Г. Е. 利沃夫、М. В. 切尔诺科夫、А. И. 科诺瓦洛夫和 П. П. 里亚布申斯基领导。该委员会倡议建立一个完整的涵盖农民联盟、工人联盟、合作社及工商联盟在内的全俄联盟网络，这些联盟在之后再与全俄地方自治联合会、全俄城市自治联合会及军工委员会联合起来，共同组成“联合会同盟”之类的社会政治组织，该组织的目的是要给政府施压。

军工委员会的领导人（包括 А. И. 古契科夫、А. И. 科诺瓦洛夫、П. П. 里亚布申斯基）取得了一定的成绩，不仅“动员了工业力量”用于国防，还通过在委员会下专设工作组协调了与工人之间的关系。在创建全俄合作社同盟和全俄粮食委员会方面也取得了一些成绩，开始有关建立全俄农民联盟的谈判。然而，直到 1917 年二月革命，进步党的领导人成立“联合会同盟”的设想仍未能得到彻底落实。但他们利用已有的社会组织对政府施加了一定的压力。

进步党党团感受到各社会组织对自己的支持后，其立场更为坚决。在 1915 年 8 月 29 日召开的“进步联盟”例会上，进步党党团领导人 И. Н. 叶夫列莫夫表示，早晚有一天要面临杜马解散的局面（1915 年 9 月 3 日果真如此），所以联盟的所有成员应预先商定同戈列梅金政府进行斗争的手段。“如果说我们会听凭其解散，”И. Н. 叶夫列莫夫强调道，“那是信口雌黄。首选的斗争方式是：联盟的所有成员都退出会议。那样的话，戈列梅金也会退出的。”然而，包括立宪民主党人在内的“进步联盟”的绝大多数成员并不支持这一提议。

整整一年的时间里，叶夫列莫夫都在劝说“进步联盟”的成员对政府持更为坚决的立场，但并未见什么成效。在 1916 年 10 月 20 日召开的联盟例会上，И. Н. 叶夫列莫夫称：“要大方地对政府的工作提出批评，并指明妨碍士气提升的因素。我们的处境堪忧，因为我们的任务是要通过变革获取胜利。而进行变革——这无异于一种背叛。我不想得出这样一个结论：兄弟们，推翻政府吧。但要不发出革命的呼吁，只可以说：出于爱国，不可以这样做。我们不得不规定出各大声明中要守住的底线，但这些声明应以更为直接的方式把一切言明。”而这一次，联盟的成员却仅仅是制定了一份内容相当温和的宣言草案，其中呼吁沙皇的部长们自愿辞职，让位给有社会公信力的人重新组阁。1916 年 10 月 31 日，叶夫列莫夫告知“进步联盟”各成员：进步党党团决定不认同宣言内容，并退出该联盟。

1916 年末至 1917 年初，国内政治局势恶化，迫使进步党人采取了更果断的斗争方式。1914 年 3 月 3 ~4 日，在 А. И. 科诺瓦洛夫和 П. П. 里亚布申斯基公寓内召开的会上，左翼十月党人、进步党人、立宪民主党人、人民社会党人及孟什维克再次商讨了是否有必要设立一个信息委员会来协调各党派反政府斗争中的行动事宜。会面过程中，他们还公开谈论起宫廷政变的必要性和未来临时政府的组成。无论是在杜马的讲坛，还是在报刊上，进步党人都坚持政府应立刻下台，因为当政期间“政府把祖国应履行的职责抛之脑后，这是罪大恶极的”。进步党人的领袖认为，到了彻底改变“整个政治体系”并设立责任内阁的时候了，该内阁对国家杜马负责，“可以解放俄国民众，并吸引国内各方积极力量，从而鼓舞民族士气，战胜一切压迫我们国家的苦难”。

1916 年 12 月 16 日，А. И. 科诺瓦洛夫在国家杜马发言时称，现在，整个俄国都已经意识到，“现行制度和现任政府是无法取得胜利的，攘外必先安内”。但这些坚决果断的言语在付诸实践行动时显得相当软弱无力。进步党人希望能够通过语言（包括密谋和发动宫廷政变之类的言辞）威吓“高层”推行一些变革，但同时，他们又不想看到自发性的革命，在他们看来，这不仅会摧残国民自由的萌芽，还会对议会制和文明开化的萌芽造成毁灭性的打击。进步党人不希望自发的国民革命发展成同政府的斗争，这束缚了他们的手脚。最终，尽管想尽了办法，他们还是没能说服当局做出明智之举，主动与社会政治力量妥协。1917 年二月革命的浪潮推翻了 300 多年的沙皇专制，彻底改变了俄国的政治局面。

二月革命消除了自由派政党之间存在的许多纲领性和战略性差别和意见分歧。最为突出的是立宪民主党，围绕它展开了团结一切自由主义力量的行动。部分左翼十月党人和进步党人（包括其中的一位领袖 А. И. 科诺瓦洛夫）转而加入立宪民主党的队伍。仍有一些进步党人试图保住所在党派组织的独立性。1917 年 3 ~4 月，进步党人将进步党更名为激进民主党，并声明拥护成立总统制联邦民主共和国。И. Н. 叶夫列莫夫和 Д. П. 鲁兹基成为激进民主党的领导人。该党的机关报是彼得格勒的《祖国报》和莫斯科的《自由言论报》。

激进民主党对临时政府的政策产生了一定影响，1917 年的七月危机后，该党坚持保留政府联盟，并保护本党成员在其中的职位不被动摇：И. Н. 叶夫列莫夫——司法部部长，之后任国家救济部部长；А. А. 巴雷什尼科夫——国家救济部事务长。1917 年 9 月，激进民主党成员 Д. П. 鲁兹基和 С. В. 波兹纳加入共和国委员会（预备议会）。在 9 月召开的全党大会上通过决议，决定将激进民主党和自由共和党合并，并成立了联合中央委员会。1917 年十月革命后不久，激进民主党退出了历史舞台。

第八章
立宪民主党

B. B. 舍洛哈耶夫

立宪民主党在俄国政党体系中占有特殊的位置。这是一支知识分子的党派，党内会集了20世纪初俄国的优秀知识分子，这些知识分子希望以全人类价值为基础，通过议会对国家进行彻底变革。追根溯源，立宪民主党在思想和组织形成上与19世纪、20世纪之交俄国自由主义思想发生的实质性变化密不可分。

这一时期，自由主义内部出现了新的流派，并逐渐强大起来。该流派的代表就是知识分子阶层。该阶层最为清醒地认识到，俄国国家发展的需求与落后的政治制度——君主专制制度之间不相适应的问题越来越突出，政权与社会之间的矛盾不断深化，这些因素致使国内局势动荡、国家命运难测。

1902年7月至1905年10月，由П. Б. 斯特鲁夫主编的非法杂志《解放》在斯图加特出版，这是新自由主义流派作为全国性政治组织的纲领和组织形成过程中的一个重大举措。杂志上刊登了立宪民主党的首批纲领性文章，形成并制定了党的组织原则，并展开讨论。1903年夏天和秋天分别成立了两个组织——解放同盟和地方自治立宪主义者同盟，这两个组织在1905年10月成为立宪民主党的两大核心组织。1905年10月12～18日，在莫斯科召开了立宪民主党成立大会，即第一次代表大会。

到这个时候，立宪民主运动已经发展成熟，制定了自己的纲领和策略，在各政治力量中占据了一席之地。立宪民主党人在自由主义阵营中属于极左翼的一派。他们一方面与那些维护地主和工业家利益的政党及组织划清界限，另一方面又远离社会主义倾向的左派政党和组织。立宪民主党领袖一致认为，该党是一个超阶级的政党，党的理想目标契合“俄国知识分子的传统追求”。俄国杰出的知识分子代表组成了该党的“智库”，这些知识分子真心期盼俄国能够繁荣昌盛。

立宪民主党的社会属性

十月的成立大会奠定了立宪民主党的组织结构基础，会议通过了党的章程和纲领，选举出了党的临时中央委员会立宪民主党各届大会的召开情况如下：第一届——1905 年召开；第二、第三、第四届——1906 年；第五届——1907 年；第六届——1916 年；第七、第八、第九、第十届——1917 年。在 1906 年 1 月召开的第二届大会上，该党最终形成。会议决定将党的名称改为人民自由党，会上选出了新的中央委员会，并对党的章程和纲领做出了一些修正。

立宪民主党中央委员会由圣彼得堡分部和莫斯科分部两个分部组成。圣彼得堡分部主要负责进一步制定党纲及向国家杜马提交的法案并领导杜马党团。莫斯科分部则主要负责组织宣传工作和出版事宜。总的来说，中央委员会统筹监管各项会议决议的执行情况，领导各地的党建工作；定期与各省委员会的代表召开会议，并确定党的战略路线。

各省成立了省委员会，由党的省代会选举产生，任期一年。省委员会有组织各市、县、镇委员会工作的职权。

党章第二节规定，“所有接受党纲、同意服从党章及党代会设定的党的纪律的人”都可加入该党。成立大会结束后，党的组织建设工作在全国范围内开始了。1905 年 10 ~ 12 月，共成立了 72 个立宪民主党人组织，到了 1906 年 1 ~ 4 月，已有超过 360 个立宪委员会。1906 ~ 1907 年，立宪民主党的党员总数徘徊在 5 万 ~ 6 万人。

然而，和俄国绝大多数政党一样，作为一个政治组织，立宪民主党在组织方面相当松散，而且不够稳定，受政治局势的影响较大。1905～1907年革命后，各地方组织的数量急剧缩减，成员数量也大幅减少。1908～1909年，全国有33个省级、42个县级立宪民主党委员会。这两年间，立宪民主党党员总数为2.5万～3万人。1912～1914年，有29个省城、32个县级市内有立宪民主党的委员会在活动，党员总数不到1万人。一战期间，全国共有26个省级、13个市级和11个县级立宪民主党组织。

1917年二月革命胜利后，各地方的立宪民主党委员会开始迅速恢复。1917年3～4月，全国已有380多个立宪民主党组织，党员总数也壮大到7万人。

事实上，立宪民主党中央委员会在存在期间始终未能与各地方组织建立稳定的联系。1905～1907年革命后，中央委员会也无法再完成党章关于每年召开一次党的代表大会的要求，而只是定期召开会议议事。实际上，许多重要的政治决策都是由少数中央委员会成员（10～15人）做出的。各地方组织会不定期召开党会，但参会人数也不尽如人意。

加入立宪民主党的包括俄国知识分子中的精英、部分具有自由主义倾向的地主、城市的中等资产阶级、职员、教师、医生及文员。立宪民主党人的社会成分构成随具体政治形势的变化而变化。1905～1907年革命期间，各地方党组织内有相当多"社会底层"的代表，包括工人、手工业者、雇员，农村的党组织内还有农民。革命失败后，相当一部分民主人士退出了，他们对立宪民主党人在第一届和第二届杜马中实行的政治路线极其失望。"肃清"立宪民主党人中"社会底层"人员的运动一直持续到1917年二月革命。

1907～1917年，立宪民主党队伍中城市中等阶层占大多数的趋势越发明显，该党与资产阶级代表——包括具有自由主义倾向的商人、企业家和银行家的关系也日益巩固。二月革命胜利后，该党的社会成分再次发生变化。一方面，加入了"10月17日同盟"的成员、进步党人，甚至还有一些以前君主主义组织中的代表；另一方面，民主人士重新占据了立宪民主党的大多数。

无论是在中央委员会还是在杜马党团中，知识分子的代表都主导着立宪民主党的各项工作，实际上，党的战略及战术方针也是由他们确定的。其中起主要作用的人物包括：留里科维奇公爵——帕维尔·多尔戈鲁科夫和彼得·多尔戈鲁科夫兄弟；世界著名学者 Д. И. 沙霍夫斯科伊、В. И. 韦尔纳茨基院士；民法和刑法领域的知名专家——С. А. 穆罗姆采夫教授、В. М. 盖森教授、Л. И. 彼特拉日茨基教授及 С. А. 科特利亚罗夫斯基教授；著名的历史学家——А. А. 科尔尼洛夫和 А. А. 基杰维特格尔；经济学家和政论家——П. Б. 斯特鲁维院士、А. С. 伊兹戈耶夫和 А. В. 特尔科娃；民族问题的著名专家——编外副教授 Ф. Ф. 科科什金；全国闻名的社会活动家——И. И. 彼得伦克维奇、Ф. И. 罗季切夫、А. М. 科柳巴金、Д. Д. 普罗托波波夫、А. И. 申加廖夫、М. Г. 科米萨罗夫、Н. М. 基什金；等等。

帕维尔·尼古拉耶维奇·米留可夫是立宪民主党的领袖、主要理论家和战略家。1859 年，他出生于莫斯科的一个建筑师之家。以优异的成绩结束古典中学的学业后，米留可夫考入莫斯科大学历史语文系，师从世界著名历史学家 П. Г. 维诺格拉多夫和 В. О. 克柳切夫斯基。1892 年，他顺利通过历史学硕士学位论文答辩，开启了光辉的教职生涯。但在 1894 年，米留可夫因参加解放运动被学校辞退，并被流放梁赞。

1897 年，流放期满后，米留可夫被迫出国。他先后在保加利亚的索菲亚大学教授俄国历史，在芝加哥大学和波士顿大学做关于社会运动史的系列讲座。1899 年，他回到圣彼得堡，参与了当时民粹派和马克思主义者之间的思想政治斗争。不久，再次因积极参加政治活动而被捕，先被关押在拘留所一年多，之后被关进了监狱。直到 1901 年仲夏才暂时获释，定居芬兰。但很快又收到了新的判决书，被判监禁 6 个月，在著名的圣彼得堡“克列斯特”监狱服刑。经 В. О. 克柳切夫斯基向沙皇求情，不久后，米留可夫被放了出来。此后他再次出国，结识了各政党的领袖——П. А. 克鲁泡特金、Е. К. 布列什科 - 布列什科夫斯基、В. М. 切尔诺夫、В. И. 列宁及英国、美国、法国和巴尔干半岛各国的许多社会和政治活动家。

1905 年 4 月，米留可夫回到正值革命时期的俄国，随即便投入政治斗争。1905 年 8 月，他遭遇了人生中的第三次也是最后一次被捕，在“克列斯特”监狱一关又是一个月。出狱后，米留可夫开始准备组建与其政治命运相关的立宪民主党。

思想和纲领

立宪民主党的理论家认为，在可预见的未来，推动社会进步的最佳方式是合理发展资本主义经济。他们一贯反对任何具有暴力性质的社会变革，支持社会及其各项制度渐进发展。尽管反对进行社会革命的观点，他们原则上仍承认，在一些情况下是不可避免地要进行政治革命的（在当局注定不会让步的情况下，及时进行必要的改革）。这些理论家认为，只有当政治革命能解决那些客观上已经成熟但当局无法解决的历史难题时，进行政治革命才是合理且正当的。

1905 年 10 月召开的成立大会上通过了党的纲领，立宪民主党领袖在纲领中详细阐述了有关俄国实现社会进步的途径的基本理论概念。该纲领提出通过议会以自由民主的方式来解决俄国的现实问题。

立宪民主党纲领的出发点是要逐步革新俄国原有的政权。立宪民主党人要求用君主立宪制取代原有的专制制度。其政治理想是实行英国式的议会制君主立宪制，即“国王统而不治”。他们一贯奉行立法、行政、司法三权分立思想，要求设立国家杜马责任政府，彻底改革地方管理机构，在全国范围内推行地方自治制度，对法院实行民主改革。立宪民主党人主张在俄罗斯实行普选，实现一系列的民主自由（言论、出版、集会、结社等自由），他们坚决维护个人的公民权利和政治权利。从本质上讲，立宪民主党人成功构建了一个法治国家的理论模型，这一模型完全可以成为任何民主社会的典范。

作为个人权利和议会制民主的捍卫者，立宪民主党人坚持奉行国家制度的统一原则。他们在自己的民族纲领中提出了实行民族文化自决（在中学、高等院校、法庭等场所使用本民族语言）的要求，而且他们认为仅在个别情况下，才可以实行区域自治。1917 年二月革命后，立宪民主党人才开始根据实际情况的变化逐渐修订其民族纲领，探讨能否给一些民族以区域自治权的问题。

立宪民主党的纲领非常重视对社会问题的解决，其中探讨得最为详尽的是土地问题。立宪民主党人认为，如果不对俄国的土地制度进行彻底变革，那么俄国就不可能建设强大的国家和发展强劲的经济，也不可能提高人民的物质生活水平。在借鉴欧洲各国（农业是这些国家经济的基础产业之一）经验的基础上，立宪民主党人主张发展独立自主的小农经济，将农民从改革之前落后的制度残余中解放出来，建设能推动农业生产发展的基础设施。立宪民主党的理论家提议分阶段逐步解决农民的土地问题。他们认为，从俄国的具体情况来看，必须对部分地主土地实行强制征用才能促成这一问题的解决，但斯托雷平、极右翼分子和十月党人坚持地主土地的不可侵犯性。立宪民主党人准备废除大地主土地所有制，该制度是专制制度的经济基础，也是一直以来引起农民群众不满的主要根源之所在。与此同时，对于那些耕地数量不够分给无地和少地农民的地区，立宪民主党人也允许从开展自主经营的地主那里征用部分土地。但对于那些经营得很好的地主庄园、葡萄园、种植园、“示范田”等，即那些发展合理、能带来盈利的土地，则不允许征用，因为在立宪民主党人看来，从经济角度来说，征用这样的地段是不合理的。征用地主土地只允许以国家或农民赎买的方式进行。

立宪民主党人打算把土地问题交予各地方委员会解决，地方委员会由包括农民、地主和地方政府在内的相关各方按平等原则组成。这些委员会要准备好一手资料，然后进行汇总，由研究农业和农民问题的权威专家组成的土地委员会呈交国家杜马和国务会议讨论，后者颁行统一的全俄土改法令。立宪民主党人期望通过改革为发展农业生产力、改善俄国农民境况创造最有利的条件，与此同时，兼顾各地的地区特点、自然气候特征及当地居民的生活习惯。

立宪民主党的劳动纲领旨在稳定企业主与雇佣劳动者之间的关系。该纲领的一个核心内容就是要求给工人结社、集会和罢工的自由。工会的建立未经许可，他们能否获得法人地位是由司法机关决定的。工会有权保护工人的物质利益，有权支配罢工基金和失业援助资金，有权将同盟联合起来组成联合会。工会无须为因罢工而对雇主造成的损失承担任何责任。立宪民主党人坚持工会与企业主必须签订集体合同，合同一经签订，只能通过司法程序解除。

立宪民主党人竭力将劳动与资本间的关系问题交予工人和资本家共同参与的专门仲裁机构去处理（比如调解小组、仲裁法庭、各种调解委员会等）。在他们看来，调解小组的建立有助于预防罢工的出现，有助于通过文明的方式来调解劳动和资本之间的一切争端。同时他们还认为，当工会领导与资本家谈判无果时，工人有权宣布罢工，借助这种极端方式以求自己的正当要求得到满足。

立宪民主党的劳动纲领特别重视工时和工人的社会保障问题。纲领提出，要逐渐推行八小时工作制，缩短成年工人的加班时长，禁止雇用妇女和未成年人。立宪民主党人主张为那些在工作岗位上遭遇意外、罹患疾病而丧失劳动能力的工人提供赔偿，同时强调指出，所有赔偿费用应由企业主全部承担。同时，立宪民主党人还坚持要求实行国家死亡险、养老险和疾病险。

立宪民主党人还制定了涵盖面非常广的财政和经济改革纲领。该纲领的基本要求归纳为以下几点：在部长会议下设立专门机构（由立法院和工商界代表组成）来制定国民经济各领域发展的前景规划；修订之前的工商法，取消分散的监管，并废除那些妨碍经营活动自由的规章；修订税收制度，缩减非生产性开支；扩大国家杜马的预算权，改革国家监管制度；允许私人投资兴建铁路、开采矿藏、从事邮电行业；肃清或最大限度缩减亏损的国家经济，对所有国有工厂征收各种赋税；提供工业贷款，开办长期工业信贷银行；成立工商行会和交易法庭；扩大对外贸易，组建领事服务部门。

立宪民主党的纲领中专门有一部分阐述教育问题。其中，立宪民主党人主张取消所有与性别、民族和宗教有关的入学限制。在建设各类学校及校外教育机构方面，他们坚持必须给个人和社会以足够的自由，充分发挥他们的主动性。纲领指出，必须建立各阶段学校间的联系和衔接，以减轻从低级阶段向高级阶段学习过渡的困难。立宪民主党人还坚持让大学自主管理，实行自主招生和自主从教，增加中等教育机构的数量，并降低学费，坚持普及小学全民免费义务教育。地方自治机关有权管理小学教育，并参与教学工作的设置。纲领指出，必须在地方自治地区设立普通或成人教育机构、民族图书馆及民族大学，并发展职业教育。

在对外政策纲领中，立宪民主党人坚持必须向西方民主国家学习，将对外政策的方针改为以维护俄国的国家利益为先。就其本质而言，这里指的是俄国外交工作的重点，即解决中东地区——博斯普鲁斯海峡、达达尼尔海峡、君士坦丁堡的一系列军事战略问题，将那些以“俄罗斯居民”为主的地区（加利钦和乌戈尔罗斯）并入俄国，解决大俄国范畴内的波兰和亚美尼亚问题。

立宪民主党人把彻底重组俄国军队和舰队并为其配备现代化的全新装备、为中下层军人提供社会保障、扩大并改善中高等军事教育网络体系等具体举措的实施同对外政策问题的解决联系起来。在他们的纲领中，处处体现了国家民族的利益。立宪民主党人梦想建立一个理想社会，在这个社会中，任何社会矛盾都能迎刃而解，各民族利益一致，为每个人都创造全面发展的最佳条件。事实上，立宪民主党人在其纲领中提出的建设民主法治国家的思想就是这些构想的体现。

1905 ~1907年革命期间的策略

在反对专制制度的斗争中，立宪民主党人主张采用和平的斗争形式，他们没有排除与君主制妥协，并制定一个统一的、能被双方都接受的联合行动纲领的可能性。立宪民主党人拥护 1905 年 10 月 17 日宣言的发布，该宣言宣布要在俄国内部实行公民和政治自由，召开国家杜马立法会，并扩大选民范围。与此同时，立宪民主党的领导人并没有急于表态无条件支持沙皇政府，而是要求沙皇政府践行 10 月 17 日宣言的内容，并提出了一系列旨在深化和扩大国内民主改革的附加条件。立宪民主党人要求召开成立大会，届时在会上颁布国家宪法，并尽快实施政治、经济和社会改革。同时，他们还坚持要由自由主义社会活动家和自由主义沙皇官僚共同组成一个“实干的内阁”。立宪民主党人还表示，同意与沙皇国务总理 C. Ю. 维特就建立混合内阁并制定活动纲领的问题进行谈判。1905 年 10 月 21 日，由 Ф. А. 戈洛温、Ф. Ф. 科科什金和 Г. Е. 利沃夫三位中央委员会委员组成的立宪民主党代表团与维特进行了谈判，但因维特拒绝接受代表团提出的条件，双方谈判无果。

除了这些失败的官方谈判之外，立宪民主党中央委员会成员还和维特秘密进行了私人会面。参加的人员包括 И. В. 盖森、Л. И. 彼特拉日茨基和 П. Н. 米留可夫。但这些会谈的结果也表明，政府并未打算尽快兑现 1905 年 10 月 17 日宣言中的承诺，而只是期望摆脱危机，同时把损失降到最小。立宪民主党人发现维特方面毫无诚意，因此，没有急着向政府施以援手，无论是对“上层”，还是对国内迅猛发展的革命事件，他们都采取了观望态度。1905 年，正值革命浪潮高涨之时，米留可夫在阐明立宪民主党所持中立立场的同时指出，该党的战略任务是“彻底将两个势不两立的对手永远分开，并在不妨碍民众日常生活的前提下进行更为文明的政治斗争”。

1905 年 12 月 11 日选举法出台后，立宪民主党的领导把主要精力放在为国家杜马选举做准备上，期望自己的代表能尽可能多地获选。在论证为什么立宪民主党必须积极参与选举活动时，米留可夫这样写道：立宪民主党的主要任务是“将革命运动转为议会斗争。对我们而言，养成并强化开展自由政治生活的习惯，这不是继续进行革命的方法，而是终止革命的方法”。

为了将群众运动从革命的道路转到议会之路，立宪民主党人用尽了各种思想宣传方法和手段，其中包括利用媒体（近 70 家中央及地方的报纸、杂志）进行口头宣传、开设党的俱乐部等。党的官方报刊包括《河流报》和《人民自由党公报》，前者的发行量为 1.2 万 ~2 万册，后者在 1906 ~ 1907 年出版发行，后于 1917 年 3 月复刊。

立宪民主党召开了数十场选举会议，他们上门与各选民进行交谈，并为其发放广告册和宣传单，还在城市各处张贴《告民众书》。他们通过大量的承诺把民主派的选民拉到自己一边，这些承诺包括：在杜马中与政府清算，进行彻底的工农改革，提高商业从业人员及中小学教师的地位，并通过立法全面推行公民和政治自由。立宪民主党的选举大会在可容纳数千人的大厅进行，会议大厅场场爆满。会上，立宪民主党与其他政党常常就纲领和战略问题展开激烈的争论。这就为普通选民提供了一次难得的学习机会，在这里，他们第一次学到了政治斗争的技巧，并在各党派中做出了选择。

在第一届杜马选举中，有 179 名立宪民主党人当选。抵制选举的左翼社会主义党派（包括社会民主党和社会革命党）无意中便助了立宪民主党一臂之力。因为在这种情况下，那些坚持支持左派的选民只好把票投给与政府对立的反对党派——立宪民主党。立宪民主党获选的议员中有许多是知名教授、律师，还有政论家，他们能够提出并解决俄国现实存在的一些根本问题。立宪民主党中央委员会委员、世界闻名的律师 C. A. 穆罗姆采夫当选第一届杜马主席。其他两名委员——帕维尔·多尔戈鲁科夫公爵和 H. A. 格列德斯库尔教授当选副主席，Д. И. 沙霍夫斯科伊公爵为秘书长。

立宪民主党人提议，以杜马的名义向沙皇呈文，呈文中包含该党纲领的主要条款内容，也是由他们提交了该党杰出理论家起草制定的大部分法案，以及向沙皇政府提出的大量质询。立宪民主党人对中央及地方政权提出尖锐却不失公正的批评，同时他们仍坚持寻找合理的折中之路。1906 年 6 月，立宪民主党人和宫廷戍卫总监 Д. Ф. 特列波夫（尼古拉二世的代理人之一）进行了谈判。他们还同内务大臣 П. А. 斯托雷平及外交大臣 А. П. 伊兹沃利斯基进行了谈判。但这些沙皇官僚认为立宪民主党的纲领是国家政权无法接受的，遂拒绝对立宪民主党人做出任何让步，因此，谈判均是无果而终。

第一届杜马（于 1906 年 7 月 8 日被沙皇解散）共 72 天的工作经验表明，立宪民主党提出的妥协策略一方面是针对政府，另一方面则是针对左派政党，但都收效甚微。立宪民主党没能劝服政府践行 10 月 17 日宣言中的承诺。沙皇大臣们对立宪民主党的社会纲领给予了严厉抨击。而左派社会主义政党也对他们提出了更为极端的要求：加紧暴力推翻政权的工作。在政治危机日益加深的情况下，立宪民主党的妥协立场既没得到右派的支持，也没获得左派的支持。

第一届杜马的解散让立宪民主党领导面临艰难的抉择：要么遵从沙皇指令，顺从地各自回家，然后着手准备新的选举；要么号召人民支持杜马，不要停止召开会议。立宪民主党领导人决定选择后者。1906 年 7 月 10 日，120 名立宪民主党议员联合劳动派和社会民主人士一同签署了《维堡宣言》，呼吁人民进行消极抵抗：拒绝缴税、拒服兵役、拒偿欠款。但这一呼吁并没有付诸实践，实际上，它只是在对政府进行口头威胁。后来，在解释立宪民主党维堡行动的意义时，米留可夫写道："对人民自由党的成员而言，这是为了防止圣彼得堡大街上发生武装冲突而做出的尝试，因为很明显，武装冲突注定会失败；同时，这也是为大众的不满找到一种宣泄的形式，这种形式介于合法抗议和革命之间，却又不违背宪法精神。"

沙皇政府通过无情镇压军队和舰队的武装起义（包括喀琅施塔得起义）来稳固自己的统治。1906 年 8 月，开始引入战地法庭，大部分省、州进入战时状态，并宣布戒严。1906 年 7 月危机后，国内政治生活的紧张度逐渐降低，普通百姓对革命和反动都已倦怠。在这种情况下，立宪民主党的领导决定对自己的战略做出一些修正。1906 年 9 月，拒绝了《维堡宣言》后，领导人决定把精力重点集中在第二届杜马竞选上。而且，立宪民主党人也强调，他们加入杜马"是为了立法，而不是在杜马中进行革命"。同时，立宪民主党领导人决定在"自己的战略与左派战略"之间划清界限。

在政府的镇压政策愈演愈烈的情况下，进行了第二届杜马选举，本届选举中，人民自由党共获得 98 个杜马议员席位。立宪民主党中央委员会委员 Ф. А. 戈洛温当选第二届杜马主席。在第二届杜马中，立宪民主党人被迫删减了一些纲领要求。他们删减了第一届杜马法案中关于设立国家土地固定基金的条款，扩大了不可征用地主土地的清单，把赎买土地的责任全部交予农民，由他们支付赎买金。立宪民主党对劳动派、社会革命党人、社会民主党人进一步施压，建议他们不要把矛头过多地指向政府，而是要找出一条与自由主义反对派妥协的折中之路。

同时，立宪民主党人并没打算与斯托雷平直接合作。他们反对政府的土地法案，其中包括 1906 年 11 月 9 日颁布的著名的斯托雷平政府法令。在谈及中央政权的其他举措时，立宪民主党中仍有相当强烈的反对声音。在第二届杜马存续的 103 天里，立宪民主党人不得不忍受左派和右派两边的批评指责。右派不断给其冠以“秘密革命者”和“犹太共济会成员”的恶名，认为其纲领会破坏帝国的完整性和消灭私有制。而左派则指责立宪民主党人对政府的让步，要求他们放弃和平的斗争手段，并公开声明支持革命。这一次，立宪民主党人在政治对立各方间找寻合理折中之法的所有尝试仍然以失败告终。

立宪民主党与六三体制

1907 年 6 月 3 日，尼古拉二世解散了第二届杜马，并修改了选举法，因为原来的选举法将大部分议员委任状颁给了统治阶级和各政治党派的代表，他们公开维护自身的利益。在六三体制下，立宪民主党人策略的主要方向是被动适应斯托雷平政府的方针。这一点在意识形态方面有所体现，同时，也表现在他们拒绝了责任内阁提出的纲领口号以及自己的策略上——进一步与左派政党划清界限，以示对君主政体的忠心。

第三届杜马中，只有 54 名立宪民主党人入选。他们不急于向杜马提交自己的法案，因为他们清楚地知道，这些法案注定是要失败的。在论及斯托雷平的土地法案时，立宪民主党人将重点从纲领所要求的强制征用地主土地转到必须提高农业生产力上。同时，他们还对法案内容做出了一些调整，希望能够减轻强制摧毁农民村社带来的不良后果，并制定出一套旨在放宽农民租地条件的法案。在讨论政府的保险法案时，他们遵循同样的策略：为了改善雇佣工人和职员的境况，立宪民主党人对法案内容进行了认真修正。立宪民主党对政府发出的质询数量明显减少。

与此同时，在第三届杜马工作期间，立宪民主党对政府的内政方针持尖锐的批评态度。讨论到预算问题时，投票反对为斯托雷平的土地规划项目、警察局及出版委员会提供贷款，反对内务部做出的预算。立宪民主党人对六三体制所采取的传统管理方式仍嗤之以鼻，因为在“新的人民代表制度”下隐藏的仍然是“旧的专制制度”，完全没有要与循规蹈矩的自由主义反对派妥协折中的意思。斯托雷平在杜马的演讲中主张要遵守 1906 年基本法，但在实践中他屡次违反法律，甚至还对杜马工作进行人为破坏，根据第 87 条内容绕过杜马和国务会议通过政府法案。自 1909 年起，立宪民主党领导人米留可夫就开始提出口号，要求把组织社会力量置于党的战略的首要位置，与此同时，还考虑在杜马中设立一个反对派中心，吸引地方和城市自治机构、城市中产阶级及大学生的代表加入。米留可夫认为，杜马内外的所有工作都应在“孤立政权”这个口号下展开。

第四届杜马选举期间，立宪民主党人提出了三大口号：促进选举法民主化、对国务会议进行彻底变革、设立杜马责任内阁。在第四届杜马选举中，有 59 个立宪民主党人当选杜马议员。从杜马工作一开始，立宪民主党就大张旗鼓地提出了一些法案，法案中对普选权、信仰自由、集会、结社、人身不可侵犯和所有公民在法律面前一律平等等内容做出了规定。立宪民主党并没有指望这些法案能得到杜马大多数票数支持通过。从本届杜马第二次会议开始，立宪民主党就经常对批准预算一事投反对票。

六三体制危机深化（特别是在 П. А. 斯托雷平被杀后），这促使立宪民主党人加紧寻找能让国家摆脱危机的方法。党的右翼提出一个“健全体制”的口号，其实质是要说服沙皇吸收社会各界的自由派以及自由主义官僚中的“健康”分子加入政府。同样，依靠中等资产阶级力量的“革新”政府应该通过议会推行政治和社会改革。但“健全体制”这个口号没有得到立宪民主党领导层的支持，为了摆脱政治危机，他们提出了一套自己的方案。

1914 年初，立宪民主党中央委员会会议上对几套方案进行讨论，其中最为突出的是米留可夫和涅克拉索夫两人的方案。与“健全体制”这一口号相对，立宪民主党领导人提出了“孤立政府”的口号。他们认为可以与左派政党“联合行动”，以实现这一目标。但与此同时，米留可夫强调，立宪民主党人应吸取 1905 年的教训，与左派划清界限，因为在革命期间一旦将“左派立宪民主党人和社会民主党人”混淆，对以后是极为不利的。米留可夫强调指出：“自然的影响手段向来无法达成目的。”他认为，立宪民主党人应奉行独立政策，“无论自己的左派同人如何决定，都自主确定自己的策略”。在米留可夫看来，应通过议会手段来努力实现“孤立政府”的目标，同时，应该把与立宪民主党人同气连枝的所有成分结成同盟。立宪民主党应通过广泛利用立法倡议和质询策略，将杜马变成一个能激化政治斗争、促使国内社会力量更有组织性的推动因素。

而米留可夫的论敌 H. B. 涅克拉索夫教授却坚持必须采取更为坚决的战术。H. B. 涅克拉索夫原则上同意米留可夫提出的“孤立政府”的口号，他建议在条件允许的情况下，尽可能为立宪民主党“重新涂上”更为明亮的颜色，一方面是要“摆脱那些在该党得势之时加入其中的趋炎附势的无用分子”，另一方面则是要“为联合其他民主派别创造条件”。鉴于此，他提议：在杜马中与左派党团一起建立一个情报局；投票反对批准预算；审议立宪民主党人退出杜马委员会的可能性问题，以及能否将捣乱起哄作为反对政府的极端斗争手段的问题。H. B. 涅克拉索夫认为，无论是在杜马内还是在杜马外，都必须由“消极防御”转为积极反抗反动势力。在他看来，在报刊和公开演讲中，应加大与反犹太主义和教权主义的斗争力度；重新审视自己对军队的态度；承认工人运动是“最为活跃的力量”，并为其提供精神和物质支持；对民族问题给予更多关注。

立宪民主党中央委员会内部爆发的激烈辩论是国内日益加深的政治危机的反映。立宪民主党提出的摆脱危机的方案同样没有付诸实施，统一的反对派中心在第四届杜马中也未能建立。立宪民主党唯一敢于去做的一件事就是投票反对批准预算。杜马外协调中心立宪民主党人同样没能建起。该中心本该将自由派政党和革命党联合起来一同为反政府行动做准备。1914 年夏，俄国国内的政治危机达到白热化阶段。同年 7 月，第一次世界大战的爆发暂时阻止了国内政治危机向革命的转化。

立宪民主党人与第一次世界大战

战争迫使立宪民主党领导层对其策略做出了一些修正。在立宪民主党中央委员会《告志同道合者》呼吁书中这样写道：“无论我们对政府的对内政策持何种态度，维护国家统一和完整、保护其在世界大国中的地位不动摇都是我们应尽的义务。让我们抛开内部纷争，不给任何企图分裂我们的分子以可乘之机。”立宪民主党的领导人号召各党派忘却彼此的纷争，号召政府与社会统一步调。米留可夫在1914年7月26日的杜马会议上宣布：“这场斗争中我们同心协力，我们不提条件和要求，我们只是要用我们坚强的意志战胜暴徒。”立宪民主党人尽了最大努力，动员了一切可以动员的力量发动战争。在杜马中，他们投票支持军事贷款，并积极参与所有与巩固国防力量有关的部门委员会。他们参加政府的各项会议，并加入全俄地方自治联盟和全俄城市联盟的领导机构，这些联盟在调动资源发动战争的过程中发挥着极其重要的作用。

尽管地方党组织的数量（战争时期共有50个）有所减少，但立宪民主党人在地方自治，尤其是在城市自治及合作社运动、各种信贷和保险公司中发挥的作用越来越大。俄国企业界的先进代表们在逐渐意识到立宪民主党纲领和策略的前景之后，与立宪民主党人的联系更为紧密和卓有成效。同时，立宪民主党还开始与军界建立联系。

立宪民主党领导层在真诚宣布不再参加反对派与政府进行的斗争后曾一度幻想，在极端情况下统治阶层应该会幡然醒悟，并着手实行改革。但这些期望全都是泡影。总理一个接一个地换，但政府的政策始终保持不变。俄国军队战事失利，国民经济遭到严重破坏，国内社会和政治紧张局势加剧，这些因素迫使立宪民主党人改变了立场，积极参与创建反对沙皇政权的广泛反对派阵线。

在立宪民主党人的倡议下，1915年夏，第四届杜马中成立了“进步联盟”，加入联盟的有236名杜马议员（共有422名杜马议员）和国务会议的3个团体（一个“中心”、一个“学术团体”和一个“党外小组”）。联盟的主席是左派十月党人 С. И. 希德洛夫斯基，但真正领导联盟的人实际上是立宪民主党领袖米留可夫。用米留可夫的话来说，建立“进步联盟”的政治意义在于，“这是为了以和平方式走出每况愈下的困境而做出的最后尝试”。

“进步联盟”的纲领要求建立一个“信任内阁”，并实行一系列温和的改革（对地方管理机构进行换届，实行部分政治特赦，设立乡村自治会，恢复工会，停止追踪问题款项）。但“进步联盟”希望通过国家杜马和国务会议进行改革的所有尝试遭到了右派分子的阻拦。因此，俄国政治和社会紧张局势的加剧导致自由主义反对派与沙皇的关系恶化。1916 年 11 月 1 日，米留可夫在杜马发表演讲，把立宪民主党的“爱国焦虑”表现得淋漓尽致。在这篇演讲中，立宪民主党领袖以尖锐的、极具煽动性的形式对政府的军事和经济政策提出了严肃批评，并指责集结在沙皇身边的“宫廷党”不仅准备与德国单方媾和，还挑唆群众与政府进行对抗。米留可夫的演讲稿尽管被新闻检查机关禁止刊登，但不管是在后方还是在军队，都得到秘密传播，发放量高达数百万册。虽然米留可夫本人远不是要呼吁大众发动革命，但他的演讲促进了 1917 年二月革命前夕国内政治局势的进一步白热化。

在统治者与军事独裁之间

尽管关于革命的问题在中央委员会的大小会议上已经争论多年，但“自下而上”开始的革命运动仍然让立宪民主党大感意外。

1917 年，仅仅几个月的时间（从 3 月到 10 月），立宪民主党就召开了四次代表大会，为此，领导层投入了全部的精力。二月革命后，国内形势迫使立宪民主党做出了以下调整：修改党的纲领和章程；彻底革新中央委员会；根据迅速变化的国内形势不断改变政治路线。立宪民主党人宣传工作的规模已经相当大：出版了数百本宣传册，做了上千场讲座，其宣传员还亲赴前线，在阵地医院看望伤员，在各种会议和群众集会上与其他党派代表进行长时间的辩论，还举办音乐会和演出。立宪民主党人的绿色旗帜不仅飘扬在党的各个团体上，还出现在示威人群的队伍中。立宪民主党人活跃在政治舞台的最前沿，很多人甚至觉得，立宪民主党在国内的政治体系中将在很长一段时间内都居领导地位。

立宪民主党领导层最关心的问题是找到解决政权问题的最佳方案。尼古拉二世退位后，国家权力的继承问题含混不清。立宪民主党发挥主导作用的国家杜马临时委员会与米哈伊尔·亚历山德罗维奇大公进行了谈判，无果而终，之后，他们通过决议，决定建立临时政府。立宪民主党中央委员会委员在临时政府的组建过程中起到了关键作用，其中一些人还同意出任部长（П. Н. 米留可夫、А. И. 申加廖夫、Н. В. 涅克拉索夫、А. А. 马努伊洛夫）。临时政府事务长一职由 В. Д. 纳博科夫担任。担任部长的立宪民主党人，首先是外交部部长 П. Н. 米留可夫，制定了临时政府的纲领，该纲领中收录了立宪民主党纲领中最为重要的要求。

然而，在 1917 年 3～10 月的具体条件下，要想实行临时政府的纲领极其困难。因为这一时期国内局势急剧动荡，民族地区的分裂进程加速，通货膨胀率迅速增高，失望情绪在人民群众中大肆蔓延。临时政府发现，自成立以来，自己就一直处于一种非常尴尬的境地，与其一起执政的还有工人和士兵代表苏维埃领导的另一个政权，而后者奉行的是他们自己的政治路线。两个政权竞相争夺主导权的局面最终导致国力和行政权力减弱，生产和金融信贷体系紊乱，以及无政府的混乱局面爆发。

1917 年二月革命后，全国范围内开始迅速形成新的党派。现有资料显示，1917 年 3～10 月，在全国活跃着的各党派和组织不少于 100 个，其成员总数超过了 100 万人。为了稳定局势并为夺取战争的最终胜利以及召开立宪会议创造条件，立宪民主党进行了各种尝试。但在“党的大熔炉”中，“气压”与日俱增，立宪民主党深感不适。立宪民主党人最终既没能让群众相信继续对抗下去是没有希望的，也没能说服各民族主义党派的领袖们在战争结束前不要急于将民族问题全盘提出。左派社会主义政党及支持它们的群众提出了以下要求：立即终止战争并缔结合约；立刻解决土地问题；立即调整工业生产并解决粮食问题；立即赋予俄国边疆民族地区各民族政治独立权。要解决上述种种问题，临时政府已经力不从心。

1917 年 4 月的示威活动导致临时政府的人员构成发生了变化，П. Н. 米留可夫和 А. И. 古契科夫两位关键人物离开了临时政府。在新的临时政府以及之后的联合政府中，立宪民主党人的影响在一定程度上有所减少。考虑到 1917 年 4 月事件特别是 7 月事件之后的国内局势，立宪民主党的领导越来越重视动员那部分与国家休戚与共、谨防国家深陷民族灾难的政治力量。在将君主派、工商和金融界以及部分军官中的“健康”分子联合起来的过程中，立宪民主党人发挥了整合作用。为了拯救俄国免遭国土和经济分崩之难，立宪民主党领导层不得不同意暂时在国内实行军事独裁统治。

立宪民主党人决定将注压在以一战英雄 Л. Г. 科尔尼洛夫将军为代表的军事独裁者身上，做出这一决定并不容易。中央委员会中并非所有人都同意军事独裁这一极端举措，因为他们深知，此举必将导致出现暴力镇压人民群众的革命运动局面，甚至还会引发内战。但大多数立宪民主党领导认为，除此之外已经没有任何办法能摆脱危机了，因为所有可以想到的甚至是难以想象的让步都已尝试过了。立宪民主党领导在同意实行军事独裁统治的同时也深知，Л. Г. 科尔尼洛夫尝试夺取政权的行动一旦失败，则立宪民主党人的处境堪忧。果不其然，这一切最终还是发生了。随着科尔尼洛夫的垮台，人民自由党的处境恶化，其中一个原因是该党的社会根基不牢。与此同时，立宪民主党与各社会主义党派间的关系变得更加紧张。立宪民主党历史上最具戏剧性的一个时期开始了。

第九章
社会革命党人（19世纪90年代中期至1917年10月）

Н. Д. 叶罗费耶夫

世纪之交的社会革命党人运动

社会革命党的组建过程历时很长。其成立大会于 1905 年 12 月 29 日至 1906 年 1 月 4 日在芬兰举行，会议通过了党的纲领和临时组织章程，并对社会革命党人运动的 10 年历史进行了总结。

第一批社会革命党人的组织出现在 19 世纪 90 年代中期：俄国社会革命者联盟（1893 年，伯尔尼），以及 1895 ~ 1896 年的基辅社会革命者团体和联盟。萨拉托夫成立了社会革命者联盟，该组织后移至莫斯科。90 年代后半期，在沃罗涅日、明斯克、敖德萨、奔萨、圣彼得堡、波尔塔瓦、坦波夫和哈尔科夫都出现了社会革命党人的组织。

"社会革命者"通常是对那些此前自称为"民意党人"或是被民意党人所吸引的革命民粹派的称呼。"民意党人"这种称呼在革命界具有传奇色彩。首先，革命民粹派是要摆脱当时所处的深刻危机，并在革命运动中找到自我和自己的用武之地，同 19 世纪 70 ~ 80 年代相比，目前的形势发生了实质性的变化。俄国资本主义制度在工业领域取得成功，并积极渗入农村，农民村社遭破坏及农民阶级分化的迹象越来越明显，群众性工人运动兴起，社会民主党在运动中最初取得的一些成就动摇了旧民粹主义学说的基础，同时对民意党的组织结构和战略原则提出了质疑。民粹派在革命界的影响力急剧下降，社会民主党则跃居领先地位。如果说在20世纪90年代上半期，被控国事犯罪的民粹派人数是社会民主党人的1.2倍，那么之后的情况就大相径庭了。1896～1902年，国事犯罪者中社会民主党的人数增加了近7倍。

基于此，革命民粹派用"社会革命者"这一称呼进一步明确了自己的立场。他们与民粹派中的极端主义划清了界限：一方面，与右翼民粹派的经济主义和改良主义划清界限，他们鼓吹"小事"理论，是马克思主义者一直以来批判民粹派的靶子；另一方面，与极端主义划清界限，他们热衷于民意派追随者所特有的个人暗杀和阴谋论。同时强调指出，要将此前数十年的革命运动继续下去，当时，所有参与革命运动的人，包括"土地自由党人""黑土社成员""民意党人"，甚至还有第一批俄国马克思主义者，都自称社会革命党人。随着时间的流逝，"社会革命者"这个名称渐渐用得越来越少。90年代的革命民粹派不仅让"社会革命者"的称号"重现光芒"，还将其垄断，他们宣称自己不仅是前辈传统的继承者，更是他们唯一的继承人和接班人。

革命民粹派似乎在借"社会革命者"这个称号强调，他们也将为社会变革而斗争，这一斗争不仅要以知识分子为依托，还要依靠人民群众，他们准备好了与民粹派中出现的宪政自由主义倾向断绝关系。"社会革命者"这一称号还体现出革命民粹派与俄国社会民主党之间存在分歧。这种分歧不仅是理论上的，还体现在纲领和战术上。社会革命者首先无法忍受的是社会民主党人对农民阶层的藐视，甚至有些社会民主党人把他们视为反动阶层。此外，在社会革命者看来，社会民主党人本质上不是革命者，而是进化论者，他们主要寄希望于生活向社会主义的方向自然而然地发展。社会革命者还认为，90年代俄国社会民主党中盛行的"经济主义"和"改良主义"是该党本质特征的真实体现。

然而，革命民粹派只是在用"社会革命者"这个称呼来传达自己的意图。这些意图必须转化成理论，并在纲领和战略中具体体现出来。要想实现这一点并非易事，因为社会革命党人内部对所有问题都存在很大的分歧，而且，社会革命党人的运动力量薄弱。它由一些非法的秘密组织组成，成员人数不多，主要是知识分子，其中仅有个别组织偶尔会印发一些不同类型的宣传资料来表明自己的立场。值得一提的是，基辅社会革命党人团体和 B. M. 切尔诺夫领导的坦波夫小组是一个例外，前者一直与工人保持着联系，而 B. M. 切尔诺夫则试图在当地工人及农民内部进行宣传，并推动在俄国创建首个农民组织“维护民权联盟”。除了这些内在原因，社会革命运动发展受阻的原因还包括经常会遭到当局的镇压。社会革命党人的一些组织被彻底清除，其中包括圣彼得堡组织，该组织地理位置优越，成员队伍强大，本可以成为社会革命党人的中心组织。但由于上述种种原因，社会革命党人试图团结起来，结成统一政党的所有努力（1897 年在沃罗涅日和波尔塔瓦召开会议，1898 年在基辅召开会议）都无疾而终。

19 世纪末 20 世纪初之交，社会革命党人运动再次兴起，进入了一个新的发展阶段。俄国社会生活各个领域发生的变化是该运动发生转变的原因和前提条件。当时爆发的经济危机表明，如果不实行政治制度和农业的现代化，那么，国家在 20 世纪 90 年代实施的工业化政策是不可能成功的。因此，社会革命党人把这些核心问题都提上了整个社会运动的议程。危机使俄国马克思主义者对资本主义变革的乐观预测受到了质疑，削弱了激进知识分子对马克思主义者的关注，而他们对社会革命党人的兴趣则与日俱增。社会革命党人采用的民粹主义思想重新受到欢迎，其中包括俄国绕过资本主义走社会主义的特殊道路、农民在社会运动中发挥重要作用及宣扬极端的斗争方式和方法。革命民粹派的人员增补主要来自两个方面：一是流放归来的老一辈民粹派和民意派人士（E. K. 布列什柯夫斯卡娅、M. P. 戈茨、O. C. 米诺尔等），他们仍忠于自己年轻时候的观念；二是激进青年大学生，他们中的许多人都是在遭受当权镇压后脱离了生活的正轨，其中一些后来成为杰出活动家，包括 H. Д. 阿夫克森齐耶夫、B. M. 晋季诺夫、Б. B. 萨温科夫、C. B. 巴尔马少夫、E. C. 索佐洛夫、И. П. 卡利亚耶夫等。

西方社会主义思想对民粹主义的复兴产生了积极影响。90 年代，西方社会主义思想中开始了对正统的马克思主义思想的修正，其中一些杰出代表开始对农民给予越来越多的关注。在这样的背景下，社会革命党人的实践活动越来越多，其理论工作也随之不断推进。他们将着力点首先集中在反驳马克思主义关于农民的一些观点上，包括农民的小资产阶级性质、不稳定性和分层性，并强调指出，农民与产业工人具有共同的社会属性。在社会革命党人的理论发展中，贡献最为突出的是 В. М. 切尔诺夫。《俄国财富》这本合法期刊是发展新民粹主义理论的实验室，当时，该杂志由民粹派的创始人 Н. К. 米哈伊洛夫斯基主管。

社会革命党人运动的组织水平越来越高，各组织间的联系也在不断加强。除了一些小组和团体之外，还出现了地区性的组织。“俄国革命的老前辈” Е. К. 布列什柯夫斯卡娅为集中社会革命党人的力量做了大量的工作。她积极参加了 20 世纪 70 年代的民粹运动，在 20 世纪 90 年代后半期从西伯利亚流放期满后回到俄国的欧洲部分，她一直相信农民具有革命性。在 Е. К. 布列什柯夫斯卡娅及老一辈民粹派 А. И. 邦奇－奥斯莫洛夫斯基和 Г. А. 格尔顺（他们当时主要从事合法的文化教育工作）的协助下，1899 年，在西北边疆区成立了以明斯克为中心的俄国政治解放工人党（РППОР）。该党的纲领及战略原则在一本名为《自由》的手册中做了具体阐述。

1900 年，社会革命党发布《宣言》宣布成立，该党将一系列南俄的社会革命党人组织起来，因而经常被称为南方社会革命党。

社会革命者联盟不断扩大。其组织遍及圣彼得堡、雅罗斯拉夫、托木斯克等地。联盟纲领早在 1896 年就已制定，1900 年，该纲领以《我们的任务》为名出版发行。

1900 年，根据 В. М. 切尔诺夫的提议，在巴黎成立了社会主义土地同盟（АСЛ），这是海外组织出现统一趋势的体现。该同盟在向农民宣传革命工作方面具有非常重要的意义。

在社会革命党人运动的思想确定和组织团结上，一些报刊发挥了重要作用，其中包括侨民月刊《前夜》（1899 年，伦敦）、期刊《俄国革命先知》

（1901 年，巴黎）和社会革命者联盟的报纸《革命的俄国》，1901 年初该报发行了第一期。

社会革命党人的地区组织在数量、影响和实践活动上都与其名称不符。俄国政治解放工人党认为，利用恐怖手段获取政治自由是最重要的任务，也是该党提出了成立一个特殊战斗组织的想法。俄国政治解放工人党做的最有意义的事是在包括圣彼得堡在内的许多城市印发了五一传单。传单呼吁利用恐怖手段开展政治斗争，建立生产手工印刷机的工厂。1900 年春，该党几乎完全被警察肃清。

南方社会革命党的成立更具象征性。该党的“教母”级人物 E. K. 布列什柯夫斯卡娅承认，为了让党的拥护者能够“尽快加入组织”，匆匆发布了党的《宣言》，其实内容略显薄弱。南方社会革命党既没有自己的领导中心，也没有出版机构。该党类似于社会革命党地方组织的一个联合会。除了《宣言》外，1901 年，还为农民发放了《2 月 19 日》宣传册和五一传单。此外，该党还准备出版另一本宣传册《力量统计》，却在发行时被查获。同年秋，为了从国外运送革命文献，成立了对外联络委员会，委员会成员包括 E. K. 布列什柯夫斯卡娅、П. П. 克拉夫特和格尔舒尼。

社会革命者联盟一直都是一个人数不多、纯粹由知识分子组成的秘密组织，偶尔通过发行一些宣传册和传单来宣传自己。随着报纸《革命的俄国》开始发行，联盟的活动也有所增加。在 1901 年该报一共就发行了两期，由此可见，联盟的活动能力有限。

国外组织始终处于一知半解的状态。一方面，社会主义土地同盟难以出版供农民翻阅的文献资料；另一方面，“完全没办法”把资料送到俄国，因为该同盟与国内实际上没有建立直接联系。

社会革命党人的内部分歧很大。这些分歧涉及一系列重要的纲领、战略和组织问题。其中，在政治变革的规模和速度、各阶级在变革中的角色和作用、斗争的形式、方法和手段尤其是恐怖手段的使用等问题上都没有达成一致，关于党的组织原则问题，大家的想法也不尽相同。

和其他社会革命党人的纲领文件相比，南方社会革命党人的《宣言》

更能反映出当时社会革命党人的思想特征。《宣言》不拘泥于必须体现“人民意志”这一刻板模式，首次尝试对社会革命党人的纲领进行了阐释。《宣言》内容受马克思主义的影响颇为明显，特别是承认了农民分化为农村无产者、农村小资产阶级和少地农民阶层，同时，这些群体之间存在各种争斗。《宣言》中还有一些新民粹主义观点，如工人与农民利益一致，可以按社会主义原则安排他们的生活。《宣言》对村社的态度模棱两可，认为这只是让农民更容易接受土地国有化思想并在农村开展革命宣传的一种手段。对恐怖手段的看法分歧较大，俄国政治解放工人党和社会革命者联盟几乎把恐怖手段当成反专制斗争的主要手段，而南方社会革命党人则支持集体抗争、游行示威、罢工等。在后者看来，只有在同战争的挑动者以及革命事业的叛徒进行斗争时，才可以把恐怖手段当作一种极端的自卫手段来使用。在党的组织建设问题上也持有不同的意见。俄国政治解放工人党和南方社会革命党更倾向于联邦原则。俄国政治解放工人党的纲领中这样写道：“我们的组织计划，是要用纲领和实践手段将自治区的地方团体结成联盟。”社会革命者联盟则主张对党实行集中领导。他们认为，党的组建不应是一些地方组织的机械联合，而应是以明确的、能够将所有人凝聚起来的事业为中心不断成长壮大。

社会革命党的形成

90 年代初期，为了加大与现有体制的斗争力度，在反对派和革命派当中，其中也包括社会革命党人在内，对联合的呼声越来越高。社会革命党人希望在这方面能够超越正在积极忙于建党工作的社会民主党人。但总体而言，社会革命党人运动的水平还不足以达成统一趋势。他们的组织仍然是一些人数较少、闭塞、由知识分子组成的民粹主义者小组，这些组织之间的分歧不但没有消除，反而更加尖锐了。1901 年 9 月，B. M. 切尔诺夫在《前夜》上指出，社会革命党人运动分为左翼和右翼两大派别。他把保留民意派传统的社会革命者联盟、期刊《俄国革命先知》和《前夜》归为左翼运动，把南方社会革命党归为右翼运动，他认为，后者与俄国社会民主党左翼的“火星派”具有许多共同点。南方社会革命党人和社会革命者联盟就联合事宜进行了会谈，但进展极慢，而且仅限于这些组织的代表进行的少有的几次个人性质的会面，在近期看不出会有什么成效。另外，警察的镇压也阻碍了事态的发展，让各个组织难以发展壮大，同时打压了其中的积极分子，切断了组织间好不容易建起的联系。社会革命者联盟就是这些镇压的牺牲品。1901 年 9 月，联盟在托木斯克的印刷厂遭查封，该印刷厂出版了第三期《革命的俄国》。12 月初，社会革命者联盟几乎被彻底铲除。社会革命党人联合一事似乎暂时没什么指望了，但现实发生了反转。

社会革命者联盟遭遇了溃败，而此前不久加入其中的警察局特工 Е. Ф. 阿泽夫则加速了这一进程。1893 年，阿泽夫在一所德国理工学院攻读大学时，就效力于暗探局。起初，他的工作是对流亡国外的革命者做一些表面的宣传。1899 年，阿泽夫来到莫斯科，在当地暗探局长官、暗探高手 С. В. 祖巴托夫手下任职。正是在这里，他成功潜入社会革命者联盟，当时，该联盟的恐怖主义倾向一直困扰着暗探局。同时，国外社会革命党人的举荐也助力了阿泽夫的加入，他们在推荐信中说，阿泽夫能帮助将国外的资料传输到国内。阿泽夫为印刷厂的建立提供了技术援助，这也让他与联盟领导层的关系更近一步。同时，这也为暗探局搜查和清缴印刷厂提供了便利。托木斯克印刷厂被查封后，联盟的命运已基本确定。联盟领导人 А. А. 阿尔古诺夫不得不同意暂时将《革命的俄国》的出版工作转移到国外。1901 年 10 月底，联盟成员 М. Ф. 谢柳克出国组织出版事宜。阿泽夫特别支持这些决定，一个月后，他也逃往德国。因为 А. А. 阿尔古诺夫预感到很快将有一场逮捕行动，他把联盟的所有联系方式、地址和接头暗号都告知阿泽夫。如果说之前海外组织对阿泽夫持有戒备态度，那么现在，作为俄国革命组织的一个代表，阿泽夫已经是以全新的身份和地位出现在他们面前，而这一点有谢柳克为证。

12 月初，谢柳克和阿泽夫在柏林偶遇 Г. А. 格尔舒尼，当时格尔舒尼在国外负责南方社会革命党委员会的各项工作，忙于国内外两边传送资料。格尔舒尼对谢柳克略有耳闻，而与阿泽夫在此之前完全没见过面，但两人很容易就找到了共同语言。格尔舒尼热衷于恐怖主义。此前的好几个月里，他都忙着成立战斗组织，并遍访各社会革命党人组织，四处为战斗组织找寻成员。阿泽夫完全理解格尔舒尼的做法，他也对恐怖主义情有独钟，但仅仅是出于间谍工作的需要。三个人一起商谈了几天后决定，把南方社会革命党和社会革命者联盟联合起来，组成全俄社会革命党。

通常，成立政党要由各地方党组织派全权代表参与的成立大会来决定。大会还负责确定党的纲领和章程，选举党的领导机构。但社会革命党的成立没经过这样的程序，其成立掺杂着一定的偶然性、冒险性和投机性因素。做出决定成立该党的那些人并没有这样的权力。联盟仅仅是授权谢柳克和阿泽夫负责《革命的俄国》在国外的暂时出版工作。有趣的是，阿泽夫也没有得到暗探局的指示。从这一方面来看，他行事很有冒险精神。过后，暗探局也对阿泽夫这次“自作主张的行为”提出了表扬。

社会革命党的成立不仅提高了阿泽夫在革命界的威望，也让他在暗探局的重要性急速提升。社会革命党人的文献中这样的描述：阿泽夫，而非格尔舒尼，以统一俄国社会革命党的名义大胆行事，将包括《俄国革命先知》编辑部和俄国社会革命者联盟在内的国外社会革命党人联合起来，并在此过程中发挥了主要作用；同时，在成立编辑部和把《革命的俄国》设为统一俄国社会革命党机关报的过程中，阿泽夫也起着主导作用。在这一过程中，阿泽夫得到了 M. P. 戈茨的大力支持。

M. P. 戈茨是莫斯科富商之子，其父经营茶叶生意，由于参加了 80 年代的民意派运动，服了多年苦役，于 1900 年底出国。因为本人精力充沛而又资金雄厚，戈茨很快就在流亡国外的民粹派中脱颖而出。他是社会主义土地同盟委员会的成员。在他的积极协助下，《俄国革命先知》得以顺利出版。他和以前的“老一辈民意派联盟”成员 H. C. 鲁萨诺夫及 И. A. 鲁巴诺维奇一同加入了《俄国革命先知》期刊编辑部，又同 B. M. 切尔诺夫和 Л. Э. 希什科共同组建了《革命的俄国》编辑部。他对这些出版机构和社会革命党战斗组织给予了慷慨资助，尤其是在一开始。

1902 年 1 月，在《革命的俄国》第三期中刊登了关于成立社会革命党的报道。1902 年，俄国社会革命党人的各个组织及留存下来的俄国政治解放工人党都加入社会革命党的行列。第一次俄国革命前夕，该党共有40多个委员会和团体，成员总数为2000～2500人。就其社会成分而言，党员中大多数是知识分子。教师、大学生和职员占总人数的70%以上，而工人和农民约占28%。

社会革命党第一次代表大会召开前的组织结构

社会革命党的组织问题是其存在过程中较为薄弱的一个方面，这也是该党被布尔什维克挤出历史舞台的一个原因。社会革命党人的领袖B. M. 切尔诺夫承认，社会革命党人在组织工作方面“一错再错”，走向“虚无主义”，一直存在“组织涣散”问题。党的地方组织，即按地域原则形成的委员会和团体是党的基础。地方组织的人员组成通常包括加入联盟和宣传队的宣传者及技术小组——包括印刷组和运输组。各个组织通常是自上而下形成的：最开始形成的是领导“核心”，之后再召集群众。党的内部关系，包括纵向和横向关系，一直都不牢靠、不稳定，特别是第一次俄国革命爆发前尤其如此。

一开始，该党甚至连专门的中央机构都没有。这是因为，一方面，党的形成具有自身的独特性；另一方面，其拥护者支持以联邦原则组建该党。中央委员会的具体职能大多是由实力最强的地方组织来完成，在1902年底前是萨拉托夫的地方组织，在该组织被粉碎后，则是叶卡捷琳诺斯拉夫、敖德萨和基辅的组织。

在未经全党会议批准的情况下，前文提及的对外联络委员会逐渐发展成中央委员会，委员会成员包括E. K. 布列什柯夫斯卡娅、П. П. 克拉夫特、和Г. А. 格尔舒尼。他们还承担了党内流动代表的职能。1902年夏，格尔舒尼在未征得中央委员会其他成员同意的情况下，将E. Ф. 阿泽夫增补进该委员会。克拉夫特和格尔舒尼被捕后，在1903年春至1904年春布列什柯夫斯卡娅移居国外的一年里，国内中央委员会的重任交由阿泽夫完成。自1904年4月起，阿泽夫开始不经选举而自己决定对中央委员会缺员实行增补。革命爆发前，中央委员会委员已经有近 20 人，到第一次代表大会时，圣彼得堡和莫斯科中央委员会分部的委员总数约为 40 人。中央委员会委员从未全员聚齐过，所以，除了阿泽夫，党的其他领导未必有人能准确知道委员会的人数和人员组成。中央委员会执行的主要是技术职能。《革命的俄国》编辑部是该党的思想中心，从某种程度上来看，也是其组织中心。尽管表面上来看，该党是一个集体领导的政党，但实际上，在党内起主要作用的只是个别人，其中包括 M. P. 戈茨。戈茨是该组织国外中心的代表，有权在中央委员会遭到破坏后不经选举为其增补委员。他时常会被人们称为党的“独裁者”，这并不是没有道理的。有人指出，1903 ~ 1904 年，戈茨和阿泽夫两人“掌管了全党”。B. M. 切尔诺夫负责的主要是思想工作，从不参与组织问题。

随着党的职能日益扩大，党内出现了一些专门的机构。党成立之前格尔舒尼就开始组建战斗组织，1902 年 4 月，战斗组织以 C. B. 巴尔马少夫恐怖行动亮相，宣告成立。战斗组织是要通过采取统一的恐怖行动来对付政府中的一些公敌。在社会革命党中，战斗组织具有自主权，设有自己的章程、经费管理制度、接头暗号和地址。中央委员会只是决定对谁下手、什么时候下手的问题。战斗组织无权干涉党内事务。格尔舒尼（1901 年至 1903 年 5 月）和阿泽夫（1903 ~ 1908 年）是战斗组织的负责人。格尔舒尼领导的时候，战斗组织的管理比较“松散”：征召加入的成员继续留在自己的地方组织内，当有恐怖行动需要完成时，再召集他们去行动。在格尔舒尼被暗探局逮捕后，阿泽夫接管了战斗组织，并对其进行了彻底改造：更新了成员，并把他们召集在一起进行集中管理，实行严格的纪律。在阿泽夫漫长的间谍生涯中，战斗组织的独立自主为他提供了很好的掩护。战斗组织的人数并不固定，在不同阶段，人数在 10 ~ 30 人。曾加入该组织的人员总数不少于 80 人。

为了在农村开展并扩大党的工作，1902 年，波尔塔瓦和哈尔科夫两省的农民起义后，出现了社会革命党农民联盟。1903 年 5 月，人民教师联盟宣告成立。1903 ~ 1904 年，许多委员会内开始出现工人联盟，将委员会成员及一些从事革命工作的工人联合起来。上述这些组织的成立表明，社会革命党想扩大自己在群众中的影响，但由于各个组织人数不多，组织的各项活动仍处于起步阶段。

社会革命党的思想和纲领

在理论方面，社会革命党人是多元论者。他们认为，党不能像宗教一样，只奉行一种理论。在社会革命党人中，有 H. K. 米哈伊洛夫斯基主观社会学的支持者，有当时盛行的马赫主义的拥护者，还有经验批判主义和新康德主义的追随者。他们一致反对马克思主义，尤其是其中的唯物主义和社会生活一元论。社会革命党人认为，社会生活是在平等的社会关系中相互关联的各种现象和事件的总和，他们不认同那种把社会生活分为物质生活和精神生活的说法。

对党的终极目标——社会主义充满信心是留在党内的必要条件。社会革命党人从老一辈民粹派那儿学来的关于俄国可以绕开资本主义走特殊的社会主义道路的思想是该党的思想基础。这一思想是随着劳动人民，尤其是数以百万计俄国农民的诚挚愿望应运而生的，他们期望摆脱资本主义炼狱的折磨和苦难，尽快加入社会主义的天堂。该思想的产生基于这样的理念，即人类社会的发展并非围绕一个中心，而是多个中心。否定一元论，并相信俄国可以走上一条特殊的社会主义道路，从这两点上来看，民粹派和社会革命党人与斯拉夫派有些相似。但无论是社会属性，还是思想本质，民粹派与社会革命党人都与斯拉夫派不同，也不是他们的继承者。关于俄国在世界上所处的特殊地位和俄国要走的特殊的社会主义道路这一问题，B. M. 切尔诺夫认为，这不是由俄国人固有的非理性特质，诸如崇尚精神层面的东西、信奉东正教等造成的，而是由国际劳动分工决定的。在他看来，俄国是一个“欧亚国家”，介于片面发展的工业国和原始农业国之间。

社会革命党人认为，不能把俄国社会主义的命运与资本主义的发展相挂钩。该思想的基础是确认俄国发展的是特殊类型的资本主义。在社会革命党人看来，俄国的资本主义有别于其他工业发达国家的资本主义，其中呈现的大多是消极的破坏趋势，尤其是在农业方面。因此，农业资本主义不可能为社会主义的发展创造条件，也不可能实现土地公有化和生产社会化。

社会革命党人认为，俄国资本主义的特点、专制统治下的警察制度及遗留下来的宗法制残余共同决定了其社会和政治力量的性质和组合。他们把俄国的社会和政治力量分为两大对立阵营。其中一个阵营集结的是专制制度保护下的高官、贵族和资产阶级，另一个阵营中则包括工人、农民和知识分子。社会革命党人对社会各阶级进行划分的标准不是财产状况，而是劳动和收入来源。在上述两大阵营中，我们可以看到，其中一方就是靠剥削他人劳动获得收入，另一方则是用自己的劳动来维持生计。

社会革命党人认为，贵族是历史潮流中注定要消亡的一个阶级，该阶级与专制制度密不可分，并强制推行自己的政策。俄国资产阶级之所以具有保守性的特点，是出于多种原因。一方面，其产生是“自上而下”推行资本主义的结果，他们从专制制度中获取了诸多特权，财富的过度集中使其内部出现了寡头的倾向；另一方面，他们在国外市场不具备竞争力，其帝国主义目标只能借助专制制度的军事力量来实现。还有一个影响因素是俄国的无产阶级，他们自一开始就打着社会主义的旗号积极开展活动。而高级官僚则被视为专制制度的直接支柱，不仅维护贵族利益，还维护资产阶级的利益。贵族和资产阶级的政治惰性致使专制统治者成为其保护伞和独裁者。

社会革命党人认为，农民是第二阵营，即劳动者阵营的主力。在他们看来，从在国家经济生活中所占的数量和意义来说，农民“代表不了全部”，而就其经济、政治以及法律地位来说，农民则“什么也不是”。对农民而言，社会主义是唯一的救赎之路。同时，社会革命党人不认同马克思主义基本原理，后者认为，农民走上社会主义道路必须经历资本主义阶段，经历分化为农村资产阶级和无产阶级的过程，同时，这些阶级之间一直存在斗争。为了证明马克思主义的这一理论是站不住脚的，社会革命党人指出，小农经济并不是小资产阶级性质的，它具有稳定性，有能力与大型经济竞争抗衡。他们还论证道，农民的地位与工人差不多，两者一起构成统一的劳动人民。社会革命党人认为，对于农民劳动者来说，可以走一条非资本主义的道路通向社会主义。与此同时，随着资产阶级生产关系在农村的发展，社会革命党人不再像旧民粹派一样毫无保留地相信农民具有社会主义本性的观点。他们不得不承认农民的双重属性，即农民既是劳动者，也是所有者。这让社会革命党人陷入一种迷茫的状态，即怎样才能让农民加入社会主义建设当中。“社会主义，” B. M. 切尔诺夫写道，“必须成为农村发展的一种思想力量——这说来容易，但怎样才能做到呢？要知道社会主义反对私有制，而农民本身却是私有者。”社会革命党人希望利用农民心中留存的村社观念和习惯，将土地公有化思想植入农民的意识中，同时希望可以利用农民的劳动组合经验和心理，逐渐向他们灌输在社会主义公有制条件下组织生产的思想。

社会革命党人指出，俄国无产阶级的生活水平要比大多数农民的生活水平高，却远低于西欧无产阶级的生活水平，俄国无产阶级没有公民权利和政治权利。同时，由于无产阶级在重要的经济和政治中心都非常集中，而且表现出高度的社会积极性，因此，其一直都是当权统治者的最大威胁。尤其值得一提的是俄国工人与农村地区的联系问题。这一联系并不代表工人势力的减弱和阶级的落后，也不会对其社会主义意识的形成造成任何阻碍。相反，这种联系具有积极意义，是“工农阶级联合起来”的基础之一。

知识分子的主要使命是要把社会主义思想带给农民和无产阶级，帮他们认识到，他们本身就属于统一的工人阶级，团结一致是赢得自身解放的保证。社会革命党人认为，知识分子阶层是一个独立的具有创造性的社会阶层，能与专制警察制度进行有机对抗，后者妄图实行全面集权和监管，打压下面群众的积极性和创造性。俄国知识分子就其本质而言是一个反资产阶级的阶层。这同样也是由俄国资本主义所具有的特点决定的。在俄国的资本主义中，相对于创造性趋势而言，破坏性趋势占了上风，这使得资产阶级在精神层面既保守又无能，而在政治和道德方面则是萎靡不振，从而导致知识分子对该阶级毫无兴趣，甚至是起来反对他们，并转而投向社会主义和劳动阶级。

纲领

1902 年夏，社会革命党人开始制定纲领。直到 1904 年 5 月，才在第 46 期《革命的俄国》上刊载了第四版纲领草案，该草案被正式纳入《革命的俄国》的编辑计划，其起草工作主要是由 B. M. 切尔诺夫完成的。1906 年 1 月初，在党的第一次代表大会上对该草案内容稍做修改后，正式予以批准通过。该纲领是社会革命党人存续期间的主要指导性文件。

社会革命党人的纲领是以当时其他社会主义政党的纲领为模板而制定的。其中主要包括四大部分：第一部分对世界资本主义体系进行了剖析；第二部分介绍了与资本主义相抗衡的国际社会主义运动；第三部分对俄国发展社会主义的独特条件进行了评定；第四部分阐述了俄国发展社会主义运动的具体纲领计划。

社会革命党人的纲领分为最低纲领和最高纲领。最高纲领中指出了党的终极目标——没收资本家的财产，在组成社会革命党的工人阶级取得全面胜利的情况下，按社会主义方式进行生产和社会制度重组。社会革命党人所构想的社会主义模式不仅包括对社会主义社会的概念定义，还包括俄国应如何走上社会主义道路，这也正是他们的独到之处。

最低纲领的核心要求是在民主的基础之上召开立宪会议。立宪会议应消灭专制制度，建立自由的人民政权，以确保个人拥有必要的自由，并维护劳动人民的利益。社会革命党人认为，政治自由和民主是发展社会主义的前提条件，也是社会主义存在的有机形式。纲领中规定，要建立民主共和国，赋予公民政治自由和公民自由，各选举机构实行比例代表制，以全民公决的形式让人民直接参与立法、行使立法倡议权。在支持广泛民主的同时，社会革命党人还允许“在必要时建立工人阶级临时革命政权”。

关于新俄国的国家结构问题，社会革命党人主张针对个别民族“尽可能”实行联邦制原则，承认这些民族拥有自决权，并给各地方自治机构以广泛的自治权。社会革命党最低纲领中有关农业经济部分的核心论点是要实现土地社会化。所谓土地社会化，即取消土地私有，但这并不代表把土地收归国有，而是要把土地变成全民所有。停止土地交易，禁止买卖土地。土地由中央及地方的人民自治机关（既包括农村村社和城市公社这些无阶层之分的民主组织，也包括各州乃至中央的机构）管理。他们还要解决农民的定居和迁居问题，并负责调配森林和河流的使用。地下资源仍然归国家所有。土地无须赎买，直接转归全民所有。而对于那些被没收了土地的个人，仅是暂时为其提供一些必要的社会支持，以帮助他们适应新形势。纲领中还规定劳动人民可以平等地使用土地。也就是说，每个公民都有权以个体或集体方式自主耕种土地。可根据消费定额或劳动定额分得土地。消费定额指的仅是满足土地所有者的基本需求；在那些土地不紧张的地方，则按劳动定额划拨土地，划拨数量以无须使用雇佣劳动为准。

土地社会化是将社会革命党人最低纲领和最高纲领连接起来的桥梁，是实现农业社会化的第一步。社会革命党人认为，取消土地私有和停止土地交易，并实行土地社会化，打开了资本主义体系的缺口，而实行土地公有化，并将所有劳动人民置于平等条件下，又为农业社会化的实现，即通过各种形式的合作社实现生产社会化创造了必要的前提。

土地社会化思想是 B. M. 切尔诺夫提出的。在革命民粹派原来的纲领中提到过土地国有化。众所周知，土地国有化是要将土地收归国有。老一辈革命民粹派纲领中的这一举措与其夺取政权的思想相契合。他们不能接受在推翻专制制度后，将政权交到资产阶级手中。相比而言，社会革命党人与革命民粹派最主要的一个区别就在于社会革命党人拒绝夺取政权的思想。他们认为，在革命中，在解决政权问题时应遵循以下顺序：在推翻专制制度后，政权首先应交至自由党人手中，然后才是社会党人。土地国有化只会进一步巩固资产阶级国家政权，会阻碍革命向民主的社会主义和平发展。而且，社会革命党人也不认同“国家社会主义”思想，该思想主张自上而下推行改革。他们认为，这种社会主义“在某种程度上是一剂临时的缓解剂，目的是麻痹工人阶级”，也有人认为它是“国家资本主义”。最终，用土地社会化思想取代土地国有化思想并不是简单地走个形式。两种思想的交替与社会革命党人拒绝夺权的思想有机联系，从逻辑上来说，是该思想的延伸。应当指出的是，在社会革命党人中，也有反对土地社会化思想的声音。而合法的民粹主义者，即未来的人民社会主义者，则自诩为“国家强力政权的拥护者”，他们仍是土地国有化思想的忠实追随者。

土地社会化和农业生产发展纲要是社会革命党人构想的社会主义模式的核心，也是社会主义国家的特点，与社会民主党人的模式（俄国社会民主党人照搬了德国社会民主党人的社会主义模式）相比更“接地气”。社会革命党人认为，政治民主和土地社会化是确保俄国以和平、渐进的方式向社会主义过渡的必要前提，而这种过渡应从农村开始。

社会革命党人最低纲领的目标还包括保护城市和农村工人阶级的精力，提高其继续为社会主义而斗争的能力。具体提出以下要求：每天工作时长不得超过八小时，设立最低工资标准；国家和企业主为工人提供保险；在由工人选举产生的工厂监察机关的监督之下，对劳动实施立法保护；设立专门的工人组织，确保工人有权参与企业的劳动组织。

在金融政策方面规定，实行累进所得税和累进遗产税，对低于既定标准的部分，免收所得税；取消间接税（奢侈品除外）、保护税和各种劳动所得税。

社会革命党还倡导发展各种社会公共服务部门和企业，包括：提供免费医疗帮助；建立地方自治的农业和粮食组织；为合作社的劳动经济提供国家贷款；制定相应的市政政策、地方自治政策及国家政策，以便在严格执行民主制度的基础上推动合作社的发展。

应当指出的是，社会革命党在纲领中给出了种种承诺，这对广大人民群众来说极具吸引力，但其终极目标是无法实现的。在当时，国家现代化是迫在眉睫的问题，但即使是从这个角度来说，也未必能说该纲领是有说服力的。实际上，纲领完全没有提及发展工业生产的问题，而是否认土地私有，禁止土地买卖，禁止使用雇佣劳动，严格实行土地平均分配，这些举措并没有为农业的发展创造有利条件。而且，社会革命党人低估了国家在国家转型中的作用和意义。在对待国家转型的问题上，他们继承了 70 年代民粹派的无政府主义观点。如果社会革命党人的这份纲领付诸实施的话，俄国则必然仍是一个农业国，那么它也就未必能跻身世界强国之列了。

社会革命党的战略原则及其在90年代初期的活动

社会革命党人宣布，无论是在立宪会议上还是革命时期，他们都要捍卫自己的纲领，并将其直接付诸实施。首先准许“直接”以革命手段落实那些不危及他人财产利益的要求。与西欧社会主义改良派一样，社会革命党人也赞同在资本主义制度下对国民经济的某些领域实行公有化，但这些措施要通过立法途径“自上而下”进行。社会革命党人对专制警察制度不做丝毫妥协让步，因为他们认为，只有通过暴力手段才能摆脱该制度。

社会革命党的纲领中对战术问题做了简要概括，即“将以符合俄国具体实际的形式”开展斗争。社会革命党人所采用的斗争形式、方法和手段多种多样：宣传鼓动，在各类代表性机构开展活动，并在议会之外进行不同形式的斗争（包括罢工、抵制、示威、起义等）。

社会革命党与其他社会主义党派的唯一区别就在于，该党承认制度恐怖是开展政治斗争的一种手段。他们明白，这种斗争手段是“可怕且令人厌恶的”，它违背了人类“不杀生”的戒律，甚至可能会引发令人痛苦的内部斗争。为了证明这一点，他们坚决主张革命者应有自己的道德标准，一方面要认识到人类本是苦难重重，另一方面则要考虑到造因者的生命。他们断言，不经过一番艰苦斗争，不去以暴制暴，而仅凭“不以暴力抗恶”的思想是不可能为全人类赢得美好未来的。鉴于暴力是专制警察制度的实质内容，所以社会革命党人认为，与该制度进行恐怖主义斗争从道义上来说是完全合理的。当时，其他的革命党虽然认为应该采取起义、革命等暴力斗争形式，但他们并不赞成使用恐怖手段，并认为任何人都无权剥夺他人的生命，而社会革命党人则认为这些说辞是极其虚伪的，因为无论是起义还是革命，“都要比恐怖行动更具杀伤力”。社会革命党人认为，从政治角度来看，之所以采取恐怖手段来反对专制制度，一方面，是因为专制制度的反对者没有其他合法方式可以用来表达他们的抗议：另一方面，当局甚至都不允许有与反对派进行对话的想法。

社会革命党人非常重视恐怖手段，但并没有将其绝对化。他们认为，恐怖一方面可以作为鼓动社会大众、调动革命力量的方法，另一方面，它还是瓦解政府、遏制政府专断的有力手段。

第一次俄国革命爆发前，社会革命党的活动以恐怖活动为主，也正是这些恐怖活动让他们名声大振。党的战斗组织发动了一系列恐怖行动，目标包括内务部长 Д. С. 西皮亚金（1902 年 4 月 2 日，С. В. 巴尔马少夫）、В. К. 普列韦（1904 年 7 月 15 日，Е. С. 索佐洛夫）、1902 年春残酷镇压农民骚乱的哈尔科夫省省长 И. М. 奥博连斯基（1902 年 6 月 16 日，Ф. К. 卡丘尔）及下令枪杀兹拉托乌斯特市工人的乌法省省长 Н. М. 波格丹诺维奇（1903 年 5 月 6 日，О. Е. 杜列波夫）。直到 1907 年“六三政变”之前，社会革命党内部也没有正式提过刺杀沙皇的问题。这是因为之前民意派刺杀失败的经验表明，此举在社会上尚未得到必要的支持，人民群众仍对沙皇充满信心，尽管沙皇本身已完全处于被周围权臣架空的状态。

社会革命党人虽然领导过群众性革命工作，但规模并不大。一些地方委员会和团体在城市工人当中开展宣传鼓动工作。他们建立工人小组，组织召开会议，并出版发行宣传资料：传单、宣传册、简报。社会革命党人还参加了罢工、游行和示威，其中包括 1902 年罗斯托夫罢工和 1903 年夏天南俄地区的罢工。这些事件中表现最为突出的是叶卡捷琳诺斯拉夫委员会。

社会革命党人以口头宣传与发放各种宣传资料相结合的形式在农村开展宣传鼓动工作。其主要任务包括：第一，在农民中争取到社会主义思想的支持者，以便日后能领导农民革命运动；第二，对全体农民群众开展政治教育，为实现最低纲领的奋斗目标——推翻专制制度、实行土地社会化做准备。在农民中工作做得最好的是萨拉托夫的社会革命党人。他们当时出版了一本名为《农民的任务》的杂志，这本杂志后来更名为《人民的任务》，被印制成小册子和小报广泛传阅。最受农民欢迎的是社会主义土地联盟的宣传册，其中包括《巧妙的圈套》《话说土地》《内务部长如何关心农民》《尼古拉·帕尔金》等。萨拉托夫的宣传资料传遍整个伏尔加河流域，最后传至坦波夫和波尔塔瓦。萨拉托夫社会革命党人萌发了建立社会革命党农民联盟的想法，他们甚至还起草了该组织的纲领性文件——《告俄国社会主义革命的所有工作人员书》。

但在革命前时期，社会革命党人群众工作开展的情况远不如社会民主党人。警察局资料显示，1901～1904 年，社会革命党人有 37 家印刷厂，而社会民主党人有 104 家。两者出版的刊物分别为 277 份和 1092 份。资料还显示，社会民主党人在传播资料方面也比社会革命党人强。例如，在 1903 年警察记录在案的传播资料事件中，社会民主党人有 329 起，而社会革命党人则仅有 100 起；到了 1904 年，两者的数据分别为 310 起和 87 起。实际上，这一时期，社会民主党人对工人运动具有绝对影响。相对而言，社会革命党人在农村的影响力更大。

自社会革命党成立以来，党内的分歧就一直存在，有时还会加剧，以至于社会革命党处于分裂的边缘。对于是否应该采取恐怖手段及开展恐怖活动的问题一直都争执不休。这一问题之所以出现，是因为从 1903 年春天开始，有一年多的时间战斗组织都没进行任何恐怖行动。Г. А. 格尔舒尼被捕后，战斗组织一直由间谍阿泽夫统领，他并不急于让该组织发挥其原有的用途，而是以各种技术性和组织性的原因为借口拖延。许多人不满战斗组织的不作为状态，他们要求分散开展恐怖行动，取消战斗组织的自治权及其在党内的特权地位，由中央委员会对战斗组织实施有效监督，对此阿泽夫坚决反对。

1904 年 7 月，在法国格尔蒙萨市召开的第二次国外组织大会上，气氛异常紧张。会上形成了一个少数派，其成分混杂，对中央在纲领、战略和组织等问题上的立场进行了严厉抨击。其中一些人甚至还要求改变党的意识形态，去除其中的马克思主义思想成分。分裂之势似乎在所难免，但战斗组织刺杀了内务部长 В. К. 普列韦的消息又让局势转危为安。当时的中央委员会委员 С. Н. 斯廖托夫称，这一消息“让反对派闭上了嘴”。阿泽夫牺牲了普列韦之后，立刻解决了许多问题。他不仅巩固了自己在社会革命党中的地位，继续掌控党的恐怖活动，还及时防止了党的分裂，大大提高了党在社会上的地位和影响。

但很快党内又出现了新的危机。E. K. 布列什柯夫斯卡娅自 1903 年春天起流亡国外，在她的领导下，在日内瓦成立了一个“农业恐怖分子”组织。该组织是社会革命党最高纲领派的前身，其成员主要是社会革命党人中的青年。他们认为，党的领导层过分迷恋政治斗争，对争取农民解放的社会斗争没有给予足够重视。他们主张走向农村，号召农民在农村广泛采用恐怖手段，立即“自下而上”解决土地问题。党的领导层反对将“在农村实施恐怖”纳入党的纲领和战术中。他们认为，党应该综合运用各种斗争手段，但事实并非完全如此，党的领导的工作重心显然更偏向于政策方面。由于俄国在俄日战争中遭受失败，自由主义运动日益崛起，沙皇专制制度陷入困境，社会革命党的领导层急于把握这一时机。他们对实施恐怖及与自由派协同行动寄予了很高期望。B. M. 切尔诺夫和 E. Φ. 阿泽夫参加了 1904 年秋在巴黎召开的俄国反对派和革命党的会议。会议承认当务之急是“推翻专制制度”，并建立民主的政治制度取而代之。会上，革命党人和自由党人还签署了俄国解放运动史上第一份协议。此次会议是秘密举行的，但阿泽夫很快便将会议情况报告给警务司，甚至还提供了会议记录。在 B. K. 普列韦遭社会革命党人刺杀身亡后，继任的内务部长 П. Д. 斯维亚托波尔克－米尔斯基提出了信任社会大众的政策，但该政策遭到了政府的拒绝。不可否认的是，在这件事上阿泽夫上报的相关会议信息起到了一定的影响。但这已经没有什么实际意义了，因为革命的爆发令俄国各政党和运动面临新的条件。

革命考验

社会革命党人革命观的特点首先在于他们不认为革命是资产阶级性质的。在他们看来，俄国资本主义由于自身的软弱性而过分依赖政府，没有能力“冲破”旧的社会关系，进而引发全国性的危机。他们认为，资产阶级无法领导革命，甚至不能成为革命的推动力。他们还表示，19 世纪 60 ~ 70

年代的各项改革是俄国资产阶级革命的序曲。这一时期为资本主义提供了广阔的发展空间，也正是在这一时期“专制农奴制度”完成了向“贵族资产阶级君主制”的转变。社会革命党人还认为，这场革命不是“社会主义革命”，而是介于资产阶级革命和社会主义革命之间的“社会革命”。他们认为，革命不应限于政权更替和资产阶级所有制关系下的财产再分配，而应该更进一步：用土地社会化取代土地私有制，为资产阶级生产关系的确立扫清道路。

社会革命党人认为，革命爆发的主要动因并不是资本主义的发展，而是1861年改革导致的农业危机的影响。这就解释了为什么农民在革命中具有举足轻重的作用。此外，无产阶级和“劳动”知识分子也是革命的推动力。社会革命党人认为，这些社会力量的结合，即形成统一的社会主义政党，是革命成功的保证。

社会革命党人用自己的方式解决了革命的主要问题——政权问题。他们拒绝民意党人推崇的布朗基斯主义思想，即由社会主义革命者夺取政权的思想。他们认为社会主义革命不应该是这样的，向社会主义的过渡应在民主立宪的基础上通过和平的、改良的方式完成。社会革命党人期望通过民主选举首先赢得地方大多数人的支持，之后，再在立宪会议上获得大多数的支持。立宪会议应最终决定国家政权的组织形式，并成为最高立法和管理机关。

早在第一次俄国革命时，社会革命党人就明确了对工人、农民和士兵代表苏维埃的态度。他们从这些人身上看不到新的革命政权的萌芽，认为这些人没有履行国家职能的能力。在他们看来，苏维埃只不过是某一个阶级的联盟或自治机构，其主要任务是把分散的、无组织的劳动群众组织并团结起来。

社会革命党人在革命中的基本要求都体现在其最低纲领中。简而言之，体现在其口号“土地和自由”中。从内容来看，这是一个激进民主的口号。社会革命党人在革命中之所以受欢迎，并不是因为他们构想的空想社会主义的神话，而是在此背后所隐藏的激进民主思想。

社会革命党人在革命期间的活动

如果说革命前社会革命党的主要任务是对人民进行社会主义教育，那么现在，该党的首要任务则是推翻专制制度。党的活动不仅更具规模、更强而有力，而且形式也更加多样。

党扩大了宣传鼓动工作的范围并加大了力度。所有的州委员会都发行了自己的合法报刊，印刷各种公报和消息。一些省城的地方委员会也有自己的出版机构。在相当短的时间里，社会革命党尝试出版了各种合法的党中央日报：《祖国之子》（1905 年 11 ~ 12 月）、《人民的事业》、《人民公报》、《思想》（第一届国家杜马时期）。

党的恐怖活动依然备受关注，但发生了一些改变——使用恐怖手段的形式发生了变化。阿泽夫的操作使战斗组织的活动全面瘫痪，该组织的最后一次壮举是在 1905 年 2 月暗杀了谢尔盖·亚历山德罗维奇大公（沙皇的叔叔，莫斯科前总督，政府反动方针的倡导者之一）。1906 年秋，战斗组织被临时解散，取而代之的是几支新建的飞行作战队，这些作战队成功实施了一系列恐怖行动。恐怖活动呈现分散性特征，并被党的各地方组织广泛用于对付中层和基层的政府官员。如果说革命前实施恐怖行动的次数屈指可数，那么，在革命期间这一数字达 200 起。但革命所需的主要斗争手段并非个人实施的恐怖行动，而是广大人民群众共同参与的有组织的行动。

社会革命党人在城市和农村的民众、军队和舰队中积极开展革命运动（包括罢工、示威、集会、武装起义等）的筹备工作，并亲自参与到这些运动中。他们还经历了各种合法斗争以及议会斗争的历练。

从革命一开始，就提出了所有革命力量协同行动的问题。为了解决这一问题，1905 年 4 月，在 Г. 加邦的倡议下，在日内瓦召开了俄国革命党大会，会议得到了社会革命党领导层的大力支持。社会革命党领导人 В. М. 切尔诺夫和 Е. К. 布列什柯夫斯卡娅参加了会议。所有与会者都主张“各自行动——共同为战”。然而，他们为了在社会革命党和社会民主党领导层间达成协议而做出的第一次也是最后一次尝试以失败告终。双方都无法放下意识形态领域的分歧和自己的姿态。以列宁为首的社会民主党人看到社会革命党人在会上具有绝对影响后，便退出了会议。其余的参会者通过了两个一般性宣言，宣言中囊括了社会革命党人最低纲领的基本要求和一系列战略性决议，包括 1905 年夏开展联合反对政府的行动、从国外向俄国运送武器、组织一些恐怖破坏行动等。

和其他左派政党一样，对于社会革命党人来说，一个主要的问题就是如何组织好广大群众。他们在这方面所做的努力取得了一定的成果。

社会革命党人积极参与组建工会，尤其是那些将民主人士团结起来的工会组织。他们认为，在当时存在的工会和辛迪加中，至少有 1/3 受到他们的影响。尤其是在铁路工人、邮电工人、教师、军官、士兵和水兵等的工会组织中，社会革命党人具有绝对的影响力。

社会革命党人在工人中的活动范围大大超出了革命前小组工作的范围。到 1905 年秋天的时候，社会革命党的各项决议在圣彼得堡各大工厂的工人集会和会议上常常获得大多数人的支持。当时，社会革命党人发挥影响力的桥头堡是莫斯科著名的纺织厂——普罗霍罗夫工厂。第二届国家杜马选举中，社会革命党人在圣彼得堡工人中取得的成功引起了极大的政治反响。但就其在无产阶级中开展组织工作的规模而言，社会革命党人依然远远不如社会民主党人。例如，社会革命党人曾试图建立一个工人职业政治联盟，却无果而终；而同他们相比，社会民主党人在革命时期建立的工人代表苏维埃，尤其是圣彼得堡和莫斯科的工人代表苏维埃中则具有明显的优势地位。

社会革命党人还特别关注农民问题。在农村纷纷成立了农民兄弟会和农民联盟。这项工作在伏尔加河流域和中部的几个黑土省份开展得尤为广泛。例如，社会革命党的资料显示，萨拉托夫省的所有农村居民点都设有这样的组织。革命前该党也成立了农民联盟，但只是空有其表，相较而言，新成立的联盟更加注重实效。社会革命党人在建立党外全俄农民联盟和国家杜马劳动者议员团的过程中也做了不少贡献，这两个组织将大部分农民代表团结起来。然而，尽管社会革命党人在农民中也做了大量工作，但并没有对这一阶层在革命中的行动起到决定性作用。他们成功组织了一系列地方性农民运动，但在1905年夏以及第一届国家杜马解散后，他们试图组织全俄性的农民运动，都以失败告终。而且，他们也未能确立自己在全俄农民联盟及国家杜马中农民代表的领导地位。

旧民粹派相信农民就其本性而言是社会主义者，而社会革命党人由于缺乏这种信念，早在第一次革命期间，对农民采取的政策就受到了影响。同时，这也让他们的工作受到掣肘，无法完全相信农民的主动性。他们担心农民的主动行动会偏离社会主义理论，强化农民对土地的私人所有权，致使土地社会化难以推进。这削弱了社会革命党领导层的意志和决心，使得他们更倾向于通过立法手段，“自上而下”解决土地问题，而不是以农民占领土地的方式，“自下而上”去解决。党的领导层一方面谴责“在农村实施恐怖活动”的想法，另一方面又容忍其宣扬者留在党内活动，后者构成了社会革命党人联盟最高纲领派的核心部分，直到1906年，他们才退出党组织。社会革命党人之所以会怀疑农民对社会主义的忠诚性，可能是因为除了基层村、乡及一些县的机构外，其领导机构中均没有农民参与。而且最重要的是，在革命期间社会革命党人最终也未能与农民运动走到一起。

和布尔什维克一样，社会革命党人也承认，不仅要组织革命，还要武装革命。莫斯科武装起义期间，社会革命党中央委员会匆匆设立了一个战斗委员会，该委员会在圣彼得堡建了两个炸药工场，但很快都被委员会成员阿泽夫出卖。社会革命党人准备在圣彼得堡发动起义的尝试就此告终。他们积极参与了一系列反对沙皇专制的武装行动，并在其中发挥了突出作用，特别是1905年12月在莫斯科及1906年夏天在喀琅施塔得和瑞典堡的武装行动。

社会革命党人和国家杜马

社会革命党人主张抵制布雷金的杜马，并积极参加了10月的全俄大罢工活动。迫于罢工的压力，沙皇于1905年10月17日发布宣言，承诺给予公民自由，扩大国家杜马的选举权，并赋予杜马立法权，社会革命党人对此不予苟同。党的大部分领导人倾向于相信俄国已成为一个宪政国家，所以有必要对战术进行调整，甚至暂时拒绝采用恐怖手段。阿泽夫作为战斗组织的领导人最赞成这一观点，并主张解散战斗组织。但也有个别人对此持反对态度，拿阿泽夫的副手 Б. В. 萨温科夫来说，他旗帜鲜明地提出要加强恐怖活动，以击溃沙皇专制。最终，集中的恐怖行动暂时中止，而战斗组织事实上也被解散。

10 月 17 日之后，党中央委员会提出了“不要加快事态的发展”。中央委员会及其在圣彼得堡工人代表苏维埃中的代表人士反对擅自实行八小时工作制，反对“热衷于罢工”，其中包括反对在 12 月发动全民政治大罢工，并将其升级为武装起义。社会革命党人提议，要加强在人民群众中尤其是农民中的鼓动宣传和组织工作，利用 10 月 17 日宣言中宣扬的自由权利来扩大革命的群众基础，以此取代加紧革命进程的战术方针。从形式上来说，这种战术并非毫无意义。但与此同时，其中也潜藏着危机，革命极端主义将会破坏革命的发展进程，还将导致资产阶级因担忧而拒绝接受政权。

随着宣言的问世，几个世纪以来，俄国历史上第一次出现了通过宪法手段和平发展民主制度的现实可能性，尽管还不确定，并且也受到了极大的限制。这不仅是因为人民群众还未彻底放弃对旧政权的信任，更是出于他们本能的自我保护意识和正常的思维逻辑。而左派政党无力真实地反映社会现实，在某种程度上也正是由其所宣扬的学说思想所致。这就在很大程度上解释了为什么宣言问世后，左派政党呼吁采取暴力行动，但在当时没有得到广泛响应。而且，左派政党制定的全面发动武装起义以及抵制第一届国家杜马的方针统统遭遇失败。社会革命党人也积极抵制杜马选举。尽管如此，选举仍然进行了，并且在杜马议员中有相当一部分是农民代表。鉴于此，社会革命党领导层对杜马的态度发生了急剧转变，为了不影响杜马的工作，他们甚至决定暂停恐怖行动。社会革命党人对进入杜马的农民议员给予了特别关注。在他们的积极参与下，由这些农民议员组成了一个杜马党团——劳动者议员团。尽管如此，社会革命党人对杜马中农民议员的影响依然不如人民社会党人，即新民粹派右翼代表。劳动者议员团的纲领和土地改革方案主要是根据人民社会党的原则制定的。其中，土地改革方案获得了 104 名议员的支持，成为第一次革命时期俄国农民的行动纲领。而社会革命党人以土地社会化原则为基础制定的方案在杜马中只获得了 33 名议员的支持。

人民社会党人之所以能占上风，一个主要原因是前者更关注农民的心理，对君主制度持谨慎态度，不是那么死守教条的社会主义者。社会革命党领导层对于解散杜马一事表现得很激动。他们寄希望于部队和农民，指示各地方组织立即与政府开展武装斗争，号召农民自己争夺土地和自由。然而，这些号召也没有得到任何响应。部队中零星地爆发了一些起义，但很快就被政府镇压下去了。

第二届国家杜马是唯一一届没遭到社会革命党人抵制的杜马。社会革命党人在第二届杜马中获得的最大成绩是，他们的《土地草案》获得了 104 名议员的支持，这一数字是其在第一届杜马上收获票数的 3 倍多。尽管社会革命党杜马党团的活动受到中央委员会的严密监督，但在全党看来，其工作“相当一般”。首先，杜马党团没有坚决执行党的路线，这就引起了党内的不满。党的领导层威胁政府说，如果政府对杜马图谋不轨，那么社会革命党将发动全民性罢工和武装起义。党的杜马议员也表示，他们不会任由政府解散杜马，他们绝不解散。然而，即使是在这一次，一切也只不过是在口头上说说罢了。

第一次革命期间社会革命党的组织结构

革命期间，党的社会成分发生了重大变化，其成员的绝大多数由工人和农民组成。但党的政策还是像以前一样，由社会革命党领导层中的知识分子决定。在社会革命党召开的第二次代表大会上指出：“任何地方的组织，都没有让广大群众参与解决地方工作中存在的主要问题，以及选举核心领导等事务。”

社会革命党第一次代表大会通过了该党的《临时章程》，在某种程度上规范了该党此前自发形成的组织结构。但章程的很多条款只是一纸空文。

《临时章程》的内容包括：对党的领导机构成员进行增补，下级机构归上级机构统辖，但下级机构对上级机构没有任何监督权。许多人对章程第一条关于入党条件的内容有异议，因此，一年之后，在第二次代表大会上对这一条的内容做出了修订（对入党条件提出了更为严格的标准），并予以通过。

党的代表大会是最高领导机关，每年应至少召开一次，但实际上未能定期举行。在社会革命党存续期间，仅召开过四次代表大会——第一次革命期间两次，1917 年两次。代表大会选举产生的中央委员会负责领导党的思想和实践工作，授权 5 位中央委员为委员会再增补 5 名委员。中央委员会的第一批当选成员有 Е. Ф. 阿泽夫、А. А. 阿尔古诺夫、Н. И. 拉基特尼科夫、М. А. 纳坦松和 В. М. 切尔诺夫。中央委员会负责党的中央机关报主编及其驻国际社会主义委员会代表的任命工作。自 1904 年 8 月社会革命党在阿姆斯特丹国际会议上加入第二国际后，该党在国际社会主义委员会的常驻代表一直是 И. А. 鲁巴诺维奇，直到 1922 年。中央委员会下设专门委员会或局，包括农民、工人、军事、文学出版、组织、技术等委员会，以及驻外机构。

党章中还对党委的工作机制做出了规定。其组成人员包括：中央委员会成员、各州及莫斯科和圣彼得堡委员会的代表。在必要的情况下，由中央委员会或各州委员会超过半数成员提出倡议召开党委会，研究解决一些紧急的战略和组织问题。第一届党委会在 1906 年 5 月召开，最后一届即第十届在 1921 年 8 月召开。

除了社会革命党第一次代表大会前成立的那些委员会（包括西北委员会、伏尔加河流域委员会和中央委员会），还成立了 10 个州委员会，其中最具规模和最为活跃的有乌克兰委员会、南俄委员会、塔夫利达委员会、乌拉尔委员会、西伯利亚委员会及高加索委员会。这些州委员会是中央委员会和各地方组织之间的联系人，负责协调两者之间的各项活动及力量与资金的配置。

由于纲领、战术和组织上都存在分歧，在革命期间，社会革命党人不仅未能和合法的民粹主义者一同创建起一个统一开放的民粹党，也没能挽留住社会主义革命者——最高纲领派。

第一次俄国革命中，社会革命党人损失惨重。在战地法庭判处的1144名死刑犯中，有250人是社会革命党人，22名社会革命党的恐怖分子未经审判和调查就被处决，15000多名社会革命党人被监禁、流放。

两次革命期间（1907年6月至1917年2月）的社会革命党人

革命失败后，同俄国其他革命党和反对派政党一样，社会革命党面临重重危机。导致危机产生的主要原因包括：一方面，这些政党在革命中遭受失败；另一方面，随着反动势力的猖獗，党的活动形势急剧恶化。

社会革命党人的战略出发点是，原则上，革命没有带来任何改变，而“六三政变”却使国家回到了革命前的状态。在他们看来，根据《新选举法》选举产生的国家杜马只是立宪的假象。通过对国家的政治局势进行评估，社会革命党人得出以下结论：第一，诱发第一次革命的因素仍然存在，新的革命在所难免；第二，需要使用以前的斗争形式、方法和手段，来抵制反人民的国家杜马。抵制杜马活动是对“六三政变”最为有力的回应，是发动和组织群众起来革命的一种有效手段。他们认为，只有那些“对革命丧失信心”的人才会接受杜马。事实上，对杜马的这种态度与群众的意愿背道而驰。据社会革命党人的中央机关报《土地和自由报》报道，在近14000个乡中，只有928个乡的农民拒绝参加杜马选举。社会革命党人采取抵制杜马的行动，并呼吁召回左派杜马议员，这两个举动无论是给他们自身还是给杜马中的农民代表，都带来了不良的负面影响：一方面，拉大了社会革命党人与群众的距离；另一方面，则令杜马中的农民代表一直摇摆不定。此外，社会革命党人还一直遵奉着“战斗主义”思想。“六三政变”后不久，他们便召开了第三届党委会，会议赞同抵制杜马的行动，同时还把增强战斗力作为头等大事，其中包括成立战斗队，通过他们向民众传授进行武装斗争的手段。会上还指出，不能把全民起义当作近期的具体目标。会议一致通过了关于加强使用恐怖手段和措施的决定。

然而，随着革命热情逐渐消退，社会生活回归到正常的轨道上来，社会革命党人号召重新运用战斗策略的呼吁显得越来越没有说服力。党内形成了一个以年轻的中央委员会委员、哲学博士、社会革命党中央机关报《劳动旗帜报》编辑 Н. Д. 阿夫克森齐耶夫为首的现实派。1908 年 8 月，社会革命党在伦敦召开了第一次全党大会。会上，阿夫克森齐耶夫和 В. М. 切尔诺夫一起就当前的形势问题做了报告，他坚持拒绝采用“局部战斗”的战略，拒绝着手开展武装起义。他认为，应把工作的重点放到组织宣传上，并加强恐怖手段的运用。切尔诺夫及其支持者以微弱优势通过了做好战斗准备的决议。现在，只有“认真领导社会主义工作”的有实力的党组织才可以开展战斗的准备工作。同第三届党委会一样，本次大会一致赞成加大实施恐怖活动的力度，并指出，对当局进行“致命一击”，即刺杀尼古拉二世的时机已经成熟。

然而，伦敦会议和第四届党委会通过的决议均成了一纸空文。Е. Ф. 布尔采夫对 Е. Ф. 阿泽夫的揭发给党和恐怖行动的开展带来了巨大损失。1901 年 1 月初，社会革命党中央委员会正式宣布阿泽夫为间谍。Б. В. 萨温科夫试图重建战斗组织，他从精神上支持恐怖行动的开展，并试图证明，无论是过去还是现在，恐怖行动都与间谍行动无关，但这些尝试都是徒劳。阿泽夫事件后，社会革命党人只成功实施了三次恐怖行动，但这些行动都没有太大的政治意义。当时，有关恐怖事件的传闻比任何时期都要多。阿泽夫的间谍行为被揭发，这加剧了党内的危机，而斯托雷平的土地改革也令危机进一步深化。

斯托雷平改革对社会革命党人构成了威胁，因为改革希望通过摧毁农民的村社，把农民变成小私有者，这触及了社会革命党理论的核心内容——将土地社会化。斯托雷平改革是俄国通过民主方式解决土地问题的又一现实选择。政府刚一颁布《关于斯托雷平改革》的法令，社会革命党人便向改革宣战。在《农民该做什么?》《关于 1906 年 11 月 9 日法令》的宣传单中，他们呼吁农民一起来抵制改革：不要加入土地规划委员会，不要购买或抵押土地，不要脱离村社，要像对待“叛徒”一样对待那些响应改革的农民。

抵制政府出台的新土地政策也是社会革命党人在第二届国家杜马中的一个主要口号。在社会革命党人的土地法案付诸实施之前，调节土地关系的主要措施包括：取消非杜马通过的土地法令，暂停农民银行和贵族银行的业务，暂停土地规划委员会的一切活动以及土地买卖和赠予行为。伦敦会议上通过的《关于同土地法案进行斗争》的决议中强调，改革取得任何成就都会妨碍到党的土地纲领的实施，正因如此，农村成了社会政治斗争的必争之地。决议中提出，作为斗争的主要手段，要加强社会主义宣传，加强农村党组织的工作，并在开展斗争的基础之上，将农民团结在党组织周围。决议中，针对退出村社的行为采取了一些措施，如公开谴责并抵制那些有意从村社分离出去自立门户的农户。同时，再次强调了对地主和富农实施恐怖手段抢夺其土地的危害，因为这将会促使地主向农民出售土地，推行土地私有制，并煽动农民内战，而一旦爆发内战，那么所有原来计划好的斗争，包括争取土地社会化和政治解放，都将被搁置。但社会革命党人无力组织反对斯托雷平改革的重大活动。而改革的成果则引起了社会革命党人思想上的慌乱。社会革命党人仍较为乐观。他们认为，无论村社的命运如何发展，都没有理由重新修订党的纲领，因为该纲领的制定并非基于村社土地所有制本身，而是在推行村社土地所有制的历史实践中教予农民的思想、感情和技能，而这些并不会很快就消失。一部分悲观主义者认为，一旦村社遭到破坏，那么党纲中的土地社会化要求就会无的放矢。他们对党的领导的官方态度提出了批评，因为在需要全力对抗政府，让其摧毁村社的计划破产的关头，这种所谓的官方立场却在倡导不作为。

村社的命运越被质疑，社会革命党人就越把注意力投向合作社。他们保证，劳动合作社将阻止农民进行自发的无组织的行动，有助于把农民组织起来，并积蓄力量。社会革命党土地问题方面的理论家 И. И. 冯达明斯基（И. И. 布纳科夫）是 Н. Д. 阿夫克森齐耶夫的朋友。他表示，民粹主义倡导的“通过土地改革走向合作”的老一套说法应改成“通过合作社来进行土地改革”。民粹主义者低估了合作社的作用，而这种“社会性失误”应由社会革命党人来弥补，并在合作社运动中担任鼓舞思想和引领实践的角色。

在伦敦会议上，社会革命党人承认了合作社为实现社会主义的一个重要方向。

在两次革命期间，社会革命党全面遭遇危机，其中包括组织衰落问题。早在1908年，В. М. 切尔诺夫就指出，"组织已经渐渐开始溃散"，党已脱离了群众，许多党员选择了躲避，流亡海外人士的规模已经到了"令人感到可怕"的地步。党内很多成员被捕，其中包括Е. К. 布列什柯夫斯卡娅、Н. В. 柴可夫斯基和О. С. 米诺尔在内的许多党的杰出活动家。中央委员会驻地及中央报《劳动旗帜报》和《土地和自由报》的出版地再次转移至国外。在1909年5月社会革命党召开的第四次党委会上，中央委员会成员集体辞职，他们认为，无论是在政治上还是道德上，他们都对阿泽夫事件负有责任。这些委员都是社会革命党中能力极强、经验颇丰的权威人士（包括В. М. 切尔诺夫、Н. И. 拉基特尼科夫、М. А. 纳坦松、А. А. 阿尔古诺夫和Н. Д. 阿夫克森齐耶夫）。党委会选举产生新一届中央委员会，新任委员们只有一个优点，那就是他们均与阿泽夫没有关联。但在其他方面他们就要比前辈们略逊一筹了，而且不久后，他们中的大多数人就被捕了。以В. М. 切尔诺夫和Б. В. 萨温科夫为代表的党的杰出活动家们几乎都远离党的各项工作和活动，全身心投入文学创作活动，形势进一步恶化。自1912年开始，党中央委员会就已经名存实亡。中央委员会的职能交由该党国外的代表团来执行，事实上，后者也没有再积极开展什么活动。党内危机还体现在其对立派"少数倡议派"和"官僚派"的出现上。

"少数倡议派"成立于巴黎，由当地一些长期反对党的路线的社会革命党人组成。1908～1909年，他们出版了《革命思想报》，因此也被称为"革命思想派"。该派走极"左"路线，他们认为，社会革命党的理论中充满了教条思想，其中，针对民粹派一直强调的个体和少数倡议派的作用，他们提出了自己的观点，即认为客观因素和阶级斗争才是最重要的。他们认为，把党的纲领分为最低纲领和最高纲领是不对的，而且，全面发动武装起义的思想是不切实际的。在他们看来，开展斗争的唯一有效手段就是实施恐怖行动。恐怖行动应分散进行，并且不能仅由一个战斗组织来完成，而应由若干个独立的战斗队去分头实施。他们发现，只有这样才能保证自己的战斗队伍不被阿泽夫那样的间谍一举歼灭。他们还发现，在组建政党的问题上，用自治和联邦原则取代原来的中心主义原则同样可以避免这种情况的发生。“少数倡议派”认为，在革命时期，革命党试图将社会和政治问题一并解决的做法是不对的。在他们看来，首先应全力解决政治问题，而后才是社会问题，而且社会问题的解决应以人民获得自由和民主为前提。“少数倡议派”的这些观点被党的领导层定性为“立宪恐怖主义”或“恐怖立宪主义”思想。1909 年 6 月，该派退出社会革命党，加入了左翼社会革命党人联盟。

“官僚派”代表的是社会革命党的右翼观点。1912 年 6 月，他们出版了第一期也是唯一一期期刊《创举》，担任该期刊编辑的有 Н. Д. 阿夫克森齐耶夫、И. И. 布纳科夫（冯达明斯基）、С. 涅切特内伊（С. Н. 斯廖托夫）等杰出的党务活动家。“官僚派”既不反对党的战略目标，也没有对党的理论和纲领做出任何修正。他们只是在战术问题上持有不同意见，认为“抵制”、“召回”和“战斗主义”这几种极端的斗争形式与方法已经不合时宜了，他们甚至还对采用恐怖手段的合理性提出了质疑。“官僚派”提议，要将党的工作重心转移到各种合法活动上，如杜马活动、工会活动、合作社活动、教育活动等。相应地，要首推各种公开的组织活动形式，地下活动则退而居其次。就其本质而言，“官僚派”是社会革命党中的“取消派”，尽管他们宣称自己仍是“党的忠诚将士”，没有分裂党去独立组建派系的想法，仍然只是一个纯粹的在党内传播自己思想的文学小组。

由于社会革命党自身存在危机及与广大群众缺乏联系，故而实际上，该党对新一轮革命浪潮的兴起并没有产生任何影响。但国内革命情绪的高涨激活了社会革命党人，他们开始在圣彼得堡出版合法报纸《劳动之声报》和各类思想报，如《振奋人心的思想报》《鲜活的思想报》等。他们还在工人中积极开展工作。战争爆发前，在圣彼得堡所有大型工厂中几乎都有他们的组织，而且这些组织常常都是由工人自己组建的，没有社会革命党中知识分子的参与。这一时期，社会革命党的工作中心还包括莫斯科和巴库。此外，在乌拉尔、弗拉基米尔、敖德萨、基辅和顿河地区也有他们的组织，其中最具影响力的要数伏尔加河港口工人组织和黑海商船队海员组织。

社会革命党在一系列地区的农民中开展了工作，其中包括波尔塔瓦、基辅、哈尔科夫、切尔尼戈夫、沃罗涅日、莫吉廖夫、维捷布斯克，以及伏尔加河北部地区、波罗的海沿岸、北高加索和西伯利亚的许多城市和农村。但工作成效不尽如人意。社会革命党人发行的《振奋人心的思想报》称，在一定程度上，这是由于农村作为“社会运动的一股积极力量”“缺席了”新一轮革命浪潮。

危机在全国范围内蔓延并日益加剧，革命运动士气高涨，社会革命党人再次活跃起来，这些因素促使他们开始凝聚力量，准备重整旗鼓，再振党的声威。但战争的爆发中止了这一切。

第一次世界大战期间的社会革命党人

世界大战的爆发给社会革命党人提出了新的难题：为什么会爆发战争？社会主义者应该怎样看待战争？能否既是爱国者又是国际主义者？应该如何对待领导对外斗争的政府？战争期间是否可以进行阶级斗争？如果可以，该以怎样的形式开展这种斗争？战争到底会何去何从？等等。

战争不仅给社会革命党人的联络工作，尤其是与国外（党的主要理论力量都集中在国外）的联络工作造成了极大的困难，还使思想分歧变得更加尖锐，致使他们无法制定总的战争纲领。战争伊始，社会革命党人就尝试制定此类纲领。1914 年 8 月，在瑞士的波什镇，杰出党务活动家们（包括 Н. Д. 阿夫克森齐耶夫、А. А. 阿尔古诺夫、Е. Е. 拉扎列夫、М. А. 纳坦松、И. И. 冯达明斯基及 В. М. 切尔诺夫等）就党在“世界大战期间的行动路线”问题召开了一次小范围会议。在这次会议上，社会革命党内部因战争引起的意见分歧就已初见端倪，其中尤以护国派和国际主义派之间的分歧最为突出。

大部分与会者（Н. Д. 阿夫克森齐耶夫、А. А. 阿尔古诺夫、Е. Е. 拉扎列夫、И. И. 冯达明斯基）表明自己是坚定的护国派。他们认为，社会主义者必须捍卫自己的祖国，反对帝国主义。他们不否认战争期间有发生政治斗争和阶级斗争的可能性，但同时他们强调，斗争形式与斗争手段的选择都必须以不动摇国防基础为前提。他们认为，德国军国主义的胜利是俄国乃至世界文明和社会主义事业发展的重大灾难，摆脱战争的最佳方式是协约国获胜。俄国加入协约国集团受到了广泛的欢迎，因为人们认为，沙皇与西方民主的联合将对该集团的发展尤其是战后的发展产生积极影响。

会上只有 M. A. 纳坦松一人始终坚持着国际主义立场，他认为，劳动者无国界之分，即使是在战争期间，社会主义者都必须牢记，统治阶级的利益和人民的利益永远都是对立的。B. M. 切尔诺夫持中左立场，他认为，沙皇政府发动的不是防御战争，而是征服战争，他们捍卫的不是人民的利益，而是皇室利益，为此，社会主义者不应给他们提供任何支持。社会主义者应反对战争，重建第二国际，通过向殊死对战的两大帝国主义集团施压，成为促使其达成不割地、不赔款的公平和约的“第三方”力量。但无论是纳坦松还是切尔诺夫，其反战及国际主义言论都不及列宁的要求极端：列宁呼吁把帝国主义战争转变成内战，并借机击溃自己的政府。

在中央委员会的国外代表团中，国际主义派和护国派代表争持不下，因此，这个当时唯一的全党性领导机构的活动几乎完全陷入瘫痪。

国际主义派的领导人（包括 M. A. 纳坦松、Н. И. 拉基特尼科夫、B. M. 切尔诺夫和 Б. Д. 卡姆柯夫）最先开始传播自己的观点，并从思想上团结自己的支持者。1914 年末，他们开始在巴黎出版《思想报》。该报在头几期中刊载了 B. M. 切尔诺夫的文章，从理论上阐释了社会革命党国际主义者在战争、和平、革命和社会主义等一系列问题上的立场。

战争的爆发首先与资本主义进入“帝国主义阶段”有关。在这一阶段，资本主义在各发达国家中片面追求工业发展。这同时引发了另一种极端现象，即片面工业化的社会主义，这种社会主义对资本主义发展前景的评价过于乐观，而对其消极有害的一面估计不足，完全将社会主义的命运与资本主义的发展前景相关联。在切尔诺夫看来，马克思主义所描绘的无产阶级是不存在的。他认为，无产阶级是形形色色的，彼此间的矛盾纠纷常常伴随在他们身边，并且他们的团结也只是针对统治阶层而论的。最终他得出结论，即社会主义者不应崇拜任何劳动阶级，包括无产阶级，而社会主义政党也不应等同于无产阶级政党。切尔诺夫强调，只有所有劳动人民团结一致，共同努力，才有可能停止战争，达成不割地、不赔款的公平和约。而在这一过程中，每一个社会主义者和每一个社会主义政党都必须肩负起将被战争分散的各社会主义力量团结起来的责任。

切尔诺夫和纳坦松正是秉持这些观点参加了1915年的齐默尔瓦尔德国际社会主义者大会和1916年的昆塔尔国际社会主义者大会。切尔诺夫指出，两次会议与会者的目标不尽相同。其中一些人，包括切尔诺夫在内，把两次会议的召开看成唤醒和团结一切国际社会主义力量的手段；而另外一些人（包括列宁及其支持者）则认为，可以借此与国际社会主义断绝关系，建立一个更小范围的“宗派国际”。《齐默尔瓦尔德会议宣言》只得到了M. A. 纳坦松（M. 博布罗夫）的署名承认。切尔诺夫拒绝在宣言上签名，因为他以社会革命党人的视角提出的有关战争和社会主义的修正意见遭到了否决。

在齐默尔瓦尔德会议召开之际，社会革命党护国派在日内瓦同俄国社会民主党护国派组织召开了一次会议。在此次会议宣言中指出：“要实现自由，只能走国家自卫的道路，除此之外别无他法。”之所以号召人民保卫自己的国家，一方面，一旦德国战胜俄国，将使俄国沦为殖民地，对俄国生产力的发展和劳动人民意识的觉醒都会造成阻碍，最终还会延迟彻底推翻君主专制的时间；另一方面，沙皇制度的覆灭将严重影响到劳动人民的处境，因为赔款将导致赋税的增加。由此得出结论，社会主义者需积极参与到保卫国家的行动中，捍卫人民的生命及经济利益。

与此同时，护国派表示，他们的这种立场并不表示国内再无纷争，也不代表战争期间要与政府及资产阶级和解。他们甚至不排除这种可能，即推翻专制制度才是俄国在战争中取胜的前提。但同时他们也指出，要避免革命的爆发，不能滥用罢工这一手段，要考虑其可能带来的后果，考虑它们是否会妨碍国防事业。至于社会主义者，最好是积极加入各种应战争之需而设立的社会组织中去，如军工委员会、地方自治机构及城市机构、农村自治机构、合作社等。1915 年 10 月至 1917 年 3 月在巴黎出版的《号召》日报成为社会革命党人和社会民主党人护国派联盟的“喉舌”。

战争初期，护国主义思想尤为盛行。然而，一方面，专制制度已无法有效保卫国家，无法预防经济崩溃和金融危机的发生；另一方面，随着反对专制制度的运动开展得如火如荼，护国主义思想不仅逐渐丧失了影响力，还产生了一定的变化，最终演变成更加激进的革命护国主义。这些变化可在民粹派会议通过的决议中找到踪迹，该会议于 1915 年 7 月在彼得格勒 A. Ф. 克伦斯基的公寓内秘密召开。

决议中指出：“是时候为争取彻底改变国家管理体制而斗争了。”这一斗争的口号应该包括：赦免一切因争取宗教信仰和政治自由而蒙难的人，自上而下实行国家管理的民主化，给各行业组织、合作社及其他机构以自由，合理分配各阶层人民的赋税。至于国家杜马，尽管它无力带领国家走出危机，但在召集起“真正的人民代表”之前，需要利用国家杜马的平台来组织人民的力量。社会革命党人 A. Ф. 克伦斯基领导的“劳动小组”则成为这些决议精神的体现者。

然而，即使在此次会议之后，社会革命党内部的思想和战术分歧及组织涣散等问题依然存在。其中，观点和情绪表现出不稳定，甚至是前后矛盾的不仅是社会革命党人中的知识分子，还有工人。中央军工委员会社会革命党工作组在彼得格勒进行的选举及召开的会议上，这些特点在他们的立场中都清楚地体现出来。一些人对布尔什维克的失败主义思想持批评态度，另一些人则呼吁联合反对沙皇专制的资产阶级，还有人支持齐默尔瓦尔德派的意见。

战争初期，左派社会革命党国际主义者思想的影响力还不太大，但随着国内外局势的恶化和政治危机的加剧，这些思想的拥护者越来越多。因此，1916 年 1 月，社会革命党彼得格勒委员会宣布：“党的主要任务是要组织工人阶级投身革命，因为只有当工人阶级攫取政权时，才会为了劳动人民的民主利益而肃清战争及其恶果。”

战争进一步加剧了社会革命党的组织危机。在第四届党委会上当选为中

央委员会委员的 В. М. 晋季诺夫指出，战争期间，“几乎任何地方都没有社会革命党的组织机构”。然而，该党思想的根源、潜力和意义依然留存了下来。1905～1907 年积极活动的成千上万名社会革命党人及其支持者在两次革命期间的近十年时间里并没有消失，而只不过在组织上解散罢了。这一时期，社会革命党的宣传工作者及组织干部纷纷经历了监禁、服苦役和流放的“锻造”。一些社会革命党人表面上退党，但在精神上依然与党保持着联系。他们任职于各个合法组织中，不断扩大着社会革命党思想的影响范围。总的来说，党的领导核心虽然被迫流亡国外，但都得以保存下来。只有了解了这些，才能理解为什么在 1917 年第二次俄国革命胜利后，社会革命党人短时间内能发生如此惊人的巨变。

1917年的社会革命党人

俄国各派政治力量，无论是反对派还是革命派，其中也包括社会革命党人在内，他们并不是二月革命的发动者、组织者及领导者。二月革命的爆发令他们措手不及，但他们很快便掌握了事态的发展，积极参与其中，并为革命的胜利及新政治体制的确立做出了应有的贡献。

例如，在彼得格勒，П. А. 亚历山大罗维奇率领的社会革命党工人干劲十足。索尔莫沃、阿斯特拉罕及雅库茨克的社会革命党人同布尔什维克和孟什维克一起加入了发动群众起来斗争的“倡议团”中。事实上，各地的社会革命党人代表都参与了新政权的组建工作。其中，社会革命党人晋季诺夫和亚历山大罗维奇与其他社会民主人士一起，提议成立了彼得格勒工人代表苏维埃。该组织的执行委员会的首批成员既包括以个人身份当选的亚历山大罗维奇和 А. Ф. 克伦斯基，也包括以社会革命党的名义加入的晋季诺夫和 Н. С. 鲁萨诺夫。克伦斯基当选苏维埃副主席，兼任临时政府司法部部长一职。

各地情况都与此相似。新尼古拉耶夫斯克的社会秩序委员会和克拉斯诺亚尔斯克的公共安全委员会都是由社会革命党人领导的。社会革命党人在其他许多这样的组织和委员会中也颇具影响。例如，В. И. 奇热夫斯基任乌费姆斯基工人代表苏维埃主席，А. Р. 戈茨积极参与了组建伊尔库茨克社会组织委员会及工兵代表苏维埃的工作。社会革命党人在士兵中的影响力尤为显著。除了伊尔库茨克外，他们还领导着莫斯科、下诺夫哥罗德、察里津和其他许多城市的士兵苏维埃。

二月革命从根本上改变了社会革命党的社会地位，使其在短时间内从一个生命力微弱、深度隐蔽、经常被追捕、人数不多且对国家政治生活没有多大影响的党组织转变成一个人数最多、最受欢迎的政党，跻身于执政联盟之列。

革命期间，社会革命党的组织重建工作就已经开始了。党支部成员通常人数不多，由几个此前一直潜伏的或脱离党组织现又重新回到党的队伍中的社会革命党人组成。一些被流放和流亡国外的党的领导人也纷纷归来。组织工作进展迅速。3 月 2 日，召开了第一届社会革命党人彼得格勒会议。会上选举产生了城市委员会，在党的第三次代表大会召开之前，该委员会还执行中央委员会的职能，会议还决定出版党报《人民的事业报》，该报第一期于 3 月 15 日出版。3 月 3 日，莫斯科的社会革命党人召开了会议。会上选举产生的委员会同自发成立的临时组织部一起，呼吁全体党务工作者立即行动起来，重建一个开放的政党，并建立无产阶级和农民的群众组织。各地的组织建设工作开展得如火如荼。

社会革命党人开展了广泛的宣传和鼓动工作。党的中央机关报《人民的事业报》每天的发行量高达 30 万份；出版了各类地方党的期刊近百种；大量发行关于国家建设、战争与和平、土地、民族、工人等问题的通俗读物。

常常是整个村子、工厂和军团的人一起加入社会革命党的队伍。到社会革命党召开第三次代表大会的时候，党员已达数十万人。这一数字在 1917 年达到峰值，约为 100 万人。据中央委员会资料记载，截至 1917 年 8 月初，即该党最受欢迎的时期，党内共有 436 个组织，其中包括 312 个委员会和 124 个小组。

社会革命党人空有数量，却没有质量，其社会成分复杂，有工人、农民、士兵、知识分子、职员、小官员、大学生等。新加入的党员大多不太知晓党的理论概念。他们中有不少人怀揣私心，想借着社会革命党的党员身份获取利益。如果说，此前社会革命党人缺乏统一的思想与战术及团结的组织，那么，大批新党员的加入则使该党变得更加不稳定，甚至令其路线方针更难贯彻执行下去。

1917 年 5 月 25 日至 6 月 4 日，社会革命党召开了第三次代表大会。在此次会议上，党的组织结构最终形成了。党代会上选举产生了中央委员会，其成员共计 20 人，并确定了社会革命党对一系列原则性问题的官方立场，其中包括对临时政府、战争与和平、农业、工人及其他问题的态度。

会议做出的决定是党内各派之间不同意见的暂时折中。社会革命党右翼与左翼的斗争，以及经中派分子多方努力而达成的折中，构成了 1917 年该党历史的全部内容。中派分子最终确定了党的正式方针，但即使是他们之间也不团结。其中，最坚定的中派分子当数中央委员会书记 B. M. 晋季诺夫。党的领袖 B. M. 切尔诺夫在各对立观点中斡旋、折中，他本人则常常持中左派立场。中央委员会中一些有影响力的委员是中右派分子，其中包括 A. P. 戈茨和 H. Д. 阿夫克森齐耶夫，前者任彼得格勒苏维埃社会革命党团主席及全俄中央执行委员会副主席，而后者则在 1917 年任农民代表苏维埃全俄中央执行委员会主席、第二届临时联合政府内务部长、“预备议会”主席。A. A. 阿尔古诺夫、E. K. 布列什柯夫斯卡娅、A. Φ. 克伦斯基及 Б. B. 萨温科夫是右翼社会革命党的领导人。他们在《人民意志报》上表达了自己的观点和倾向。M. A. 纳坦松、Б. Д. 卡姆柯夫及 M. A. 斯皮里多诺娃等是左翼社会革命党的领导人，他们的机关报包括《土地和自由报》和《劳动旗帜报》。

社会革命党的内部分歧主要体现在党内对当时国内发生的社会变革的性质、动机和前景的看法不同，以及对党在这一变革中所起作用的评价不一。右翼社会革命党认为，不仅是俄国，就连“先进资本主义”国家都没有将社会主义改造的问题提上日程，因为解决这一问题所需的“物质和精神条件”尚未发展成熟。他们认为，革命的首要任务是要实现国家政治制度和所有制形式的民主化。在他们看来，党和劳动人民不应泛泛地反对资本主义，而只应反对其最具压迫性尤其是俄国资本主义素有的剥削性的方面。他们的理念是要与资产阶级进步人士及其政治代表——立宪民主党人结盟。右翼社会革命党人坚决支持联合政府。他们认为，之所以必须进行联合，一方面是理论所需，另一方面是当下实际所迫。联合是克服经济崩溃、确保战事胜利、带领国家在立宪会议召开之前避免内战爆发的条件和手段。所以，右翼社会革命党人强烈反对布尔什维克提出的进行社会主义革命的方针及其将权力移交给苏维埃的口号。在战争与和平问题上，他们从护国主义发展成革命护国主义，拒绝与德国进行单独媾和，主张一战到底，直至协约国联盟获胜，他们希望借此缔结公正的和约，同时挽救俄国刚刚发展起来的民主。

左翼社会革命党人的观点则不然。他们认为，通过世界革命打开俄国通往社会主义的缺口是拯救俄国的唯一方法。只有世界革命才能为俄国社会主义革命的胜利创造条件。所以，他们自然反对与立宪民主党人结盟，赞成建立一个单一的社会主义政府。在土地问题上，他们主张立即将地主的所有土地交由土地委员会管辖，直到立宪会议彻底解决该问题为止。左翼社会革命党人认为，推翻专制制度后，战争的帝国主义性质并没有改变。临时政府以及支持该政府的俄国民主力量一直继续战争，他们捍卫的与其说是帝国主义利益，不如说是与其结盟的资产阶级的利益。唯有世界革命能够结束战争，而在这场革命中，战争的首要发动者就是资产阶级。

“劳动人民”的革命是一种过渡性的革命，从整体上来说，它仍保留着私营经济体制，但同时又为社会主义萌芽的形成创造了前提条件——社会革命党的政策正是基于这一理念制定而成。在革命初期，该理念非但不排斥，反而计划要与各种进步力量结成临时联盟，其中包括有意建立民主政治的资产阶级。随着革命的进一步发展，政权应交由劳动党和社会主义政党联盟统辖，该联盟在全国拥有绝对的优势地位，故而应该能够回击各种企图，其中既包括右派支持的君主专制，也包括左派希望实行的布尔什维克专政。这一理念的提出者 B. M. 切尔诺夫表示，社会革命党在 1917 年实施的政策偏离了该理念，而且，党的领导层的主要错误在于“过分迷恋联盟，以至于止步不前”。

社会革命党刚把革命的主要问题提上议事日程，其内部便立刻出现分歧。这些分歧致使党的领导层在这一问题上举棋不定，首先就体现在他们对临时政府和苏维埃的相关政策上。

社会革命党人对临时政府的态度经历了一段时间的反复，这早在二月革命期间就已经有所体现了。左翼社会革命党人 П. А. 亚历山大罗维奇领导社会革命党人参与了彼得格勒街头的革命行动，与各地区革命人士一道，号召工人和士兵不要相信临时政府，要自己夺取政权。与此同时，当时在彼得格勒的唯一一位中央委员 В. М. 晋季诺夫（曾担任地方党委的领导人）却赞成 А. Ф. 克伦斯基加入临时政府。社会革命党人在 3 月 2 日召开彼得格勒第一次会议，公开表示支持克伦斯基和临时政府。但在一个月之后召开的第二次会议上，则对社会主义者加入临时政府的问题做出了否决，并提出应从外部对临时政府施压。然而，大概两周后，事态又再次生变。临时政府四月危机的爆发让社会革命党的领导层认识到，应改变路线方针，让社会主义者加入内阁。

党的第三次代表大会也支持临时联合政府。联合政府的建立被视为民主力量增强的证明，民主力量已经能够对政府施压，并切实监督政府的行为。但与此同时，大会还强调指出，民主力量目前还不足以执掌全部政权，有待进一步发展壮大。大会坚决反对所有企图在中央或地方夺权的行为，认为这些都是冒险行为。

三届联合政府中有社会革命党人的参与，其中，第一届中有 А. Ф. 克伦斯基（任陆军和海军部部长）、В. М. 切尔诺夫（任农业部部长），第二届中有 А. Ф. 克伦斯基（任临时政府总理、陆军和海军部部长）、В. М. 切尔诺夫（任农业部部长）、Н. Д. 阿夫克森齐耶夫（任内务部部长），第三届中有 А. Ф. 克伦斯基（与第二届中任职相同）、С. Л. 马斯洛夫（任农业部部长）。

社会革命党人不仅支持临时政府，还支持苏维埃。但他们并没有把两者看成权力机构。“目前，临时政府即政权。”《人民的事业报》中这样写道。社会革命党人认为，苏维埃的任务是组织群众，对其进行思想政治引领，监督临时政府，推动改革继续向前推进，并充当革命成果的“守护者”。他们还认为，即使在选举产生立宪会议的情况下，苏维埃的存在也是有益，甚至是有必要的。苏维埃是强大的人民组织，它将确保立宪会议的各项决议得到贯彻实施，并保证在维护社会公平的前提下，采用民主方式予以执行。但它只能作为“劳动阶级的组织而存在，可以且应该在国家的政治和经济生活中占据相当大的分量”。在社会革命党人看来，由于苏维埃本身具有集会的特点，完全缺乏对日常工作的适应能力，所以它无法成为权力机构。这也成为社会革命党人反对布尔什维克提出的“一切权力归苏维埃”这一口号的主要理由。

社会革命党人认为，地方政权应归属于地方自治机构，如通过民主选举产生的城市杜马，以及各乡、县和省的地方自治会。社会革命党的主要政治任务是，首先在这些自治机构中获得多数人的支持，而后再让他们为自己所用，依靠他们来开展活动，并在立宪会议中站稳脚跟。总的来说，这项计划得到了成功落实。社会革命党人在 1917 年 8 月举行的各城市杜马选举中获得了多数选票，这些选举的结果极具政治意义。社会革命党人在选举中获得成功，这让他们更为乐观，同时，也对赢得立宪会议选举更有信心。

社会革命党人明白，俄国革命的走向与战争息息相关。他们常说，如果革命不能终结战争，那么战争必然终结革命。在社会革命党人第三次代表大会上通过了《关于如何对待战争的决议》，该决议的核心要求是“给全世界以民主和平”。新俄国被看成“第三力量”的先锋和支柱，是战争的终结者。

由此便可确定党的活动的主要方向：对外——同参战国的帝国主义开展斗争，重建第二国际；对内——巩固并发展革命成果。同时，要强调的是，战争尚未结束，必须“与各同盟国保持战略统一”，加强军队建设，使军队能够积极行动起来，“以实现革命目标及国际政策”。军队中不容许有类似于拒绝进攻和不服从革命政府指令这样的蛊惑性宣传。

根据大会决议精神，社会革命党人对临时政府沿用沙皇政府外交政策的做法多次提出批评并采取措施，为在斯德哥尔摩召开国际社会主义会议以及俄国民主力量的代表参加将于巴黎召开的同盟国会议做准备。在战争与和平的问题上，社会革命党中央的立场经常遭到左、右两派的抨击。左翼社会革命党人指责其提出的护国主义说辞太过夸张，右翼社会革命党人则要求以更大的积极性继续战斗，并与“齐默尔瓦尔德会议精神、失败主义和布尔什维主义”划清界限。

社会革命党第三次代表大会明确表示，要践行土地社会化思想，但同时也强调，最终只有立宪会议才能彻底解决土地问题。在此之前，必须把所有土地交由土地委员会统一管理，土地委员会负责让农业生产保持应有的水平，大力开展集体耕种土地，负责为劳动个体们合理分配土地，并掌握所有役畜、乳畜及劳动工具的情况，以便合理利用。

社会革命党的农业政策并不像苏联时期的史料所描述的那样，仅仅是呼吁农民等待立宪会议来解决农业问题。社会革命党人明白，农业问题是一个极为复杂的问题，要想解决这一问题，单靠党纲中的一条法令是远远不够的，还需做大量的准备工作。他们为此也采取了一些措施，积极参与了农民委员会和土地委员会的组建工作。在社会革命党人的倡议下，废除了斯托雷平土地法案，颁布了关于终止土地契约、饲料收购和庄稼收割的新法案。作为社会革命党人的农业部部长切尔诺夫和马斯洛夫还向政府提交了关于将全部土地交由土地委员会管理的修正案草案，但未获通过。

另外，社会革命党人的教条社会主义与人民大众（首先是农民群众）的民主利益及民主倾向之间的矛盾也凸显出来。对社会革命党人而言，非常重要的一点是，不仅要将土地分予农民，还要为帮助农民摆脱资本主义地狱般的压迫、过上社会主义天堂般的生活而创造条件。为此，在农业改革中必须消除农民的私有化倾向，禁止他们将土地据为己有。而这一点只能借助全俄立宪会议颁布的法律权威来实现，社会革命党人希望能在立宪会议中得到多数人的支持。召集立宪会议事宜一再推延，农民急切渴望得到土地，而社会革命党人则希望把土地问题拖延到召开立宪会议时再解决，两者之间的矛盾越积越多。再加上布尔什维克的宣传鼓动，农民变得急不可耐，开始自己夺取土地。1917 年秋，此起彼伏的农民运动成为社会革命党内部出现危机的一个最重要因素。

社会革命党第三届代表大会赞成调节生产的政策，支持政府调控国内外贸易及财政。社会革命党人主张在确定粮食的固定价格之前，应首先确定工业产品价格。他们赞同临时政府内部工兵代表苏维埃提出的“混合经济”计划。这份计划是由中央经济委员会慎重做出的，它通过全面考虑，综合了国家垄断行业代表同自由经济、托拉斯以及个体经济代表的意见。同时，该计划实施的前提条件应是合理调节原料分配，并且必须由政府调控信贷、外汇交易、股票和债券的发行等。但该计划遭到了资产阶级部长们的反对，其命运最终同社会革命党的大部分农业提案一样，被束之高阁。

很明显，联盟政策已经越来越无法应对急速发展的社会变革，但社会革命党的大部分领导人不同意更换这一政策。他们认为，如果完全按照布尔什维克及自己党内亲布尔什维克的左翼分子的要求，从政府中“清除”资产阶级部长，这就意味着社会革命党人在政府中不会再有同盟者，同时也等于为布尔什维克或右派军事独裁的确立扫清了障碍。第七届党委会否决了左翼社会革命党领导人 M. A. 斯皮里多诺娃激进而冒险的提议，她认为社会革命党是俄国人数最多、影响力最大的政党，因此主张在俄国确立社会革命党的一党专政，而联盟的支持者们则强烈建议召开旨在扩大并加强联盟社会根基的国家级会议和民主大会。

随着国内政治形势的激化，社会革命党内部的分歧也在加剧。党的中央委员会试图维护党的统一和完整，但为此而付出的所有努力并没有收到预期效果。B. M. 切尔诺夫指出，早在组织分裂之前，社会革命党就已经不再是“一支统一的政党了，当时至少出现了三支不同的党派。事实上，也确实存在三个不同的中央委员会”。典型的例证是，二月革命结束后的头几个月，中左派在社会革命党内部占据了优势地位，因此右翼社会革命党人表现出了强烈的分离和独立倾向。当激进变革开始在国内失去自己的速度和人民的激情时，社会革命党却执着于“徒劳无益”的联盟政策而不能自拔，左翼社会革命党人也在组织上笼络自己的支持者。

1917 年秋，党内危机达到顶峰。9 月 16 日，右翼社会革命党人发布呼吁书，谴责中央委员会的失败主义思想，并号召所有支持自己的人在各地组织起来，尽可能准备召开一次独立的代表大会。社会革命党第七届党委会通过决议，决定全党统一行动参加立宪会议选举。与之相反，右翼社会革命党人决定在几个省中单独拟定自己的代表名单。在后来召开的民主大会上，社会革命党也是各自为政，分别派出代表参加。

中央委员会内部的分歧也在加剧。其中，诸如 Н. Д. 阿夫克森齐耶夫和 А. Р. 戈茨等有影响力的中央委员坚持继续推进与立宪民主党人联合的政策，同时，他们的立场也公然由中右立场转向右翼社会革命党人的立场。В. М. 切尔诺夫则认为，联盟政策已经无力回天，因为该政策的推进使党在群众中的威信荡然无存，所以，他转而支持中左立场。在 9 月 24 日召开的中央委员会会议上，阿夫克森齐耶夫提出的方针以微弱优势获准通过。

在布尔什维克发动政变前夕，社会革命党上层组织连同各地方党组织都处于四分五裂的状态，这也注定了社会革命党在布尔什维克面前显得软弱无力。

第十章
无政府主义者

B. B. 克里温基

俄国多党制中独具特色的一环是无政府主义者（无政府主义[①]的拥护者）。由于多种原因（包括客观原因和主观原因），无政府主义者未能形成统一的无政府主义党。在俄国的政党体系中他们属于极左翼，并以其激进的行为为俄国的政治生活添上了浓墨重彩的一笔。

形成之初（19世纪40~90年代）

无政府主义思想在俄国的形成进程持续了不止10年。19世纪40~50年代，无政府主义的思想成分就在A. И. 赫尔岑、彼得拉舍夫派及其他具有解放思想的激进代表人物中渐渐呈现出来。正是在这一时期，M. 施蒂纳和П. Ж. 蒲鲁东发表了阐述无政府主义理论的著作。在接下来的20年里，无政府主义思想的追随者变得越来越多。但直到19世纪70年代，无政府主义才作为群众性革命运动形成，并开始对民粹派的社会政治意识产生一定的影响。俄国的无政府主义思想家有M. A. 巴枯宁（1814~1876年）和П. A. 克鲁泡特金（1842~1921年）。无政府主义思想在俄国的形成过程持续了数

① 无政府主义是一种社会政治学说，其基本原则是否定国家和一切政权，要求个体解放，不受任何政治、经济和精神层面的束缚。

十年。

巴枯宁主张进行社会革命。在《国家与无政府主义》一书中，他把同国家的斗争提到首位，因为国家在他看来是一切社会不平等的根源。他指出，人民只有通过独立自主和完全自由的联合会自下而上地组织起来，不受任何官方的监护，自己创造自己的生活，才能获得幸福和自由。

巴枯宁认为，唯一一种革命斗争的形式是立刻举行工人群众的全民起义，进而推翻资产阶级国家制度，并在它的废墟之上建立“自由生产者”同盟及容纳操不同语言的各民族人民的总联盟。巴枯宁在俄国的现实中看到了一股强大的革命原动力，而在层迭交替的历史事件中——是“苦工们对国家和各阶层无休无止的反抗”。因此，他指出，支持人民身上本能的反抗精神，让其随时准备进行革命，这是每个尽忠职守的革命者的责任。

巴枯宁认为，在国内无法举行全民起义的主要阻碍因素在于村社的封闭以及农民的与世隔绝和分散。因此，他提议打破这种封闭性，在一些人当中输入“新鲜的革命思想、意志和事业的电流”。而这一点可以通过在工厂工人和农民之间建立联系来实现。巴枯宁希望能从最优秀的农民和工人中精选出代表，建立一支无坚不摧的队伍，而他们要为人民心目中的革命理想立刻在国内发动一场全国性的革命。

许多早期平民知识分子革命小组（A. B. 多尔古申小组等）积极接受了巴枯宁思想，其活动以宣传无政府主义思想为主。

自 70 年代初开始，П. А. 克鲁泡特金也把自己称为无政府主义者。作为当时“柴可夫斯基小组”成员，他受组织委托在 1873 年秋为该小组起草完成了纲领性文件。其中，确定“无政府主义”，即不受中央国家政权领导的“自由公社联盟”是未来的理想制度。克鲁泡特金认为，实施无政府主义纲领的动力不仅包括农民，还有城市工人。

克鲁泡特金在 19 世纪 70 年代末至 90 年代初发表的一系列著作中（《一个反抗者的演说》《夺取面包》《无政府主义：哲学与理想》《国家及其历史作用》等）阐述了无政府共产主义思想。他的思想体系体现了深刻的人道主义内涵，希望世界能够融合、和谐，力求用客观自然规律来阐释社会生活中的一切现象。他将无政府主义解释为一种“机械地理解自然界和人类社会生活现象的世界观”。

在自己的理论体系中，克鲁泡特金特别重视革命理论问题。他认为，人民尚未准备好立刻发动革命，因此提出建立无政府主义政党。在他看来，社会革命是历史进程中合乎发展规律的现象，是“一次大跃进”，最终将导致一切国家制度和机构被彻底消灭。他认为，在革命过程中，在摧毁旧制度之后可以立刻实行无政府共产主义。那到底由谁来完成这场伟大的社会革命呢？“只有劳动者，即工人、农民和知识分子当中的劳动者自己才能完成这场革命。”克鲁泡特金写道。他否认建立革命政府的必要性，不承认任何革命者专政，因为在他看来，“革命势必会转变为独断专行和独裁统治”。

20 世纪初的俄国，在整体革命热情高涨、阶级斗争异常激烈的条件下，无政府主义总是与革命和社会动荡如影随形，并作为一种把社会左派激进人士和民主人士联合起来的社会政治运动逐渐活跃起来。

如果要对无政府主义者在俄国历史中的作用和地位进行评价，首先应该强调指出的是无政府主义运动思想的多元性、政治的不定形性以及组织的松散性。无政府主义者从未组建过政党，甚至连传统意义上的政党萌芽阶段都没有经历过（尽管克鲁泡特金及其追随者曾使用过这一概念），因为他们从没想过有朝一日自己要去执掌政权。他们坚信，政治的主要任务是通过革命摧毁“剥削制度”及其主要工具——国家。此外，每一个无政府主义者都认为自己是一个具有创造性的独立个体，能够自主解决各种实践和理论问题。因此，在无政府主义者当中，也只能是象征性地谈及党的纪律及其层级体系。

组织结构、人数、构成

无政府主义者最初是在国外开展活动，以强化自己在社会政治生活中的作用。1900 年，在日内瓦出现了俄国流亡无政府主义者的组织——“国外俄国无政府主义者团体”。该组织发表了宣言，呼吁推翻专制制度，进行社会革命。其领袖人物有孟德尔·代诺夫、格奥尔吉·果戈利亚和利季娅·果戈利亚（Л. В. 伊孔尼科娃）。1903 年，果戈利亚夫妇在日内瓦建立了无政府共产主义者团体——“面包与自由”小组，从而让俄国的无政府运动为众人所知。在 П. А. 克鲁泡特金、М. И. 高尔德斯密特和 В. Н. 车尔科佐夫的支持下，“面包与自由派”于同年出版发行了俄国无政府主义在国外的第一份机关报《面包与自由报》。

1900 ~ 1904 年，一些不大的俄国流亡无政府主义者团体相继在其他国家（保加利亚、德国、美国、法国）出现。1904 年，这些一国同胞们建立了最大的无政府主义出版中心——“无政府主义出版集团”（巴黎，领导人为 Б. Я. 恩格尔松）、“俄国工人无政府共产主义者集团”（伦敦，领导人为克鲁泡特金），旨在在国内外出版、推广无政府主义文献。这些组织的新亮点是它们与世界各国的社会主义和无政府主义团体都建立了密切的组织合作关系。有文献证明，俄国无政府主义运动得到了其他国家具有代表性的解放组织的物质援助和支持。

1903 年春的俄国国内，在格罗德诺州比亚韦斯托克市的犹太知识分子及手工工人当中出现了第一批无政府主义团体；而夏天，在切尔尼戈夫州涅任市的青年学生中也出现了类似的团体。国内无政府主义团体加速形成，到 1903 年末，已经有 12 个组织分布在 11 个城市，而到 1904 年的时候，在国内西北、西南和南部地区的 27 个居民点发展了 29 个团体。

不久后，在俄国第一批无政府主义宣传者的努力下，建立了 3 个大型无政府主义运动中心——比亚韦斯托克、叶卡捷琳诺斯拉夫和敖德萨。1905 ~ 1907 年革命期间，以上城市的无政府主义组织成为该运动的发展中心，并确立了自己的领导地位。同一时期，在西南地区（日托米尔、卡缅涅茨、波多利斯基、基辅）、中部地区（下诺夫哥罗德、萨拉托夫、奔萨）、北高加索和顿河下游沿岸地区，无政府主义组织的力量相对薄弱。无政府主义者在外高加索地区的中心是梯弗里斯、库塔伊西、巴库。波罗的海沿岸地区和波兰的无政府主义组织发挥的作用不大，而莫斯科和圣彼得堡组织的领导则完全没有起到任何作用。在乌拉尔、西伯利亚、中亚、远东的广袤土地上，无政府主义组织的代表机构极少。

革命年代，无政府主义组织的数量大幅增加。1905 年，其数量已经有 125 个（在 100 座城市和居民点），1906 年 221 个（在 155 座城市），1907 年是该运动发展的“巅峰之年”，国内共有 255 个组织分布在 180 座城市和居民点。从整体上来说，1903 ~ 1910 年，无政府主义者活动的脚步遍及全国 218 个居民点、51 个省和 7 个州。在这些年，无政府主义组织的成员累计近 7000 人（在革命时期其成员人数略高于 5000 人）。

无政府主义组织的机构有其自身的特点。其中大多数团体的人数较少（从 3 人到 30 人不等），但也不乏参与者众多的大型团体联合会（联盟）（从 89 人到 200 人不等），下面分设许多小组和各类民众集会网络。大型无政府主义者联盟通常设在无政府主义者集中的地区（西北地区、南部地区、西南地区，以及比亚韦斯托克、叶卡捷琳诺斯拉夫、敖德萨、日托米尔等城市）。

构成无政府主义运动社会基础的主要力量包括手工业者、商人、农民、部分知识分子以及为数不多的工人阶级团体，后者对现存制度不满，但对与其进行斗争的途径和手段又没有明确的概念。在无政府主义组织中，几乎完全没有主要工业领域的工人，不过却有大量服务行业的劳动者——鞋匠、裁缝、制革工人、肉商等。这一类联合会在北部和西南地区以及小型工业和手工生产非常普及的犹太人居住区特别多。在无政府主义组织中，来自特权阶层——贵族、官员、商人和荣誉市民的代表微乎其微。

如果为 1905 ~ 1907 年革命期间的无政府主义者画一幅肖像，他应该是这个样子的：18 ~ 24 岁（这在很大程度上解释了他们行动鲁莽冒失的原因）的年轻人，初等文化水平（或者没有文化），通常来自社会的民主阶层。参加该运动的主要是犹太人（一些数据显示，其占比达到 50%）、俄罗斯人（达到 41%）和乌克兰人。在民族地区建立的组织中，高加索人、波罗的海地区的人和波兰人的数量略多一些。在无政府主义者中实际上几乎没有年长的人。运动创始人中最为年长的是 П. А. 克鲁泡特金（1842 年生人）和玛丽亚·高尔德斯密特（1858 年生人）。无政府主义运动的杰出组织者主要包括 M. 代诺夫、H. И. 穆齐尔（罗格达耶夫）、Д. 诺沃米尔斯基（Я. И. 基里洛夫斯基）、A. A. 博罗沃伊、B. И. 费奥多罗夫－扎勃列日涅夫等，革命爆发的时候，他们都处于 25～32 岁。无政府主义的领导人和理论家基本上具有高等或中专学历，并掌握了从事宣传鼓动工作的技巧。

俄国无政府主义运动的纲领目标及流派

在第一次俄国革命期间，无政府主义运动出现了三个主要流派——无政府共产主义、无政府工团主义和无政府个人主义，每一个流派都下设党团。以上流派各自为政，联系较少。除了纲领和战略不同之外，它们都有自己的机关报、一定的社会影响力和活动范围。

无政府主义运动这种局势的形成并非一蹴而就。在 1905 年革命前夕和革命初期，大多数无政府主义团体是由 П. A. 克鲁泡特金以及无政府共产主义者（“面包与自由派”）理论的追随者组成的。“面包与自由派”的革命战略任务是在伦敦召开的第一次代表大会（1904 年 12 月）上确定的。无政府主义者的行动目标是“进行社会革命，即彻底消灭资本主义和国家，并以无政府共产主义取而代之”。“城市和农村贫困者总罢工”拉开了革命的序幕。俄国无政府主义者的主要斗争手段是“对压迫者和剥削者发动起义和直袭，既包括群众性的，也包括个人性质的”。个人是否要采取恐怖行为这一问题应当由当地民众根据具体情况决定。

应该在“个人自愿加入团体以及团体之间达成一致”的原则基础上将无政府主义者组织起来。克鲁泡特金在代表大会上首次提出了必须在俄国建立单独的、独立自主的无政府主义政党这一想法。“面包与自由派”坚决反对无政府组织者与其他政党合作或者加入其中，认为这势必会导致他们背叛无政府主义原则。“面包与自由派”指出，自己最大的敌人是社会民主党人。

在伦敦召开的第二次代表大会（1906 年 9 月 17～18 日）上，“面包与自由派”提出的革命战略问题得到了进一步发展和具体化。会议最重要的文件是克鲁泡特金起草的决议，决议对革命进行了评价，并对其性质予以揭示，明确了无政府主义者的任务。克鲁泡特金认为，“进行人民革命的条件已经具备，这场革命将持续数年，推翻一切旧制度，深深地改变一切经济关系和政治制度”。革命的主要推动力是走在“有产阶级出身的革命者”前面的城市工人和农民。决议中指出，无政府主义者与所有俄国人民一同进行反对专制制度的斗争，还提出了要扩大这场斗争的范围以及“同时反对资本主义、反对国家”的任务。克鲁泡特金认为，要通过革命途径对俄国劳动群众进行政治教化，“自由沙皇不会送给你，议会也不会，自由应当自己来争取”，这样的措施可以帮助他们走向彻底解放。

决议中表明，坚决反对无政府主义者在国家杜马、立宪会议这样的机构工作。在各种革命斗争手段中，无政府主义者倾向于立刻发动群众展开极具破坏力的行动。在《关于个人和集体抗议行动的决议》（起草者是 B. И. 费奥多罗夫－扎勃列日涅夫）中，与会者一致确认，无政府主义者有权进行恐怖行动，但仅限于自卫目的。与此同时，无政府主义者否定了将恐怖作为改变现有制度的手段来发挥其作用的观点。他们还强调指出，现在在俄国其他政党代表正在使用这一手段。《关于敲诈和掠夺的决议》向无政府主义者发出预先警告，要谨防个人和团体过多使用“充公手段”，并呼吁“要认真维护俄国革命者一直以来在人民面前所保持的精神面貌”。

在组织问题上，鼓励无政府主义者在行动上保持独立自主。至于全民总罢工，与会者认为，它在今后也应是与专制制度“进行斗争的强有力手段”，同时也是人民群众同政权做斗争的有益补充。此次会议通过决议，准许无政府主义者加入无党派的工人同盟，并创建自己的无政府主义者同盟，与同一劳动领域的其他联合会建立联系。该决议对于俄国的无政府主义者来说至关重要。会议还通过文件，禁止无政府主义者与革命民主党和自由资产阶级政党签订合作协议（开展反对专制制度的斗争）。

对“面包与自由派”来说，最根本的问题是关于未来社会模式的问题，他们认为，应该按照无政府共产主义的模式来构建未来社会。根据克鲁泡特金及其追随者的设想，摆脱沙皇专制统治的社会应该是自由村社自愿签订协议结成的同盟或者联邦，在那里，摆脱国家监控的个人将获得无限的发展可能。无政府共产主义者认为，革命胜利的首要任务就是将一切可供剥削的东西（土地、生产工具以及在个别地区和城市可能存在的消费资料）都没收充公。他们还认为，个人获得最大自由的时候，将是社会经济最为繁荣的时期，因为那时自由劳动生产率将非常高。为了实现按计划发展经济，克鲁泡特金提议对工业生产实行分散管理，直接进行产品交换，实现劳动一体化（农村和城市居民都可以耕种土地，脑力和体力劳动相结合，建立生产技术培训制度）。在土地问题上，克鲁泡特金一派认为，必须将通过起义（社会革命）夺取的所有土地都交给人民，即交给耕种土地的人，但不是交归个人所有，而是要归村社所有。

俄国无政府工团主义的著名思想家和组织者有 Я. И. 基里洛夫斯基（Д. И. 诺沃米尔斯基）、Б. Н. 克里切夫斯基和 В. А. 波谢。无政府工团主义的各个流派在各自的机关报上经年累月地展开论战，无政府工团主义的大部分追随者正是在开展关于工团主义的争辩中逐渐成长起来的。Д. И. 诺沃米尔斯基在 1905 ~ 1907 年领导敖德萨的工团主义组织，在《无政府工团主义纲领》《无政府共产主义者宣言》《全俄劳动同盟会章程》《无政府工团主义者南俄团体纲领》中，他先后阐述了俄国工团主义者的战略战术。他们认为，无政府工团主义者活动的宗旨是全面解放劳动，使其摆脱各种形式的剥削及政权统治，建立劳动者自由职业联合会，将其作为主要的和最高的组织形式。在各种各样的斗争形式中，无政府工团主义者只承认工人同资产阶级直接进行的斗争，以及抵制、罢工、怠工行为和对资本家施用暴力等斗争手段。

无政府工团主义者根据自己的纲领目标提出了召开“无党派工人代表大会”的想法，并倡议建立全俄无产者工人党，而无论其现属党派和观点如何。在 20 世纪的头十年，В. А. 波谢的思想在俄国很受欢迎。他主张建立特殊的工人合作社，以便于工人阶级为争取职业和经济利益而开展斗争，避免采用政治斗争和武装斗争的方式反对专制制度。

在第一次革命期间（及此后的几年），俄国无政府主义运动出现了新的流派：无政府个人主义（个人无政府主义）。其代表人物有：A. A. 博罗夫斯基、O. 维肯特和 H. 波勃朗斯基。他们的主要思想是主张个性的绝对自由，认为这“既是出发点，也是终极理想”。

无政府个人主义中的一个类型是神秘无政府主义。该思想的宣扬者是俄国知识分子的杰出代表——诗人和作家，其中包括 C. M. 戈罗杰茨基、B. И. 伊万诺夫、Г. И. 丘尔科夫、Л. 舍斯托夫、Л. И. 施瓦茨曼和 K. 埃尔贝格等。俄国无政府个人主义的代表人物是列夫·乔尔内（П. Д. 图尔恰尼诺夫的化名）。在《无政府主义的新流派：联合无政府主义》（1907 年）一书中，他先后阐述了不同无政府主义思想家关于社会和国家生命力问题的理论观点，其中包括 П. Ж. 蒲鲁东、M. 施蒂纳和美国的无政府主义者 B. P. 图凯尔。列夫·乔尔内主张将集体主义和个人主义相结合，建立生产者政治联合会。他认为，反对专制制度的主要斗争手段是不断地实施恐怖行动。

马哈耶夫派（马哈耶夫主义的拥护者）也属于无政府个人主义的追随者，他们主张对知识分子、政权和资本主义采取敌对态度。该学说的创始人和理论家是波兰革命者 Я. B. 马海斯基（他经常使用笔名 A. 沃尔斯基、马哈耶夫发表作品），而他最有名的追随者是 E. И. 洛津斯基（E. 乌斯季诺夫）。无政府个人主义的代表人物数量不多，但这丝毫不影响其理论观点所具有的意义。

1905 ~ 1907 年革命期间，俄国无政府共产主义中还形成了几个派别。其中较为突出的是由 C. M. 罗曼诺夫和季夫诺戈尔斯基（彼得·托尔斯泰）领导的无政府共产主义运动（“无首派”，безначальцы）。他们的主要观点是将恐怖和掠夺作为反对专制制度的斗争手段，对一切社会道德制度采取虚无主义的态度。为了通往“自由的王国”，他们希望人民通过毫不留情的、血腥镇压的方式同有产者政权进行斗争，同时为达成自己的目的，他们会利用失业者和流氓无产者组成“暴乱队”。“无首派”主张采取“直接行动”（没收充公和恐怖行动），坚决反对工人群众为满足私欲而开展各类斗争，其中包括建立工会。在 1905 ~ 1907 年革命期间，无政府共产主义的追随者人数并不是很多，但在有其组织的地区（圣彼得堡、莫斯科、基辅、坦波夫、明斯克和华沙等)，他们的活动相当活跃，尤其是在出版刊物和制造爆炸物方面。

1905 年秋，无政府共产主义运动中又形成了一个新的派别“黑旗派”。“黑旗派”的组织者和思想家是 И. С. 格罗斯曼（罗辛）。1905 年 12 月，他在日内瓦发行了《黑旗报》唯一的一期报纸，该派无政府主义者因此而得名。在 1905 ~ 1907 年的革命中，该派宣传的无政府主义思想发挥了重要作用。俄国西北和南部地区（比亚韦斯托克、华沙、维尔诺、叶卡捷琳诺斯拉夫、敖德萨）“黑旗派”团体的实力最强。一些知识分子中的名士、流氓无产阶级和在手工作坊之类的小企业做工的工人构成了该派的社会基础。“黑旗派”以开展大规模的群众性无政府主义运动、与无政府主义各流派确立牢固的联系为己任。“黑旗派”主张积极行动，在和“面包与自由派”进行理论斗争的过程中，他们提出了下列纲领内容：“无产阶级群众一直开展游击队活动，组织失业者掠夺生活物资，对资产阶级实施大规模恐怖行动，并将私有财产充公。”

在 1905 年末进行的一系列战斗中，“黑旗派”分裂成了两个集团：由 B. 拉皮杜斯（斯特里加）领导的恐怖主义者集团和无政府共产主义者集团。恐怖主义者认为自己的主要行动目标是组织“无理由的反资产阶级恐怖行动”，对资产阶级的代表人物实施暗杀，其原因不是他们犯下了某种过失（告密、奸细活动等），而是他们属于“剥削者 - 寄生虫”阶级。“黑旗派”尤其建议工人阶级采用类似的行动战略。他们认为，通过此类行动可以让反对统治者和压迫者的阶级斗争变得更为激烈。

相反，无政府共产主义者的拥护者主张将反对资产阶级的斗争与一部分起义结合起来，这些起义旨在为“临时革命公社”在城乡做宣传。无论是恐怖主义者，还是无政府共产主义者，都不同意无政府主义者参加无党派职业同盟。他们认为，这些同盟只会灌输工人奉行合法化思想，并只为争取最低要求得到满足。

对于大多数希望通过战斗和破坏性活动来证明自己的俄国无政府共产主义者来说，最关键的问题并不是如何看待劳动者职业运动。而无政府工团主义者对此则持不同看法，他们在 1905 年作为俄国无政府主义的一个独立流派形成了。

恐怖活动和掠夺行径盛行

在了解无政府主义发展历史的时候可以发现，其形形色色的党团和派别数量多得惊人。但无政府主义的拥护者在实践活动中确实做到了齐心协力、团结一致，而在捍卫自己思想的斗争中，他们更愿意使用恐怖手段和掠夺充公的手段。

1904~1905年，无政府主义者的恐怖和掠夺行为就已成为一个不容忽视的现象。在该运动中，与英勇的斗争场面同时存在的是肆无忌惮地杀人、为了暴富和敛财而抢劫等丑陋的“走形行为”，这些行为呈日益猖獗之势。大部分无政府主义者采取类似的行动是出于个人意愿，而不管这些行动是否符合组织或者代表大会的决议精神。

无政府主义者的许多行动全国闻名。其中之一便是1904年尼桑·法尔伯在格罗德诺省一个叫克雷卡的地方（在比亚韦斯托克附近）实施的。因为纺织厂工厂主A. 卡甘不肯向罢工工人做出让步，法尔伯用匕首对着他的颈部连刺几下。之后，法尔伯躲藏起来，继续与政权进行斗争。不久后，他又炸毁了（连同自己一起）比亚韦斯托克警察局，这也让人们重新审视无政府主义者的作用。1905年10月4日，在阿穆尔村（在叶卡捷琳诺斯拉夫附近）的无政府主义者利用300名被解雇工人的不满打死了机械制造厂厂长。工人们对这次行动大为赞许。

波兰“黑旗派”无政府主义者（“国际派”）从自己人中选出了“最幸运的人”——И. 布卢门菲尔德，并给了他三颗炸弹，让他去实施报复行动。1905年10月，布卢门菲尔德在华沙把一颗炸弹扔进了舍列舍夫斯基的银行办公室。一个月后，这一幕重演，他把剩下的两颗炸弹在“布里斯托尔饭店”引爆，致使一个有产者受伤。镇压行为随之而至。不久后，无政府主义者的组织被清除，16名成员则被关进了华沙的大牢。华沙总督Г. А. 斯卡隆未经审讯调查就判处所有在押的无政府主义者死刑：1906年1月，他们被执行枪决。

当局的独断专行引发了更为强烈的反抗。在俄国无政府主义运动的历史中，革命年代就是不断实施恐怖行动和掠夺行为、进行武装反抗和大肆抢劫的时期。但在该运动中也明显开始出现新的趋势。例如，无政府共产主义者阿穆尔－第聂伯河下游地区委员会一直与叶卡捷琳诺斯拉夫市的团体保持联盟关系，它们以全新的方式开展活动。地区委员会领导考虑到该组织是将出身、性格和战斗经验各异的无政府主义者联合在一起的，因此，决定将其分成两派：一派是“中央派”（“中央理想主义者”），主要负责开展宣传鼓动工作，并筹措资金以满足整个组织之需；另一派是“掠夺充公派”，他们应大胆冒险实施“掠夺充公行为”，并可将劫获的资金用于满足自己的开销。然而，哪怕是一点点试图在无政府主义者中建立制度和秩序的想法，都会导致他们之间动刀动枪、大打出手。1907 年 5 ~ 7 月，叶卡捷琳诺斯拉夫保安局记录在案的致死事件有十余起。警察局纪事的编写者指出了一个事实，即在无政府主义者中明确分出两类人：一类人专门从事组织工作；另一类人则负责实施战斗和破坏性活动，在全国各地，从事类似“工作”的无政府主义者规模非常大。

俄国无政府主义者对其他国家同人的请求不会漠不关心，还会对他们的恐怖行动予以支持和援助。例如，他们参与了暗杀德国威廉皇帝和一些法国高官的筹备工作。

为了理解无政府主义者在革命年代的战略，弄清楚他们对掠夺充公行为的态度非常重要。俄国无政府主义的领袖通常都支持进行有组织的、群众性的掠夺充公行为，坚决反对为了个人目的而实施类似行动，认为此举等同于盗窃。尽管如此，看似微不足道的“掠夺充公行为”也足以让运动千疮百孔。无政府主义者、国内战争时期乌克兰农民运动的领导人涅斯托尔·马赫诺（1888 ~ 1934 年）正是以这种方式开始自己的活动的。自 1906 年秋加入无政府共产主义者团体成为其中的一员开始，在接下来的两年里，他频频抢劫当地商人和工厂主，并为此付出了惨痛的代价：多次被捕，被判死刑。后来因为他尚未成年而被取消，被监禁多年（1908 年 9 月 9 日至 1917 年 3 月 2 日）。这样的生活导致马赫诺身患重病——肺结核。苦难坚定了他的无政府主义信念，而监狱的服刑生活则进一步充实了他的知识，拓展了他的视野，让他获得了最基本的教育（在布特尔卡监狱他学习了俄语语法和文学，并研究了数学、历史和政治经济学）。

尽管群众的革命激情一点点消散了，但无政府主义者抢夺财产充公的热情更胜从前，攫取的款项数额飞速增加。例如，1907 年 10 月，格鲁吉亚的无政府主义者与社会革命党联邦派的人一起洗劫了梯弗里斯省杜舍季市的国库，劫获共计 25 万卢布。这是俄国无政府主义者在 20 世纪上半叶“没收充公”的最大一笔款项。

早在第一次俄国革命前夕，无政府主义者就已经开始与其他政党的代表合作，共同参与反对专制制度的行动。1904 年 5 月至 1905 年上半年，维尔诺和敖德萨暗探局的资料显示，当地无政府主义者第一次尝试与社会革命党人和社会民主党人建立联系，并为此做了认真的准备工作。1905 年夏，全国各地的无政府主义者纷纷与其他政党的成员展开了激烈的争论，似乎希望用实践证明，无政府主义运动的理论家们关于自己不可能与俄国其他政治力量进行合作的观点是正确的。敖德萨的无政府主义者最终实现了自己的愿望——把炸弹扔向黑帮分子，而叶卡捷琳诺斯拉夫的团体则全员参加了 10 月的政治罢工，并与其他政党的战斗队一起在切切列夫卡（叶卡捷琳诺斯拉夫城郊）展开街巷站。

在共同反对专制制度的斗争中，最为光辉的一页是在 1905 年 12 月。在国内的史学文献中，常常对无政府主义者参加 12 月武装起义的事实避而不谈。其中非常具有代表性的一个论断认为，“当革命进入武装起义阶段的时候，在街巷战中没有无政府主义者的战斗队”。但与此同时，也有政党和运动的代表提供了近 10 份证据，证明无政府主义者曾积极参加了莫斯科、梯弗里斯、叶卡捷琳诺斯拉夫的武装行动。即使是在革命初期，无政府主义的追随者们也没有停止与专制制度进行斗争。在冲突尤为激烈的时刻，他们与其他政党（俄国社会民主工党、社会革命党、波兰社会主义党）的成员建立联系和合作，参加反对黑帮分子的革命自卫队、联合委员会，与政府军开展街垒战，共同组织武装行动，暗杀沙皇的暴吏。

这种合作一直在继续。到了 1906 ~ 1907 年的时候，最具远见卓识的无政府主义者进一步发扬运动中的积极观点，尝试由各政党和跨地区联合会的代表以联盟形式组成混合团体。

在革命年代，一个党的党员转而加入另一政党的情况开始出现。转而加入无政府主义者队伍的有俄国社会民主工党、社会革命党党员以及社会革命党最高纲领派成员。政纲、社会基础以及行动方式的相似让他们走到了一起。另外，还有一些普通党员是因为对组织的工作失望、对党的战略路线不理解（其中，俄国社会民主工党党员对实施恐怖行动和私有财产充公持否定态度）。在革命时期，也有个别无政府主义者转而加入其他政党的情况（通常是成为社会革命党人和社会革命党最高纲领派的一员，偶尔有加入社会民主工党的情况）。

新的阶段（1907 ~1910年）

革命的失败让俄国的无政府主义运动显现出两种性质完全不同的趋势。第一种是让该运动彻底走向灭亡和自我毁灭；而第二种是在零散的组织间出现了联合和结盟的迹象，令其可能再现一线生机。

第一种情形具体如下。无政府主义运动中出现了许多由强盗匪徒组成的匪帮，数量相当大，而且名字稀奇古怪：“无政府恐怖主义者”“血腥之手”“红线联盟”“黑乌鸦”“复仇者”“鹞鹰”……与此同时，一些组织开始寻找摆脱僵局的出路。他们想起了彼得·克鲁泡特金一直呼吁的将各无政府主义力量联合起来，共同参加反对专制制度的斗争，于是产生了召开全俄无政府主义者代表大会的想法。1907 年 8 月，在阿姆斯特丹召开的国际无政府主义者大会上，俄国无政府主义者意识到了解决上述问题的现实性和适时性。与会代表对俄国代表的发言和报告非常感兴趣，在会议工作进行到最后的时候，来自欧洲、亚洲、非洲和美洲 27 个国家的代表通过了《关于对俄国革命的态度》的特别决议。决议呼吁全世界的无政府主义者“竭尽所能地给予俄国革命事业以物质和精神支持”，宣传无政府主义者同专制制度做斗争的手段，强调指出革命具有的国际意义，即革命的结果将决定“世界无产阶级不远的将来”。

1907 年 10 ~ 11 月，各派无政府主义者召开城市大会。其中最大的一次会议在基辅举行，有来自其他城市的无政府主义者参加。在为此次无政府主义者会议起草总结性文件的作者当中，就有德米特里·博格罗夫，即后来杀死彼得·斯托雷平的凶手。莫斯科无政府主义者联合团体本来有望在年末召开代表大会，但这次会议由于无政府主义者出现内讧而取消。

反动统治时期的到来没有让俄国无政府主义者停止积极的武装行动，但严重影响到了各组织之间的联合。从 1908 年到 1909 年，无政府主义运动的瓦解和各组织的自我消亡进程仍在继续。如果说在 1908 年，全国 83 个居民点共计有 108 个无政府主义者团体在活动，那么，到了 1909 年，这一数字变为 44 座城市 57 个团体，1910 年为 30 个居民点 34 个团体，1911 年共有 21 个团体，1912 年 12 个，1913 年 9 个，而到第一次世界大战前夕仅剩下 7 个团体。综上所述，与历史文献中给出的定论有些出入，事实上，在1908 ~ 1913 年，尽管无政府主义组织的数量大幅减少，但它们并非从政治舞台上消失得无影无踪。还有少数组织在白采尔科维、基辅、莫斯科、圣彼得堡、敖德萨和其他城市保留下来，其活动仅限于散发一些传单。

最终，1908 年，在日内瓦召开了俄国无政府共产主义者大会。会上，“海燕”等一些老团体与《面包与自由报》编辑部（Г. И. 果戈利亚领导）联合组成了俄国无政府共产主义者同盟，并根据会议总结发表了声明。声明指出：“为了让俄国无政府共产主义仅存的为数不多的力量不再分散，无论是在理论问题方面，还是战略问题方面……上述各团体成员都完全保持团结一致。”同盟的主要任务是“让无政府主义运动在思想上达成一致，让该运动成为有觉悟、始终如一、目标明确和有计划性的组织”。

在部分俄国无政府主义者参加的布鲁塞尔会议（1908 年 12 月）和伦敦会议（1910 年 4 月）上，再次呼吁要加强在俄国国内的宣传工作，并确定了可以实施没收充公行为的居民点：里加、戈梅利、华沙、下诺夫哥罗德、奔萨、莫斯科、布列斯特。莫斯科无政府共产主义者团体成员（近 40 人）则更是展开了肆无忌惮的行动：1910 ~ 1911 年，在莫斯科、科斯特罗马、斯摩棱斯克等省的工人和农民中间开展宣传工作的同时，他们对官家的酒铺和邮局实施了一系列强抢行为。南方无政府主义者倡议团（基辅）的成员试图加强自己对乌克兰无政府主义者和其他政党成员的影响力，他们制定了专门的行动纲领。但一切为时已晚。

1910 ~1917年

1910 ~ 1913 年，在全民革命热情高涨之际，一些城市成立了地下革命小组，对社会主义文献（其中也包括无政府主义文献）进行学习研究。1911 年末，在莫斯科商学院斯摩棱斯克同乡会的大学生中就产生了这样一个小组。小组成员坚信，“恐怖主义时期已经过去，再回头也是无益”，他们以工团主义纲领为基础，并结合合作思想，在图拉、布良斯克、斯摩棱斯克、基涅什马开展宣传活动。

流亡的无政府主义者试图将自己的队伍团结起来，并为运动制定新的纲领和战略。为此，他们于 1913 年在西欧不同城市先后召开了 5 次会议。

俄国无政府共产主义者在伦敦（1913 年 12 月 28 日至 1914 年 1 月 1 日）召开了第一次联合会议。此次会议通过决议，针对无政府主义者在革命情绪日益高涨条件下的行动方式和战略战术制定了具体目标。决议对这一时期俄国无政府主义运动的发展具有举足轻重的作用。与会者还决定建立国外无政府共产主义者联盟，发行联盟的机关报《工人世界报》。更为重要的是，会议还决定成立无政府主义者国际，并计划于 1914 年 8 月在伦敦召开下一届俄国无政府共产主义者代表大会，此外，俄国无政府主义者将参加 1914 年伦敦国际无政府主义者大会。尽管拉开序幕的世界大战让这些计划纷纷落空，但无政府主义运动逐渐走出危机。开始出现新的组织，警察机构在俄国的工厂发现越来越多无政府主义者进行宣传出版活动的迹象。

第一次世界大战导致无政府主义者内部出现分裂。克鲁泡特金加入护国派，他呼吁“和德国军国主义战斗到底”，因为他认为，德国获胜对俄国来说将是一场浩劫。而谴责一切军事行动的无政府国际主义者则不同意他的观点。

俄国的爱国人士欢迎克鲁泡特金这位无政府主义者的领袖转到自己这边，甚至向他表示“深深的崇敬”。立宪民主党领袖 П. Н. 米留可夫还亲自拜访他。克鲁泡特金出席各种公众场合，进行公开演讲，而此时的俄国无政府主义运动正经历着异常艰难的时期。在一系列城市，还有一些人数不多的组织（由 4 ~ 18 人组成）在大学生、制革工人、印刷工人、铁路工人等形形色色的人中开展活动。他们的最大成果是发行传单，在工厂进行口头宣传。其中，彼得格勒无政府主义者北方同盟（自 1914 年起）是一个例外，加入该同盟的有工团主义者、共产主义者和个人主义者，他们通过共同努力出版了两期胶版印刷的杂志《无政府主义者》。

1915 年，在全国 8 座城市有无政府主义组织，次年末，组织的数量共计 15 个（分布在 7 个居民点）。显然，无政府主义者摸索出了一套自己的方法来影响发动群众，但他们的成员总数不多，为 250 ~ 300 人。

1917 年的二月革命给俄国无政府主义的发展带来了新的契机，一些坚持无政府主义的共产主义者、个人主义者和工团主义者再次走上了政治斗争舞台。然而，在经历了战时的重创之后，无政府主义者还无法立刻恢复元气，受到其影响的仅是一些工人和士兵中最不成熟的一部分人，而他们在莫斯科和彼得格勒的实际工作则“在很长时间里都是毫无进展”。无政府主义组织正在经历积蓄力量的阶段。

1917 年 3 月 13 日，在 7 个无政府主义组织的共同努力下，终于在莫斯科建立了无政府主义者团体联盟，共有近 70 人加入该组织，其中主要是年轻人。当时，在莫斯科和彼得格勒仍然发挥重要思想家和组织者作用的著名无政府主义者有：П. А. 阿尔西诺夫、В. В. 巴尔马什、А. А. 博罗沃伊、阿巴・戈尔金和弗拉基米尔・戈尔金兄弟、И. 勃莱赫曼、Д. 诺沃米尔斯基、Л. 乔尔内、Г. Б. 桑多米尔斯基、А. А. 索洛诺维奇、Г. П. 马克西莫夫、

B. C. 沙托夫、B. M. 艾兴包姆（沃林）和 E. З. 亚尔丘克。克鲁泡特金也从国外流亡归来，回到彼得格勒，他受到人民的热烈欢迎。各派无政府主义者急于表明自己对当前最为重要的革命问题的态度。以沃林、马克西莫夫和沙托夫为首的无政府工团主义者主张以辛迪加取代国家，由工人集体管理工厂，并积极开展宣传活动。不久，在他们的监督之下，涌现了众多五金工人、码头工人、面包师傅同盟及工厂委员会。他们主张让工人负责对生产过程的实际监督工作这一路线实际上与布尔什维克的立场是一致的。尽管两者的具体落实方法差别不大，但其中存在的本质性的思想差异可见一斑：工团主义者要求对社会进行自下而上的建设和组织，而布尔什维克则要求将一切生产资料交给国家（中央），由国家代表工人对生产资料进行支配，事实也正是如此。工团主义者很晚才洞察到布尔什维克的策略手段，他们逐渐放弃了立刻向无政府主义社会过渡的想法。

无政府共产主义者一直忠实奉行建立无政府共产主义社会的战略目标。因此，他们呼吁群众进行社会革命，推翻临时政府，而在成立工兵代表苏维埃（其中包括在彼得格勒）之后，又开始积极争取让自己的追随者获准作为拥有全权的成员加入这些机构。他们提出了“杀死原来那些部长们”，“交出弹药和武器……因为革命尚未结束”。无政府共产主义者提议立刻消灭临时政府，同时指出必须“结束帝国主义战争”。

1917 年 7 月 18 ~ 22 日，南俄无政府主义者大会在哈尔科夫召开，确认无政府主义的追随者可以加入苏维埃，但仅限于获取信息这一目的。只有无政府个人主义者坚决反对无政府主义者参加苏维埃的工作。克鲁泡特金就该问题所表达的立场显得弥足重要，他指出：“建立苏维埃的想法是在 1905 年革命期间首次提出，并在 1917 年 2 月沙皇政权垮台后立刻得到落实。建立负责监督国家政治和经济生活的权力机构——这是一个伟大的构想。苏维埃就是要把所有用自己的劳动为国家创造财富的劳动者团结起来……”作为无政府主义理论家，他论证了一点，即如果苏维埃失去权力，或者在领导群众工作方面起到消极作用的话，都将会导致一党专政的情况发生。

无政府共产主义者在 1917 年的情况与第一次俄国革命的时候一样，他们自发组织行动，旨在推动事态的发展。在四月政治危机期间（4 月 19 ~ 21 日），无政府共产主义者脱颖而出，提出了“立刻推翻临时政府”的口号。他们攻占了前沙皇政府部长 П. Н. 杜尔诺沃的别墅（2 月），之后又击退政府军对该别墅的进攻（6 月），并因此而威名远播。他们还筹划让士兵发起自发性的行动，在 7 月 2 ~ 4 日“手持武器赶跑了 10 位资本家部长”，并占领了工厂。无政府共产主义者为在俄国建立一个统一的具有社会主义倾向的政府做出了一定的贡献。

1917 年 7 月的政治危机以革命力量失败、部分无政府主义组织被捣毁而告终。在这一时期，克鲁泡特金走到了斗争的前沿。他不仅受到革命者的关注，也颇受那些企图将其名望为己所用的政府拥护者的关注。为了邀请克鲁泡特金加入临时政府，А. Ф. 克伦斯基绞尽脑汁想出了各种办法，甚至让他随便挑选任何职位，但克鲁泡特金一一拒绝了。显然，1917 年 8 月 15 日，他参加了在莫斯科召开的国务会议工作，这是经过一番深思熟虑之后做出的决定。当时，保守派未必会料到，克鲁泡特金作为无政府主义理论家，会宣扬让一切革命力量（既包括右派力量，也包括左派力量）实现阶级和解的思想。在此次会议上，他提议宣布俄国为共和国。也许，这是政治家经过一番思量走出的明智而具有策略性的一步，因为在他看来，只有在和平、民主的条件下才能实现无政府统治。但要落实克鲁泡特金的提案，还需要为此斗争。

新报纸《无政府主义报》（莫斯科）和《海燕报》（彼得格勒）的出现成为推动无政府主义者团结起来的重要因素，报纸号召大家为实现无政府主义理想而奋斗。

1917 年 11 月 6 日，在《无政府主义报》上刊载了《莫斯科无政府主义者团体联盟宣言》。该宣言成了无政府主义者的纲领性文件，并为他们确定了当前的任务。

1917 年 10 月前夕，全国近 40 座城市有无政府主义者组织在活动，布尔什维克当然要利用这股极具破坏性和杀伤力的力量来反对资产阶级，并援助他们武器、弹药和粮食。无政府主义者一心投入各种破坏行动和斗争，他们还参加了在彼得格勒、莫斯科、伊尔库茨克和其他城市发生的武装冲突。许多无政府主义者领导了士兵和水兵队伍，并为推翻专制制度、保卫革命成果做出了突出的贡献。俄国无政府主义运动步入了一个新的阶段，有关内容将在后文论述。

第十一章
孟什维克

C. B. 丘丘金

1903 年夏，在俄国社会民主工党第二次代表大会上，马克思主义者分裂成两部分，其中一部分便是孟什维克。作为一种政治思潮，该名称看起来略显奇怪，这是由于当时在党的中央机关进行选举时，尤利·马尔托夫的支持者占少数，而支持列宁的人占大多数。在几经周折两大党派形成之后，这一点在其名称中得到体现。后来，孟什维克与布尔什维克常常被称为“敌对的兄弟”，因为两者都是马克思主义革命者，且奉行的是同样的党纲，而在有关革命斗争的战略战术问题上，两者的意见时而相近，时而有分歧，直至 1917 年，最终成为两个完全独立的社会民主工党。回顾历史，应当指出的是，孟什维克与布尔什维克之间的激烈斗争不仅是因为两派党人在性格、目标、战术手段与组织工作方法上存在矛盾和冲突，而且两者对民主与社会主义的理解也有着原则性的差异。

孟什维主义的起源、组织原则和社会基础

毫无疑问，追根溯源，孟什维主义与俄国第一个马克思主义党派“劳动解放派”以及 1890 ~ 1900 年头几年出现的“合法的马克思主义”和“经济主义”思想之间都存在着一定的关联。1897 年成立的犹太人的崩得组织对孟什维主义的产生也产生了一定的影响。然而，孟什维主义作为俄国工人

和社会民主运动的一个特殊派别，其产生主要是与20世纪初期开展的大规模反对沙皇专制制度和资产阶级的革命斗争密切相关。正是在这一时期，俄国逐渐形成了全新的开展秘密活动的社会民主党派，该党派以筹备、开展新型民主革命为己任，这将是一场城市无产阶级起绝对领导作用的反封建、反资产阶级的民族解放革命。同时，如果说拥护列宁的布尔什维克主张走的是新的、更为激进的革命路线，那么，孟什维克最初奉行的是第二国际通过的组织原则和策略，从某种程度上来说，他们也考虑到了俄国本国的特点。

孟什维克和布尔什维克之争首先体现在对党建问题的态度上（比如说，在俄国社会民主工党第二次代表大会上，列宁和马尔托夫围绕党章第一条的条文内容展开一场广为人知的辩论），1904～1907年扩及战略战术问题，之后则演变成整个思想意识和政治问题之争。

俄国社会民主工党孟什维克派的形成时间是1903年末到1905年初。1905年春，布尔什维克和孟什维克分别召开了各自的党团会议——在伦敦召开的俄国社会民主工党第三次代表大会以及在日内瓦召开的第一届全俄党务工作者大会。然而，从1905年1月开始，随着俄国革命浪潮日益高涨，一系列革命事件把两派拉到了一起。1906年春，在斯德哥尔摩召开了俄国社会民主工党第四次代表大会。在这次会议上，两派取得了形式上的联合，不过，这种形式上的统一并无法阻止党团之间“分帮分派”现象的产生。

俄国第一次革命失败让孟什维克和布尔什维克彻底分道扬镳。尽管在一些地方甚至到1917年仍有一些两派联合的社会民主组织保存下来，但早在1912年初，布尔什维克就同所谓的孟什维克“取消派”在组织上划清了界限，事实上，也就是同整个孟什维克都划清了界限。

需要指出的是，俄国社会民主工党内部分裂为布尔什维克和孟什维克两派的进展极不顺利，尤其是遭到了工人的强烈反对。他们不理解造成分裂的真正原因，所以要求恢复党的统一。在党的高层知识分子中，尤其是在侨居国外的领导层中，早在1905年之前党内分化就已呈现不可扭转之势。但党的“基层”组织由于一直直接在国内从事实际的革命工作，因此，在很长时间里出于本能还是希望党能够恢复统一。这也成为1905～1906年及1907

年春统一运动爆发的主要因素。然而，两派在理论上的矛盾及领袖们各自的狂妄与野心最终占了上风。最后，在 1917 年 8 月，内部拥有众多派别的孟什维克改称为“（联合）俄国社会民主工党”，而就在同年春，列宁一派将自己称为“俄国社会民主工党（布）”，自 1918 年 3 月起，改称为“俄国共产党（布尔什维克）”。

组织原则和社会基础

无论是孟什维克还是布尔什维克，都是民主集中制的拥护者，其侧重点在该概念的后半部分。布尔什维克一心建立纪律严明、由一人领导的政党，其原则是每一级下级组织无条件服从上级组织，而孟什维克的理想则是建设第二国际的社会主义政党。1905 年，俄国社会民主工党的两派走上了对章程规定进行民主化的道路，并且孟什维克对地方组织权限的放宽力度要比布尔什维克大得多。两派在 1906 年统一之后，开始遵照新的党章行事。《党章》第一条的内容表述采纳了列宁的说法，其中列明了党员的义务，要求每个党员亲身参与到党组织的工作中（而在 1903 年根据马尔托夫提议起草的《党章》中规定，每个党员应“在党组织的领导下定期给予党以个人的支持”）。

与布尔什维克不同，孟什维克对待队伍中不同观点的态度要宽容得多。孟什维克没有一个统一的领袖，党团内部总是有若干派别和集团，它们彼此之间常常展开相当激烈的论战。杰出的孟什维克活动家 Г. Я. 阿伦森在后来的回忆中指出：“俄国社会民主工党（孟什维克部分）的组织框架一直特别松散，孟什维主义中的强制性因素（指的是党的纪律等）几乎没有发挥什么实际效力，等级制度、隶属关系尤其是独裁专制和领袖至上等概念对孟什维主义来说一点都不典型。”

Ю. О. 马尔托夫（1873～1923 年）是孟什维主义的创始人、思想家及历史学家，是该思想流派的灵魂和良心，这一流派后来发展成为“民主社会主义”的一种形式。孟什维克的代表人物还包括 П. Б. 阿克雪里罗得、Ф. И. 唐恩、И. Г. 采列捷利、А. Н. 波特列索夫、А. С. 马丁诺夫、П. П. 马斯洛夫、Н. С. 齐赫泽和 Н. Н. 饶尔丹尼亚。Г. В. 普列汉诺夫在孟什维克占有特殊的地位，他的观点与孟什维主义一直有出入。1917 年，他成为独立社会民主“统一”组织的领袖。至于 Л. Д. 托洛茨基，他在 1903 ~1904 年曾是狂热的孟什维克，但后来变成了典型的中间派，在布尔什维主义和孟什维主义之间保持中立，1917 年，他又加入了列宁领导的党。

俄国社会民主工党的文件基础薄弱，其各党派间的关系如上所述，错综复杂，这常常使得孟什维克和布尔什维克之间缺乏清晰的界限，同时也为从数量和民族社会成分的角度对孟什维主义进行明确的界定带来极大的困难。以 1907 年春为例，当时俄国共有约 45000 名孟什维克党员，主要分布在梯弗里斯、圣彼得堡、基辅、莫斯科等城市，如果算上较大的地区，还有俄国欧洲部分的南部、西部以及外高加索地区。参加俄国社会民主工党第五次代表大会（1907 年）的孟什维克代表是在革命前通过民主渠道选举出来的，其中，俄罗斯人占 34%，格鲁吉亚人占 29%，犹太人占 23%。在此次大会的代表中，工人占 32%，而农民仅占 1%，其余的是知识分子和职业革命者。当然，从整体上来说，孟什维克的民族社会成分构成与上述数据可能并不完全一致。但由于除此之外再无其他资料，所以，我们还是用这些数字来分析其大致的情况。

应该指出的是，俄国社会民主工党第五次代表大会资格审查委员会的资料显示，在参加此次会议的布尔什维克代表中，俄罗斯人占 78%，犹太人占 11%。其中，工人占 36%，而农民则完全没有。同时，无论是从具有高等和中等学历的代表数量（分别占 61% 和 52%），还是从从事地下工作的年头和平均年龄等指标来看，孟什维克的情况都略胜布尔什维克一筹。

1917 年，社会民主工党由地下活动转入公开活动，此后，孟什维克和布尔什维克迅速发展成为群众性的政党。当时，孟什维克党员人数达到 20 万人（截至 1917 年 10 月，布尔什维克党员人数约为 35 万人）。然而，孟什维克队伍中的工人占比并没有发生实质性的变化：在8月召开的孟什维克代表大会上，工人代表仅占22%，这一比重甚至比10年前召开俄国社会民主工党第五次代表大会时还要低。

长期以来，学界普遍认为，孟什维克在无产阶级中主要依靠的是倾向于机会主义的“工人贵族”。但是，对“工人贵族”这一概念的界定并不是很清晰，而是比较模糊的，它针对的主要是俄罗斯及其“工人贵族”这一阶层在政党政治上的非同质性，即它为俄国社会民主工党、立宪民主党甚至是黑帮都提供了支持者和积极分子，这迫使历史学家们在研究时必须放弃简单研究的思路。确切地说，愿意加入孟什维克的是工人中有文化、受过政治教育的积极分子，他们希望贯彻马克思主义的革命理论，最低限度地使用暴力，最大限度地运用合法手段，首先要依靠广大劳动群众自身的觉悟和主动性，而不是范围有限的职业革命者的行动。在工人孟什维克党员中，大多数是所谓的“工人知识分子”，但他们当中也有普通工人，甚至还有一部分是技术不太熟练的工人，他们常常是某位地方孟什维克领导的追随者。同时，他们绝大多数人并不是社会改革主义者，而是温和的革命者。沙皇政府和俄国企业主对工人采取强硬政策，这使无产阶级被“驯服”并放弃革命成为不可能的事情。

1913年，工人集体为布尔什维克、孟什维克和社会革命党人的报刊展开募捐活动，一些具体的数据很能说明问题。布尔什维克在这场竞赛中遥遥领先，在共计3000余次的集体募捐活动中，其报刊募集到的资金约占总数的70%，孟什维克占21%，社会革命党人占9%。孟什维克的报纸最受矿工欢迎（占其总收入的51%），五金工人和印刷工人次之（占26%），然后是铁路机车库和修理厂工人（占14%），而孟什维克从纺织工人那里募捐到的金额仅占9%。

孟什维克主要是由思想激进的知识分子（医生、记者、教师、律师等）、大学生和公务员构成，是具有俄国特点的马克思主义思想与群众性工人运动的结合，并且，这种结合是在社会民主主义者的主导下完成的。工人的整体文化水平和政治素养不高，他们在俄国社会民主工党中占据领头羊的地位。在这一方面，布尔什维克与孟什维克的区别并不大。我们今天所了解的孟什维克知识分子给人留下了双重的印象：一方面，他们具有高尚的道德品质——无私、有奉献精神、理性，对马克思主义理论有很好的了解；另一方面，他们傲慢自负，个人之间竞争激烈，情绪变化大，言行不一。这些充满矛盾的特征在很大程度上决定了孟什维克的整体面貌，也令其在实际的政治活动中明显逊色于布尔什维克。后者的特点是高度团结、思想一致、纪律严明，善于把握工人和农民群众的情绪，激发他们的反抗意识。

下面我们一起来看看孟什维克的纲领、策略和战术的具体内容，他们提出的政治口号及其对俄国近期和远景未来的前瞻。

孟什维克的纲领、策略和战术

1903 年，俄国社会民主工党第二次代表大会召开，会上通过了党的纲领，该党的两个党团为自己设立了同样的目标，即实现国家由资本主义向社会主义的革命性过渡。在俄国社会民主工党看来，这样可以保障社会全体成员的富足生活和全面发展，取消阶级划分，消灭人剥削人的现象。俄国社会民主工党认为，在社会主义制度下，所有人将拥有平等的机会和权利，各尽所能，按劳取酬。而通向社会主义的道路应当从无产阶级革命和建立无产阶级专政开始，因为无产阶级最具组织性，与大机器生产紧密相连。俄国社会民主工党赞同社会主义对社会阶级划分的基本原则，在由资本主义向新社会制度过渡的时期，俄国社会民主工党担负着通过马克思主义政党实现对国家管理的使命。无产阶级政权之所以要采取专政的形式，是因为必须压制住正渐渐退出历史舞台的剥削阶级的反抗。当时马克思主义者对使用暴力手段以及对公民民主自由的限制范围的认识还相当模糊。然而，普遍观点认为，建立无产阶级专政的先决条件是无产阶级在俄国成为大多数。

与此同时，无产阶级革命是世界范围的现象。马克思、恩格斯以及第二国际的理论家们认为，无产阶级革命将会相继在欧洲各发达国家和美国爆发，随后还会遍及落后国家和殖民地国家。在当时看来，社会主义革命的胜利以及社会主义作为新的经济制度在一个国家（比如说俄国）确立起来都是不可能的。

但是，在解决俄国社会民主工党最高纲领确定的任务之前，社会民主党人必须完成最低纲领的任务：在俄国建立民主共和国，彻底清除一切农奴制残余。首先，要将地主的土地（这里指的仅仅是地主在1861年农奴制改革期间从农民手中夺走的土地，而在1905～1907年革命开始后，则是指地主的全部地产以及归国家、皇室及教会所有的土地）交归农民所有，消灭民族压迫，赋予各民族自行决定自己未来命运的权利（赋予自决权等于默认它们有可能与俄国分离开来）。社会民主党人还承诺从根本上改善工人的境况：实行八小时工作制，推行国家疾病险和养老保险，取消罚款制度。俄国所有公民均应拥有言论、集会和结社的自由。

该纲领是由马克思主义报纸《火星报》编辑部在1902年起草制定的，并在俄国社会民主工党尚未分裂时召开的第二次代表大会上一致通过。在1906年召开的俄国社会民主工党第四次代表大会上，孟什维克占了上风。在他们的倡议下，会议对纲领关于农业部分的内容进行重新审定，贯彻将土地“转归市有”的思想（这里指的是通过民主途径将没收充公的地主、国家、皇室和教会的土地交由地方自治机构管理，但没有明确农民使用土地的具体机制，因此，自然无法令农民满意）。此外，在世界大战爆发的前几年，受崩得分子的影响，孟什维克逐渐开始认同一些没有集中聚居地的少数民族（犹太族等）所提出的关于民族文化自治权的要求。然而，在筹备1917年立宪会议期间，这一点尽管在孟什维克的纲领中有所提及，但并没有被列入俄国社会民主工党的纲领中。

孟什维克制定的战略战术主要遵循以下原则。

坚持马克思主义的工人阶级政党认为，应该首先完成那些客观条件已成熟的任务。因此，其并未打算提前夺取政权或参与执政，而是宁愿在革命的民主阶段扮演极左反对派的角色（1917年5月，孟什维克背离这条原则，加入了临时政府）。

在俄国进行社会主义革命是在很遥远的未来发生的事情，只有无产阶级在西方取得胜利的情况下，这场革命才有可能提前到来。

反对专制制度的全民阵线应包括自由资产阶级，因此，允许与立宪民主党人结成政治联盟。

尽管农民也为撼动专制制度做出了重要贡献，但其自身所具有的私有者本性及其对君主专制的幻想令他们不可能成为无产阶级在民主革命（就更不用说社会主义革命了）中长期而可靠的盟友。

工人阶级是革命的主要动力和发起者，是社会其他民主阶层的榜样（在10月17日宣言发布前，孟什维克已准备承认无产阶级及其政党在解放运动中的优势地位和作用，但这并不意味着他们承认工人和俄国社会民主工党在革命中的领导作用，而仅仅是认可其所表现出的特殊的社会政治积极性及其对全民利益的维护）。

孟什维克的战术是根据国内的政治形势制定的，他们认为，可以使用包括暴力手段在内的各种斗争形式。当然，优先通过在杜马、工会、合作社进行合法活动等方式来实现目标。严厉禁止为了满足革命之需抢夺财物以及实施政治恐怖等行为。

孟什维克否定一切形式的政治极端主义和冒险主义。他们行事不愿使用布尔什维克常常采用的捣乱和抵制手段，而是希望与革命或自由阵营中一切可能的盟友摒弃理论上的分歧，进行建设性的对话。然而，在俄国的政治舞台上，各合作伙伴之间更多的是对抗和斗争，而非妥协与和解。到1917年春天的时候，孟什维克既未能获得自由派的理解，也未能获得新民粹派的认同。直至推翻沙皇制度后，孟什维克和社会革命党人才在苏维埃中结成短期联盟，而在临时政府及其各机关中与新民粹派和立宪民主党人结成联盟的时间则更短。从整体上来看，无论是工人大众、农民还是资产阶级，都无法理解孟什维克建立全民民主统一阵线的意图。这一点从立宪会议的选举结果中可见一斑。在此次选举中，孟什维克仅收获了略高于3%的票数支持（其中近半数由格鲁吉亚代表获得）。

1905 ~1907年孟什维克的革命实践

在20世纪初俄国风云变幻的政治生活中，孟什维克到底具体表现如何呢？也许，由于日俄战争的爆发，他们不得不首次明确自己特殊的党派地位。当时，由孟什维克控制的《火星报》提出了立刻签订合约和召开立宪会议的口号，以求尽快通过民主途径解决俄国生活中最为迫切和尖锐的问题。与此同时，他们还呼吁停战，并推翻专制制度。至于“革命失败主义”战术，与布尔什维克不同的是，孟什维克对此坚决反对。他们认为，日军的武力威逼不可能给俄国带来自由，而自由也不可能以国家忍受屈辱和俄国革命者与侵略者寡廉鲜耻的结盟为代价来获得。因此，孟什维克拒绝参加俄国革命党和反对派政党在1904年秋召开的巴黎会议，而日军情报机关则染指了此次会议的筹备工作。

1904年11月和12月，正当俄国社会各界的自由派人士决定举行1864年司法改革40周年庆祝活动时，孟什维克向各地方社会民主组织传发了《火星报》主编人员（当时编辑部成员包括普列汉诺夫、阿克雪里罗得、马尔托夫、波特列索夫、查苏利奇、唐恩）撰写的两封信，信中呼吁这些组织向自由派施压，希望其在专制制度的问题上能够持激进派的立场，即组织工人示威游行，在自由派的纪念性庆典活动上发表演说、散发传单等。然而，这些活动遭到了布尔什维克的坚决反击，因而没有得到广泛推广，也未能取得显著的成效。

1905～1907年的革命让孟什维克的活动实现了质的飞跃，他们走出了地下活动状态，开始积极参与领导群众运动和工人代表苏维埃的工作，并参加国家杜马、各工会和其他合法组织的活动。总的来说，孟什维克的工作开展得相当顺利，在一系列立场问题上丝毫不逊色于布尔什维克。至于杜马，在这里掌握话语权的正是孟什维克，首先就是格鲁吉亚代表（И.Г.采列捷利等）；而在工会运动中，居强势地位的也是孟什维克。

孟什维克认为城市无产阶级是自己的主要工作对象。他们非常重视罢工运动的领导工作，其中包括那些见效快、成效显著、旨在改善工人物质待遇和劳动条件的经济性罢工。孟什维克还积极面向大学生、公务员和知识分子开展工作。至于农村地区，可以说，他们在这里取得的成果不大，因为他们既没有精力，也没有资金在农民当中开展工作。再者，对于孟什维克来说，农村是一个难以理解的陌生世界。在俄国这样一个农业国家，这一点对孟什维克来说无疑是致命的缺点。

在对待 1905 ~ 1907 年的武装起义、农民运动及军队和海军运动等问题上，孟什维克的态度是对它们的革命性没有质疑。显而易见，社会改革派解决这些问题的方式就会完全不同。如果对列宁一派来说，准备起义主要是就战斗队的成立、武装和培训等做具体的技术组织工作；那么，孟什维克则是侧重开展宣传鼓动活动，希望以此让民众相信，反对专制制度的武装斗争是不可避免的，希望他们能够准备好斗争的武器。孟什维克认为，社会民主党人终究无法做到将所有志愿者武装起来，起义的爆发通常都是自发性的，因此，当务之急是要让人民群众在政治上和心理上做好起义准备，提升他们的士气，阻止开展那些不合时宜、注定会失败的行动。孟什维克还派专人组成小分队负责其他事宜，其中最主要的是对起义进行军事技术方面的训练。

应该指出的是，孟什维克完全没有回避具体的军事斗争工作。例如，孟什维克主办的《火星报》在 1905 年发表报道，就如何与政府军开展巷战问题提出了切实可行的建议；俄国社会民主工党敖德萨孟什维克委员会委员 К. И. 费尔德曼、Б. О. 波格丹诺夫和 А. П. 别列佐夫斯基曾试图领导“波将金”号装甲舰起义；俄国社会民主工党第一次代表大会代表、孟什维克党员 А. А. 万诺夫斯基参加了 1905 年 11 ~ 12 月在基辅和莫斯科举行的武装起义；等等。在 1905 年 12 月进行的莫斯科起义期间，在 1500 ~ 2000 名志愿队员中，有孟什维克党员近 250 人（布尔什维克约 600 人，社会革命党人 300 人）。然而，莫斯科起义军的失败令孟什维克士气大跌，他们甚至后悔自己参加了这种冒险行动（普列汉诺夫甚至宣称“根本无须拿起武器”，这句话在革命者当中尤其是在布尔什维克中引起众怒）。后来，尽管在 1906 年 7 月第一届杜马解散后的一段时间里，孟什维克又开始蠢蠢欲动，酝酿新的起义，但这股情绪很快就消散了。此后，他们对待起义的态度相当冷淡。从整体上来说，自 1905 年 12 月起义失败后，孟什维克开始转移工作重点，将重心放在沙皇召集的国家杜马以及 1906 年 3 月当局宣布合法化的工会工作上。

如前所述，孟什维克并不认为自己应当参加人民起义胜利后可能会出现的临时革命政府，列宁则与其相反，坚持要参与其中的工作。与此同时，孟什维克主张建立真正的地方自治民主机关，并对这些自治机关寄予厚望，希望它们能够巩固革命成果。列宁则认为，这一战术是不合逻辑的。他曾表示，怎么能够一边为地方的革命自治而斗争，另一边又反对为了革命利益而使用政府权力这样强有力的抓手呢？然而，孟什维克固执己见，他们坚持认为，与其在圣彼得堡成立临时政府，颁布假设性的法令，不如在各地方切实推进革命变革进程，后者成功的概率要大得多。同时，他们还以古里亚（格鲁吉亚西部地区）地方自治机构取得的成绩以及在 1905 年最后几个月出现的工人代表苏维埃的活动为例进行论证说明。特别是在圣彼得堡苏维埃，孟什维克发挥的作用要比布尔什维克大得多，而在巴库、叶卡捷琳诺斯拉夫、尼古拉耶夫、敖德萨、顿河罗斯托夫、斯摩棱斯克等地，地方苏维埃也是由孟什维克担任正式领导。

孟什维克的重点活动方向是在无产阶级群众中开展思想组织工作。唤醒工人的觉悟，提高他们的政治素养，激发无产阶级的主观能动性和积极创造性——这就是他们工作的重中之重。正因为如此，孟什维克为召开无党派“工人代表大会”，倾听无产阶级群众的真正声音而进行广泛宣传。他们还指出，此类代表大会可能会逐渐取代俄国社会民主工党，因为在后者当中，一线的机床工人受到知识分子的排挤。积极主张召开“工人代表大会”的有 П. Б. 阿克雪里罗得、Г. В. 普列汉诺夫、Ю. 拉林（当时是孟什维克）等。然而，在俄国社会民主工党第五次代表大会上对该问题进行讨论时，布尔什维克获得了胜利。他们认为，召开“工人代表大会”这一想法本身是反党的机会主义思想。

在五卷本史学著作《20 世纪初俄国的社会运动》（1909～1914 年）一书中，孟什维克对第一次俄国革命进行总结时，得出了如下结论：1905～

1907年，俄国社会民主工党在取得有目共睹的成就的同时，也犯下了“左”倾的错误；觊觎革命运动中的领导权，在同资产阶级的斗争中仓促行事、操之过急，其中包括试图擅自实行八小时工作制，抵制或半抵制第一届杜马选举（孟什维克比布尔什维克更早意识到抵制战略的错误性，他们不仅在俄国社会民主工党第四次代表大会上放弃了这一战术，还成功地让几名格鲁吉亚孟什维克进入了杜马，因为外高加索地区的选举比中央的选举进行得晚）。托洛茨基呼吁将俄国革命变成不间断的进程，直至在世界范围内建立无产阶级专政。孟什维克在一定程度上也受到了这一思想的影响，但后来他们为此后悔不已。孟什维克认为，自己在未来的主要任务是推动资产阶级战胜专制制度，为俄国发展资本主义开辟道路。当一切必需的客观条件和主观条件都成熟之后，在俄国进行社会主义革命。而目前，他们必须继续有条不紊地开展组织培训无产阶级的日常工作，并等待自由资产阶级成长起来，能真正与专制制度抗衡。

两次革命之间孟什维克内部的派别斗争

孟什维克同其他革命党和反对派政党一样，难以承受反革命分子的胜利。他们的队伍日益衰落，组织涣散，许多孟什维克党员只好再次流亡国外。漠然、颓丧和对革命理想的失望情绪迅速弥散开来。此后，孟什维克重新转入地下活动状态，对于当时布尔什维克的挑衅、侵吞、经济欺骗等行为（如莫斯科工厂主尼古拉·斯密特的遗产案）只能睁一只眼闭一只眼。在这种情况下，部分思想不够稳定的孟什维克产生了永远不再干地下工作、不惜一切代价在合法组织中立足下来的想法，他们希望能等到最好时代的到来，到那个时候，俄国将建立西方式的合法工人社会主义政党。这一派的拥护者被称为“取消派”，即准备消灭或者至少是从根本上对原有的非法社会民主政党进行改建的人。在这些问题上态度最为坚决的是 A. H. 波特列索夫、П. Б. 阿克雪里罗得、B. O. 列维茨基（马尔托夫的兄长）、Ф. A. 切列万宁、П. A. 加维等。他们认为，俄国革命运动的前景堪忧，极不乐观。而

《我们的曙光》杂志社的一些孟什维克新闻工作者甚至完全不相信俄国新的一轮变革已经近在眼前。

孟什维克的领导人马尔托夫、唐恩及其在国外的机关报《社会民主党人之声》并不赞同“取消派”的极端做法。他们明白，在斯托雷平执政时期的俄国，没有地下党派（当然，是经过改头换面的）的秘密活动，革命事业是无法进行下去的。然而，他们并不质疑自己与“取消派”在组织上的统一，并且在布尔什维克面前竭力维护孟什维克。而在布尔什维克看来，“取消派”是革命事业的背叛者。与此同时，反对“取消派”的还有一些小的孟什维克党团（其领袖为普列汉诺夫），他们也以孟什维克命名，并要求不惜一切代价让不合法的社会民主政党保留下来。至于托洛茨基，他在维也纳创办《真理报》，并在该报上呼吁俄国社会民主工党消灭派系之争，将各派统一起来。正是基于这一思想，一些反对列宁的社会民主党组织结成了联盟，与布尔什维克抗衡。因为联盟的成立大会是于 1912 年 8 月在维也纳举行的，所以，该联盟被称为“八月联盟”。参加成立大会的有马尔托夫、托洛茨基、一些来自俄国的孟什维克革新组织代表、崩得分子以及格鲁吉亚和拉脱维亚的社会民主人士。由于“八月联盟”内部成分复杂，难以达成一致，因此，该联盟很不牢固，到 1917 年的时候就彻底解散了。

鉴于 1912 年末即将举行第四届杜马选举，“八月联盟”组织提出了一系列要求，其中包括普选权、“拥有充分权力的人民代表制度”、结社和出版自由等。他们还确定了将工人运动合法化的方针，该方针得到了孟什维克知识分子、部分业务熟练的高薪工人（主要是印刷工人和五金工人）及工会工作人员的支持。但是，随着 1909 年新一轮工业振兴发展潮的到来，广大工人群众的积极性明显被调动起来，他们更倾向于支持激进的布尔什维克和社会革命党人，而不是孟什维克。

后来，到第一次世界大战爆发的时候，孟什维克大大丧失了自己在工人运动和工会中原有的地位。与此同时，孟什维克的西方化倾向表现得越发明显，他们极力效仿欧洲的工人运动，以合法的无产阶级组织为先。孟什维克与第二国际领导之间的联系得到进一步加强，后者大力支持俄国社会民主工党中出现的反布尔什维克趋势。

战争的考验

战争导致国际社会主义运动分裂为社会主义爱国者和社会主义国际主义者。诚然，在孟什维克队伍内部，也以更为温和的形式进行了类似的划分。当然，前者并不全然否定国际主义，而后者也不排斥爱国主义。不过，两派各有侧重："爱国者"批判帝国主义，同时支持俄国所在的协约国取得胜利；而"国际主义者"认为，应当尽快结束这场没有胜利者的战争，他们坚信世界革命即将取得胜利。应当指出的是，列宁评价孟什维克是"社会沙文主义者""社会帝国主义者"等，在这些评价中，应看到有党派斗争导致的夸大其词的成分。

1914 年 7 月 26 日，在第四届国家杜马中有 6 名孟什维克和 5 名布尔什维克代表对已经开始的这场战争提出谴责，并指出，对参战双方来说，这都是一场帝国主义侵略战争。然而，在孟什维克当中立刻就涌现出了护国派（普列汉诺夫、波特列索夫、马斯洛夫等）。该派的拥护者基于德国的侵略行为，宣布这场战争从俄国方面来说是防御性的战争。与此同时，孟什维克护国派避而不谈俄国最高统治层对黑海海峡、加利钦及其他一些地区的侵略计划。他们提出的"不抵抗"和"自卫"口号一语双关，而普列汉诺夫则呼吁在杜马支持军事贷款的主张，这无异于公开为沙皇政府推波助澜，自然得到了当局的肯定。

有人认为，"战争也是阶级斗争，只不过这是一场与外国而非本国剥削者进行的斗争"。孟什维克护国派还呼吁，在战争期间不应以此为借口在国内开展激烈的阶级斗争。到 1915 年秋，当发现沙皇政府已经无力保卫俄国抵御外敌侵略的时候，孟什维克护国派同右翼社会革命党人开始协商，如何才能取得对德战争的胜利，但直至 1917 年，他们在这一方面也没有采取任何实际的举措。

然而，大多数孟什维克拒绝一切形式的拥护政府行为。他们谴责战争，呼吁应像 1904 ~ 1905 年一样，尽快缔结没有割地赔款内容的和约，并利用战争造成的危机，加速在西方国家发动社会主义革命，而在俄国则是发动民主革命。同时，孟什维克要比日俄战争时期更坚决地反对布尔什维克宣扬的“革命失败主义”战术。他们认为该战术混淆是非，工人特别是农民注定对其全然不解，并且会断然予以谴责。

在孟什维克国际主义者中，分化出较为激进的侨民派和较为温和的国内派，后者在俄国国内的孟什维克组织中占数量优势，由杜马的孟什维克党团及其领袖齐赫泽领导。显然，当局在日益加紧镇压反战宣传活动，尤其是公开的反战行动，在这种情况下，孟什维克国际主义者与沙皇政府和资产阶级的斗争更多是口头上的，而没有落实到实际行动中。他们散发宣扬革命和平主义的传单，在杜马反对批准军事预算，但与布尔什维克不同的是，他们基本上置身于罢工运动之外，也不积极参与部队和海军中的革命思想宣传工作。

战争时期，孟什维克党人当中一直持反战立场的是马尔托夫。他是一名真诚、坚定的国际主义者，以及世界反帝革命斗争的拥护者。在他的积极参与下，1914 ~ 1916 年，在巴黎发行了俄文版国际主义者报纸《声音报》和《我们的话语报》。他还同列宁、阿克雪里罗得、托洛茨基、社会革命党领袖切尔诺夫等一起参加了齐美尔瓦尔德国际社会主义运动，该运动成立于 1915 年秋，是欧洲各交战国和中立国的反战力量中心。远离祖国让马尔托夫无法对国内的孟什维克组织施加积极有效的影响，同时使他在 1917 年 5 月回国后举步维艰，尽管如此，他在孟什维克队伍中还是极具声望。

孟什维克内部从未达成团结统一，因此，在战争年代，他们实际上处于分崩离析的状态。他们无法召开全党会议，无法落实全国性报纸的秘密发行事宜，而自“八月联盟”时期保留下来的孟什维克组织委员会及其国外的秘书处也无法协调孟什维克各组织的工作。

的确，到 1917 年的时候，孟什维克中又形成了一个相当有影响力的中心，即在 1915 年末成立的由工人 K. A. 格沃兹杰夫领导的中央军工委员会工作组。与此同时，在 244 个地方军工委员会中的 58 个委员会也设立了工作组，在那里孟什维克护国派与社会革命党人共事（军工部门的布尔什维克拒绝参与其中）。为了调和工人与执政者和资产阶级之间的关系，提高军工企业的生产效率，在军工部门设立工作组获得了当局的批准。于是，工作组首先利用自己的合法地位去调整各地无产阶级之间的组织关系。在战争时期，工人的物质生活条件不断恶化，他们毫无权利，同时，当局又一再迫害工作组，这些因素逐渐导致工人的立场激进化。格沃兹杰夫和他的同志们号召彼得格勒工人在 1917 年 2 月 14 日，即杜马召开例会的这一天，来到塔夫利达宫集会，以此表达自己对沙皇政府政策的反对和抗议。1917 年 1 月，格沃兹杰夫组织召开彼得格勒工人社会民主党人会议，在《与会者告首都无产阶级书》中写道："不能再这样活下去！专制制度正在摧毁国家，摧毁人民……只有依靠在斗争中组织起来的人民，立刻建立临时革命政府，才能让国家走出绝境和萧条，加强政治自由，根据全世界无产阶级都可以接受的条件走向和平。"此外，还应该补充的一点是，早前中央军工委员会工作组就批准通过在 1917 年 1 月 9 日组织罢工事宜，以纪念"流血星期日"的死难者。当局对此的回应是立即逮捕工作组的成员，但此举也让后者在部分工人中的声望更高。

活跃在政治斗争的前沿

孟什维克并未积极参与 1917 年风起云涌的革命事件，其中包括推翻沙皇专制制度的二月革命。然而，革命还是迅速将他们推到了俄国政治生活的风口浪尖：他们在彼得格勒工兵代表苏维埃执行委员会中占据了领导地位，该委员会当时在很大程度上能够左右国内的政治局势；而在 1917 年 5 月，他们又进入了临时联合政府，其中，М. И. 斯科别列夫和 И. Г. 采列捷利分别担任劳动部部长及邮电部部长职务。后来，К. А. 格沃兹杰夫、А. М. 尼基京和 П. Н. 马良托维奇等孟什维克党人也相继成为临时政府成员。Н. С. 齐赫泽当选彼得格勒苏维埃主席，而在 1917 年 6 月召开的第一次全俄苏维埃代表大会上，他又当选为苏维埃全俄中央执行委员会主席。孟什维克思想得到了迅速传播，大受欢迎。毫不夸张地说，1917 年，孟什维克成为对工人、士兵、农民群众以及国内局势影响最大的三大主要社会主义政党之一。

1917 年 5 月，俄国社会民主工党孟什维克和联合组织会议在彼得格勒召开；8 月召开了孟什维克统一代表大会，会上宣布成立俄国社会民主工党(统一)。尽管如此，在此之后的孟什维克队伍中仍然保留下来几个彼此独立的派别：波特列索夫领导的右派，采列捷利和唐恩领导的中间派以及马尔托夫领导的左派。1917 年 10 月之前，采列捷利的观点在孟什维克党人中具有较高的接受度。他主张建立资产阶级民主制度，承认在缔结民主和约前必须保卫革命中的俄国免受外敌侵略，他认为应完全信任临时联合政府，呼吁无产阶级和资产阶级在相互让步的基础上达成和解，将土地问题拖延到召开立宪会议时解决。

至于马尔托夫领导的孟什维克国际主义者，他们在孟什维克召开的统一代表大会上仅获得略多于 1/3 的票数支持。他们主张俄国继续进行革命，并将革命作为世界反帝战争的一部分进一步向前推进；要求建立由社会主义政党、苏维埃、工会、工厂委员会和军队委员会代表组成的政府；谴责孟什维克加入临时政府，坚持要求尽快缔结和约，并将土地移交给农民。1917 年秋，由马尔托夫完成纲领的制定。而在此之前，普列汉诺夫和他的“统一派”以及包括 Ю. 拉林在内的部分左派孟什维克党人已经与孟什维克彻底划清了界限，并加入了布尔什维克党。8 月，还有近 4000 名彼得格勒中派组织的成员投奔了列宁，托洛茨基在 1917 年 5 月回国后也加入该组织。

孟什维克在权衡各方观点之后，决定选派代表参与以利沃夫公爵及他之后的克伦斯基为首的临时政府组阁。对于此举是对是错，史学研究者们至今仍然争执不休。一方面，孟什维克这样做似乎缓解了国内的危机，并且暂时规避了国内战争的威胁；另一方面，临时政府实行的方针路线引起了民众的公愤，对此他们也要负一部分责任，而这则令孟什维克无法批评临时政府软弱的妥协政策，同时破坏了他们作为民主主义者和社会主义者的好名声。孟什维克并不想不负责任地对几百万普通民众许诺，他们可以带来美好的、社会主义式的天堂生活，因为他们清楚，目前的俄国明显不具备进行这一实验的条件。那么，他们自己的建议可以拯救俄国脱离灾难吗？在现实中，孟什维克希望同资产阶级结盟的打算落空了，因为无论是工人还是企业主，他们当中的大部分人都不希望同对方结盟。与德国单方媾和在孟什维克看来是对俄国国家利益的背叛，但军队和人民都不想继续战争，而协约国各国政府则不愿错失战胜德国法西斯的机会。直到 1917 年 10 月的最后一刻，孟什维克才向克伦斯基提议立刻将土地分给农民，但这一切为时已晚。他们还是决定将民族问题拖延到召开立宪会议时予以解决。最终，在 1917 年 10 月这一历史性的时刻，孟什维克将自己置身于“事外”，以保持自己理论上的纯洁性。战争造成了一派残败萧条的景象，无政府主义思潮泛滥，军队已溃不成军，当局威信扫地，这一切彻底击垮了孟什维克。而他们的对手——布尔什维克则获得了胜利。

第十二章 布尔什维克

B. C. 列利丘克　C. B. 丘丘金

上一章中介绍了俄国社会民主工党在1903年走向分化的原因，而其结果则导致布尔什维主义作为一种特殊的政治思潮以及俄国社会民主党内部的一个派别形成。不难发现，布尔什维克和孟什维克的发展道路在1917年以前一直交织在一起，因此，在不了解其中一个党派历史的情况下，要去了解另一个派别的历史是不可能的。布尔什维主义——这是在其他任何国家史无前例的一种全新的思想和政治现象。布尔什维克具有严明的党纪、团结的思想及对革命的向往和追求——正是这些特点决定了他们在1917年取得了胜利，并成为执政党。另外，他们与人民群众的联系相当紧密，最主要的是，他们能够让人民感到，布尔什维克比任何人都更了解普通工人、农民和士兵的需求，并且会将伟大人民的所思所想付诸行动。这也就不难理解，为什么一直到十月革命的时候，布尔什维克都是专制制度和资产阶级最危险的敌人。他们能够灵活运用各种战术方法，精于利用一切秘密活动手段。此外，布尔什维主义者还具有以下群像特点：党的领袖及普通党员具有罕见的政治生命力、历史乐观主义精神以及长期以来的无私奉献精神。

布尔什维主义的起源

布尔什维主义是马克思主义思想与俄国革命传统相结合的产物。因此，与其同气连枝的不仅包括西方的乌托邦社会主义者，还有之后的马克思、恩格斯、考茨基，还有俄国的革命者彼斯捷尔、车尔尼雪夫斯基、拉夫罗夫、特卡乔夫、涅恰耶夫，以及民意党和“劳动解放党”的成员。他们的许多思想和组织原则经过加工，成为布尔什维主义政治思想的一部分，后者与第二国际各政党的思想迥然不同，但与俄国国内的新民粹主义和无政府主义等“左倾”激进思想有不少交叉之处。

经典马克思主义要在俄国得到推广和应用，必须进行一些说明和调整。这是因为传统上俄国革命向来喜欢吸引农民，愿意赌博式地依靠强力的、组织严密的秘密组织，厌恶自由主义者及其思想，乐于为暴力革命辩护，坚决否定一切异端思想，并且蔑视一切社会道德规范。对于布尔什维克来说，无论是在反对专制制度的斗争中，还是在革命阵营内部进行的同反对派的斗争中，这一切都恰好适用。此外，法国雅各宾派及其对政敌采取的毫不留情的镇压手段一直都是布尔什维克效仿的榜样。

真正对布尔什维主义思想的产生起到决定性作用的是该思潮的领袖、主要思想家 В. И. 乌里扬诺夫（列宁）。列宁才智过人，理论水平高，对自己所从事事业的正确性坚信不疑，善于感染周围的人，他在当时享有极高的声望。同时，他还拥有非凡的组织能力，意志坚定，这一切让其成为公认的布尔什维克职业革命者的领导人。列宁全心致力于建立强而有力的地下党，并准备在俄国发动革命，他具有把志同道合者都吸引到自己周围的凝聚力。不仅如此，他还是相当强硬和心思缜密的实用主义者，蔑视一切形式上的东西。他拥有革命者的信仰和使命，是一名真正的战士；他把马克思和恩格斯的著作奉为经典，是社会主义思想的狂热践行者。人们通常把这样的人称为“历史的缔造者”，列宁就是其中最杰出的代表。

事实上，早在 19 世纪 90 年代，列宁就已经开始为起草未来布尔什维主义的思想纲领而做准备，并考虑其组织原则等问题。年轻的列宁撰写的经济学著作让他跻身于俄国解放运动的主要活动家之列。在这些著作中，他清楚地阐明了一个观点，即改革后的俄国已经变成资本主义国家，而无产阶级在即将进行的民主革命中必将发挥特殊的作用。农民贫困仍是普遍现象，而土地问题一直无法解决，这些更坚定了列宁的想法，即无产阶级和农民可以在反对专制制度和同地主的斗争中建立联盟。列宁还借鉴了普列汉诺夫和阿克雪里罗得关于无产阶级领导解放运动的思想，并将其进一步发展，这彻底切断了列宁与自由主义者之间的联系。后者被视为人民利益的“背叛者”，与其和解只会减小革命的力度甚至摧毁革命的成果。最终列宁得出结论，无产阶级是俄国一切民主力量的领袖，是国内绝大多数民众利益的代言人，而他本人则担负着领导无产阶级政党和整个工人阶级的伟大使命。

列宁特别重视马克思主义政党的作用问题，认为马克思主义政党在彻底改造社会的阶级斗争中应发挥组织和领导作用。1902 年 5 月，他的著作《怎么办?》在斯图加特一经问世，便声名大噪。该书几经辗转，秘密传入俄国。书中通过通俗易懂的方式对俄国国内广大年轻的激进派分子所关心的问题予以清晰解答。特别要指出的是，许多未来的孟什维克党人也非常推崇列宁的这部著作。

列宁认为，首先要建立一个既掌握马克思主义理论知识，又擅长开展地下工作的职业革命者组织。他写道，在君主专制制度的统治下，组织的人数越少，纪律越严明，越是难以追寻到其行踪，就越是难以抓捕其成员。社会民主党人应该勇敢地渗透到工人群众中去，在那里招募自己的追随者，宣传马克思主义思想，团结社会上的一切民主成分，让他们积极参与政治活动，做好准备发动全民起义。列宁认为，他们的事业之所以成功，并不是因为地下工作者的人数众多，而是因为组织得当、工作灵活、目标明确、善于抓住群众。

“给我们一队革命者，我们就会让整个俄国天翻地覆!”列宁套用阿基米德的话，对“怎么办”这一问题给出了自己的回答。

到 1903 年夏，俄国社会民主工党的统一面临着多重威胁，这不仅包括对政治斗争意义估计不足的“经济派分子”，以及难以控制的崩得分子，还包括《火星报》编辑部内部的矛盾分歧。长期以来，这些分歧通过彼此合作、让步得到压制，但在俄国社会民主工党第二次代表大会上再次爆发出来。大会代表的分裂成了全党分裂的先兆，影响深远。

对于列宁及其追随者来说，1903 年末和 1904 年全年是最为艰难的一段岁月。普列汉诺夫与布尔什维克分道扬镳，在他的帮助下，孟什维克将《火星报》控制在自己手中，并在党的总委员会上取得优势地位，还严格限制了列宁一派的财政开支。普列汉诺夫在《火星报》上发文讽刺列宁的“波拿巴主义”。马尔托夫出版了小册子，对布尔什维克在俄国社会民主工党实施的“戒严”政策大肆批评。在反对列宁主义的斗争中做出贡献的还有年轻的托洛茨基。在激烈的论战中，他把列宁描绘成雅各宾派分子，而非马克思主义者，并做出预判：“我们不久之后将会见到，党组织将一步步取代党本身，中央委员会取代党组织，而最终，专制独裁者取代中央委员会。”

到 1904 年夏天的时候，无论是在中央委员会，还是在党的总委员会中，列宁都属于少数派，他公开坚持要把两个党派分裂开来，而一部分害怕分裂的布尔什维克党人甚至为此而批判起自己的领袖。1904 年 7 月，布尔什维克和解派与当时在中央委员会（其人员构成因时有成员被捕而经常会发生变动）中占优势地位的孟什维克一同发动了反对列宁的“事变”，禁止列宁再以中央委员会的名义发声。1905 年 2 月 7 日，中央委员会通过决议，决定把列宁开除出中央委员会及党的总委员会，这次冲突最终以此而结束。

1904 年末，布尔什维克的活动开始围绕多数派委员会及其报纸《前进报》展开，俄国社会民主工党布尔什维克党团就此形成了。尽管如此，布尔什维克与孟什维克在俄国并未做到完全分离。而此时，国内所有社会民主人士翘首以待的俄国历史上第一次民主革命已经一触即发。

行动中的布尔什维克激进派

1905～1907 年的革命更像是一次自发性的爆炸，俄国社会民主工党的领导对此毫无准备。在这种背景下，列宁一派一直在努力争取召开新的全党代表大会，他们的倡议赢得了那些渴望坚决果断而有力行动的人的尊敬。如果说早在俄国社会民主工党第二次代表大会上，布尔什维克就已经表现出了一定的政治方向，那么，在两年之后，他们完全是有意识地尝试让自己发挥独立政党的作用。

1905 年 4 月，经选举产生来参加代表大会的代表们终于克服了种种困难，聚集在伦敦一起召开会议。此次会议被列宁一派正式称为“俄国社会民主工党第三次代表大会”，而孟什维克则认为这是一次不合法的会议。

在这次完全由布尔什维克党人参加的代表大会上，列宁强势归来。他在《党章》中加入俄国社会民主工党的条件。布尔什维克党中央机构体系也发生了变化：取消原来在中央机关报和中央委员会两个独立的平级机关之上的党的总委员会，成立统一的权威机构——中央委员会。中央委员会成员包括 В. И. 列宁、工程师 Л. Б. 克拉辛、职业革命者 А. А. 波格丹诺夫、Д. С. 波斯托洛夫斯基和 А. И. 雷科夫。在布尔什维克新发行的《无产者报》上，当时最有名的布尔什维克新闻工作者 В. В. 沃洛夫斯基与 А. В. 卢那察尔斯基展开了积极合作。

大会通过了列宁提出的所有理论和实践目标。大会指出，俄国正在进行的革命是资产阶级革命，但对革命的成败最为关心的并不是资产阶级，而是无产阶级。革命要取得成功，必须让无产阶级发挥领导作用，将资产阶级孤立起来，并且让工人阶级与农民结成联盟。无产阶级应该支持自己盟友的所有革命要求（大会同意将地主、官员、教会、皇室的土地全部没收充公，并立刻组建农民革命委员会）。大会制定了举行群众性政治罢工及把工人武装起来的路线，并计划在起义取得胜利后，建立“无产阶级和农民的革命民主专政”，将资产阶级民主革命进行到底，并将其发展成为社会主义革命。

布尔什维克伦敦代表大会和孟什维克日内瓦会议的召开不仅反映出俄国社会民主工党已经分裂这一事实，两党的领导亲眼见证，同时也亲身感受到了彼此对抗的危害性。在革命的过程中，两派在实际的革命工作中不断靠近。因此，无论是布尔什维克党，还是孟什维克党都通过了必须联合的决议。孟什维克迅速“向左转”，而布尔什维克自 1905 年春起，也展开了党内生活民主化的活动。

参加布尔什维克党代表大会的只有“委员会委员”（这样称呼当时党的

地下工作领导），而没有一名工人。会上提出了官僚主义这一俄国自古以来就有的尖锐问题，该问题甚至已经损害到了年轻的社会民主党。党的工作人员中开始呈现一些危险的趋势，诸如脱离劳动群众，人为设置诸多限制，以及妨碍在专制制度下本来就很狭隘的党内民主（选举制、报告制、对领导机关的监督）；他们习惯于对普通党员发号施令，以高高在上的姿态对待工人。革命将这种境况推向极致，令人完全无法忍受，而俄国社会民主工党在1905 年已经可以半公开、半合法地开展活动。

正是因为考虑到这一点，列宁提出，要更广泛地吸引工人从机床走近党的各级领导机关，重点关注青年人，发展党内的选举机制，遏制在部分职业党务工作者中出现的官僚主义蔓延的趋势。俄国社会民主工党第三次代表大会对该问题进行了讨论。在 1905 年 10 月末，布尔什维克中央委员会发布了《告所有地方党组织的一封信》。信中指出："为了发挥无产阶级群众政党的作用，布尔什维克党应对自己的组织实行民主化……必须最大限度地让组织开放，在组织中实行选举制。"

遗憾的是，以上内容只是落实了一部分，沙皇政府减缓镇压行动的时间并不长，重新转入地下工作让布尔什维克党在内部建立民主制度的所有努力都化为乌有。

在革命进攻期，布尔什维克的发展势头很猛。这是真正意义上的"他们的时代"。劳动群众充满了革命激情，罢工潮一浪高过一浪，他们提出了各种极端的要求，意识到了自身的力量和意义，这些都与布尔什维克的情绪非常契合。人民群众对革命已经迫不及待，希望与专制制度进行坚决的武装斗争，而布尔什维克此时正努力推波助澜。因此，他们积极发布革命传单，组建、武装和培训战斗队，参与部队和海军的工作。为了防止将来革命可能会发生反冲，布尔什维克希望在现阶段尽可能让革命进行得更为深入，真正震慑住沙皇和资产阶级，最重要的是要不惜一切代价夺取政权。

孟什维克希望革命能够发展成为全国性的革命，同时，参加革命的不仅要有革命者，还应包括自由主义反对派力量。与孟什维克不同，布尔什维克寄希望于"左派联盟"策略，即与农民、城市贫民、民主知识分子以及代表他们利益的新民粹派政党和各类民主组织结盟。该策略的实施工作开展得极不灵活，执行起来常常与地方主义相差无几。不过，策略内容清晰、明确，因此得到了大部分政治上积极向上的工人的支持和理解。支持布尔什维克的还有许多大学生、激进知识分子、部分士兵和水兵以及一些农民。

在所有左派政党和组织中，布尔什维克严阵以待，认真准备 1905 年的武装起义。尽管他们未能从俄国社会民主工党中央委员会和莫斯科委员会的层面真正领导起义，却在 12 月莫斯科起义期间派出了人数最多的义勇队员。此外，还应强调指出的是，布尔什维克在这一时期已经意识到了一点，即起义必须由开展街垒战这一西欧国家在 1848 年运用的老战术转变为开展游击战，即义勇队员以具有流动性和灵活性的小分队为单位展开行动，这样能够快速攻击和袭扰政府军及警力，之后又快速消失。

布尔什维克还积极参与罢工运动的领导工作，1905 年出现的 40 余个工人代表苏维埃，包括莫斯科的工人代表苏维埃，都由他们领导。他们还为推动国内的工会运动做了大量工作。

毫不夸张地说，1905 年，正是布尔什维克和社会革命党人为革命运动定下了主基调，同时把孟什维克吸引进来。为了不失去那些迅速向左转的群众的支持，孟什维克只好跟着布尔什维克。在俄国社会民主工党的队伍中，联合运动一点点积蓄力量，其参加者要求取消布尔什维克和孟什维克党团。俄国社会民主工党联盟委员会相继出现。1905 年 12 月末，布尔什维克中央委员会和孟什维克组织委员会合并，开始发行统一的社会民主党《党内消息报》。

然而，在莫斯科和国内其他城市的 12 月武装起义失败后，俄国社会民主工党内部的形势开始向有利于孟什维克的方向发展，因为他们更能适应革命退却的条件，让人民群众从不久之前的革命幻想中清醒过来。无论是布尔什维克，还是孟什维克，都不希望让联合进程倒退回去，但在斯德哥尔摩召开的俄国社会民主工党第四次代表大会（1906 年 4 月）上，在他们正式完成组织上的合并之前，有一点就已经非常清楚了，即两派不可能在党内再和平共处了。

此次代表大会的代表选举工作是“根据纲领”进行的。在 112 名有表决权的代表中，有 62 名即超过半数的代表是孟什维克党员。而代表大会中有 1/4 的代表是工人，这标志着俄国社会民主工党在 1905 年发生了重大变革。引人注目的还有代表的民族成分构成：俄罗斯人不到一半，犹太人近 1/4，人数居第三位的是格鲁吉亚代表团。

大会议事日程上最重要的一点就是重新审议党的农业纲领。大会认为，原来的纲领是站不住脚的，因为它几乎没有触及大地主土地所有制。列宁提出了将所有土地国有化的想法。他将这一提案视为“农民起义和彻底结束资产阶级民主革命的纲领”。同时，土地国有化打开了通向未来的窗口，因为取消土地私有制为将来的社会主义斗争扫清了道路。与此同时，作为布尔什维克的领袖，列宁还明确指出，“如果西方不进行社会主义革命”，俄国的资产阶级民主革命就无法保住自己已取得的成果。在俄国这样高度集权的国家，考虑到各地的不同特点，实行土地国有化可能会导致居民通过民主方式解决土地问题的权利受到限制，对于这一点，列宁却避而不谈。

尽管布尔什维克对农业纲领做出了一系列重要修改，但孟什维克利用其多数票的优势，仍然坚持将“土地划归市有”的方案。

俄国社会民主工党第四次代表大会的召开与第一届国家杜马开始工作几乎是同步的。对于杜马的选举工作，布尔什维克予以积极抵制。后来，列宁也承认，采取抵制策略是错误的，因为当时没有考虑到革命退却、群众对立宪的幻想、杜马中反对派的活动以及个人权利不受侵犯的代表在杜马之外拥有相当广阔的活动空间等因素。孟什维克提议通过的关于武装起义的决议内容过于谨小慎微，这已经无法令布尔什维克满意。决议认为，没有必要举行新的、准备更为充分、更大规模的起义，重点是要避免重蹈 1905 年的覆辙，即在缺少应有准备的情况下爆发自发性的起义。

可见，代表大会上的意见分歧明显大于统一。只有在对《党章》第一条内容的修改进行表决时，两派才完全达成一致，采纳了列宁对第一条内容的表述。入选中央委员会的有 7 名孟什维克党员和 3 名布尔什维克党员，但其中并没有列宁。

在第二届杜马（1907 年）中，布尔什维克不再使用抵制策略，而是在选举中获得了俄国社会民主工党 65 个代表席位中的 18 个。布尔什维克代表积极批评政府和立宪民主党的政策，经常与自己的选民进行沟通交流。在他们看来，杜马不是开展有建设性立法工作的机构，而只是宣传自己观点的讲坛。

俄国社会民主工党第五次代表大会在伦敦召开（1907 年 5 月），会议在“六三政变”的前几天闭幕。会上并未预见到形势将会发生急转直下的变化，争夺领导权、要让少数服从多数的问题再次被提到了首要位置，而其他内容则在其次。代表大会讨论了中央委员会 1906 年的活动、对待立宪民主党人和社会革命党人的态度、杜马的战略等一系列问题。在会上，两种态度、两个意见、两版决议草案交锋，300 多名代表在一起议事超过两周，大量时间耗费在核查代表资格、研究议事日程以及就个别问题展开的争执上。

这一次，布尔什维克在人数上超越了孟什维克，占了上风。此外，一直以来支持他们的还有波兰和拉脱维亚社会民主党人，他们在 1906 年加入俄国社会民主工党。然而，布尔什维克在一个问题上遭遇了重大失败：代表大会支持了孟什维克的决议，谴责布尔什维克实施“没收充公”这一举措。应当说，布尔什维克对待此类问题的态度不够慎重。列宁也曾指出他们“没有原则性”，为了充实党的经费而批准使用一切手段。1906 年，支持俄国社会民主工党的莫斯科工厂主尼古拉·斯密特不明不白地死在了沙皇的监狱里。其遗产案轰动一时，闹得沸沸扬扬。为了得到这笔巨款（约 25 万卢布），布尔什维克决定让党团中的一名成员与斯密特的姐姐假结婚，然后同其他遗产继承人走法律程序打官司争夺财产。他们奉行着“不义之财，取之无妨”的原则，将官家多笔大宗钱款抢夺过来，用于革命之需。列宁希望自己的手脚不受束缚，他奉行的行事准则是：为了革命胜利可以使用任何手段。党内众所周知，列宁赞成组建战斗队，开展游击战，通过暴力手段攫取钱款。应当特别指出的是，尽管当时国内的局势已经不容许开展武装起义之类的行动，但到革命结束前布尔什维克一直保留着起义的口号。

俄国社会民主工党第五次代表大会选举产生 12 名中央委员会委员，其中有5人是布尔什维克。此外，会议还选举产生了17名中央委员会候补委员，其中10人是布尔什维克（列宁、克拉辛等）。与此同时，以列宁为首的14人布尔什维克党团中心也在秘密活动。

俄国社会民主工党第五次代表大会资格审查委员会搜集到的关于布尔什维克代表的资料颇为有趣。在105名布尔什维克代表中，俄罗斯人约占80%。工人占36%，文艺工作者和其他自由职业者的代表占27%，工商业服务人员占11%。接受过高等教育的布尔什维克代表占20%，接受中等教育的占32%，接受初等教育的占37%，接受家庭教育的占2%，9%称是自学成才。布尔什维克代表的平均年龄不到30岁。

到1907年春，在俄国社会民主工党中共有布尔什维克约6万人（由于代表大会的代表选举是通过民主渠道进行的，所以，有可能对两个党团的人数进行统计）。当时，布尔什维克党员最为集中的地方包括莫斯科（有6200名布尔什维克）、圣彼得堡（6000人）、伊万诺沃－沃兹涅先斯克（5000人）、科斯特罗马（3000人）、基辅（1500人）、叶卡捷琳堡（1500人）、弗拉基米尔（1000人）、雅罗斯拉夫尔（1000人）、布良斯克（1000人）和萨拉托夫（850人）。

布尔什维克的典型特点是英勇果敢、精力充沛、血气方刚，对革命事业无限忠诚，擅长开展地下工作。同时，他们秉性耿直，直来直去，对一切异己分子缺乏耐心，为达目的甚至有些不择手段。尽管同其他革命党派一样，在1905～1907年的革命中，布尔什维克未能实现自己的目标，但他们在此期间经过了很好的政治培训，这也助力他们在10年后夺取了十月革命的胜利。

两次革命之间

在革命失败后，俄国社会民主工党遭到大肆镇压，这给党带来了惨痛的损失。过去了一个月又一个月，党失去的干部越来越多。专业人士不足，这让奸细有机可乘，他们渗透到了党内，并得到了迅速升迁。例如，党中央委员会委员、第四届国家杜马代表 P. B. 马林诺夫斯基就是警察局的特工。

在思想动摇、组织分裂的局势下，甚至连纪律严明、紧密团结的列宁团队都坚持不住了。前文提及的 A. A. 波格丹诺夫——一位才华横溢的哲学家、作家和政论家——转而持改革立场，向列宁发出公开挑战，谴责他让革命“变质”。他还指责列宁过度关注布尔什维克在各合法组织，尤其是国家杜马的工作，对战斗队和军队的宣传工作失去兴趣，还对党的经费实施个人监控。1909 年，列宁决定将波格丹诺夫正式开除出布尔什维克党的队伍，并痛斥其在《唯物主义与经验批判主义》一书中表达的哲学观点。同年末，A. A. 波格丹诺夫、A. B. 卢那察尔斯基、M. H. 利亚多夫、历史学家 M. H. 波克罗夫斯基、Г. A. 阿列克辛斯基等组建成立列宁的反对派——“前进派”，并发行同名报纸。在波格丹诺夫的倡议下，他们在卡普里岛为来自俄国的工人创建了党校。当时支持波格丹诺夫的马克西姆·高尔基曾在那里生活。1910～1911 年，反对派又在意大利城市波伦亚成立了新的党校，他们与列宁彻底决裂了。然而，“前进派”后来也走上了分裂之路。波格丹诺夫不再搞政治，1918～1920 年，他担任“无产阶级文化”组织的领导，后来又从事医学领域的科研工作。1928 年，波格丹诺夫冒险为自己做手术，并在输血时意外死去。

1910 年，从列宁派中又分出了一个小集团，取名“布尔什维克党员派”，其中包括 C. A. 洛佐夫斯基、A. И. 雷科夫、B. П. 诺根、И. Ф. 杜勃洛文斯基等。

1910 年 1 月，巴黎的俄国社会民主工党各党派在彼此敌视和猜疑的情况下，做出了最后的和解尝试。中央委员会全体会议变成社会民主党“持续多天的议会”，全体会议召开了三周。大多数与会者很明显不支持列宁，而且布尔什维克当中的大部分人倾向于和解。最终，会议决定，停止发行两派的机关报（布尔什维克的《无产者报》和孟什维克的《社会民主党人之声报》），创建新的《社会民主党党报》及其副刊《争论园地》，解散布尔什维克的党团中心，将布尔什维克攫取的资金（斯密特的遗产以及通过各种手段获取的资金等）上交中央委员会，其中一部分钱款要立刻上交，还有一部分交由德国社会民主党的代表（考茨基、蔡特金和梅林）暂为保管。然而，中央委员会全体会议的折中决议并未能落实下去：因为孟什维克不信任列宁，不愿意取消自己的党团，而布尔什维克也不信任孟什维克。

与此同时，俄国国内的党内斗争进入了一个全新的阶段。1911 年，初步确定了一个地区范围，对 1907 年之后解体的组织进行重建。在许多地方，布尔什维克与孟什维克党员之间的联系得到了进一步加强。他们共同发行的《星星报》继续为合法刊物，该报第一期于 1910 年 12 月在圣彼得堡出版。布尔什维克在莫斯科和圣彼得堡分别开办的《思想》《教育》杂志及一系列机关报也在合法发行。1911 年夏天的一个重大事件是在隆瑞莫（在巴黎附近）创办了列宁党校。在这一年，还确定了召开全党会议的方针。

1912 年 1 月，全党会议在布拉格召开，到会代表不到 20 人，包括拉脱维亚人、崩得分子、波兰人和立陶宛人在内的各少数民族组织都拒绝参会。“前进派分子”、普列汉诺夫及大多数孟什维克党员也回绝了组织委员会的邀请。至于在维也纳创办《真理报》的托洛茨基，布尔什维克没有邀请他到布拉格参会。因此，会议代表仅代表部分政党组织。尽管如此，他们还是坚定地宣布此次会议是俄国社会民主工党第六次全党大会。事实上，列宁独立主持了所有会议，可以说，这次会议为列宁提供了一个绝佳的表现自我优势和强势一面的机会。

会议的各项决议得到一致通过，与会代表的情绪反映出国内罢工运动的日益高涨。会议将“取消派”开除出党，与孟什维克彻底断绝了关系；同时发布了《告俄国全体社会民主党人书》，呼吁为争取重建秘密政党而斗争。

在这一时期，第四届杜马的选举活动正在筹备中。会议再次指出，革命社会民主党人一直在为实现最低纲领的基本要求（建立民主共和国、实行八小时工作制、没收地主的所有土地）而努力。

列宁指出，党的领导机构的选举工作至关重要。这一次，在俄国社会民主工党代表大会和全党会议历史上，首次一致通过了经选举产生的中央委员会成员，其中包括 В. И. 列宁、Г. Е. 季诺维也夫、Г. К. 奥尔忠尼启则、

С. С. 斯潘达梁、Р. В. 马林诺夫斯基、Ф. И. 戈洛谢金和孟什维克党员Д. М. 什瓦尔茨曼。在会议召开期间，中央委员会未经选举程序将当时正在流放的 32 岁的斯大林增补进来。

斯大林此时已经是远近闻名，他一方面是经验丰富的地下工作者，另一方面则是能力出众的组织者。然而，他性格中的某些特征让他与党内的许多同志产生隔阂：粗暴、贪权、喜欢搞阴谋、不真诚、不择手段。作为一名政论家，斯大林具有简洁明了地表述自己和别人的观点的能力，有时在面对要求不高、对马克思主义理论不太感兴趣的读者时，也会故意使用提纲式的甚至是最简单的方式进行阐述。他将立宪民主党人、孟什维克、社会革命党人、托洛茨基分子等都归为“机会主义者”和“背叛者”之列，在同他们进行论战时从不客气。正是因为斯大林具有这些品质，并且有能力完成诸如没收充公之类的棘手工作，他才获得了“坚定、果敢的布尔什维克”的美誉。当时，即便在列宁的眼中，斯大林也是这样的人。

虽然大多数俄国社会民主党人不承认布拉格会议通过的决议，但此次会议产生的影响仍是巨大的，其中一个有说服力的证据就是 1912 年春布尔什维克开始在圣彼得堡发行《真理报》。布尔什维克的力量日益增强，在工人中进行的售卖党报募捐活动中，他们募集到的钱款数量遥遥领先于孟什维克和社会革命党人，其在工会中的地位也得到了巩固。

1913 年，警署署长在对特工人员信息进行汇总时写道：“10 年来，最为活跃、最斗志昂扬、最不知疲倦地进行斗争和抵抗的长期性组织是……那些团结在列宁周围的组织……列宁派总是组织有序，团结一心，能够别出心裁地把自己的思想传播到工人当中……布尔什维克小组、支部、组织现在遍布全国各个城市，几乎与所有工厂中心都一直保持着信息往来和联系。中央委员会基本上能够正常运作，并且完全掌握在列宁的手中……综上所述，目前所有地下党都团结在布尔什维克组织周围，而后者实际上是俄国社会民主工党的代表，这也就不足为奇了。”

世界大战令局势发生骤然改变。第四届杜马中的布尔什维克和孟什维克代表摒弃了党派之争，并在 1914 年 7 月 26 日，以俄国社会民主工党的名义发表了谴责战争的共同宣言。同时，布尔什维克再次表示，自己会信守第二国际斯图加特、哥本哈根和巴塞尔会议在 1907 ~ 1912 年通过的反战决议，他们直接并且积极参与了这些工作。布尔什维克在战争期间呼吁“以战抗战”，这也成为他们的主要口号。他们认为，战争期间势必会产生危机，届时应利用危机局势筹备发动新的革命。

而在遥远的瑞士，列宁制定了详尽的布尔什维克反战纲领。他指出，从参战任何一方的角度来看，这场已经开始的战争都是非正义的侵略战争，因此，每个参战国的国际社会主义者和工人都应该继续进行阶级斗争，不要因本国政府可能会战败而止步不前。列宁认为，国际无产阶级对世界大战的最好回应就是发动世界革命，即在西方发达国家进行社会主义革命，在包括俄国在内的资本主义发展第二集团国家进行民主革命，并在下一步将争取民主的斗争发展成为争取社会主义的斗争。换言之，就是将帝国主义战争转变为国内战争。

1914 ~ 1917 年以及后来，针对列宁和布尔什维克的指控从未间断过，其中包括谴责他们反爱国主义、叛国、背叛国家和民族的利益等。然而，我们不会忘记，布尔什维克从未号召过后方人员进行怠工和破坏行为，或是煽动前线战士做逃兵离开战壕。此外，在俄国国内，实际上布尔什维克组织宣传战败观点的工作并未开展起来，因为宣传工作遭到当局的严密追踪和残酷破坏，爱国民众的理解和接受情况都不佳。

至今仍没有文献资料能证明，布尔什维克曾接受过德国的资金援助用于开展摧毁专制制度的革命工作。当然，可能会存在一种情况，即列宁对一些来历不明或可疑的资金睁一只眼闭一只眼，将其用于充实布尔什维克党的经费。这些资金的来源有可能间接指向德国，但没有找到任何在 1917 年以前有资金从德国流入的蛛丝马迹。在 1917 年这一年，唯一可以肯定的是，瑞士社会主义者 K. 莫尔在组织列宁从瑞士回国时曾为其提供过帮助。此外，与布尔什维克党人接触密切的波兰社会民主党人 Я. С. 加涅茨基曾向彼得格勒汇款。莫尔与德国的情报机关有关，而加涅茨基是在瑞典从事贸易业务。然而，在任何情况下，这些资金实际上对俄国群众性革命运动的发展并没有起到多大的作用。

我们也没有找到任何资料证明，列宁与德国社会民主党人、后来成为大商人的帕尔乌斯达成了某种协议，尽管列宁在 1915 年的确曾与帕尔乌斯见过面。后者在 1915 ~ 1917 年斡旋于德国政府和俄国革命党之间，希望资助他们开展反对专制制度的活动，但列宁从未承诺过，如果在战争结束前自己执掌政权，将会向德国尽哪些政治义务。

如我们所知，在战争年代，列宁提出了“帝国主义是资本主义发展的最高阶段，也是最后阶段”的论断，而资本主义在当时已经岌岌可危。然而，总的来说，尽管在 1917 ~ 1919 年，俄国、德国、奥匈帝国、芬兰等国家的确爆发了革命，但列宁的帝国主义理论并未得到证实。现实生活证明，资本主义作为一种世界性的制度，还远远没有到油尽灯枯的时候，但是，它也不再是一种更为和谐、公正的社会制度了。

与此同时，还应指出的是，针对资本主义发展不均衡这一问题，列宁在 1915 年特别强调道：“在作为整个帝国主义国家体系中最为‘薄弱环节’的国家，社会主义者可以不必等世界社会主义运动的其他队伍，先行开始革命。因为社会主义有可能‘在少数的甚至是某一个资本主义国家’取得胜利。”这句话并不意味着布尔什维克拒绝参加世界的反帝革命。尽管如此，话中也预见到了个别国家的社会主义者有可能率先发起革命运动。在列宁看来，他们可以不顾第二国际的伙伴，单独对现行制度发起进攻。当时，列宁认为，即便社会主义革命在其他国家不能取得成功，俄国的无产阶级也可以捍卫胜利的成果，保护无产阶级政权的存在。

接下来，随着国际革命运动的发展速度放缓，以及苏维埃政权在俄国的成绩日益斐然，列宁非常乐观地看待国内的社会主义建设前景，但进行世界革命的口号仍然没有撤销。列宁去世后，在反对托洛茨基及其“不断革命”论的斗争中，斯大林利用列宁在 1915 年说过的话来论证苏联的社会主义建设路线，并提出了“社会主义有可能在一国范围内取得完全胜利”的说法。在战时条件最为艰苦的时候，为了将来能够获得革命的胜利，布尔什维克党人要比其他各左派政党做得多得多。在第四届国家杜马中，有 5 名布尔什维克代表因进行反战宣传而被流放西伯利亚。布尔什维克抵制自1915年秋开始的军工委员会工作组选举活动，认为参加选举就意味着对无产阶级事业的背叛。他们利用那些保全下来的工会、医院收款处及其他合法组织为自己的反政府活动做掩护。但他们的主要工作还是要在非常隐秘的地下进行，并且要冒很大的风险。俄国国内的布尔什维克组织要与流亡国外休养的列宁取得联系也是困难重重。尽管如此，1914～1917年，俄国社会民主工党中央委员会俄罗斯处还是断断续续在彼得格勒继续开展工作。该处最积极的成员是冶金工人А. Г. 什利亚普尼科夫，他是一位有能力又有独立见解的布尔什维克，还曾不止一次批评过列宁。布尔什维克的中央机关报是在瑞士发行的《社会民主党人报》，主编是列宁。

1915年9月初，几个国家社会主义政党中持国际主义者立场的左派代表在齐美尔瓦尔德（瑞士）召开会议。会上，列宁提出了“将帝国主义战争转变为国内战争”的口号。然而，大多数与会者仅限于呼吁争取和平，并没有支持他的提议。1916年4月，在金塔尔召开的第二次国际社会主义会议上，列宁让与会代表的立场发生了明显向左转的倾向。他令人信服地批评了反战主义者，要求坚决果断、作风大胆，所有工作都为一个目标服务——社会主义革命。

十月革命前夕

布尔什维克不是俄国1917年二月革命的领袖，不过，其他激进的左派政党也不是。列宁本人是事后从瑞士的报纸上得知专制制度被推翻的消息的。在那个时候，布尔什维克的队伍中共计有不到1万名成员。3月，刚刚从西伯利亚流放回到彼得格勒的Л. Б. 加米涅夫和И. В. 斯大林擅自决定全面负责《真理报》的工作，该报当时只做一件事情，就是不断向临时政府施压，让其把革命已经在俄国开启的民主化这一伟大事业继续进行下去。其中，斯大林提示要谨防“事态的加速发展”，他坚持表面上还要支持临时政府，甚至主张站在战争温和反对派的立场上，与孟什维克进行联合。

但在1917年4月初，列宁从瑞士经德国回到国内。火车还没有在彼得格勒靠站，迎接的人就已经涌进车厢。在这些人当中就有加米涅夫。他从列宁口中听到的第一句话是："你们在《真理报》上写的是什么啊？我们才看了几期，就把你们一顿好骂。"

列宁著名的《四月提纲》及其命运众所周知，对于该提纲，布尔什维克经历了从不甚了解和否定到直接支持的过程，这一过程用的时间并不长。在4月24～29日召开的布尔什维克大会上，通过了向革命下一阶段过渡的方针，并提议将政权移交给以苏维埃为代表的无产阶级和贫农，而非资产阶级。据估计，布尔什维克在苏维埃内部会逐渐超过以前占优势地位的孟什维克和社会革命党人而占得上风，这将为全局的发展带来根本性的变化。人们在诠释这一转变时常常指出，这是因为列宁拥有坚定的意志力、充沛的精力以及卓尔不群的理论优势。斯大林在1917年3月的时候曾一度比较消极，后来他对此的解释是：因为自己的"理论知识不足"，所以，没有完全理解列宁关于"将资产阶级民主革命转变为社会主义革命"的思想。

从某种程度上来说，类似的解释是可以接受的。不过，人民群众的坚决和毅力也发挥着至关重要的作用。临时政府号召要一直战斗到取得胜利为止，这让一直渴望和平的全国人民的信心为之大振。而生活变得越来越艰难，恰恰是这一点帮助列宁赢得了党员大众对自己的支持，让他们站到了自己这边来。群众不太明白具体的理论知识，只有一小部分人了解《四月提纲》的内容。不过，所有人都感受到了食品不足、通货膨胀及其他标志着人民物质生活情况恶化的特征。而就在4月的时候，外交部部长、立宪民主党人米留可夫照会其他国家政府，表示俄国将忠于自己的同盟者义务。该照会遭到工人和士兵的强烈反对，引致政府危机爆发，最终，米留可夫和军事部长古契科夫辞去了职务。在此背景下，列宁拥护者的数量不断增加，积极性也日益提高。

布尔什维克党中央委员会下设前线和后方军事指挥部。布尔什维克党团也在苏维埃中积极开展活动，他们特别重视工厂委员会和工会的工作。如果哪里举行罢工、集会、示威、游行，布尔什维克通常都会出面发表演说。尽管他们并不总是成功地让无产阶级和士兵群众注意到自己，但形势常常会迅速转变过来，变成对他们有利，而且这种情形也不仅仅出现在彼得格勒和莫斯科。然而，其他政党和团体无心从事这些单调而又琐碎的工作。

在社会革命党人一直占优势地位的农村则是另外一番情形。当时俄国农村残酷的现实生活让社会革命党人的立场与布尔什维克党逐渐靠近，因为正是布尔什维克号召农民立刻夺取地主的土地。

1917 年 5 月，孟什维克和社会革命党人加入政府。6 月，政府爆发了新的危机。在 6 月召开的第一次全俄工兵代表苏维埃代表大会上，右翼社会党人占绝大多数，列宁一派在代表中仅占 12%。然而，这并未妨碍列宁在大会上宣布，布尔什维克党已经准备好了为国家的命运承担全部责任。当孟什维克的领袖之一、部长采列捷利表示“在目前的俄国，没有一个政党能够说：‘把政权交给我们，请你们离开，我们这就接替你们的位置。’”的时候，大厅里突然响起了列宁的声音：“有!”作为布尔什维克的领袖，列宁抢过了话语权，之后继续说道，布尔什维克时刻准备着“完全夺取政权”。当时有一些人在嘲笑列宁，但很快所有人都明白了，他说这番话是非常严肃认真的。

6 月 18 日，临时政府在前线发动了一次失败的进攻。此后，其威信一落千丈，降到了最低点。7 月初，人民和当局的对抗达到了极点。7 月 2 日，立宪民主党人指责政府向乌克兰中央拉达做出让步，决定退出政府。政府再次出现了危机。在这种局势下，一部分布尔什维克、无政府主义者和一些可能被派赴前线的部队开始倾向于立刻行动、武装推翻临时政府的意见。左翼极端派的意见引起了右翼力量的回击。1917 年 7 月 3～4 日举行的示威最终造成了一定的人员伤亡。列宁竭力回避对其企图发动军事政变的指控。然而，当局对这位布尔什维克领袖展开了真正的诬害，指控列宁曾参与为德国效力的间谍活动，但临时政府的反间谍工作人员拿不出有关列宁从事间谍活动的有力证据。尽管列宁和季诺维也夫被迫逃离彼得格勒，并转入非法的秘密活动状态，但这影响不到群众对布尔什维克的态度。

1917 年 7 月末到 8 月初，俄国社会民主工党（布）第六次代表大会在彼得格勒秘密召开，列宁没有参加此次会议。到这个时候，布尔什维克队伍中共计有成员近 20 万人。Л. Д. 托洛茨基也加入列宁一派，并迅速成为布尔什维克中仅次于列宁的二号人物。会议决定，布尔什维克着手准备武装推翻临时政府的工作。

1917 年，列宁不止一次地强调指出，他们说的并不是要立刻在俄国“实行”社会主义制度。他提议一开始采取的措施要完全在国家资本主义的范畴之内（实行银行、辛迪加国有化，由工人对食品的生产和分配进行监督，实行普遍义务劳动制）。列宁清楚地意识到，现在谈在俄国建立社会主义还为时尚早。俄国在经历了 3 年的战争后，陷入深重的经济危机之中。他提到了如何摆脱危机的问题：首先将政权移交给劳动人民，然后利用国家杠杆以及刚刚摆脱剥削、获得自由的人民的热情来重振国家经济。俄德前线情势危急，国内经济危机恶化，俄国统治层不负责任，孟什维克和社会革命党人无力扭转局势，以上种种让列宁不得不加紧部署下一步工作。

1917 年 8 月末，Л. Г. 科尔尼洛夫上将试图发动军事政变，未果。这一事件促使列宁尽快做出决定，发动旨在推翻临时政府的起义。

布尔什维克的力量在于，他们把最为亲民而又简单易懂的口号提到了首要位置：给人民以和平，给农民以土地，给工人以工厂，给苏维埃以政权。同时，布尔什维克没有把这些工作的落实拖延到立宪会议召开的时候，他们准备立刻行动。他们觉得，继 1917 年俄国爆发革命之后，其他国家的革命也会接踵而至，予以声援。世界革命的口号是布尔什维主义政治思想中的一项主要内容。

布尔什维克党的领导在 1917 年并非坚如磐石。在俄国社会民主工党（布）中央委员会中，同 В. И. 列宁、Л. Д. 托洛茨基、Н. И. 布哈林、Я. М. 斯维尔德洛夫共事的还有 Г. Е. 季诺维也夫、Л. Б. 加米涅夫、А. И. 雷科夫、В. П. 米柳京、В. П. 诺根等布尔什维克温和派的代表。他们主张与其他社会主义政党结盟，在同临时政府的斗争中走更为谨慎的路线，反对加紧向革命的社会主义阶段过渡。然而，党的战略战术是由列宁和那些对其正确性坚信不疑的人共同确定的。

1917 年秋，布尔什维克队伍中的成员人数已经超过 35 万人。一股苏维埃布尔什维克化之风袭来（彼得格勒苏维埃的主席由 Л. Д. 托洛茨基担任，巴库苏维埃主席为 С. Г. 绍米扬，莫斯科苏维埃主席为 В. П. 诺根，萨马拉苏维埃主席为 В. В. 古比雪夫）。10 月 10 日和 16 日，布尔什维克中央委员会通过了在近期发动起义的决议，而在 10 月 25 日，列宁的追随者和左派社会革命党人一起成功夺取了彼得格勒的政权。就这样，一场史无前例、波澜壮阔的社会实验在俄国拉开了序幕。

1917 年 10 月，布尔什维克表现出了其优秀战略家的一面。不过，不久后他们就遇到了很大的难题，这与他们在策略上的失误有关（进行世界革命的希望渺茫，过高估计了工农联盟的牢固性，对“全民”所有过于神化，官僚主义盛行，苏维埃式的民主不够完善，等等）。列宁非常喜欢引用拿破仑的一句名言：“首先要投入真正的战斗，然后便见分晓。”这句话蕴含着巨大的危险，不过，没有这一点的话，历史上也就不可能建立起真正的丰功伟业。但同时，另外一点也显而易见：在取得十月革命胜利后，等待布尔什维克的是严峻的考验和一段极为艰难的时期。本书的下一部分将对此进行详细阐述。

第十三章
俄国的民族主义政党*

B. B. 克里温基　H. Д. 波斯尼科夫　M. И. 斯米尔诺娃

保守派和自由派政党

俄国是一个多民族国家。19 世纪末 20 世纪初，在俄罗斯帝国生活着大约 100 个民族。专制制度以大国主义为原则构建着自己的民族政策。自 19 世纪 90 年代起，沙皇政府开始实行积极的政策，旨在彻底取消芬兰自治。1863 年起义之后，波兰王国自治的残余被彻底清除。民族矛盾在波罗的海沿岸、乌克兰、中亚和高加索地区也有所体现。

在亚历山大三世执政期间，大俄罗斯沙文主义是专制制度民族政策的根本。尼古拉二世原则上并没有改变沙俄政府对民族政策的态度。在总的民族政策框架下，沙皇制度强制推行俄罗斯化政策。他们不仅确定俄语为国家语言，还强迫少数民族在日常生活中也要使用。在少数民族地区的国家机构，一切公文事务都用俄语进行；禁止他们在学校使用本族语言，禁止用本族语言出版报刊、书籍；以拉丁字母为基础创立的立陶宛字母表被基里尔文字所取代；等等。在专制制度统治下，俄罗斯化政策的具体表现多种多样，但其目的只有一个——将俄罗斯的官方文化强加于俄罗斯族以外的其他民族，按

* 本章讲述的是民族地区最具影响力的政党的历史。关于其他民族主义政党的历史详见：Политические партии России. Конец XIX – первая треть XX века. Энциклопедия. М.，1996。

照东正教－大俄罗斯的模式统一整个帝国，并在此基础上将国家紧密团结起来。

在民族问题方面，俄罗斯化政策不仅是专制制度的官方政策，还是大俄罗斯民族主义在国家层面的体现。这一政策的实施考虑得不够成熟，而又极具破坏性，无异于播下了民族纠纷的种子，也为俄罗斯帝国保持国家完整性埋下了一颗定时炸弹，这颗炸弹迟早都会爆炸。因此，该政策无论会引起少数民族怎样的反应，都是不足为奇的。19 世纪末 20 世纪初之交，民族主义政党成为少数民族利益的代言人。其民族“特性”主要表现在：它们一直把解决民族问题作为党的工作重点，以及将来对帝国进行国家改造的首要和必要条件。民族复兴思想对于俄国民族主义政党的形成所发挥的作用即便不是决定性的，也是极其重要的。

俄国民族主义政党的形成有其合理性和规律性，正因为如此，才可以窥探其具有的一系列特征。首先，所有自由派民族主义政党均出自文化教育界，而大多数社会主义的民族主义政党的前身是秘密活动小组。其次，民族主义政党是在欧洲和俄国自由主义与社会主义传统、思想及观点的直接影响下形成的。由于各民族的社会文化传统、民族地区的经济发展水平以及整个民族生活的现代化程度不同，欧洲和俄国在民族主义政党形成过程中发挥的作用各有不同。例如，波兰、芬兰、波罗的海沿岸地区受欧洲的影响较大，而乌克兰、哈萨克斯坦、高加索地区则主要是受俄国的影响。最后，在 19 世纪末的俄国，马克思主义思想得到了很好的普及，它对俄国民族主义知识分子社会意识的形成起到了积极的影响，展示了俄国民族主义发展的自由主义模式。

俄国民族主义运动两大思想阵营的形成促进了民族主义政党的蓬勃发展。在面对民族问题时，这些政党往往会暂时抛弃立场上的差异（社会主义或资本主义），始终保持意见上的一致性。也正是因为在对待民族问题时具有这种团结一致的态度，自 1917 年 2 月起，尤其是 10 月之后，大多数在意识形态上彼此对立的民族主义政党暂时忘却了意识形态上的矛盾，找到了共同语言。当时，在俄罗斯帝国曾经拥有的边疆地区，一些新的国家民族主义组织相继出现，并逐渐兴起。

首先是在那些解放运动由来已久的地区，开始形成了第一批民族主义政党。在这些地区和国家的西北边疆地带以及外高加索地区（亚美尼亚人聚居的地区），政党的形成要比其在全国范围内形成早10～15年的时间。以前这里是根据政党的意识形态特征对其进行划分的。由此可见，俄国民族主义政党的建设进程呈现很大的不均衡性。

例如，19世纪80年代初，在高加索地区出现了亚美尼亚社会民主党，稍后又出现了亚美尼亚革命联盟；19世纪50～60年代，在芬兰出现了非真正意义上的政党（芬兰党和瑞典党）；在居民社会文化水平高于帝国其他地区的波兰，现代意义上的政党形成进程要比全国整体快得多（有党的制度纲领、组织机构等），19世纪80～90年代，那里已经有一些社会主义政党以及波兰王国最大的自由保守主义政党——人民民主党；在立陶宛，1896年成立了立陶宛社会民主党，一年之后，立陶宛、波兰和俄国（崩得）犹太工人总联盟在维尔诺成立。

在民族自觉意识较弱的地区，要比波兰王国晚些时候才对政党进行思想意识和组织上的区分。例如，1900年成立的乌克兰革命党（РУП）起初代表的是具有不同思想的多种成分联盟（社会民主党人、新民粹派等），后来又由该党衍生出了乌克兰人民党（УНП）、第一批乌克兰社会革命党人小组和乌克兰民主党（УДП），乌克兰民主党又成为乌克兰激进党（УРП）的核心。而在中亚地区，直到1917年2月舒拉伊斯兰运动（伊玛目委员会）成立之后，这一进程才开始加速向前推进。第一次俄国革命对民族主义政党的形成产生了决定性的影响。1905～1907年，在国家的边远地区陆续出现了许多新的政党、联盟和运动，其中大多数人数较少、组织涣散、思想模糊，因此，它们存在的时间非常短。

在第一次革命之前，俄国共有自由派和保守派的民族主义组织9个；1905～1907年，这一数量增长至42个；而到1917年2月的时候，则达到52个。

1917年2月以后，民族主义政党和运动的形成进程依然继续着。在十月革命前的短短几个月时间里，其数量增加了约 20 个。而从 1917 年末到 1925 年，又先后成立了自由派和保守派民族主义政党组织 12 个。

自由保守主义组织如此大的数量很醒目，但事实上是另外一回事。有 60 ~ 75 个政党组织存在的时间并不长，它们留下的纲领性文件寥寥无几，更主要的是，它们的拥护者也是所剩无几。俄罗斯帝国以及后来的苏维埃俄国的国家政治发展特点是不再插手波兰、芬兰、波罗的海沿岸各国的内政，这才促使这些国家逐渐走上了独立发展的道路。

无论是自由主义还是社会主义的民族主义政党，都设立了进行体制改革的目标，这些改革涉及社会生活各个领域，无一例外。自由派民族主义政党认为，俄国的未来在于对专制独裁制度进行改制。自由保守派政党和自由派的核心力量则预计，专制制度本身将会实行“自上而下”的根本性改革，并将逐渐向议会制君主立宪制发展演变。左派自由党人预测，“下面”可能会向当局施压，以期改革能有成效。

社会主义的民族主义政党持革命的激进主义立场。这些政党认为，俄国的未来不仅在于建立左派自由党人所说的民主共和国，还在于建设社会主义。在这一方面，民族主义政党的思想与俄国其他一些政党颇为相近。然而，民族问题使其无法同俄国社会民主工党或立宪民主党人找到共同语言，并进行联合。

尽管自由主义者和社会主义者在思想上存在分歧，但两者都认为，在一个国家，各个民族必须有自己的民族制度。根据民族主义政党思想家的设想，这种制度可能通过两种形式体现。首先，是以自治的形式（民族文化自治、民族区域自治、联盟）；其次，是以民族独立国家的形式。一些民族主义政党的思想家还提议，以地理区域或历史文化区域之间的共同性为基础，成立独立国家联盟。根据他们的设想，新的民主国家俄国在这个联盟中不一定总能找到自己的位置。该联盟应该是对俄国可能进行的报复性行动的一种钳制。

1917 年 2 月之后，民族主义政党在民族问题上的工作重心开始向获得更大的民族自主性这一方向转移，这导致其与全俄性政党之间形成对抗之势，也进一步加重了国内社会发展进程中出现的离心倾向。

1917 年的十月革命引起了自由主义和部分社会主义的民族主义政党党员的强烈反感。这不仅推动了独立民族国家的形成进程，还促使原来支持自治的民族主义政党转而支持分离主义立场。在社会主义的民族主义政党中，只有一小部分左派分子仍然支持国际主义立场，并且认为祖国的未来与布尔什维克领导的俄国同在。

在沙俄活动的民族主义政党的典型特征是它们极力代表各民族的利益，却常常会损害到自己所宣扬的思想体系。专制制度推行的俄罗斯化政策则让这一趋势更加明显。然而，如果说民族主义政党在思想上尚未成熟，在其实践活动中民族问题凌驾于一切思想之上，这不免有失偏颇。民族因素在民族主义政党的活动中发挥的作用很大，但并不是决定性的。

根据意识形态的特征不同，可以对民族主义政党进行如下划分：保守主义政党；自由主义政党；社会主义政党。

一些在俄国国内极具影响力的政党提出，俄罗斯族应在各个方面享有优先权，这种意见符合俄国专制政权长久以来针对各少数民族强制推行的俄罗斯化政策，其结果是直接甚至是粗暴地伤害了俄国各少数民族的感情，实际上损害了俄国的利益。1917 年二月革命和十月革命的结果印证了一些政党思想家的观点：一些社会文化水平较高的民族认为，在新生俄国自己并没有什么希望，自己的未来只能在国外。而俄国的民族主义政党则明显没有理解民族问题对俄国未来的重要性。

下面我们一起来研究一些民族地区的党建进程，首先来看看保守主义、自由主义的民族主义政党，然后再看看社会主义的民族主义政党。

乌克兰、白俄罗斯和摩尔达维亚

在这些地区，民族主义政党的形成进程不尽相同。乌克兰和摩尔达维亚的民族主义政党是在民族文化教育运动的基础上产生的，而白俄罗斯仅有的一个政党是由外族政治活动家创立的。

1905～1907年，在白俄罗斯活跃着一个保守教权主义政党，政党的名字叫“立陶宛和白俄罗斯立宪天主党”（ККП），该党是在生活于立陶宛和白俄罗斯的罗马天主教会和波兰人（地主、银行家、职员等）的倡议下创建的。

“立陶宛和白俄罗斯立宪天主党”的思想基础是天主教思想。党纲（1906年）中规定，党的主要任务是将所有波兰、立陶宛和白俄罗斯的天主教徒联合起来，组成“一个强大的政党”，“为了边疆地区的发展和富足”同沙皇政府做斗争。保护信徒的宗教感情、抵御东正教的扩张是党的基本任务。该党的领袖是天主教司铎艾·冯-德尔·罗普，这是不无原因的，因为该党在格罗德诺地区的白俄罗斯人天主教徒中最受欢迎。根据这一特点，可以将该党归到白俄罗斯保守主义民族主义政党之列。这个于1906年2月初成立的政党只存在了一年半左右的时间，1907年秋，维尔诺总督宣布将其解散。

在1905～1907年革命前夕和革命期间，民族主义自由民主政党——乌克兰民主党和乌克兰激进党成立了。这些政党倡导的民主主义思想与俄国立宪民主党比较接近，但在一些问题上，乌克兰民主党和乌克兰激进党的立场更为激进（如要求乌克兰自治，并承认具有发展社会主义的前景）。例如，乌克兰民主党在《波尔塔瓦格罗马达宣言》中指出：“基于乌克兰人民的利益，我们号召那些为乌克兰人民贡献自己力量的人加入我们的队伍，认识和了解乌克兰的文化、社会和经济特点，从而实现政治解放、进一步发展文化等全人类的理想，实现社会主义这一最能保障劳动群众利益的制度。”

毋庸置疑，上述政党的思想是比较接近的。成立于1904年秋的乌克兰民主党由著名社会活动家Б. 季姆琴科、В. 切霍夫斯基、Б. 奇卡连科等领导。该党的一部分党员（Б. 格林琴科、С. 叶夫列莫夫、М. 列维茨基等）在1905年春退出乌克兰民主党，并成立了乌克兰激进党。在革命的大背景下，这些政党团结到一起，在1905年末联合组成了乌克兰民主激进党（УДПР）。

乌克兰民主激进党是乌克兰民族运动联邦派最卓越的代言人，在政治生活中留下了浓墨重彩的一笔。М. С. 格鲁舍夫斯基指出，在乌克兰民主激进党的成员中，聚集了“乌克兰民族的精华”，即“所有人都认为自己是最有文化修养并且有能力做政治统帅的人”。

中农、下层和中层资产阶级、知识分子都是乌克兰民主激进党潜在的社会基础。在很多方面，该党在乌克兰颇具影响力。该党最终未能获得合法化地位，然而，其格罗马达（分支机构）遍布基辅、切尔尼戈夫、波尔塔瓦、哈尔科夫、赫尔松、叶卡捷琳诺斯拉夫、沃伦、波多利斯克等省城以及库班州和圣彼得堡。尽管该党的地域分布很广，但成员人数并不多（不同的统计数据显示，人数从200人到3000人不等）。在乌克兰民主激进党的大力参与下，还组建了乌克兰议会党团，该党团在第一届和第二届国家杜马中顺利开展工作。

乌克兰民主激进党的官方机关报刊有《格罗马达思想报》（《公民思想报》）、《拉达报》（《苏维埃报》）、《故土》杂志等。Б. 格林琴科、С. 叶夫列莫夫、Ф. 马图舍夫斯基是该党公认的领袖。1906年，确定并通过了党的纲领。党纲内容包括泛民主主义（议会制国家，宪法保障的民主权利和自由）、民族（俄国各民族的政治和文化自决权，联邦自治制度，少数民族的权利保障）、社会经济［把社会主义作为一种理想制度，通过没收官员、皇室的土地及其他各类土地彻底解决土地问题，赎买大部分私有地产，成立由民族区域地方政府管辖的边疆区（民族）土地基金会，建立先进的工人立法制度］等方面的要求。该纲领的实施应保障中央和地区之间建立和谐的关系，消除各阶级和阶层之间对立的紧张局势，在国内营造安定团结的氛围。

在俄国第一次革命结束后，乌克兰民主激进党作为一个政治组织不再存在。自1908年9月起，在其基础上成立了乌克兰进步人士联盟（ТУП），这是一个拥护议会制、联邦制和自治的社会组织。联盟的出版机构包括《拉达报》和《乌克兰生活》杂志，而其活动主要表现为支持乌克兰的文化教育协会、出版社、报刊，利用地方自治机构和杜马中乌克兰的盟友，向国内外各界介绍乌克兰运动的性质和任务。在二月革命刚刚爆发的时候，乌克兰进步人士联盟提议创建“乌克兰中央拉达”。1917年3月，乌克兰进步人士联盟改组为“乌克兰联邦自治主义者联盟”；1917 年 4～5 月，从该联盟中又分化出重整旗鼓的乌克兰民主激进党，更新了纲领内容，并于 6 月将党的名称改为“乌克兰联邦社会主义者政党”（УПСФ）。尽管该党不再像从前一样是群众性的政党，但它直至 1920 年都在乌克兰的政治生活中发挥着重要的作用。后来，许多党员流亡海外（在那里，该党又将名称改为“乌克兰民主激进党”，并通过了新的纲领）。

1901 年至 1902 年初，一队人从乌克兰革命党（РУП）离开，并以此为基础成立了乌克兰人民党（УНП 或 НУП）。该党的领导人是律师哈尔科夫和著名手册《独立乌克兰》的作者 Н. 米赫涅夫斯基。乌克兰人民党在利沃夫发行了同名报纸，并在报纸上坚决拥护乌克兰独立，宣传“乌克兰人的乌克兰”这一观点。同时，党的终极理想（1902～1906 年的纲领性文件中规定）是实现民族社会主义思想；其目标是建立独立的乌克兰共和国，解决民族问题。这样的纲领内容决定了该党成为专制制度的反对派，因此，其成员遭到后者的镇压和迫害。乌克兰人民党没有特别的追随者——要知道，该党不仅反对专制制度，还“反对莫斯科社会和莫斯科佬”，“反对俄罗斯文化和莫斯科的利益”。乌克兰人民党最典型的一次行动是在 1904 年 10 月 31 日夜，推翻了哈尔科夫剧院广场上的 А. С. 普希金纪念碑，而第二天凌晨，出现了一封《乌克兰人民党人呼吁书》，上面题有“保卫乌克兰”的口号，呼吁坚决结束“对乌克兰文化、荣誉和尊严的凌辱和践踏行为”。当然，在乌克兰人民党的呼吁书和其他纲领性文件中，虽然也有合理内核（特别是对工人问题的要求上），但这些文件在整体上来说定下的消极民族主义基调（对帝国其他民族和人民不友好的态度）致使乌克兰右翼民主主义政治家的思想觉悟大大倒退。

乌克兰人民党的历史也不长。1917 年 2～10 月，为数不多的党员试图在驻乌克兰的军队中积极开展工作，让军队支持《独立自主的乌克兰》这一发展纲要。1917 年 12 月 17 日，在一系列乌克兰人民党团体和其他民族民主主义人士的基础上，成立了乌克兰社会主义独立党（УПСС），其领袖是 И. 卢岑科、А. 马卡连柯和 П. 马卡连柯、О. 斯捷潘年科。该党继续支持乌克兰人民共和国（УНР）政府，在执政内阁统治时期，它也有代表进入政府内阁。在乌克兰共和国垮台之后（1919 年，在乌克兰西部的斯坦尼斯拉夫市出现的另一个乌克兰人民共和国与此处研究的政党无关），党的领导流亡海外，而该党也随之解散。

1905～1907 年，摩尔达维亚的政治生活第一次活跃起来。1906 年，以民族民主党党报《比萨拉比亚》的编辑人员为骨干，成立了摩尔达维亚民族民主党（МНДП），摩尔达维亚知识分子的文化教育思想成为其思想基础。该党的领袖包括 Е. 加夫里利采、И. 别利旺、П. 哈利帕等。这是一个无定形的组织，既没有明确的行动纲领，也没有党的机构。党提出的主要要求包括：在作为俄国一部分的比萨拉比亚实行自治；在学校教授摩尔达维亚语；通过文化协会和报刊来传播自己的思想。在 1905～1907 年革命之后，该党的活动实际上已经停止了。

波兰、芬兰、波罗的海沿岸地区

波兰的自由主义运动与起义运动的传统密切相关，首先就是 1830 年和 1863 年起义。正是波兰人民这种反对瓜分自己国家众国（奥地利、普鲁士和俄国）的解放斗争思想构成了波兰自由主义运动的基础，这也让它对俄国人抱有某种民族偏见。波兰自由保守主义民族主义政党的主要特点就是或多或少对俄国持有一定的否定态度，宣扬民族主义。

1887 年，一群志同道合者在瑞士创立了波兰侨民组织，该组织被命名为“波兰联盟”，1863 年起义的参加者 З. 米尔科夫斯基成为其领导人。波兰联盟在波兰王国主要开展文化教育活动。1893 年，在对波兰联盟进行改组后，成立了新的秘密组织——“民族联盟”。该联盟宣布，其目标是协调安排所有主张恢复波兰国家独立思想的组织和政党的活动，该思想以民族自由主义思想为基础。民族联盟的领导人有 Р. 德莫夫斯基、Я. 波普达夫斯基和 З. 巴利茨基。其中，巴利茨基是波兰民族自由运动追随者的“新思想之父”，这一新思想则被称为“民族利己主义”。新的爱国主义思想的精髓在于：波兰人在民族利己主义的基础上构建自己与其他民族的关系，而无须顾及任何人的意见。这使其能够为自己的将来和国家而奋斗，而不必理会其他民族和国家的利益。这种情况在历史上曾不止一次发生过，如在拿破仑战争期间。

成立于1897年的民族民主党（НДП，暂时是有名无实）是波兰王国民族联盟的政治组织。民族民主党赞成波兰独立，但不主张通过武装斗争的方式，而是希望通过专制统治者逐渐做出让步来实现。直到1905年，民族民主党的组织结构最终形成了（在波兰王国的10个省均设立了该党的分支机构）。民族民主党自成立伊始，就希望自己能够在争取恢复波兰国家独立的斗争中代表全体波兰人民的利益。一方面，民族民主党希望自己的活动能够具有全波兰性的意义；另一方面，又把目标瞄准中小资产阶级、知识分子和大学生。民族民主党在刚踏上政治之路的时候，其纲领具有自由主义特征；后来，该党的观点逐渐向好战的民族主义和反犹太主义的方向发展、演变，而其立场则转向保守主义。

在1905~1907年革命期间，波兰王国的革命遭到了镇压，在这种情况下，民族民主党支持俄国政府，并挑动波兰社会主义党和波兰、立陶宛王国社会民主党的拥护者展开了一场真正的血战。该党的反社会主义和反犹太主义立场越发明显。

民族民主党人参加国家杜马的选举。该党的代表是各届杜马中波兰党团的骨干力量。1906年2月，民族民主党发布了自己在民族问题上的行动纲领。该党提出，应对王国的全部生活（学校教学、诉讼程序等）进行波兰化，并宣布党的最高纲领是实行波兰王国自治。然而，这只是一个过渡性的要求，因为负责协调该党（其领导P. 德莫夫斯基也是民族联盟的领导人之一）活动的民族联盟仍然以波兰的独立为终极目标。

为了对工人运动施加影响，在民族民主党的领导下，成立了民族工人联盟（HPC），这是一个对社会主义学说持否定态度的工人政党。民族民主党还建立了波兰民族工会，成员数量众多。在1905~1907年革命后，由于在沙皇政府对边疆地区革命进行镇压期间，民族民主党采取了忠诚于沙皇政府的态度，因此，其地位有所动摇。

自 1907 年起到第一次世界大战爆发前，民族民主党一直致力于让沙皇政府在波兰问题上做出让步。随着第一次世界大战的开始，该党采取了亲俄方针。民族民主党认为，在德国和奥匈帝国战败的情况下，波兰将会获得独立。在独立后的波兰，民族民主党一直继续活动到 1939 年，在此期间几易其名。“现实政策党”（现实主义者）是波兰各政党中的极右翼政党。该党成立于 1905 年 10 月，持亲俄的保守主义立场，主要联合了大地主和大资产阶级，其领导人是 З. 韦列波利斯基伯爵和 Э. 皮尔茨。现实政策党人主张将波兰作为俄罗斯帝国的一部分，赋予其自治权；强烈反对革命党及其使用的各种手段；他们还驳斥民族民主党的政客作风，希望能通过自己对俄国政府的忠心耿耿达到目标，竭力让政府相信波兰人是可信、可靠的，从而赋予他们地方自治权。

现实政策党没有获得波兰王国民众的广泛支持，因此，其成员数量较少。然而，该党在波兰王国的影响力很大，因为其成员与圣彼得堡的政界人士关系甚密。在 1905 年革命之后，党的右倾趋势更加明显了。在第一次世界大战期间，该党延续了先前的亲俄立场。1919 年，现实政策党与加利西亚东部地区的保守主义政治团体一起组建了新的政治组织——民族联合会。

芬兰政党的形成开始于 19 世纪 50～60 年代。正是在这一时期创建了芬兰党。该党宣布自己的目标是发展芬兰文化，将瑞典语从国家机关中排挤出去，以芬兰语取而代之。党的领袖有 К. Ф. 伊格纳基乌斯、И. В. 斯涅尔曼、З. 托佩里乌斯等。芬兰党对俄国相当忠诚，直到 19 世纪 90 年代，其对俄国的态度才开始有所改变，而改变的原因则是俄国政府对芬兰实施俄罗斯化政策。

尽管如此，芬兰党仍然主张与俄国政府进行对话，并竭尽所能保留芬兰的自治权。其党员人数在不同时期为 1 万～1.5 万人。芬兰党秉持自由保守主义的价值观，其活动依靠的主要是芬兰社会各阶层中的保守派（传统的知识分子、富裕的城市居民、官员、农民）。

1894 年，芬兰党中分出了一部分自由主义倾向更为明显的青年，他们创建了青年芬兰党，相应地，原来的芬兰党改称为老芬兰党。两者都强调自己忠于民主和自由主义思想，主张赋予芬兰语以官方语言的地位。该党的领导人包括 Ю. 卡斯特伦、К. Ю. 斯托尔伯格[①]、Э. Н. 谢佳利亚、П. Э. 斯温胡武德[②]、Э. 埃尔克。与老芬兰党不同，青年芬兰党主张对俄国政府限制芬兰自治的企图进行消极抵抗。青年芬兰党人呼吁拒绝承认和履行俄国政府颁布的与芬兰基本法相抵触的命令和法令。1918 年，老芬兰党进行改组，更名为民族联合党。同年 12 月，青年芬兰党分裂，占大多数的自由派成立了民族进步党，少数派则加入更为保守的民族联合党（之前的老芬兰党）。

1902～1903 年，芬兰积极对抗党（ПАСФ）成立，其核心力量是老芬兰党、青年芬兰党和瑞典党中的激进分子，他们不满这些政党同专制制度推行的俄罗斯化政策进行消极斗争。该党走上了对抗俄国政府的道路，而其成员则自认为有能力与俄国开战，并且主张在同沙皇制度的斗争中可以运用一切手段，包括实施恐怖行动。党的领导人包括 К. 齐利亚克斯、Ю. 古梅鲁斯和 Х. 古梅鲁斯、Х. 斯坦伯格等。

在 1905 年 1 月召开的全党大会上通过了党纲，宣布其根本目标是让芬兰摆脱俄国的统治，独立出去。在 1905 年春召开的积极对抗党代表大会上，通过了反对俄国政府武装起义的筹备纲要，并以此为目的，成立了军事化组织“力量联盟”（或称“联盟”）。该组织在 1906 年有 125 个地方分支机构，成员近 2.5 万人。军事化组织的成立让大多数党员认为，积极对抗党已经实现了自己的目标。从此，该党便停止了自己的一切活动。

芬兰的自由派政党还包括 1906 年成立的农业联盟，该党的领袖是 С. 阿尔基奥和 К. 卡利奥，其成员主要是农民。农业联盟反对社会主义和保护私有制的革命运动，主张发展合作社，认为国家应谨慎干预经济，而芬兰语则应取代瑞典语成为官方语言。该联盟成为芬兰最有影响力的政党之一，一

① 斯托尔伯格·卡罗·尤霍（1865～1952 年）——杰出的国务活动家，1919～1925 年任芬兰共和国总统。

② 斯温胡武德·佩尔·埃温德（1861～1944 年）——杰出的国务活动家，1930～1931 年任芬兰总理，1930～1937 年任芬兰共和国总统。

直存在至今，现称“芬兰中央党”（自 1965 年起）。

1906 年，芬兰人民党成立，该党代表约占芬兰人口 11% 的少数操瑞典语居民的利益。芬兰人民党的宗旨是保存芬兰少数操瑞典语居民的民族独立性，其在经济和政治问题方面的纲领并没有超出自由主义之类要求的范围，与此同时，尤其关注对生活在芬兰的瑞典居民的保护。该党主张保留芬兰的自治权。党的领袖有 A. 里尔、B. M. 冯·博恩、A. O. 弗洛伊登萨尔等，其主要力量是操瑞典语的少数人中的温和保守派——官员、知识分子、农民。在芬兰湾另一边的波罗的海沿岸地区，自由派政党的发展道路与芬兰颇为相似：政党都是由文化教育机构逐渐发展而来的，区别只有一点——这里政党的形成要晚 40 ~45 年。

在 19 世纪 80 年代末到 90 年代初的立陶宛，一批民族复兴思想的宣传者和拥护者开启了政治分化进程，他们创建了立陶宛民主党（ЛДП），该党成立于 1902 年，领袖是 П. 维辛斯基、安朱良吉斯 、亚布隆斯基、维雷希斯。立陶宛民主党在自己的队伍中联合了中等资产阶级、城市小资产阶级、自由知识分子和农庄主。党员活跃分子在农庄主中积极开展工作，这为独立的农民组织——立陶宛农民联盟的建立（1907 年）创造了前提条件。该联盟在纲领中宣布，必须在立陶宛建立独立的民主共和国；作为走向独立的第一步，联盟提出，要“以设在维尔诺的国会为中心，实现立陶宛民族”自治。纲领没有涉及俄国国家政治制度的问题，但明确了全俄中央执行机构和立陶宛地方执行机构的职权范围。纲领还指出，自治边疆区的官方语言应为立陶宛语。

1905 ~1907 年革命期间，立陶宛民主党与立陶宛社会民主党合作，主张与全俄的革命力量联合开展反对专制制度的斗争。立陶宛民主党是立陶宛民族代表大会（1905 年 11 月）的组织者和主要参与者，参加会议的还有立陶宛其他民族主义政党和社会运动，大会通过了消极抵抗沙皇政府的纲领。在 1905 ~1907 年革命失败后，立陶宛民主党变得更为保守。第一次世界大战期间，在德军占领立陶宛之后，该党领袖撤退到了俄国。1917 年 11 月，在那里以立陶宛民主党为基础，建立了立陶宛社会民粹民主党。

立陶宛基督教民主联盟（СЛХД）成立于 1905 年，该党的领袖包括 Л. 比斯特拉斯、П. 卡尔维亚利斯、М. 克鲁帕维丘斯等。这是一个有明显民族主义和教权主义倾向、具有西欧模式的基督教民主思想成分的政党组织。该党依靠的社会力量主要是工人天主教徒、农民、知识分子。立陶宛基督教民主联盟的纲领性要求包括：在民族区域范围内实行立陶宛自治，同马克思主义进行斗争，保护天主教抵御东正教的进攻，培养立陶宛人的宗教精神。从组织架构来看，立陶宛基督教民主联盟更像是社会宗教运动，而非政党，其活动主要是建立合法的宗教组织。正是在这些组织的帮助下，基督教民主党人在几次革命期间才得以以党组织的形式保留下来。1917 年 3 月，在立陶宛基督教民主联盟这些宗教组织的基础上，成立了立陶宛基督教民主党，其影响力在独立之后的立陶宛相当大。1936 年，该党被立陶宛当局禁止活动。

拉脱维亚和爱沙尼亚自由保守派政党直到 1905 ~ 1907 年革命期间才出现。1905 年初，拉脱维亚民主党（ЛДП）成立，党的领袖是 А. 伯格。同年，拉脱维亚立宪民主党（ЛКДП）成立，其领导人包括 Ф. 阿尔贝特、Ф. 格罗斯瓦尔德、А. 克拉斯特卡恩。爱沙尼亚唯一一个完全形成的政党是爱沙尼亚人民进步党（ЭНПП），该党于 1905 年 11 月在尤里耶夫创立，其领袖是 Я. 蒂尼森[①]，也是他倡议创建该党。

为了解决全国性的制度问题，拉脱维亚立宪民主党和爱沙尼亚人民进步党接受了俄国立宪民主党的纲领要求，这些党经选举进入第一届国家杜马的代表加入了立宪民主党党团。两个政党对立宪民主党的纲领内容进行补充，加入了民族自治的要求（建立完整的爱沙尼亚和拉脱维亚，承认爱沙尼亚语和拉脱维亚语为官方语言，取消贵族特权）。在革命运动方面，相对于拉脱维亚立宪民主党，爱沙尼亚人民进步党的立场更为保守，这是由于在爱沙

① 蒂尼森·杨·亚诺维奇（1868 ~ 1945 年）——爱沙尼亚共和国杰出国务活动家，1927 ~ 1928 年任爱沙尼亚总理，1931 ~ 1932 年任外交部部长，1940 年 12 月 13 日，被内务人民委员会机构逮捕，之后的命运不详。有资料显示，蒂尼森于 1945 年死于阿尔汉格尔斯克州的劳改营。

尼亚人民进步党中大资产阶级相当强势。两个政党都赞成将爱沙尼亚和拉脱维亚作为俄国的一部分，保留其自治权。拉脱维亚民主党要比拉脱维亚立宪民主党更为激进，因为构成前者社会基础的城市和农村小资产阶级要比构成后者社会基础的中等资产阶级激进。拉脱维亚民主党在其纲领中提出，应在俄国实行民主改革以及拉脱维亚自治。

1905～1907 年革命期间，拉脱维亚民主党在民众中的影响力相当大。拉脱维亚两大政党（拉脱维亚民主党和拉脱维亚立宪民主党）反对德国对拉脱维亚在经济、文化和其他生活领域的控制。拉脱维亚民主党要比拉脱维亚立宪民主党更左，拉脱维亚民主党人积极同拉脱维亚社会民主党人合作。然而，两个政党的思想基础都不够牢固，“左派”和“右派”无法在党内共存，再加上 1905～1907 年革命的结果让两党的许多党员有所顿悟，于是，他们离开了自己的队伍。1905～1907 年革命后，两个政党逐渐退出政治舞台，不再存在。在三个自由派政党（拉脱维亚立宪民主党、拉脱维亚民主党及爱沙尼亚人民进步党）中，仅剩下爱沙尼亚人民进步党勉强将党的机构保存下来。二月革命后，爱沙尼亚人民进步党进行改组，更名为爱沙尼亚民主党（ЭДП）。1919 年 3 月，爱沙尼亚民主党与极端民主党共同创建了爱沙尼亚人民党，前者不复存在。对立陶宛、拉脱维亚、爱沙尼亚各党派中的极右翼分子产生影响的两个政党分别是拉脱维亚人民党（ЛНП）及波罗的海立宪党（БКП）。

拉脱维亚人民党成立于 1905 年，其领导人是政论家 Ф. 魏恩贝尔格和诗人涅德莱。该党党员人数极少，他们积极开展政治活动的时期是1905～1907 年革命时期，当时党员人数还不到 200 人。拉脱维亚人民党持极端民族主义立场，但其民族主义主要是针对德国男爵和犹太人，对俄国人则是礼貌有加。该党的纲领要求没有超出 10 月 17 日宣言的范围，而在民族问题上，主张赋予拉脱维亚自治权。

拉脱维亚人民党宣扬具有侵略性的民族主义和反犹太主义思想，呼吁镇压革命，这使得该党人数一直很少，并且是一个较为封闭的团体。1915 年，拉脱维亚人民党停止了自己的活动；二月革命后，该党得到重建，但在拉脱维亚政治生活中发挥的作用并不重要，直到1919年该党解散。

波罗的海立宪党成立于1905年11月中旬，在波罗的海沿岸地区各民族主义政党中，该党自成一派。党的领袖在不同时期分别是А. Ф. 迈恩多夫、克洛特、艾德哈尔德、特拉武特。在解决全俄性问题方面，该党持温和自由主义立场。俄国的政治制度在其看来是世袭的君主立宪制。在思想方面，该党与10月17日同盟比较接近。

高加索地区

在1917年2月之后的高加索地区，民族主义政党和自由民主派运动走上了政治斗争的舞台。其中，第一批成立的政党是伊斯兰教民主党木沙瓦特党（阿塞拜疆语意为“平等党”）。1911年末，在以Ч. Р. 谢里夫扎德、А. К. 卡兹米扎德、К. В. 米卡尔扎德等为首的年轻伊斯兰教徒知识分子的努力下，木沙瓦特党在巴库成立了。同年，该党巴库分部制定了第一份党纲和党章。自1913年起，М. Э. 拉苏尔扎德成为公认的党的领导人和主要理论家。党的出版机构是由拉苏尔扎德担任主编的《明言报》。在1917年2月之前，该党并没有积极参与政治生活，但提出了自己的主要口号（土耳其化、伊斯兰化、现代化），并奉行建立土耳其庇护下的大国思想。二月革命后，木沙瓦特党主张建立俄国民主共和国。第二年（1918年），党的领袖就已经提出了阿塞拜疆完全独立的要求。

1917年4月，木沙瓦特党和土耳其联邦党（1917年3月成立于甘贾）达成合并协议。该协议于1917年6月形成，并在1917年10月26日党的第一次代表大会上通过，开始生效。新的组织取名“木沙瓦特土耳其民主党”，党的成员包括大资产阶级、小资产阶级、知识分子和工人的代表，党的报纸包括《木沙瓦特报》《独立报》《我们的道路报》。代表大会选举产生的中央委员会（8人组成）分成两个分会——巴库分会（М. 拉苏尔扎德、М. 加德任斯基、М. 拉菲耶夫、М. 韦基洛夫）和甘贾分会（Н. 6. 乌苏别科夫、Г. 6. 鲁斯塔姆别科夫、М. 阿洪多夫）。

木沙瓦特土耳其民主党第一次代表大会通过了新的纲领，确定党的主要任务是保护俄国土耳其语族以及帝国信奉伊斯兰教的其他各族人民的经济和民族文化利益。为此，该党要求在民主制和联邦制的基础上对国家进行改革。纲领规定，信奉伊斯兰教的各民族，无论是否说土耳其语，都应获得自治权，以确保其在一切内部事务——行政、立法、财经、文化及诉讼程序等上可以拥有完全的独立性。每一个自治区域都应有自己的立法和执行机构。此外，该党认为，必须将所有的土耳其语族自治区域联合成为一个民族文化同盟。

纲领规定了广泛的民主自由权利，具体包括：公民无论性别、年龄和宗教信仰如何，在法律面前一律平等；所有 20 岁以上的公民都拥有普通、平等、直接的匿名选举权；信仰、出版、集会、结社、迁移自由；人身和住宅不被侵犯；等等。

纲领专门有一部分内容是关于土地问题的。该党要求成立土地基金会，结合各地土地使用和土地所有权的具体特点，按照规定向有需要的居民分配地块。基金会的运作主要是通过没收国家、皇室和内阁成员的土地，征用超出土地定额上限的私有土地并对私有土地主予以公正的奖励等方式进行。

党纲对工人问题予以详细阐述，强调必须对八小时工作制做出立法规定，对工人实行劳动保护及缴纳各类保险。在纲领中，专门有一部分单独论及诉讼程序问题。纲领规定，可以进行诉讼辩论，法官要公平公正，在预审阶段赋予被告进行辩护的权利；纲领宣布取消死刑，实行缓刑处罚。纲领中还特别关注教育问题。

1918 年 9 月至 1920 年 4 月，该党是阿塞拜疆的执政者。1920 年 5 ~ 6 月，该党在甘贾发动叛乱，为推翻苏维埃政权做了最后的尝试。6 天后，行动被第十一方面军镇压下去。此后，该党不复存在，其大部分成员流亡国外，而留下来的人则在 20 ~ 30 年代遭到迫害。

格鲁吉亚和亚美尼亚自由派政党直到 1917 年 2 月之后才陆续形成。1917 年 6 月，格鲁吉亚民族民主党（ГНДП）在格鲁吉亚成立，党的领袖是

С. 肯迪亚、Г. 克瓦扎瓦。该党宣布，其在民族问题上的目标是将格鲁吉亚作为俄罗斯帝国的一部分实行自治。1917 年夏，该党党员人数为 6000 ~ 7000 人。在 1918 年 1 月格鲁吉亚宣布独立之后，格鲁吉亚民族民主党支持孟什维克政府；而在 1921 年苏维埃政权建立后，该党又存在了一段时间，并于 1923 年 10 月自行解散。

1917 年 1 月，一个以右翼力量为基础的自由派政党在亚美尼亚成立，新政党取名“亚美尼亚人民党”。该党的纲领以立宪民主党人的党纲为基础，并对民族问题部分进行了内容上的补充，要求广泛实行自治。1917 年，该党在高加索地区共有约 50 个分支机构。亚美尼亚人民党主张建立亚美尼亚共和国。继苏维埃政权在亚美尼亚确立后，该党领袖纷纷流亡国外，而党也停止了活动，不再存在。

哈萨克斯坦、中亚

哈萨克斯坦的党建进程在 1905 年革命期间才开启。1905 年，一众哈萨克斯坦民族主义运动自由派活动家——А. 布凯汉诺夫、М. 杜拉托夫、Б. 卡拉塔耶夫、Ж. 谢达林、Б. 塞尔塔诺夫、М. 特内什帕耶夫等提议，在乌拉尔斯克建立俄国立宪民主党分部。按照传统，哈萨克斯坦人生活中最重大的决定应由哈萨克斯坦人民代表大会开会通过。由于在乌拉尔斯克召开的代表大会上，未能就成立立宪民主党分部一事达成一致意见，所以该提案没有通过。1905 ~ 1907 年革命后，哈萨克斯坦自由民族运动的进程搁浅了。直到 1917 年 2 月之后，哈萨克斯坦的民族运动开始兴起，创建一个代表哈萨克全体人民的政党这一问题才被提上议事日程，这一意图在为该党预先起好的名称“阿拉什”（哈萨克斯坦人传说中的祖先，国家性的象征）中显而易见。同 1905 年的情况一样，关于创建这样一个政党的决议也应由哈萨克斯坦人民代表大会开会通过。1917 年 7 月 21 ~ 26 日，大会在奥伦堡召开，会上通过决议，宣布正式成立能够代表哈萨克斯坦全体人民利益的独立政党，并委托专家组参与政党纲领性文件的起草工作，专家组成员包括 А. 布凯汉诺夫、M. 杜拉托夫、Г. 古马洛夫、A. 拜图尔塞诺夫、Г. 茹吉巴耶夫、A. 比利姆然诺夫。1917 年 11 月 21 日，该专家组在《哈萨克斯坦人报》上发布了《纲领草案》。

哈萨克斯坦第二次人民代表大会于 12 月 5 ~ 13 日召开，会议没再讨论建党问题，而是把工作重心放到了国家建设问题上。大会宣布，成立哈萨克斯坦阿拉什民族区域自治政府。我们有理由相信，在 1917 年 2 月之后，在哈萨克斯坦成立的是阿拉什民族区域自治政府，而非阿拉什党。可见，当时的政治局势要求首先要建立一套能够在发展上先于政党形成进程的国家民族制度。

1905 ~ 1907 年革命期间，政党在中亚地区社会和文化教育运动——扎吉德运动的基础之上开始逐渐形成。扎吉德运动的理论家 И. 加斯普林斯基在自己的著作中提出，该运动必须解决三个主要问题：第一，通过改革和教育对穆斯林团体进行现代化；第二，让俄罗斯帝国的穆斯林取得精神上和政治上的团结一致；第三，确定俄罗斯穆斯林与西方的互通方式。扎吉德运动以改变俄罗斯穆斯林的落后为己任。与此同时，该运动努力探索新途径，希望将传统的穆斯林团体联合起来，组成一个工业资本主义世界。扎吉德运动在俄国没有统一的中心，这是一个超乎国家的运动。

到 20 世纪初的时候，扎吉德运动在中亚地区，首先是在乌兹别克人聚居的各个地区具有一定的政治影响力。运动的中心包括塔什干、布哈尔国和希瓦汗国。1905 ~ 1907 年，在希瓦汗国出现了青年希瓦运动。他们也持扎吉德运动的立场，要求在希瓦汗国进行改革。然而，直到二月革命之后，他们才得以迫使大汗颁布宣言，宣称进行局部改革。1916 年，在布哈尔国的扎吉德分子联合创建了青年布哈尔运动。1918 年，他们企图在布哈尔国内发动国家政变，但遭到彻底歼灭，其组织也解体了。与此同时，这两个组织内部的分化进程因外在的事件——十月革命及苏维埃政权在乌兹别克斯坦确立——而加速，分化为左、右两派。1920 年，左派青年希瓦人和青年布哈尔人分别加入了花拉子模共产党和布哈尔共产党，右派则支持巴斯马奇运动。

在二月革命后，民族主义政党在图尔克斯坦[①]的形成进程加快了。1917年3月14日，召开了代表会议，与会代表是3月13日在旧城（当时世居民族聚居的塔什干地区）进行的群众集会上选举产生的。代表会议决定，成立维护穆斯林利益的民族（乌兹别克）政治组织，新的政治组织命名为“伊斯兰舒拉”（伊斯兰委员会），由 У. 阿萨杜雷哈任、M. K. 阿普杜拉西德汉诺夫、A. 阿普杜拉伍夫、A. B. 卡里等领导。从民族成分构成来看，该组织中大多数是乌兹别克人。

伊斯兰舒拉自成立伊始，就与塔什干委员会抢夺主导权。可见，从一开始，伊斯兰舒拉就不仅仅是一个政治组织，同时还是地方权力机构（类似于阿拉什）。然而，与阿拉什不同，伊斯兰舒拉建立了能够正常运作的组织结构，与政党结构较为相似。伊斯兰舒拉在土库曼斯坦的许多城市都有接受其统一领导的分支机构。伊斯兰舒拉的纲领性宣言被称为《临时法》，其内容奉行的仍然是扎吉德运动的精神。宣言中提出了在土库曼斯坦的穆斯林中传播社会改革思想的要求；而在国家、民族建设方面，伊斯兰舒拉提出，应建立地方自治机构，这些机构的领导要由世居民族的代表担任。伊斯兰舒拉认为，土库曼斯坦的未来在于建立土库曼斯坦自治共和国，该共和国是俄国的一部分；伊斯兰舒拉还主张消除在土库曼斯坦生活的各民族之间的不信任。

伊斯兰舒拉努力在各个阶层的世居民族中寻求社会支持。因此，从社会成分构成来说，伊斯兰舒拉的成分非常复杂，而加入该组织各社会阶层的利益常常是不一致的，有时甚至是彼此冲突的。如果说在该组织的形成阶段，建立穆斯林的政治组织这一共同目标可以缓解伊斯兰舒拉领导层的矛盾，那么，到了1917年夏，该队伍最终还是走向了分裂。由于不满伊斯兰舒拉也面向世俗社会，正统伊斯兰教会的代表们从该组织退出，并建立了新的传统保守派政治组织——乌列马舒拉（宗教委员会）。新的政治团体非常敌视伊

① 在1917年2月之前的图尔克斯坦总督区。革命后——图尔克斯坦边疆区。1924年，图尔克斯坦、布哈尔国和希瓦汗国分为四个中亚共和国，时至今日仍然是独立国家。其中包括乌兹别克斯坦、塔吉克斯坦、吉尔吉斯斯坦和土库曼斯坦。

斯兰舒拉的政治纲领。与伊斯兰舒拉相反，乌列马舒拉认为土库曼斯坦的未来在于保留传统的穆斯林生活方式，而在其中发挥重要作用的则应是伊斯兰教。归根结底，新组织的宗旨在于让封建制在土库曼斯坦保存下来，建设一个可以按照《伊斯兰教法典》来统治的国家。在国家制度方面，乌列马舒拉的要求要激进得多。乌列马舒拉认为，土库曼斯坦应从俄国分离出去，并在中亚建立一个由土耳其领导的统一的伊斯兰国家。

社会主义的民族主义政党

在俄罗斯帝国的边境地区，第一批具有社会主义倾向的政治组织是在19世纪80～90年代开始出现的。自那时起到1905年，共成立了50个社会主义倾向的政党（社会民主党和新民粹党），而其中47个政党是民族主义组织。

创建这些政党的倡导者、理论家和实践领袖是知识分子的代表，当时他们掌握了在西方业已形成的马克思主义思想。社会主义的民族主义政党在自己提出的纲领性要求中指出，要在革命的基础上建设社会主义社会，其中包括运用群众性和个人的恐怖行动等暴力手段、将私有财产没收充公、消灭阶级差别。实现社会主义建设计划的前提条件是推翻俄国的专制制度，建立民主共和国制度，赋予公民政治自由，无论民族属性如何，所有公民都享有平等权利。

社会主义的民族主义政党宣布，将不同民族的劳动人民在争取社会主义的斗争中团结起来。与此同时，这些政党将民族问题置于首要位置，而非国际主义原则。它们提出，在民主国家中各民族一律平等，并以某种形式实行自治。首先建立一个不受俄国限制的独立自主的国家，接下来可能在自愿、平等的基础上联合起来，结成一个联邦制联盟，这样一来，民族问题将得到不同程度的解决。

正是民族问题优先这一特点将左派激进民族主义组织和与其同类的全俄性政党区别开来，因为对于后者来说，最重要的是社会主义理想，而它们根据第二国际共同宣言的精神对民族问题的解决方式相当模糊。它们认为，民族解放是社会主义获得世界性胜利自然而然带来的结果。

绝大多数民族主义政党认为，应当与全俄性组织统一行动。然而，在实践中它们力求保持自己的组织独立性，同时，在保持工人阶级的民族队伍可以完全独立活动的情况下，也允许以联邦制原则为基础进行联合。这种观点并不适合全俄性政党，一方面，是因为它们要确保实现阶级斗争的最高目标；另一方面，它们希望能够确立自己在俄国社会主义运动中的领导地位。在许多民族主义者看来，将所有民族主义政党联合起来，组成一个统一的政党，这并不是用国际主义思想来建设党，而是“俄国在党建方面的沙文主义”，对此应该展开顽强的思想斗争。

应当指出的是，尽管社会主义倾向的全俄性政党与民族主义政党之间存在着各种分歧和矛盾，但它们代表的是 19 世纪末 20 世纪初同一波革命社会主义运动潮流。

波兰、波罗的海、芬兰

社会主义倾向的政治组织在波兰形成的时间相当早，在那里资本主义发展水平相对较高，受西方影响较大，争取独立的民族解放运动传统深厚。早在 19 世纪 80 年代，激进的波兰知识分子组织非常普及，其成员热衷于马克思主义思想，主要以民族主义无产阶级为发展对象。

第一无产阶级党（Л. 瓦伦斯基、A. 坚布斯基、C. 库尼茨基等）在纲领性宣言中复制了马克思和恩格斯在《共产党宣言》中的基本原则。该党的创建者认为，纲领内容应该是让俄国全国的无产阶级都可以接受的。他们宣布，工人运动的终极目标是实现劳动人民的社会解放，这也是世界无产阶级革命的成果。在实践活动中，第一无产阶级党紧密联系民意党，并与其达成合作协议。该组织的活动时间是在 1882 ~ 1886 年。

第二无产阶级党（C. 门德尔松、M. 扬科夫斯卡娅 - 门德尔松、Л. 库里奇茨基等）无论是在坚持社会主义价值观方面，还是在运用民意党个人恐怖战术方面，都是第一无产阶级党革命传统的继承者。与此同时，第二无产阶级党（1888～1898 年）更明确地为民族利益代言。作为近期任务，该党提出波兰无产阶级和俄罗斯无产阶级应共同开展斗争，争取制定一部全俄宪法以及实现波兰的区域自治。随着工人运动规模的扩大，党的领导人无法再对无产阶级提出的经济要求视而不见。在这种情况下，与 1890 年成立的波兰工人联盟合并成为可能。1892 年 11 月至 1893 年 3 月，这两个组织合并成波兰社会主义党（ППС）。

波兰社会主义党在波兰的解放斗争史和俄国的革命运动史上占有特殊的地位。这是一个最具规模和影响力的社会主义政治组织，一直完整、始终如一地执行波兰国家独立的路线方针。在自己的活动和思想中，该党把马克思主义理论、社会主义改革特点和极端激进的斗争手段（武装起义、恐怖、战斗队的行动）相结合，进而证明任何反对“俄罗斯侵略者”的行为都是正确的，包括公开示好俄国的外敌，并与其进行合作。

1892 年 11 月，波兰侨民社会主义者代表大会（与会者包括第二无产阶级党、波兰工人联盟、工人联合会等组织的成员）在巴黎召开。会上审议了新政党的纲领草案，其亮点是提出了在原来波兰立陶宛王国的范围内重建独立的波兰国家这一要求。纲领宣布，必须进行“反对资本主义剥削、争取劳动者政治权利”的革命斗争，但纲领中并没有指出实现社会主义的具体途径。该党认为，向新的社会过渡是一条漫长的改革之路，“将逐步实现土地、劳动资料和交通工具公有化”。该党认为，自己的首要任务是进行民族解放斗争，包括武装反抗，使波兰的领土从俄国分离出来，取得独立。

在 1893 年波兰社会主义党正式成立时，它的一些成员认为争取独立是狭隘的民族主义。他们坚持党要走国际化路线，因为只有在波兰仍然是俄国的一部分并建立波俄革命同盟的情况下，才有可能在波兰进行社会主义变革。无产阶级运动国际化思想的支持者在 1893 年 7 月发表声明，称自己不同意纲领草案的内容，并创建了新的政党——波兰王国社会民主党。

波兰社会主义党（其领袖包括 Я. 斯特罗热茨基、Ю. 皮尔苏茨基、Ю. 格拉博夫斯基、Л. 库利奇茨基等）是一个组织有序的政党，其最高机构是代表大会，每隔 1～2 年召开一次，中央工人委员会负责基层组织的日常领导工作。尽管波兰社会主义党经常遭到镇压和迫害，但其地位无论是在波兰各地，还是在乌克兰、白俄罗斯、立陶宛、加利西亚、西里西亚都非常稳固。该党与在圣彼得堡、莫斯科、基辅和哈尔科夫就学的波兰大学生一直保持联系。

波兰及波兰工人运动独立思想最忠实的奉行者是 Ю. 皮尔苏茨基，他得到了波兰社会主义党老一辈右派人士的支持。与此同时，年轻一辈（А. 布宜诺、Ф. 萨克斯、Я. 鲁特克维奇）则不赞成“举行反对俄国的武装起义”，他们认为，可以将民族解放和社会解放的目标结合起来，支持波兰和俄国的无产阶级统一行动。

在第一次俄国革命刚开始的时候，在年轻一辈的倡议下，召开了波兰社会主义党第七次特别代表大会（1905 年 3 月 5～7 日）。会议通过了《政治宣言》，提出了“波兰应实现法律意义上的国家独立”的口号，以取代原来纲领中提出的“波兰应无条件分离出去”的要求。这一决议应在推翻专制制度后由华沙的立法会予以通过。宣言还指出，必须与俄国革命党进行合作。纲领的内容变化也得到了波兰社会革命党第八次代表大会（1906 年 2 月 12～23 日）的支持。此次会议称老一辈关于波俄战争的思想是“十足的乌托邦思想”。

以 Ю. 皮尔苏茨基为首的老一辈希望能够将拥有约 5000 名成员的“战斗组织”（БО）变成一支独立的力量，并通过该组织加强自己的势力。1906 年夏，“战斗组织”完成了几次成功的出击，组织刺杀了华沙副总督，策划了“流血的星期三”（1906 年 8 月 15 日）活动。当时，波兰社会主义党的一队恐怖组织成员在波兰各大城市针对警察和士兵发动了 100 多起袭击事件。党的领导谴责“战斗组织”的行为。作为对此的回应，“战斗组织”在扎科帕内召开的大会（1906 年 11 月）上断然提出，要求波兰社会主义党接受其管辖，以此实现对党的“军事化管理”。该党的第十一次代表大会（1906 年 11 月 19～25 日）通过决议，决定将扎科帕内会议的与会者开除出党。波兰社会主义党走向分裂的原因在于“两种思想派别——社会主义口号粉饰下的激进爱国主义派和真正的社会主义派之间存在矛盾”。Ю. 皮尔苏茨基及其拥护者离开了代表大会，以示反抗，不久后，他们在克拉科夫召开的会议上通过了决议，决定成立独立的“波兰社会主义党革命党团”。该党团重提原来的纲领性要求，并确定自己的斗争目标是建立“民主独立的波兰”，而实现这一目标的途径是波兰无产阶级举行武装起义。

波兰社会主义党革命党团的基本原则是民族分离主义，该原则排除了与全俄性社会主义运动进行合作的可能。1908 年，在革命党团的领导下成立了非法军事组织——积极斗争联盟，其宗旨在于直接准备反对沙皇政府的武装起义。为此，该组织希望能够预先获得波兰所有爱国人士的支持。一部分革命党团成员担心它会变成一个恐怖中心，因此，他们在 Ф. 别尔的领导下，宣布成立“波兰社会主义党反对党”。然而，在 1909 年召开的波兰社会主义党革命党团代表大会上，大多数与会者决定重新使用原来的组织名称——“波兰社会主义党”。他们支持开展武装斗争的路线，并把德国和奥匈帝国列为抗俄行动可能发展的盟国。实质上，这一路线在第一次世界大战期间已经得到实施。当时，波兰社会主义党打着波兰独立的口号，实行波兰人积极参加抗俄军事行动的政策。

1906 年 11 月，波兰社会主义党第九次代表大会召开。在此次会议上，该党分裂。据估计，当时党的队伍中成员人数为 4.6 万～5.5 万人。大多数人支持年轻一辈的领袖（М. 霍尔维茨、М. 克舒茨卡娅、Ю. 奇热夫斯基），并联合结成左派波兰社会主义党。在该党的第一次代表大会（1906 年 12 月至 1907 年 1 月）上，“左派党人”抨击波兰社会主义党革命党团的起义思想，并决定不再使用原来提出的“独立波兰共和国”的口号，因为这在目前来说是无法实现的。他们提出了新的要求：给予作为俄国一部分的波兰王国广泛的自治权，并使其拥有自己的议会。偏离极端民族主义立场为该党与波兰和俄国的社会民主党接近并共同行动创造了条件。在 1912 年 4 月召开的代表大会上，“左派党人”呼吁俄罗斯帝国的无产阶级政治组织联合起来，结成统一的政党。

为实现社会主义理想而进行国际无产阶级斗争思想最忠实的奉行者和贯

彻者们在1893年联合组成了“波兰王国社会民主党”（СДКП），而在1900年，该党与立陶宛工人联盟合并。波兰和立陶宛社会民主运动的组织者和积极参加者包括T. 沃洛斯托夫斯基、A. 凯尔扎、Л. 罗索尔、Ф. 捷尔任斯基以及国际级的活动家——P. 卢森堡、Ю. 马尔赫列夫斯基、И. 梯什卡、A. 瓦尔斯基。1895年，在一系列逮捕和迫害行动的影响下，该党实际上已经不复存在，直到1899年才得到重建。不过，该党一直贯彻执行第一次代表大会（1894年2月26～27日）上确定的纲领性目标，即由工人阶级夺取政权，并建设社会主义。

波兰王国社会民主党和立陶宛社会民主党站在“无产阶级的立场上”来解决民族问题这一对波兰社会主义运动来说最为复杂的问题。与自己的主要反对派——波兰社会主义党不同，波兰王国社会民主党和立陶宛社会民主党不仅认为不可能将波兰独立的要求列入自己的纲领，甚至完全拒绝对民族问题予以特别关注。以理论家P. 卢森堡为代表的波兰王国社会民主党和立陶宛社会民主党称，该党原则上谴责民族压迫，并认为“把波兰的领土作为国家独立”这一口号的提出在政治上是有害的，因为这会“将无产阶级从纯粹的阶级和国际主义立场推向沙文主义”，还会令波兰的工人阶级与全俄的工人阶级——他们是“在反对政府斗争中的唯一盟友”——产生距离。不顾民族特点而将“阶级利益”绝对化，这大大限制了波兰王国社会民主党和立陶宛社会民主党人在世代居住的土地上进行活动的可能，同时，也令其与全俄社会民主党人产生芥蒂。例如，在俄国社会民主工党第二次代表大会上，波兰王国社会民主党和立陶宛社会民主党人提出，要求将民族自决权这一条款从俄国社会民主工党的纲领中删除，而当该要求被驳回时，他们退出了大会。1905年，革命浪潮风起云涌。直到这时，在波兰王国社会民主党和立陶宛社会民主党的党纲中才列入这样一条条款：“居住在俄国的各民族一律平等，并保障其拥有自由和发展文化的权利：建立民族学校，享有使用母语的自由，波兰拥有国家自治权。”

在第一次俄国革命期间，波兰王国社会民主党和立陶宛社会民主党发展成为群众性政党，其队伍中共有成员近3万人。该党提出了希望波俄结成革命联盟以及“无产阶级专政”的纲领性要求，这拉近了波兰王国社会民主党和立陶宛社会民主党与俄国社会民主工党的距离。1906 年，两党联合起来。根据俄国社会民主工党第四次代表大会决议，波兰王国社会民主党和立陶宛社会民主党作为统一的地区性组织加入全俄性政党，并领导该地区各民族无产阶级的党务工作。同时，波兰王国社会民主党和立陶宛社会民主党保留自己的纲领内容，在解决党内发展、宣传等方面的问题时保持很大的独立性。在参加俄国社会民主工党第五次代表大会（1907 年，伦敦）时，波兰王国社会民主党和立陶宛社会民主党的代表在主要问题上均支持布尔什维克的立场。

1911 年，波兰王国社会民主党和立陶宛社会民主党分裂为两派：“总部（党的最高执行机构，位于柏林）支持派”和“分裂派”。“总部支持派”指责自己的反对派脱离现有工作，不了解党在几次革命期间的发展特点，同时还支持俄国社会民主工党孟什维克取消派的路线。“分裂派”得到了布尔什维克的支持。而波兰王国社会民主党和立陶宛社会民主党分裂的原因和后果也成为第二国际巴塞尔国际会议（1912 年）的一项议题。

然而，随着第一次世界大战的爆发，特别是在德国占领波兰后，波兰王国社会民主党和立陶宛社会民主党两派又走到了一起。该党与左派波兰社会主义党和崩得党一起成立了跨党派工人委员会，以协调各革命力量的行动。

19 世纪末 20 世纪初，波罗的海沿岸地区出现了社会主义倾向的民族主义政党。这与马克思主义思想的积极推广以及波罗的海沿岸三个民族的民族复兴进程紧密相关。

立陶宛与波兰在地理上毗邻，历史上相似，还有共同进行革命斗争的传统，这些因素对立陶宛的社会主义运动产生了巨大影响。立陶宛社会民主党（ЛСДП）成立于 1896 年 4 月（党的领袖为 A. 多马舍维奇和 A. 摩拉夫斯基）。成立伊始，该党便表现出了明显的民族性，主要体现在其捍卫立陶宛的政治自决权，竭力扩大自己的影响，首先是在操立陶宛语的工人当中。远不是立陶宛社会民主党的所有党员都支持领导层的这一立场，在 1896 年 5 月，以 C. 特鲁谢维奇（扎列夫斯基）为首的左翼代表退出该党，并建立了立陶宛工人联盟。该组织的特点在于，其成员多为波兰的马克思主义者，他们用波兰语在波兰语居民中开展宣传鼓动工作。他们认为，应在党的名称中指明自己属于立陶宛，这指的不是民族特点，而是历史和地域特点。立陶宛工人联盟一直坚持革命斗争的国际化路线，因此，它于 1900 年与波兰王国社会民主党合并也在常理之中。自成立之日起，立陶宛社会民主党就与波兰社会主义党保持密切联系，并深受其影响。

1896 年，立陶宛社会民主党在自己的纲领中表示，将为社会主义而献身。该党还论及工人阶级的特殊作用："通过实行社会主义制度解放无产阶级的任务只能由无产阶级自己来完成，因为其他社会阶层捍卫的是私有制，他们努力维护现在的阶级社会。"而进行社会主义变革的第一步是要获得"广泛的政治自由"。纲领还指出，要建立民主共和国，并在维尔诺设国会；考虑与其他国家结成联邦制同盟的可能。

关于立陶宛走什么民族路线的问题，"联邦派"和"自治派"各执一词。前者拥护民族联邦制和分离主义路线，他们经常批评"自治派"的主张，即将立陶宛作为俄国的一部分，推行广泛自治的路线。"自治派"的立场在 1905～1907 年革命期间得到进一步强化。当时，立陶宛社会民主党与俄国社会民主工党以及其他民族的社会主义组织走得都很近，这也导致该党中的民族主义倾向有所弱化。在 1905 年 6 月立陶宛社会民主党召开的第四次代表大会上，该党对纲领内容做了一定的修改，提出允许在联邦制的基础上加入俄国，并成为其一部分。然而，这一举措未能消除党内矛盾，最终导致"联邦派"和"自治派"两派的形成。在 1907 年召开的立陶宛社会民主党大会上，"自治派"通过了决议，决定将纲领中关于"立陶宛共和国独立"的条款替换，取而代之的是要求立陶宛在俄国国家范围内完全拥有政治自主权，同时，立陶宛社会民主党在自治原则的基础上加入俄国社会民主工党。然而，这样的联合并未如愿进行。不过，1906 年 6 月，立陶宛社会民主党与波兰社会主义党在立陶宛合并。

同时，合并后的政党保留了"立陶宛社会民主党"这一名称。随着第一次世界大战拉开序幕，立陶宛社会民主党中的左派公开与布尔什维克合作，而右派保持独立立场，继续坚持立陶宛独立的思想。在十月革命后，意识形态上的划分越发清晰，立陶宛社会民主党左翼成为1918年8月创建立陶宛和白俄罗斯共产党（КПЛиБ）的骨干力量，右翼则保留原来的名称——立陶宛社会民主党，并一直在独立后的立陶宛活动至1926年。

在波罗的海沿岸地区北部三省（爱斯特兰、利夫兰和库尔兰），社会主义倾向的民族主义政党的形成进程有所不同。拉脱维亚和爱沙尼亚的政党组织出现得较立陶宛晚些，受到俄国社会民主党人的直接影响。

在拉脱维亚的社会主义政党中，活动最为突出的是拉脱维亚社会民主工党。该党在思想和组织上源于19世纪90年代在里加活动的马克思主义小组。社会主义思想在工人中的传播促使波罗的海拉脱维亚社会民主工人组织（ПЛСДРО）在1902年4月成立。其领袖Я. 扬松（布劳恩）和Я. 奥佐尔斯以德国社会民主党的《爱尔福特纲领》和俄国社会民主工党的纲领为基础，制定了自己的纲领草案。在1904年6月召开的第一次代表大会上，以波罗的海拉脱维亚社会民主工人组织为基础，成立了拉脱维亚社会民主工党（ЛСДРП），并通过了具有明显社会主义倾向的纲领。纲领中并没有触及拉脱维亚民族未来的问题，而仅仅是提出赋予“生活在现时俄国范围内的所有民族以自决权”。

拉脱维亚社会民主工党在自己的第一次代表大会上就已经表示，赞成在联邦制的基础上与俄国社会民主工党联合。1906年，在俄国社会民主工党第四次代表大会上，两党的联合成为历史事实。根据《拉脱维亚社会民主工党与俄国社会民主工党联合条件草案》，拉脱维亚社会民主工党采用了新的名称——拉脱维亚边疆区社会民主党（СДЛК），并变成了区域自治性组织。该组织必须奉行俄国社会民主工党的纲领，同时，拉脱维亚边疆区社会民主党保留召开党的代表大会的权利，其领导机构可在本地区范围内独立开展活动。

在第一次俄国革命期间，拉脱维亚社会民主工党积极开展组建战斗队的活动。战斗队武装反抗政府，到处开展“没收充公行为”，以满足党的需求，并进行武装起义的技术准备工作。拉脱维亚社会民主工党在行动中与

“红色队伍”和“森林兄弟团”的成员紧密合作，这两个组织分别由芬兰社会民主党和1900年成立的拉脱维亚社会民主联盟（ЛСДС）组建。拉脱维亚社会民主联盟的宗旨是“通过无产阶级夺取政权来消灭资本主义制度”，主张对拉脱维亚实行民族自治，并成立自治区——拉脱维亚边疆区。联盟与社会革命党人的联系颇为紧密，但该联盟的封闭性及其活动范围的有限性，导致其党员人数不断减少。在第一次俄国革命结束后，联盟经历了组织危机，直到1913年，才又呈现积极的发展态势。1913年3月，联盟更名为拉脱维亚边疆区社会革命党（ПСРЛК）。然而，直到二月革命之前，组织危机也未能解决（1913年夏，最大的里加组织仅有40~50名成员）。在1917年2月之后，党员人数增至2000人。拉脱维亚边疆区社会革命党在独立后的拉脱维亚活动至1919年。

爱沙尼亚社会民主党人也是俄国社会民主工党党员。起初，爱沙尼亚社会民主党人并没有提出关于爱沙尼亚劳动人民民族利益的特别要求。在第一次俄国革命期间，民族运动日益活跃，爱沙尼亚开始出现自由派政治组织。1905年8月，一部分爱沙尼亚社会民主党人退出俄国社会民主工党，创建了爱沙尼亚社会民主联盟。他们表示，爱沙尼亚必须实行自治。然而，该组织并未获得广泛的影响力。直到1917年，一批爱沙尼亚社会主义的民族主义团体陆续出现，其中最具影响力的是爱沙尼亚社会民主工党。

芬兰社会主义政党的形成进程比较独特。作为俄罗斯帝国的一部分，这里的政治气候较为温和，同时，受到斯堪的纳维亚国家资产阶级自由主义传统的影响相当大，因此，社会民主运动发展成为独立政党的时间要比资产阶级政治组织晚一些，后者从19世纪上半叶就已经存在。

1899年，芬兰工党成立，并在其第三次代表大会（1903年2月）上更名为芬兰社会民主党（СДПФ）。其奋斗目标是通过“将生产资料转为公有”和利用“一切符合人民法制观念的合理手段”，“让人民摆脱经济上的从属地位以及政治和精神上的不成熟”。芬兰社会民主党主张保留和维护芬兰的民族独立性，同时宣布自己是一个国际主义组织。在芬兰社会民主党的框架下活动的还有芬兰瑞典工人联盟（成立于1899年），后者将操瑞典语的工人联合起来，具有很强的组织独立性。1906 年，芬兰社会民主党成立青年工人社会民主联盟，联盟在组织上从属于该党。芬兰社会民主党与俄国社会民主工党保持经常性联系。受 1905 年革命事件的影响，芬兰社会民主党获得了与其他政治力量平等参加国会选举的权利。在 1906 年召开的第五次代表大会上，该党制定了具有明显民主色彩的竞选纲领。最终，在 1907 年的选举中，芬兰社会民主党收获了 40% 的代表席位（共计 200 个席位中的 80 个）。1916 年，芬兰社会民主党在欧洲历史上首次突破一半票数大关，在芬兰国会赢得了大多数代表席位。

乌克兰和白俄罗斯

在 20 世纪初，乌克兰社会主义运动就已经拥有为数众多的组织，其中大多数源自乌克兰革命党（РУП）。乌克兰革命党是在 1900 年 2 月，在哈尔科夫召开的大学生格罗马达代表大会上宣告成立的，而这些组织代表了上至自由派，下至社会主义者的不同派别。从乌克兰革命党成立伊始，其活动中就表现出了马克思主义、新民粹主义和民族主义思想夹杂在一起的特点。

乌克兰革命党的第一部党纲《独立的乌克兰》是由乌克兰著名社会活动家 H. 米赫诺夫斯基起草的，他在形式上并不是该党党员。纲领的主要思想是通过暴力手段为乌克兰争取恢复 1654 年《佩列亚斯拉夫条约》规定的各项权利，并将其推及“俄国乌克兰人民居住的所有土地”。

1902～1903 年制定的新纲领草案（起草者 H. 波尔什）的内容体现了乌克兰革命党的思想向社会民主思想的转变。显然，该草案内容明显受到德国社会民主党的《爱尔福特纲领》以及俄国社会民主工党纲领的影响。同时，纲领中特别强调指出，党的活动是为“乌克兰和俄国其他部分的无产阶级斗争服务的”。

该党对民族问题的解决体现在保障每个民族都享有自由的文化和社会发展权以及乌克兰自治等方面，要求“设立独立的、拥有内部事务立法权的代表会议（国会），而其对象仅为在乌克兰居住的居民”。尽管 1903 年制定的草案未能作为正式纲领通过，但对巩固社会民主趋势具有重要作用。

乌克兰革命党深受波兰社会主义党的影响，与加利西亚乌克兰社会民主党、崩得密切合作，并与俄国社会民主工党（特别是孟什维克）一直保持联系。后者坚持认为，乌克兰革命党人应与乌克兰民族主义者分开，而同俄国社会民主党人联合。到 1904 年，乌克兰革命党实际上分裂成了两派。以 Н. 波尔什为首的多数派（“民族主义派”）主张乌克兰实行民族区域自治，并保持乌克兰革命党作为乌克兰社会民主党人唯一代表的组织独立性。М. 梅列涅夫斯基领导的少数派（“国际主义派”）希望该党与俄国社会民主工党联合。

原定于 1904 年 12 月召开的代表大会最终未能开成，此后，乌克兰革命党的分裂终成既定事实。М. 梅列涅夫斯基一派发表了《乌克兰革命党分裂宣言》，不久之后，他们加入了乌克兰社会民主联盟（Спилка）。该联盟是俄国社会民主工党的一个自治性组织，在操乌克兰语的工人中开展活动。乌克兰社会民主联盟的活动主要依靠孟什维克支持。1907 年，该联盟中央委员会几乎全员被捕，而各主要委员会也被捣毁。此后，联盟事实上不再存在，而其数次试图作为完整的组织重建均未果。

1905 年 12 月，“民族主义派”召开了乌克兰革命党第二次代表大会。会议决定，乌克兰革命党停止活动，并将创建其后继者——乌克兰社会民主工党（УСДРП，该党的领袖包括 Д. 安东诺维奇、В. 温尼琴科、И. 斯捷申科等）。新政党的纲领以 1903 年起草的乌克兰革命党纲领草案为基础，兼顾第二国际苏黎世大会（1893 年）提出的各项要求。此次大会建议一切社会主义政党都应通过统一的最高纲领，纲领应用纯粹的马克思主义思想来阐释斗争的终极目标；会上一致通过了在俄国实行民主制度，而在乌克兰实行自治的要求。

直至 1917 年 10 月前，乌克兰社会民主工党一直反对乌克兰独立。乌克兰社会民主工党承认俄国各民族无产阶级的经济和政治目标一致，并认为可以创建一个以联盟制为基础、将民族主义组织联合起来的统一的社会民主党。然而，在其与俄国社会民主工党就组织统一的条件问题进行谈判时，未能取得任何成果：俄国社会民主工党对乌克兰社会民主工党的分离主义思想不满，而后者也不能向俄国社会民主工党的中派主义思想妥协。尽管乌克兰社会民主工党在俄国两次革命期间经历了种种复杂的矛盾，但在1917年之前，该党一直是最具影响力的乌克兰政党。

具有社会主义倾向的乌克兰民族主义政党还包括乌克兰社会革命党（УПСР，1903年）。1903～1904年，乌克兰社会革命党人的第一批组织（格罗马达）先后在基辅、敖德萨、波尔塔瓦等地出现（其领袖有A. 扎利夫奇、H. 扎利兹尼亚克、E. 克瓦斯尼茨基），并与俄国社会革命党人联系密切。乌克兰社会革命党把自己当作“国际社会主义运动的一部分”，因而认为，必须将“全世界社会主义政党的要求”应用于乌克兰社会革命党人。乌克兰社会革命党第一次代表大会在1907年召开，然而，直到1917年该党才正式宣告成立，并通过自己的纲领。

在民族问题上，乌克兰社会革命党主张各民族完全平等和拥有民族自决权，而俄国应该实行联邦制改革。至于乌克兰，乌克兰社会革命党认为，它的未来应该是“同其他各民族一起构建联邦关系，并且都作为民主共和国保有自己独特的民族边界，这不取决于乌克兰的现实归属问题”。

综上所述，可见，在乌克兰的政党中实际上有不同色彩的社会主义运动：从左派激进国际主义者到民主社会主义的拥护者。这从整体上反映出了乌克兰社会最有文化的那部分群体的思想动向，首先是指知识分子、大学生及乌克兰社会主义运动的创建者。

波兰、立陶宛、乌克兰拥有不同颜色的政党，白俄罗斯则与自己的这些近邻有所不同。长期以来，社会主义政党在白俄罗斯的出现都与那里最具影响力的组织——白俄罗斯社会主义格罗马达的活动相关，该组织最初代表的是革命民主主义、社会主义以及自由资产阶级各派。

1902年冬，在中小学生和大学青年民族教育小组的基础上，组建成立了白俄罗斯革命格罗马达，后来更名为白俄罗斯社会主义格罗马达（党的领袖有И. 卢茨克维奇和A. 卢茨克维奇、Э. 帕什克维奇、A. 布尔比斯等）。该党在1903年召开代表大会，会上通过了第一部党纲，在党纲中将自己定位为白俄罗斯劳动人民的社会政治组织；其斗争的终极目标是消灭资本主义制度，并向土地、生产资料和交通工具公有制过渡；党的近期任务是“与俄国各族人民联合”推翻专制制度，赋予他们最大的自由。

该党在1906年通过的第二部党纲中确立了为社会主义理想而献身、为争取民主而斗争的目标和任务。党纲中对成立俄罗斯联邦民主共和国的阐述更为清晰，要求对个别民族实行民族文化自治，而对白俄罗斯实行自治，在维尔诺设地方自治机构。

在组建期间，白俄罗斯社会主义格罗马达与波兰社会主义党、俄国社会革命党、立陶宛社会民主党密切联系，后来又与崩得党和俄国社会民主工党，尤其是其中的孟什维克派走得很近。白俄罗斯社会主义格罗马达特别重视土地问题，在经过很长时间的争论之后，纲领关于土地问题的部分就其本质而言，是复制了孟什维克将土地划归市有的纲领内容。

尽管白俄罗斯社会主义格罗马达也积极参加了1905～1907年的革命事件，并扩大了自己的影响，但它的地位极其不稳定，尤其是在革命失败后，这一点表现得尤为明显。1907年夏，在多克希齐召开的代表大会上通过了解散该党的决议。然而，尽管白俄罗斯社会主义格罗马达的活动转向以文化教育工作为主，但仍在继续。随着世界大战的爆发，白俄罗斯社会主义格罗马达的活动彻底停止了。

在白俄罗斯境内，纯白俄罗斯族的社会主义组织相当多，但在白俄罗斯居民中影响颇大的是其近邻——波兰、立陶宛、乌克兰的民族主义政党，在这里非常活跃的还有犹太社会民主组织和工人组织。

外高加索

19世纪80年代，俄罗斯帝国政治上最为活跃的一个地区就是外高加索地区。而一批散居国外的亚美尼亚代表则成为革命活动的催化剂。土耳其治下的亚美尼亚歧视亚美尼亚人，这促使后者加紧创建政治组织。这些组织能够将亚美尼亚民族团结起来，并确保其在有利的社会、经济、文化和政治条件下发展，最终实现社会主义理想。

第一个这样的组织是亚美尼亚社会民主党，该党也是俄国最早的一批社会民主党，其创建者是一些从俄治亚美尼亚来的大学生（A. 纳扎尔别基扬、M. 瓦尔达尼扬等），知识分子、工人、农民、大学生代表构成了该组织的社会基础。1887 年在日内瓦成立时，亚美尼亚社会民主党是在中央委员会领导下的集权机构，在有亚美尼亚人生活的各国都有大量的分支机构。该党的纲领性文件制定了很长时间，并几经修改。1897 年版纲领的定稿是根据马克思主义的理论精神制定而成的，纲领宣布，亚美尼亚社会民主党的宗旨是通过“共产主义的社会革命”“将占全人类大部分的工人阶级从一切资本家、地主和统治阶级的剥削和压迫中彻底解放出来”。

在民族问题方面，亚美尼亚社会民主党提出，要“让亚美尼亚人民摆脱奴役，消除阻碍其经济发展，特别是文化发展的影响因素”。该党认为，要实现这些目标，首先要推翻专制制度，确立民主立宪制。在实现上述目标的途径和手段方面，亚美尼亚社会民主党人达成了一致的理解。一部分党员认为，土耳其治下的亚美尼亚（“我们故土的主要部分都在这里”）必须制定一套特殊的战术，并由此开启争取民族独立和亚美尼亚人民团结的斗争。1894 年，亚美尼亚社会民主党在土耳其治下的亚美尼亚组织发动了一系列武装活动，这也成为土耳其当局迫害亚美尼亚人的原因之一。

纲领和战术问题上的分歧引起了亚美尼亚社会民主党组织内部的不稳定，进而致使该组织经历了不止一次的分裂。例如，在 1905 年召开的紧急代表大会上，大多数与会者坚持 1897 年纲领的立场，而少数代表则提出将党分成两个独立的部分：一部分负责该党在土耳其的工作，另一部分负责俄国的工作。不久后，少数派脱离该党，开始与俄国社会民主工党及无政府共产主义者进行合作。亚美尼亚社会民主党的个别党员转而加入亚美尼亚社会民主工人组织，该组织是一个人数不多的政党，成立于 1904 年，其创建者是一批宣扬社会主义价值观的年轻亚美尼亚社会民主人士，他们一直在为与俄国社会民主党人联合而努力，并在 1907 年得偿所愿。

至于亚美尼亚社会民主党人本身，在 1905～1907 年革命后，他们的政治路线发生了变化。在第一次世界大战期间，该党的代表参加了志愿军队伍，并支持俄国军队进一步向土耳其深入。他们认为，这样将会让土耳其治下的亚美尼亚从土耳其的压迫中解放出来。

影响力最大的亚美尼亚社会主义组织是亚美尼亚革命党达什纳克党（АРПД）。该党由爱国组织“青年亚美尼亚”发展而来，拥有复杂的组织机构，其最高机构是全体大会，而日常工作则由中央委员会负责，中央委员会包括西方事务局和东方事务局。不同资料显示，1900～1907年，该党党员总数为10万～16万人，将3000余个基层委员会和团体联合起来。达什纳克党的活动范围既包括俄国，也包括亚美尼亚侨民所在的其他国家。达什纳克党人宣布，将“城市的工人无产阶级、劳动农民和革命知识分子”作为自己社会基础的骨干力量。与此同时，他们认为，可以吸引统治阶级中“最有觉悟、智力和精神方面最为强大的社会成分”加入，因为“他们在很大程度上可以助力劳动人民在斗争中取得成功”。这一观点在该党的社会成分构成方面得到了体现，党的社会成分较杂，其中包括民族资产阶级、创作型知识分子、工人、农民和职员。

在达什纳克党的第一部党纲（1892年）中清楚指出，党的任务是将亚美尼亚人民团结起来，并让其从土耳其的统治中解放出来。纲领还指出，应该在西方强国和俄国的帮助下，通过武装斗争以及达什纳克党组织的恐怖活动和军事行动解放土耳其治下的亚美尼亚。为了满足购买武器的开支，1900年，达什纳克党开展了“风暴”行动，通过暴力手段将俄国富裕亚美尼亚人的财产没收充公：其中大多数人是自愿提供所需资金的，而反抗者则被处死。

在1907年召开的党的第四次代表大会上，通过了新的纲领。在纲领中，达什纳克党“作为一个革命的社会主义政党”，提出了“捍卫亚美尼亚劳动群众阶级和民族文化利益”的目标，同时还指出，“要以民权取代君主制度，而资本主义则是要通过生产工具和资料的社会化予以取代”。在最低纲领中，土耳其治下的亚美尼亚被看作未来实行立宪制的土耳其的一部分，并赋予其广泛的地方自治权。纲领指出，俄罗斯应该成为联邦制国家，而

“外高加索民主和联邦共和国”是其组成部分。达什纳克党人特别关注亚美尼亚的民族问题。他们还强调指出，争取社会主义的斗争具有国际性，而自己的党作为国际社会主义运动的一支队伍，自 1907 年起就开始参加第二国际的工作。

在第一次俄国革命期间，达什纳克党人积极使用恐怖战术对付国家官员、军人、特工，并将其财产没收充公。就对斗争的看法和采用的手段来说，达什纳克党人与社会革命党人比较相似，都是将马克思主义思想与新民粹主义思想相结合。

在第一次俄国革命之后，达什纳克党在土耳其的活动更为活跃了，该党没有停止反对俄国专制制度的行动，这也导致当局加大了对其的镇压和迫害力度。在第一次世界大战期间，该党的路线又发生了改变：达什纳克党人站到了护国派的立场上，支持协约国针对土耳其展开的军事行动，参加组建志愿军队伍和组装武器。

在外高加索地区其他社会主义的民族主义政党中，格鲁吉亚社会联邦党和穆斯林社会民主组织古米特党也具有一定的影响。1904 年 4 月，在日内瓦召开的格鲁吉亚革命团体大会上，格鲁吉亚社会联邦党作为“劳动人民阶级的政党”正式成立，其中坚力量是拥护社会主义、无政府主义和格鲁吉亚民族主义的格鲁吉亚年轻知识分子（党的领袖有 Г. 果戈里亚、В. 车尔科佐夫、Л. 戈布尼亚等）。党纲于 1904 年制定完成，党纲中指出，该党应“竭尽所能”为之而努力奋斗的最高理想是社会主义。格鲁吉亚社会联邦党人主张进行社会主义变革要循序渐进，因为他们认为，革命将分阶段进行，并将持续很长时间。在民族问题上，该党坚持格鲁吉亚实行自治，而俄国实行联邦制，消除“令劳动者阶级意识模糊”的民族对抗。

1905～1907 年，格鲁吉亚社会联邦党对外积极与社会革命党人和无政府主义者开展合作，参加共同的战事和宣传活动；党内则因为民族主义、无政府主义和社会主义各派代表之间常常产生思想矛盾和对立，所以形势相当复杂。在 1905 年革命后，继续活动的主要是国外的格鲁吉亚社会联邦党代表机构。

1904 年 10 月，在阿塞拜疆社会民主人士的倡议下，为了在穆斯林劳动者中开展社会主义宣传鼓动工作，成立了穆斯林社会民主组织古米特党。该组织的特点在于，自 1905 年 2 月起，它就以俄国社会民主工党巴库委员会分部的名义开展活动，有时也作为独立组织行动（组织的领导有 C. 埃芬季耶夫、M. 阿齐兹别科夫、M. 米尔 - 卡西莫夫等）。

在 1909 年制定的纲领中，古米特党提出了“公正、平等、自由”的口号，并确立了“维护贫苦人民、工人和职员的利益，提升他们的地位”的目标。纲领包括 13 项民主要求；民族问题在其中并没有得到专门的阐释，但该组织成员表示，赞同俄国社会民主党提出的关于民族自决权的要求。

在 1905 ~ 1907 年革命期间，该组织与俄国社会民主工党巴库委员会共同行动，并赢得了阿塞拜疆最进步、最有思想的知识分子的好感。然而，后来大量成员被捕，导致该组织在 1909 年初实际上已经不复存在。1917 年，该组织得到重建。

在社会主义的民族主义政党中，犹太人组织占有特殊的地位。

俄国政府实行的官方政策旨在将犹太人俄罗斯化和同化，针对拥有较高智力水平和丰富历史传统的犹太人民，限制其公民权利。该政策致使许多散居国外的犹太人代表站到了专制制度反对派的立场上。犹太青年积极加入革命运动，参加各种极端、激进的活动。在全俄性的激进政治组织中，犹太代表所占的比重很高。19 世纪 80 ~ 90 年代，犹太民族主义政党开始陆续成立。

最为著名、人数众多、影响力最大的一个民族主义社会民主组织是立陶宛、波兰和俄国犹太工人总联盟（简称“崩得”）。该组织第一次代表大会于 1897 年在维尔诺召开（其领袖有 T. 科佩尔佐恩、A. 克雷默、И. 米利等）。崩得主要是由知识分子、工人、手工业者、职员、大学生的代表组成，他们对自己的定位是西北边疆区和波兰经济斗争的积极组织者，进行马克思主义和社会主义思想的宣传工作，他们主张与全俄的无产阶级联合起来。崩得分子将对马克思主义理论观点的忠诚信仰与关于犹太人民特殊使命的思想相结合。他们认为，犹太无产阶级处于极其不平等的地位，这注定他们会走向肉体和精神上的衰退，因此，需要建立专门的犹太工人组织。

崩得坚持自己在组织上的独立自主以及在领导犹太无产阶级斗争中的特殊作用，把自己视为全俄社会民主党不可分割的一部分。与此同时，崩得还认为，需要对俄国社会民主工党纲领中关于民族自决权的条款进行具体化。在经过长时间的争论之后，崩得承认，应该在实行民族文化自治的基础上解决民族问题。同时强调指出："只有社会主义从根本上消灭各种形式的阶级统治之后，才能让自己从一切民族压迫中彻底解放出来。"

崩得是全俄社会民主党的创建者之一，也是提议成立该党的倡导者之一。1898 年，当俄国社会民主工党宣布成立之时，在第一次代表大会的 9 名代表中，有 5 人是犹太人，而 3 人为崩得的代表。根据此次会议决议，崩得拥有独立处理犹太无产阶级问题的权利。

到 1903 年的时候，崩得在已经有全俄社会民主党基层组织的地区，尤其是犹太人相对较为活跃的地区，都建立了自己的委员会。当俄国社会民主工党在第二次代表大会上拒绝承认崩得拥有特别全权时，崩得的代表离开了会议。

在 1905 ~ 1907 年革命期间，俄国社会民主工党和崩得在大多数问题上都是携手并进，这也让全俄性中央组织和民族主义社会民主组织之间的对立局势得到了缓解。在俄国社会民主工党召开第四次代表大会时，崩得共计有 274 个组织，近 3.4 万名成员。在此次会议上，崩得作为"犹太无产阶级的社会民主组织"加入全俄性政党中，而其中央委员会在"宣传和组织工作方面仍保持独立"。

如果说在第一次俄国革命期间，崩得分子在很多问题上都是拥护布尔什维克的主张，那么，随着斗争激烈程度的减弱以及随之而来的反动镇压，崩得转而与孟什维克的立场相近。在 1912 年，崩得代表参加了"八月联盟"的创建工作。

在第一次世界大战期间，崩得组织分裂成两派——亲德派和亲法派，其领导持右翼中派分子的立场，支持各犹太组织提出的"保卫祖国"的目标。同时，崩得派代表积极参与各合法的社会组织，这使其能够迅速解除内部危机，也加强了与群众之间的联系。

崩得在任何时候都是社会主义犹太复国主义组织的反对者。

1900～1901 年，俄国境内第一批社会主义复国主义者团体在叶卡捷琳诺斯拉夫成立，而到了 1902 年，此类团体相继出现在华沙、维尔诺、维捷布斯克、敖德萨等城市。这些团体的成员没有明确的纲领，但他们奉行正统的马克思主义和新民粹主义思想。将这些团体联合起来的初衷是建立一个独立的犹太国。

1904～1906 年，在社会主义复国主义者小组的基础上，成立了犹太社会民主工党（ЕСДРП）、社会主义复国主义工党（ССРП）、社会主义犹太工党（СЕРП）。

社会主义复国主义工党在强调自己革命性的同时，呼吁要坚决同俄国专制制度进行斗争，并为对整个社会制度进行社会主义改造而努力。例如，社会主义犹太工党认为，确立集体制生产关系之前，“应该进行社会革命，革命的任务是将生产资料和流通资料没收充公，转为公有”。在这一过程中，工人阶级发挥着特殊的作用，他们“将会夺取政权，并通过实行专政来消灭社会的阶级结构及生产资料和交通工具的私有制”。

犹太社会民主工党、社会主义复国主义工党、社会主义犹太工党作为民族主义犹太组织的特点是都笃信犹太复国主义，首先是其中的领土原则。它们认为，实现犹太人民复兴，并让他们获得自由的唯一途径就是贯彻这一思想。社会主义复国主义工党拥有党员近 2.4 万人，作为最具影响力的政党，该党在自己的纲领中指出：“作为民族运动，犹太复国主义可以延及各阶层的犹太人民，他们的未来与在本土建立独立自主的社会紧密相关。”实现“复国理想”是一段很长的历史进程，其终极目标是建立犹太人的社会主义社会。该党认为，工人阶级是实施犹太复国计划的主力军，因此提出了“无产阶级的犹太复国主义”思想，同时指出：“恐怖主义作为犹太人生活中的政治革命，应该通过犹太无产阶级的阶级斗争来体现。这一点在全世界无产阶级犹太复国主义运动的兴起和发展中显而易见。该运动希望能够在进行社会革命的过程中，通过在巴勒斯坦地区实行区域自治来解决犹太人的民族问题。”

尽管犹太复国主义组织之间存在差异，但它们大多数很排斥全俄性无产阶级政党“吸收”犹太群众的思想，甚至觉得崩得的条条框框也让自己受限，后者的最终目标与犹太人民争取国家独立斗争的关联不大。犹太复国主义者对全俄性政党中的犹太族活动家提出的“资产阶级同化思想”进行了尤为激烈的抨击，认为这令犹太无产阶级的真正利益极度受损。

1917年以社会主义为目标的民族主义政党

民族主义组织的政治积极性得到恢复，其数量大幅增加，这与俄国专制制度的瓦解和民主革命的胜利直接相关，也促使各民族间的关系发生了根本性的变化，民族解放斗争士气高涨，民族意识有所增强。这些进程带来的结果就是民族主义情绪加重，分离主义趋势增强，对俄国的领土完整造成了威胁。与此同时，年轻的俄国民族党无法展开行之有效的活动，将全俄和各民族的利益相结合，并有效阻止国家的分裂。

为了走上立宪制的发展道路，临时政府需要承认波兰独立，恢复芬兰宪法，宣布爱沙尼亚自治，对外高加索地区实施边疆管理，原则上同意乌克兰和拉脱维亚自治。随着布尔什维克党执掌政权、国内战争爆发以及后来外国武装干涉的开始，俄国的领土肢解进程加速了：芬兰获得了独立，乌克兰、波罗的海沿岸地区、外高加索地区声明自己对主权和独立自主发展的主张。

随着波兰、芬兰、波罗的海沿岸各国获得了国家独立，那些一贯奉行民族自决路线，并且总是优先考虑民族利益的民族主义政党变成了各国最主要的政党参与执政，这里首先指的是波兰社会主义党、芬兰社会民主党、爱沙尼亚社会民主工党。

乌克兰、白俄罗斯、波罗的海沿岸地区的许多社会民主组织和新民粹主义组织都表示，支持临时政府的民主变革及其民族政策，希望能够在联邦制或者自治制的条件下将自己的民族区域作为俄国的一部分保存下来。然而，绝大多数组织决然无法接受 1917 年十月革命，它们坚持要建立独立自主的国家，从苏维埃俄国分离出去。

乌克兰最有影响力的政党——乌克兰社会民主工党坚决谴责布尔什维克发动的国家政变，该党也是建立乌克兰人民共和国（1917 年 11 月）的倡导者之一，并以自己的领袖为代表进入了中央拉达政府。该方针也得到了乌克兰社会革命党右翼多数派的支持。继苏维埃政权在乌克兰确立（1919 年 4 月）之后，这些党的许多代表不得不流亡海外，而剩下的委员会也在 1920～1921 年先后停止活动。在国外，乌克兰社会民主工党的代表机构一直存在到 1938 年，而乌克兰社会革命党则存在到 30 年代中期。

与格鲁吉亚孟什维克和木沙瓦特分子结盟的达什纳克党人反对布尔什维克政权，主张外高加索从俄国独立出去。他们参与外高加索国会，即外高加索民主联邦共和国议会的组建工作。后来，达什纳克党人还领导了亚美尼亚共和国（1918 年 5 月至 1920 年 11 月）政府。随着红军的到来及其组织的反苏起义在 1921 年 2 月遭遇失败，达什纳克党人离开了苏维埃统治的亚美尼亚地区，继续在国外开展活动。

格鲁吉亚共和国在 1918 年 5 月成立。此后，格鲁吉亚社会联邦党（ПСФ）成为格鲁吉亚在立宪会议的第二大党团（按人数来说）。从整体上来说，该党支持格鲁吉亚孟什维克政府。在格鲁吉亚共和国垮台后，格鲁吉亚社会联邦党内部出现分裂。右翼活动家反对苏维埃政权的活动又持续了一段时间，而亲苏的左翼则在 1921 年建立了格鲁吉亚左派社会联邦革命党，该党一直存在到 1923 年。

十月革命后，在犹太社会主义政党和社会民主党中，无论是犹太复国主义派，还是国际主义派，都采取了不承认苏维埃政权的态度，并坚决与布尔什维克展开思想斗争。然而，随着国内战争的开始，崩得表示将坚持战略反对派的立场，同时宣布，要动员其成员加入红军，呼吁犹太无产阶级起来捍卫革命。这一妥协路线导致崩得走向分裂。一部分崩得分子组建了犹太共产党，后者加入了共产国际，并接受了俄共（布）第二部纲领，后来与俄共（布）合并。崩得的其他成员仍然忠实于社会民主主义价值观，他们遭受与孟什维克同样的命运：一些崩得领导人受到迫害，另外一些则流亡国外。

社会主义复国主义工党和社会主义犹太工党在1917年5～8月就已经成立了“联合犹太社会主义工党”（OECPП）。在1917年10月之后，大部分党员没有掩饰自己对布尔什维克政权的敌对态度，并持积极的反苏立场，这也致使该党无法再在苏维埃俄国立足（同其他犹太复国主义组织一样）；而只有少部分党员接受共产主义思想，在1919年春与左派崩得分子一起组建了联合犹太共产主义工党，后来并入乌克兰共产党。

在一党制和思想一致的条件下，具有明显民族主义倾向的民族主义政党，其中包括社会主义的民族主义政党在内，在苏维埃俄国的政治结构中没有立足之地。在极度特殊的年代，这些组织原来的成员又遭到最后一击——当局对他们遭到大规模的迫害。

而持国际主义立场的民族主义政党的命运则是另外一番情形。它们欢迎十月革命，认为这是实现社会主义理想的第一步。诸如拉脱维亚社会民主工党、波兰王国社会民主党和立陶宛社会民主党、白俄罗斯社会民主工党（1917年9月由左翼白俄罗斯社会主义组织创建）、左翼乌克兰社会革命党、乌克兰社会民主党及其他许多政党，它们不仅支持布尔什维克党，以其为效仿的榜样，还逐渐发展成为它的民族主义分支机构或者走上组建民族主义共产党之路。在这条路上，它们走的下一步就是加入共产国际和参加世界共产主义运动，或者是与俄共（布）合并（如果其所在的党在苏俄活动的话）。

第二部分

一党制的形成

第十四章
布尔什维克革命后的立宪民主党

Н. И. 卡尼谢娃

十月革命

随着布尔什维克党取得政权，立宪民主党陷入对自己来说全新的形势，成为国家在政体上不可调和的对抗者。对立宪民主党人来说，这个尚未习惯的角色迫使他们调整自己的纲领和战术方针。

首先发生明显变化的是立宪民主党人的战术方针。新的社会地位让他们现在可以采用一切不合法的斗争形式，直至武装抵抗。立宪民主党人认为，布尔什维克党是政权的篡夺者，因此，自己也不必承担用宪法允许的手段进行政治斗争的任何责任。在 1917 年 10 月 27 日的呼吁书中，人民自由党中央委员会表示，欢迎“所有在反对布尔什维克夺权斗争中团结起来的机构和组织”，并呼吁“全体党员全力协助进行这场斗争”。

1917 年 10 月 26 日晚，立宪民主党中央委员会委员 С. В. 巴妮娜、В. Д. 纳博科夫、В. А. 奥伯林斯基就已经加入全俄祖国和革命救援委员会。该委员会在彼得格勒城市杜马会议上成立，旨在筹备在首都进行的反布尔什维克武装行动。立宪民主党代表还活跃在其他城市的类似委员会中。对救援委员会发起行动的响应程度各有不同：在彼得格勒，10 月 29 日采取的行动当天就被镇压了；而在彼尔姆，委员会暂时成功夺取了城市政权。立宪民主党人给这些救援委员会提供的支持表明，他们时刻准备进行最为坚决的反政府行动。

立宪民主党人与俄罗斯南部的志愿军建立了联系，他们准备把自己的经验、知识、关系、组织和宣传能力都为白色运动所用。中央委员会委员 В. А. 斯捷潘诺夫和 А. В. 特尔科夫负责筹集资金和装备，派遣志愿者参加 1917 年 10 月 5 日的行动。根据立宪民主党地方支部的倡议，在新切尔卡斯克成立了由中央委员会委员 В. А. 哈尔拉莫娃和罗斯托夫著名立宪民主党人、百万富翁、出版家 Н. Е. 巴拉莫诺娃领导的顿河经济会议。按计划，顿河经济会议将行使业务办公室的职能。党代表（П. Н. 米留科夫、М. М. 费德洛夫等）也进入了公民委员会——志愿军指挥领导下成立的协商性机构。

立宪民主党给白色运动提供了相当大的资金支持。中央委员会委员 А. Г. 赫鲁晓夫（前临时政府财政部副部长）将莫斯科国家银行的 3000 万卢布资金没收充公，并划拨到顿河地区。在俄国南部立宪民主党顿河支部主席的领导下，通过私人捐款的形式募集到了大笔资金。萨马拉立宪民主党人为杜托夫领导的哥萨克队伍筹集并送去了 100 万卢布。

立宪民主党人在很大程度上也决定了运动的思想意识。米留可夫 1917 年 11 月初来到顿河，应 М. В. 阿列克谢耶夫将军的请求，负责起草《志愿军宣言》。

同时，在首都的立宪民主党人采用一些消极抵抗的办法，试图开展罢工运动。中央委员会决定，其成员“不准加入苏维埃政权”（普通党员可酌情对待）。之后，1918 年春天，立宪民主党人改变了策略：中央委员会提议“应在不同机构担任要职”。诚然，这是为了在工作中直接同布尔什维主义展开最强有力的斗争。

1917 年 11 月 28 日（临时政府定在这一天召开立宪会议），布尔什维克人民委员会通过法令，宣告立宪民主党为“与人民为敌的党派”。根据这项法令，对立宪民主党领导机构的全部成员实施逮捕，并交予革命法庭审判。“由于立宪民主党同科尔尼洛夫和卡列金发动的反革命叛乱有着千丝万缕的联系”，由地方苏维埃负责对其实行特别监督。法令则成了当日逮捕 А. И. 申加廖夫、Ф. Ф. 科科什金、П. Д. 多尔戈鲁科夫、В. А. 斯捷潘诺夫等当选为立宪会议代表的中央委员的依据。

尽管这一声明不受法律保护，但事实上，到 1918 年 5 月底，党还是可以开展合法活动。中央委员会频繁召开会议，或是在党的俱乐部，或是在私人住宅。区委员会和市委员会发挥着自己的职能，中央委员会各分委会仍在开展工作。莫斯科“人民自由”出版社继续出版发行工作。发行的报纸，在莫斯科有《俄国公报》（后改名为《自由俄罗斯》），在彼得格勒是《我们的时代》（前身是《言语》），《人民自由党报》没有停过刊，还印制了一些小册子。党在筹备宣传者的报告和讲座方面并没有感到特别困难。迫害党的领导人是个别现象。因此，1917 年 12 月，革命法庭对经常做慈善活动而广为人知的中央委员会委员 C. B. 巴妮娜进行审判。她在临时政府内阁中担任教育部副部长职务，被捕后，她拒绝将教育部的资金转交给布尔什维克政权。结果，法庭审判仅限于对她做出公开谴责。1918 年 1 月初，被捕的科科什金和什加列夫①惨死，但这未必是计划好的行动，更何况其他被捕的党领导均被释放。当然，在这些事件中，布尔什维克刊物上展开的对立宪民主党的攻击也起到了一定作用。

在组织反布尔什维克运动的过程中，联合力量准备同左派、右派的政治家和社会活动家进行合作，立宪民主党希望此举能够奏效。正如米留科夫所说，立宪民主党组织是“党外左派和右派之间的一座桥梁”。然而，立宪民主党领导的目标不是传统党派，而是重新组合的社会联盟。

实际上，人民自由党代表参加了几乎所有积极同布尔什维克做斗争的组织的工作。他们在莫斯科的“九人集团”中发挥着领导作用，“九人集团”是由社会团体委员会代表、工商业活动家、人民自由党人代表共同组成的地下组织（9 人中有 6 人是活跃的立宪民主党活动家）。1918 年春，在扩充的“九人集团”（依靠吸收全俄土地私有者联盟和一些君主派团体）的基础上成立了“右派中心”。不少立宪民主党人也加入了这个中心，而中央委员会委员、著名教授 П. И. 诺夫戈罗茨夫成为领导之一。

---

① 因身体每况愈下，科科什金和什加列夫被从彼得保罗要塞转移到了马林斯基监狱医院。从 1918 年 1 月 6 日晚至 7 日，一队赤卫军闯入，对他们施用了残酷的私刑。

立宪民主党人还做出一系列接近社会主义政党的尝试。在这些政党垮台之后，他们决定通过建立俄国复兴同盟（或左派中心）以个人名义与这些政党的代表进行合作。俄国复兴同盟把立宪民主党人、人民社会党人、右翼社会革命党人、个别的孟什维克和合作社社员联合起来。许多立宪民主党人同时加入了这两个中心，希望通过个人联系加强反布尔什维克力量的团结。

1918 年 1 月 13～15 日，立宪民主党在罗斯托夫召开了南俄会议。同布尔什维克制度进行武装斗争的问题是此次会议的核心议题。顿河、北高加索立宪民主党组织的代表以及来自巴统、辛菲罗波尔、哈尔科夫、彼得格勒和莫斯科的代表参加了会议。

顿河和乌拉尔地区进行的第一次反布尔什维克武装行动失败已经是显而易见的事情，立宪民主党人开始认真研究依靠外国的军事援助推翻布尔什维克党以及“重建俄国”的可能性。讨论了两个对外政策目标：协约国和德国。在 1918 年 5 月 8 日和 12 日的会议上，位于莫斯科的中央委员会强调自己忠诚于同盟国，并通过决议，为了俄国的利益，绝不准许与德国就新生政权问题进行任何谈判，同时，禁止一切党员参与谈判的行为。立宪民主党的五月大会（1918 年 5 月 13～15 日在莫斯科召开）赞成同盟国的方针。与此同时，在当时被德军占领的基辅，米留科夫和许多中央委员会委员（И. П. 杰米多夫、Н. К. 沃尔科夫、А. И. 卡明卡），还有以 Д. Н. 格里戈洛维奇为首的基辅党委会与中央对抗，坚持亲德路线。一些地区（喀山、萨马拉、鄂木斯克）的立宪民主党党委会也支持亲德路线。

根据 1918 年 5 月 8～11 日召开的乌克兰立宪民主党组织代表大会的决定，几位杰出的基辅立宪民主党人（Н. П. 瓦西林科、С. М. 古特尼克、А. И. 布金科等）进入德国最高统帅部支持的 П. П. 斯克罗帕茨基盖特曼政府。米留可夫和在基辅代表大会上成立的自治总委员会选派的代表一同与德军基辅指挥部的代表建立了联系。尽管此次谈判并没有取得积极的结果，但党的领导坚持自己的原则立场，在给中央委员会的信中对五月大会的决议表示反对。由于中央委员会坚决不同意在俄国建立“德军盟军协助下的国家政权”，米留可夫辞去中央委员会主席一职以示反对。

这些暴露了中央和地方之间日益尖锐的矛盾。中央委员会不得不承认州委会的自治权，并赋予其“负责解决涉及本州范围内问题的权利”（“由于国内政治形势复杂，地区之间的条件千差万别”）。与此同时，中央委员会强调，党的代表大会最高职能不变，在中央委员会和州委会之间出现分歧时，只有代表大会有权做出“最终判定”。

除了解决“目标”问题之外，五月大会还划定了党的远景任务范围。大会不仅提出了公认的方针目标（毫不妥协地同布尔什维克斗争，重建统一的俄国，协助志愿军），还提出了诸如建立个人专政等一些要求，这些要求也证明了立宪民主党的方针发生了明显的右倾。著名的中央委员会委员 Н. М. 基什金、Н. И. 阿斯特洛夫、П. И. 诺夫哥罗茨夫呼吁拒绝“左倾的幼稚病”，允许国家政策“向右倾”。希望建立君主制政权的呼声再起。建立反布尔什维克阵线的任务变成了要求建立全国联盟，并且希望立宪民主党在其中发挥组织和领导力量的作用。

快到 1918 年夏天的时候，立宪民主党在很大程度上对跨党派组织的活动感到失望，其中包括右翼中心亲德的俄国复兴联盟。Н. М. 基什金痛心地承认：“我们势单力孤，因为无论是从左边，还是右边，我们都找不到任何对我们国家有价值的东西。”立宪民主党人希望组建一个新的社会组织，由他们来承担领导作用，组织的大门同时也会对其他可能的同盟者打开。这个组织名叫“国家中心”，1918 年 5 月在莫斯科成立。它由著名的立宪民主党人 Н. И. 阿斯特洛夫、В. А. 斯捷潘诺夫和 Н. Н. 谢普金领导。加入“国家中心”的有自由民主党、自由保守党以及党外社会团体（地方自治和城市机构、工商界、神职人员会议等）的代表，但绝大部分成员是立宪民主党人。

作为人民自由党和白军司令部之间的中间人，“国家中心”在与盟国代表团和西方社会政治界的关系中发挥着重要作用。

国内战争时期，“国家中心”实际上是立宪民主党及与其亲近的政治力量的思想理论和实践指挥部。在“国家中心”的会议上，详细研究了未来俄国各领域的发展规划：国家建设的立法草案、土地改革、粮食供应、司法体系、人民教育等。“国家中心”积极参与白军监管地区对内政策的制定，在民众当中开展宣传鼓动工作。1918 年秋，“国家中心”管理委员会从莫斯科迁往南方志愿军的驻地：最先是基辅，然后是敖德萨，而从 1918 年 11 月起，又迁到了叶卡捷琳诺达尔。迁移之后，管理委员会主席一职由 M. M. 费多罗夫担任。除了保留在莫斯科和彼得格勒的分部之外，还在新罗西斯克、顿河罗斯托夫、塔甘罗格、哈尔科夫、巴统、梯弗里斯、巴库、基斯洛沃茨克和辛菲罗波尔等地设立了新的分部。在西伯利亚和乌拉尔地区建立了“国家中心”的分支机构——“全国联合会”，联合会在叶卡捷琳堡、彼尔姆、夏德林斯克、塔吉尔、新尼古拉耶夫斯克、塞米巴拉金斯克和巴尔瑙尔设有分部。

在莫斯科，在政府知晓五月大会的决议之后，便开始对立宪民主党采取强硬的镇压行动：关闭党的俱乐部，逮捕大批中央委员会和莫斯科城市委员会委员。党的活动转入非法状态。中央委员会各部门的所有会议仍是每周召开两三次，秘密召开。中央委员会最后一次全体大会于 1918 年 7 月 13 日召开。莫斯科市委员会也召开了会议，而且决定不做会议记录。莫斯科立宪民主党在能力范围内竭力维持同各省委员会的联系。为了协调各方力量，中央委员会指派杰出的党务活动家到国内一些已经与布尔什维克展开公开斗争的州。中央委员会委员 B. H. 别别利耶夫被派往西伯利亚，而在政权由立宪会议委员会掌握的萨马拉——派去的是乌拉尔工程师、企业主 Л. A. 克罗利。同时，立宪民主党人更加坚定了一个想法，即他们的活动中心应该向国内激战正酣的前线地区转移。

国内战争时期

自 1918 年初秋莫斯科的立宪民主党人转移到南方邓尼金军队驻地开始，立宪民主党不再是一个统一行动的整体，其力量逐渐在一些地区中心（叶卡捷琳诺达尔、基辅、奥姆斯克、阿尔汉格尔斯克、赫尔辛福斯、克里木）分散开来。在许多地方开始出现“中央委员会委员”特别小组，各小组独立确定各地区和地方党支部的政策和战术。在国内战争时期，一次全党代表大会都没举行过，只是召开了各州大会。组织完整性的丧失不可避免地影响到了思想上的团结。事实上，由于党内就对外政策方针问题存在分歧，在思想方面早已出现了裂痕。这种情况使得立宪民主党在团结和凝聚反布尔什维克力量的过程中发挥核心作用的期望化为泡影。除此之外，党在同盟者眼中的威信受损，对于与后者的谈判结果立宪民主党人寄予了很大期望。

结盟方针的拥护者和主张亲德路线的反对派在叶卡捷琳诺达尔召开的全党大会（1918 年 10 月 28 ~ 31 日）上成功达成和解。参加会议的有第比利斯、哈尔科夫、纳西切万、塔甘罗格、亚速海、巴库、弗拉季高加索等地区党委会的代表，还有来自克里米亚、斯塔夫罗波尔省、库班州、黑海州的代表。尽管官方将大会名称定为东南边疆区第三次代表大会，并且会议的各项决议在形式上对各党派并没有必须执行的强制约束力，但它的意义和随后在南俄地区举行的所有会议一样，显然已经超出了地区大会的范围。这不仅是因为参会全体人员所具有的代表性，而且南方战线是同苏维埃政权斗争的主战线之一，与盟国指挥部和西方社会各界的联系也正是从这里一点点建立起来的。

在叶卡捷琳诺达尔大会上，米留科夫不得不公开承认自己的亲德方针是错误的。似乎是为了消除彼此之间的互不理解，国家中心管理委员会推选米留科夫任两位副主席之一。通过协约国在叶卡捷林诺达尔的代表、法国人戈蒂埃，米留可夫起草的报告递交到了同盟国手中。报告中请求同盟国对于创建统一的俄国政府予以支持，并承认南俄（同西伯利亚一起）在反布尔什维克斗争中所发挥的特殊作用。

在大会的决议案中，志愿军被视为能够统一俄国的力量，而军事独裁则被看作武装斗争时期和过渡阶段最行之有效、最合时宜的国家政权组织形式。在确定党的任务时，大会通过决议决定："立宪民主党人应该进入政府，进而开展创建统一政权的工作。"

这一决议得到了立宪民主党的贯彻落实。1918 年 7 月，立宪民主党人加入北方州最高管理委员会（后来的北方州临时政府），该委员会在阿尔汉格尔斯克成立，由人民社会党人 Н. В. 柴可夫斯基领导，沃洛格达市副市长 П. Ю. 祖波夫担任内务部、邮电部部长，兼任最高管理委员会书记。阿尔汉格尔斯克城市杜马副主席斯塔尔茨夫被任命为阿尔汉格尔斯克省政府委员。柴可夫斯基出国后，政府实际上由祖波夫领导。9 月重新组阁的政府中又增补进来 2 名立宪民主党人：С. Н. 戈罗杰茨基（司法局局长）和 Н. В. 梅福季耶夫（工商和粮食局局长）。

与此同时，1918 年 7 月，党的代表加入了在远东地区成立的商务办事处，由负责管理华东铁路的 Д. Л. 霍尔瓦特将军任主管，中央委员会委员、来自叶尼塞省的前国家杜马议员、金矿主 С. В. 沃斯特罗京被任命为贸易和工业部部长，А. М. 奥科罗科夫任粮食部部长，外贝加尔临时政府前委员 С. А. 塔斯金任农业和国家财产部部长。

从 1918 年 8 月起，立宪民主党人参加了乌拉尔临时州政府的组建工作，由叶卡捷琳诺达尔交易委员会主席、立宪民主党人伊万诺夫（他还担任贸易和工业部部长职务）领导。Л. А. 克罗尔成为部长会议副主席兼财政部部长。乌拉尔政府存在的时间不长，持续到 1918 年 11 月。

克里米亚政府作为由“立宪民主党人主政”的政府而载入史册的日子并不长。立宪民主党人在其中担任要职：国务会议成员 С. С. 克雷姆成为部长会议主席、农业部部长，地方自治局成员、被临时政府任命为塔夫里达省委员的 Н. Н. 波格丹诺夫担任内务部部长一职，著名律师、中央委员会委员 В. Д. 纳博科夫担任司法部部长，М. М. 维纳威尔担任对外关系部部长。“立宪民主党在克里米亚半岛上的试验”没有成功，不成熟的内阁未能让自己获得社会的实际支持。从克里米亚回来后，阿斯特洛夫在国家中心的会议上汇报说，无论是克雷姆，还是纳博科夫，在与他进行座谈时都提出了关于拒绝当局支持志愿军的问题。这样一来，立宪民主党越是积极地投入组织反布尔什维克运动的工作，他们越是表现出不愿意采用议会制的办法，也不愿与比自己更左的党派一起建立政府同盟，其队伍也更是坚信，国内战争时期国家是需要专制政权的。

立宪民主党人采取的支持军事独裁的方针在他们对乌法会议的态度中得

到了清晰的体现。乌法会议召开的背景是这样的：早在1918年夏，迫于联盟者的压力，国家中心与俄国复兴联盟就未来权力的建立以及军队、立宪民主党人和社会革命党人参与的三方执政形式问题达成协议。为了落实该协议的内容，在乌法成立了全俄临时政府——执政内阁。诚然，其成员并非原计划的3人，而是5人，其中只有1人是立宪民主党人。执政内阁承认了前一届立宪会议（1918年1月6日被布尔什维克党解散）的存在，并保证于1919年1月1日将权力移交给他们，而这一做法并不符合立宪民主党人的计划。

人民自由党和国家中心的领导非常不情愿地同意了联合执政的最高政权结构，但对执政内阁持否定态度，因此，建议党的主席B. A. 维诺格拉多夫退出。1918年11月初在鄂木斯克成立、由B. H. 别别利耶夫任主席的中央委员会东部事务处，于11月15~18日在鄂木斯克召开的立宪民主党委员会大会对乌法会议表示谴责，同时支持一人独揽大权。立宪民主党人（П. H. 米留可夫、M. M. 费奥德罗夫、M. B. 布拉科维奇——原临时政府贸易和工业部副部长）在1918年11月14~23日于雅西召开的会议上表达了类似的意见。会议是由各盟国派出的代表召集的，旨在制定下一步同布尔什维克党对抗的路线，并确定各盟国可能提供的援助。伏尔加河地区、南方以及远东地区的立宪民主党人委员会公开宣布自己为执政内阁的反对者。

1918年11月18日，鄂木斯克发动的军事政变也离不开西伯利亚立宪民主党人的援助和支持。此后，执政内阁被推翻，A. B. 高尔察克海军上将宣布建立独裁政权。在政变后成立的最高统治者委员会的5位成员中，有3人（内政部部长A. H. 哈滕贝格尔、外交部部长Ю. B. 克柳奇尼克、事务长Г. Г. 杰尔贝克教授——后来其职位由立宪民主党人Г. K. 吉恩斯取代）是立宪民主党人。为高尔察克政权起草主要法律（被称为《11月18日宪法》）的也是立宪民主党人。人民自由党中央委员会东部事务处实际上变成高尔察克政权的一个协商机构。许多党务活动家都在政府机构工作，身居要职。其中，别别利耶夫（仅仅是在表面上退党）被任命为警察部及国家保卫部部长。

1919 年 5 月 20 ~21 日，在鄂木斯克召开了立宪民主党东部地区会议。会议表示支持高尔察克，并称高尔察克政府“在俄国人民及全世界人面前都是能够全权代表俄国的合法政府”，而立宪民主党人则认为自己是“政府最要好的朋友”。参加会议的有 62 名代表，他们分别来自阿克莫林斯克、叶尼塞、喀山、奥伦堡、彼尔姆、滨海省、萨马拉、辛比尔斯克以及托木斯克等地。代表们对“国家政权暂行特别措施”表示赞成，并称自己已经准备好“做俄罗斯民族国家力量的联系枢纽，能够把人民自由党的左派和右派联系起来”。

西伯利亚立宪民主党人一直与莫斯科、叶卡捷琳诺达尔、赫尔辛福斯、伦敦以及巴黎的同党派人士保持着联系。根据他们的请求，国家中心管理委员会 1919 年春从叶卡捷琳诺达尔向西伯利亚调派了两位杰出的立宪民主党人——A. A. 切尔文 - 瓦达里（后来进入部长会议）和 H. K. 沃尔科夫，请他们帮忙处理“国务”。

前线的溃败、后方大乱令高尔察克政府的形势急转直下，一时间变得岌岌可危。即使是在这一时刻，立宪民主党人也没有弃它而去。干劲十足的别别利耶夫担任总理一职，几乎拥有无限的权力。他试图通过实施一系列权力民主化的措施来稳定局势：废除军事制度，向民事管理过渡，接近左派反对派。的确，还有一部分立宪民主党人正相反，是向右倾的。他们与谢苗诺夫首领进行谈判，希望能够通过将自贝加尔以东地区的全部权力移交给后者来获取他的援助。然而，这并未能挽回局势。高尔察克政府垮台了：1920 年 2 月 7 日凌晨，别别利耶夫与最高统治者高尔察克一起被处决，后来是切尔文 - 瓦达里和宣传部领导、人民自由党中央委员会东部事务处主席 A. K. 克拉夫顿。

立宪民主党是俄罗斯西部地区军事政权的支柱力量。该党把政治组织中心的要职都集中在自己人手中，中心主席为 H. H. 尤登尼奇，成员包括中央委员会委员 A. B. 卡尔塔绍夫、И. B. 盖森、E. M. 科德林。后来中心改组为“政治会议”，行使“西北地区临时政府”的职能。卡尔塔绍夫任会议副主席一职，负责监督外事方面的工作。立宪民主党人与彼得格勒的同人也保持着经常性的联系，并尝试能够协同行动。

1918～1919 年，彼得格勒立宪民主党人主要集中在国家中心地方分部活动，领导国家中心的是曾任职业介绍局彼得格勒委员会主席的立宪民主党人 В. И. 施坦宁格尔，而他最得力的助手是立宪民主党人 П. В. 格拉西姆。国家中心成员中的立宪民主党人进行地下工作，其中包括侦察工作，并将收获的情报转发到尤登尼奇司令部、南部地区以及叶卡捷琳诺达尔，而这一切在不久前对立宪民主党来说还是那样陌生。在西北军队快要抵近彼得格勒的时候，国家中心分部准备在城里起义，然而，1919 年夏，国家中心彼得格勒组织彻底暴露了，其领导被处决。

在莫斯科，尽管大部分立宪民主党人被捕或离开了，但其他人还在开展类似的工作，党委会仍维持运作，中央委员会成员经常碰头，与彼得格勒及白色运动的主要中心地区保持着联系。在 Н. Н. 谢普金领导的国家中心地方分部会议上，研究并制定了各国家管理部门的立法草案，之后这些材料成为叶卡捷琳诺达尔国家中心总部会议的议题。同时，国家中心成员中的立宪民主党人参与了各种情报搜集工作，对这些情报感兴趣的不仅有社会活动家，还有军队领导。大量署名“科卡叔叔”（Н. Н. 谢普金）的情报经由通信员送至叶卡捷琳诺达尔。

莫斯科的立宪民主党人对生活在苏俄的民众情绪很了解，而不只是道听途说。他们不赞成就所有关键问题（土地问题、工人问题、管理形式的问题）向右派做出让步。莫斯科的立宪民主党人认为，必须向民众灌输一种观念，让他们相信，“白色运动”的胜利并不意味着倒退，随着布尔什维克的倒台，一定会建立起依靠农民的民主政权。因此，他们建议自己的战友不要拒绝与左派力量可能进行的合作，并号召协助高尔察克和邓尼金一众人从那些象征着旧制度的人当中解放出来。莫斯科立宪民主党组织的结局重演了彼得格勒立宪民主党人的历史。1919 年 8 月末，谢普金及他的得力助手都被逮捕，随后被处决，此后，莫斯科的立宪民主党人完全停止了自己的工作。

国外立宪民主党人的活动给予白色政权不少支持。立宪民主党人极力希望国家社会能够孤立苏维埃政权。早在 1917 年 11 月 17 日，立宪民主党中央委员会就向各盟国提出："布尔什维克党非法政权向盟国和敌国提出的任何提议或者呼吁都不能体现俄国人民的意愿，并且在任何方面都不能将其与俄国这个国家关联起来。"从战前开始，立宪民主党人就与西方国家的社会各界建立了广泛的联系。为了向国际社会证明，"布尔什维主义具有世界性的危险"，同时，必须尽快援助同苏维埃政权作战的白军，他们做出了积极的努力。

立宪民主党中央委员会委员 В. Л. 马克拉柯夫被临时政府任命为法国大使，他是能够代表国外白色运动利益的一位关键人物。在英国，特尔科娃及其丈夫——著名英国记者哈罗德·威廉开展着积极的宣传运动，后者是公认的"俄国事务"最权威的专家。威廉夫妇利用与国家权威政治活动家（其中包括英国首相劳合·乔治）进行私人会面以及讲学、座谈、在报刊发表作品等各种机会为白色运动做宣传。他们同著名历史学家、立宪民主党人 М. И. 罗斯托夫采夫以及来到伦敦的米留可夫共同成立了俄罗斯解放委员会。委员会印制手册、公报，发行由米留可夫审校的《新俄罗斯周报》。在贝尔格莱德，由原莫斯科市市长、立宪民主党人 М. В. 切尔诺科夫担任领导的委员会向巴尔干地区的出版机构提供反布尔什维克的印刷资料。

国外的立宪民主党人与南俄的党内同人也保持着或多或少的联系。在这些地区，党发挥着尤为积极的作用，其政策旨在全力支持邓尼金政权。南俄武装力量总司令、А. И. 邓尼金元帅成立的特别会议成员包括以下立宪民主党人：中央委员会委员 Н. И. 阿斯特罗夫、В. А. 斯捷潘诺夫、К. Н. 索科洛夫以及 М. М. 费奥多罗夫。立宪民主党人负责制定邓尼金政权辖区的主要立法原则，其基础是军事独裁原则。立宪民主党人参与了情报社——邓尼金政权的主要宣传机构的工作。最初情报社的领导由 Н. Е. 帕拉莫诺夫担任，后来接替他的是更右的立宪民主党人索科洛夫。立宪民主党人到处演讲、做报告，起草宣传手册、呼吁书，担任多家报纸和杂志的编辑和记者；叶卡捷琳诺达尔的立宪民主党人在农民中组织了志愿军宣传员培训班。

在邓尼金的特别会议中，立宪民主党人右翼君主主义者将领及政治活动家中的反动分子形成反对派。然而，该反对派受到右翼多数人的打压，无疾而终。立宪民主党人努力给予志愿军最大的支持，仅针对纯行政措施提出自己的批评。

迫不得已与右派进行合作，这在党内引起了连锁反应。这种反应在南俄立宪民主党的各大会议决议中体现得越来越明显。1919 年 3 月，参加雅尔塔会议的中央委员会委员得出结论认为，“俄国的团结与统一”不可能通过“边缘政权和社会组织的密谋”以“非军事”手段来实现。可以确定的是，代表“俄国国家统一思想”的白军是能够实现国家复兴的“唯一现实力量”。

1919 年 6 月 29 ~ 30 日，在有近 50 位代表参加的叶卡捷琳诺达尔会议通过的决议中，具体阐明了支持白军和军事专政的想法。在关于战略的决议中称，党员应当“全力支持政权”，“从自己周围的人中推选出能够在政府和社会机构担任各类职务的人选”。会议代表呼吁要保护政权免受“不负责任的批评”；要准许反对派发言，前提条件是他们不会“动摇政权的基础”。

高尔察克和邓尼金发布的宣言被宣布为“全国的领导性纲领”，是党开展活动的依据。代表们坚持“控制住革命风暴”，“镇压住”革命。会议赞成实行“一人独裁专政”的要求。有关民族问题的决议谴责“联邦制倾向”，这也体现出明显的右倾趋势。与此同时，会议还做出了一些补充说明，例如，指出必须要抵挡的不仅是“左边的布尔什维主义”，还有“来自右边的布尔什维主义”，还指出，在管理机构担任领导职务的立宪民主党人应留在党的队伍中，并与党保持联系。

在哈尔科夫召开的下一次全党会议（1919 年 11 月 3 ~ 6 日）通过的决议中，这些补充说明已经取消。这样一来，国家机关的党员活动就不再接受“党委会的监督和指示”，也没再提及“来自右边的布尔什维主义”。相反，大多数与会者表示，不应当拒绝与右派的合作，因为他们关心秩序的重建。会议赞成无条件支持“专制政权”，并授予它全权完成“统一俄国、重建被摧毁的政权机器、确立社会和平的历史任务”。会议还强调，任何“最高权力机关的重建”（实行责任内阁制）计划都不应动摇“国家专政的基础”。

在解决民族问题方面，会议明确表示不接受联邦制。尽管会上对有关土地问题的条例草案进行讨论，并宣布土地改革的主要目的是建立“巩固的劳动经济”，同时指出，“彻底废除土地私有制”是不合理的。草案强调，改革应当针对邓尼金的土地政策展开，坚决同“一切形式的社会主义及共产主义情绪”划清界限。根据草案规定，土地由“私人所有者”向农户的转让应借助国家贷款通过“自愿交易”的形式来完成，而且只有在无法通过友好协商达成一致的情况下，才可以考虑强制出让的方案。不难发现，这些措施首先以旧地主阶级的利益为出发点；其次，否认了革命过程中曾使用过的把土地转让给农民的策略。特尔科娃在会议上开诚布公地表达了右派立宪民主党人最真实的想法：“应该把军队摆在首要位置，其次才是民主纲领……西方民主的盛行是西方国家政治活动家所设的一场骗局。应当学会直视野兽，即所谓的人民大众的眼睛。”

南俄党员大会决议招致一系列身在国外的中央委员会杰出人物的批评（包括韦纳威尔和党的名誉主席 И. И. 彼得伦克维奇）。在他们看来，通过的决议是对党的民主精神的背叛。然而，这一阶段在立宪民主党队伍中已经酝酿成熟的矛盾还没有向外爆发，暂时仅限于党内讨论。

一时间，邓尼金军队顺利挺进莫斯科，攻克首都似乎已经是近在眼前的事情。党委会实际上已经不再发挥独立的政治作用，其一切活动都是服务于军事专政。然而，到了 1919 年末，军队一败涂地，邓尼金政权要垮台了。一批杰出的南俄立宪民主党人表明自己的对立立场，他们认为应该改变战术，并试图通过实行管理体制自由化以及“在民主的基础上进行社会改革”来力挽狂澜。阿斯特罗夫在《政治路线问题纲要》及一些报告中提出的计划也得到国家中心管理委员会和特别会议左派的支持，其中包括立宪民主党人斯捷潘诺夫和费奥德罗夫；建议邓尼金解散“在军队和人民眼中已经声名扫地”的特别会议，设立总司令委员会作为最高立法协商机构；在行政机关下设由地方自治机构、工业企业、合作社、权威社会组织代表组成的委员会；采取“强硬措施”打击各类行贿受贿、投机倒把行为，以及恣意妄为、抢劫杀戮等行为。阿斯特罗夫呼吁，在对内政策方面应拒绝“复辟旧制”，不要“维护原来的等级和阶级特权”，应该依靠在城市及农村已经形成的资产阶级阶层，通过“采取果断措施，在民主的基础上实行社会改革，首先是土地改革”，把民众吸引到自己这边来。

邓尼金军队到了崩溃的边缘，岌岌可危。立宪民主党人提出许多建议，他都依照行事，有时甚至做得更多。1919 年 12 月 30 日，邓尼金撤销了特别会议，而在 1920 年 2 月初，他放弃了独裁统治，任命了对立法院负责的南俄罗斯政府成员，其中包括立宪民主党人 B. Ф. 泽列尔、B. A. 哈尔拉莫夫。然而，大势已去。特尔科娃在日记中痛苦地确认：“被我们视为新生俄国国家体制核心的东西，结果只是……一推就倒的土块。”1920 年 3 月，新罗西斯克失守，邓尼金军队仓皇撤退。4 月 4 日，邓尼金下令将指挥权交给 П. Н. 弗兰格尔将军。

新任总司令更愿意用“左膀右臂”来落实自己的政策，因此，在他周围并没有立宪民主党人的用武之地。按诺夫戈罗采夫的话来说，他们被“久经历练的官僚”取代了。身在巴黎的党的领袖被专门告知，“不希望”他们在弗兰格尔政府中担任正式职务。尽管如此，一些立宪民主党人还是留在了克里米亚，他们做了大量宣传工作，希望能够确保新的军事政权获得广泛的社会支持。1920 年 5 月 9 日，在塞瓦斯托波尔举行了立宪民主党人会议，并通过决议确定党的主要任务，其中包括“巩固国家和民族政权”，开展“集中的创造性建设工作，而不是批评指责”，成立支持弗兰格尔政权的超党派组织。

当时侨居国外的人民自由党党员对弗兰格尔政权评价不一。在 1920 年 4 月召开的巴黎会议上，一部分与会者表示，赞成继续与布尔什维克党进行武装对抗，并向弗拉格尔提供帮助；而以米留可夫为首的另一部分人则提议，斗争形式不应局限于武装斗争，还要利用其他战术手段，同时，他们还对人们是否能接受弗拉格尔作为领袖表示怀疑。

历史用事实结束了这场争论：1920 年 11 月，弗拉格尔军队遭受失败，不得不撤退到君士坦丁堡。

立宪民主党人参加国内战争令该党蒙受重大损失。实际上，它不得不扮演各种军事政权“自由主义外衣”的角色，这对党的声誉造成了很大的影响。加入边疆地区政府后，立宪民主党人只好支持“右派政策”，这与党的传统纲领和战略目标并不相符，也扭曲了党自身的形象。立宪民主党人通常并没有机会对军事政权的政治举措提出实质性的修正意见，尽管如此，他们还是为后者所犯的一切错误负起了责任。

这一时期党的右倾化破坏了党组织和思想的统一性，当中央委员会不再是一个统一的领导机构时，党也就面临着巨大的危险。因此，随着党内问题的不断积累和爆发，立宪民主党被迫结束了自己的历史篇章，移居国外，也翻开了自己历史上最后的一页。

此外，俄国立宪党的个别委员会在西伯利亚的一些城市里还在秘密地进行地下活动，而在远东地区仍可以合法地存在（如在符拉迪沃斯托克的城市委员会依然在克罗尔的领导下活动着）。但在俄国的欧洲部分立宪党的活动已经停止了，留下的中央委员会委员彻底离开了政治，转而从事其他职业。

第一个在国外建立的组织是立宪民主党巴黎小组（1920 年 5 月初），这个小组的人数最多、声望最高，不久后由米留可夫领导。到 1920 年底前，在布拉格、贝尔格莱德、柏林、君士坦丁堡也成立了立宪民主党小组，1921 年初在索菲亚和华沙成立了立宪民主党小组。党组集中了最忠诚的工作人员，因此，其成员人数并不多，而且实际上几乎没有年轻人。由于这些组织的地域分布较为分散，所以彼此之间很难建立联系。

侨居国外，暂时得到遏制的分歧再起，首先体现在一部分立宪民主党人对待一些问题的态度上，其中包括党与白色政权的合作经验，尝试探索与布尔什维主义进行斗争的新战略等。米留可夫在 1920 年 5 月召开的立宪民主党会议上做了报告。他在报告中提出，继续“同边境地带的俄军力量”进行武装斗争，这暂时是可行的。而基于长远的战略考量，“要从内部来瓦解布尔什维克”。

这些内容在米留可夫的纲领性报告《克里米亚半岛经历浩劫后应该怎么办?》中得到了进一步充实。该报告对党的领袖宣扬的“新战略”做了总结性的阐述。1920 年 10 月 21 日，尽管存在异议，但巴黎小组会议还是通过了该报告，并将其分发至立宪革命党所有国外小组，以便让更多人了解。报告的基本结论早已超出了纯粹的战略范畴。其中，对党在国内战争时期的活动进行评价，称“应该坚决抛弃旧的斗争方法和政权组织形式”，党应该摒弃军事独裁原则，将军事命令和政治领导分离开来。同时，报告中还勾勒出了党在返回俄国时应带回去的纲领的大概轮廓。米留可夫指出，在俄国国内，由于革命的原因形成了新的社会结构，发生了巨大的心理变化。而这些要求立宪民主党人制定相关措施，推动经济复苏和社会改造。米留可夫还认为，为了实现“由旧俄国向新俄国的轻松过渡”，必须提出实行共和制、联邦制和“彻底解决”土地问题等要求。在他看来，这些措施只不过是在经历了白色斗争时期被迫暂时偏离党的传统之后向“党的纲领精神”的回归。

在报告中专门论及战略的部分，米留可夫论证了“重建民主阵线”的可能性，首先就是与社会革命党人结盟。战术部分论证了恢复民主阵线的可能性，是首先要与社会革命党人联盟。米留可夫认为，在社会革命党人的帮助下，立宪民主党才能“铺平回归俄国的道路，确保得到劳动人民的大力支持，首先是农民的支持”。

巴黎立宪民主党人（米留可夫、维纳韦尔、A. И. 科诺瓦洛夫、B. A. 马克拉科夫、Ф. И. 罗季切夫）和社会革命党人一起参加了立宪会议成员会议（1921 年 1 月 8 ~ 21 日，巴黎），为切实落实联盟事宜做出了尝试。不过，此举收效甚微：与会者计划成立常设机构，以保护俄国的国家利益和俄国侨民的权益，但他们未能就相关事宜达成一致，而仅是成立了特别执行委员会。除此之外，参加会议的社会革命党人最终也没有公开承认结盟的原则，他们也不敢保证社会革命党会支持自己的行动。不仅如此，在社会革命党中央委员会和该党的大会上通过决议，坚决反对与非社会主义人士结盟。这让已经达成的共识失去了意义。遭遇了挫折之后，立宪民主党人在俄国国内与社会革命党人联合行动的希望也落空了。米留可夫则寄希望于利用社会民主党队伍内部的裂痕把右翼社会革命党人拉拢过来，然而，他的期望又是一场空。

对于米留可夫的新方针，党内大部分人不能理解，有时甚至是敌视，无法接受。他们希望能够继续同布尔什维克开展武装斗争，并保留自己的军队。巴黎立宪民主党人因与社会革命党人亲近而受到党内的一致谴责，认为这是“对伦理道德的一记重击”，是对军队的背叛。大部分人极度敌视任何形式的社会主义意识形态，临时政府与社会革命党人的合作失败、社会革命党人回避积极参与反对布尔什维克的武装斗争、就在不久之前社会革命党人发动反对弗兰格尔的大规模活动——这一切还都历历在目。右翼立宪民主党人确信，与社会革命党人结盟会让党“在精神上完全依附于与自己格格不入的世界观”，让他们不得不利用自己的威信“让诸如克伦斯基、切尔诺夫等一些在政治上已经彻底沉寂的人声名再起”。与此同时，无论是在现今，还是在不远的将来，结盟都不可能带来任何战略优势。米留可夫的反对者认为，他的计划在现实中不可能实现，也不可能在社会革命党人的帮助下成为城市和农村广大民主阶层利益的维护者。在他们看来，米留可夫的战术是基于对反布尔什维克内部阵线成功的期待，这也决定了立宪民主党人的消极和懈怠。

右派把米留可夫的“向左战略”和通过召开代表大会、成立有影响力的党外移民中心等举措建立广泛的反布尔什维克阵线联盟的口号对立起来。该移民中心能够“维护俄国的荣誉、优势和财富”，保障境外俄国公民的权利，“保持毫不妥协地与布尔什维克斗争的理念”。同时，代表大会所奉行的纲领性质传统而保守（忠实于进行武装斗争的原则，主张保存俄国的军队实力），这也就预先决定了，与会者当中既包括右翼立宪民主党人，即代表大会的核心力量（П. Д. 多尔戈鲁科夫、М. М. 费奥多罗夫、Ю. Ф. 谢苗诺夫、Г. А. 梅恩加尔德、Д. С. 帕斯玛尼克、纳博科夫、德尔科夫－维利亚穆斯等），也包括温和的君主主义者。俄国民族联盟代表大会（巴黎，1921 年6 月5～12 日）选举产生由 Д. В. 卡尔塔舍夫领导的民族委员会。在流亡国外的俄国人聚居的所有中心城市都成立了民族委员会分会。然而，委员会的实际意义与对它寄予的期望并不相符。其纲领针对的是斗争的前一阶段，并不以各党派的联盟为支撑，事实上，它更像是被一些相当抽象的责任联系在一起、思想或多或少有些相近的活动家的集合。

党内分歧日益加深，党的两大主要机关报——《新闻报》（自 1921 年 3 月 1 日起，由米留可夫任编辑）和《方向盘报》（出版编辑是柏林的立宪民主党人 И. В. 盖森、А. И. 卡明卡、В. Д. 纳博科夫）之间的论战越发激烈，这使党在组织上濒临分裂。阿斯特洛夫曾表示，“个人政治”的时代就要来了。党仍然缺少统一的领导中心。巴黎小组试图由自己来执行中央委员会的职能，未果。巴黎小组在落实“新战略”方面并没有与其他小组进行协商，这导致其威信严重受损。“人民自由党中央委员会国外全体成员大会”的召开是重建党内统一的最后尝试，也是立宪民主党领袖最后一次聚在一起（有 20 名中央委员会委员出席了 1921 年 5 月 26 日至 6 月 2 日举行的会议）。会上发生的激烈争论表明，党内分歧已经不限于战略层面以及对“同右派还是左派联盟”的态度。对立宪民主党参与白色运动这一问题的评价显示了与会者对俄国革命的本质、人民群众在其中所发挥作用的不同理解。米留可夫及其拥护者认为，必须保护“三月革命的理想和成就”，同时强调指出，立宪民主党在革命中发挥了应有的作用，他们推动革命一步步走向成熟，并对其结果负责。在他们的反对者中，只有一小部分人表示自己不接受革命，也不承认革命的成果。其余大多数人赞同，在具体条件下革命是具有一定合理性的，但他们也强调，这种认可并不代表在原则上接受革命。

米留可夫一派坚持认为，应该从基层开始建设俄国的政治生活，因为人民的觉悟在革命过程中已经提高了，这令他们从执政的客体转变为主体。右翼代表的观点则正相反，他们认为，在复兴俄国的事业中，不应奉行人民群众的革命法制思想，而是应该走自上而下重建俄国的道路，遏制革命浪潮，从上面开始灌输自由主义和民主思想。米留可夫打算与农民和城市居民中的民主分子“建立直接联系”，这被他们视为“对党的超阶级性的蓄意侵害”。

最终，会议以略占优势的多数票通过了谴责“新战略”的决议，并以此把党内的思想分裂状态记录下来。就其资格来说，会议本身并无权通过大家必须执行的决议，会议也没有采取行动重建能对党内纷争做出裁断的权威机构。米留可夫表示：“我们是党内两个平行的党派，彼此独立，各自行事……未来的生活会为我们做出评判……而在此之前，两派中的任何一派都会认为自己比对方更能代表立宪民主党。”

会议决议所产生的负面影响立刻显现出来。在 1921 年 7 月 21 日召开的巴黎小组全体会议上，米留可夫及其拥护者正式宣布退出巴黎小组，成立独立的民主党派。立宪民主党巴黎组织的分裂决定了国外立宪民主党接下来的发展，具有全党性的意义。无论如何，每个派别都需要在党内出现纷争的时候确定自己的立场，这在国外立宪民主党人中引起了骚动和不安。实际上到处都有米留可夫方针的支持者，尽管没有一个国外的立宪民主党组织效法巴黎的做法，而是都保留了自己队伍的完整性。人数最少的立宪民主党小组明白，把力量分散开来是毫无意义的，他们珍视党的群体作用。与此同时，所有小组共有的典型特点——党内生活的萎靡懈怠在某种程度上阻碍了党的分裂之路。

右翼党人一开始将大多数立宪民主力量团结在自己周围。然而，米留可夫的反对者们无法合并为一个横向和纵向机构完备的统一阵营，而是分解为单独的地区性立宪民主党团体。巴黎小组仅仅在形式上是旧战略派立宪民主阵营的中心。事实上，每个小组开展活动都有自己的担心和风险。党内分歧妨碍了对党的具体工作任务和方法的明确制定。到 1921 年末，旧战略派立宪民主党人开始对党的工作失去兴趣：小组成员的人数逐渐减少，参会频率也有所降低，同时，“名存实亡”、不发挥作用的人越来越多，他们只是在形式上还与立宪民主党组织有关系。已经不再定期举行的党内会议也失去了意义，举办会议多是为了听取信息和“保持相互之间的联系”。这些小组开始公开向社会政治俱乐部的方向发展。

柏林的立宪民主党人意识到自己的不作为，于 1922 年 12 月 14 日召开局部会议，会上讨论了党内侨民继续进行活动的合理性问题。参加会议工作的有 A. C. 伊兹科耶夫和 A. 基泽韦捷尔，他们在不久之前被驱逐出苏维埃俄国。许多激进的与会者（伊兹科耶夫、盖森）提议发表公开声明，宣布关闭“事实上已经被摧毁了的组织”。然而，大多数参会者（基泽韦捷尔、卡明卡、格里戈罗维奇·巴尔斯基）建议把立宪民主党保留下来，因为俄国目前正常推进的工作可能还需要这个政党的存在。

起初，其他小组立宪民主党人对会议上提出的解散该党的问题持一致否定的态度。然而，谁也无法就解决严重的党内危机制定出明确的措施方案，同样，也提不出精密的战略计划以及把俄国从布尔什维克手中解放出来的近期战略部署。旧战略派立宪民主党人陷入一片慌乱，这也说明他们试图“亲身体验”一下激进党派惯用而自己较为陌生的斗争手段（比如说恐怖）。在一系列欧洲强国承认苏俄存在的背景下，寄希望于外国武装干涉的计划彻底泡汤，对此他们更是不知所措。1923 年 4 月 13 日，在布拉格召开立宪民主党人会议（出席会议的有诺夫戈罗采夫、基泽韦捷尔、Д. Д. 格里姆、П. П. 尤列涅夫、П. Д. 多尔戈鲁科夫、А. В. 马克列采夫等）。会议显示，旧战略派已经是黔驴技穷，其内部两派立宪党人的思想对抗日益激烈，一派公开支持右派立场，另一派则拥护中间派的观点。

为了摆脱无所作为的困境，首先是以民族委员会领导为代表的国外右翼立宪民主党人极力“向军队靠拢”，因为他们认为，军队是唯一“具备战斗精神和要素”的组织。事实上，这意味着他们走上了追随右派集团的道路。立宪民主党民族委员会的高层（卡尔塔绍夫、谢苗诺夫、费奥多罗夫）正式表示支持尼古拉·尼古拉耶维奇大公提出的领导反布尔什维克运动的主张（1924 年 5 月），并称后者是他们的盟友。这一步在旧战略派中引起轩然大波，成为内部分化以及后来组织分裂的催化剂。1924 年夏展开的激烈论战导致巴黎小组瓦解，从其队伍中分化出新的中心小组，其成员包括奥博连斯基、奥斯特洛夫、帕妮娜、捷耶列尔以及斯米尔诺夫。继巴黎第二次党内分裂之后，右派立宪民主党人的活动越来越少。他们最后一次积极参与的活动是筹备将于 1926 年召开的国外代表大会，希望能够通过本次大会将各派君主主义者联合起来。但此次会议本身的氛围及其结果令立宪民主党人大失所望。中间派在一系列问题上的立场和米留可夫派的立场相近，他们同意：作为军事组织，在国外不应该有白军；不应再对外国武装干涉有所指望；应将主要力量应该放在俄国国内的斗争上。与此同时，他们反对米留可夫提出的与社会革命党人联合的方针。不仅如此，他们还拒绝任何形式的联合，因为在他们看来，在立宪民主党影响力日益减弱的背景下，无论与什么样的组织结盟，都可能会威胁到其本身的独立性。中间派希望“能够做自己”，而不愿有任何倾向性，因为他们要确保本派的中立政治立场。随着时间的推移，这将有利于他们把观点相近的各派吸引到自己这边来。然而，中间派显然过高地估计了自己的能力。他们在俄国国外的政治圈中并不具备这样显著的影响力，小组的组建进程最终未能完成。中间派迟迟不能确定与米留科夫一派的合作形式，尽管两者的合作趋势日益明显，其中包括在捷克斯洛伐克的侨民学生组织中共同开展工作。

不同于右翼，以米留可夫为首的新战略派将自己在俄国移民各聚集中心的拥护者凝聚到一个统一的组织里，该组织由巴黎中心派出人员，并受其监督。民主党派周围出现了许多以外市成员为代表的党的地方组织及分会。加入新战略派的还有党外民主团体，其成员不仅包括立宪民主党人，还有无党派民主人士（布拉格和维堡有这类团体）。虽然同旧战略派相比，左派立宪民主党团体显示出了更强的生命力。但在 1922 年的活动中，这些团体第一次显露出萧条、停滞的迹象。部分左派立宪民主党人（首先是布拉格和维堡的）认为出路在于对党的机构进行改革，进而为左派民主分子加入党组织打开更为方便的大门。他们坚持要与立宪民主党彻底决裂，拒绝使用“党原来的名称”，认为这“会让民众很反感”，同时妨碍民主党派思想的传播及其队伍的壮大。但是，巴黎的大多数左派立宪民主党人秉持更为谨慎的路线方针。他们认为，在回归俄国之前不能与党的过去彻底断绝关系。米留可夫打算在社会革命党、人民社会党、合作社、哥萨克及大学生的民主组织中通过“近亲结盟”的手段创建一个广泛的组织网络，该网络涵盖了那些向左派立宪党人靠拢的机构，而这些机构则应是民主成分加入新战略派的渠道。共和民主联盟就是此类机构当中的一个。联盟的创建计划是在 1922 年夏天由 E. Д. 库斯科沃伊和 C. H. 普罗科波维奇提出的，并得到了米留可夫的支持。然而，建立联盟的动员大会（布拉格，1922 年 9 月 24 日至 10 月 2

日）并未完成自己的任务。此次会议仅仅是通过了一般性的政治纲领，并提议在重建的共和民主俱乐部对该纲领进行进一步讨论。1923 年 1 月，俱乐部在巴黎成立，同年 4 月在布拉格成立。但令米留可夫一派大失所望的是，社会党人没有参与其中。自此开始，米留可夫对与社会革命党人的合作提出了更加严格的要求：在建立新的联盟之前，推崇结盟政策的各社会主义党派必须先从自己所在的党派中分离出来，就像民主党派从人民自由党中分离出来一样。同时，左派立宪民主党人对自己的队伍进行了机构改革：成立了民主党派中央委员会，行使中央委员会的权力（1924 年 5 月 26 日召开了第一次会议），宣布实行“比以前更加开放、宽松的”吸收新成员加入民主党派的条件。

建立共和民主同盟（其成立大会于 1923 年 12 月 25 ~ 28 日在布拉格举行）是为了将介于立宪民主党人和社会党人之间的同类团体联合起来而做出的一项新尝试。诚然，一反以往计划过的广泛结盟，该同盟中加入的成员仅是些立宪民主党人和俄国农民党。同盟中各派成员把精力主要集中在文学宣传工作上（出版了《自由俄国》杂志和一些广受欢迎的宣传册），他们试图借此来调整同俄国的关系。但收效甚微，这就使得立宪民主党人不得不寻求新的途径，以联合反布尔什维克阵线的“民主党派”，其中尤为关注 1924 年成立于巴黎的无党派共和民主联合会。该组织的成员起初绝大多数是俄国军官，这些军官来自土耳其、保加利亚还有南斯拉夫，他们在法国结盟。渐渐地，米留可夫得出结论：只有联盟才是“准备对纲领性问题进行深入研究”，以及开展宣传鼓动工作的最佳组织形式。左派立宪民主党人手中掌握着共和民主联合会思想和组织工作的领导权：他们制定该组织的总纲及行动准则。

立宪民主党人的主要政治工作与共和民主联合会开始挂钩大概是从 1926 年开始的，特别是在共和民主联盟与“俄国农民党”进行了激烈争辩之后，两者争辩的主题是到底该用革命手段还是和平方式来开展反布尔什维克的斗争。在这一问题上，两者的态度大相径庭。共和民主联盟和“俄国农民党”事实上已经分崩离析（“俄国农民党”指责米留可夫一派倾向于用和平方式来开展斗争）。立宪民主党人积极推动在欧洲各中心的俄国移民建立共和民主联合会的分会。他们尤其关注新兴起的共和民主组织的统一问题：采用统一的名称和共同的纲领。共和民主联合会的组织工作在法国取得了最为显著的成绩，此外，布尔诺和柏林的联合分会也在积极运作，这些分会与波兰和南斯拉夫的整体组织规划有着本质的区别。

共和民主联合会成立初期，把联合会发展成独立自主的政党的想法在其内部逐渐发展成熟。然而，立宪民主党人认为没有必要加快这一进程，因为他们认为国内应该已经建立了新的共和民主政党。与此同时，随着时间的推移，归国的日期越来越不确定，而此时，移民的政治积极性也在降低。在这样的情况下，共和民主联合会的地位也有所变动。在 1933 年 3 月 11 日召开的联合会全体大会上，当时已成为领导人的米留可夫特别指出，“共和民主联合会呈现逐渐向开放的政党转变的趋势”。与会者还讨论了拉近与国内同类政治组织的距离、建立自己的不定期期刊出版机构等计划。但是显然，民主联合会的活动同保留下来的那些立宪派团体一样，并没什么前景。左派立宪民主党人最终未能大批吸引无党派民主人士加入自己的组织，他们原本计划通过无党派民主人士的涌入调动起各组织的活动积极性。残存下来的立宪派团体的利益诉求逐渐局限在了当地的需求上，有关其活动的最后消息定格在了 30 年代初。

与国内缺乏联系导致党的工作目的不够明确，而境外各立宪民主党组织的职能也变得越来越模棱两可。在侨居国外的闭塞环境下，他们为阻止立宪民主党的自然消亡进程而做的所有努力均付诸东流。

第十五章
孟什维克的政治溃败

A. П. 涅纳罗科夫

在1917年10月25日之后，包括中间派、国际主义派和护国派在内的俄国社会民主工党各派别一致认为，布尔什维克党夺取政权意味着孟什维克的政治溃败。然而，他们对失败原因的阐释大相径庭。

中间派认为，主要原因在于“存在许多影响革命发展速度和规模的客观阻碍因素”以及“党内分裂严重”。国际主义派则坚称“导致孟什维克党落败的不仅仅是无法遏制的局势，还有高层领导的政策”。他们认为这些政策与对孟什维克未来的预见背道而驰，对革命各阶段的界定显得滞后。

至于护国派，他们对“八个月来革命”（二月革命到十月革命——译者注）的教训进行归纳总结，认为必须走上“唯一的一条路”，即消灭“所谓的国际主义思想，就其本质而言，也就是布尔什维克思想”（认为可能很快就会爆发世界性的革命、否认有国家统一的需要、不承认俄国资产阶级具有革命创造力）。

类似的意见分歧不仅表明孟什维克内部存在各种不同的观点和意见（况且孟什维克从来就没团结统一过），它还标志着孟什维克的组织内部开始分裂，最终导致护国派、将社会民主党人统一起来的国际主义派、“新生活派”及其他党派的成员纷纷退党。各派党员人数锐减，中央与地方组织之间的关系日益松散并逐步破裂，党的影响力日渐下降。

“红色恐怖”和随之而来的社会萧条导致孟什维克党被彻底排挤出国家的政治生活，并自行消亡。

方针的更替

在苏维埃第二次代表大会召开之前，费多尔·唐恩代表第一届苏维埃中央执行委员会免去了老一届主席团的职权。俄国社会民主工党中央委员会通过了决议，宣称“通过军事政变夺取政权是对人民民主意识的践踏和对人民权力的篡夺”。他们还提出将“团结一切无产阶级和民主力量”作为当时的基本任务，以防止革命失败或者完全陷入无政府状态，对抗反革命势力的进攻。孟什维克的领导认为，这种团结机构应当是由各城市杜马、苏维埃和其他民主组织（包括政治、职业和军事组织）代表组成的社会救国护国委员会。其基本口号是：召开立宪会议，立即开始全面和平谈判。

然而，孟什维克护国派觉得仅通过一个决议是不够的。所以，在彼得格勒召开的全市会议上，他们匆匆与中央委员会的方针策略划清界限。在立宪会议召开以前，科联斯基政府是唯一获得承认的合法政府。他们认为必须建立“军事－政治中心……以实施果断的行动”，要求“立即释放被逮捕的临时革命政府的大臣和活动家，把发起内讧的暴徒和组织者交付革命法院”。

1917 年 10 月 27 日，在苏维埃第二次代表大会上孟什维克国际主义派和彼得格勒组织委员会发布联合声明。声明中指出：“在代表大会召开前夕，布尔什维克按早前精心部署的计划发动了国家政变，以苏维埃的名义夺取了政权，而对是否应该将政权移交给他们以及移交方式（通过和平还是暴力方式进行政权转移）的问题没有留任何商讨的余地。”孟什维克国际主义派对于自己在第二次代表大会上所持的立场问题这样解释道，他们曾提出一系列建议，要求立即同所有革命组织和社会主义党派进行谈判，讨论通过成立公共民主政府来走出危机，并提议谈判期间暂停军事行动。可是，这些提案都被忽略了：“我们无法担负起此次国内战争的责任……我们离开，是为了能够团结全国各地一切民主革命力量来一起工作。”

他们呼吁各派民主力量之间停止内讧，团结一致对抗反革命势力，以防其趁机重击无产阶级运动，彻底终结本已岌岌可危的革命。而这一呼吁反而激怒了护国派和中间派，因为实质上这等于默许布尔什维克进入民主阵营。难怪斯科别列夫之前不止一次警告说："要永远牢记，反革命势力不仅会渗透右派之中，还有极左派。"

1917 年 10 月 28 日，中央委员会通过决议表示，不容许与布尔什维克签订任何有关共同组织政权问题的协议。而就在当天晚上，全俄铁路工会执行委员会发出最后通牒，要求停止国内战争。在它的领导下，各社会组织和社会党派开始进行谈判。

参加会议的有：全俄铁路工会执行委员会、救援委员会（委员会的代表中还包括人民社会党中央派出的观察员，他们"未能以代表身份参加这个布尔什维克也要参加的会议"）、城市自治机构、邮政－电信联盟、国家机关工作人员中央委员会、人民委员会、第二届苏维埃全俄中央执行委员会、俄国社会民主工党中央委员会、布尔什维克、社会革命党人以及孟什维克国际派、统一社会民主党国际派、左翼社会革命党人等。

马尔托夫和唐恩为孟什维克提出了两种截然不同的战略路线。马尔托夫指出："一方面，通过武装起义夺取的政权，一党统治的政权，不可能得到国家和民主力量的承认；另一方面，如果可以通过武力战胜布尔什维克，那么胜利者将会是能压制住我们所有人的第三方力量。"他表示，认识到这一点应当成为谈判的基础。如果救援委员会和人民委员会同意，在承认民主政权（也就是不与资本主义代表结盟）的基础上裁军休战，那么政权的人员及党派构成问题也就退而居其次，不是最主要的问题了。

唐恩指出，这是一次反民主性质的政变。他认为必须强调一点，即只有这样才能够解释为什么会出现一个乍一看令人匪夷所思的情况：布尔什维克的恐怖手段尚未触及资产阶级。而与会者中也很少有人相信，布尔什维克还会对他们使用这些手段。他还认为，要与布尔什维克达成任何形式的和解，其条件都必须是以下几点：消除政变的后果，解散军事革命委员会，承认第二届苏维埃代表大会无效。唐恩不容许有让布尔什维克进入政府的想法。他嘲讽地指出，要找到愿意同近日事件的责任者合作的人，将会很困难。

10 月 30 日，中央委员会通过了"关于政权"的决议。该决议的主要内容是提出建议，“鉴于布尔什维克拒绝进行协商，而他们显然没有能力以自身力量来治理国家”，因此，提议组建包括全社会党派和民主组织代表在内的全俄统一民主委员会。正是后者需要“通过与布尔什维克达成和解的和平方式走出危机”，他们需要筹建“一个能得到全国认可，且无产阶级群众和民主力量都支持的统一的民主政权”。

这就是以唐恩为首的大多数孟什维克提出的坐下来谈判的前提条件。任何有关中央委员会内部争论的性质问题的信息资料都没有保存下来，但是，仅凭马尔托夫一句反驳的话就可以判断，这场争论并不简单。马尔托夫说道，他参加决议的制定并不意味着他同意所有决议的条款。

莫斯科和皇村重又燃起战火，彼得格勒展开逮捕、执行枪决，自由主义报社和杂志社纷纷关闭，这一切都决定了在全俄铁路工会执行委员会的领导下进行谈判的基调。“这不是战争，而是丧心病狂。”马尔托夫说道。他号召所有与会者表明立场，“即使他们认可进行武装政治斗争的行为”，他们也“从来不容许自己使用恐怖手段，也不会保证所有参与谈判的人不受侵犯”。会议一致通过了停止使用恐怖手段的决议，并表明了孟什维克中央委员会的立场。与此同时，将拒绝进入部长会议的原因解释为无法适应国内政治力量的真实对比情况。

唐恩不得已做出了退让。他表示，虽然孟什维克党反对有布尔什维克参与的政府，但如果该政府与布尔什维克不做出挑衅性的举动，孟什维克就同意支持该政府。然而，唐恩的声明并未得到与会者的理解。于是，他同意对政府的人员组成问题进行讨论，其中也不排除布尔什维克的候选人。唐恩还向谈判对方提议成立特别委员会来组建政权，该提议获全票通过。

俄国社会民主工党中央委员会承认，在现有局势下，“无论如何必须让工人中不能再发生流血事件和内讧，不再打击工人运动，与此相比，其他想法都要退而居其次”。因此，中央委员会通过决议，决定“参与组建从人民社会党到布尔什维克所有社会党派在内的统一政权”。

10 月 31 日通过的这项决议标志着孟什维克的政治方针发生了重大转折，导致党内关系急剧恶化。10 位中央委员和 3 位中央候补委员（既有护国派，也有中间派）认为这项决议是具有毁灭性的，于是递交了辞呈。在这种情况下，中央委员会决定尽快召开孟什维克临时代表大会，而孟什维克护国派则迈出了导致组织分裂的一步：他们虽然没有拒绝参加该会议，但与此同时，有意计划召开自己的会议。

从高加索回来的采列捷利加入了党内争论。他在否定了布尔什维克恐怖手段和法令的同时表示，“拒绝协商会让民主力量失去许多可能有益的成分”。采列捷利提出了他认为能将孟什维克团结起来的观点：“组建平等、民主的政权，社会主义党派都加入其中……我们不要说，布尔什维克不会加入，我们要说——无论如何都会达成一致。”

1917 年 12 月，在召开的党内特别代表大会上，以决议的形式确定了孟什维克方针路线的改变。每个党派都就议事日程内的所有问题发表了自己的观点，其中包括当前形势，立宪会议中孟什维克的任务，和平与休战，党的统一，工作监督，对苏维埃、地方自治机构和社会机构的看法，以及各州自治的问题等。意见分歧主要是战略方面的。所提意见最为尖锐的是此时已经成为孟什维克少数派的中间派，还有护国派。而国际派的提案常常以决议的形式通过——有时是大多数人异口同声表示赞成。

考虑到革命潜力尚未完全挖掘出来，而其基本任务也未完成，马尔托夫这样规划党内新政策的方向：“不要从布尔什维克发动政变倒退到结盟，而是要向前看，通过重新将无产阶级运动团结起来，并将无产阶级和小资产阶级民主力量联合起来，来完成既定的但尚未完成的革命任务。在现有条件下，除非踏过‘无产阶级运动的尸体’，否则不会和资产阶级结盟。”他认为正是因为如此，“从人民社会党到布尔什维克”这一口号才会被广为接受。马尔托夫还提出：“随着布尔什维克内部冲突日益激化，要围绕立宪会议展开长期斗争，也要据此制定孟什维克的所有战略路线。”

孟什维克代表大会指出，只有在“无产阶级实行独立自主的阶级政策，并承认全世界团结起来是阶级斗争的最高准则”的原则基础上，才有可能保证党的统一。因此，大会宣布“党代表的政治言论统一”（同“组织的统一”一样）是党完成其任务的必要条件。大会认为，任何反对党组织决策的政治言论都应被禁止，一旦发现，严惩不贷。孟什维克先前从未提出过如此严格的纪律要求。

如果地方苏维埃变成了布尔什维克的政权机构，孟什维克党员是否还应该参加地方苏维埃的工作呢？如果需要参加，是否应该与左翼社会革命党人和统一社会民主党国际派携手进入第二届全俄中央执行委员会，并通过此举将其变成能逐渐与立宪会议抗衡的多党代表机构？当苏维埃粗暴压制地方自治机构权力的时候，又怎能加入其中呢？也许，最好还是不参加苏维埃，而只是参加地方自治机构和救援助委员会？这些就是本次会议亟待解决的难题。

对于国际派来说，苏维埃仍然是“民主革命力量的中心”和实现其政治方针的斗争舞台。他们一直在证明有必要参加苏维埃，“以影响大众，反对布尔什维克专政，实行协商政策”。国际派坚信，必须禁止加入战斗组织的行为（无论其政治色彩如何），因为这些组织“坚持使用武力，反对民主力量内部进行协商的政策”。至于全俄中央执行委员会，国际派认为参加该委员会就是情非得已，尽管有朝一日不排除这有可能是防止暴力解决布尔什维克危机的唯一方法。马尔托夫把这些想法清晰地概括为：“我们的协商政策能够实现由革命时期向正常民主体制平稳过渡。这一政策推动苏维埃向标准的政治强制机构转变。”

正是这种将苏维埃视为政治强制机构而非权力机构的理解，把不同的党派联合起来。而一旦苏维埃转变为权力机构，参与其中是绝对不容许的，因此提出将“各民主力量团结在自治机构和立宪会议周围”作为主要任务。与此同时，尽管一直呼吁孟什维克党员留在苏维埃，却禁止他们进入已经成为布尔什维克权力机构的苏维埃各行政部门。同时，允许他们加入地方自治机构，以防后者变成布尔什维克或反革命分子的工具。在任何情况下，军事革命委员会和救援委员会都不会进行合作，他们“拒绝与一切民主力量进行协商”。

这些协议的通过最终为国际派、中间派和部分革命护国派联合起来组成新的孟什维克多数派提供了保证。由马尔托夫和唐恩领导的多数派担负着让所有民主力量达成一致的使命，进而防止国内战争的爆发。

当然，这个新政治路线的许多内容并不是新的，孟什维克主义一直主张走俄国社会民主党温和派的路线。他们认为自己有责任对工人进行政治教育，而从战争开始，尤其是在革命时期，有责任对国家的经济状况及国家的统一负责。同时，在对孟什维克立场的新定位中，包含了许多令右翼和中间派都很难接受的内容。多数派表示，坚决不会自相残杀，不参与反对工人阶级的毁灭性战争；准备承认布尔什维克夺取政权是无产阶级意愿的体现（尽管同时引起了极其严重的后果）；毫不犹豫地同导致十月革命爆发的不作为分子决裂。

对于许多人来说，方针路线发生诸如此类的变化是绝对不可接受的。包括护国派领袖阿·尼·波特列索夫及其拥护者在内，共计 22 人在中央委员会进行选举时投了弃权票。对此他们解释道："之所以这样做，是因为代表大会通过的主要决议与孟什维克的整体战略有严重冲突。"支持这一观点的还有一批杰出的活动家（包括巴图尔斯基、波格丹诺夫、加维、格沃兹杰夫、戈尔德曼、叶尔莫拉耶夫、扎列茨卡娅、列维茨基和尤金）。

1917 年 11 月 28 日至 12 月 6 日，他们所有人都参加了与孟什维克全党代表大会平行召开的护国派会议。会上他们针对代表大会上讨论的相关问题表明了自己的立场。在会议的最后一天，选举产生了护国派临时委员会，其成员为波特列索夫、马斯洛夫、列维茨基、伯格唐诺夫、尤金、科洛科利尼科夫、杰缅季耶夫、李伯尔、格沃兹杰夫、巴图尔斯基等。

1917 年 12 月 7 日，各党派之间进行了多轮谈判，之后选举产生了新一届中央委员会（其成员包括马尔托夫、唐恩、戈列夫、采列捷利、齐赫泽、马丁诺夫、沃伊京斯基、阿斯特罗夫、平克维奇、谢姆可夫斯基、迈斯基等）。实际上，临时委员会是与其对立存在的。在中央委员会的宣言中指出：要恢复民主力量的团结统一，首先要改变战略，即不排除与布尔什维克进行协商的可能，因为后者背后有工人群众的支持，而且他们将会同意不再实行反民主的暴力政策。孟什维克承认必须与布尔什维克进行协商，此举导致代表大会的一众代表（其中包括 10 名原中央委员会委员）发表声明，表明自己与大会的大多数代表意见相左，他们还集体拒绝加入孟什维克的领导机构。在大会上新当选的中央委员会委员不得不对此表示遗憾。他们指出，目前孟什维克处境困难，还要承受疏远广大工人群众带来的苦果。现在需要重新赢得他们的支持，而就在孟什维克在选举（指的是立宪会议的选举）中遭遇政治溃败的第二天，党的杰出工作者纷纷辞去自己的职务。

与此同时，彼得格勒护国派委员会和临时委员会都急于将自己的观点渗入党内。委员会还决定：发行专刊和专门的宣传单，刊载宣传孟什维克临时代表大会的相关资料，派人到各区级机构做报告，着手与普列汉诺夫的“统一派”开始谈判。委员会派自己的代表加入立宪会议全俄保卫同盟。作为同盟的成员，波格丹诺夫和列维茨基起草了同盟各项决议的主要条款，其内容可以概括为“立刻召开立宪会议”和“反对发布禁止举行庆祝立宪会议召开的游行的禁令”。此后不久他们便被逮捕，并扣押在彼得保罗要塞的特鲁别茨科伊堡垒，直到 1918 年 1 月末。

中央委员会也采取了一系列抑制党内分裂的措施。包括护国派在内，党内各派代表都参加到不同委员会（外交政策委员会、基本法案制定委员会、政治委员会、农业委员会等）的工作中。他们为立宪会议的社会民主党团制定文件，为新闻局准备宣传资料。中央委员会“通过了保护立宪议会的决议，呼吁各类党组织动员召开无党派工人会议，组建工人联盟或工人委员会”。此后，C. 叶若夫受中央委员会委托，在护国派彼得格勒委员会的会议上提出了在首都重建一个统一的组织，加强党的队伍建设等问题。

作为回应，护国派委员会建议彼得格勒委员会通过决议。“尽管他们承认，原则上必须将社会民主力量团结起来，却坚持实现这一点的条件首先是统一当前的政治任务。”在 12 月 31 日中央委员会和彼得格勒护国派委员会代表召开的会议上，通过了“取消平行机构，在彼得格勒重建党的统一局面”的计划。

官方的合法活动

当时，以马尔托夫和唐恩为首的孟什维克领导层正在筹备召开立宪会议。与那些被布尔什维克宣布为不受法律保护的人不同，孟什维克的活动是合法的。他们的报纸屡屡被查封，然后一次又一次地被冠以新的名称重新发行（截至 1918 年中期，中央和地方被禁止发行的社会民主党报刊数量超过 60 种）。中央委员会印刷局印制并向全国各地分发了大量各党派代表撰写的分析材料。

筹备召开立宪会议要求孟什维克最大限度地集思广益，然而，他们在选举活动中遭遇惨败（总体来说，俄国社会民主工党的候选人在全国的支持率略高于 3%，并且大部分得票来自外高加索地区），尽管人数不多（765 名代表中只有 15 人是孟什维克的代表），但是孟什维克希望自己的党团能够清晰地表明立场，从而在一定程度上弥补选举的失败。

1917 年 12 月末到 1918 年 1 月初，各专门委员会召开了会议，如前所述，各委员会为立宪会议各党派制定文件法规。马尔托夫提议不要将立宪会议与苏维埃对立起来，但该建议并未被采纳。立宪会议的最高统治权是毋庸置疑的，与此同时，还一再强调地方自治的重要性。

会议计划成立强化联盟的机构，这些机构同苏俄各联邦代表处一样，是中央权力机关执行机构的组成部分。个别拥有独立自决权的地区必须接受国家规定的一些限制条件，其立宪权才能获得承认。这些限制包括：禁止恢复君主制度，禁止对公民的选举权、公共权利及少数民族的权利设置任何限制，禁止地方法律与全俄通行的法律不一致。

所有超出劳动定额双倍标准的国家、修道院及私有土地均要转归国有。在实行土地国有化的过程中，小土地所有者的权利仅限于把自己的地块售予自治机构，后者对土地的使用形式和方法做出规定。而在对外政策方面，大家都认为重要的是签订公正的和约。

上述问题以及组建专门粮食委员会的问题计划在召开立宪会议后立即提

出。为此，对《孟什维克宣言》草案进行了讨论。在立宪会议解散（任何人都不排除会有这种可能）的情况下，建议“大家不要抗议，但要宣布人民委员做出的所有决定均为非法”。

在立宪会议召开的唯一一次会议上，代表孟什维克发言的是 И. Г. 采列捷利和 А. Л. 特罗亚诺夫斯基。前者宣读了《孟什维克宣言》，后者则指出俄国的国际政策与国内民主发展之间的联系。立宪会议的解散彻底打破了利用这一代表机构确立国内和平局面的希望。

1917 年 8 ~9 月，通过全民直接的不记名投票选举产生了能够代表各阶层的地方自治机构。然而，将这些机构保留下来的希望也泡汤了。孟什维克坚持认为，中央政府无权干涉城市杜马和地方委员会的活动，除非后者触犯了联邦法律。他们要求苏维埃不要一力独揽维护公共秩序、解决粮食和住房问题以及国民教育、医疗援助等问题。因为这会使地方自治机构甚至连解决最基本经济问题的机会都没有了，同时也会损害到农民的利益。

在地方自治机构和各市的代表会议（莫斯科，1918 年 1 月）上，孟什维克号召被解散的地方自治机构不要停止行使自己的权利，而是要采取措施维持城市的经济发展：将城市个别经济部门的管理权转交给个人或者由该部门工作人员组成委员会负责。同时，孟什维克反对以全市性大罢工作为斗争手段，认为表达抗议应仅限于举行短期的示威游行。

孟什维克还特别强调，对苏维埃来说，由独立的工人代表机构转变成政权机构是一个致命的错误。孟什维克党内各派一致认为，苏维埃作为少数执政者的专政机构，面对工人阶级扮演的是伪社会主义国家管家的角色。正如 К. М. 叶尔莫拉耶夫所说，苏维埃开始变质，变成“地地道道的大杂烩”——被各党派、集团和冒险进犯的匪帮控制了的官僚机构，他们管理国家独断专行、不负责任、专横残暴。

然而，在面对这种变化带来的实际问题时，他们的意见分歧较大。新的孟什维克多数派认为，尽管苏维埃“开始蜕化变质”，但仍是无产阶级进行阶级斗争的主要武器；而护国派则认为，苏维埃在俄国革命的下一步发展中发挥的作用逐渐减弱，这已经是不争的事实。当前的主要任务应是“让工人阶级与赞成召开立宪会议的一切社会成分协同作战，其中也不排除资产阶级”。中央委员会认为应该参与苏维埃的工作，其中包括加入全俄中央执行委员会（因为这样一来，孟什维克就不是布尔什维克专政的共同参与者，因此，可以开展“批评和揭发性的工作”）。而与此同时，右翼分子却拒绝参与已初现端倪的各党派力量的联合。Б. О. 波格丹诺夫甚至重提“取消派”，他认为，后者关于召开全俄工人代表大会的想法与当前的新形势十分契合。诚然，孟什维克所有派别一致反对《布列斯特和约》，这让已经近在眼前的内部组织分化拖延到了 1918 年夏。

在维护党内团结方面，右翼分子和左翼中间派赋予党外工人阶级组织极为重要的作用，尽管这团结只是暂时性的，还不甚牢固。这些组织包括：一些按照计划被摧毁的工会，日渐衰落的保险机构，还有彼得格勒无产阶级创立的“工厂全权代表运动”。为了让这些组织紧密团结在一起，孟什维克强调指出：工人在 10 月把自己的组织变成了权力机构，他们大错特错了。工会强行行使司局的职能；苏维埃变成警署和调查委员会；工厂委员会什么都管，就是不保障工人的利益。

全权代表运动是彼得格勒工人为维护自己的经济和政治利益自发成立的组织，该运动在组织形式上得以确定，在很大程度上有赖于波格丹诺夫、列维茨基、Г. 库钦、Г. 巴图尔斯基、Ю. 杰尼克 、К. 科法力等孟什维克活动家的支持。从 1918 年 3 月初起，该运动更名为全权代表会议。在彼得格勒，它将 50 多个大型工厂的代表联合在一起。从 4 月中旬开始，莫斯科和一系列俄国其他工业城市也开始出现类似的运动。

1918 年 4 月，俄国社会民主工党中央委员会在决议中指出，“当前我党是全俄唯一大规模的、社会民主性质的政党”，“越来越多的社会民主性质的工人组织加入其中”，因此，“将我党称为俄国社会民主工党，而无须再补充加上孟什维克或联合者之类的词”。

然而，孟什维克各派别此前“各自行事，但共同进退”的精神已经不复存在。在与布尔什维克进行斗争的形式以及俄国将来的发展前景问题上，各派的分歧越来越大。

如果说唐恩只是要求布尔什维克辞职，并且重新召开立宪会议，那么，护国派则是期望同布尔什维克政权进行武装斗争，转而“反对民主和工人运动”。他们并不害怕反革命分子可能会报复，而且拒绝承认，“布尔什维克党代表的是农民和士兵的共产主义”，甚至还有些社会主义的成分。波特列索夫写道：“我们希望我们的反对派能明白——我们对他们讲：现在有两条路，或者你们和布尔什维克一样，接受目前俄国正在进行的社会主义革命拉开了世界革命的序幕这一事实。如果是的话，你们就直说，不必难为情……或者你们摸着自己的社会主义良心，认为接受不了这种做法。”他认为，如果是第二种情况的话，要承认在推翻苏维埃政权、重建民主制度的斗争中，工人阶级需要盟友，而这就意味着这将是一场全国性的斗争。

在左翼中间派领导的坚持下，孟什维克全党会议（莫斯科，1918 年 5 月）实际上否决了这些想法。马尔托夫和唐恩认为，俄国革命是资产阶级民主革命。他们提出“尽快、尽可能地遏制对俄国统一国家经济机构的人为分解”是当前全民族的重大任务。他们认为，统一国家机构解体是“帝国主义反动势力在世界大战中获胜”以及“民主革命与世界帝国主义各派力量之间不可调和的矛盾”造成的后果。他们认为当前的主要任务是：拒绝任何对《布列斯特和约》的附加说明，组织抵抗野心勃勃的帝国主义；以此为目标集中国内所有物质力量和精神力量，进而作为一支独立的力量出现在世界舞台上；停止进行伪社会主义尝试，立刻停止内战，同时，组织进行全民性的军事培训，使全民武装起来；另外，对国家经济的各个方面进行广泛的国家干预。

似乎护国派对上述内容应该会感兴趣，然而事实并非如此。他们举着标语，上面写着李伯尔提出的“抵制苏维埃!”的口号，他们既不赞成把资产阶级当作反革命力量来对待，也不同意对“用冒险主义方法和布尔什维主义做斗争”以及“以任何借口进犯苏俄境内的外国军队”一律采取无条件谴责的做法。

这样一来，作为孟什维克多数派的中左联盟与作为少数的护国派分道扬镳了。彼得格勒右派组织的领导人波特列索夫和罗扎诺夫、莫斯科的列维茨基分别加入立宪民主党、社会革命党以及人民社会主义派创建的复兴联盟，这些团体的主要目标就是武装推翻苏维埃政权。而他们那些更为谨慎的同人（Г. Д. 古钦、В. И. 亚洪托夫等）表面上虽然并未与党中央断绝关系，却宣称自己是为俄国独立和建立民主制度而奋斗的团体。他们主张要突破党的官方文件中的种种规定限制，更广泛地吸引无产阶级加入反布尔什维克的斗争。由于中间派成员极为不满中央委员会对待布尔什维克的态度，因此，他们被称为“积极派”。

各地方的混乱局面使一部分党内成员参加了反苏维埃暴动。继立宪会议委员会宣布在萨马拉建立政权后，中央委员会委员 И. М. 迈斯基被任命为劳动部部长。孟什维克党员纷纷加入西伯利亚临时政府、乌拉尔州政府、里海舰队中央委员会的行政部门，而“积极派”和“统一派”成员参加了乌法全国会议。1918 年 8 月，俄国社会民主工党中央委员会正式宣布，禁止其党员参加反对苏维埃政权的武装行动，以及加入反布尔什维克政府。同时指出，彼得格勒和莫斯科的右派团体的立场与其孟什维克党员的身份不符。然而，在此之前政府就已经开始对俄国社会民主工党展开迫害行动了。

早在春天苏维埃进行十月革命后的第一次选举时，布尔什维克就主动出击，旨在减少其中社会党人代表的席位。在此过程中，开始伪造各种证据，在报纸上展开了一场真正的迫害运动。比如，《真理报》把选举前的孟什维克社会革命党人集团称为“反革命分子代理人、资产阶级帮凶集结的联盟”。

即便如此，社会主义党人还是保留下来了一些席位。不仅如此，孟什维克和社会革命党人在科斯特罗马、兹拉托伍斯特、伊热夫斯克、索尔莫沃的苏维埃获得了大多数席位。他们在莫斯科有 45 名代表，在哈尔科夫有 225 名代表，在叶卡捷琳诺斯拉夫有 120 名代表。一些传统上被看作布尔什维克堡垒的大型企业把自己的大部分选票投给了社会民主党人。也许，正因为如此，1918 年 6 月 14 日，在召开第五次全俄苏维埃代表大会前夕，布尔什维克指责社会革命党人和孟什维克“与反革命势力勾结，组织反对工人和农民的武装行动，蓄谋破坏和颠覆苏维埃政权”。鉴于此，通过全俄中央执行委员会做出决定，将社会革命党人和孟什维克驱逐出各级苏维埃。

在彼得格勒和莫斯科进行了大规模的抓捕行动，被捕者中包括“工厂全权代表运动”的成员。继将社会革命党人和孟什维克党员驱逐出苏维埃后，俄国社会民主工党中央委员会提出，要重点关注该组织。除了彼得格勒和莫斯科，该运动还遍及其他一系列大城市：图拉、特维尔、雅罗斯拉夫尔、科洛姆纳、叶卡捷琳诺斯拉夫、萨马拉、哈尔科夫、布良斯克等。全权代表大会计划于 7 月 20 号召开。根据会议筹备计划，预计在 7 月 2 日举行大罢工。抓捕行动破坏了这些计划，同时意味着孟什维克正式合法活动的阶段已经结束。大多数中左联盟派认为，这是权宜之计。而右派则认为，这实际上就是投降。

现实主义抑或是“革命的幻想”

国内战争日益激烈，外国武装分子干涉德国爆发革命，再加上国际社会逐渐承认布尔什维克政权——所有这一切导致孟什维克进一步走向分裂。1918 年秋，正如孟什维克右派领袖所预测的，受德国革命的影响，党的领导在对资本主义的整体危机进行评估时，承认“无产阶级的社会革命”是不可避免的。相应地，承认布尔什维克变革是“历史的必然”，而俄国革命本身，尽管出现“某些反无产阶级、反民主、无政府主义的趋势”，却“大大推动了整个世界的运转”。

党内会议（1918 年 12 月）确定了如下战略：把苏维埃制度视为既成事实，而非一条原则。基于这一点，俄国社会民主工党宣布：“在政治上将会团结苏维埃政府，因为后者捍卫俄国领土免受他国的侵犯，其中包括盟国的侵犯，反对一切无产阶级以外的民主力量企图扩大或者继续侵犯的行径。”

为了实现“重建无产阶级、农民和城市民主力量的革命同盟，加强俄国与国家运动之间的联系”这一目标，俄国社会民主工党中央委员会公开拒绝“一切与民主力量的敌对阶级进行政治合作的行为，绝不参加任何政府联盟，即使它们打着民主的旗号，坚决与那些依附于外国帝国主义和军国主义的全国性民主同盟”划清界限。

在承认苏维埃制度是“既成事实”后，中央委员会提出了新的口号，要求城市和农村苏维埃不受党的监督，苏维埃要拥有自由选举权和改选权，“工人阶级和农民阶级机会均等，在苏维埃中均有各自的代表”。执行机关要服从苏维埃这个拥有代表权和立法权的机构。和从前一样，党主张取消未经法庭审判裁决而私判的死刑，取消非常机构，终止政治恐怖和经济恐怖，停止极具破坏性的伪社会主义试验，恢复出版、会议、言论、结盟自由。

1918 年 11 月 30 日，全俄中央执行委员会撤销了同年 6 月 14 日做出的有关孟什维克的决议，指出：“该党，至少是以其领导中心为代表的部分，现今已拒绝同国内外的资产阶级政党和团体结盟。”然而，马尔托夫认为，之所以做出这一决定，是因为布尔什维克的战略发生了转变，开始转向小资产阶级，尤其是农民阶级。他将自己所在党派的合法化问题与其他一系列问题同等看待，其中包括布尔什维克拒绝贫农委员会的要求，承认在惊心动魄的粮食争夺战中落败，严厉谴责国外的红色恐怖，举行大规模农民起义，军队开小差行为日益增多。也正因为如此，前面提及的全党会议通过决议，决定取消“为立宪会议而战”的口号。同时指出，应该像法国的一句俗话所说的那样行事，即“要想跳得更远，必先后退一步”。

但是，他们再也没有机会跳了。布尔什维克和俄国社会民主工党玩起了“猫捉老鼠”的游戏。1919 年 3 月末，开始了新一轮行动。全俄肃反委员会开始对“社会党人”实施抓捕。于是，一批批曾经被沙皇监狱收押过的老囚犯，还有那些用一生来证明自己对工人运动事业忠诚的勇士再次被捕入狱。正是在这一时期，全俄肃反委员会自成体系的内部工作细则逐渐形成，并成为特有的镇压社会党人和其他“反革命分子”政策的法律基础。全俄肃反委员会长期以来自成一体的实践显示，所有被控“反革命罪”的犯人均被处以集中营监禁 3 个月到 3 年不等的刑罚。针对俄国社会民主工党党员实行的最为普遍的判决就是判处他们在集中营监禁服刑，“直到国内战争结束”才被释放。马尔托夫指出：“执政党认识到了自己在同‘微不足道’的孟什维克集团开展的思想斗争中已经完全是束手无策，因此，决定宣布各社会主义党派的活动不再‘合法’，重新使用恐怖手段。”

1919年5月24日，中央委员会对全俄中央执行委员会主席提出抗议，抗议大批俄国社会民主工党党员被捕。他们并没有担任党内领导职务，但都在苏维埃机构中任职。党内专家小组（其中有B. 格罗曼和C. 格罗曼兄弟、H. 苏哈诺夫、C. 利伯曼等）向列宁指出，在这种情况下无法开展工作。作为回应，加米涅夫向孟什维克党的领导表示，希望他们能提供一份可以在不同管理部门担任领导职务的人员名单。而与此同时，中央委员会虽然重申，“俄国社会民主工党也建议其党员在苏维埃机构担任所有可以促进国民经济复苏和社会创新的职务”，切实为国防事业效力，但同时他们表示，“自己无法提供前面所说的那份候选人名单”。拒绝的理由是“俄国社会民主工党要顺利参加到拯救革命的大业中，并为此而充分发挥自己对人民群众的影响作用，只有在一种情况下才能实现，即所有准备一致对抗反革命势力的社会党人在政治纲领的基础上达成一致，统一起来，同仇敌忾，进而让社会民主力量共同承担把握政策整体走向的重任”。

既然加米涅夫的提案中没有提出达成和解的问题，那么，要想扩大合作，“无论如何，都应首先取消对俄国社会民主工党党员的迫害行动。对该党的态度也不应再模棱两可，一方面，希望能够利用他们的力量及其在俄国和国外无产阶级面前的公众形象；另一方面，却又像对待内部敌人一样，迫害和诋毁他们”。

似乎很讥讽，在此期间从监狱释放出来的唐恩（专业是医生）应征加入了红军，而后又被借调到保健人民委员会，而马尔托夫则当选为社会主义学院正式成员。据亲历者回忆，列宁在召开第七次全俄苏维埃代表大会时，吩咐安排孟什维克的代表在大剧院原来沙皇的包厢就座，以示“讽刺”。这是想让孟什维克党沦为大家的“笑柄”，把他们变成“听话的”反对派。在这次大会上，马尔托夫提交了俄国社会民主工党社会经济发展规划纲要，纲要的名字给人留下深刻印象，叫“怎么办?”

1919年7月中旬发布的社会经济发展规划纲要是对同年3月通过的

《布尔什维克党纲》的一种挑战。孟什维克宣布，这就是所有有觉悟工人的目标：“坚守革命阵地，保障革命正常健康地发展，将俄国革命与西方无产阶级革命运动汇集成一股强大的力量。”为实现这一目标，要做到“保持、巩固进而坚定不移地确立工人阶级领导的国家政权，开始恢复经历了四年世界大战和两年国内战争，已经被彻底摧毁的国民经济”。

后来波特列索夫称这是“革命幻想的产物”。而俄国社会民主工党提出的“能源防御大战”措施和经济改革方案则被他称为“希望在孟什维克的帮助下实现苏维埃专政民主化这一不切实际的愿景”。

马尔托夫提出了著名的“四月提纲”，这在十月革命后成为所有孟什维克的信条。“四月提纲”集中体现了俄国社会民主工党新的纲领目标，为“所有马克思社会主义政党提供了联合活动的依据”。大纲包括“社会革命”“政治革命和无产阶级专政”“专政与民主”“无产阶级专政与苏维埃”“社会民主党的战略”五部分，其中涉及的有关社会发展的基本问题是根据对世界革命形势的分析总结出来的。

根据马尔托夫的纲要精神，对资本主义制度危机予以评估是进行社会革命的先决条件。孟什维克在这一问题上的立场与布尔什维克极为相近。两者都认为不可能“在维持原有生产、分配形式的情况下，恢复战后衰败的国民经济”。两者都认为，要满足经过革命洗礼的广大劳动群众日益增长的需求，只有一条路，即最大限度地干涉资本家阶级的收入，而国家政权对该阶层的依赖对此产生了一定的影响。两者还有一个共同点，即均承认现代大工业是这场社会革命的“决定性因素”，是社会革命向前突进的指标，还是以无产阶级为首的工人阶级执掌政权的推手。此外，两个政党的理论基础颇为相近，均承认“进行社会革命”并确立无产阶级专政是“没有权力的多数派强行推翻当权的少数派的必要条件”。

那么，孟什维克和布尔什维克有哪些分歧呢？第一，布尔什维克将革命阐释为“持续短短几个月或者几年时间的历史事件，通过一场急转直下的剧变把一种经济形势彻底废除，以另外一种截然相反的经济形势取而代之”。对此观点孟什维克持否定态度。他们认为，革命是一个“复杂、长期的历史进程，国家经济生活逐渐走向社会化，资本主义和小资产阶级的生产方式被能够保障生产力大幅提高的集体生产方式排挤出去”。

第二，孟什维克承认无产阶级专政是通过暴力手段来反对那些凭借对生产资料的垄断过着剥削寄生生活的社会团体。他们还坚称，无产阶级专政就其本质而言，不可能针对“其他阶层的劳动群众，即城市和农村已经成为无产者的小业主和无产阶级的脑力劳动者”。提纲中强调指出，无产阶级专政的概念，除了名称外，与个人或寡头专政的概念没有任何共同之处，其中包括为了人民利益而自觉革命的少数人对人民大众的专政。同样，他们否定将恐怖作为“革命分子专政的手段”，认为“这只是劳动大众尚未承认发动革命的少数人已夺取政权时，少数派希望把政权牢牢掌握在自己手中的一种手段而已”。

第三，至于专政和民主之间的对比关系，马尔托夫指出，后者是人民政权，官员的特权被减至最少，官员经全民选举产生，需向选民群众汇报工作。最大限度地发展自治制度，将与生产者对立的各领域的官僚——军队的和文职官员的影响降至最低。希望利用对民主制度的限制来加快经济生活的社会化进程，这些尝试致使在广大群众中产生反作用，使一个阶级的专政退化为日益减少的少数人专政，最终导致工人阶级自身的分裂瓦解。

第四，认为不应把以苏维埃制度为基础的无产阶级专政当作“包治百病的灵丹妙药”。

在布尔什维克的铁律之外

孟什维克一直都不赞同布尔什维克对社会主义改革本质和速度的极端理解，批评 1917 年十月革命之后建立的国家制度，反对对无产阶级专政的广义解释以及俄共（布）在国家政治生活中的垄断地位，努力争取政治自由和人民民主。他们做出许多尝试，希望自己能够成为一支为了制定出切合实际的阶级政策、恢复革命无产阶级团结统一而开展斗争的力量。

为什么他们没有成功呢？仅仅是由于执政党及其领导们对该观点不予支

持吗？但是要知道，列宁及其战友痛斥孟什维克是“帝国主义匪帮的同伙”，面对群众的不满，他们不得不承认“战时共产主义”是没有前途的，必须在土地和粮食政策中做出抉择，这已经对党和国家机关的官僚化造成威胁。如列宁所说，当“文化至上主义”一步步地显露出来时，最终甚至提出必须从根本上改变一切有关社会主义的观点（当然，最后未能实现）。

但这一切是否意味着孟什维克成功地发挥了其反对党的作用？对该问题的答案应该是否定的。孟什维克不再同布尔什维克进行武装斗争，对1917年获胜的社会主义无产阶级代表的革命乌托邦制度给予支持，首先支持的是布尔什维克，尽管这种支持只是相对的、形式上的并附加了许多条件。这就是为什么即使在波兰对俄国发动进攻时，他们公开表示要支持苏维埃政府，但仍受到全俄肃反委员会的严密监控和步步紧逼。

1920年5月，俄共中央政治局通过专门决议，彻底打破了孟什维克恢复合法、公开出版活动的希望。根据政治局的六月决议，各人民委员会必须将“在委员会工作、多多少少能发挥一定政治作用”的孟什维克下派到省里。一个月后，全俄肃反委员会收到任务，负责“制定分散孟什维克政治领袖的计划，以解除他们在政治上的威胁”。

孟什维克在苏维埃选举（1920年）中取得的成绩引发了新的镇压浪潮。莫斯科印刷工人同盟遭到重创，同盟中社会民主党人的立场异常坚定。哈尔科夫党组织成员几乎全部被捕。

俄共（布）政治局通过了《关于孟什维克》的决议（1921年12月）。决议规定：“禁止孟什维克搞政治活动，密切关注清除其在各工业中心的影响。将其活跃分子通过行政命令派到非无产阶级中心，一切与广大群众有联系的职位他们都无权参选。”一个月后，政治局针对这一问题重申：“要加大对孟什维克的镇压力度，并授权我们的法院予以实施。”

由于实行了新经济政策，俄国社会民主工党在青年中的影响力日益增强，这引起了列宁的不安。18岁的大学生、孟什维克党人Л. М. 古列维奇的演讲让列宁大为震怒。古列维奇试图将列宁提出的“国家资本主义”一词解释为承认必须恢复正常的经济发展。列宁指出：“我不怀疑，孟什维克现在会、将来也会加强自己的恶意宣传。”

1922 年 2 月，莫斯科逮捕了社会民主青年联盟成员。3 月，俄共（布）政治局决定准备“对社会民主派青年进行公开审判”。然而，受审者英勇无畏的表现及其一直以来坚持不懈落实党的各项决议，这些迫使政治局撤销了自己的决定，“在这种情况下仅限于对其处以流放的行政处罚”。

列宁认为类似的惩罚具有“明显的自由主义意味”。他在俄共（布）第十一次代表大会上指出：“对公开宣扬孟什维克主义的行为我们的革命法庭应判以枪决，否则，这就不是我们的法庭。我认为，应该扩大对处决这一刑罚手段的运用（以取代驱逐国外）……针对孟什维克党人和社会革命党人的各类活动。”

1922 年下半年的大搜捕行动之后，俄国社会民主工党作为全国性组织已经不复存在，甚至在各省的中心城市党员数量也是寥寥无几。偶尔存留下来的组织也没有实际运作，其工作仅限于召开为数不多的几次小范围秘密会议。

党的中央机关也蒙受重大损失：1920 年夏，马尔托夫和 P. 阿布拉莫维奇移居国外，1922 年 1 月末，唐恩被驱逐出境。1918 年 5 月选举出来的中央委员会委员中，1/3 以上的人因为这样或那样的原因与党断绝了关系。1919 ~ 1922 年，“布尔什维克政府竭尽所能，力求粉碎我党，当时为避免被关进监狱和流放的少数分子都被迫转入地下，”在 1922 年 8 月中央委员会下发的通函中这样写道，“俄国社会民主党人现在活动不得不面对的恐怖氛围，有点像沙皇制度统治下最糟糕的时期……进行合法活动的可能微乎其微。重心自然转移到了要求特殊警戒的工作领域。”

稍晚一些时候，俄国社会民主工党地方组织召开会议（1922 年 10 月），宣布俄国社会民主党的活动为非法活动。这样一来，在组织工作方面，俄国社会民主党再次回到了 30 年前以小组为单位的非法活动状态。1923 年末，在全国范围内仅有 8 个城市还有社会民主党人的组织在活动。1924 ~ 1925 年，最后的一些组织被彻底清除，尽管中央委员会政治局在名义上仍继续存在，孟什维克党也时不时地会提示自己的存在。这种情况一直持续到 20 年代末。

在巴黎出版的纪念1917年俄国十月革命10周年的《沉湎于幻想》一书中，波特列索夫在对自己与孟什维克主义的争论进行总结时，指出了俄国社会民主工党垮台的主要原因。这就是“政治上的玛尼洛夫习气”发作了，他们仍然认为，布尔什维克进行的试验就是社会主义改革，似乎对布尔什维克执政10年后的专制之路应该再用一个“新词”来表达。

身在国外的孟什维克成立了以马尔托夫为首的“境外代表团”。自1921年2月起，在柏林开始出版《社会主义公报》，该报很快成为党的中央机关报。与俄国工人运动决裂，无法对国内发生的事件施加影响，这些因素对“境外代表团”的地位和《社会主义公报》的性质产生越来越大的影响。

在1923年马尔托夫死后，境外组织内部显现出极强的排除异己思想。该组织越来越像是被击溃的军队的指挥所。德国法西斯当权迫使俄国社会民主党人将根据地转移到法国，而随着第二次世界大战的开始，又转移到美国。在欧洲和美国一些城市保留下来的俄国社会民主工党组织失去了其政治性质。

第十六章

社会革命党人退出政治舞台

Н. Д. 叶罗费耶夫

对于社会革命党人的领导层来说，布尔什维克的武装起义是意料之中的事情，但他们无力反抗。此外，和布尔什维克并肩作战的还有首都的大部分社会革命党组织。在中央委员会 1917 年 10 月 25 日发布的《告全俄革命民主力量书》中曾指出，在距全俄工兵代表苏维埃第二次代表大会召开还有一天，距立宪会议召开还有一个月之际，布尔什维克试图武装夺取国家政权是“极不理智之举”。呼吁书中还指出，只有民主会议组建的政权才是合法的，因此，社会革命党人不会加入布尔什维克建立的苏维埃政府。呼吁各革命民主力量在成立政治中心前不要各自为政，建议通过政治中心将各革命民主力量联合起来，同布尔什维克及右翼反革命势力的各种企图做斗争。为了削弱布尔什维克提出的口号和各项法令的影响力，在发动革命的第二天，社会革命党发布了纲领，纲领内容体现了该党在立宪会议上的承诺。

莫斯科的社会革命党人采取了更为积极的行动对抗布尔什维克。他们成立了市管理局下的公共安全委员会，希望该委员会能够成为与布尔什维克进行斗争的全俄中心。委员会致电各城市杜马及地方自治会，提议它们立刻选举代表。这些代表应该即刻赶赴莫斯科，全力支持立宪会议，并为组建新的临时政府献策献力。

社会革命党人认为，布尔什维克掌权的时间不会持续太久，很快就可以看到其承诺无法兑现，布尔什维克必将遭遇溃败。为了让这一天早日到来，社会革命党的领导极力孤立布尔什维克，让他们脱离群众，还组织开展反对他们的武装行动，成立没有布尔什维克参加的社会主义政府，想以此团结并领导各民主力量，直到在全国召开立宪会议。

根据这一策略，社会革命党人退出了全俄苏维埃第二次代表大会。他们宣称，布尔什维克夺取政权是对国家和革命犯下的罪行，这标志着国内战争的开始和对召开立宪会议的阻挠。他们还称，革命必将失败，而代表大会通过的各项决议也因许多苏维埃未派代表参加而不具效力。社会革命党决定召回自己在一些政治组织中的代表，其中包括军事革命委员会、中央执行委员会，这些组织对布尔什维克政权起着重要的支撑作用。为了统一领导彼得格勒各反布尔什维克民主力量的行动，成立了由 A. P. 戈茨领导的救国革命委员会。

1917 年 10 月末至 11 月初，彼得格勒、莫斯科和各阵线试图发动武装行动。逃出彼得格勒的 A. Ф. 克伦斯基纠集 П. Н. 克拉斯诺夫将军的哥萨克兵团，与救国革命委员会里应外合，策动彼得格勒的士官发动暴乱。莫斯科的社会革命党人也开始发动武装斗争。与此同时，西部战线的 B. M. 切尔诺夫以及西南战线的 Н. Д. 阿夫克森齐耶夫也跃跃欲试要起兵。然而，所有这些尝试都未能获得成功。

他们希望成立没有布尔什维克参加或者仅有少数代表参加的社会主义政府的计划也宣告破产。全俄铁路工会执行委员会提出的第二个方案得到了大多数布尔什维克领导的支持，却遭到 B. И. 列宁和 Л. Д. 托洛茨基的强烈反对。应当指出的是，在社会革命党人的领导层中，以阿夫克森齐耶夫和戈茨为首的一些人对于建立由各党派共同参加的社会主义政府这一想法表示强烈反对。后者仍然坚持与资产阶级结盟的政策，还补充说明，现在必须联合各派力量同布尔什维克专政进行斗争。

导致社会革命党人在十月革命中失败的一个原因是其在组织上和思想上的分裂。不仅彼得格勒的左派社会革命党人支持布尔什维克，其他许多地方的左派社会革命党人也支持布尔什维克。社会革命党的领导希望扭转局势，对与布尔什维克合作的社会革命党人采取了史无前例的大规模迫害镇压措施。彼得格勒的社会革命党人组织被解散，那些参加武装起义或为其提供帮助以及在布尔什维克政权机构中工作的党员被开除出党。

十月革命后，社会革命党的处境十分艰难，政治地位发生了变化，由执政党变成反对派。此外，社会革命党人现在要对抗的不是反人民的专制制度，而是和自己有着近似目标的社会主义党。后者不仅借鉴了他们一系列广为人知的纲领，还试图以自己的方式将其付诸实施。

让社会革命党人尤为无奈的是，布尔什维克为了把农民拉拢到自己这边来，宣布实施土地社会化，这导致社会革命党人的影响力大大受损。无论是立宪会议的选举结果，还是在1917年11～12月于彼得格勒举行的全俄苏维埃代表大会上，大多数农民代表都没有站到他们这边，而是站到了左派社会革命党人和布尔什维克一方。社会革命党的党员人数开始减少。其群众性工作开展不力，一方面，是由于布尔什维克为他们设置了重重阻碍；另一方面，则是因为农民、工人和士兵非常欢迎布尔什维克颁布的各项法令。而社会革命党人华而不实的口号在很大程度上已经让他们厌烦，他们对后者已经失去了原有的热情和信任，党的命运受到了威胁。社会革命党唯有寄希望于群众能够尽快相信并看到布尔什维克颁布的各项法令无法兑现，寄希望于立宪会议的召开。社会革命党第四次代表大会的主要内容就是研究该党所面临的危机，并寻找摆脱困境的出路。

社会革命党第四次代表大会于1917年11月26日至12月5日在彼得格勒召开。会议的议事日程包括讨论党在立宪会议的工作计划、通过组织章程等重要问题。然而，与会代表们关注的重点主要集中在讨论党的现状及统一问题。大会对中央委员会的活动进行了严厉的批评，并强调指出，中央委员会未能对在国家管理机构和社会组织中担任要职的党员实施应有的监督，这使党必须对未经其批准的政策及那些既不符合党纲也不符合集体意愿的行为负责。一些人认为，中央委员会下达的指示倾向于布尔什维克；另一些人则认为，委员会在给孟什维克创造机会。

代表大会通过了中央委员会《关于将社会革命党的国际主义派左翼分子、加入布尔什维克政权机构及参加与德国和奥匈帝国进行单方和谈的党员开除出党的决议》。而对于那些退出全俄工兵代表苏维埃第二次代表大会或参加军事革命委员会的人，则是建议要根据其行为对协助布尔什维克夺取政权起到多大的作用来区别对待。

社会革命党不认同十月革命，这也让它失去了自己的左翼党派，但这并不意味着它变得更右倾了。代表大会一方面谴责中央委员会实行的结盟政策，另一方面，对其通过的将社会革命党护国派的极右翼分子开除出党的决议表示支持。结盟政策的支持者未能入选中央委员会。关于这一点应当指出的是，在苏联时期的文献中，将左派社会革命党人离开后该党的剩余部分称为“右翼社会革命党”，这一说法并不恰当。

社会革命党人与立宪会议

社会革命党人对立宪会议寄予了很大的期望。实际上，在二月革命爆发后他们就着手进行筹备工作，尤其关注立宪会议中各党派的成分构成，并采取了特别措施，让立宪会议的候选代表中包括了社会革命党的领导、优秀的演说家及有关国家法律、土地、工人、国民经济等问题的专家。

社会革命党第三次代表大会提出，党不会与其他社会主义党派缔结任何协议，而是独立自主参加立宪会议的选举。但事实上，在绝大多数选区它都是以与地方的农民代表苏维埃结盟的形式参加选举的。在共同提名的名单中，社会革命党组织和农民代表苏维埃各占一半名额，还有一个附加条件是后者提名的候选人应为社会革命党人。

社会革命党在思想和组织上的分歧在选举活动中也有所体现。一些选区提出若干份社会革命党人的候选人名单。彼得格勒、喀山、彼尔姆、辛比尔斯克、哈尔科夫等地的右翼社会革命党人提出了自己的名单，左派社会革命党人则在沃罗涅日、叶尼塞斯克及波罗的海舰队选区提出了相应的名单。此外，还有许多地方（莫斯科、特维尔、库尔斯克等）的两派社会革命党人则为名单的拟定展开了激烈的斗争。

1917 年 11 月，俄国举行了立宪会议选举。选举结果对于社会革命党人来说不能一概而论。从整体上来说，他们在全国获得了多数票（39.5%）的支持。然而，这些票主要是来自地方省份，特别是农耕区。社会革命党得票最多的地区分别是黑海中部地区、北部地区及伏尔加河中游地区。这不仅仅是因为社会革命党的土地政策在这些地区很受欢迎，还有一个原因是地方省城的政治生活远远落后于首都、大城市及前线。而后面这些地方的选举结果对社会革命党人来说并不乐观。比如，他们在彼得格勒的得票率为17%左右，而其政敌——布尔什维克和立宪派的得票率分别为45%和26%；在莫斯科社会革命党的得票率仅为8%，而布尔什维克为48%，立宪派为34%。

在七大军区之中，社会革命党人仅在远离中央的罗马尼亚和高加索军区收获了大多数票的支持。他们在后方卫戍区的得票率为23%，而在彼得格勒地区和莫斯科州这些特别重要的卫戍区，社会革命党的政敌——布尔什维克的得票率分别为71%和74%。

立宪会议的选举结果不仅明确了社会革命党的社会性质，同时，对于阐明其在十月革命中失败的主要原因（在那些对革命胜败起决定性作用的地方缺少力量优势）及其在十月革命后实施的战略方针也具有重要意义。

众所周知，社会革命党人试图于1917年11月28日通过自发组织召开立宪会议，布尔什维克坚决打消了他们的这一想法。此后，社会革命党人决定不再去做一些极端的举动加速事态的恶化，过分刺激布尔什维克，而是静候时机，等待布尔什维克的内政外交政策遭遇不可避免的溃败。他们将党的工作重心转移到加强召开立宪会议的宣传鼓动工作上，要求将“全国包括武装力量和非武装力量在内的所有有生力量”都组织起来。

为此，社会革命党指示地方党组织组建战斗队，并成立民兵团。在此过程中，社会革命党人在由军区工作人员B. H. 菲利波夫斯基领导的“立宪会议护卫团”中发挥着积极的作用。

然而，和以往一样，一到关键的决定性时刻社会革命党人就表现得不团结。大多数立宪会议的代表和中央委员会委员都相信立宪会议的神圣，相信它具有神奇的力量。他们认为，人民自己应该将立宪会议保护起来，而布尔什维克终将会“低头”，不敢对立宪会议有所企图。另一些人，尤其是前线代表的态度则更为强硬。他们表示，在同布尔什维克进行斗争的过程中可以采取任何手段，包括恐怖手段。在他们的坚持下，首先对中央军事委员会进行了改组，该委员会脱离中央委员会的管辖开始拥有自主权。

中央军事委员会主要负责彼得格勒卫戍区的工作及战事活动，但并未取得特别突出的成绩。由立宪会议代表、第一届国家杜马议员 Ф. М. 奥尼普科组建的恐怖活动小组提出的战斗计划也遭到了中央委员会的反对。这些计划的内容涉及铲除“所有布尔什维克的头领”，首先就是 В. И. 列宁和 Л. Д. 托洛茨基。

可见，在立宪会议召开前，彼得格勒的局势对社会革命党人相当不利。考虑到这一因素，该党领导人同意了布尔什维克确定的召开立宪会议的日期，即 1918 年 1 月 5 日。在 1918 年 1 月 3 日召开的中央委员会会议上，与会代表推翻了军事委员会提出的在立宪会议召开当天起事的提议，认为“此举不合时宜，也没有把握”。与此同时，代表们在会上反复指出，布尔什维主义是人民的，应当让人民群众自己打破对布尔什维主义的种种幻想，而无须发动自相残杀的战争。最终，大会决定各党的活动仅限于开展和平游行示威。

立宪会议共选举产生 767 名代表，其中包括 347 名社会革命党人。并不是所有人都出席了立宪会议的开幕式。出席人数最多的是社会革命党党团——约 240 名代表，布尔什维克的人数为 110～120 人，而左派社会革命党人有 30～35 名代表出席。

1917 年 11 月末，社会革命党党团就已经开始召开自己的会议，其主席团主席为前莫斯科市市长 В. В. 鲁德涅夫。社会革命党共成立了近 15 个委员会，其中包括土地委员会、社会经济委员会、国家法律委员会、立法委员会、宣传委员会等。其中，负责制定立宪会议第一次会议章程的“首日委员会”尤为引人注目。在立宪会议召开前一天的党团大会上，代表们一致通过由 В. М. 切尔诺夫担任大会主席一职。立宪会议开幕式应由资深代表、社会革命党党员 С. П. 什韦佐夫来主持。然而，布尔什维克打乱了社会革命党人原有的安排，他们和左派社会革命党人制造的事端令 С. П. 什韦佐夫大乱阵脚。而全俄中央执行委员会主席 Я. М. 斯维尔德洛夫立刻利用这一时机宣布，中央执行委员会委托他来主持立宪会议开幕式。

Я. М. 斯维尔德洛夫首先宣读了《劳动者和被剥削人民权利宣言》，并呼吁与会者予以支持，宣言的内容包括苏维埃政权颁布的各项重要法令。之后，他提议选举立宪会议主席。当选主席的是 В. М. 切尔诺夫，而非布尔什维克和左派社会革命党人提名的 М. А. 斯皮里多诺夫。社会革命党人以多数票否决了对《劳动者和被剥削人民权利宣言》进行讨论的提议，并通过如下会议日程：关于采取措施尽快结束战争的问题、关于《土地基本法（草案）》的问题、关于俄国国家制度的问题、关于与失业现象和粮食紧缺问题进行斗争的措施、关于保护立宪会议及其成员不受侵犯的问题、告人民书及当前时事等。布尔什维克谴责社会革命党人的“资产阶级和反革命思想”，并称自己“一刻也不能容忍人民公敌的罪行”，因此，他们退出立宪会议，以此向苏维埃政府表达自己对“立宪会议中反革命分子”的最终态度。随后离开会议的还有左派社会革命党人，他们不满自己在《全俄中央执行委员会宣言》中提出的和平条款被推翻。

在布尔什维克和左派社会革命党人退出后，立宪会议根据日程继续召开。中央委员 Е. М. 季莫费耶夫在发言中阐明了社会革命党人关于结束战争问题的立场。社会革命党人提议，首先，应照会各同盟国，与其共同制定构建民主世界的条件，并一起对敌宣布这些条件；其次，继续休战，与开战各国进行谈判，维护俄国的利益，构建共同的民主世界；再次，全力支持就上述问题召开国际社会主义会议；最后，选举立宪会议成员组成全权代表团与各同盟国代表进行谈判。

关于议事日程上的第二个问题——社会革命党人起草的《土地基本法（草案）》，В. М. 切尔诺夫刚刚宣读了 10 条，塔夫里契斯基宫的卫兵队长、水兵 А. Г. 热列兹尼亚科夫就要求所有在场人员离开会议大厅，“因为卫兵队累了”。对于已经宣读的土地法的内容没有异议予以通过，并选举出委员会负责在 7 日之内审议完该法案的其余条款。此外，在会议上一致通过的还包括社会革命党人关于和平问题的提案以及宣布俄国为“民主联邦共和国”的决议。

1918 年 1 月 6 日上午 4 点 40 分，B. M. 切尔诺夫宣布全俄立宪会议第一次会议闭幕，并确定下次会议在下午 5 点召开。然而，这次会议最终成了立宪会议召开的唯一一次会议。

布尔什维克解散立宪会议是以暴力扼杀俄国新生民主制度的胜利，这也成为国内战争爆发的一个主要原因。

在立宪会议被解散后，社会革命党的领导人呼吁各位党员不要绝望，不要感情用事，不要转入地下工作，也不应密谋策动反对“工农政府”的斗争，因为此举正中布尔什维克下怀，他们正希望让社会革命党人失去合法的斗争舞台，让他们成为人民的敌人。他们再次强调指出，布尔什维主义与沙皇制度不同，它有广大群众的支持，因此，同它的斗争首先是广泛的思想政治斗争。虽然苏维埃仍未被承认是国家政权机构或地方管理机构，但社会革命党对它的态度已经发生了变化：不仅不再排斥它，相反，还建议将其作为人民群众这一阶级的政治组织和同右翼反革命分子进行斗争的堡垒保护起来，呼吁重新选举并召回布尔什维克的代表。因此，社会革命党决定参加全俄苏维埃第三次代表大会、土地委员会会议和妇女代表大会的组织工作，回归全俄农民代表苏维埃、工厂委员会和工会，不再抵制“社会主义的军队”，制止国家机构公职人员的罢工行为。所有这些宣传组织工作的意义在于，社会革命党人希望民众能对立宪会议的号召一呼百应，并认为社会革命党的当务之急就是全面恢复立宪会议的工作。

同布尔什维克进行武装斗争的方针

1918 年 5 月 7 ~ 16 日，社会革命党第八次委员会会议在莫斯科召开。此次会议成为十月革命后社会革命党党史上的重要里程碑，是对布尔什维克政权态度的转折点。会议提出，全俄民主力量的主要任务不是进行社会主义建设，而是要在解决二月革命提出的社会政治问题的基础上为恢复和重建独立、统一的国家而斗争。要完成这一任务，需要把“全国所有创造性力量”团结起来，停止内战，重新建立全民统一阵线。通过建立全民统一阵线来振兴俄国的倡议应由劳动民主力量提出，应该以常设全权代表工厂的工人会议的形式在城市和农村建立“真正的劳动阶级的组织”，这些组织与布尔什维克的苏维埃是对立存在的。社会革命党人认为，布尔什维克将苏维埃变成国家机构，这扭曲了苏维埃的本来性质，将其变成专政的工具。尽管他们认为苏维埃是“苟延残喘”的工人阶级组织，但同时觉得，暂时来看自己退出苏维埃“并非明智之举”。他们应该继续在苏维埃同布尔什维克进行斗争，而一旦被开除出苏维埃，则借机在工人群众中对其百般质疑并创建新型工人组织，即前文提及的无党派工人会议或全权代表工厂的工人会议。

会议提出，将消灭布尔什维克政权作为所有民主力量“当前刻不容缓”的任务。布尔什维克专政应被人民政权所取代，具体是要恢复被布尔什维克取缔的地方自治机构和立宪会议。这些机构应承担起完成主要任务的责任，即为俄国的独立统一而斗争，进行社会经济改革已刻不容缓。既然立宪会议本身是有缺陷的（因为布尔什维克和社会革命党的一部分代表把自己置身于立宪会议之外，他们违反了立宪会议的不可侵犯原则，背叛了祖国和革命，这些人是不应该出席立宪会议的），那么，要完成国家的重建工作，就必须以民主原则为基础召开新的能够体现人民真实意愿的立宪会议。

会议一方面警告劳动人民和社会革命党党员不要密谋进行反对布尔什维主义的斗争；另一方面却宣布，将全力支持大众民主运动，“以现行的人民政权取代委员会制”。同时，会议委托各级党组织大力推广这些运动，让他们不要各自为政，而是要向纵深发展，涵盖各个地区，并在这些地区扎下根基。

会议还审议了有关国际政治的问题，认为协约国军队“经合法政府同意”出现在俄国土地上“不仅是可以接受，也是合乎需要的”，因为这些援助可以帮助加强军队的战斗力和东线的实力，并与德国展开卓有成效的战争。与此同时，会议还强调指出，劳动民主力量在任何情况下都不能依赖别国的扶持来重建本国的人民政权。

在委员会结束的当天，即 1918 年 5 月 16 日，社会革命党中央委员会召开了会议，会上审议了“中央委员之间的工作分配”问题。最终，莫斯科的 20 位委员中仅留下了 8 人，而其他人被派往各地。其中，最大的代表团被派到了伏尔加河沿岸地区，那里的反布尔什维克暴动已处于一触即发的态势。

Н. Д. 阿夫克森齐耶夫被派去西伯利亚，他担负着领导西伯利亚临时政府党团的政治工作、推动边疆地区党务工作有序开展、代表党组织与各同盟国代表联络、以社会革命党第八次委员会会议的决议精神指导西伯利亚政府的内政外交政策等任务。在必要的情况下，阿夫克森齐耶夫可以参与西伯利亚政府的改组，并从“少数民族中推选务实能干的候选人”加入其中。

最后一点意味着社会革命党已经允许再次实施被第四次全党代表大会否决的联合政策。不仅是这一点，还包括社会革命党第八次委员会的会议决议，从整体上来说都表明了社会革命党的右倾化趋势。

第八次委员会决议释放出了一个信号，即社会革命党开始公开反对布尔什维克的武装斗争。他们在东部的伏尔加河中游地区、乌拉尔山地区和西伯利亚等地举起了斗争的大旗。在很短的时间内，这一大片地区就都已置于社会革命党人的控制之下。

1918 年 6 月初，在捷克斯洛伐克叛军的支持下，社会革命党人在萨马拉建立了以立宪会议委员会为代表的政权，委员会主席为 В. К. 沃尔斯基。该委员会渐渐集中了近百名代表。委员会下设执行机构——以 Е. Ф. 罗戈夫斯基为首的管理委员会。在管理委员会的 14 名委员中，仅有 3 人不是社会革命党人。立宪会议委员会拥有自己的人民军队，军队总司令为无党派人士 Н. А. 加尔金上校。委员会为自己设定了以下任务：恢复东线战场对抗德国侵略者，废除屈辱的《布列斯特和约》，推翻布尔什维克的苏维埃制度，为恢复立宪会议的工作创造条件。

社会革命党人在位于托木斯克的西伯利亚州杜马中也占有多数优势。当时，西伯利亚州杜马宣布西伯利亚为自治州，并建立了以社会革命党人 П. Я. 德贝尔为首的西伯利亚临时政府。该政府位于符拉迪沃斯托克，而其分部——西西伯利亚委员会则位于鄂木斯克。1918 年 7 月，委员会将自己的职权移交给由立宪党人 П. В. 沃洛戈茨基领导的西伯利亚联合政府。

1918 年 9 月，社会革命党人在乌法举行的全国会议上也占据了优势地位。然而，即使在这种情况下，这种优势亦未能发挥出来。他们自身的缺点再次暴露：不统一、不稳定、在解决原则性问题时害怕自己承担全部责任、倾向于妥协。此次会议的结果是宣布成立“全俄临时政府”，其执政内阁成员包括社会革命党人 Н. Д. 阿夫克森齐耶夫、В. М. 晋季诺夫，立宪党人 В. А. 维诺格拉多夫教授，无党派人士 В. Г. 博尔德列夫中将和西伯利亚政府主席 П. В. 沃洛戈茨基。社会革命党人参与组阁意味着其右翼在该党的胜利以及重新回归联合政策。此前，联合政策曾遭遇“滑铁卢”，并被社会革命党第四次代表大会否决。不过，社会革命党委员会第八次会议通过的决议已经为恢复该政策提供了先决条件。

临时执政内阁认为，推翻布尔什维克制度、废除《布列斯特和约》、重建俄国、与协约国结盟继续对德作战是自己的使命。内阁通过的第一个决议就是剥夺西伯利亚州政府的权力。

立宪会议委员会表现得最听话，甚至更进一步：在 1918 年 10 月初做出了自行解散的决定，同时宣布自行解散的还有西伯利亚州杜马。而西伯利亚州政府则不同意这样做。为了削弱西伯利亚州政府的权力，临时执政内阁决定对其采取“封闭”策略。临时执政内阁将官邸设在鄂木斯克，并将西伯利亚州政府的政务委员会和执行机构加入自己的“议事内阁”。西伯利亚州执行机构的人员构成相当引人注目，除了立宪党人沃洛戈茨基之外，还有公开反对社会党人和立宪会议的海军上将 А. В. 高尔察克等。临时政府对这些人采取的“封闭”策略并未奏效。鄂木斯克的局势非常紧张，一触即发。以 И. Н. 卡拉希利尼科夫为首的军官和哥萨克拥护君主政体，他们不限于进行公开宣传，还成立了专门同“立宪会议成员”进行斗争的组织。因此，许多社会革命党人被该组织杀害。

临时执政内阁的政策使社会革命党在各民主党派眼中的形象受损。为了挽回局势，在 В. М. 切尔诺夫的坚持下，社会革命党中央委员会发布通函，批评乌法全国会议的结果和临时执政内阁的政策。同时，通函还表示，如果临时执政内阁希望得到社会革命党的支持，必须满足一个条件，即实行连贯的民主政策，并在军队中自由宣传社会革命党的思想。

中央委员会的通函遭到临时执政内阁成员及其工作人员中右翼社会革命党人的强烈反对，而拥护君主制度的一派则把通函诠释为社会革命党人发出的“以武装起义反对执政内阁”的呼吁，因此，他们利用通函作为自己的起事借口。

1918 年 11 月 18 日，在临时执政内阁内部日渐强大起来的拥护君主制度的一派势力发动了政变。海军上将高尔察克推翻了临时执政内阁，并建立了军事专政。包括内阁成员在内的许多社会革命党人被捕，并被驱逐出俄国。他们纷纷到了巴黎，开启了新的一波也是最后一波社会革命党人流亡的浪潮。可见，社会革命党希望与反民主力量联合的策略及将他们“封闭起来”，并对其进行民主化改造的想法再次遭遇失败。前者的结果是布尔什维克建立专政，而后者则是右翼力量建立专政。

“第三支力量”

为了组织力量对抗高尔察克的独裁政权，社会革命党中央委员会和立宪会议的社会革命党人代表成立了自己的组织——“立宪会议代表大会”，大会下设特别委员会，负责重建法律制度。随着斗争形势的发展，社会革命党逐渐成为“第三支力量”。与此同时，为形势所迫，社会革命党不得不与布尔什维克展开斗争，同时又要为反对君主专制反动势力的复辟而斗争。

国内战争时期，各党派力量对比的变化导致社会革命党人的策略发生了实质性的改变，其内部产生了新的分歧。

1919 年初，莫斯科的社会革命党委员会以及随后召开的全俄社会革命党组织大会表示，反对与布尔什维克和“资产阶级反动势力”达成任何形式的和解。同时它承认，来自右翼势力的威胁越来越大，因此决定不再同苏维埃政权进行武装斗争。与此同时，大会斥责以立宪会议委员会主席 B. K. 沃尔斯基为首的社会革命党人集团，即所谓的“乌法代表团”提出的“关于与布尔什维克进行更为密切合作”的谈判策略。

当时，苏维埃政府的处境极为艰难。布尔什维克政权面临被右翼君主专制势力颠覆的威胁。为了抵御这一危险，在苏维埃俄国甚至创建了社会主义力量联盟，尽管该组织只是昙花一现。为了充分发挥社会革命党在同高尔察克和邓尼金斗争中的潜力，同时也为了加深其内部分歧，1919 年 2 月 26 日，苏维埃政府宣布社会革命党为合法组织。

社会革命党的领导层最大限度地利用向自己开放的“自由时代”。党的中央委员们纷纷会集到莫斯科，在这里重新开始出版党的中央机关报《人民的事业报》。同时，社会革命党人一边号召人民群众同资产阶级君主反革命势力展开斗争，另一边不停地对布尔什维克制度进行严厉抨击。结果社会革命党的“自由时代”极为短暂，不到一个月的时间就结束了。社会革命党再次受到压制：《人民的事业报》被禁止发行，一批社会革命党党员中的活跃分子被捕。

1919 年 4 月，社会革命党中央委员会召开全体会议。会上提出，由于党无力同时在两个阵线上开展武装斗争，因此，建议暂时停止反对布尔什维克的斗争。同时，会议还强调，不能与布尔什维克达成任何形式的和解，因为这只会对社会革命党造成不良的影响，要知道在民众的意识中，“劳动民主力量”和布尔什维克是一回事。与此同时，在中左联盟的努力下，会议指出，社会革命党代表参加乌法全国会议、执政内阁，以及西伯利亚、乌拉尔和克里米亚地区政府，还有在雅西召开的全俄反布尔什维克力量大会（1918 年 11 月），这些是其联合政策的体现，并对此予以谴责。全体会议还反对外国的武装干涉，指出这只是外国政府“为帝国牟取私利”的表现。1919 年 6 月，在莫斯科郊外召开的社会革命党委员会第九次会议上正式确定该党为“第三支力量”。会议决定，社会革命党将停止与布尔什维克的武装斗争，而继续与其进行政治斗争。

会议指出，社会革命党应全力动员、组织各民主力量做好战斗准备，以备不时之需，即如果布尔什维克不肯自行放弃右倾反动政策的话，就要为了“人民政权、自由和社会主义”通过武力将其铲除。会议再次通过了“关于社会革命党必须团结一致，停止一切摇摆不定，加强纪律”的决议。另外，会议选举产生了特别侦查委员会，负责对“个别党内人士及党的机构”的违纪行为进行调查。

当时已经流亡国外的社会革命党的右翼领袖对委员会第九次会议的决议非常反感，甚至试图将这些决议秘而不宣，不让其他流亡国外的大众知道。

他们仍然认为，只有通过武装斗争才可能战胜布尔什维克，而在这场斗争中社会革命党甚至可以与非民主力量联合，可以通过“封闭”策略使其民主化。此外，他们还允许外国武装干涉力量支援“反布尔什维克阵线”。

社会革命党委员会第九次会议否决了左派代表的两项提案。第一项提案指出，包括布尔什维克在内的所有“劳动民主力量”在君主制复辟的危险面前应联合起来，拥护赋予全体劳动者平等权利的苏维埃政权。左派代表还提出，不应该总是强调只是暂时放弃与苏维埃政权进行武装斗争。第二项提案的作者为社会革命党杰出活动家、中央委员会委员 Н. И. 拉基特尼科夫，他表示，为了民主和社会主义事业，社会革命党人和布尔什维克之间的敌对冲突最好能够和平解决，也正因为如此，“俄国社会主义两支最主要的力量”不应关闭未来可能达成和解的大门。作为对这项决议的回应，左派领袖 Н. И. 拉基特尼科夫和 К. С. 布列沃伊退出了中央委员会。在此次会议之后，社会革命党与左派之间的分歧逐渐演变为党的内部分裂。

社会革命党中以 В. К. 沃尔斯基为首、被称为“乌法代表团”的一派与委员会第九次会议的决议精神背道而驰，号召全体党员以自己为榜样：承认苏维埃政权，与其联合，并在它的领导下与反革命展开斗争。之后，这一派开始发行周报《人民报》，也以“人民派”的名义广为人知。在邓尼金进逼莫斯科之际，“人民派”宣布，自己这一派的所有人员供布尔什维克国防委员会调遣。同时，“人民派”还建议中央委员会号召全党和劳动群众“尽一切可能为红军提供积极有效、毫无保留的援助”。

社会革命党中央委员会称“人民派”的行为是破坏捣乱行为，决定将其解散，而后者关于自己一派所有人员供国防委员会调遣的决议则被认为是无效的。“人民派”没有屈服，1919 年 10 月末，该派宣布退出社会革命党，并开始改称为“社会革命党少数派”。

俄国边远地区的政治力量对比关系极为复杂，外国的武装干涉令局势更加恶化。这些地区的社会革命党组织很难发挥自己的作用，并确定自己的战略。在高尔察克政变后，西伯利亚社会革命党委员会长期处于瘫痪状态。为此，大为不满的社会革命党人在 1919 年春组织成立了西伯利亚社会革命者联盟。

该联盟的立场与社会革命党的官方立场截然不同。该联盟认为，必须停止同苏维埃进行武装斗争，让民众可以自主选择政权形式，即选择立宪会议还是苏维埃。联盟为自己设定的目标是同君主专制反动势力及支持这些反动势力的外国武装干涉分子进行斗争。联盟积极筹备组织反对高尔察克的全民起义，而在推翻后者的统治之后还要进行西伯利亚立宪会议的选举工作。此外，会议提出，应就政权形式问题举行全民公投。

很快，苏俄红军取得了对高尔察克的胜利，在此影响下，西伯利亚地区社会革命党人的工作积极活跃起来，他们利用地方自治会积极进行反对高尔察克力量的工作。

1919 年 10 月，在伊尔库茨克召开的地方自治会代表大会上，社会革命党人占了上风，会议通过了推翻高尔察克政府的决议。同时，为了在高尔察克的士兵中开展工作，社会革命党人成立了保护人民政权的社会主义军事联盟和中央军事委员会，并发挥着领导作用。

这些组织首先成了“政治中心”的重要支撑。后者是 1919 年 11 月在伊尔库茨克召开的全西伯利亚地方自治会及城市联席会议上决定成立的。

“政治中心”的成员包括社会革命党人、孟什维克、无党派人士及地方自治工作者。该中心由社会革命党中央委员会委员 Ф. Ф. 费奥多罗维奇领导，“政治中心”的主要任务是筹备组织反对高尔察克独裁统治的起义。1919 年 12 月末至 1920 年 1 月初，在红军快要逼近伊尔库茨克的时候，“政治中心”发动了武装起义，并夺取了城市的政权。之后，在高尔察克被捷克人逮捕并移交“政治中心”后，“政治中心”为他设立了专案调查委员会。然而，不久后伊尔库茨克的政权就移交给了布尔什维克，高尔察克于

1920年2月7日被执行枪决。

在消灭高尔察克的独裁统治之后，“政治中心”的社会革命党人的主要任务是在东西伯利亚地区建立一个临时的民主缓冲国。首先，该缓冲国应该消除日本的侵略野心，因为当时无论是“政治中心”，还是苏维埃俄国都没有足够的力量与日本抗衡；其次，可以保留东西伯利亚与俄国重新合并的希望；最后，利用捷克的友好中立立场，为俄国保住巨大的物质财富，首先要保住黄金储备，这些都是捷克和外国武装干涉者们，尤其是日本及其盟友觊觎已久的东西。

社会革命党中央委员会也不反对西伯利亚的社会革命党人与布尔什维克展开政府层面的合作。然而，社会革命党人同孟什维克一样，没有加入远东共和国政府。因为苏维埃政府极大地缩短了远东共和国的边界，并且在政府中给予布尔什维克党人主导权，社会革命党人对此极为不满，如果他们和孟什维克加入远东共和国政府，那么这个政府就变成了“苏维埃的一块遮羞布”。但是，如果社会革命党人不改变自己的立场，他们就不是社会革命党人了。以同右翼力量和日本人进行的斗争必须联合各民主力量为理由，社会革命党人加入了布尔什维克在符拉迪沃斯托克的联合政府——滨海州地方自治局（1920年1月末成立），以及远东共和国联合政府（1921年7月成立）。

1922年10月，远东从日本人手中被解放出来后，布尔什维克放弃了与社会革命党人及其他民主力量进行联合的政策，转而对该地区实施公开的布尔什维克化和苏维埃化政策。同时，布尔什维克对社会革命党人开始进行镇压，地方人民会议的社会革命党人代表被捕，一批领导干部被控密谋反革命。1922年11月，远东共和国加入俄罗斯苏维埃联邦社会主义共和国，它作为独立的国家从此不复存在。对西伯利亚及远东地区社会革命党人政策的分析表明，其政策与社会革命党作为“第三支力量”的官方政策大相径庭，难怪B. M. 切尔诺夫将其称为“不应效仿的例子”。

乌克兰和俄国南部地区的社会革命党人在政策问题上存在的分歧之大丝毫不逊色于西伯利亚和远东地区的社会革命党人。乌克兰有乌克兰社会革命党，是在 1917 年 4 月从社会革命党中分离出来的，其他的还包括由全乌州委会领导的各类社会革命党组织。另外，乌克兰民族主义者——“独立派”与社会革命党人旗鼓相当，也希望能够成为“第三支力量”。在社会革命党看来，他们同邓尼金分子相比根本不能算坏人，因为正是他们，为了乌克兰的命运提议召开全乌立宪会议。社会革命党人与“独立派”的最大区别在于前者反对乌克兰从俄国分离出来，并认为他们之间的联盟是“历史的必然”。

根据社会革命党的官方策略，乌克兰的社会革命党人应该同“独立派”一起与邓尼金分子做斗争。然而，这一策略常常无法落实。于是，基辅市市长 Е. П. 里亚布采夫因声援支持邓尼金志愿军被开除出党，而基辅当地的社会革命党组织也因支持他而被解散。

当时，俄国南部地区处在邓尼金政权和一系列哥萨克政府的统治之下，那里社会革命党的形势同样也是错综复杂。该地区的党组织与中央的定期联系完全无法保证，而 1919 年在敖德萨成立的中央委员会南部分会作为它们的直接领导，自身没有足够明确的立场。中央委员会的指示要求，要不惜使用包括恐怖手段在内的一切手段与邓尼金分子进行坚决斗争，并且要求放弃以使邓尼金集团民主化以及与其组成任何形式的联盟为目的的“封闭”策略。但是，这些指示很少能下达各地区。至于哥萨克政府，鉴于它自身所具有的民主成分，中央委员会建议自下而上对其施压，以此推动它更为积极和坚定地捍卫哥萨克的民主制度，使其免受邓尼金政府的攻击。因为，邓尼金一直致力于建立单一、中立的政权形式。

但南部地区的社会革命党人在现实中推行的政策常常与中央的指示不一致。其中，其右翼分子作为成员加入了立宪会议成员东南委员会和城市地方自治联盟等联合组织，并且表现活跃。城市地方自治联盟的一位领导人 Г. И. 施赖德尔在叶卡捷琳诺达尔主持发行一份报纸——《祖国报》，并宣传对邓尼金分子实施“封闭”策略。后来，该报社被邓尼金关闭，而发行人则被逮捕。城市地方自治联盟的另外一位领导人 В. В. 鲁德涅夫和社会革命党的杰出活动家、黑海舰队政委 И. И. 布纳科夫（冯达明斯基）一同出席了 1919 年 11 月召开的俄国反布尔什维克组织及其同盟者雅西代表大会。会上，与会代表对后者援助反布尔什维克斗争的问题进行了讨论。

在当时的形势下，一方面，邓尼金政权的复辟企图日益明显，尤其是在 1919 年夏邓尼金志愿军进逼莫斯科时期；另一方面，农民对邓尼金政权恢复实施旧制度的不满越来越强烈，南部地区的社会革命党人逐渐开始意识到自己正是“第三支力量”。他们的代表尽管并未出席社会革命党委员会第九次会议，却承认这次会议通过的决议非常及时。与此同时，他们还认为这些决议不甚合理，因为决议指出，党的当务之急是同白军进行斗争，而非同红军斗争。正是这个原因，一些自称“支持同布尔什维克进行斗争的社会革命党人”与叶卡捷琳诺达尔的社会革命党组织脱离了关系。当然，还有截然相反的一幕。例如，社会革命党人在领导“绿色农民运动”的黑海解放委员会中占优势地位，他们首先集中力量与白军进行斗争。同时，他们承认必须以自由选举产生的苏维埃为基础，建立社会主义统一阵线。最后，他们还将解放委员会军事司令部的长官 H. B. 沃罗诺维奇开除出自己的队伍，因为后者表现出极为鲜明的反布尔什维克立场。

1920 年，社会革命党中央委员会号召全党继续同布尔什维克进行思想政治斗争，但同时指出，要将重心放到同波兰和弗兰格尔的斗争上。另外，社会革命党中央委员会不允许将由自己动员参军的民众交给苏维埃政权的最高军事机构——革命军事委员会指挥，同时还责成所有党组织积极在党的队伍及受社会革命党人影响的民众中发展志愿兵。处在波兰和弗兰格尔占领区的党员和党组织应“运用一切手段和方法与其开展革命斗争”，其中包括运用恐怖手段。苏波战争以《里加和约》的签署而结束，社会革命党人认为苏俄对波兰做出的实质性让步是“丧权辱国、背叛国家利益的行为”。

国内战争后的社会革命党

社会革命党在国内战争中落败，元气大伤。党员数量骤减，大多数党组织被解散或者趋于解散的边缘。同沙皇时期一样，社会革命党再次沦为非法组织，党的活动勉强维持。一批著名的活动家或者流亡国外，或者身陷囹圄。1920 年夏，党的最高领导层进行了改组工作：成立了中央委员会组织部，成员由幸免于难、未被逮捕的中央委员会委员和一批有影响力的党务活动家组成。同年 9 月，全权代表中央委员会主席和党中央机关报主编的社会革命党领袖 B. M. 切尔诺夫流亡国外。

尽管如此，社会革命党的战略目标仍然是为建立民主制度这一唯一能够夺取革命和社会主义的最终胜利而创造条件的政治制度而奋斗。社会革命党人认为，推翻布尔什维克专政的问题仍然是建立民主制度的必要条件。然而，他们对同布尔什维克政权进行斗争的策略做出了一些修正。1921 年 8 月，社会革命党委员会在萨马拉召开第十次会议，会议确定，将劳动民主力量积蓄和组织起来作为当前的主要任务。社会革命党党员和党组织纷纷呼吁，应该放弃各种反对苏维埃政权的极端行为，阻止人民群众一盘散沙似的自发行动，因为这只会让民主力量更加分散。他们具体提出了以下措施：和农村的团体共同组建无党派劳动农民联盟；要求就是否信任苏维埃政府的问题举行全民公投，并起草相关的决议书；在政府准许的社会组织中工作，进一步开展和加强党组织的工作，加大社会主义民主思想的宣传力度。会议再次强调指出，不允许与资产阶级分子进行任何形式的联合以及与国际武装干涉力量进行勾结。委员会会议还提出，各国应取消对俄国的经济封锁，应对国家饥寒交迫的民众实施国际援助。然而，即使是在这种时刻，社会革命党内部仍然不能统一团结起来，一些党员和党组织都表示，要继续积极开展反对苏维埃政权的斗争。

另外，流亡国外的社会革命党右翼领袖无视领导层的决定，继续宣传联合策略，并鼓动外国武装力量进行干涉。

在 20 世纪 20 年代初的国内政治危机时期，社会革命党的立场复杂多变。

后来，根据苏联历史文献中记载的全俄肃反委员会的观点，社会革命党不仅组织、策动了富农暴动，进行反对苏维埃的阴谋叛乱、恐怖活动和政治破坏活动，还直接参与了抢劫活动，实施销毁储备粮、牲畜、马匹、农业器材等一系列犯罪行为。应该指出的是，在当时不能排除某些党员中的极端分子甚至是整个组织都参与了这些事情，但从整体上来说，布尔什维克实际上缺乏指控他们的依据。社会革命党的领导人认为，党的政治和社会斗争不应以政治上无组织、变化无常的暴动叛乱为主，不应利用“民众的愤怒”；而对为数众多、较为分散、自发的农民运动的态度则要相对缓和，他们甚至将“安东诺夫匪帮叛乱”定性为“半匪帮”运动。但必须指出的是，社会革命党之所以不赞同这类运动，是因为在其看来，这样会令民主力量分散。国内战争失败的教训让社会革命党明白了一点，即只有通过大规模的群众运动将拥护社会主义民主思想的广大群众组织起来，才能终结布尔什维克制度。社会革命党的领导人希望喀琅施塔得叛乱也变成这样的运动。当时身处雷瓦尔的 B. M. 切尔诺夫尽全力帮助起义者，并呼吁开展全民性的罢工和起义予以响应和支持。

史学文献中有一种较为普遍的观点，认为社会革命党对苏维埃政府实行的新经济政策持赞同态度，这种观点实际上是错误的。事实上，社会革命党人对新经济政策是持批判态度的。一方面，他们承认这一政策促进了小农经济的繁荣；另一方面，他们指出，这只会让生产力变得分散，滋生巧取豪夺和投机倒把现象。苏维埃政权似乎正是通过该政策与资产阶级联手对付劳动者，而在农村则推行“斯托雷平的反动政策”。社会革命党人认为，为了保证社会主义的发展方向，当局应该推动合作社、劳动组合和公用企业等形式的集体经济的发展，只有这样才能为建立公有制集体经济打下坚实的基础，并为夺取对“私营经济”的最终胜利创造条件。

在国内刚刚进入和平发展时期的背景下，社会革命党人认为，当前的发展不仅应实现经济制度的民主化，还应包括政治制度。对于广大群众来说，他们的这一提议还是很吸引人的。

布尔什维克明白这一点，因此尽其所能地采取各种手段贬低社会革命党人的思想和政策，并且强行把后者从政治舞台上清除出去。列宁将社会革命党人和孟什维克称为“一切反动势力的先锋”。他认为，“应该把他们都关进监狱”。因此，布尔什维克政权对社会革命党人的镇压迫害活动日益强化。最终，在 1922 年 6～8 月，布尔什维克在莫斯科对一批社会革命党中央委员会委员和党员中的活跃分子进行了一场审判。在接受审判的34人中，包括社会革命党中央委员会委员 А. Р. 戈茨、Д. Д. 顿斯科伊、М. Я. 根德尔曼、Е. М. 季莫费耶夫等在内的12人被判处死刑、执行枪决，其余人则被判处刑期不等的监禁。但判死刑者的行刑被延期执行，他们转而变成政治人质。布尔什维克表示，如果社会革命党人采用武力手段反对苏维埃政权的话，将立刻执行对这些人的判决。1924年1月，原定的死刑判决被取消，代之以五年监禁和流放。

借着对社会革命党人进行审判之机，布尔什维克展开了一场史无前例、声势浩大的宣传活动，彻底消除他们的影响。由此，一些毫无证据的论题成了苏联历史文献中记载社会革命党人的主要内容，其中涉及社会革命党人变质、背叛劳动人民的利益、组织反对苏维埃政权的反革命和恐怖活动、支持外国武装干涉力量、勾结国际反动势力等。

尽管在审判之后，社会革命党的活动条件更为复杂了，但仍未停止自己的活动。社会革命党人试图通过一些出版机构发行一些地下出版物和各类宣传资料，在中央、南部地区、乌克兰、高加索及西伯利亚等地召开州代表大会。然而，社会革命党还是难挡颓势。其影响力下降不仅是由于布尔什维克的镇压，还包括国内形势日趋稳定，并且新经济政策逐渐取得成效，这些都让在将来消灭苏维埃专政制度变得更为渺茫。因此，社会革命党人为自己设定的当前任务不是推翻布尔什维主义，而是将其一点点瓦解，并继续巩固和加强自身的力量。但最主要的因素是，他们开始对自己失去信心。1925年，随着党中央委员会的最后一批成员被捕，实际上社会革命党在俄国已不复存在了。从那时起，只有流亡在巴黎、柏林、布拉格和纽约的社会革命党人仍然继续开展活动，直到1960年为止。

流亡国外的社会革命党人

1918～1923年，社会革命党人陆续流亡国外，其活动中心是巴黎、柏林和布拉格。暂时栖身雷瓦尔的流亡者一度发挥了积极的作用，1920年，

B. M. 切尔诺夫在这里创办了党的中央机关报《革命的俄国》。流亡国外的社会革命党人通过这个城市与苏俄社会革命党的地下工作者取得联系，转发各种宣传资料，也是从这里为发生暴动的喀琅施塔得提供援助。

1923 年 11 月，社会革命党国外组织第一次代表大会在布拉格召开。而在此之前，国外的社会革命党人是由该党在 1918 年成立的国外代表团领导的。代表大会选举产生社会革命党国外组织地方委员会，负责领导党在国外的工作。而国外代表团保留了与国内和国际社会主义运动联络的职能。国外社会革命党人的活动经费在很大程度上是由捷克斯洛伐克政府提供的，尤其是在最初的几年，而这些资金来源于从俄国西伯利亚地区掠夺的黄金储备。

在思想政治方面，国外的社会革命党人同国内的情形一样，也存在分歧。社会革命党人的侨民协会中有不同派别的代表——左派、中派和右派。但是，各派的实力对比不尽相同。在巴黎，由阿夫克森齐耶夫和克伦斯基领导的右派社会革命党人占优势地位。在布拉格占大多数的则是左派和中派。尽管右派社会革命党人在数量上居少数，但在很大程度上，正是他们的势力决定了国外社会革命党人的立场。

右派社会革命党人认为，俄国并不具备进行社会主义革命的先决条件，国内开展的斗争不是为了社会主义，而是为了确立文明民主的资本主义制度。他们不接受社会革命党领导层做出的关于停止与布尔什维克进行武装斗争的决议，认为布尔什维克要比白卫军政府更加十恶不赦。在他们看来，白卫军政府还有可能向民主的方向发展，而布尔什维克专政的苏维埃政权则没有这种可能。直至最后他们都不后悔采取“联合”政策，并且认为外国武装干涉力量的帮助是必需的。

1921 年 1 月，在右派社会革命党人的倡议下，身在国外的立宪会议成员及包括立宪派在内的各政治力量代表在巴黎召开了小范围的会议。社会革命党中央委员会反对其党员参加该会议，并要求他们退出经会议选举产生的联合执行委员会。然而，右派社会革命党人对中央委员会的这一决议提出抗议。

以克伦斯基为首的一部分右派分子在“党外联盟”的创建和活动中

发挥了主导作用，该组织由“行政管理中心”领导，其主要任务是向西欧舆论界通报苏俄国内的局势。在对社会革命党人进行审判期间，“行政管理中心”档案馆的文件被苏联政府利用。在右派社会革命党人的努力下，一些组织，如地方和城市自治机构工作人员联盟、俄国国际联盟保护协会等成立了，它们的主要思想策略就是联合。

中央委员会在国外的代表是 B. M. 切尔诺夫，但他并非一直都能坚定不移地贯彻中央委员会的路线。例如，他积极参加了立宪会议于巴黎召开的会议，尽管不是正式代表；他使用“党外联盟”的经费出版发行《革命的俄国》；他不同意中央委员会关于将个别右派领导人开除出党的决定。

随着苏俄国内局势日趋稳定，无论是在国内还是国外，社会革命党人政治活动的积极性都大为减弱，相应地，内部分歧也逐渐停息。但到了 20 世纪 20 年代中期，随着布尔什维克最高领导层的斗争开始，关于布尔什维克制度和苏俄的命运问题再次变得具有现实意义，国外社会革命党人之间的分歧重新激化。1926 年，社会革命党国外代表团分裂，切尔诺夫一派从中退出，并建立了“新东方联盟”。该联盟将苏联各加盟共和国社会主义政党的代表联合起来，其目标是建立一个由各独立的民族国家联合组成的特殊联盟，这些民族国家类似于苏联解体后在其领土范围内出现的各个独立的国家。1928 年 3 月，切尔诺夫一派退出社会革命党国外组织地方委员会，并成立了社会革命党国外联盟，其成员仅有 10 余人。该组织将《革命的俄国》保留在自己手中，并希望自己能够成为社会革命党在国外的唯一代表。然而，这些想法未能得到大多数侨居国外的社会革命党人的认可。当时，这些社会革命党人主要集中在一些报刊的周围，如杂志《当代札记》（阿夫克森齐耶夫、鲁德涅夫、冯达明斯基等）、报纸《时日报》（克伦斯基、晋季诺夫等）、杂志《俄国的意志》和《社会革命者》（B. B. 苏霍姆林、B. И. 列别杰夫等）。

20 世纪 20 年代末至 30 年代初期，国外社会革命党人的政治活动几乎完全停滞，但他们对俄国国内及国际舞台上发生的事件仍然非常关注，尤其是国内的农民集体化进程。对此问题，他们表现出了不同的态度。

一些人全盘否定集体化，认为这与社会革命党提出的让农民通过合作社实现社会主义的道路完全不同，他们将苏维埃的集体化称为国家劳役和新的农奴制度；另外一些人不认同的只是集体化过程中所采用的那些残暴手段；还有一些人愿意相信集体化总的来说是利大于弊，但对此仍持保留意见。

国外社会革命党人在对待20世纪30年代日渐激化的国际关系问题上也是各执己见。其中，大多数人反对在同法西斯进行的斗争中与共产党联合。对此，B. M. 切尔诺夫则表示赞同。当时社会革命党在巴黎最大的一派中，对该问题的意见出现了分歧，进而产生分裂。随着德国和日本对苏联进攻的威胁越来越大，社会革命党人中的爱国和护国情绪日益高涨，其中一些人甚至因此减弱了对斯大林体制的批判。

社会革命党人对欧洲各国与苏联建立反希特勒同盟寄予了很大期望。在大多数侨居国外的社会革命党人看来，苏联与德国签订的合约是对俄国和世界民主力量与利益的背叛。

第二次世界大战令国外社会革命党人的“地域分布”发生了很大的变化。布拉格和巴黎的社会革命党组织不复存在，一批有影响力的代表（阿夫克森齐耶夫、晋季诺夫、切尔诺夫等）去了纽约。纽约的社会革命党组织会集了各个派别的代表，成了社会革命党人在国外唯一的力量中心。在那里，他们出版了杂志《为了自由》。在德国加紧对苏联进攻的形势下，在纽约的社会革命党组织坚持爱国主义立场，但是爱国程度不一样。其中，大多数人是“有条件的爱国者”，他们仅在军事问题上支持苏联，而苏联政府如果要得到他们的完全支持，则必须答应他们的条件，即停止对本国人民的战争（首先应做的就是实施政治大赦）。

在纽约的社会革命党组织中，有少数人不仅赞成无条件地支持苏联，还认为应放弃与苏维埃政府的政治斗争。1942年初，这部分人退出了纽约的党组织。一批留在法国的社会革命党活动家甚至参加了抵抗运动，他们中的一些人死在了法西斯的集中营。

20世纪60年代中期，纽约的社会革命党组织消失了。至此，社会革命党长久且充满戏剧性的历史终结了。

社会革命党产生于19世纪末20世纪初之交，当时的国际局势和国内的发展形势迫使俄国把现代化问题提上日程。当时，社会上几乎所有阶级和阶层都非常关注国家的改革问题，但对此又各执己见。20世纪初，俄国国内的斗争是一场改革模式之争。社会革命党人的社会主义思想更多的是希望实现国家农业现代化，进而保留农业国的特征。这一思想在现实生活中具体表现为：用“自由、平等和公平”的口号动员民众彻底清除封建制度的残余。1917年之前的俄国历史证明，保守主义和自由主义的现代化模式都是行不通的。自1917年起，发展道路之争的焦点主要集中在以何种方式超越社会主义的现代化模式。在这场斗争中取得胜利的是布尔什维克，这并不是偶然的。布尔什维克之所以获胜，不仅取决于个人素质，更重要的是因为其推行的现代化模式在当时的具体历史条件下是最行之有效的。

布尔什维克现代化模式的效果在于，它使俄国的发展具有了工业化的目标和方向，尤其是它的提出符合俄国当时所面临的主要问题和任务。相反，社会革命党模式的出发点在于，该党认为当时国际劳动分工业已完成，而俄国在十月革命后主要处于农业国的地位。还应当指出的是，首先，布尔什维克在推行自己的现代化模式的过程中借鉴了社会革命党人的理论（土地社会化、联盟、工农政府、合作社等）；其次，与社会革命党人不同，布尔什维克是国家强力政权的拥护者，他们明白国家在复兴、实现工业化和现代化进程中具有重要作用。

第十七章
左派社会革命党

Л. М. 奥夫卢茨基

第一次世界大战令社会革命党中分化出了左派。正如后来的左派社会革命党领袖鲍里斯·卡姆科夫所说的，一战“让一个事实赤裸裸地暴露出来，即在一党范围内出现了异己分子，他们不得不分道扬镳”。后来，以“落败”的一派为核心成立了左派社会革命党（ПЛСР）。

党内激进派和正统派之间的分化在二月革命后进入了一个新的阶段。哈尔科夫的社会革命党人深受“顽固的国际主义者”В. А. 阿尔加索夫的影响，他们表明，自己对战争的态度与中央委员会不同。在全市大会上，他们甚至通过决议指出，自己“不属于社会革命党人”，今后他们的名称为“左派社会革命党组织”。

在喀山的社会革命党组织中，左派占优势地位：还在 1917 年 3 月的时候，他们就同右派断绝了关系，并成立了与官方组织相对的“小委员会”。其领袖 А. Л. 科列加耶夫当选为喀山农民委员会主席。

1917 年 3 ~4 月，阿斯特拉罕、下诺夫哥罗德、斯摩棱斯克的社会革命党左、右两派开始发生组织分裂；5 月，敖德萨、维堡及其他城市的左、右两派也相继分裂。在喀琅施塔得，左派势力取得了绝对的优势地位。与此同时，左派在社会革命党北部地区委员会中也具有较高的影响力。该委员会联合了彼得格勒、喀琅施塔得、诺夫哥罗德、普斯科夫、沃洛格达、爱斯特兰、利弗兰等地和芬兰的社会革命党组织。

在社会革命党第三次代表大会上（莫斯科，1917 年 5 ~ 6 月），两派的分裂加剧，已经到了不容忽视的程度。左派共计 42 人，自成一派，并就议事日程上的所有问题对中央委员会提出了尖锐的批评，其中包括对临时政府、战争、农业政策、社会革命党的任务等问题的看法。他们呈交的提案遭到代表大会的否决，这件事促使以 M. A. 斯皮里多诺娃、卡姆科夫和纳坦松为首的代表们单独建立了自己的组织机构。

尽管许多左派社会革命党人遭到中央委员会的重压（甚至被开除出党），但当时的时势还是有利于他们。前线的六月进攻以失败而告终，这让莫斯科和雷瓦尔党组织中的左派脱颖而出。继七月危机之后，塔甘罗格和叶卡捷琳堡的社会革命党内部发生分裂；在乌拉尔地区的 90 个社会革命党委员会中，有 50 个委员会分裂或者完全落入左派手中，在乌克兰和一些前线地区也是同样的情形。最终，1917 年 9 月，在召开彼得格勒省第七次代表大会的时候，约 4.5 万名社会革命党党员中有 4 万人表态跟随左派。而在稍早些时候，党报《劳动的旗帜报》也交到了左派手中，转由其负责。

社会革命党人中出现的“左倾”倾向让他们和布尔什维克走得越来越近。左派社会革命党人和布尔什维克一同出席了民主会议和预备国会。在此期间，斯皮里多诺娃宣布：“左派社会革命党人对待政权的看法同布尔什维克一样，他们认为，将政权移交给苏维埃是拯救俄国的唯一出路。”1917 年 9 ~ 10 月，党在各地方逐渐形成了未来的领导核心。左派社会革命党人同布尔什维克的合作也体现在军事革命委员会中：在 37 个军事革命委员会（来自中部地区的 41 个军事革命委员会）中他们都是协同工作。应当指出的是，彼得格勒军事委员会第一任主席由左派社会革命党人 П. E. 拉济米尔担任。

“十月革命”加速了社会革命党的内部分化。党的各派都要在不同的堡垒中占据自己的位置，但左派社会革命党人犹豫未决。因为他们希望在即将召开的社会革命党第四次代表大会上获得大多数人的支持，从而可以掌控一支已调教好的党的队伍。然而，事态发展之迅速常常是让人始料未及的。

1917 年 11 月 19 日，在彼得格勒召开了代表大会。此次会议是左派社会革命党的成立大会，参会人数并不多，出席的正式代表有 38 个组织机构中的69人，来自8个省的22座城市、县和兵团。大会的正式代表主要由全俄中央执行委员会左派社会革命党人和临时农民代表大会的代表组成，还有相当一部分是当时正在彼得格勒参加左派社会革命党军事机构会议的士兵代表。造成这种局面的原因有许多，其中包括时间紧迫、各地争夺政权的斗争不断、社会革命党许多委员会持观望态度。此外，左派社会革命党还缺乏一个稳定而又具有极高声望，并且能够有力协调各方关系以及形成统一聚合力的核心领导集团。

代表大会的领导认识到了参会代表的范围不够全面，并且具有一定的偶然性。他们也了解到，因为种种原因一些地区非常活跃的党组织的代表未能赶赴首都参会。这些地区包括西伯利亚（米努辛斯克、克拉斯诺亚尔斯克、伊尔库茨克）、乌克兰（基辅、尤佐夫卡、波尔塔瓦）、北高加索（叶卡捷琳诺达尔、纳尔奇克、格罗兹尼）等。因此，个别代表的意见（“不断绝关系”“暂缓决定”“等待召开全党代表大会”）并没有让他们感到为难，他们毅然决然地与社会革命党彻底断绝了组织关系。

左派社会革命党渐渐站稳了脚跟，开始解决各项重大问题。代表大会的议事日程严重超负荷，因此，会议给人留下了组织混乱的印象。尽管如此，主要问题都得到了解决。大会承认，人民群众都站在布尔什维克一边跟着他们走，因此，“无论我们多么不认同他们拙劣的措施”，还是要和他们保持“密切联系”。关于立宪会议的问题（而在此前，已经进行了立宪会议的代表选举，左派社会革命党人知道，他们共有40个代表名额），由于立宪会议所持的立场最终让左派社会革命党人在1918年1月6日和布尔什维克站到了一起。

代表大会没有时间对新纲领的细节问题甚至是一些原则性问题进行讨论，而仅仅是通过了《组织章程》。《组织章程》第三条规定：“党员应：①接受1905年社会革命党第一次代表大会上通过的党纲的基本原则；②服从党的纪律；③参加一个党的基层组织；④缴纳党费。”在党的队伍不团结、中央和地方委员会之间缺乏紧密和有效联系的情况下，党的领导人的观点和个人素质等主观因素就显得尤其重要。首先应该提及的是普罗什·普罗相、阿纳斯塔西娅·比岑科、伊琳娜·卡霍夫斯卡娅以及被称为“党的良心”的玛利亚·斯皮里多诺娃等人，他们曾支持使用恐怖手段，并作为政治犯被流放服苦役。伊万·布宁将这些人称为“服苦役的暴徒”。尽管这种说法有失公允，但应当承认的是，一些左派社会革命党领袖的亢奋、冲动甚至是歇斯底里（不过，这可以解释为是他们的悲惨过去造成的）给党造成了负面影响。当时党内存在的两种状况，即党的队伍组织涣散以及最高领导（或至少说是部分领导）经常出现极度兴奋和过度紧张的状态，这些因素直接造成了左派社会革命党的悲剧命运。但在当时，即在 1917 年 11 月，没有人能预见到这一点。所有人都认为，政治舞台上涌现出了一支强大、有影响力、不容小觑的力量。

联合政府

在 1917 年 10 月 25 日全俄苏维埃第二次代表大会召开前的几个小时，左派社会革命党人还没形成自己的党团。在当天晚上代表大会召开期间，左派组成了自己的独立党团。布尔什维克中央委员会随即与左派党团的领导商谈参加第一届苏维埃政府事宜。但是，左派社会革命党人在组织上尚未成形，地位尚未确定，再加上其他一系列原因，这些都成为他们加入人民委员会的阻碍因素。后来卡姆科夫解释道：“我们明白，即使让一两个左派社会革命党人加入布尔什维克政府，也无济于事。我们间接上也是现今正在进行的这场不可避免的国内战争的制造者。”

一方面，左派社会革命党人害怕“失去自己的独立性”，担心以后自己只能作为布尔什维克队伍中一名普通的请愿者，从而迷失自己的方向；另一方面，他们认为激进派不应将自己与“温和派民主力量”隔绝开来。因此，他们坚持由所有社会主义政党的代表共同参与组建政府。无论事态怎样发展，左派社会革命党人都没有退出苏维埃代表大会。不仅如此，他们还参加了全俄中央执行委员会的工作，并在和平、土地、对工人的监督等问题上支持布尔什维克人民委员会的计划。

无疑，拒绝加入政府并非左派社会革命党最终的决定。布尔什维克明白这一点，对他们表现出了自己的信任。1917 年 11 月 4 日，列宁提议科列加耶夫担任农业人民委员会的领导。左派在苏维埃代表大会上获得了 1/3 的代表席位。因此，在全俄中央执行委员会主席团及其常务委员会上左派也拥有相应比例的代表。而全俄中央执行委员会最重要的机构和部门的领导职务按照平等原则由执政党布尔什维克和左派社会革命党人共同承担。如，外贸部的领导由斯维尔德洛夫和阿尔加索夫担任，宣传部的领导由沃洛达尔斯基和卡霍夫斯卡娅担任，民族事务部的领导由乌里茨基和普罗相担任，而农民管理部门的领导则由斯皮里多诺娃担任。

众所周知，布尔什维主义认为立法权力和执行权力应该统一，而左派社会革命党人则坚持分权原则，他们一直以来倾向于实行议会制，要求人民委员会就一系列尖锐问题向全俄中央执行委员会做出解释。布尔什维克在全俄中央执行委员会上占据大多数的优势，尽管也费了一番周折，但还是压制住了左派社会革命党人。然而，执政党也不得不考虑反对派的意见，如释放被捕者，重新准许被禁的报纸发行，组织人民委员在全俄中央执行委员会上汇报工作。

左派社会革命党人希望能够代表俄国农民的利益，因此一直密切关注农民的政治动向。在农民代表苏维埃特别会议上，他们一开始表示“不愿让自己与发动十月政变的政府有所关联”，但当布尔什维克成功地说服了与会代表后，他们又改变了自己的立场。学界普遍认为，这是因为列宁在会上的讲话中表示，同意颁布土地社会化法案（该法案于 1918 年 1 月召开的第三次苏维埃代表大会上通过），以此换取民众对他所领导的政府的政治支持。

这是向农民做出的一次重大让步，而这次让步似乎解决了问题。值得一提的是，布尔什维克党纲的基本原则就是土地国有化。而社会革命党人一直倡导的则是土地社会化，提出取消任何形式（私有或国有）的土地所有制，根据“所需劳动定额”（不超过每个家庭的劳动能力范围，但足够维持生活）平均分配，供农民永久使用。在这一问题上，列宁突然放弃了马克思主义的基本原则，走出了具有战略性意义的一步，并将此作为范本推荐给国产共际的同人，他的睿智不能不令人敬佩。

1917 年 11 月 15 日，全俄中央执行委员会、彼得格勒苏维埃和农民代表苏维埃临时代表大会召开联席会议。工兵代表苏维埃和农民代表苏维埃合并到了一起。联合执政的道路上只剩下一个障碍，即立法权和执行权是分离还是合并的问题，就此展开的对话一直在继续。11 月 17 日，做出抉择的时刻终于到了。

令史学研究者遗憾的是，谈判的过程没有记录在案，但左派社会革命党人最初提出的纲领是众所周知的，即全俄中央执行委员会应进行改革，并行使议会（按照左派社会革命党人的说法，就是“人民委员会”）的所有职能；政府仅有权发布一些“无关紧要的法令条例”；人民委员会可以中止任何一部之前通过的法律的效力；把一些重要的人民委员部的领导权交由左派社会革命党人执掌，其中包括农业、军事、司法、铁路、内务等人民委员部；无权对人民委员的任命提出异议（换言之，党团提出某个空缺的人选，全俄中央执行委员会能做的就是“往委任状上盖章批准”）。1917 年 11 月 18 日夜，左派社会革命党人提出的主要要求均被接受，并列入了《关于全俄中央执行委员会与人民委员会之间关系的法令》（简称《法令》）中。

左派社会革命党人认为，该《法令》体现了真正的民主制度，是几个世纪以来一直备受推崇的议会制度的胜利。因此，他们视负责起草《法令》工作为自己的荣誉。《法令》规定，经选举产生的机构拥有主导权，严格限制了人民委员会的权利，尤其是立法权，建立政府活动的常设监督机构，为所有政党参政清除道路。左派社会革命党人提出的所有要求中仅有一项被否决，即“人民委员会可以中止任何一部之前通过的法律的效力”，这一条款未被列入《法令》中。即使是这样，布尔什维克也已经做出了极大的让步。《法令》第二条的内容对列宁关于立法权和管理权统一的观点提出了质疑，布尔什维克同意了该项条款的内容，这意味深长。

根据各党派之间达成的协议，左派社会革命党人在联合政府中领导下列人民委员部：俄罗斯共和国国有产业人民委员部（В. А. 卡列林）、农业人民委员部（科列加耶夫）、邮电人民委员部（普罗相）、地方自治人民委员部（B. E. 特鲁托夫斯基）、司法人民委员部（И. З. 施泰因贝格）。阿尔加索夫及 A. И. 布里利安托夫在人民委员会的会议上也拥有表决权。

左派社会革命党人的这些人民委员参加了人民委员会召开的所有会议，他们的参与积极而富有建设性，特别是阿尔加索夫、特鲁托夫斯基、普罗相和施泰因贝格的表现尤为积极。在联合执政的短暂时间里，特鲁托夫斯基签署了 41 份政府法令，阿尔加索夫签署了 17 份，普罗相签署了 14 份。这些仅仅是左派社会革命党人人民委员在 1917 年 12 月至 1918 年 3 月期间参与制定的一部分人民委员会法令和决议。

对于自己的新职务，科列加耶夫、施泰因贝格和特鲁托夫斯基都具有很好的专业基础。科列加耶夫作为地方自治会的统计学专家、土地规划专家、喀山农民代表苏维埃的主席，深谙农村问题。施泰因贝格是高级律师，刑法领域的杰出理论家。特鲁托夫斯基是国内地方自治制度方面最优秀的专家，1917 年夏，他积极参加了自治会的选举工作，并写了许多这方面的文章。

当然，在联合执政的过程中并非没有摩擦，但双方一致认为工作进行得很顺利。正如普罗相所言："我们的工作最终完全对接到了一起。"无疑，这种"对接"也表现在两党的关系方面。应当指出的是，正是在这一时期，左派社会革命党人内部热烈讨论关于将两个"主张社会变革的政党"联合起来的问题。

这种"对接"恰恰解释了迄今为止史学家们一直在争论的问题：左派社会革命党人与布尔什维克的合作仅限于进行民主改革期间，还是说他们已经跨越了这个时间界限，共同参与实施了"社会主义建设"的各项举措。如果说左派社会革命党人参与执政是以布尔什维克同意进行大刀阔斧的土地改革（就其意义来说堪比农奴制的取消）为前提条件，那么，布尔什维克则要求左派社会革命党人支持他们为向"社会主义"迈进而实施的一些举措，如实现银行和工业企业的国有化、对国民经济进行集中管理、实行工作监督制度等。

出现裂痕

苏俄政府与德国签订的《布列斯特和约》给左派社会革命党和俄共（布）之间本来还算顺利的合作重重一击。此前，左派社会革命党人积极参与推动两国的和谈进程，还派出了自己的代表（卡列林、比岑科、姆斯季斯拉夫斯基）作为苏俄代表团的成员。然而，他们主张绝对国际主义，不容许进行单方媾和的行为，因为在他们看来，这只会让“世界革命”的到来变得遥遥无期。

应当指出的是，左派社会革命党人对这一问题有相当独到的见解。布尔什维克提出，由于没有自己的军队，俄国似乎不能参战。但这种说法并不能令左派社会革命党人信服，因为他们认为战争是国家的事情，而起义是人民群众自己的事情，并将两者对立起来。姆斯季斯拉夫斯基提出了著名的“不要战争，要起义！”的口号，并做出这样的解释：“对于我们社会主义者和革命者来说，根本没有‘国界’之说。所以，我们不应将奥地利和德国的军队视为正与我国开战的他国军队，而应将他们同以前革命年代被我们推翻的君主的军队等同视之。正因为如此，抗击这些军队的方法也应该是一样的。我们应当进行的不是反对他们的战争，而是起义。”

姆斯季斯拉夫斯基指出，布尔什维克准备进行的革命战争与左派社会革命党人要进行的起义完全是两回事。布尔什维克提出“国家高于阶级”，革命斗争要为国家战争让路。布尔什维克实际上是脱离了纯粹的革命社会主义立场，转而走上为国家的残暴君主服务的机会主义道路。“对我们来说，革命和战争是不可接受的。我们作为政党，无论是以前还是今后，一直都主张把起义当作阶级斗争的方法，而非国家层面的革命斗争方法。”

在第四次全俄苏维埃代表大会（1918 年 3 月）上，左派社会革命党就是否与德国签订和约一事投了反对票，并召回了在政府中的人民委员。不过，他们保证会继续“推动和支持”人民委员会的工作。然而，新的局面即便没有引发党内的混乱，也造成人心惶惶。因此，在 1918 年 4 月，左派社会革命党人召开了第二次代表大会。本次会议主要是为了解决一个问题，即左派社会革命党人“今后能否与布尔什维克紧密团结，共同进行社会革命”，抑或是他们应该转为反对派？

中央委员会的工作总结和斯皮里多诺娃的报告做得中规中矩，其中并没有隐瞒各党派在此前联合执政过程中所产生的分歧。工作总结和报告中指责政府一直以来觊觎全俄中央执行委员会的权力，并日益加紧篡夺权力的行为。最终，全俄中央执行委员会的工作沦为仅是走形式似的确认已批准的法令。会上指出，民主集中制原则与左派社会革命党人在苏维埃第三次代表大会上提出的苏维埃联邦思想背道而驰。会议还提及与布尔什维克共同工作过程中出现的种种复杂情况，以及双方就左派社会革命党人的《土地法草案》的每一个条款进行的“无休无止的争论”：布尔什维克的修正意见有可能“将我们进行土地社会化的本来意图和全部意义毁坏殆尽”。综上所述，左派社会革命党人得出了如下结论，即“无产阶级在现阶段还无法担当起决定国家历史命运的战斗先锋的作用。夯实苏维埃政权和推动社会革命的责任应由农民来承担”。

上述结论反映了中派（姆斯季斯拉夫斯基、纳坦松、斯皮里多诺娃、特鲁托夫斯基等人）的立场，他们与俄共在内政外交方面的许多重大问题上意见相左，但也认为与反对派联合以获取支持是明智之举。在他们看来，左派社会革命党人退出人民委员会是政策失误，坚持认为他们应该参与苏维埃各个机构的工作。

然而，代表大会上的力量分配对温和派不利。在卡姆柯夫和施泰因贝格讲完话之后，这一点就更加明显了。卡姆柯夫是左派社会革命党人激进派的领袖，作为该党威信最高的领导人之一（与斯皮里多诺娃和纳坦松齐名），他在报告中以不容反驳、决不妥协的姿态公开反对布尔什维主义。他指责俄共（布）通过强制手段给国家带来和平，让乌克兰、波罗的海沿岸地区、芬兰遭受“一场浩劫”，给劳动人民带来了无尽的苦难，阻碍了德国、奥地利和匈牙利的革命进程。卡姆柯夫还指责布尔什维克不顾农民的利益，蔑视左派社会革命党人。他曾说道：“很难说我们党在苏维埃政府中具有重要的影响力，相反，我们的影响力很小，以至于我们都无法坚持自己纲领中关键性的原则问题，即我们希望实现无产阶级和农民的联合专政。”

卡姆柯夫的观点得到了施泰因贝格的支持，后者关注到了苏维埃作用的弱化，并认为这是执政党的施政后果。“应当承认，”他强调道，“我们的苏维埃机关运转得越来越快。苏维埃政权让许多人晕头转向，我们几乎已经无法控制。现在给人的感觉是，花钱就能造出能工巧匠，党的机关里的肥缺从未像现在这么多，裙带关系也从未像现在这么严重。我觉得，正在形成一种苏维埃执政下的特殊的官僚制度。在这里，苏维埃事业的发展并不是依靠广大的人民群众，而是一群特意提拔起来的人，这些人现在已经变成了职业掌权人。一切的症结在于，苏维埃共和国尚未诞生，至今为止，取而代之的甚至说不上是无产阶级专制，而是其最高领导层——个别党派和人的专政。”

卡姆柯夫和施泰因贝格没有说完的话由一位来自普斯科夫的与会代表О. Л. 奇日科夫（后面还提及他是党的一位理论家）说了出来。他说道：“我们之所以不去加入政府，并不是因为不想批准和约——这纯粹是胡说八道。我们这样做是有更深层次的原因，就是在现阶段布尔什维克党正一步步走向灭亡。既然是这样，那么，我们应该将自己的全部力量集中起来，以待时机将政权夺取到自己手中。”

此类言论引起了比岑科、乌斯季诺夫、纳坦松等亲布尔什维克一派的争论，而斯皮里多诺娃甚至对“卡姆柯夫一派”的政治道德提出了质疑。她说，在形成阶段左派社会革命党与布尔什维克合作，如今左派社会革命党的力量壮大了，相较而言，布尔什维克的力量受到了削弱，于是左派社会革命党就有能力推翻布尔什维克取而代之了。“在这个既满载着沉重的历史责任，同时对人民来说又是异常艰难的时刻，我们没有权力随意丢弃政权或进行政治游戏。因为人们到了必须做出选择的时刻，要么去攻击布尔什维克，要么与它一起承受它的错误或坠落。”她还发表了预言性的言论：“从我们退出人民委员会的那一刻开始，或许已经注定了灭亡。”

尽管如此，中间派也已接近失败的边缘。科列加耶夫、马约罗夫、斯皮里多诺娃、特鲁托夫斯基声明抵制新一届中央委员会的竞选。这一招奏效了：代表大会以五票的多数票批准通过他们退出人民委员会，而关于当前形势的决议则具有妥协色彩。决议中特别指出："因为退出人民委员会无论如何都不会影响到中央及地方苏维埃政权机构的工作，所以，代表大会批准了中央委员会关于在各机关、委员会各部及其他机构工作的所有党员全部离开的决议。"

关于土地问题，决议强调，农民只有与工人紧密团结在一起，才可能实现本阶级的目标。但同时决议也指出，农民阶级"因人数众多而成为俄国劳动人民起义大军在这场伟大斗争中最为强大的队伍"。代表大会再次确认："农民劳动者的最主要要求就是全面实施土地社会化，即取消土地私有制，按劳动所需对土地使用权实行平均分配，消除雇佣劳动。但是，土地社会化不应该是目标本身，而仅仅是实现社会主义这一终极目标的手段。与此相应的是，在共有土地上正在进行着广泛应用集体劳动的自然进程。"

《关于工人纲领的决议》与《关于经济政策的决议》在内容上互为补充，形成了一套统一的文件。文件中特别重视工人的监督作用，并指出不应将这种监督看作"工厂、铁路系统赋予工人和铁路工人的一种待遇，这应是对'全国范围内'的生产进行有组织的集中监督，是实现企业国有化和社会化的一种过渡"。

分歧的鸿沟

可见，左派社会革命党的代表退出了人民委员会，但仍留在了全俄中央执行委员会、人民委员会各部、全俄肃反委员会等机构内。然而，到了1918 年夏，左派社会革命党人再次掀起了反对《布列斯特和约》的浪潮，他们认为，这次浪潮是布尔什维克实行的错误粮食政策所导致的。

左派社会革命党人强烈反对《关于粮食专政》及《关于贫农委员会》的法令。首先，作为"纯粹的民主派"，他们"不但反对粮食专政，而且反对一切专政"。其次，他们反对《关于粮食专政》的法令中所体现出来的对粮食实行集中管理的思想，主张实行分散管理制，建议把落实粮食政策的权力下放到地方苏维埃手中。最后，在《关于粮食专政》的法令中不仅提及“农村资产阶级”“富农”，还提到所有的“粮食持有者”。这令左派社会革命党人非常不安。“在这个法令草案中提出了一个非常模糊的概念：农村资产阶级、富农、在农村拥有余粮的人——这意味着什么呢？当然，对那些手握余粮不交的人应该毫不留情地进行斗争，与这股恶势力进行斗争也正是苏维埃政权的责任。但是，应该确定一下范畴。需要明白的是，现在农村有一批纯粹的劳动者和农民能够搅得富农分子不得安宁，也正是这些人能够成为反富农斗争的堡垒。”

正如我们所见，左派社会革命党人赞成同富农进行斗争，但是又担心这一斗争会打击到中、小农民，因为法令要求每一个“粮食持有者”都交出粮食，并宣布“所有持有余粮并且不将粮食上交至粮食收购站的人都是人民的敌人”。与布尔什维克不同，左派社会革命党人并未准备好认同“不愁吃喝的农民剥削忍饥挨饿的无产阶级”这一事实。

左派社会革命党人对“贫农委员会”的态度源于他们的阶级理论，不承认农村贫农是一个阶级范畴。在他们看来，把农村的贫农同其他阶层以及“劳动农民”对立起来是没有意义的，甚至是一种亵渎和侮辱。他们认为农村贫农毫无创造精神，因此把贫农委员会称为“流氓委员会”。

当左派社会革命党人问道，区分富农和中农的标准是什么时，布尔什维克总是顾左右而言他，因为理论上这一问题的答案似乎是显而易见的。然而，正如左派社会革命党人所预言的，征粮队刚一进村，便“大打出手动起了刀子”，引发了暴力事件，使得经选举产生的苏维埃政权遭到了破坏，中、小农民离开了布尔什维克。在俄共（布）第八次代表大会上，列宁不得不承认，“完全是因为苏维埃的工作人员没有经验，问题错综复杂，才导致本来是针对富农实施的打击落到了中农的头上”，但是他很难解释清楚问题的复杂性之所在，要知道就在不久之前他还觉得这个问题是一目了然的。

与此同时，左派社会革命党人的观点也是颇有争议的。他们认为，在当时一系列因素组合在一起，促成了布尔什维克于 1918 年春天和夏天采取了一系列极端的、非常不受欢迎的措施。进而，左派社会革命党人将此归结为德国对革命后的俄国的胁迫。“米尔巴赫（德国驻莫斯科大使——译者注）不会允许这样的!”——这是列宁在苏维埃第五次代表大会上讲话期间从左派反对派的座席上传出的一句话，这句话被速记员记录了下来。

1918 年 6 月 14 日，社会革命党人和孟什维克被从苏维埃中除名，这让曾经联合执政的合作伙伴绝对不可能再亲密合作了。如果说布尔什维克本来就觉得“苏维埃中也要有反对苏维埃的政党”这一观点是反常的，那么，左派社会革命党人则始终坚持民主主义观点。他们理性地认为：首先，没有证据能够确定“我们两党以党组织的名义参加了反革命活动”；其次，“在召开苏维埃代表大会之前提出这一问题（除名）从程序上来讲是不可以的，因为社会革命党人和孟什维克的代表（在全俄中央执行委员会）是由代表大会选派产生的，将他们除名也只能由代表大会来决定”。

当然，尽管左派社会革命党人反对，布尔什维克还是以多数票通过了全俄中央执行委员会的决议，而后者也只能接受。他们感觉到自己的处境岌岌可危。一切即将结束，然而没有人知道，这已经近在眼前。

暴乱?

还在 1918 年春的时候，左派社会革命党的最高领导层就在莫斯科召开了代表会议。会议通过决议，决定针对一些个人再次启用恐怖活动的策略，恐怖手段尽管不绝对安全可靠，却为社会革命党人所惯用。此外，他们甚至策划了刺杀恺撒·威廉二世的行动。为此，杰出的左派社会革命党人、全俄中央执行委员会秘书斯莫良斯基还秘密出境去了柏林一趟。与此同时，游击队展开了大规模斗争，以反对乌克兰的德国占领军，左派社会革命党的恐怖组织成员们也全力投入这一斗争。

然而，随着左派社会革命党和俄共（布）之间矛盾的日益激化，前者的领导层越来越坚信有必要组织“中央恐怖活动”。1918 年 6 月 24 日，中央委员会做出决定，认为“可以适时针对德国帝国主义的一些重要人物展开一系列恐怖活动……至于最初执行这一行动路线的形式问题，中央委员会决定，恐怖活动的实施应该根据莫斯科发出的信号进行”。

事实上，这里所指的是刺杀在乌克兰的德国占领军司令埃赫根元帅以及德国驻莫斯科大使米尔巴赫伯爵。中央委员会的这个决定将左派社会革命党人分成了两派：一派（斯皮里多诺娃、戈卢博夫斯基、马约罗夫）负责“该计划实施过程中力量的统计和分配工作”，另一派（卡姆柯夫、特鲁托夫斯基、卡列林）则负责“制定当前政策策略的口号以及在党的中央机关报上发表文章等宣传报道工作”。

然而，两派都表现出了一定的消极懈怠情绪。这究竟是为什么呢？首先，左派社会革命党第三次代表大会召开在即，他们相信党的最高领导层能够批准进行这样重要的恐怖活动。其次，刺杀米尔巴赫从技术方面来说没有任何困难，炸药和武器都是现成的，也不缺少执行者（在全俄肃反委员会及其队伍中1/3 的人是左派社会革命党人）。最后，布尔什维克和左派社会革命党人之间还建立起了相当稳固的联系：自从两个主张社会革命的政党开始讨论合并的问题，两党几乎就开始了亲密无间的合作。1917 年 7 月，两党共同转入地下工作，10 月在革命军事委员会进行合作，在第二届和第三届全俄中央执行委员会中又一起工作，在人民委员会中（1917 年 12 月至 1918 年 3 月）也密切配合——这一切和其他众多因素促使两党及党员个人之间建立起了难以割断的稳固的政治联系和情谊。后来，斯皮里多诺娃在克里姆林宫的牢房中给左派社会革命党第四次代表大会（1918 年 10 月）代表写了一封信，这一举动意味深长。她在信中写道：“同志们，无论我们正在进行反对布尔什维克的宣传，还是在同他们进行着斗争，请不要忘记，他们已经干出了一番轰轰烈烈的事业，而在国外，全世界都站到了他们的旗帜下；请不要忘记，我们和布尔什维克有共同的敌人和共同的朋友。”她还痛心地补充道：“我党的主要悲剧和困难之处正在于此。”

左派社会革命党第三次代表大会在 1918 年 7 月初结束，此次大会见证了党的队伍的迅速壮大（本次大会共代表 85000 名党员，然而，资格审查委员会的统计结果显示，当时党员的实际人数至少有 30 万人）。会议上，左派社会革命党对俄共的态度极为强硬。在《关于当前形势的决议》

中，俄共（布）的政策遭到了严厉的批评："实行高度的集中制，用专政取代官僚机构体制，组织成立不受地方苏维埃监督和领导的收粮队，建设贫农委员会——上述这些针对农民代表苏维埃采取的措施，同时也致使工人代表苏维埃遭到破坏，搞乱了农村的阶级关系，使城市和农村的形势岌岌可危。"

在闭幕词中，卡姆柯夫号召"再次掀起革命起义的浪潮，收复饱受蹂躏的占领区"。他指出："在这场斗争中，我们左派社会革命党人发挥着主要的、决定性的作用。通过我们对德国帝国主义的斗争，世界革命必将到来。"

代表大会向中央委员会下达指示，要求它"竭尽所能推动废除《布列斯特和约》事宜，而不预先设定任何具体形式和手段"。与此同时，全俄苏维埃第五次代表大会（于 1918 年 7 月 4 日开幕）召开在即，左派社会革命党人对此次会议寄予很大的希望，其与会代表数量超过总数的 30%（在第四次代表大会上他们的代表占 20%），同上一次代表大会相比增加了近一半。他们预计，"政府及执政党迫于左派社会革命党领导的劳动人民革命情绪的压力，将不得不改变自己的政策"，也正是怀着这一坚定的信念，他们开完了党的第三次代表大会，又迎来了苏维埃第四次代表大会。但在第四次代表大会第一次会议结束后，一切就已经明了，政府不仅没有打算修改自己的政策方向，甚至从未想过就该问题进行最基本的自我批评。直到这时，中央委员会才"下定决心执行党代会的指令"。

1918 年 7 月 6 日，米尔巴赫遭 Я. 布留姆金刺杀身亡。令人觉得讽刺的是，布留姆金在全俄肃反委员会正是负责保护德国使馆安全的工作人员。如果抛开苏联官方史学研究的观点不予考虑，仅从左派社会革命党人的计划来看，他们搞此次刺杀活动及之后进行的几起事件丝毫没有反对苏维埃和发动暴乱的意图，本意是借助刺杀米尔巴赫"呼吁德国的无产阶级团结起来，进而通过实际行动给企图压制俄国革命的世界帝国主义以警示和威吓，让政府面对撕毁《布列斯特和约》的事实，由此，在争取世界革命的斗争中获得期待已久的联合统一和不妥协"。然而，左派社会革命党人没有料到，德国并不急于撕毁《布列斯特和约》，而他们为了自己不被捕，只好先下手为强，逮捕了捷尔任斯基和其他布尔什维克。令他们始料未及的还有，冲动的普罗什·普罗相竟然不顾事先的约定，私下做了许多事：占领了电报局，公告全国，宣布左派社会革命党人执掌了政权。

但最主要的是，他们没有料到（为此，斯皮里多诺娃恨不得将自己"千刀万剐"）布尔什维克的反应。在这一天，历史的正义都无可置疑地站到了布尔什维克一边。当布尔什维克看到苏维埃代表大会上这股来势汹汹的浪潮可能破坏他们以高昂代价换回来的和平喘息机会时，他们采取了坚决果断的措施：逮捕了左派社会革命党参加苏维埃第五次代表大会（大会在大剧院召开）的全体成员，并于7月7日歼灭了波波夫的队伍，而左派社会革命党中央委员会的大部分成员都藏身其中。两天的时间里，一个强大的政党转眼变成了一群乌合之众，各奔东西，在政治的空间里失去了方向，也失去了统一的领导。

首先分裂的是参加苏维埃代表大会的左派社会革命党人，布尔什维克不允许他们参与大会的工作。他们其中一部分人支持中央委员会；一部分人坚决转到了布尔什维克一边；还有一部分人谴责刺杀米尔巴赫的行动，与中央委员会保持距离，称自己是"独立的左派社会革命党人"。

1918年7月6日的行动犹如晴天霹雳，让左派社会革命党的基层组织大为震惊，许多组织急忙同中央划清了界限。左派社会革命党图拉州委解散了党组织；萨拉托夫委员会谴责"左派社会革命党人参与了一系列莫斯科事件"；地方苏维埃的许多左派社会革命党人纷纷退党，全俄中央执行委员会收到一沓沓写有相关内容的电报。布尔什维克同时宣布，只有那些"提交申请宣布与中央委员会划清界限"的左派社会革命党人才可以留在苏维埃，这一策略也发挥了一定的作用。

左派社会革命党的代表被粗暴地从莫斯科、诺夫哥罗德、彼尔姆、奥廖尔、维捷布斯克及其他城市的苏维埃驱逐出去。到1918年秋天的时候，仅31个县的苏维埃中有左派社会革命党人，而在全俄苏维埃第六次代表大会（1918年11月）的100名代表中他们仅有1人（在第五次代表大会上他们的代表比例为 30%）。

左派社会革命党人的政治影响力每况愈下，他们开始从组织上分裂。1918 年 7 月 21 日，18 名左派社会革命党组织（主要是在伏尔加河沿岸地区和中央黑土地带）的代表聚集在萨拉托夫召开会议。会议认为，有必要创建新的政党，并决定召开由原社会革命党人全员参与的代表大会。代表大会于 9 月召开，会议宣布成立"革命共产主义党"（党的领袖是 A. M. 乌斯季诺夫、比岑科、科列加耶夫）。

1918 年 7 月 28 日，莫斯科普雷斯涅区的左派社会革命党人退出全市党员大会，以示对 7 月 6 日行动的反对和抗议。他们以《劳动公社旗帜报》为中心团结起来，宣布"彻底"与左派社会革命党决裂，并准备筹建新的政党。9 月，召开了宣布民粹主义共产党（该党的领袖为 Г. Д. 扎克斯、Л. 奥伯林）成立的代表大会。

而那些留下来的左派社会革命党人在做什么呢？在 1918 年 8 月召开的左派社会革命党第一次会议上，他们仍然提出了撕毁《布列斯特和约》、对粮食事务进行分散管理和取缔贫农委员会的任务，临时执行委员会批准党的工作转入地下。在左派社会革命党第四次代表大会（10 月）上，作为对"七月事件"的回应，会议决定逮捕卡姆柯夫、卡列林和普罗相。卡姆柯夫曾说过："当世界革命到来的时候，有机会获得成功和胜利的不是布尔什维克，而是左派社会革命党人。"现在这一切都变得很讽刺。一名与会代表指出："我给你们讲一个关于革命者和幼童的故事啊。一个革命者在要执行爆炸行动前会经过一番深思熟虑，认真准备，考虑到每一个细节问题；而幼童则是搓手跺脚，急不可耐地马上引爆。"

在这场激烈的论战中，最终，赞成走积极路线的一派获得了胜利。代表大会对布尔什维克的粮食政策提出反对，他们同意解散人民委员会，将其职能移交给全俄中央执行委员会。1918 年 12 月，左派社会革命党召开第二次会议，猛烈抨击布尔什维克的农业政策，指责他们在"人工培植苏维埃的经济"，这致使苏维埃国家新生出雇农和向国家缴纳代役租的农民阶级，同时，在农村形成了靠农民劳动者养活的特权阶层。在此次会议通过的决议中，还提出了一系列要求，其中包括解散肃反委员会和革命委员会、将国民经济的管理权交予工会、在推行粮食政策时不再使用迫害手段等。

退出舞台

1919 年冬，许多左派社会革命党的领导人在莫斯科被捕。3 月，肃反委员会逮捕了 35 名左派社会革命党的活跃分子，一举捣毁了地下印刷厂，在这里印刷党的机关报。普斯科夫、图拉、喀山、布良斯克、奥廖尔、戈梅利、阿斯特拉罕等地的肃反工作人员也采取了类似的行动，仅在 1919 年上半年，就查出了 45 个非法的左派社会革命党组织。左派社会革命党人的活动问题不止一次成为俄共（布）省市各级委员会的议题，共产党中央委员会也对该问题进行了审议。

1919 年夏，左派社会革命党以多数票通过纲要，推翻了与苏维埃政权进行武装斗争的方案。同年 10 月，“中央委员会的多数派”在左派社会革命党各组织中发布通告，呼吁大家放弃武装斗争，团结起来。然而，该党的“积极派”不愿放弃自己的战略，在 1919 年 11 月举行的会议上否决了该提议。

“积极派”坚持采用武力手段，而“合法派”则认为应该运用批评这一手段。左派社会革命党的情况就是这样，一直无暇进行深入的理论探讨。从成立伊始，左派社会革命党就被卷入一件件重大事件的漩涡之中，而没有时间思索自身的发展问题。如今，要把日渐凋零的队伍凝聚起来，左派社会革命党人需要重新审视自己的纲领和主导思想。

作为左派社会革命党的中央机关报，《旗帜》杂志从发行第一期开始（共计 11 期），就没有一期不刊载关于修改党纲的文章。该杂志指出，在对左派社会革命党理论家制定的纲领进行研究时，必须注意到两点。第一，是他们所特有的乌托邦思想。民粹派的主观主义被左派社会革命党人绝对化，他们指出：“提出新的乌托邦主义口号，将行将就木的现实主义取而代之的时刻已经到来。”这一观点得到了前司法人民委员施泰因贝格的支持。施泰因贝格认为："社会主义理论在很大程度上应当回归空想社会主义，它与科学社会主义不同，主张建立一个充满深厚道德感、极具包容性的理想社会。"显然，在这种观点的指导下能够建立起来的是教派，而不是团结统一的政党。

第二，左派社会革命党人应该自觉打破壁垒，他们的理论思想一方面触及马克思主义者的纲领，另一方面则触及社会革命党人的纲领。他们一边向两者借鉴，一边对两者进行了折中。孟什维克曾提出，资本主义将自动走向灭亡，宗主国与殖民地之间的冲突是当代的主要矛盾，并由此得出了一个结论：世界革命的生力军是"第五阶层"，即东方"被压迫和掠夺"的农民阶层。布尔什维克支持国家消亡论的思想，这在左派社会革命党人看来并不是遥远的未来的事情，而是当下的问题；无政府主义者倡导分权制，这与巴枯宁的"公社联盟"颇为相似。

"左派社会革命党中央委员会的多数派"1920 年 5 月通过决议，规定严厉禁止再与苏维埃政权进行武装斗争，同时还指出，必须参与苏维埃的各项工作。决议内容还包括：号召与反革命做斗争，支持红军，参加社会建设，摆脱崩溃状态，等等。由此可见，左派社会革命党的路线方针发生了转变，开始向布尔什维克靠拢。正如列宁所指出的，导致转变的原因之一是波兰对俄国的武装干涉激发了俄国农民的爱国热情。

中央委员会中还有一部分人宣称自己不属于"多数派"，而是自成一派，并下达指令，在组织上将两派划清界限。1920 年 7 月，当"积极派"（中央委员会中"多数派"以外的那部分人）成立了"中央地区委员会"，中央委员会的"多数派"立刻与其划清了界限。党的领导层出现了原则性的分歧，这使得党的运作无法再进行下去。因此，在中央组织局中也形成了"多数派"，当务之急是召开党的会议。中央组织局的纲领中包括以下内容：抗击反革命势力，支持红军，参与苏维埃的组织生活；要求成立"自由的工会组织"，实现工业和农业的"有机融合"，以及由"官僚化的国家体制向充满创造力的社会主义体制"过渡。

至 1922 年底，左派社会革命党从组织结构上瓦解了，这已经是不争的事实。党的领导核心彻底崩塌：中央委员会一部分委员退党，并转而加入布尔什维克党，另外一些被流放和监禁起来，还有一些则流亡国外。1922年秋，《旗帜》杂志停刊。12月，各地举行地方苏维埃选举。尽管除布尔什维克党之外的所有候选人都处于弱势，但左派社会革命党最终没有一名候选人能够进入莫斯科苏维埃，这一事实也再次说明，该党大势已去。

俄国这个饱受无休无止的战争、恐怖、恶疾和饥饿之苦的国家已经遍体鳞伤，被政治折磨得疲惫不堪，它接受了布尔什维克党的专政，而后者更愿意将此称为“无产阶级专政”。人民此时已经几近崩溃，用法国大革命时期广为流传的一句俗话来说，就是“同意接受任何制度，只要能让吃饱饭就行”，而新经济政策似乎提供了这样的可能。在这种情况下，左派社会革命党的消逝是注定的。

第十八章
无政府主义者正在消亡

B. B. 克里温基

1917年秋，俄国无政府主义的情况与之前相比没有发生多大变化。在党派斗争的舞台上活跃着的主要是无政府共产主义派、无政府工团主义派和个人主义各派代表。俄国无政府主义运动中占主导地位的当属无政府共产主义者，但这种局面并没有延续多长时间。1918年4～10月，当权者给莫斯科、彼得格勒、沃洛格达、布良斯克及其他一些城市的无政府共产主义者联盟或协会以一系列重创，使无政府共产主义派遭受了实际上的“断流”。1918年秋，在卡列林的倡议下，重新建立了莫斯科无政府主义者联盟，并着手召开第一次全俄无政府共产主义者代表大会的筹备工作。事实上，从这个时候起，无政府共产主义运动的领导权就已经由全俄无政府共产主义者联盟掌握在手中。

1919年，全俄无政府主义青年联盟在莫斯科建立，并在全国23个城市设有分支机构。无政府主义者认为，布尔什维克在经济上缺乏可靠支撑，他们热衷于对马克思主义思想的教条化理解，偏好使用政治暴力，并把劳动人民排除在生产管理之外。共同的观点把各个派别的无政府主义者凝结在了一起。然而，无论是在这一领域，还是在其他方面，无政府主义者尽管提出了一些关于“进行经济劳动革命”的方案，却未能形成一个一致的观点。

1917～1918年，较之其他无政府主义者而言，无政府工团主义者曾试图更积极地开展活动。他们在工人联盟和联合会中拥有丰富的实际工作经验，并且在1914～1917年侨居国外期间，积累了丰富的“国外实践经验”。无政府工团主义者认为，社会革命胜利后的第二天，国家政权就应当被推翻，建立起由工团主义者联盟领导的新团体，负责组织生产和分配工作。同无政府共产主义者一样，无政府工团主义者也是在几经分裂和崩解之后（已经是在苏俄时期）分化出更为细小的派别。无政府工团主义宣传联盟“劳动之声”是这一时期较大的工团主义者联盟，它在莫斯科和圣彼得堡都设有分会和出版社。可以把1918年春天至夏天看作工团主义者活动的分水岭，当时各出版物上就对布尔什维克应采取何种态度的问题展开了激烈争论。一些对政府持批判态度的工团主义者在莫斯科发行了名为《劳动自由之声》的报纸，他们的活动很快就受到限制，并最终被禁止。而那些对布尔什维克持妥协态度的工团主义者则获准可以商讨建立统一全俄联盟的问题，并于1918年8～9月召开了第一次会议。会议选举产生了以马克西莫夫为首的全俄联盟秘书处，并在1918年11～12月召开了第二次会议。一直到1919年4月召开第三次会议，才在会上对工团主义的纲领性问题进行广泛讨论。1920年10月，最终颁布了《全俄联盟章程草案》，并通过决议，决定成立全俄联盟。一年之后，工团主义者自己认识到，运动存在自身极度缺乏统一思想、组织涣散以及缺少统一的纲领和策略等问题，这导致队伍中的成员对自身力量没有信心。

1917年秋至1918年春，除了无政府共产主义者和无政府工团主义者之外，无政府个人主义者也很活跃。弗拉基米尔·利沃维奇·高尔金和阿巴·利沃维奇·高尔金兄弟提出了泛政府主义思想，该思想基于普遍的无政府主义思想，似乎是为了迎合无业游民和流氓无产者的意愿。1920年秋，高尔金兄弟宣布创立泛无政府主义的分支——无政府普济主义。无政府普济主义融合了无政府主义各个派别的基本观点，承认世界共产主义革命的思想。

进行现代化的思想很快就让无政府主义思想家们承认“经典的”无政府主义是站不住脚的。这也促使他们提出了无政府生物宇宙主义思想（代表人物是A. Ф. 阿基耶科）。该思想认为，无政府主义的理想状态是个人获得最大限度的自由（其中包括在辽阔无边的宇宙空间）。他们除了承认人们拥有在宇宙上的生存权之外，还认可个人永生不死及死而复生的原则。

1918 年，杰出的学者、律师及社会活动家 A. A 巴洛沃伊成为无政府人道主义的奠基人之一。他提出了建立更为完善、人人自由的社会制度问题。后来，又涌现出了为数不多的几个新虚无主义（领袖是 A. H. 切尔诺夫）和马哈伊斯基主义（领袖是 Я. В. 马哈伊斯基）的代表。他们否认各个制度存在的权利，其中包括社会制度和国家制度在内，对知识分子持断然否定的态度（尤其是马哈伊斯基）。

因此，同十月革命前一样，俄国无政府主义者与其他政党和流派的主要区别就在于它的成分庞杂、思想混乱、组织涣散。这就束缚了一些理智的无政府主义者所做的努力，他们试图把各式各样的无政府主义组织组建成一个可以获得大多数劳动人民信任的“统一的无政府主义”组织。

尽管莫斯科、圣彼得堡和哈尔科夫的无政府主义者拼尽所能做出了各种尝试，但在 1918 ~ 1921 年期间统一召开的全俄无政府主义者代表大会的想法始终未能实现（要知道，早在 1917 年 7 月，在哈尔科夫召开的南俄无政府主义者大会上，这一想法就已经得到了组织形式上的确认）。

乌克兰的无政府主义者为建立“统一的无政府主义”进行了特别的尝试。1918 年 11 月，他们在库尔斯克组建了“警钟联盟”，并决定建立乌克兰无政府主义组织的统一联盟。该联盟最终于 1919 年 4 月在耶利萨维特格勒成立。以 В. М. 沃林和 П. А. 阿尔什诺夫为首的联盟领导人加入乌克兰农民起义运动（马赫诺叛乱）以后，试图用“无政府主义思想”来影响 Н. И. 马赫诺及马赫诺分子。

与其他一些无政府主义农民领袖一样，内斯托尔・马赫诺在国内战争时期也组建游击队，并拥护苏维埃政权。他们的口号是“无政府主义者与我们同在”。1918 年初，马赫诺积极投身同革命敌人的斗争：击溃了顿河哥萨克，令他们呈梯队式从前线撤回，并与侵占乌克兰部分领土的德奥占领军交战。在与列宁、托罗茨基和斯维尔德洛夫会面之后，马赫诺当上了叶卡捷林诺斯拉夫省的起义领袖，参与了反对别特留拉的军事行动，之后又同邓尼金和弗兰格尔率领的军队辗转交战。与此同时，马赫诺还暗中破坏苏维埃政权，实施旨在建立贫农委员会和征粮队的措施。上述事实表明，无政府主义的基本思想具有双重性，而其思想纲领又充满矛盾性，这些因素最终导致该运动在俄国灭亡。

1920 年秋，“警钟联盟”的成员试图在哈尔科夫召开无政府主义者大会，但很快就被关进了特别委员会的刑讯室。

总之，1918～1921 年布尔什维克的“顶级风暴”对无政府主义的普通大众及其理论家们而言均无疾而终。无政府主义者打着为争取个人自由而斗争的口号来反对国家机制，这样的做法只有在不妨碍当局实现自己的国家建设计划的情况下，才能为其所接受。然而，在城市居民的无业游民及部分工人、士兵和水兵中间出现了无政府主义倾向，这对布尔什维克实现其计划构成了极大威胁。执政党自然不能容许类似状况在全国范围内发生，尽管如此，还是有百密一疏的情况发生（例如，1918 年春在图拉、科夫罗夫、科尔皮诺和乌拉尔别廖佐夫斯基厂以及 1920～1921 年在塔波夫、喀琅施塔得及其他地区发生的事件，就足以证明，做出这样的抉择具有怎样的现实意义）。

与此同时，我们不能忘记，俄国无政府主义的思想领袖 П. А. 克鲁泡特金承认十月革命的意义，并高度评价苏维埃在全国人民生活中所起的作用。1920 年夏，克鲁泡特金号召国际无产阶级支持社会主义革命，并“敦促本国政府放弃使用武力干涉俄国内政的念头”。

无政府主义者 1917 年 10 月以后的经济主张及其对布尔什维克社会改革模式的态度鲜为人知。尽管无政府主义者的绝大多数观点被视为不现实，但他们希望尽快实现社会公平。各个派别的无政府主义者们遵循 М. А. 巴库宁和 П. А. 克鲁泡特金所创立的无政府主义思想理论，论证布尔什维克的计划在经济方面是站不住脚的。他们认为，对马克思主义的教条理解、生产过度集中、不让劳动人民参与经济管理，这些因素阻碍了布尔什维克实现计划。无政府主义者对布尔什维克的经济政策一律予以否定，此外，还开展具体斗争反对后者刚刚实施的一些经济措施，其中包括：由工人实施监督、工业国有化、对生产进行集中化管理。无政府主义者提出“经济劳动革命”的口号，他们实际上是希望劳动者能够以工人集体的形式来控制住企业。无政府主义者利用全俄工会代表大会及全俄中央执行委员会的平台来宣扬自己在工人监督方面的构想及其他类似倡议。

1918 年国内经济形势的变化促使无政府主义者针对布尔什维克的经济措施改变了自己的战略路线（例如，1918 年 12 月无政府共产主义者承认，有可能以“自由工人的社会主义制度”为基础，利用布尔什维克的经济方案，对现有制度进行改革）。无政府主义者不断发展分散管理国民经济的思想，其中一些组织提议以联盟为原则建立“自下而上”的全市经济委员会，随后逐渐将各市经济委员会联合起来，组成全国范围内统一的联盟组织，以此类推，在各省联盟的基础之上再组成全俄劳动联合会。

为实现对国家生产进行集中管理而设立的最高国民经济委员会遭到了无政府主义者的极端仇视。为此，И. С. 布列伊赫提出了一套自己的国民经济管理方案。在他构建的新型经济关系体系中，占主导地位的是实行分散管理的工厂工会委员会和农业委员会。另一位著名的无政府主义者 А. А. 萨拉诺维奇提议将国家经济交由两个中心管理——根据协议建立的中央工会联合会及负责协调分配的职业介绍局，任务包括调度分配。他同时还提出要拒绝商品货币关系，在劳动者间实行产品的平均分配。А. А. 卡列林提议拒绝一切形式的生产调度，把生产交给工人自由行会负责，支持无政府主义者的工人代表最欣赏无政府主义者提出的即刻夺取企业管理权的想法，而对他们在经济建设方面的其他提议并无兴趣。可以自行决定是否需要调整国家管理方针的布尔什维克对此（及其他党派的类似方案）也持相同的态度。民众不得不咽下实行“民主集中制”带来的苦果。类似的措施引起了劳动者的大规模抗议和强烈不满。

П. А. 克鲁泡特金曾尝试勾勒社会发展的经济前景：“含糊其词的承诺和空洞的大话不会让任何人满意。土地国有化的一揽子计划，简单而又明确，又不破坏千百万农户的经营；计划将包括采矿业、铁路等在内的所有大型工业领域的社会化……为了获得成功，所有这一切都应当以明确的形式呈现。但是据我所知，在俄国各州成立的诸多政党和地方政府中没有任何一个是这样做的。”

许多无政府主义组织都加入反对苏维埃政权的斗争中。他们不仅参与组织了 1919 年 1 月莫斯科列昂杰夫胡同俄共（布）莫斯科委员会大楼的爆炸事件，还参与了 1921 年在坦波夫和喀琅琅施塔得发生的安东诺夫叛乱活动。

在与布尔什维克进行的实际对抗中，反对派政党中的无政府主义者及其追随者获得成功的概率非常低，甚至是在形势最有利的情况下，他们也未必能把自己的构想付诸实践。也许，在俄国当时那种条件下，将各个理论和观点相互充实，进而研究出最佳的国家管理体制再适当不过了。

20 世纪 20 年代，全俄肃反委员会（1920 年改称为“国家政治保安局”——译者注）在全国范围内肃清叛乱，给“拥护生命自由”的那些人打开了“不远处”的大门，却使他们失去了最后的庇护所和人身自由。当时，“思想上的”无政府主义者们很快就察觉到，加入自己组织的成员力量日渐缩减。

1921 年 2 月，П. А. 克鲁泡特金去世后，运动的高层失去了真正的领导人物和理论家，又分裂成了几个派别。相当一部分无政府主义者声明运动出现危机、发生蜕变，自己希望能够为人民造福，因此，他们纷纷加入俄共（布）。1921 年党的统计数据显示，当时俄共（布）队伍中共计有各派无政府主义者 633 人。一部分无政府主义者忍受不了精神上的压迫和歧视，而选择了侨居国外。留在国内的无政府主义者则利用各种时机，竭尽所能去开展宣传鼓动工作。最终，到 20 年代末 30 年代初，国内活跃着的无政府主义实践者实际上已经所剩无几。1940 年，在莫斯科已有近 17 年历史的 П. А. 克鲁泡特金博物馆不复存在。那些信奉无政府主义思想的人的命运则更是凄惨——他们中的许多人都在劳动营管理总局的集中营消失，不知所踪。这仍是俄国无政府主义历史上不为人知的一页。

第十九章
向执政党转变的俄国社会民主工党——俄共（布）（1917年10月至1920年）

B. B. 茹拉夫廖夫

布尔什维克党执掌政权

十月革命从策划、筹备、进行直到胜利都证明，布尔什维克党的核心领导认识到了一点，即只有在“无产阶级专政”这一思想体系下确立和巩固布尔什维克一党专政，才是实现纲领目标的唯一手段。在十月革命后初期，当看到布尔什维克的反对派将“阶级专政”与“一党专政”两个概念混为一谈时，布尔什维克党的一些领导还显得非常愤慨。但显然，在当时的俄国现实中，布尔什维克别无良选。

全俄苏维埃第二次代表大会召开期间，在讨论新成立政府的人员组成问题时，在俄国历史上首次使用了“执政党”（一党执政）这一概念。

尽管临时政府的多党联合执政是以协商为原则，且这些政党在当时都是最具影响力的政党，但如前所述，任何一个政党都没有对国家的命运承担起全部责任。

托洛茨基对孟什维克和社会革命党等其他社会主义政党的执政经验表示了质疑，轻视地称其为“半执政党”。

1917 年 10 月，国家政权的执掌者是“俄国的雅各宾派们”，做事半途而废不是他们的风格。他们认为政党的任务包括："领导全国人民走向社会主义，建立新的制度，做全体劳动人民和被剥削者的导师和领袖，领导他们反对资产阶级，建设没有资产阶级参与的社会生活。"列宁在思考布尔什维克党执政后的作用问题时这样写道。这种提法对于世界政党史来说无疑是一个创新，在列宁的这段话中，客观地指出了建设国家党的目标，该党具有"双面雅努斯"的特点，它应被赋予一切职能，并对异己者和希望按另一套规则生活的人采取敌对的立场。在党成立之初，列宁在《前进一步，后退两步》一文中提出了将"思想的权威转变为政权的权威"的任务。1917 年 10 月成为将这一切变成可能的"真理时刻"，直到此时这一关于党内关系的提法才向全社会公告，而那些希望成为"人民政治领袖"的人则是满怀前进的决心，只能前进。

不过，在布尔什维克党的领导层中远不是所有人都遵循这一革命的最高纲领，其中也不乏犹豫不决和摇摆不定者，确切地说，他们希望按照传统的政治文化模式来思考，允许多元化和多党制的存在，可以进行政治联盟和协商。

党内部分领导的谨小慎微情绪被胜利的喜悦暂时冲淡，却无法彻底清除。例如，在苏维埃代表大会召开期间，于 1917 年 10 月 25 日 3 时，中央委员会举行了会议。A. A. 约费（当时是中央委员会候补委员）在描述当时会议召开的情形时，再现了一个有趣的片段：面对"那些忧心忡忡反对起义的人"提出的"我们未必能挺过两周"的言论，列宁驳斥道："没关系，等过两年我们还在执掌政权的时候，你们就会说，还能再挺两年。"

同样，在 1917 年 10 月 25 日召开的苏维埃代表大会布尔什维克党团会议上，一些与会者也满怀疑虑和恐慌情绪。会上，列宁代表中央委员会做了报告，并指出，将建立只有布尔什维克党一党组成的政府。当时的会议大厅中瞬间沉寂一片。A. 洛佐夫斯基回忆道："气氛变得有点可怕，每个人都明白走出这一步的所有成败利害。"而俄国社会民主工党中的激进派力量最终走出了这一步。10 月 25 日，苏维埃代表大会批准通过了成立工农苏维埃政府的法令，该政府完全由布尔什维克党组成。而一党领导的政府接下来所走的路在很大程度上只能任由事态发展决定了。

除了左派社会革命党外，其他政党都认为这是国家政变，布尔什维克篡夺了国家政权。在预备议会最后一篇《告俄国公民书》中强调指出："这样的政权应被视为人民的公敌。"让俄罗斯共和国临时苏维埃中的民主力量代表特别愤慨的是，在被关押的临时政府成员中还有身为社会党人的部长。

一党专政之路

1917 年 10 月 25 日至 1918 年 1 月 6 日这段时间是新政权形成的一个特殊阶段。在这一时期，政府仍然是在所有社会主义政党联合的基础上组成的。这就意味着，要在两条不同的发展道路间做出抉择，因为反对派的要求也得到了布尔什维克领导层中温和派的理解和积极反应。在布尔什维克党执政初期，俄国社会民主工党（布）中央委员会委员加米涅夫是当之无愧的领袖，他于 1917 年 10 月 27 日当选为苏维埃全俄中央执行委员会主席。

1917 年 10 月 29 日，由孟什维克占主导地位的全俄铁路工会执行委员会——当时国内最具影响力、最有组织的工会——发出最后通牒，要求建立统一的具有社会主义倾向的政府，并威胁道，如果这一要求不被接受，将举行全国范围内的大罢工。而在同一天，布尔什维克党中央委员会也召开了会议，强硬派列宁和托洛茨基均未出席此次会议。会上一致认为可以扩大苏维埃政府的政治基础，并改变政府的组成。全权负责就此事与其他社会主义政党进行谈判的是加米涅夫和 Г. Я. 索科利尼科夫。"联合是可能的，也是必需的。"加米涅夫代表全俄中央执行委员会在全俄铁路工会执行委员会的会议上宣布。他认为，联合的条件是加入联盟的政党必须承认苏维埃第二次代表大会的纲领，联合的范围拓展到包括人民社会党在内的所有苏维埃政党。另外，他还补充道："对于全俄中央执行委员会来说，最重要的是政府的纲领及其职责，而绝非其人员组成。"

正是基于这一原则，社会革命党人在谈判进行到第二天的时候提名 В. М. 切尔诺夫而非列宁为政府主席的候选人，加米涅夫对此并没有提出异议。他还赞成在全俄中央执行委员会中增补全俄农民代表苏维埃、工会以及彼得格勒和莫斯科市杜马的代表，将其变成临时的人民委员会。应该说，组建单一的社会主义派政府有助于为刚建立的苏维埃政权奠定广泛的社会和政治基础，这种想法在当时极具现实意义。在克伦斯基-克拉斯诺夫叛军逼近彼得格勒的情况下，这无论是对加米涅夫还是对列宁来说都非常重要。而此时铁路工人要举行大罢工则会影响到针对反苏维埃势力的反击。总体而言，在1917年10月31日前，在形势的压力下，俄国社会民主工党（布）领导层的力量分配发生了变化，“强硬派”占了上风。

1917年11月1日，中央委员会召开会议。列宁在大会发言中批评了加米涅夫的“投降主义”路线，并公开表示：“现在没有必要和全俄铁路工会执行委员会进行对话……谈判应该是对军事行动的巧妙掩护。”中央委员会以10票同意3票反对通过了列宁的提议。尽管如此，谈判实际上并未立刻终止。但是，他们提出了更为苛刻的条件。全俄中央执行委员会中的布尔什维克党团要求：“布尔什维克党所占人民委员的席位不得少于一半，列宁和托洛茨基必须参加未来的政府组阁，这无须讨论。”

正是在他们的倡议（也是在同一天，在托洛茨基表示坚信不可能与孟什维克团结在一起之后，列宁在彼得格勒党委会上宣布，“没有比托洛茨基更好的布尔什维克了”）和压力之下，中央委员会大多数的意见倾向于中止谈判，谈判终于停止了。

同年11月4日，中央委员会的其余5名委员（Л. Б. 加米涅夫、Г. Е. 季诺维也夫、В. П. 诺根、А. И. 雷科夫、В. П. 米柳京）在《消息报》上发表声明，宣布退出中央委员会。他们坚持建立“社会主义苏维埃政府”应防止流血屠杀事件的发生。因此，他们说起自己的决定时亦是毅然决然的样子：“中央委员会违背大部分无产阶级和士兵的意愿，采取这一具有毁灭性的政策，我们不能为此而负责……”于是，在布尔什维克党执掌政权的第十天，党的领导层发生了严重的分裂，进而导致新生政权产生了第一次危机。

同年11月8日，中央委员会通过决议，决定撤销加米涅夫全俄中央执行委员会主席职务，并提议由Я. М. 斯维尔德洛夫接任。此时的斯维尔德洛夫已经不仅仅是一名政治家，更是一名才华卓越的组织者、党的意志无可挑剔的执行者以及党的领袖。11 名人民委员中有 4 人递交辞呈离开了人民委员会，他们是雷科夫（内务人民委员会）、米柳京（农业人民委员会）、诺根（贸易及工业人民委员会）、И. А. 泰奥多罗维奇（供应人民委员会）。之前，在 11 月 2 日，教育人民委员会委员 А. В. 卢那察尔斯基已提交了辞呈，并公开表示自己属于“布尔什维克右派集团”。表面上看，卢那察尔斯基的辞职与党内斗争（这里指的是抗议在莫斯科举行武装起义期间克里姆林宫的历史文物被毁）无关，但真正的原因正在于此。在 10 月 29 日给妻子的一封信中，卢那察尔斯基这样写道：“有一点是明确的——我们不可能夺取政权。单凭我们自己是无能为力的。”他认为出路只有一条，就是建立广泛的民主“阵线”，即“列宁 - 马尔托夫 - 切尔诺夫 - 唐恩 - 维尔霍夫斯基”。这封信直至不久前才公之于众。

在人民委员会主席的劝说下，卢那察尔斯基同劳动人民委员会委员 А. Г. 什利亚普尼科夫一样，留任政府成员。什利亚普尼科夫则坚称自己与中央委员会和人民委员会中那些被列宁称为“逃兵和工贼”的人同进退。

在全俄铁路工会执行委员会倡议下进行的党派间谈判尽管很重要，但也只是“十月革命”后国内政治局势发展过程中的一段插曲。对俄国来说，具有划时代意义的是立宪会议的召开以及随后发生的立宪会议被布尔什维克驱散。

苏维埃第二次代表大会宣布建立新的国家体制，即在民主制度基础上建立属于劳动者、工人、农民和士兵的政权。表面上，这与立宪会议思想所体现的全民民主并不矛盾。并且根据大会决议，由人民委员会作为“工农临时政府”负责管理国家事务，“直至召开立宪会议”。这是什么——是政治上的迂回吗？我们认为，应该不限于此。

十月武装起义几乎没有流血就快速取得了胜利，胜利的喜悦席卷了布尔什维克。他们希望能够巩固成功的果实，获取立宪会议的大多数席位（如果自己一党做不到这一点，那么就与支持自己的左派社会革命党人和孟什维克国际派一同），并以此获取人民的信任和认可。1917 年 10 月 27 日，人民委员会确定将进行全俄议会选举的时间定在 11 月 12 日。但它并没有忘记想好退路，在选举前 4 天召开的俄国社会民主工党（布）彼得格勒委员会的扩大会议上，公开讨论了在“民众做出错误选择”的情况下解散立宪会议的可能性。

选举如期按照既定规则开始了，各地区（68 个后方地区和 7 个前线地区）提名的候选人名额根据党员名册按比例进行分配和投票。各选区共计有 4840 万名选民，他们可以根据民主原则表达个人的意愿。这次选举是真正意义上的全民的、直接的、平等意义的选举，投票采取不记名方式。选举结果反映出了民众情绪日渐激进化这一事实。其中，1910 万人（39.5%）投票支持社会革命党人，1090 万人（22.5%）支持布尔什维克，150 万人（3.1%）支持孟什维克，43.9 万人（0.9%）支持人民社会党，而其他新民粹派和社会主义党派得到了 700 万张选票（支持率为 14.5%）。超过 3900 万名选民（80.6%）赞成在多党制的基础上根据某种达成共识的社会公平原则建设俄国的民主未来，仅有 4.5% 的选民支持立宪民主派，0.6% 的选民支持保皇派。

选举结果对布尔什维克来说并不能算是意外，因为党内的许多人都预测到了社会革命党和孟什维克的胜利，但失望情绪仍然是难以抑制的。不指定立宪会议召开日期的提案未能通过，列宁后来指出这是一个重大错误。然而，由于一部分代表没有到会，这在某种程度上让布尔什维克看到了一线希望，其力量有可能与社会革命党相匹敌。1917 年 12 月 12 日，中央委员会研究通过了列宁起草的纲领。纲领中指出，革命利益“高于经重新选举产生的立法机关的权力”，而立宪会议只有“无条件发表声明”宣布承认苏维埃政权及其通过的和平法令和土地法令才是“顺利解决危机的唯一机会”。根据这一最后通牒，暂定于 1918 年 1 月 5 日召开立宪会议，但前提是到会代表要达到有效人数。1918 年 1 月 5 日夜至 1 月 6 日凌晨，布尔什维克驱散了立宪会议，并强力镇压了支持立宪会议的言论和行动。正如列宁所说的，他们以此证明，仅靠布尔什维克与社会革命党和孟什维克结盟只会让俄国的国内战争无法进行下去，而这一“绝对毋庸置疑的”革命教训已经被一些人抛诸脑后。布尔什维克为让当时俄国的民主制度寿终正寝贡献出了自己具有决定性作用的力量。布尔什维克与左派社会革命党人结成临时政治联盟，后者参与政府组阁等事实都证明了这一点。

俄国社会民主工党（布）一面镇压自己在政治上的反对派，一面主动承担起一党难以承担的重负——对国内发生的所有事件担负起政治责任。也正因为如此，它作为一个政党，注定将成为实施镇压和专制独裁的国家机构。布尔什维克党的领袖原则上拒绝政治多元化，但在政权初建之际，不得不顾及自身队伍内部存在的意见分歧。

针对这一点，他们希望党内的民主制度在一定程度上能够弥补全社会范围内民主制度的缺失，而党则通过党内辩论等机制发挥调节器的功能，协调国内最大的两大社会力量——工人和农民阶级的利益和政治情绪。而其他社会各阶层，从某种程度上来说，都被归为反革命之列。布尔什维克党坚信，冲破了立宪会议的藩篱后，以苏维埃形式实行的劳动人民民主高于资产阶级性质的全民民主。

然而，布尔什维克要怎样才能通过党内的舆论斗争取代社会上存在的政治多元化现象呢？要想回答这一问题，需要从以下几点进行分析。

党员的数量、成分，党的组织机构，领导层的社会文化面貌，以及在布尔什维克一党专政的条件下社会实践的性质及内容等。但要回答上述问题，我们还是应该从 1917 年“俄国的雅各宾派们”在国内外发生的各种事件中所扮演的角色和发挥的作用入手。

布尔什维主义的自我认同

当布尔什维克真正开始单独面对社会大众时，他们必须消除革命的极端暴力行动所引发的社会恐慌，同时也需要解决自身的问题，即布尔什维克党在新的形势下不得不直面自我认同的问题。这一问题连同 19 世纪末期成立的俄国社会民主工党的实质被法国后印象派画家 П. 高更在其代表作《我们从哪里来？我们是谁？我们往哪里去?》这幅画的名称中一语道破。作为一党专政的执政党，布尔什维克党实现自我认同的第一步就是为党更名。1918 年 3 月，俄国社会民主工党（布）紧急召开第七次代表大会，这也是十月革命后的第一次代表大会。在此次会议上，通过了将俄国社会民主工党（布）更名为俄国共产党（布）的决议。之所以要召开紧急会议，是因为必须立刻解决苏维埃俄国与德国单方媾和的问题，同时，改变党的名称对于布尔什维克的领导们来说也是刻不容缓的。自 1917 年 4 月以来，布尔什维克党内始终围绕改变党的名称问题展开争论，最终党的更名程序顺利完成。Ю. 拉林指责党的新名称失去了其作为工人阶级政党的性质，对此，列宁轻描淡写地回应道，“我们太过深究细节”，而“讲歪理又比不过别人”。

应当指出的是，大多数与会代表甚至没有认识到布尔什维克与国内的社会主义运动以及西方国家的主流群众性工人运动彻底决裂的实质所在。列宁指出，布尔什维克党要沿着《共产党宣言》作者指出的道路走下去，“旧的民主主义，即资产阶级民主主义的概念在我们革命的发展进程中已经被超越”，而欧洲的社会主义也遭遇了彻底溃败，鉴于此，我党“与旧的官方的社会主义断绝了联系”。他的这番论断得到了与会代表的赞许。

布尔什维克的杰出新闻工作者、党的创始人之一、《消息报》的编辑Ю. М. 斯捷克洛夫对这一步的致命后果做出过预言，他指出：“政治上的这种更替给我们带来了巨大的损失……我们无法在短时间内让民众淡忘，什么是社会民主主义。”正好在一年之后，第三共产国际宣布成立，并确定了未来数十年的路线方针，即国际工人和社会主义运动的分裂，以及左派共产主义激进派同社会民主党在西方主流国家乃至后来发展到全世界范围内的激烈斗争。

布尔什维克在十月革命后实现自我认同的第二步就是制定新的党纲。布尔什维克党实际上是立刻着手解决这一问题。“我们没工夫平心静气地用几个月的时间来做这项工作。”列宁在第七次代表大会的讲台上这样说道。他还表示，相信“我们有足够的理论实力……用几周时间制定出新的党纲”。

一开始希望在几周或几个月的时间里确定新的党纲，却被种种因素耽搁了：先是希望最大限度地利用和平喘息之机，此后又被国内战争的局势所牵扯。所以，第二部党纲是在国内战争进行到最激烈的时候，即一年之后——1919 年 3 月召开的俄共（布）第八次代表大会上通过的。

第八次代表大会召开之际，正值自 1918 年秋起一直被阴霾笼罩的布尔什维克政权第一次见到胜利的曙光之际。成功地阻击高尔察克军队并将其逼退，又重创克拉斯诺夫的顿河哥萨克军。此后，红军继 1919 年 1 月占领了维尔诺、里加、哈尔科夫之后，又于同年 2 月 5 日解放了基辅。在 3 月，立陶宛 - 白俄罗斯苏维埃共和国和巴什基尔自治苏维埃共和国（在代表大会召开期间）成立。总之，在数月来对前景暗淡的“世界革命”深感失望和怀疑之后，又重现了些许的希望：1919 年 3 月 21 日，匈牙利苏维埃共和国宣告成立。

“全世界无产者联合起来!”的口号被赋予了新的内容。如果说从国际的角度来看，这句话体现的仍然是“世界社会主义革命”的宗旨和目标，那么，在俄国国内这句话则是运用共产主义思想对“统一不可分割的俄罗斯”这句自古就有的话的全新诠释，体现了布尔什维克党希望将俄国团结在红旗下，再建统一不可分割的俄罗斯的愿望。

苏维埃共和国内政外交中发生的变化给人以希望，而欧洲革命进程也有希望进一步向前发展，这些促使俄共（布）在纲领中宣布，“全世界无产阶级、共产主义革命”的新纪元已经开启了。“实行了无产阶级专政”（这是俄国社会民主工党第一部党纲中的要求）的俄国“为建设共产主义社会奠定了基础”。

布尔什维克党的更名标志着与世界社会民主运动的决裂，俄共（布）的纲领从理论方面对此进行了论证和确认。世界革命运动期望能够“推广苏维埃的这种形式，即实行无产阶级专政”。其余所有工人和社会主义运动的派别都被称为“社会主义的资产阶级”，从共产党的角度来说要与之“坚决决裂，并且毫不留情地进行斗争”。因此，应该强调指出的是，各国内部的国内战争以及“反抗帝国主义列强压迫”的革命战争是不可避免的，而资本主义制度下提出的反战主义和裁军口号则被视为反动的乌托邦及对劳动人民赤裸裸的欺骗。“只有第三共产国际”才是无产阶级解放斗争的领导者。

布尔什维克在俄共（布）党纲中表现出了左派激进思想和政治宗派主义思想，追根溯源，还是应当结合当时的具体历史环境分析。世界大战让西方文明的许多价值观失去了意义，其民主的一面湮没在欧洲的一片血海之中，掩埋在被毁之殆尽的废墟里，西方社会正值生死抉择的紧急关头。

在这种情况下，布尔什维克党希望进行“世界社会主义革命”也并非天方夜谭。左派激进派对外担负着全方位“促发”欧洲社会大爆炸的使命，对内的目标则是支持住，一直等到西方国家的无产阶级获得胜利前来援助，并与欧洲那些客观上已经有较好准备的发达国家一同为“向社会主义进军”奠定基础。如果欧洲这些国家真的如布尔什维克所愿发生了社会大爆炸的话（理论上当时并不排除有这种可能），布尔什维克一系列“向社会主义进军”的超激进举动在历史上也就具有另一番意义了。而在接下来的几年，当社会主义成为世界性普遍现象的可能化为泡影的时候，这不仅没有淡化，反而让列宁在政治上的继承者们“直奔”社会主义和共产主义的愿望更加强烈，尽管他们完全曲解了这两个概念的本来实质。

当然，俄共（布）第八次代表大会的代表们在讨论新的党纲时，对于正发生的一切都没有质疑过。大量文献都勾勒出了一幅动人的画面：在前所未有的社会公义基础上对落后、愚昧的俄国进行改造。党纲的编写者们也意识到，俄国作为这次大型试验的对象，目前的主要特点是“小资产阶级在人数上占优势”，因此，俄共（布）在党纲中专门加入了关于他们的内容。而关于中农，俄共（布）认为自己的任务是“将其与富农区分开来，在确定进行社会主义改造的方法时向他们做出让步，关注他们的需求，从而将其吸引到工人阶级这边来”。

关于小工业和手工业，俄共（布）认为应该“通过国家向手工业者下订单的方式广加利用”。但是，诸如此类的创造性思路却被后来制定的一系列方针政策打断，这包括工业国有化和社会主义农业协作化，“在全国范围内以有计划、有组织的产品分配取代贸易”，实施“一系列旨在扩大非现金结算范围和为消灭货币做好准备的措施”以及“战时共产主义”的其他举措。

党纲对劳动保护、社会保障、国民教育、卫生保健、住房问题、科学等方面所要采取的重要举措都做出了详细的阐述，为协调国内的社会关系创造了条件。但在实施过程中，许多政策措施的推行却由于经济崩溃和国内战争造成的国家落后而频频遇阻。此外，党纲再次强调要坚定不移地执行《劳动法典》中的相关规定，其中包括对所有劳动者都将实行 8 小时工作制，每周有 42 小时的休息时间，每年有一个月的带薪休假及其他社会保障措施；确保“全民都能够得到免费的、专业的医疗药物救助”；“针对 17 岁以下儿童，无论男女，实行免费义务普及和综合技术教育”等。这些举措在俄国乃至全世界的社会实践中都是一个创举，后来一步步得到落实，并促使资本主义世界纷纷效仿。

但应当指出的是，俄共（布）在这方面不仅仅有突破，还有变换形式的矛盾。在党纲中，尽管俄共（布）宣布必须“谨防以任何形式伤害宗教信徒情感的行为”，但同时也预言“宗教迷信必将消亡”。“要为共产主义的最终建成培养一代人”的任务在逻辑上要求“在思想意识和宗教领域必须实行专政”，将学校建成“对社会进行共产主义改造的工具”的目的也正在于此。

俄共（布）党纲体现了布尔什维克的治国理念。从俄国历史传统的角度，一方面它反映出了在一党专政基础上进行社会实验的巨大潜力，另一方面也在社会改造过程中呈现了内部矛盾的不可调和性。由此可见，党纲预示了在落实布尔什维克学说进程中终将发生质的变化是历史的必然。

布尔什维克到底要依靠哪些力量和社会基础来实现自己的纲领呢？

俄国社会民主工党（布）——俄共（布）的人数、组织基础和社会成分

在苏维埃政权确立的最初几年，有关党员人数的信息资料都是大概的、相对的粗略统计，这些数据主要来源于党代会上列举的数字。在第七次代表大会（1918 年 3 月）的组织筹备工作报告中显示，同第六次代表大会（1917 年 8 月）相比，党员队伍壮大了，全党党员人数增加了 6 万人，共计 30 万人。Я. М. 斯维尔德洛夫也确认当时党员的实际人数至少应该有这么多。应当指出的是，确定党员数量是出于这样的考虑：一方面，是要展示出党员队伍的壮大；另一方面，则是要证明本次代表大会能够全权代表全党，代表 17 万名布尔什维克党员。

苏共党史的作者们在第三卷的两册书中对上述时期进行了研究，但对党员数量问题只是一笔带过。他们根据“各地方组织提供的统计数据”宣布，到第七次代表大会召开前，将“近 40 万名成员”团结在党的周围，第八次代表大会（1919 年 3 月）代表了近 31.4 万名共产党人，而第十一次代表大会（1920 年 3 月）则为 61.2 万人。

对布尔什维克党员数量统计的混乱和不协调不仅体现在俄共（布）执政初期的统计工作中，在党的组织工作中也有所体现。布尔什维克希望能够成为苏维埃政权体制中的政治核心，但在一开始就遇到了危机，即根据行政区划原则构建苏维埃机构与历史上形成的以工业企业为基础构建党组织之间产生了矛盾。

实质上，俄国社会民主工党（布）——俄共（布）在成为执政党的第一年就在各省创建了省党委，在各县成立县党委，各乡成立乡党委，从而加强了这些党组织的机构建设，逐渐形成了一套包括州、省、县、区、分区、市及乡等各级组织在内的党的组织机构。苏维埃政权确立的第一年，在党建用语中可以遇到各种不同的表示基层党组织的术语，如党组、集体、组织、党团、党支部等。这首先体现了地方党组织开展的丰富多彩的组织生活，党

支部（工厂、铁路、村、部队等）渐渐成为使用最广泛的基层党组织名称。而乡或者分区范围内的支部组织起来，构成相应的乡或者分区党组织。乡或者分区党组织联合起来则构成县一级的党组织，在其领导下经会议选举产生县党委。

自1918年起，如何加强机关的党建工作成为党内生活的主要问题。当时苏维埃俄国各县、各省召开的所有党委会几乎都会谈及这一问题。例如，在萨马拉第二次党委会通过的决议中这样写道："无产阶级政党机关的均衡和有力发展是确保苏维埃政权不偏离无产阶级革命战略的最好保障。"甚至在专门讨论《布列斯特和约》的第七次党的代表大会（临时会议）上，也特别提及了党的组织建设问题。第八次代表大会确定了中央委员会的内部结构（政治局、组织局、中央委员会秘书长），制定了召开中央委员会全体会议的章程（每月召开不少于两次）。另外，在创建四个独立的苏维埃共和国（乌克兰、拉脱维亚、立陶宛、白俄罗斯）的同时，要在这些地方加强和巩固党建工作的一元制原则。此次大会反对将俄共（布）变成各个独立共产党的联盟。会议指出："俄共及其领导机构的所有决策对党的每个组成部分来说无疑都是必须执行的，无论其民族属性。"会议还通过决议，规定党的机关干部的任命权完全掌握在党中央手中，这也为国家未来党的领导干部的选用奠定了基础。

对于布尔什维克来说，首先是要巩固苏维埃政权，并将其推广至全国各地，为了达到这一目标全党必须倾尽全力。1918年3月8日，俄共（布）第七次代表大会闭幕。Я. М. 斯维尔德洛夫在闭幕式的发言中强调指出："目前，我们将全身心地投入苏维埃的工作中去。"在1917年十月革命后的头几个月，党在巩固新政权方面做了许多工作。1918年9月，在对这一时期的工作进行总结的时候，斯维尔德洛夫指出，"以前党发挥的是辅助作用，它的任务就是对苏维埃工作进行最为合理的组织。"而在十月革命后，党开始主持苏维埃工作，特别是在党内危机日益加剧的情况下，加强党的机关建设工作尤显重要。而在当时，党的机关的独立运作根本就无从谈起。一开始，同选举产生的机构相比，党的机关规模较小，仅履行执行职能，甚至连俄共党员都从未想过，能够将俄共（布）经选举产生的机构和自己的工作机关等同视之。一开始，布尔什维克党还尝试将自己的公务职能同其作为共产党员的义务分离开来。

大概从 1918 年春开始，一些党员纷纷离开了苏维埃机关，充实到党的机构建设中来。他们带来了在经济部门担任领导者和行政管理人的丰富学识和经验，并且不假思索地把它们运用到自己的党务管理工作中。作为党的干部，他们认为自己现在的职权“在苏维埃之上”，并且工作干得热火朝天，给政治领导人的职能带来了冲击，同时也导致经选举产生的苏维埃各机构的职能和权力逐渐缩窄。最初，这些情况的出现受到了党员干部主观行为的影响，但很快这种局面得到了加强，这是由于客观条件的出现，如恰逢国内战争时期，在法律的严控下国内的生活有如封闭的堡垒，又处在严苛的“战时共产主义”政策的桎梏之下。

随着国内战争局势的发展以及俄共（布）向“战斗的党”的转变，党的官方文件中所称的“党组织工作军事化”逐渐成为党建工作的主要措施和手段，即中央委员会的决策是以军事命令的形式下达的。诚然，根据程序，由集体领导通过决议的形式仍然保留了下来，如定期召开中央委员会全体会议、政治局和组织局的会议。另外，正式宣布“民主集中制”为俄共（布）的组织运作原则。与此同时，集中制不断挤压党内民主，这种局面在第八次党代会（1919 年 12 月）通过的决议中得到了确定。此次会议通过了俄共（布）继 1917 年十月革命后的第一部新党章。而在党的第十一次代表大会的文件中还提出，成立党的特别机构——政治部，并直接归中央委员会管辖。

国内战争时期，对党员定期进行重新登记，这是清党行为的一种具体表现，进一步推动了党员队伍的军事化进程。中央委员会的工作细则（1919 年 4 月）中强调指出，进行再注册的目的在于“清除党内的非共产主义分子，这主要是针对那些因为党的领导地位而趋炎附势混入党内的人”。但是，在党的各级机构日益官僚化的形势下，许多地方机构常常利用清党来搞个人清算和铲除异己。1919 年春清党行动后，俄共（布）队伍中原有的

21.1 万名党员、7 万 ~8 万名预备党员和积极分子在重新登记注册和应征上前线之后，剩余的人数分别为 12 万人和 3 万人，而 1920 年的清党行动则导致党员人数减少了 1/3。

清党的一个重要功能就是调整党的社会成分构成，以确保党“代表广大劳动群众利益的无产阶级政党的阶级本质”。截至 1918 年初，党员中工人占比为 56.9%，公务员占比为 22.4%。1922 年俄共党员的统计数据显示，在 1918 年一年的时间里，工人党员的数量增加了近一倍，由 6.54 万人增长到 12.01 万人；农民党员的数量增长了两倍多，由原来的 1.67 万人增长到 5.49 万人。“革命让领导我们的党精疲力竭，”《俄共（布）阿尔汉格尔斯克省党委公报》中这样写道，“最有觉悟、勇敢、忠诚的党员工作兢兢业业，死而后已。党应该不断充实，不断吸收工人阶级的养分。”

而党的地方各级机关常常是通过唯意志论和官僚主义的方法解决该问题，在表面的一团和气之下，隐藏着的是党实际上与社会基层的脱节。到国内战争快要结束时（1920 年秋），在俄罗斯联邦 38 个省和自治州的 21.4 万名党员中，有工人 9.3 万人（43%），农民和手工业者 5.3 万人（25%），公务员和知识分子 5.4 万人（25%），其他人 1.4 万人（7%）。

至 1920 年末，党员中工人占比下降和公务员比重的提高都很明显，但远远没有达到令党的领导层担忧的地步。不过另一个情况尤为严峻：70% 的共产党员是在 1919 ~1920 年入党的，而在十月革命前入党的党员比重则缩减至 10%。这是因为一些善于投机钻营的实用主义者和官僚主义者“积极响应新的号召”，趁老共产党员在前线全力杀敌之机，逐渐在各地党政机关中占据了要职。

在国内战争进行到最为激烈的时候，俄共（布）两位杰出的活动家 Н. И. 布哈林和 Е. А. 普列奥布拉任斯基合作出版了一部著作——《共产主义 ABC》。书中以无可辩驳的论据论证无产阶级领导的国家不能剥削无产阶级，因为“人不可能骑在自己身上，同样道理，无产阶级也不可能自己剥削自己”。然而，表面上看似成立的逻辑却令新体制下的理论学家们大失所望。在国内战争快要结束的时候，布哈林也不得不承认，在国家的党政领导机构内部，“必要的集中制已经向官僚制转变，并逐渐脱离群众”。而俄共（布）内部出现了新的反对派代表（“民主集中派”），其在党的第十次代表大会（1921 年 3 月）上表示，“党的官员专政”这一现实情况已经取代了官方宣称的无产阶级专政。显然，未来谁能控制住党的官员，谁就能控制住一切。而第一个将此变为现实的人远不是当时党内最杰出、最有影响力的人，而是最执着、最有手腕的马基雅维利式的人物——И. В. 斯大林。

“第一代”布尔什维克领导人的社会文化面貌

政治和社会进程的内在实质只有透过历史上的人物并结合他们具体的性格特征、世界观和价值观才能认识清楚。

正是因为意识到这一事实，时至今日，我们在研究相关问题的时候，尤为关注政界上层人物的社会文化面貌。那么，布尔什维克党的领导人在所述时期的社会文化面貌又是怎样的呢？

当代的研究者们对 1917 年俄国政界上层人物典型的社会文化特征及其他方面进行了分析，并将其与国内其他政党——立宪民主党、社会革命党、孟什维克的领袖做比较，进而深入了解当时执政的布尔什维克领导层（党中央委员会委员、第一届苏维埃政府人民委员、全俄中央执行委员会委员、全俄苏维埃代表大会主席团成员），并对他们进行评价。通过比较研究法，我们可以看到，布尔什维克党的领导在许多方面都占了“之最”，其中包括：在各政党领袖中最为年轻、最具国际主义精神、受教育程度最高，而且从社会出身的角度来说最具地方性特点。

具体表现如下：近半数布尔什维克的高层领导年龄在 26 ~ 35 岁（15 人当中有 1 人的年龄甚至在 26 岁以下），47 岁的列宁在他周围的人看来已是德高望重的长者，甚至是“老爷子”“胡子一把的人”。而在立宪民主党的领导中只有 1/5 的人年龄在 31 ~ 35 岁，其他人的年龄则要大得多（1/3 的人年龄在 52 岁以上）。

就社会出身而言，与立宪民主党不同，立宪民主党的领导全部出身于首都和大城市的名门望族，而在布尔什维克的领导中，有1/3的人来自城市和农村的底层，一半的人来自省城的中等阶层，只有1/4的人是来自首都之外的精英阶层和各省城的上层人士。

布尔什维克党领导层的民族成分构成同社会革命党人的情况一样，体现了国家多民族的特征。除了俄罗斯族（占一半）之外，还有犹太人（1/5）、乌克兰人、高加索和波罗的海沿岸地区的民族代表（1/15）。此外，还包括鞑靼人、波兰人、俄化的德意志人。在布尔什维克党中，各民族都有自己的代表这一特点是其他政党所不具备的。例如，立宪民主党为我们展示出的是“大俄罗斯民族”的政治结构范本（俄罗斯人占88%，犹太人占6%），孟什维克则是“犹太人的版本”（犹太人占50%，俄罗斯人约为36%，“高加索人”9%）。

立宪民主党的最高领导层都是学识渊博的人，布尔什维克党的领袖则与他们不同，其中只有1/5的人受过高等教育，1/4的人受过不完全高等教育，其余的人大多是在中等教育（24%）以及初等和不完全的中等教育（30%）水平（试比较：社会革命党和孟什维克的领袖中，受过高等教育的人数占比分别为45%和27%，而受过不完全高等教育的人数占比分别为37%和42%）。

为了全面呈现布尔什维克党领袖的社会文化特征，我们还会对其从以下几个方面进行分析：在他们当中，有超过37%的人由于父亲早逝或者离开家庭等原因，童年时代是在缺失父爱的情况下度过的；他们中的大多数人身高中等偏低，童年或者青年时代经历过重大变故（因社会原因导致兄弟姐妹离世、贫困、遭受凌辱等）。

整体而言，布尔什维克党的领袖的生长环境、社会生活条件对他们性格品质的形成起到了巨大的作用。例如，他们一般在很小的时候就已显示出成熟的性格；对现实极度反感；行为独立、果断（有时甚至有点极端）；自尊心强，虚荣心重，并且渴望在社会政治领域成就功名；内心深处有一股源自社会“底层”的冲劲；与一些人相比，对另外一些人的财富和社会成就极为不满；对不同阶级和社会阶层代表的道德伦理标准要求不一致、有选择性；对社会问题的认识非黑即白，反差大。

下面将通过实例对上述社会文化类型进行直观的描述。布尔什维克革命者阿尔捷米耶夫·阿赫特尔斯基是一名医生，在当时的沃洛格达省也相当有名，但他在苏维政权下仅仅挨过了一年。在这一年里，他见证了国内新政权建立和布尔什维克党取得执政党地位后国内社会所经历的种种复杂和充满戏剧性的变化，并深入思考了这些变化的内在矛盾性。在弥留之际，他给自己的战友留下了遗嘱。遗嘱中这样写道："我们的敌人主要是资产阶级和资本家，但对我们来说他们并不是那么可怕，因为我们了解他们。然而，还有暗藏的危险敌人，主要有三类：第一类是'披着羊皮的狼'，也就是我们队伍中的资产阶级，要把他们赶走；第二类敌人巧舌如簧，极力靠近当权者，而实际上胸无点墨，他们的愚蠢会毁了我们共同的事业和他们自己，请选择那些德能兼备的人，并要求他们承担领导工作；第三类是最为危险的敌人——专制独裁者，他们追求个人功利，努力让自己掌权，一定要打倒他们！让劳动人民当家做主人。"

在预备议会的最后一篇《告俄国公民书》中，布尔什维克政权被称为"人民和革命的公敌"。似乎是对此做出回应，列宁在 1917 年 11 月 28 日签署了关于逮捕国内反革命领袖的法令。在该法令中，立宪民主党人同样被定性为"人民公敌"。

布尔什维克党甚至连自己都没有发现，他们眼中的"人民公敌"是如何一步步变成了……人民自己的。

由此，曾经引起一片群情激愤的革命军事独裁逐渐转化蜕变为专制极权体制的社会心理已趋于成熟。

1917～1920年布尔什维主义的社会实践及其后果

布尔什维克对国家面临的各项问题有着独到的见解和理解，他们据此践行自己的纲领目标，行事果断而有力。起初，布尔什维克竭力希望"立刻并完全”解决那些已经迫在眉睫的重大社会、经济问题（给人民和平，给农民土地，给工人工厂），这使得他们确立的制度获得了相当广泛的社会支持。同时，布尔什维克推行了一系列激进的创新措施（意义在于将调整和管理经济的杠杆操控在国家手中），这为开拓一条就当时来说全新的非资本主义道路奠定了基础。在这条路上，国家遇到了数之不尽而又避无可避的艰难险阻。但在大刀阔斧地清理旧制度残留下来的“烂摊子”过程中，有时也会触及任何社会发展都不可或缺的、在变革中承受着巨大压力的权力机构，即关乎社会运作、民生大计的重要机构。

决定布尔什维克社会实验命运的战略转折点发生在 19 世纪与 20 世纪之交。由于种种矛盾斗争的爆发，各种社会力量并存的多元化结构被逐渐摧毁，而这些社会力量是推动社会向前的主要动力。在经济领域，这首先表现在布尔什维克始终“无法捋顺”同市场的关系，也无法让市场参与到实现社会公义这一理想的过程中。诚然，要做到这一点并不像今天各大报刊、著作中所说的那么容易。苏维埃政府对私人商业银行实施国有化，废除内债和外债，将大型企业和核心生产部门收归国有，这些举措导致资本主义的经营机制在反对新生政权及其政策的行动中被封杀。注意这里指的是封杀，而绝非消除，当时私有制作为一种经济制度事实上并未被消灭。在对小私有者、投资人和股东进行国有化的时候，布尔什维克政权会将他们的投入全部返还。城市中，对不动产的继承权和所有权也得以存续下来，针对收归国有的企业对资本家进行补偿的原则也保留了下来，但政权可以随时冻结正在周转的股票和其他有价证券。

1918 年 4 月，人民委员会通过特别法令，确认苏维埃政权打算在适宜的条件下准许资本主义企业出让（自由流通、转手买卖）股份，在国有化的过程中会褒奖股票持有人。同时，法令还指出，1917 年 11 月 29 日法令规定了暂停发放红利，在重新准许发放红利后，股票持有者将“获得红利分取权”。另外，布尔什维克政权也开始与国内外资本持有者就在国内进行国家资本主义性质的改革展开谈判。

在 1918 年秋天之前，国内战争的战火席卷了全国，而俄国曾经的盟友和债权人发动了武装干涉。在这种内外交困的情况下，新生政权尽力在施政过程中将两种截然不同的行动方法结合在一起。

第一种方法是“向资本发动猛烈攻击”，坚决操控经济杠杆；第二种方法是希望以相对缓慢、较少为人诟病的方法向新的经济关系过渡。当时，布尔什维克仍然对“世界革命”抱有希望，因此，在“建设社会主义”的速度、期限和方法等方面一直留有余地，甚至是在国内战争进行得最为激烈、战场上攻势最猛的时候，他们也表示，愿意在预先商定的情况下做好在“经济阵线上”撤退的准备。1919 年 2 月 4 日，外交人民委员会委员 Г. В. 契切林与列宁商讨，并就德国照会达成一致。布尔什维克的最高领导表示，接受美国总统 B. 威尔逊提出的谈判建议，准备再次承认此前已经宣布废除了的前政府外债，赋予外国资本以经营权，并探讨领土问题及边境问题。

布尔什维克对资本进行的“骑兵式突袭”取得了暂时的效果，这让他们对于在经济和社会生活的其他领域毫无限度地使用强有力的专政独裁手段充满了信心。“战时共产主义”政策的主要内容包括：将包括中小企业在内的所有工业企业转归国有；国内生产和分配体制实行集中化和官僚化；禁止私营贸易；实施居民凭票供给制，真正消灭货币；实施余粮征集制，实际上是强行从农民手中无偿拿来全部余粮及其他农产品；实施全民劳动义务制；实施实物配给制和工资实物化——这在国家受困的情况下让布尔什维克取得了一定的成效。这些措施的实施更加坚定了他们关于在和平条件下脱离周围的世界，并可以单枪匹马独自向共产主义社会过渡的幻想。作为源自俄国社会民主党的政党，俄共（布）起初是世界工人和社会主义运动的有机组成部分，但之后其政治命运却发生了急转直下的变化，在国内战争的各条战线上开始遭遇节节溃败，转胜为败。

在这一时期，俄国经济及与之息息相关的其他社会生活领域经历了自相残杀式的战火洗礼，并被强行套上了“战时共产主义”的制度束缚，这在很大程度上注定了国家向伪社会主义蜕变的不可逆性。同时，作为当权者推崇的政治思想，布尔什维主义是失败的。并且，这进一步推动其党政机关加强自己的专政和镇压职能。

应该说，在这一时期，作为一种政治思想，布尔什维主义在各种矛盾激烈碰撞且不可调和的情况下走到了山穷水尽的地步。接下来我们要谈及的已经是另一个政党的党史，并且，该政党保留了其前身（原来政党）革命军事独裁的某些外部特征。应该说，它的前身，即布尔什维克党原本希望通过全世界范围内的革命进程向社会主义社会前进，最终却因形势所迫让自己陷入了国内政治的宗派主义和国际舞台上的孤立主义的双重钳制之中。

第三部分

辉煌与悲剧　退出政治舞台

第二十章
一党制的溃败

H. H. 马斯洛夫

如前所述，在 1917 年末至 20 年代初，苏俄多党合作的局面彻底终结，其原因并非如苏联官方历史学研究者所指出的，是布尔什维克之外的其他政党政治溃败、内部瓦解及自行解散导致的，而是因为在布尔什维克的专制统治下它们无法继续生存下去了。

列宁认为，无产阶级专政就是布尔什维克党的一党专政。在 1919 年 7 月 31 日召开的第一届全俄教育工作者代表大会上，列宁指出："当有人指责我们是一党专政并提议建立……社会主义统一战线的时候，我们就说：'是的，是一党专政！我们立足于此，而且我们也离不开这片土壤。'"

事实上，虽然布尔什维克的党员数量日益增加，但实行专政的并不是整个党，而仅是其领导机构。在《共产主义运动中的"左派"幼稚病》一书中，列宁这样写道："党是由大会选举出 19 人组成的中央委员会领导，而且在莫斯科主持日常工作的是更小的集体，即由中央委员会全体大会选举产生的组织局和政治局，它们分别由 5 名中央委员组成。这样一来，便形成了真正的'寡头政治'。没有党中央的领导指示，任何国家机关都无法对任何一个重大的政治或组织问题做出决策。"

在结束多党执政的局面后，布尔什维克党在自己的队伍内部也发动了一场清除异己思想的运动。这一运动始于 1921 年召开的俄共（布）第十次代表大会，会上根据列宁的提议，做出禁止在俄共（布）内部进行派别活动的决议。列宁逝世后，20 世纪 20 年代下半期至 30 年代初，在斯大林的领导下，党开始接着进行反对托洛茨基、季诺维也夫和布哈林（右倾分子）等人的斗争，同时也开展了打击“工人反对派”、柳京集团及其他反对派的斗争。通过 30 年代中期进行的一系列具有表演性质的大审判，以及 1937 ~ 1938 年进行的大规模的政治镇压，斯大林彻底清除了党内“列宁时期的核心力量”。因此，正是在暴力和恐惧的笼罩下，斯大林的领导“保证”了党的统一。

关于俄国国内多党并存的可能性问题，早在列宁时期就予以了否定，而在斯大林时期通过的“最具民主性”的宪法（1936 年）对此也盖棺定论，彻底终结了讨论的可能性。在关于宪法草案的报告中，斯大林称，由于社会主义已取得胜利，在苏联仅存两个“友好的阶级，即工人阶级和农民阶级，而没有敌对阶级”，因为苏联没有其他党派生存的土壤。换句话说，在苏联只有一个党生存的土壤，这个党就是共产党。

这样一来，联共（布）不仅在现实生活中实现了对苏维埃政权的垄断，并且在宪法中以立法的形式加以确认，还从理论上予以“论证”。

至此，以俄共（布）—联共（布）— 苏共为执政党的统治笼罩着社会生活的各个层面，其权力和影响无处不在。党委在当时被称为“发布指示的机构”并非偶然，因为任何国家机构和社会组织都必须绝对服从其做出的决议。

因此，在研究苏联史的时候，我们不能像以往那样，将其一分为二，分成党史与社会史（公民史）两部分。研究那段时期苏维埃社会生活的任何一个方面，我们都必须研究当时党的政策；而研究共产党的活动，则必须研究其对社会进程的影响。正如在绝对君主制时期国王可以宣称“国家——这就是我”一样，在一党专政制度下党的领导层向民众灌输类似的思想，即党就是“我们这个时代的智慧、光荣与良心”，只有它才能够在马克思列宁主义理论的指引下，为社会生活的一切需求做出唯一正确的回应。因此，事实上在共产党一党专政的苏联，社会史更像是党史的一部分，它并没有独立存在过。

但是，应该指出的是，一党专政的过程中始终暗藏危机。早前，列宁曾写道："任何形式的垄断专权……都势必会引发停滞不前和腐化的情况出现。"对伟大领袖所说的每一句话都笃信不疑的布尔什维克党人却忽视了他的这一指示，仍然保留着自己的专制地位。这一点看似奇怪，其实不然。这是由于苏共的领导们一直致力于为自己获取无上的权力，而对其体系内部未来必将发生的腐化始料未及。然而，腐化却以摧枯拉朽之势席卷政权、经济和思想领域，使其面临前所未有的大危机。同样，危机的来临，也让党的最高领导们措手不及。

我们的一些同胞很奇怪，苏共作为国家的执政党曾拥有至高无上的权力，为什么这个有着 70 多年历史，同样坚不可摧的苏维埃政权却在瞬间就垮台了。事实上，在社会变革伊始，无论是苏维埃政权内部，还是整个苏联社会都已经陷入了严重的危机当中。

"继续这样下去绝对不可以"的想法不仅渗透"持不同政见者"的意识里，还渗透奉公守法的普通民众心中，甚至如 M. C. 戈尔巴乔夫也证实，它已经渗透苏共的最高领导层。关于在苏联为建成"发达社会主义"而确立的一整套体制深陷危机的原因和性质，将在下面进行详细剖析。首先我们来分析这次危机的主要特点。

在社会主义体制下，实行行政命令式的管理方法存在着很多局限性和弊端，最终导致经济危机的产生。由斯大林"发现"的国民经济各领域有序（按比例）发展的规律不仅无法保障国内生产的不断扩大，同时还造成许多产品的生产比例失衡，供应不足。计划永远也不可能和现实完全一致，因为它无法涵盖所有的生产环节、生产关系以及数以百万计的产品并做出预测。因此，计划只能是大概的、估算出来的，还要在各个层面不断予以校正，这不可避免地会导致经济上混乱局面的产生。此外，党的领导总是为企业制定无法完成的任务，并且要求其超额完成，这也令情况变得更为复杂。苏共的领导大力支持（更大程度上是组织）突击手及斯达汉诺夫运动，支持共产主义劳动生产队开展劳动竞赛，以上种种只是制造了一个表象，即劳动生产率得到了提高。然而在这些大肆鼓吹宣传的背后，我们看到的结果是没有一个五年计划完成任务，所做的一个又一个五年计划都变成美好的愿望，变成自欺欺人和“昙花一现”。

国家的领导不会去制定具体的产品计划，他们制定的是用卢布、吨、立方米等单位来表示的“总产值”计划。正是因为如此，为了完成任务，生产贵重的制成品和金属需要耗费大量的设备，而建造大型建筑物则更显划算。于是，廉价的商品渐渐不再生产，产品的金属和材料消耗量、设备的电能耗量等都无限度地增大，从而导致生产的产品在世界市场上竞争力低下，逐渐形成资源消耗型经济。企业的领导人则利用虚报产量、生产不合格的产品等手段公然地欺骗国家。这些造成了国内的供应不足，同时滋生出投机倒把、“走后门”、商店门前排长队等不良现象。

“影子经济”（实际上就是在当时被当局禁止的私营经济）是在市场供应不足的条件下产生的。一些私营者通过行贿将一些国家官员和党的领导“拉下水”，为己所用，其中有的甚至是位居最高领导层的官员。这些身居要职的受贿官员和盗用国家财产者常常向更高一层的国家党政领导寻求庇护。

现实中，通过行政命令手段管理的计划经济体制是无法适应技术进步和科技创新的。计划经济的增长方式为粗放型增长方式，在20世纪60年代至80年代初曾尝试向集约型经济转变，但最终未能取得令人满意的成果。相反，80年代初，国内的各项主要经济指标均下滑到临界点，苏联陷入了严重的经济危机之中。这场危机证明了在当时苏联所建立的社会主义经济体制模式是行不通的。

农业生产面临同样的窘境。除此之外，在斯大林时期，由于推行农业集体化，农业发展的基础被摧毁。实际上推出的一系列“粮食发展规划”没有一项能摆脱危机，如定期注入数以十亿计的资金，免除集体农庄的债务，这些举措都未能取得预期的成效。事态的发展极为严重，以至于一个一直以粮食出口为主的国家，在20世纪60~80年代不得不每年进口粮食100万~250万吨。

在社会领域，苏共的领导导致居民的实际工资水平下降，在为居民提供生活必需品方面搞平均主义，隐性失业率上升，而最主要的是导致工人阶级、集体农庄庄员以及一部分知识分子逐渐丧失了劳动积极性。在民间当时流传一句非常讽刺的话："他们装出一副给我们付钱的样子，而我们装出一副在工作的样子。"免费的医疗保健、教育及社会保障制度的运转一直是依靠劳动者的薪酬低廉，以及"残余"的一点财政拨款勉强维持。现在，它正逐渐退出历史舞台，转而尝试着向患者和学生家长收取费用，这种做法虽然饱受非议，但最终会机制化。

苏联的工会也未能像世界上其他工会一样，履行捍卫劳动者权益的职能，在苏联，劳动者没有进行罢工以及其他维护自己利益的集体斗争的权利。因此，同发达的资本主义国家相比，苏联对劳动者的剥削程度要深得多。

文化与科学（与军工发展相关的领域除外）一直不受待见，并且，苏共在意识形态方面对两者施以重压，禁止包括遗传学、控制论等在内的一系列学科的发展，对科学、文化、艺术的各个领域实行严格的审查限制和监管制度，这导致社会科学发展的极度教条化。

"发达社会主义"实践逐渐让大多数民众对共产主义的未来失去信心。苏共领导的口号、保证变成喋喋不休的唠叨，变成纯粹的走过场，只会引起人们的不快和难以遏制的愤懑。

在社会道德方面，苏共同样面临危机，党的中上层领导中很多人道德败坏、恣意妄为、攫取私利、任人唯亲、徇私舞弊。与此同时，一部分劳动者在思想上失去了方向，放任自流，酗酒、偷盗事件频频发生。"顺手牵羊"一词的出现，也证明了当时社会上较为普遍的盗取公共财物的现象，工人和农民经常偷取"不属于任何人"的公家财产。相当一部分人因劳动积极性的丧失而逐渐失去本阶级的属性，变成无业游民，沾染流氓习气。刑事犯罪的数量不断增加，社会生活中的犯罪率也一直上升。在青年人当中，高等技术教育和人文教育的光环不再，因为这些教育无法给他们带来光明的前程和优越的物质生活。而贸易类及其他类似教育机构的吸引力却大大增加，因为在这些学校毕业后能够过上"不只靠工资"的日子。

随着建成共产主义的信心一点点丧失，共产党一直推崇的社会主义道德观也遭到抛弃，取而代之的是两种情况：抑或是彻头彻尾地不讲道德，抑或是重归对人类应该普遍遵循的道德观及价值观的追求，其中包括对宗教伦理的追求。

而苏共所面临的政治危机，则首先表现在党的领导人已经明显力不从心，无法带领整个国家走出困境。无论是在苏共第二十次代表大会上倡议对斯大林的个人崇拜进行批判的赫鲁晓夫，还是继他之后的勃列日涅夫和契尔年科，均无法真正实现苏联国内生活的民主化，令经济复苏，并且停止那场耗资巨大的“冷战”。他们竭力捍卫自己的权力和地缘政治野心，不容他人触动，将其凌驾于人民的利益之上。他们对所面临的危机保持缄默，用石油美元（当时西方市场上石油价格大幅提高后，石油输出国增加的石油收入）来弥补危机所带来的损失。但是，当石油美元枯竭后，苏联便陷入绝境。重病在身、执政时间不长（仅为 13 个月）的安德罗波夫也是回天乏术，尽管他一直让苏共和安全部门对苏联社会生活的各个领域进行严格监督。其次，政治危机表现在苏共领导人作为大规模迫害运动的始作俑者，威信大大降低。赫鲁晓夫在苏共第二十次代表大会上所做的报告，以及为受迫害者成立的平反委员会整理、收集并发布的材料，乃至成千上万得到平反昭雪的人们的讲述，将这一事实公告天下。再次，政治危机还表现在广大人民对“最高领袖”的不满，如不满赫鲁晓夫进行大量的重组、草率的革新以及实施极其主观的干部任用政策；不满勃列日涅夫对领导腐败的姑息养奸、对自己在过往战争中功绩的夸大，不满他因虚荣心作祟而为自己颁发无数的奖章和称号，以及他干涉别国内政给国家造成巨大损失，其中包括发动阿富汗战争；不满契尔年科的垂垂老矣与乏善可陈。如果说苏联人民对斯大林是敬畏有加，那么，对他们这些“领袖”则是公开嘲笑。这种对“领袖”的批判态度在党的领导层以及全党范围内蔓延开来，流传到了普通党员中间。普通党员痛苦地意识到自己在政治上的无力，身为共产党员的他们却没有办法影响党的命运。

戈尔巴乔夫当选为苏共最高领导后，开始进行了一系列的改革，这为国家政权性质的改变带来了曙光。但是，不久之后他便发现，仅仅实行一些治标不治本的措施是不够的。戈尔巴乔夫与自己周围的改革派都认为，可以迈出走向民主的第一步了。于是，他们赋予人民（公开）言论自由，并对国家政权机构的选举制度进行了修改，以半民主的形式选举产生苏联最高苏维埃，而且取消了宪法第六条对苏共领导地位的有关规定。

至此，苏联国内开始出现了言论自由的报刊及民主运动，包括以萨哈罗夫为首的法律保护者运动，以及持不同政见者运动。60 年代的知识分子因批判斯大林的个人崇拜而走上历史的舞台，并在这一问题上向前迈出了一大步，打破了许多党的文件所定下的藩篱。持不同政见者则主张争取民主自由、反对迫害和排除异已，而在一些加盟共和国，他们还争取民族独立。这些运动组织的活动范围不大，成员人数也不多，但是，它们利用自己出版的非法出版物来宣传其主张，并且呼吁世界的自由媒体一起来揭露苏维埃制度的反人民本质。并且，许多民主运动和人民运动的领袖正是来自这里。

随着戈尔巴乔夫及其在苏共党中央委员会为数不多的追随者向社会民主改革的迈进、党中央成员内部态度的两极分化以及俄罗斯苏维埃联邦社会主义共和国极端保守派共产党的出现，党的内部开始发生裂变。党和国家领导人中的保守派力量犹如惊弓之鸟，决定铤而走险，企图发动国家政变，罢免苏联总统戈尔巴乔夫，并且恢复原来苏共领导下的政治制度。1991 年，由他们发动的“八月政变”以失败而告终。

但这一事件令共产党威信扫地。成千上万的普通党员离开了党的队伍。戈尔巴乔夫辞去苏共中央总书记的职务。用他自己的话来说，这是因为他坚信，苏共永远不可能变成民主的、现代的党。他还提议解散苏共中央委员会，其中许多委员是紧急状态委员会的支持者。

上述种种原因导致苏联的瓦解以及苏共的溃败。随后，在 1991 年 10 月 6 日，叶利钦颁布了俄罗斯总统令，宣布解散苏共，并禁止其在军队和生产组织中活动，从法律上确认了共产党作为执政党，并实现一党统治国家 70 多年历史的终结。叶利钦确定了其所奉行的民主制及多党制原则，并宣布，绝不容许侮辱千百万普通党员的行为，那些以他们的名义犯下的暴力行为与他们无关。后来，苏共、俄共及其他共产党组织逐渐开始恢复合法活动。

自 1917 年布尔什维克党领导下的俄国十月社会主义革命开启的整整一个时代就此落幕了。俄罗斯国内重新实行多党制，多党派别林立，从君主主义者到共产主义者，从自由主义者到左翼分子和右翼分子，俄罗斯开始步入以人类普遍价值观和市场经济为基础建设法治社会的艰辛历程。

第二十一章

新经济政策时期的俄共（布）和联共（布）（1921~1929年）

H. H. 马斯洛夫

国内战争的结束和外国武装干涉被粉碎对于苏维埃俄国及其执政党布尔什维克来说，具有深远的历史意义。布尔什维克可以庆祝胜利了，但国内的局势不容乐观。战争结束时，由于经历了连年战乱，国家几近崩溃状态：到处匪盗横行，国家横征暴敛，民间疾病蔓延，生产完全停滞，民不聊生。当时列宁指出："俄国的情形就好像一个被折腾得半死的人一样，上帝保佑，他还能拄着拐杖走路。"

1920年初，苏维埃俄国主要发生了以下政治事件：农民发动暴动，反对实行"粮食配给制"的战时共产主义政策；伏尔加河沿岸地区发生大灾荒，500多万人被饿死；波罗的海舰队的喀琅施塔得水兵发动起义，见证了布尔什维克在这一要塞的根基被动摇和瓦解。上述事件说明，在由战争时期向和平时期过渡的过程中，布尔什维克作为执政党实行的政策遭遇了严重的危机；曾经帮助苏维埃政权夺取对白军和外国武装干涉分子胜利的社会群众基础已经很薄弱。布尔什维克要想摆脱危机、保存和巩固政权，必须彻底改变政策，加强与群众的联系和沟通，满足他们的主要愿望、需要和诉求。

向新经济政策的过渡：苏联的成立

在由战争时期向和平时期过渡的转折性时刻，布尔什维克同样遭遇了危机，在关于工会及其在无产阶级专政国家的作用问题上，党内产生了严重的分歧。第十次代表大会（1921 年 3 月召开）的代表按派别的纲领选举产生，这在布尔什维克党史上是史无前例的。其中包括以列宁和季诺维也夫等为代表的“十人团”纲领、托洛茨基关于“工会的作用和任务”的纲领、“工人反对派”（以 А. Г. 施略普尼柯夫、А. М. 柯伦泰、С. П. 梅德韦杰夫等为代表）的纲领、“民主集中派”（以 Т. В. 萨普龙诺夫、Н. 奥新斯基、拉斐尔等为代表）的纲领、Н. И. 布哈林的“缓冲纲领”。上述每种纲领都对工会在和平时期的作用和工作方法以及布尔什维克的近期任务提出了自己的见解。

托洛茨基一直推崇革命不息的理论。他认为，要在世界大革命开始之前在俄国捍卫新生的苏维埃政权，必须最大限度地实现国家军事化和工会“国家化”，让工会成为管理经济的行政机构，赋予它们管理经济和生产的职能。这样一来，他的提议使工会由一个保护劳动者利益的机构变成“把螺丝钉拧紧一些”的强制性机构，同时，变成劳动军事化的工具。

相反，“工人反对派”则建议将管理国民经济之权交予由“全俄生产者大会”选举产生的机构负责，赋予工会任命经济管理干部的特权。“民主集中派”的纲领中也提出了类似的“工团主义”要求。他们指出，“各工会的工作似乎因官僚主义严重而僵化停滞”，因此，坚持由工会的领导机构——全苏总工会全体会议提名推荐最高国民经济委员会主席团成员。

而布哈林则希望能够在列宁和托洛茨基两派之间找到妥协，因此在自己的纲领中提出了将两种意见折中的思想。列宁把布哈林的这一立场称为“基本理论的错误”。

事实上，正如列宁不可能向“折中派”妥协一样，在这一问题上将托洛茨基和列宁的观点折中也是不可能的。“十人团”纲领对工会的定义为：它是一所“共产主义的学校，也是一所经济管理的学校”。工会的主要任务是培养工人的共产主义思想，并教会他们经营和管理。工会的基本工作方法是树立信仰，强制只是辅助性手段。但工会本身是联结党和群众之间的纽带，在政治和思想上要接受党的领导，完成党布置的任务。至于工会的保护职能，在没有私营企业的情况下，主要是指保护工人的利益免受官僚主义者、功利之徒和爱钻营的经济管理干部的侵犯。

在第十次代表大会上，围绕工会的作用和任务展开了尖锐而激烈的讨论。大部分与会代表赞同列宁的提议，并通过了根据“十人团”纲领起草的决议。但是，后来的事态发展证明，许多其他纲领的拥护者仍然坚持他们自己的观点。这严重影响到了列宁在十大上所提出的捍卫布尔什维克的团结统一。

会上，列宁起草并提议与会代表表决通过了两项决议，分别是《关于我们党内的工团主义和无政府主义倾向的决议》和《关于党的统一的决议》。用列宁的话来说，前者将“工人反对派”的纲领定性为“具有明显的工团主义和无政府主义倾向”，并且违背了马克思主义基本原理。同时，该决议还指出，宣扬类似的观点是俄共（布）所不能允许的。第二个决议宣称党的统一是颠扑不破的党内生活法则，提议立刻解散其他有独立纲领的派别，并禁止今后再创建任何其他党团，违反规定者将被开除出党的队伍。在《关于党的统一的决议》中，有这样一条规定：俄共（布）中央委员会有权以三分之二以上票数通过，将搞派别活动的中央委员降为候补委员或者开除出党。这一内容在1921年并未公布。此条决议规定，对破坏俄共（布）团结的行为处以党内最高处罚，以此维护党在形式上的统一，但同时大大制约了党内民主的发展，使党员无法再各抒己见、坚持自己的观点。

接下来，大会转而讨论用粮食税取代实物配给制的问题，从本质上来说，这标志着开始实行新的经济政策。

苏维埃政权在国内战争时期实行的“战时共产主义”政策尽管在很大程度上为夺取对白军和外国武装干涉分子的胜利提供了保障，但从经济发展的角度来说是失败的。列宁本人也承认这一点，他指出：“我们期望，或者更确切地应该说，我们计划得还不够周全——我们原本希望通过无产阶级国家直接下达命令的方式在一个小农占多数的国家里按照共产主义的原则调整国家产品的生产和分配。现实证明我们错了，国家需要经历资本主义和社会主义等阶段的过渡。”

实行粮食配给制、取消一切市场及商品货币关系、对农民实行强制性管理等政策引起了农民的极度不满，结果导致在坦波夫和萨拉托夫省及西伯利亚西部等地区纷纷爆发大规模的农民暴动。为了镇压这些暴动，红军派出了正规军，并使用了装甲车、飞机和毒气等武器。同样，在俄共（布）十大召开期间发生的喀琅施塔得水兵暴动也反映了农民对苏维埃政权经济政策的不满。这次暴动最终被红军的集团军和十大派出的众多代表组成的加强军联合平息，他们用大炮猛烈轰击喀琅施塔得和结冰的芬兰湾。这一切都证明，工人阶级和农民的联盟作为苏维埃政权的政治基础已经面临重重危机。

俄共（布）认为，以征收粮食税来代替实物配给制应该可以满足农民的经济利益。新的规定指出，粮食税税额将低于余粮收集制的征收额；税额大小在开始耕种前确定并告知土地耕种者；缴纳税额后所剩的余粮完全归农民支配，既可满足个人需求，也可用于交换本地生产的工业品和手工业制品（晚些时候才准许农民自由售卖粮食）。同时，对增加耕种面积并提高产量的农民提供一些优惠待遇。

然而，仅是以征收粮食税来代替余粮收集制这一项措施并不能构成新的经济政策。新经济政策包括一系列措施，列宁将其称为社会由现有的共产主义建设水平向市场和商品货币关系的退却，但退却并不是投降，不是逃跑，而是为了重整力量，准备再次发动新的进攻。列宁强调指出，对所犯的错误应当予以改正，应当继续朝着共产主义这一目标前进。他在《关于粮食税的报告》中讲道，为了做到这一点，必须继续实行无产阶级专政，巩固工人阶级和农民阶级的联盟，对小农经济进行社会主义改造，将其改造为以农业机械化和电气化为新的物质基础的大规模集体经济，而完成这一任务将需要一段较长的时间。“新经济政策的实施是严肃而长期的目标。”列宁这样说。

但远非所有的共产党员都能接受新经济政策。在党的十大上，“工人反对派”就已经指责布尔什维克有“农民倾向”，并且违背了工人阶级和苏维埃政权的利益。持这种观点的不仅有党内结成小团体的人员，还有许多未加入任何一派的党员。他们都认为实行新经济政策是一种投降行为，是向资本主义的倒退，是对布尔什维克纲领的背叛。下面，我们将要谈谈新经济政策的推行是如何导致约3%的党员退党的。

在俄共（布）的队伍中还存在许多暗藏的拉帮结派分子，或是从其他党派转入的人（主要是前社会革命党人和孟什维克）以及部分反对以不民主的方法加强党的纪律的党员，这些人往往表现为政治上不坚定（从党的领导角度来看），且态度消极。这种状况使俄共（布）中央委员会于1921年下半年在全党范围内开展了一次总清党。1921年7月27日，中央委员会在《真理报》上发表了致各级党组织“关于清党”的一封信，并指出，“我党比任何时候都更应该团结一致”。中央委员会要求，只有“那些真正当之无愧的人才能担当”俄共（布）党员的称号。

就结果来说，1921年的清党活动在布尔什维克党史上是史无前例的。最终，共计159355人（占党员总数的24.1%）被开除出党：其中的83.7%是党组织中的“落后分子”，即不参加任何党内生活的俄共（布）党员；其他人被除名分别是因为滥用职权（8.7%）、信奉宗教（3.9%）以及“怀反革命目的混进党的队伍”（3.7%）。约有3%的共产党员没有等到审查开始就自愿退党，离开党的队伍。

1922年，俄共（布）在全国对党员进行重新登记，随后将党员证统一更换为新版党员证。这些举措有助于俄共（布）对党的力量进行更为合理的整合，让党员的登记注册手续更为严格。

俄共（布）第十次代表大会上还讨论了民族政策的问题。时任民族事务委员会委员的斯大林在代表大会上做了《论当前党在民族问题上的任务》的报告。报告的提纲事先在各民族共和国的领导会议上经过了讨论，并得到了中央委员会的批准。

在斯大林的报告以及之后通过的决议中指出，从社会主义革命取得胜利、确立苏维埃制度、宣布各民族平等及拥有自决权直到创建独立的国家，在此过程中苏维埃俄国各民族之间建立了信任关系，“这一信任达到了众志成城、准备为共同事业而奋斗”的高度。这一掷地有声的宣言与代表大会宣扬的要打击民族政策上的两种不良倾向——大国沙文主义和地方民族主义并不矛盾。前者是指本国和本民族利益至上，对较小国家和民族的利益及诉求视而不见，不尊重它们的文化、习俗和民族传统，通过行政命令将自己的意志强加于人。第二种倾向——地方民族主义倾向是指党优先考虑少数民族党员的观点和事务。正如代表大会所指出的，他们往往只维护本民族的自由和传统，过分夸大民族特点在党和苏维埃工作中的意义，将“本民族劳动者的利益”与所谓的“全国各民族的利益”混为一谈。诚然，代表大会一直认为大国沙文主义是最为危险的倾向，因为这引起了少数民族的极度不满。

在民族政策方面，代表大会提出了以下几点实际任务。首先，在少数民族地区通过采取符合其民族生活特点的形式来加强苏维埃国家对这些地区的管理，使曾经遭受压迫的各民族摆脱政治、社会、经济及文化方面的落后状态。同时，还计划在这些地区形成广泛的教学网络，培养技术熟练的少数民族工人、党和苏维埃领导及经济管理干部。其次，决定发展少数民族地区工业，并在原料产地附近建工业企业。最后，代表大会得出结论，认为面临资本主义国家的威胁，有必要将各苏维埃共和国按自愿原则联合起来，建立统一的苏维埃联盟国家。

1922 年，俄共（布）中央委员会着手落实建立苏维埃共和国联盟的准备工作。同年 8 月，为制定相关的原则，成立了以斯大林为首的委员会，委员会成员既包括“中央”的代表，也包括阿塞拜疆、亚美尼亚、白俄罗斯、格鲁吉亚和乌克兰的领导人。9 月，委员会提交了自治化草案，要求各独立的苏维埃共和国作为自治共和国加入俄罗斯苏维埃联邦社会主义共和国，而俄罗斯联邦政府则应领导“新成立”的国家。各共和国对该草案的意见分歧很大，亚美尼亚、阿塞拜疆和白俄罗斯对委员会的提案表示赞同，而乌克兰和格鲁吉亚事实上推翻了提案的内容，要求保留自己的独立性。

在此期间，列宁疾病缠身，直到 1922 年 9 月末才得知该草案的内容及其所引起的分歧。他批评斯大林“有点心急”，坚决反对草案中的“自治化”思想，主张建立平等的共和国联盟。

经过俄共（布）和各共和国（格鲁吉亚除外，部分格共中央委员虽然不反对加入新联盟，但是要求格鲁吉亚作为独立的共和国加入，而非外高加索联邦的一部分）的领导广泛讨论后，列宁的提议被一致通过。1922 年 12 月 30 日，苏维埃社会主义共和国联盟第一次苏维埃代表大会基本通过了苏联成立宣言，俄罗斯、乌克兰、白俄罗斯和外高加索联邦 4 个共和国签署了联盟条约。1924 年 1 月 31 日，苏维埃社会主义共和国联盟第二次苏维埃代表大会上通过了《苏联宪法》，从法律形式上规定了苏联是平等和独立的各民族共和国的联盟。

1922 年 12 月 30 日，苏维埃社会主义共和国联盟第一次苏维埃代表大会通过了苏联成立宣言，同一天，身患重病的列宁口授了《关于民族或"自治化"问题》的一封信，写这封信的起因就是格鲁吉亚事件。在信中，列宁严厉批评了中央有关领导人在处理此次事件中所表现出来的大国沙文主义①。列宁指出，在苏联成立时，没有采取必要的措施"保护外族人免遭俄罗斯族人的粗暴对待"。列宁认为："在这个问题上起决定性作用的是斯大林的急于求成、对行政手段的热衷及其对臭名昭著的'社会民族独立运动'的粗暴处理。总之，粗暴态度在政治上通常只会起到最坏的作用。"

接下来，列宁在信中提议，中央委员会应采取一系列措施反对在对待小民族问题上体现出来的大国沙文主义，并要求当局对其需求给予最大限度的关注。他强调指出："在这种情况下，对待少数民族要采取让步和温和的态度，宁可矫枉过正，而非浅尝辄止。"遗憾的是，斯大林没有听取列宁的嘱咐，后来还反驳他对自己的批评："身患重病的领袖不了解事实……无法关注事件的发展。"而直至 1956 年党的二十大之后列宁的《关于民族或"自治化"问题》才首次发表。

然而，应该指出的是，列宁和斯大林在成立苏联这一问题上的分歧主要是策略上的分歧。实际上，两人都赞同成立统一的中央集权的多民族国家。如果说斯大林准备通过野蛮暴力手段创建这样的国家，那么，列宁则是希望

① "格鲁吉亚事件"是指格鲁吉亚共产党中央委员会全体成员集体辞职，作为对 C. 奥尔忠尼启则粗暴对待（动手殴打）格鲁吉亚一名代表团成员的回应。列宁不仅谴责了奥尔忠尼启则的行为，还批评了未对此次事件做出政治评论的俄共（布）中央委员会主席 Ф. Э. 捷尔任斯基的立场。

通过更为缓和、尽可能减少冲突的方式达到这一目的。

苏联成立之初，正是新经济政策取得初步成效的时期。1921 年，苏维埃俄国就已经允许对粮食及其他农产品进行自由贸易，同时，还实行了价格自由化，这对于恢复商品货币关系具有重要的意义。但由于没有足够的商品物资以满足居民的需求，苏维埃政府不得不恢复中小工业企业的非国有化，允许私人资本在商业中自由发展，由此产生了新的资本主义分子，即耐普曼（нэпман）。1923～1925 年，粮食税逐渐取代货币税，导致农民阶层的贫富差距越来越大，其中更富裕的那部分农民（“富农”）逐渐分化出来，市场上的大部分商品都是由他们来供应的。这引起农村贫苦阶层（大部分农村党员也在此之列）的不满，在“战时共产主义”时期他们已经习惯把自己视为农村的主要政治力量。1925 年，苏维埃政权又实施了一系列有利于富裕农民的补充措施：允许将土地租赁出去，期限不超过 12 年；成立信用社；允许在农业生产中使用雇佣劳动。这些措施越发加重了贫苦阶层的不满情绪。因此，在党的第十四次代表大会上，斯大林在谈及共产党员对待富农的态度问题时指出：“我想，100 个党员中有 99 个会说，我党已经准备就绪，可以提出‘打击富农’的口号了。只要一声令下，富农顷刻就会一无所有。”但出于经济发展的考虑，斯大林在当时反对打击富农。而没收富农的生产资料和土地的政策是在 4 年后才宣布实施的，到了那个时候，日子不好过的就不仅是富农，还有大部分中农！

除了农业领域，新经济政策还在国家的工业和金融领域广泛推行。在由国家掌握经济命脉（大工业、银行、交通和通信）的情况下，俄共（布）也希望在这些国民经济领域引入市场关系。1921 年，大部分作为工业企业上级行政管理单位的总局已经被取缔，对大多数亏损企业（大型军工厂除外）国家不再给予财政支持。因此，1922 年，亏损企业纷纷宣布破产倒闭，这自然导致失业者人数增加。继续维持运转的企业开始实行经济核算制，自负盈亏。为了多赚取利润，这些企业无限地提高产品价格，这令农民无法承受，因为由国家确定的粮食和农产品的价格要低得多。也就是说，当时农民的实际收入是非常低的。由此出现了价格“一刀切”的现象和工业品的销售危机。也正是因为如此，在党的第十一次代表大会上，列宁号召共产党员“要学会经商”。

实行新经济政策之初，苏维埃俄国的财政体系受到了极大的破坏。世界大战和国内战争导致通货膨胀严重、货币贬值。此时，想要发挥市场机制的作用，就要尽快恢复完善的财政体系，保持国家预算的收支平衡，消除战时累积下来的通货膨胀中的货币因素。1922～1924 年进行的货币改革是新经济政策中最为成功的一项举措。1924 年，苏联出现了可兑换新货币的切尔文银行券（但只是在 20 世纪 20 年代末以前很短的几年里使用），通货膨胀终止。

由于实行了上述经济措施，到 1925 年战后，国内的恢复工作基本完成，工业生产渐趋稳定。同战前的 1913 年相比，1927 年的工业产值增加了 18%。也正是在那个时候，农业的各项指标（播种面积和家畜总头数）达到了战前的水平。然而，在这些指标后面还隐藏着不少问题。

工业发展仍然滞留在革命前原有的水平。在工业发达国家迅猛发展的新兴工业产业，如汽车、航空、电子技术等，在苏联实际上还没有。已恢复生产的企业的技术装备仍停留在以前的水平。在新经济政策实施初期，外国资本家曾获准经营的租让企业未能生存下去，因为他们不信任苏维埃政权，也不愿意投资发展苏联的经济。新就业岗位的数量增长不明显，1927～1928 年，城市失业人口的数量已经超过 200 万人，其中许多是青年人。

在农业方面，由于给农民划分份地，农产品的商品率下降（1926～1927 年，农民消耗掉 85% 的自产产品）。农户的技术装备极其落后，耕地的农具 40% 是木犁，1/3 的农户家里没有马，农村劳动生产率同战前相比下降了一半。因此，苏联当时的农业产量为欧洲各国最低，相比之下，农业人口却过剩，约 2000 万人得不到安置。

因此，苏联国内对新经济政策不满的人有很多。同时，对此不满的还包括一些党的领导人，他们不愿意打开发展市场经济的闸门。并且，布尔什维克的最高领导层此时也正酝酿着重大变动。

列宁离世和布尔什维克的领导权之争

1922年12月中旬，列宁的病情急剧恶化（在一年半前，医生发现他患上了动脉硬化）。根据医生建议，中央政治局通过决议，决定封锁有关领袖患病的政治消息，以免引起过度的骚乱。并且，政治局委派总书记斯大林负责监督医生为列宁制定作息制度。

然而，对列宁来说，这些限制是无法忍受的。他的态度非常坚决，几乎以“完全拒绝治疗”相要挟，要求每天用几分钟的时间向秘书口授自己的思想及政策见解，这才终获准许。而政治局领导人则规定，列宁口授的内容“不应具有书信往来性质，列宁也不应期待会收到回复”。

列宁晚年的文章和书信后来经布哈林整理成集，被称为领袖的“遗嘱”。列宁在1922年12月23日至1923年3月2日期间口授的文件包括：《给代表大会的信》《关于赋予国家计划委员会以立法职能》《关于民族或“自治化”问题》《日记摘录》《论我国革命》《论合作社》《我们怎样改组工农监察院》《宁肯少些，但要好些》。这些文献虽然论述不同的问题，却无不充满列宁对苏维埃政权、布尔什维克和国家未来的担忧。

尤为引人关注的是列宁对一系列问题的批评态度，其中包括苏维埃国家机器的现状（“它只是在表面上稍加粉饰，而在其他方面还是我们旧的国家机器中最典型、最古老的东西”）、现有的文化水平（这应该是指至今我们尚未摆脱，且不经一番努力，最终也无法摆脱的愚昧落后状态）、对待民族政策问题的大国沙文主义（我们“不知不觉地对小民族实施了数之不尽的暴力和侮辱”）、中央委员（首先是斯大林和托洛茨基）之间的摩擦可能造成党的分裂等。在这些文件中，列宁痛斥国家机器和党的机构中根深蒂固的官僚主义，但他所提出的应对措施同样具有官僚主义色彩：增加工人在中央委员会的人数；提高监督机构——党中央监督委员会和工农监察院的地位，加强其作用和责任；因为斯大林的粗暴建议，将其由中央委员会总书记一职撤下来，改任其他职务；等等。作为无产阶级专政国家的创建者，列宁至死都未能将社会民主化问题作为对抗官僚主义的最重要手段提出来，而其本人也一直都是一位拥有权威的执政者。

应该指出的是，在这一时期列宁认真思索，提出了将社会主义作为一种社会体制和生产方式的新观点。在实行新经济政策的背景下，他洞察到了社会主义合作社思想的新内涵，而这一思想一直被马克思主义者批判为空想社会主义的一种表现形式。列宁断言，“对我们来说，合作社的发展也就等于……社会主义的发展”，“在生产资料公有制的条件下，在无产阶级取得了对资产阶级胜利的条件下，文明的合作社工作制度就是社会主义制度”。列宁将社会主义的发展首先与广大农民文化水平和文明程度的快速提升联系在一起，其次是无产阶级国家对合作社的物质支持，最后则是民众有意识、自愿地参加合作社。遗憾的是，列宁的这些思想并没有得到贯彻实施。斯大林奉行的农村集体化完全是另一套法则，确切地说，就是靠暴力和强制来推行。

列宁的其他提议也未能得到俄共（布）中央委员会的回应。一部分提议只是在形式上敷衍了事，而其余的则被长期密封起来。列宁晚年的书信和文章直到1956年才被公之于众。

1923年秋，列宁还在世的时候，布尔什维克围绕党内民主、官僚主义及党的建设的原则问题展开了激烈的讨论。这些问题令俄共（布）许多领导和普通党员都感到困扰，主要表现在以下几个方面：党的上级机构通过下达行政性命令对基层党组织进行管理和领导，广泛践行“委任制”，领导职位的任命不通过民主选举，而是由上级强行指派候选人，这是违反党章规定的。普通党员能做的就只是同意领导机构下达的指令，而党的“领导机构”，包括中央委员会和省委员会往往只关注自身的利益，越来越脱离普通党员大众。因此，他们无法预见和预防一些不愉快事件的发生，如莫斯科、哈尔科夫、索尔莫沃工厂工人的八月大罢工（1923年）。党组织内部滋生非法团体，一些经济管理干部“蜕化变质”并受贿。官僚主义的工作作风不仅渗透苏维埃的政权机关，还渗透党的机关。俄共（布）的领导承认这一事实的存在，却将其解释为是由于许多党员的政治素养薄弱，是苏维埃政治体制的“特点”。例如，季诺维也夫在发表于《真理报》上的《党的新任务》一文中写道：“我们最大的不幸在于，几乎所有重要问题在我们这里都是自上而下地预先解决了。这限制了全体党员创造力的发挥……领导我们这样的国家，俄国共产党必须是一个严格依据集中制原则的组织。在很大程度上，这是因为全体党员的整体政治文化水平还远远落后于领导层的水平。”

从整体上来说，无论是党还是国家内部，都严重缺乏民主意识。逐渐开始意识到这一点的不仅包括共产党员，还有那些希望参加社会政治生活和进入政权机关工作的非党积极分子。以托洛茨基为首的反对派察觉到这种情绪，并在自己的要求和建议中表达了出来。客观地说，他们的要求并没有任何反党的内容。托洛茨基在题为《新方针》的信中写道：“党每时每刻都应当作为一个依据集中制原则的组织，党的机构应服从党的领导。”“党的任务在于，”他继续写道，“平衡集中制和党内民主之间的关系。”托洛茨基强调：“最近一段时期，两者之间失去了平衡。重心错误地偏向了党的机构一边，而党的主动性则被压制到最低点。这样形成的管理经验和手段从根本上是与无产阶级革命政党的精神相违背的。”

“一切以书记和领导层的意见为准，”E. 普列奥布拉任斯基附和托洛茨基的观点说道，“其结果是党的机关要为全党的运作而思索和负责，相应地，每个组织对组织的全体成员负责。这必然会导致一个后果，随着一部分人在党内的影响力和领导力逐渐增强，普通党员在党组织中的作用必然削弱，地位必然降低。”

实际上，以斯大林为首的大多数机关干部与反对派之间的观点分歧在于，前者以“60% ~70% 的普通党员在政治上都是无知的”（斯大林语）为由，力求打着无产阶级专政的旗号一直实行以中央委员会为首的党的领导机构的专政并保持下去；而后者则主张在党的基层组织监督党的机构运作的情况下，由全党参与执政。自然，这一问题的提出是当权者所不能接受的，他们用惯用的手段回击反对派，即故意曲解后者的意见，重提他们以前犯过的错误，指责他们脱离布尔什维主义，并给他们贴上了政治妥协的标签。第十三次代表大会（1924 年 1 月）将反对派定性为俄共（布）内部的社会民主主义倾向。如果了解列宁以及布尔什维克对社会民主党的否定态度，就不难理解这一定性中蕴含的对反对派的质疑。

最终，这场论战以党的领导层中保守派的胜利而告终。

1924年1月21日，列宁病故。他的逝世对俄共（布）和人民来说都是沉重的打击，却被俄共（布）的领导人利用，在他去世后树立起对领袖的崇拜，最终决定对他的遗体做防腐处理，长期保存在位于莫斯科红场的纪念馆供后人瞻仰。斯大林在列宁的棺柩前立下了一定完成领袖嘱托的誓言，并提出了口号："列宁虽然逝去了，但是他的事业永存！"此后，俄共（布）中央委员会通过决议，大量出版发行列宁文集。另外，彼得格勒更名为列宁格勒。晚些时候，为了纪念列宁，其他一些城市也纷纷被命名为诸如乌里扬诺夫斯克、列宁纳巴德、列宁纳坎等。并且，几乎全国各个城市的主要街道、成千上万的企业和文化机构都以列宁的名字命名。各地都有列宁的工作室和列宁的角落。莫斯科、列宁格勒，甚至那些列宁曾做过短暂停留的地方都建起了列宁故居博物馆。全国竖立起了成百上千座列宁纪念碑。列宁思想作为一个学科被党和所有普通的教育机构引入并进行研究。列宁成了布尔什维克的救世主，与马克思和恩格斯并驾齐驱（后来又加上了斯大林）。苏联国内也发表了大量有关列宁的回忆录，其作者不仅包括他的战友，还有只是在会议和集会上见过并听过列宁讲话的普通工人和农民。回忆录中突出强调了列宁的才略，他在政治上的远见卓识，以及在思想上不向敌人妥协，甚至是他的卓越品格，即对人谦逊、关心民众、关注普通劳动者、关爱儿童等。

弥留之际，列宁未能选出一位名副其实、无可争议的接班人来接替自己。在《给代表大会的信》中，列宁对自己最亲密战友的评价很不确定，其态度甚至有些模棱两可。他一方面谈到他们的优点，另一方面又指出他们的缺点。他指出，斯大林粗暴，托洛茨基不是真正的布尔什维主义者，加米涅夫和季诺维也夫犯过政治错误，布哈林缺乏辩证思维，皮达可夫太热衷于行政事务。关于斯大林，列宁指出，他手中掌握了无限的权力，对于他能否永远十分谨慎地使用这一权力，自己表示怀疑。因此，列宁提议将斯大林调离总书记一职。尽管《给代表大会的信》在当时未能公之于众，但是知道这封信内容的人不仅有政治局委员，还有其他一些党的领导人。正因为如此，在列宁逝世后，争夺党和国家领导权的斗争变得尤为激烈。

在这场争夺中，斯大林表现得特别积极、顽强、残酷以及灵活。1922年4月，斯大林成为俄共（布）中央委员会总书记之后，他就是党的最高领导层中唯一一位同时进入政治局、组织局和书记处三个委员会的人。同时，他还兼任两个人民委员会——人民事务委员会和工农监察人民委员会的主席，这使斯大林能够操控干部任用，广布自己人担任领导职务（尤其是省级的）。就这样，他一步步把党和国家的重要领导职位都换成了自己的亲信。斯大林成功组建了“当权派”，一开始他们是党的少数派，却是代表大会和中央委员会中的多数派。

在列宁逝世之后，党召开了代表大会。与会的代表们知晓了列宁对斯大林的批评态度。尽管如此，斯大林还是保住了自己的职位。斯大林拥有高超的政治手腕和政治计谋，在这场争夺权力的斗争中，他不断拉拢腐蚀自己的竞争对手，利用他们达到自己的目的。列宁逝世后，斯大林与加米涅夫和季诺维也夫一起形成了反对托洛茨基的“三人同盟”（1924年末至1925年初），在1924年末进行的“理论研讨”过程中，他们对托洛茨基提出质疑，并解除了其革命军事委员会主席的职务。之后，斯大林又与布哈林联手，在联共（布）第十四次代表大会上粉碎了以加米涅夫和季诺维也夫为首的“列宁格勒派”的势力，二人被免除了所有职务，连同这一派的众多人一起被开除出党。最后，在1929～1930年，斯大林谴责布哈林、雷科夫、托姆斯基及其一派的“右倾倾向”，并解除了他们在中央的职务。1936～1938年，斯大林又策划发起司法程序，对“托洛茨基、季诺维也夫、布哈林阴谋集团”进行公开审讯，宣布他们为“人民公敌”并判处死刑。只有托洛茨基因为早在1929年已被驱逐出苏联，当时正侨居国外，所以一直活到1940年，但他最后还是在墨西哥被苏联内务人民委员会的特工暗杀。

在反对自己政敌和竞争对手的斗争中，斯大林无所不用其极：伪造史实、编造谎言、诽谤、欺骗、挑拨离间、跟踪、监听电话，以及侮辱和诋毁他们的人格。而反对“机会主义者”这一政治斗争的主要参与者是内务人民委员会下属的国家政治管理局各部门，其调查人员常常强迫被告给出假口供，并承认强加于己的罪行。

斯大林希望独揽大权，编造了一套自己与列宁之间存在“伟大友谊”的神话，并竭力把自己描绘成列宁的“学生”、其事业的继承者和党的新的理论指导者。1924 年，斯大林发表了《论列宁主义基础》，他在该书中对列宁主义给出了自己的诠释，该书也成为这一学科的主要教科书。自此以后，人们开始“按照斯大林的解读”研究学习列宁的思想。

斯大林常常断章取义地整理和引用列宁著作中的论述，用以论证自己的“理论”和观点是正确的，目的是驳斥反对派的观点，“证明”他们偏离了列宁主义，犯了机会主义错误。应当指出的是，斯大林的政敌也在积极利用列宁的思想。但作为回应，他们得到的是斯大林一贯的对其曲解列宁主义的“揭发”，因为在斯大林看来，只有他自己才是列宁思想唯一正确的诠释者。

斯大林进一步发展了列宁有关“无产阶级革命可以在一国首先取得胜利”的论断，提出了“在其他国家还保存着资本主义的情况下，可以在一国获得社会主义的最终胜利”的理论，并谴责不赞同这一观点的人是犯了投降主义错误，是对革命事业的背叛。他还指出，随着国家一步步迈向社会主义，国内的阶级斗争势必激化，并借此来“揭发”和消灭自己的政敌，把他们归为“人民的敌人”。

斯大林借助忠实于自己的党的机构和各执法机关战胜了反对派，并将其铲除。

斯大林之所以能够成功执掌大权，最主要的因素是他一步步地把党由摧毁资本主义国家的工具转变为保卫其独裁统治的工具。还在 1921 年的时候，在当时尚未公开发表的小册子《论俄国共产党人的战略和策略问题》初稿中，斯大林为党下了一个别出心裁的定义：“共产党是苏维埃国家内部的‘骑士团’[①]，它为国家机构指明方向，并让它们的工作变得崇高。”接下来

① “骑士团”是中世纪天主教教皇为吸收民众入教而建立的宗教军事性组织。骑士团内部实行严格的集权制，其行动秘密，痴迷于宗教，普通成员必须绝对服从骑士团团长的指令。

他展开自己的想法，继续写道："党是无产阶级的指挥者和司令部，领导无产阶级开展各种形式的斗争，并将所有斗争形式都化为一种。"

在革命前，党是由专门的革命者组成的组织领导的。如今，革命结束以后，党内成立了专门的部门，由专职行政机关的工作人员，即所谓的上级任命的工作人员（номенклатура）负责那里的工作。"номенклатура"一词，既指由一定级别的党的领导机关（党中央委员会、各共和国的共产党中央委员会、州党委、边疆区党委、市党委及区党委）负责管辖的官职名录，也指由党的相应机关任命的干部和工作人员。同时应该指出的是，干部的选拔过程同其述职的过程一样，都是走形式而已。1923 年，反对派针对这一现象发出声音，以维护党内民主，但"程序已经开启"，要想终止已经无能为力了。

20 世纪 20 年代后半期，为了纪念列宁和十月革命，苏共开始大批吸收机床工人入党，这造成了党员人数激增，而人员素质大大降低。其中，政治盲以及没有基础文化知识的共产党员占比大幅上升（他们当中的绝大多数人从未读过列宁的著作，更不用提马克思和恩格斯了，他们对"共产主义学说"的认识也很模糊）。老一代布尔什维克近卫军在党员中所占的比例更低了，而且许多党的高层领导在当时都被卷进了争夺权力和搞政治分裂的斗争中。很多人入党并不是因为思想进步，而是为了仕途发展。例如，在 1928 年 10 月中央委员会的全体会议上，一名代表曾宣读了一名工人致党中央的信，信中这样解释他的退党原因："当我写入党申请书的时候，我曾说过自己愿意投身夺取世界革命胜利的伟大斗争中去。我写的时候是发自真心的，并没有其他用意。但是，当我开始了解党的生活，接触到了其中的种种阴暗面以后（保护主义、自私自利、阿谀奉承等），我不禁胆战心惊。生产单位变成保护部门，党员为自己谋求高官厚禄，一旦他们的愿望没被满足，就威胁退党加入区委会。"工人和《真理报》读者寄来的书信也证实了这一点，"列宁逝世后，党的威信开始下降，入党仅仅是一纸空文。尽管已经学习 10 年了，但在行动上还是非常落后"，"党内部开始分派，并给自己加上了一系列贵族式的特权"。此外，广大党员群众对《论党的统一》这一决议进行了广义的、绝对的解读，党的机构中少数派的权利完全被剥夺，而忠实于斯大林的多数派则拥有无限的权力，最终，党员队伍只是维持形式上的“统一”。

将斯大林和党的新任工作人员联系在一起的有以下几点因素：第一，他们都贪图功利、善弄权势；第二，他们都不愿意接受新经济政策；第三，他们希望保留“战时共产主义”和国内战争时期形成的那套管理国家的领导方法；第四，他们都犯有“革命急躁病”——希望能够“一跃”而跳过中间的过渡阶段，直接奔向社会主义；第五，他们的文化水平不高，却都有特殊的阶级优越感。

20 世纪 20 年代下半期，党员人数飞速上升。1923 年共计有 38.6 万名党员，1925 年增加到 63.4 万人，1927 年约为 89 万人，而 1930 年达到 126.1 万人。入党者（主要是工人）由于文化水平较低，缺乏政治经验和无产阶级的锻炼（他们当中的许多人只有一两年的工龄，甚至有的只有几个月的工龄，或者是从农村来到工厂做工的），因此是最佳的操纵对象。也正因为如此，在党的会议上有时会违反党章规定，赋予那些响应列宁号召的预备党员具有决定性作用的投票权，而这些人不会去理睬究竟是反对什么人或什么事，而是一味地唯命是从，只管投托洛茨基和“右翼分子”的反对票。

为了更好地管理普通党员，以斯大林为首的领导层实施了一整套从政治、道德和物质等方面对他们进行影响、教育的制度。首先，对普通党员获取党的上级领导机构工作的相关信息加以限制。党的所有文件都要密封保存，并标明密级，分别为“绝密”、“机密”和“公用”。只有和文件内容有直接关联的工作人员才能接触这些文件；禁止共青团和工会机构在其通过的决议中援引党的指示，禁止复印，普通党员只能接触到领导认为需要让他们了解的党中央文件，此类文件通常以“密封信”的形式在党的闭门会议上宣读；要求普通党员协调一致、志同道合，并且无条件遵循党的总路线，任何质疑和犹豫都会遭到惩罚，小到党内处分，大至开除出党。早在 1919 年，俄共（布）中央委员会就规定：“开除出党是对党员最严重的处罚；开除出党对于被除名者来说意味着公民和政治生命的终结，因为每个党的基层组织都会采取措施，让被开除者既无法担任任何领导职务，也无法在苏维埃的任何一家机构获取一份普通工作。”后来，除了这些措施，还常常对被开除者实施逮捕拘留。

与此同时，循规蹈矩的共产党员则可以期待职位升迁，调转到党的机关工作，并由此获得一定的优惠待遇和特权。党组织一直监督着党员的一举一动，鼓励告密行为，这破坏了党的内部团结，导致人与人之间相互猜忌。

党员人数的增加致使党的机构越来越庞大，越来越脱离群众。在谈到“党的专政机器的力量及其对党员群众（螺丝钉）的巨大影响”时，“马克思列宁主义者同盟”的纲领《斯大林与无产阶级专政的危机》（1932 年）中形象地指出：所有的螺丝钉——无论大小，主要的还是次要的——无论它们愿不愿意、相不相信，都不得不同整台机器一起转动。如果哪颗螺丝钉或者一组螺丝钉拒绝和整台机器一起转动并表示“抗议”，那么机器将毫不留情地把它们磨碎，哪怕是吱吱嘎嘎非常吃力，也能挨过去继续“运转”。在党的机构史无前例的集中强权运行的条件下，恐怖活动随之产生。

在粉碎了反对派并掌握了党的领导权以后，斯大林便开始一步步废除他深恶痛绝的新经济政策，准备坚定不移地“向社会主义进军”。布哈林主张对农民采取“怀柔”政策，他坚持保留甚至是进一步放宽对农民的让步政策，因为在他看来，加强对农村的经济管理既可以为发展工业增加必需的资源储备，又可以为合作社在农村的发展创造有利条件，进而确保其向社会主义方向发展。1925～1926 年，斯大林也支持布哈林的这一立场，以反对托洛茨基、普列奥布拉任斯基及其他反对派提出的通过剥削和掠夺农村来实现“超工业化”的政策。

但是，到了 1927～1928 年，角色地位发生了变化。以托洛茨基、季诺维也夫、加米涅夫为首的反对派被彻底粉碎了，斯大林又决定照搬他们的想法，对农民采取非常措施，并开展了一场反对布哈林及其追随者的斗争，将他们定性为“右倾”，指控他们是富农的帮凶和保护伞。

1927～1928 年，苏联发生了粮食收购危机（农民不愿意按照国家规定的低廉价格出售粮食）。斯大林利用这一时机，在中央委员会大多数委员的支持下，开始强征农民的粮食，并没收充公，这一举动实质上是重新实行余粮收集制。同时，斯大林还指示采取措施限制私营企业主的活动，并将其从工商业活动中排挤出去，拧紧思想的螺丝钉。1928 年，联共（布）挑唆发动了针对“资产阶级专家”的“矿井事件”，并宣布他们为苏维埃政权的危害分子、怠工者和敌人。

这一切都意味着新经济政策的中断和政策上的剧变。1929 年是发生“伟大转折的一年”，在这一年，新经济政策被彻底废除了。1929 年末，在马克思主义农业问题专家会议上，斯大林讲道：“如果说我们采取新经济政策是因为它是为社会主义事业服务的，那么，当该政策不再能够为社会主义事业服务时，我们就要把它抛开。列宁说过，新经济政策的实行应该是认真的、长期的，但他从未说过新经济政策要永远实行下去。”斯大林的话意味着新经济政策的终结，党在斯大林的领导下转入了全力建设社会主义的阶段。

第二十二章
斯大林个人崇拜形成时期的联共（布）（1929～1940年）

H. H. 马斯洛夫

1929年可以被称为苏联的“热月政变年”，因为在这一年，斯大林终于击败了自己的所有政敌和竞争者，执掌了苏联的大权。随后，他废除了取得一定效果的新经济政策，并坚定地踏上了对农民采取“非常措施”的道路，踏上了反对异己分子和不同政见者的道路。斯大林及其拥护者提出了尽快在一国建成社会主义的口号，并且开始紧锣密鼓地实施。

8年后，在1936年，斯大林宣布苏联已基本建成社会主义社会。而在1939年，他又宣布苏联已经完成社会主义建设并逐渐向共产主义社会过渡。“最高层”的暴力、残酷和谎言与“底层”的隐忍、准备牺牲、热忱和对光明未来的信心交织在一起，构成了这一时期复杂而又充满矛盾的主题。

党和国家的建立

1925年，在十四大上党获得了新的名称——全联盟共产党（布尔什维克）。这改变的不仅是党的名称，还有它的本质。如果说以前俄共（布）与其他各民族共和国的共产党（乌克兰共产党、白俄罗斯共产党、格鲁吉亚共产党等）至少在形式上是平等的，那么，现在联共（布）将苏联各民族共和国的共产党联合在一起，隶属原俄共（布）党中央，作为享有充分权利的成员接受它的领导。同时，以前没有单独的俄罗斯联邦共产党，这使俄罗斯共产党同其他民族共和国的共产党相比力量较为薄弱。

20 世纪 20 年代末 30 年代初，为了大规模吸收车床工人入党，联共（布）为他们提供了特别待遇。因此，这一时期党员数量持续快速增长。根据十四大通过的联共（布）党章，企业工人入党介绍人的数量由 3 人减少至 2 人，而介绍人的党龄则由 3 年降至 1 年。第二类入党者（农民劳动者）在入党时应由 3 位有 2 年以上（代之以 3 年）党龄的党员担任入党介绍人。相反，知识分子、公职人员及由其他党派退出者的入党条件则要更为严格。

与此同时，党员的整体素质体现了当时工人阶级的社会和文化水平。统计数据显示，1920～1929 年工人的人数增长了 4 倍多，其中大多数新工人的来源是贫困农村青年，他们在工业企业工作比较吃力。20 年代末，每 7 个工人中就有 1 个文盲。同时，这些工人也是政治盲。

此外，苏联开始实行集体化之后（1930～1932 年），联共（布）吸收了 61.4 万名集体农庄庄员作为预备党员入党，他们的文化水平也相当低。

1933 年，联共（布）党内开始了新一轮大清洗。当时，被开除出党的人中有许多工人和农民党员被指在工作中消极懈怠（占被开除党员的 23.2%）。后来，联共（布）中央通过决议，决定重审这些案件。他们认为，大多数因“消极”而被开除出党者都是忠诚于党的人。

文化水平低也是党的领导层的一个典型特征。即使在 1939 年，仍然有 71.4% 的区、市和州级党委书记，以及 41% 的边疆区委员会和各共和国共产党中央委员会的书记没有接受过中等教育。此外，1930 年 12 月至 1941 年 2 月，当时的联共（布）中央政治局委员中没有一人接受过高等教育。

20 世纪 30 年代初期，有个别党员试图发表反对斯大林及其领导方法的意见。1930 年，以俄联邦人民委员会主席 С. И. 瑟尔佐夫、外高加索边疆区党组织极具声望的领导人 В. В. 洛米纳泽和著名的共青团工作者、联共（布）中央委员 Л. А. 沙茨金为首形成了一个小集团，中央党政机构的一些工作人员也加入其中。

他们不满新经济政策终结时期国家出现的种种现象，如“紧急局面”、官僚主义抬头、对劳动者“封建大老爷式”的态度、经济效益低下等，并得出结论，认为必须将斯大林从中央委员会总书记职位调离。在政治局会议上，瑟尔佐夫发言称，政治局已经彻底变成附属于斯大林的会议机构，社会主义建设取得的成就有限，而这些成就也是基于不真实的统计数据得出的，“特别措施”又导致经济发展一片混乱，国家正处于危机的边缘。洛米纳泽起草了《联共（布）外高加索边疆区委员会关于党的十六大的总结报告》。报告指出，村委会变成警察点和税收点，苏维埃政权正在掠夺农村。沙茨金在《共青团真理报》上发表了《打倒党内的庸俗分子》一文，认为那些性格中“滋生了怯懦思想”的人是党内的庸俗分子，是寄生在党内的细菌。这些言论和文章遭到政治局的激烈批评。作为回应，《布尔什维克》杂志专门发表了一篇驳斥文章，作者是斯大林派“思想家”Н. 叶若夫、Л. 梅赫利斯和П. 波斯佩洛夫。他们指责沙茨金“把党最优秀的干部和绝大多数党员都扯进泥坑”。

小集团成员触动了当时党内生活中最为敏感的“神经”，并且直指斯大林本人。因此，他们立刻被调离现任职位，开除出党，发派到省城工作。党报随后发动了一场反对他们的整风运动。后来，瑟尔佐夫和洛米纳泽自杀，而沙茨金被捕后被枪决。

反对斯大林独揽大权的最大规模运动发生在1932年下半年，与所谓的“柳京、伊万诺夫、加尔金及其他加入‘马克思列宁主义者同盟’的成员组成的反革命集团”有关。这一集团的灵魂和思想领袖是柳京。柳京1914年加入布尔什维克，参加过国内战争，后来成为杰出的党务工作者，1925年起任莫斯科市克拉斯诺普雷斯涅区委书记。柳京积极参加反对托洛茨基和季诺维也夫的斗争，客观上促成了斯大林独揽大权局面的形成。在联共（布）第十五次代表大会上，柳京当选为党中央候补委员。

但是，在1928年，随着斯大林开始谋划集中火力反对“右倾主义”，国家实施“非常措施”的范围越来越大，对此，布哈林集团提出了异议，柳京对斯大林的态度也发生了转变：他与莫斯科党组织的其他领导人不再支持斯大林总书记。同其他人一样，柳京因此而被指控同情“右倾分子”，并被解除党内任职。后来针对柳京又提出了其他多项指控，其中包括从告密者处得来的消息。因此，柳京被开除出党，在全苏农业电气化联合公司担任经济师。

1932年春，柳京、卡尤罗夫（1900年入党）、伊万诺夫（1906年入党）构成了后来被称为“马克思列宁主义者同盟”组织的核心。柳京以该组织的名义撰写了理论性文章《斯大林与无产阶级专政的危机》（同时作为该组织的纲领）和《告全体联共（布）党员书》。文中基于大量事实及详尽的分析证实斯大林背叛了列宁主义，并已经变成了一个独裁者和专制者，他的政治路线是完全错误的，在他的影响下列宁创建的党已经蜕化变质。“马克思列宁主义者同盟”的纲领明确指出，“党已被它的领导人压制、扼杀，并实施恐怖统治”，党内“弥漫着相互怀疑、相互猜忌和惧怕的气氛，人人避免讨论任何政治问题，害怕一不小心就被扣上‘左倾’或右倾的帽子”。柳京及其一派人向全体党员发出呼吁，号召他们推翻斯大林的独裁统治，结束他的专政，重建党内民主。他们强调，只有这样，才能拯救处于水深火热中的国家摆脱重重危机和未来的灾难。

“马克思列宁主义者同盟”的文件在莫斯科、哈尔科夫和白俄罗斯传播。联共（布）中央和国家政治保安总局获悉此事后，柳京及“马克思列宁主义者同盟”的其他成员均被逮捕。在一次审讯中，柳京声称：“我的背后不曾有，现在也没有任何主使人。我就是组织的主要策划人，是组织的领导者，纲领和告全体党员书完全是我一个人起草的。”

“马克思列宁主义者同盟”的参加者被判处长期监禁，后来他们所有人几乎都被处决。柳京也被判处死刑，并于1937年1月10日被枪决。1988年，柳京案因“定罪证据不足”获得平反。斯大林就是这样打击报复那些试图说出当时苏联真相的人。

无产阶级专政起初体现为布尔什维克一党专政，之后演变成党的最高领导机构——中央委员会和政治局的寡头政治，到20世纪20年代末30年代初期，飞速变成了斯大林一人的独裁统治，并且他依靠的是国内新生的一个社会阶层——机关的官员和管理人员。在党的十八大上（1939 年），斯大林在谈及党的干部时称："党的干部是党的指挥官，而正因为我们的党是执政党，所以，他们也是国家领导机构的指挥官。"这番话体现了以党的机构为核心的行政命令管理体制的本质和意义。在官员干部的一生中，对他们进行党务和政务工作的相互调整是非常正常和普遍的现象。也正是通过这种方式，党的机构与团、工会及其他社会组织实现了工作的对接。

归根结底，全国和全党的最终决策权归斯大林一人掌握，他身边的亲信在私下的交往和通信中称其为"主子"。而在各共和国、边疆区、州和各行业主管部门的决策人都是由斯大林直接任命，这些人主要是直接对他负责的地方大员，即各共和国党中央、边疆区党委、州党委及人民委员会的第一书记。而后者则授予各区的"一把手"——区长和国企的厂长以全权，他们所有人都属于党的官员。因此，在 1937 年 2～3 月召开的联共（布）中央全体会议上，斯大林宣布："我党现有 3000～4000 名领导构成党的将领和最高统帅部，3 万～4 万名中层管理人员是党的军官，10 万～15 万名区级基层工作者构成党的士官级干部。"

这样一来，斯大林的独裁统治仅仅是金字塔的塔尖部分，塔的每一层都有自己的权威"领袖人物"，在其负责管理的地区或经济部门充分行使权力。由于权力金字塔的各层都是自上而下委派任命的，每一层都只是对上级领导和组织负责，所以，从根本上来说，人民的利益对这些大大小小的"领袖"来说是无关紧要的。正因为如此，民主制度和民主本身被破坏殆尽或者纯粹成了走形式。

官僚机构也需要斯大林：因为他是这些机构平稳行使权力的保证，能够确保为其工作人员提供许多特惠待遇。此外，斯大林还是机关干部的思想领袖。"英明神武的领袖"这一思想是斯大林一切工作活动的依据，位于权力各层的党政领导和官员都要贯彻执行他的意志。

在这种情况下，苏联社会逐渐形成了对斯大林的个人崇拜。1929 年 12 月 21 日，在斯大林五十岁寿辰的时候（应当指出的是，斯大林真正的出生日期是 1878 年 12 月 6 日，但是在苏维埃俄国时期，即 20 世纪 20 年代初，他本人不知什么原因将生日改为1879年12月21日），报刊和口头宣传中对他的个人崇拜达到了无以复加的地步。在这一天的中央报刊上，刊载了大量伏罗希洛夫、卡冈诺维奇、米高扬、基洛夫等人撰写的文章。文中极尽谄媚之能事，大肆吹捧斯大林在十月革命和国内战争中及打击反对派、捍卫列宁主义、建设社会主义等方面的功绩。这一波歌功颂德在斯大林寿辰之后并没有沉寂下来，相反，还愈演愈烈。1935年，贝利亚在自己的报告《关于外高加索地区布尔什维克党组织历史中的若干问题》中，提出了党和十月革命有两个领袖（列宁和斯大林）的"理论"。

到斯大林六十岁寿辰（1939年）的时候，这一"理论"演化为新的说法，即"斯大林就是今日之列宁"。斯大林被称为苏联人民的"伟大领袖和导师"，是一切科学的"天才巨擘"，他的名字与马克思主义奠基人的名字并列，从那时起开始称为"马恩列斯的学说"。儿童们耳熟能详的口号是"谢谢斯大林同志给了我们幸福的童年"，青年们则立下了"为祖国、为斯大林而死"的誓言。他被称为飞行员（"斯大林的雄鹰"）、极地考察人员、边防军人、学者、矿工、作家等人的朋友。为了进一步确立对斯大林的个人崇拜，苏联文化界创作了大量的绘画和雕塑作品，讴歌他的革命功绩、他在社会主义建设中发挥的决定性作用及其超凡的伟大。当时，不停地印刷斯大林的肖像画和雕刻他的画像几乎成了整个艺术领域的主要任务。

德国著名作家Л. 孚希特万格曾于1937年访问苏联。在与斯大林进行私下交谈时，作家对斯大林指出，合唱团唱的歌颂领袖的歌夸大其词，而且毫无美感，让他觉得非常刺耳。对此斯大林表示赞同，他回应说这个合唱团的表演好像是没有考虑他的意愿，事实上也是没办法阻止他们这样做。斯大林还生气地说道："阿谀奉承的傻瓜要比一百个敌人更有害。"他还解释道，他之所以忍受这番大吹大擂、大肆宣扬，是因为他知道，这样过节似的喧嚣忙乱能给它们的制造者带来多大的快乐。当然，斯大林这番话是口不应心的。他非但没有禁止过"歌颂领袖合唱团"的活动，而且还一直给予大力支持，将此看作自己无上权力的一个主要组成部分。

斯大林的个人崇拜是在苏联国内缺少民主传统、农民和市民阶层依然对君主专制存在幻想、民众的整体法律意识和文化水平低下的土壤上滋生并发展起来的。以个人崇拜取代宗教崇拜，这不仅是斯大林本人的需要，同时也是共产党和大多数对领袖充满信心的民众的需要，因为他们已经习惯了在任何时代都要信奉一个人。这样一来，苏联人民得偿所愿了。

向“社会主义”的大跃进

斯大林及其追随者取消了新经济政策之后，提出了加速在一国建成社会主义的口号。1929 年作为发生“伟大转折”的一年，也是第一个五年计划的开启之年。在党的第十五次代表大会（1927 年）、联共（布）第十六次代表大会（1929 年 4 月）和一系列联共（布）中央全会上专门研究讨论了实行五年计划的问题。参与计划草案起草工作的包括国家计划委员会、最高国民经济委员会和专门成立的学者专家委员会。他们研究制定了两个计划方案——最低方案（考虑到可能发生的困难、庄稼歉收等因素）和最佳方案（在条件适宜的情况下能够顺利完成的计划）。两种方案经过精心设计，努力保持原料、建材、金融、劳动力等领域的平衡。

最低方案的目标是工业产品年均增长率保持在 18% 这一较高的水平，最佳方案的目标是将这一数字保持在 20% ~22% 。

联共（布）第十六次代表大会和苏维埃第五次代表大会批准了“一五”计划。两次会议都忽视了计划制定者的谨慎和担忧，所有与会者（其中包括苏联国家计划委员会主席 Г. М. 克尔日扎诺夫斯基）一致赞成采纳最佳方案，使之成为国家的立法方案。几个月后，联共（布）中央、苏联人民委员会、苏联中央执行委员会又先后通过决议，修改甚至是提高了多项计划指标，还提出了“五年计划四年完成”的口号，后来这一口号又被否定。“对五年计划最佳方案完成情况的检查工作告诉我们什么了呢?”斯大林在 1930 年 6 月党的第十六次代表大会上做报告时问道。他接着回答说：“它不仅说明我们可以用四年时间完成五年计划；它还告诉我们，一系列工业领域的计划我们都可以用三年甚至是两年半的时间完成。这在机会主义阵营的怀疑论者看来也许是不可能的，但这是事实，对此提出任何异议都是愚蠢和可笑的。”显然，为了防止有人会对自己提出的不切实际的任务提出反对意见，斯大林宣称：“那些大谈必须降低我们工业发展速度的人是社会主义的敌人，是我们阶级敌人派来的内奸。”

于是，在1931年“一五”计划拟完成情况的数据中，原来计划中规定的第三年工业产品22%的增长率，被替代成45%，而五年计划的整体任务要求也相应提高，石油产量由2200万吨提高到4500万～4600万吨，生铁产量由1000万吨提高到1700万吨，拖拉机产量由5.3万台提高到17万台，汽车产量由10万辆提高到20万辆，等等。

这一切是最纯粹的冒险主义，因为既没有物质资源，也没有财政资源来给予支撑，致使国家的经济陷入一片混乱，到处滋生出谎报虚假指标和取得“捷报”的现象。斯大林在联共（布）中央和中央监察委员会联席会议上做的报告正是这样一份“捷报”。他在报告中宣布，“一五”计划已经用4年零3个月的时间顺利完成。与此同时，他又公布了两组数据，即工业生产的总产量计划大概完成了93.7%，重工业部分完成了108%。但斯大林在这里使用的是价值、总产量和消耗指标，实际上这些指标无论如何也反映不出计划的实际完成情况。

从指标来看，第一个五年计划（其实之后其他的五年计划也都一样）是失败的。例如，1932年生产电能135亿千瓦时，计划生产220亿千瓦时；石油产量为2140万吨，最初计划为2200万吨，后来又提高到4500万～4600万吨；生铁产量为620万吨，最初计划为1000万吨，后来提高到1700万吨；矿物肥料产量为90万吨，计划完成800万吨；等等。总的来说，1954年的矿物肥料产量、1957年的毛纺织品产量、1951年的砂糖产量完成了“一五”计划规定的指标，1934～1935年重工业的各项主要指标完成了最佳方案中规定的任务。

同时，还应该指出的是，如果不是国民经济结构被破坏，以及不合理的竞赛最终演变成经济上的冒险主义，苏维埃第五次代表大会通过的最佳方案本是有可能完成的。斯大林称：“我党不得不快马加鞭让国家不浪费时间，尽量利用所有间歇时间，在苏联建立起实现工业化的基础，这才是国家强大的保证。”

这导致了怎样的后果呢？国家的经济像一匹被鞭子催赶的马匹，不堪“催赶”，而生产绷得过紧自然导致崩溃。如果说“一五”计划的头 3 年工业产品的增速仍维持了较高的水平（20.0%、22.0%和 20.5%），那么，在第三年和第四年增速急剧下降（14.7% 和 5.5%）。所以说规定的任务只是完成了一部分，而且这还是在人民承受了难以想象的压力的情况下才完成的。但是，关于工业化的代价，在苏联时期，除极个别情况外，从来没有成为史学和经济学研究的内容，对工业化的评价问题我们在后面会进行分析。

在此要指出的是，作为党的领导，斯大林本人也非常清楚，要工业产值保持这样的增速发展是不现实的。因此，当为第二个五年计划制定了偏高的工业发展任务之后，党的领导人认为有必要在联共（布）第十七次全国代表大会（1934 年）上对其进行较大幅度的修正，降低任务要求。为此，联共（布）决定将工业产品的年均增长率确定在 16.5% 的水平，以取代原草案中规定的 18.9%。修正后的计划中，钢和生铁的生产任务减少了。新的方案还提议确保轻工业和食品工业等 B 类行业的产值保持更快的增长速度。然而，这一良好的愿望同后来其他许多愿望一样，均未能实现。同时，新的方案指出，同提高人民福利相比，要优先考虑重工业，尤其是军事工业的利益。

尽管如此，在实施“一五”和“二五”计划期间，苏联工业化的历史任务基本完成，虽然国家由落后的农业国向工业国的过渡经历了更长的时期（苏联城市人口与农村人口的比例直到 20 世纪 60 年代初才持平）。

此后，苏联大幅扩建和增加能源基地，如建成了第聂伯水电站、斯维里水电站，以及“红十月”热电站、新莫斯科热电站和杜布罗夫卡热电站，每个热电站的产能为 20 万千瓦时，还建成了中央热电站；在库兹巴斯、卡拉干达和莫斯科近郊的煤田开始煤炭开采工作；在鞑靼、巴什基尔、古比雪夫（萨马拉）州和其他地区开发油田，并且在这些地区陆续建起了石油加工业以及石油化工工业；大型航空企业、汽车制造企业、拖拉机制造企业、农机制造企业、矿物肥料生产企业等实际上是从头开始建起；冶金工业的产值大幅提高，其所属企业工厂的地域范围大大拓宽，继“一五”期间建成马格尼多科尔和库兹涅茨克冶金联合企业后，在“二五”期间又建成了阿穆尔冶金工厂和一系列有色金属冶炼企业，其中包括以诺里尔斯克镍矿区为基地建的镍厂。

另外，建材工业的产能增加了，但建筑成本仍然过高。1935 年，尽管建材价格下降，但建筑成本仅比原计划的 20 亿卢布节省了约 2 亿卢布。施工机械设备越来越多，然而，建筑技术远远落后于时代的要求，还停留在半手工作业的阶段。正如奥尔忠尼启则所指出的，这一切都是由于不善于正确地组织工作造成的。

奥尔忠尼启则的评价反映的不仅仅是建筑业的现状。应该说，数以百计的新建企业虽然有先进的技术装备，却无法配备足够熟练的技术工人和工程技术干部。结果，外国专家帮助建设的工厂在很长时间内都无法达到设计的生产能力，生产的产品质量不过关。比方说，斯大林格勒拖拉机厂举行隆重的启动投产仪式后，整整耽搁了一年才开始生产系列拖拉机；雅罗斯拉夫尔轮胎厂生产的汽车外胎占全国产量的 80%，但该厂整整 7 年都无法达到规定的产能。因工作人员技术水平低下而造成设备破损、粗暴违反技术操作流程的情况也时有发生。尽管在那个年代，大多数故障都会追究破坏者的责任，并将其列入阴谋破坏者的名单，但有一点是很明确的，即必须对技术干部进行培训，提高他们的专业技术水平。

20 世纪 20 年代末 30 年代初，苏联不仅开始扫除文盲和普及初等教育，而且还广泛开展职业教育以满足工业化的需求。在国内陆续开设工厂艺徒学校，主要为普通职业培养技术熟练的工人；开设中等和高等技术学校，培养技术员和工程师。开设此类学校还有一个重要原因，就是工人的数量从 1928 年的 350 万人增长至近 1000 万人，而工程技术人员的数量则从 13.7 万人增加到 102.3 万人。

至于学习基础技术知识的课堂，主要还是在企业。截至 1936 年 10 月 1 日的数据显示，40% 大型工业企业的工人为技校毕业，而 24% 的工人经过了技术培训。至于工程技术人员接受培训的情况，由于统计不尽完善，仅可以确定一点：尽管仍然无法满足企业的需求，但这一数字还是增长了许多倍。截至 1936 年，苏联技术院校的数量为 1914 年的 10 倍，这些学校（包括高等技术学校在内）毕业生的数量达 54 万人，中等专业学校毕业生的数量为 91.4 万人。应当指出的是，种种原因导致一些毕业生在某一时段内的知识水平下降了。这些原因包括：第一，许多考生中学没有毕业就经由工农速成中学而考入大学；第二，对教学过程缺乏组织经验，尤其是在刚刚创建的大学；第三，在高等教育领域推行旨在缩短学制、面向培养口径窄的专门人才的全国性政策，致使工程学领域的毕业生无法获得足够的基础培训和学习。

尽管存在上述种种不足，斯大林提出的“技术干部决定一切”的口号还是实现了。于是，技术熟练的工人、工程师经过速成培训，直接出现在生产第一线，同时，他们还积累了实践经验，基本可以完成摆在他们面前的任务。

纵观 20 世纪 30 年代可以发现，这一时期的典型特征是工人阶级和生产部门的知识分子都满怀热忱。不考虑这一因素，既无法理解那个时代的特征，也无法解释为什么在头几个五年计划期间国家能够克服万难，取得了我们前面提及的巨大成就。

工人的热情首先源自在全民平等和共同富裕的社会主义原则的基础上通过革命改造世界的浪漫主义思想，在人类历史上这一思想在苏联首次践行，一直保存至今并仍然在不断宣传；其次，热忱源自一种信念，相信社会主义和共产主义的理想能够在最短的历史时期内，即 10～15 年的时间里实现，之后社会财富将滚滚而来，社会将转向共产主义的“按需分配”原则。因此，联共（布）第十八次代表大会（1939 年）通过决议，决定在第三个五年计划期间不仅要消灭阶级，还要实现人均产值赶超先进资本主义国家的任务。所以，在绝大部分民众的意识中，已经做好了准备去完成经济上的“飞跃”，并对此充满信心，这其中包括大多数青年人，他们为了实现这一目标，已经准备好了破除一切艰难险阻。

大部分民众都满怀热忱和激情，真心相信社会主义和共产主义的胜利指日可待，再加上他们经历过艰苦的生活，对生活条件要求不高。为了尽快实现既定目标，他们做好了赴汤蹈火，甚至牺牲一切的准备。这让实现五年计划中确定的国家发展速度成为可能。当时，人们住着帐篷和土窑，忍饥挨冻，使用最原始的劳动工具——铲子、镐和独轮手推车——把几百万立方米的水泥和混凝土运来运去，积极响应党的号召参加社会主义竞赛，努力让自己的劳动生产率达到最高。

应该指出的是，新工业中心社会基础设施的建设大大落后于工业的发展速度工业的发展完全没有考虑过生态环境的问题，新建的城市（这些城市至今仍然还在!）危及人们的生活，而老城的生活条件则急剧恶化。在那里，住宅建设速度普遍落后于城市人口的增长速度，导致“公共住宅”出现，所谓“公共住宅”即多户人家居住在一起的住宅，人们不得不适应这种集体生活。30年代的“公共住宅”现象一直保存至今。正是从那时开始的住房紧张、住宅超员的现象也保留了下来：城市人口的人均居住面积由20世纪20年代末的9平方米减少至30年代中期的5平方米甚至更少。

在工业化年代，劳动人民的生活水平也大幅下降，具体体现为通货膨胀严重，在工资水平不变的情况下，价格不断上涨。1940年，国家商品的零售价为1928年的6～7倍，而工资仅为1928年的5～6倍。另外，许多工业品和商品粮经常出现短缺现象（1927～1935年对主要商品实行凭票供应制度）。综合考虑以上因素，不难得出结论：在实行工业化的年代，人民的消费质量降低了。的确，1940年城市居民肉类的年消费量由1929年的29公斤下降到20公斤，而土豆的消费量则从114公斤增加到140公斤。

当然，苏联在20世纪30年代取得了一定的社会成就。其中包括消除了失业现象（虽然在很大程度上是由于大量增加编制以及劳动生产率低下），实行免费教育和医疗服务，赋予女性以平等的权利，扩大供劳动者使用的疗养所和疗养院网络，社会保障体制得到了一定的改善等。但从整体上来说，人民的生活并没有得到改善，而是变差了，尽管官方的宣传报道与此相反。

“日子过得更好了，同志们，过得更开心了。”斯大林在 1935 年全苏斯达汉诺夫工作者会议上这样说道。

农业集体化及其成果

同一时期的农村正在强制推行集体化，形势更为复杂。与工业领域的情况一样，以斯大林为首的领导集团在农业领域同样完成了向社会主义的“跃进”。斯大林下令开始进行工业化并加速推进这一进程，却发现缺乏足够的资源。因此，他们决定从农民经济中榨取资源。1927 年，由于政府确定的粮食收购价过低，农民拒交粮食导致收购工作受阻。于是，政府对农民的“怠工破坏行为”进行了打击，采取了非常措施，甚至开始追究拒交粮食的顽固“钉子户”的刑事责任。同时，政府还大幅提高了富裕农民的赋税，并不由分说地把他们全部归入富农之列。

布哈林、雷科夫、托姆斯基集团尽管有始无终，但还是反对对农民采取“特殊措施”，于是他们被指控犯了“右倾”错误，这一集团从政治上被彻底粉碎，而后从肉体上也被消灭。非常措施、暴力成了苏联当权者对待农民的常规措施。列宁曾提出“不要对农民发号施令、指手画脚，而是要在农民信任、自愿和有兴趣的基础上在农村建设合作社”，但这个要求被斯大林政权抛到脑后。由此，旨在促进农民兴趣的新经济政策实际上被“战时共产主义”的余粮征集制彻底代替，同时附加上了“加速农民集体化，消灭富农阶级”的口号。

这一切致使农村的播种面积缩减，农业劳动生产力下降，粮食和其他农产品产量减少；由于不堪赋税重压以及“被当作富农而没收了生产资料和土地”，“富裕”农民的数量减少，农业的商品生产率也随之降低。1898 年入党的农业人民委员会委员萨夫琴科在这一时期给斯大林的一封信中写道，劳动生产率高不高是由个人兴趣和利益这一经济刺激因素决定的，其他一切都是空谈。他提议要扶持聪明、勤劳的农民。然而，这一合理建议同其他关于农业发展道路的设想一样，斯大林并没有听进去，后者是由 A. B. 恰亚诺夫、Н. Д. 孔德拉季耶夫、Н. И. 瓦维洛夫等农业经济学家和其他专家经过深思熟虑、深入论证提出的。早在20世纪20年代，这些学者就研究制定了一套进行农业合作化，以及飞速提升合作化效果的原则和方法。他们的想法和具体建议为斯大林的农村集体化方案所替代。于是，恰亚诺夫提出了小农经济具有稳定性的理论，并根据自己的区别刺激理论论证了纵向发展行业合作社（集体农庄是横向发展的合作社）的优势。这一理论认为，不同的刺激因素客观上能够推动以家庭为单位的小农户自愿转变为合作化生产模式（以便对原材料进行加工，获取终端产品，对产品进行运输和售卖）。恰亚诺夫的理论是令人信服的，它证明，这种合作社形式能够确保高收益率，并让农民不必去忙于他们所不擅长的职能事务。因此，恰亚诺夫坚决反对通过行政手段对农民施压，以及采取强制甚至是暴力的方法将其合并于集体农庄的做法。

孔德拉季耶夫是计划经济理论的专家。他认为，必须将工业和农业发展计划有机地结合起来，确保两者互通协作和互利互助。同时，他还指出，想要像斯大林那样通过掠夺、剥削农村实现国家工业化是不可能的。

瓦维洛夫作为世界生物学领域最著名的遗传学家，努力通过培育新品种来保证农业作物获得高产量。

这些学者的想法本来是可以保障国家农业有计划、平稳而高效地向前发展。然而，他们的观点遭到了斯大林的贬低和质疑。结果，恰亚诺夫、孔德拉季耶夫和其他著名的农业经济学家（共14人，瓦维洛夫后来也被捕）被指控反苏维埃、反革命和从事破坏活动，企图通过他们创建的“劳动农民党”武装颠覆苏维埃政权，他们因此遭到迫害和镇压。

在斯大林的领导下，党越发独断专行，他们宣布的集体化政策以加大农村的阶级斗争力度为原则，将使用暴力手段强制建立集体农庄与消灭富农阶级相结合。

如果说联共（布）第十五次代表大会关于五年计划的决议规定，在五年计划期间只需吸引20%的农户加入集体农庄，那么，联共（布）中央1930年1月5日通过的《关于集体化的速度及国家对集体农庄建设的扶持措施》指出，“伏尔加河下游、中游和北高加索等重要粮食产区的集体化在1930年秋能够基本完成，或最晚到1931年春完成”，“其他粮食产区的集体化在1931年秋或最晚在1932年春能够基本完成”。但是，即使这样的超快速度在党的领导看来也是不够的。于是，这一决议在全国（自上而下地）下达之后，各地纷纷组织起了争取在1930年春“基本”完成集体化（全国范围内的！）的“竞赛”。

因此，根据联共（布）的这些指示，基层工作人员开始采取野蛮专横的工作方式。在没收生产资料和土地（而这意味着将财产没收充公，本人则被命令移居或者被流放）的威胁之下，农民被赶进了集体农庄，划归集体的不仅包括他们的“主要生产资料”——马、奶牛、生产工具等，有时还包括日用品和厨房用具（后来此举被称为通过集体农庄的形式向公社的“跳跃”）。同时，联共（布）驱散了农村的市场和市集，并禁止继续开放，剥夺了农民售卖剩余产品的可能。同时，教堂和其他朝拜场所也都被关闭了。

财产遭到没收充公的不仅是真正的富农（使用雇佣劳动的人），还有家境殷实的中农。根据官方的统计，在农村实际拥有3%～5%富农的情况下，被没收生产资料和土地的农户占总数的15%，有些地方甚至达20%。而被迫举家迁居至犯人居住地（被流放）的农民数量超过了180万人。

对于强制推行集体化这一政策，农民的反应是纷纷逃到城里，导致牲畜存栏数骤减（这一现象直至20世纪50年代末才停止），而许多时候，他们常常是直接进行反对集体农庄和苏维埃政权的活动。仅在1930年1月至3月中旬，国内就发生了2000多起反对集体农庄的起义。

鉴于此，国家领导人不得不大开倒车。斯大林发表了《被胜利冲昏了头脑》一文，在文中他似乎指责地方工作人员，说他们“犯糊涂”，违反了之前党中央委员会通过的决议精神，指责他们受“左倾”思想的影响，盲目相信一切工作对他们来说都是“轻而易举”的。斯大林还宣布开展“反对在集体农庄建设过程中歪曲党的路线的斗争”，提议解散“还停留在纸面上的集体农庄”，停止没收中农的生产资料和土地，将强征的绵羊和家禽都还给农户。

这样一来，集体化的比例大大下降：白俄罗斯从1930年3月的63%下降到6月的12%，俄罗斯联邦相应地从58%下降到20%，乌克兰从58%降到38%，等等。但这只是当局的权宜之计。联共（布）一方面谴责工作人员用最为粗暴的手段惩治农民；另一方面，在实现集体化的过程中，又大肆镇压农村居民中的积极分子，继续对留下来的农户施压，千方百计迫使他们加入集体农庄。1933年，各地都成立了村特别机构——农业机械站和国营农场政治部。它们专门负责“从经济和政治上”加强集体农庄的运作，换言之，就是让集体农庄及其领导免受对集体农庄制度不满者的影响，并且摆脱那些违反国家规定、拒绝上交集体农庄生产所得的人的影响。政治部存在的时间并不长，总共持续了约一年半的时间，但它们顺利发挥了将集体农庄变成对庄员进行军事封建剥削的工具这一功能。

农业集体化的实行及联共（布）关于集体农庄生产的粮食全部充公的政策导致1932～1933年乌克兰和其他地区发生了大饥荒，夺去了400万～500万名农民的生命。至1939年初，在苏联仍然没有参加集体农庄的农户实际上已经都被清除，集体农庄制度统治了苏联的农村。与此同时，农民的土地全被没收，农村经济遭到严重破坏，以至于在之后的许多年都无法再振兴起来。

后来的事实表明，在苏联通过集体农庄和国营农场的形式发展农业的道路是行不通的。无论是将集体农庄庄员束缚在土地上（通过扣留他们的护照，进而使其失去自由迁移的权利），对损毁农庄财物的行为施以重罚，还是给农业经济投入数十亿卢布以及数次免除亏损农户的债务，甚至包括一系列解决粮食问题的举措，都未能取得良好的效果。联共（布）一党专政的失败及其关于集体耕作相对于个体耕作具有绝对优势的说教让我们明白，只有生活在自由的国度、拥有自由的人才能够养活国家，并为其供应充足的农业原料。

联共（布）在思想和文化方面的活动

一直以来，苏联社会生活的方方面面，如劳动、日常生活、科学、文化的政治化成为苏联社会的一个重要特征。而这一特征的理论基础是随着社会主义建设在苏联以及国际社会的日益巩固和发展，在思想和政治领域的阶级斗争依然存在并且在不断激化。

斯大林大权独揽，极力影响人民的思想意识，不仅要确保在“政治战线”获取胜利，还要确保在“思想战线”的胜利。他在思想和意识形态领域组织了许多活动，目的是使社会科学直接接受他本人的监督，并赋予自身以马克思列宁主义“天才领航人”的形象。本书中我们仅简要分析斯大林与哲学、历史和政治经济学相关的活动。

斯大林谈哲学发生在 1930 年 12 月。当时，在会见共产主义大学哲学与自然科学学院党组成员的时候，斯大林向他们提出“要把哲学和自然科学领域积攒的粪便彻底翻腾出来，挖个遍”的任务。他谴责当时以 A. M. 德波林为首的一众权威哲学家的反马克思主义思想，要求“揭发”普列汉诺夫、布哈林，甚至是恩格斯的错误思想（“恩格斯也并不是全对的…… 如果在这项工作中能找到恩格斯的问题，也不是坏事”——斯大林称）。“当下你们的主要任务就是大胆地开展批评，”他给哲学研究者下指示道，“打击是主要问题。要全方位地打击，包括以前没打击过的地方。”

这次“谈话”拉开了广泛开展“审查”一些著名哲学家、击溃隐蔽“在马克思主义旗帜下”的杂志社编委，以及寻找“哲学战线”上的“敌人”等活动的序幕。不久之后，联共（布）中央通过的《关于共产主义大学工作》的决议强调指出：“近些年来，阶级斗争的激化在理论战线也有所体现，资产阶级思想以一系列反马克思主义和修正主义理论的形式渗透进来。因此，要彻底肃清各科学领域出现的资产阶级和社会民主主义的思想理论，还需进行不懈的努力和工作。”

然而，在“打击敌人！”这一口号的伪装下，还隐藏着另外一项任务。多年之后，德波林在给赫鲁晓夫的信中这样写道：“1930 年末，当时的中央委员会宣传部部长（A. И. 斯捷茨基——著者注）向我宣布，从今以后需要在各个领域都树立一个权威，其中也包括哲学领域，这个权威就是我们的领袖斯大林。”

当然，这一任务也顺利完成了。斯大林粉碎了哲学“反对派”（其中的许多所谓“成员”后来都遭到迫害）。之后，1938 年，斯大林发表了《论辩证唯物主义与历史唯物主义》一文［这篇文章后来成为《联共（布）党史简明教程》第四章第二节的内容］，文章平淡无奇，从理论角度来说也并非无可挑剔。然而，那些阿谀奉承者把该文吹捧为对马克思列宁主义哲学理论的完美发展，斯大林因此登上了哲学之巅。

将哲学为己所用之后，斯大林又去“攻克”历史学。历史之于斯大林，既不是“生活的导师”、积累经验的源泉，也不是研究历史教训的基础。对他来说，历史是操控人民群众意识的工具，也是实现其政治野心的一种手段。因此，斯大林毫不犹豫地对历史事实进行野蛮篡改，有的是亲自动手，有的是通过自己的亲信（卡冈诺维奇、贝利亚、雅罗斯拉夫斯基、托夫斯图哈等），或是利用那些为了得到高官厚实禄和学术头衔，甚至是为了保住性命而背弃真理的史学研究者。

1931 年，斯大林在杂志《无产阶级革命》上发表了《致编辑部的一封信——论布尔什维主义历史中的几个问题》一文，开始成功地对历史学施加影响，并让后者为树立个人崇拜而服务。文章以书信的形式直指历史领域存在的“托洛茨基主义的思想糟粕”，言辞激烈，有的地方甚至是用语粗鲁，对“托派”历史学者发出明确的政治责难。文中有三点内容对后来斯大林实现其目的起到了决定性的作用。

第一点，肯定那些被斯大林称为“布尔什维克公理”的定式是不容置疑和争辩的。这样一来，科学争论作为一种研究方法从党史研究的实践中被排除掉，盲目服从的教条化原则使研究失去创造性，进而导致党史研究止步不前。

第二点，确定“纸质文件”无法为阐明科学真理这一事业而服务。“除了那些不可救药的官僚们，有谁会只相信纸质文件呢？除了档案馆的小职员们，还有谁会不明白，检验党及其领袖的工作，首先应该观其行，而非听其言？”斯大林嘲讽道。但要知道，只有查阅文献，也就是那些“纸质文件”，史学研究者才能对党的活动进行研究。斯大林此言一出，史学研究者们进档案馆的次数骤减，在1938年国家档案馆转归内务人民委员会管辖并直接由贝利亚及其部门负责监督之后，这一数字更是少之又少了。

最后一点，也就是第三点，谴责布尔什维克的历史学家们，指摘他们“与伪造篡改历史的托派分子脱不了干系，往他们的水磨里添水加料”。因此，当局开始对史学研究者进行“整顿审查”，并向他们发出政治责难，要求他们承认所有对他们的“指控”，随之而来的就是惩罚。在不同时期被捕和死去的知名历史学研究者包括A. C. 布勒诺夫、B. Г. 克诺林、B. И. 涅夫斯基、H. H. 波波夫等。

1935年，贝利亚粗制滥造的“大作”《关于外高加索地区布尔什维克党组织的历史问题》（他并非真正的作者）问世，其中提出了“党和十月革命有两个领袖”的伪命题，并论证了列宁和斯大林为党建事业、为布尔什维克做出了同样伟大的贡献。

然而，最终将党史变成确立斯大林主义思想体系的工具是在1938年。在这一年出版了《联共（布）党史简明教程》，斯大林亲自参与了该书的审订和部分撰写工作。书中大肆伪造、篡改党史，宣扬“党是绝对正确的”思想，歌颂斯大林是列宁第二，是党的缔造者和领导人，是苏联社会主义建设的组织者。这本教科书在问世之时有“马克思列宁主义思想百科全书”之称，而事实上却是斯大林主义的导论。1938年11月14日，联共（布）中央通过了《关于〈联共（布）党史简明教程〉的出版组织开展党的宣传工作的决议》。决议中指出，这本教科书“经联共（布）中央审订，是对联共（布）党史基本问题的官方诠释，不容许恣意解释”。这样一来，《联共（布）党史简明教程》被奉为经典，书中的每一句话都变成了至理名言，不容许对其进行任何改动甚至是补充说明。此外，这本党史教科书还成了苏联历史，尤其是20世纪历史研究的范本。

与此同时，斯大林、基洛夫和日丹诺夫纷纷下达指示，联共（布）中央也通过了一系列决议（1934～1936年），要求教授历史（这些文件的内容体现了斯大林主义由国际布尔什维主义向国家爱国主义、苏维埃布尔什维主义的重大转变。文件中还要求以“我们自己的伟大先辈”为例研究历史，教育年青一代——著者注）。在此影响下，史学研究中教条主义和死读书的倾向越来越严重。历史学的发展进程明显受到阻滞，停步不前了。在“上面”不断下达强制政策的环境里，史学研究者们无法发挥独立自主性，只能等着党的领导的直接指示。在政治局势的影响下，对许多历史的评价也是几经修改。这样，斯大林的独裁主义给俄罗斯的史学研究留下了深刻的印记。

同样，斯大林还肆意涉足政治经济学和其他具体经济学科。1929 年 12 月，斯大林在马克思主义者农业问题专家代表大会上发言，称自己作为马克思列宁主义政治经济学的权威理论家，一如既往，对这一学科也做出了“巨大贡献”。斯大林说道，“我们在经济问题的理论研究方面……开始瘸腿了”，“如果不以马列主义为基础与资产阶级理论进行毫不妥协的斗争，就不可能夺取对阶级敌人的胜利”。他号召农业问题专家“在现阶段以新的视角研究过渡时期的经济问题”。从此，苏联经济进入了一人独断专行、以强制性的行政手段管理经济的漫长时期。与此同时，在苏联的经济学中，毫无疑问，社会主义经济要“优于”资本主义经济。

1936～1941 年，在斯大林的亲自参与和领导监督下，着手进行了政治经济学教科书的编写工作。

教科书的第四版中“加入了斯大林同志做出的所有修改”，并在与德国开战前不久定稿，但该版教科书未能公开出版。斯大林再次关注政治经济学问题已经是十年以后的事情了。1952 年，他的论著《苏联社会主义的经济问题》一书出版，关于这本书将在后面介绍。

这种“阶级观点”在党对文化领域的领导中也广泛应用，其中包括文学和艺术。

1929 年 2 月，在答复剧作家比尔－别洛采尔科夫斯基“关于对文化工作者来说使用‘右倾分子’和‘左倾分子’的概念是否合适”这一问题时，斯大林在信中写道：“我认为在文学艺术方面（也就是说，其中也包括戏剧）提出‘右倾分子’和‘左倾分子’是不正确的。‘右’和‘左’的概念现在在我国是党的概念，严格来讲，是党内的概念……在文艺领域最好运用阶级的概念，甚至是‘苏维埃的’‘反苏维埃的’‘革命的’‘反革命的’等概念。”

该问题尖锐的性质完全符合马克思主义对文学艺术的党性界定。早在1925年，俄共（布）中央委员会通过的《关于党在文艺方面的政策》（决议的起草者是布哈林）的决议中就指出：“在阶级社会没有也不可能有中立的艺术，也就是说，为了给广大群众创作出具有较高思想性和艺术性的作品，必须以无产阶级的意识形态为基础，上统一作家的思想意识。”决议不止一次强调指出党对文学发展进行指导的必要性。

然而，在20世纪20年代后半期，俄共只是一步步尝试对艺术的发展进行全面监督，使其完全顺应“党的路线”。30年代初期，随着文艺家创作协会的成立，才真正做到了思想上的统一。

1932年4月，联共（布）中央通过了《关于改革文学和艺术团体》的决议。决议中指出：“把所有支持苏维埃政权纲领和积极参加社会主义建设的作家们联合起来，建立统一的苏联作家协会。同时，对其他艺术领域也要进行类似的改变。”

在此基础上，文艺界成立了作家协会、艺术家协会、作曲家协会和建筑师协会，它们都接受党的严格监督。自此以后，加入相应的协会，一方面，成为衡量艺术家对苏维埃政权忠诚度的标准；另一方面，则是保障其物质富足的一个条件。被协会开除，不仅会令其丧失一定的特惠待遇（使用创作室、在长期创作某部作品时可以领取预付款等），还会导致与艺术品消费者完全脱节（停止作品的出版及再版、不再允许参加展览会等）。

自从成立了文艺家创作协会，联共（布）中央对其实施了严格的监督，并强行将社会主义现实主义的创作方法运用到艺术创作实践中，正式宣布这一方法是思想上和政治上唯一通过艺术认识世界的方法。该方法的运用应将文学家和艺术家变成正在建设中的社会主义社会的歌颂者，苏联现实和“光明未来”的赞扬者，以及刻画“集体群像”和对人的内心进行“挖掘”的大师。斯大林称作家们为“人类灵魂的工程师”，但是，他们的组织甚至连最基本的民主权利——独立选举协会领导的权利都没有。其他创作协会的情况也是一样，它们的领导也是由上面，即联共（布）中央直接任命的。这样的“制度”一直保留至20世纪80年代中期。

如果认为创作型组织的领导可以独立自主决定什么事情的话，那就太天真了。A. 法捷耶夫担任多年作家协会的领导职务，他在自己的遗书中写道：“我看不到自己还有继续活下去的理由，因为我为之奉献一生的艺术被苏共自信而又无知的领导所扼杀，现在已无可救药。在当权者的纵容姑息之下，优秀的文学干部或者被从肉体上消灭，或者在精神上被折磨，其人数之众，甚至是历代的沙皇暴君做梦都想不到的……文学——这最神圣的东西——被官僚主义者和人民中最落后的分子百般蹂躏……我们在列宁逝世后被贬低到孩童的地位，被消灭，受到思想上的恫吓，他们把这一切称为‘党性’。”意识到这一点对法捷耶夫来说是巨大的悲剧：1956年他自杀身亡。

在这种环境下，专家对艺术作品无法做出客观的评价，而斯大林及其心腹对这些作品的主观态度决定了它们的命运。斯大林喜欢的作品往往会被提名斯大林奖（常常由他亲自提名），而不符合他品位的作者则遭到迫害。

斯大林压制和惩处了一批作家（曼德尔施塔姆、巴贝尔等），其中一些虽然免受惩罚，但是他们的作品被禁止出版（普拉托诺夫、茨维塔耶娃、布尔加科夫、阿赫玛托娃、左琴科、帕斯捷尔纳克），另外一批作家则是他大力支持的（华西列夫斯卡娅、西蒙诺夫、爱伦堡、考涅楚克）。另外，他还提拔了一些人担任作家协会的行政职务（法捷耶夫、吉洪诺夫、西蒙诺夫），而像马雅可夫斯基等作家更是被官方奉为典范。斯大林将作家按照“官阶表”分为三六九等，纳入行政管理体系，作家协会同其他创作协会一样，是这一体系的组成部分。

与此同时，党的领导对电影艺术事业也影响深远。1932年，联共（布）中央通过了《关于苏联电影艺术》的决议。决议计划对电影产业进行改造，加强技术基础建设，提高电影作品的质量，保证社会主义现实主义在该艺术领域能够取得最高成就。决议中指出：“电影应该以崇高的艺术形式表现为建设社会主义而进行的英勇战斗，以及参加这场战斗的英雄形象，反映无产阶级、布尔什维克及工会的历史发展道路，工人的日常生活，国内战争的历史；它的宗旨应该是发动劳动人民来巩固苏联的国防力量。”后来（1940年），联共（布）又通过决议，规定“以重要题材为内容的电影脚本应由联共（布）中央宣传局确认”。

在涉及历史题材的时候，斯大林会亲自给剧本作者和导演（齐阿乌列里、多夫任科、爱森斯坦）下指示，其内容不限于题材，还包括他们的创作方向，将要拍摄的电影对人物的诠释等。其中，广为人知的是斯大林向爱森斯坦下达指示，要求他把伊凡雷帝塑造成对抗大贵族的英雄，以及以莫斯科为中心把罗斯统一起来的人。对于斯大林来说，伊凡四世是一位正面人物，作为一位“君王”，他所做的一切都是正确的，包括其在推行特辖制期间对大贵族进行的残忍屠杀。

斯大林非常注意通过音乐对民众进行思想教育。然而，音乐的发展也要服从于政治任务，并且要迎合党的领导人的审美品位。斯大林完全接受不了Д. Д. 肖斯塔科维奇的新作品，尤其是他的歌剧《卡捷琳娜·伊兹梅洛娃》（《姆岑斯克县的麦克白夫人》）。1936年1月，《真理报》发表了文章《混乱取代音乐》。正如日丹诺夫所说，这篇文章是根据中央的指示发表的，反映了中央的态度和观点，即对歌剧进行了全盘否定。文中指出：“歌剧中极不协调、混乱的音律从一开始就令观众哑然失声……音乐故意做得‘颠三倒四，一片混乱’，就是为了与众不同，与传统的歌剧不同，与‘一般的通俗音乐语言’不同。”不久后，也就是同年2月，《真理报》又发表了一篇针对肖斯塔科维奇的文章《芭蕾舞剧的虚伪》（评论芭蕾舞剧《清澈的小溪》）。文中称作曲家为形式主义者，而形式主义被认为是苏联艺术中“最为有害的反人民现象”。这些文章导致肖斯塔科维奇从此不再从事歌舞剧音乐的创作，同时，还引发了各文化机构围绕形式主义问题展开了声势浩大的“争论”。

戏剧领域同样受到领袖的关注。与肖斯塔科维奇一样，创新型导演В. Э. 梅耶霍德也被指责犯了形式主义错误。《真理报》写道：“极左的艺术否定了戏剧中简朴的现实主义、明白易懂的形象和自然的语言，这就是把

‘梅耶霍德派’最负面的特征变本加厉地移植到歌剧和音乐中。”1937年12月，《真理报》发表文章《异己分子的剧院》，将矛头直指梅耶霍德本人。文中称：“梅耶霍德剧院自成立以来一直不能摆脱资产阶级的形式主义立场，与苏联的艺术思想格格不入。”因此，梅耶霍德剧院被关闭了，它的创建者和主要导演被捕并遭到迫害。1940年，梅耶霍德被严刑拷打折磨致死，而他的名字则从俄国和苏联戏剧史上被划掉，消失了整整20年。

1936～1937年，在戏剧艺术与形式主义做斗争的过程中，第二艺术剧院、季基剧院、奥赫洛普科夫剧院、扎沃茨科伊剧院及其他剧院相继被关闭了。其余剧院的表演剧目极为有限，并且要接受党的严格监督。遭到压制和迫害的剧作家有抨击专制独裁的童话故事《龙》的创作者E. 施瓦茨、被禁的讽刺剧《自杀者》的作者H. 埃尔德曼等。M. 布尔加科夫也失去了自己的工作，他的剧本《普希金》和《莫里哀》最终未能上演，因为上层逼迫他对已经创作完成的剧本内容做出修改，而修改的内容则是他所不能接受的。“米沙对自己的处境很绝望，”布尔加科夫的妻子在1937年4月7日的日记中写道，“他感到压抑，他们想强迫他那样写，而他是不会那样写的。”

许多作家、画家、作曲家都被“纳入”体系，忠实地为其服务，并为此获得奖励。但是，最有才华的人不可避免地会与制度发生冲突，这也决定了他们悲剧性的，有时甚至是悲惨的命运。

20世纪20年代末至30年代的大规模镇压

在现实生活中，联共（布）没有反对派，在苏维埃政权中也没有能与其共同执政的其他政党（早已被清除），看上去这似乎应该能让国内局势有所缓解，并有助于国内和平局面的确立。然而，这并不符合以斯大林为首的最高领导层的利益和心意。

相反，不断加压，寻找数之不尽的“敌人”，惩治他们，加重对他们的憎恨，让社会各阶层在自己的意识中都害怕被归入“人民公敌”的行列，这些都成为巩固斯大林政权及其一手建立的官僚行政管理机构的手段。存在

“人民公敌”这一事实使其在面临许多无法解决的问题以及在推行冒险主义政策过程中遇到不可避免的困难和失误时都可以归咎于这些人的破坏活动，如商品短缺、人民生活水平下降等。如果现实生活中没有敌人，那么就需要臆造。还在20世纪20年代的时候，斯大林就提出了“越接近社会主义，阶级斗争越激烈”的论断。在1937年2~3月的联共（布）中央全体会议上，他对这一论断进行了详尽的阐释。在报告《论党的工作缺点及消灭托洛茨基和其他两面派的措施》中，斯大林称：“认为‘随着我们一步步向前进，阶级斗争似乎应该一点点平息下来，随着我们的成就越来越大，阶级敌人似乎变得越来越驯服’的陈腐理论必须摒弃。这不仅是陈腐的理论，还是危险的理论，因为它让我们麻痹大意，掉入陷阱，却给了阶级敌人喘息的机会，继续与苏维埃政权做斗争。相反，我们前进的速度越快，取得的成就越多，被击溃的剥削阶级残余也会越凶恶，他们越会采用更为激烈的斗争形式，越会危害苏维埃国家，越会抓住最残酷的斗争手段来做最后的挣扎……必须记住这一切，并时刻警惕。”

因此，从20世纪20年代末开始，苏联国内进行了一场又一场无中生有的审判，许多无辜的人被指控犯下了他们从未做过的野蛮罪行，他们被迫认罪，违心地承认自己参与了怠工、破坏以及间谍活动，并且创建了以颠覆苏维埃政权为目的的反苏组织。

第一场大审判是针对“工业部门的破坏分子”（1928年），被称为“矿场案”，其被告是在顿巴斯矿场工作的50名苏联矿山工程师和3名德国专家，最终5人被判处死刑。随后，又有至少2000名老一代知识分子和专家被捕，并被判有罪。

1930年初，联共（布）组织了一场“学术大审判”，其被告是115名苏联科学院的工作人员，其中包括C. Ф. 普拉托诺夫、H. П. 利哈乔夫、E. B. 塔尔列、M. K. 柳巴夫斯基等多位院士。他们被指控参加反革命组织“自由俄罗斯复兴全民联盟”，而普拉托诺夫还被指控觊觎“未来政府”的总理一职。对这些“犯人”的判决相对较轻（流放5年），也许是因为这些罪名完全是莫须有的。

同年，联共（布）还安排了一场针对老一代技术类知识分子代表及经济学家（恰亚诺夫、孔德拉季耶夫等）的审判，罪名是他们参加组建反革命的“劳动农民党”。1933 年，苏联对“发电站破坏活动案”进行审理，所有被告的罪名都是搞破坏和怠工活动，许多人被处以枪决。

继基洛夫在列宁格勒遇刺身亡后（1934 年 12 月），苏联国内开始实行反对“阶级敌人”的紧急措施。当时一些苏联及外国历史学家认为，基洛夫是斯大林在政治上的竞争对手、苏共领导职位的有力争夺者，但基洛夫本人似乎没有意识到这一点。案件发生后，联共（布）决议规定，将国家重大案件的侦查期限缩短至 10 天以内，可以在被告缺席的情况下进行审理；对已经做出的死刑判决不接受上诉重审，并须立刻执行。同时，联共（布）赋予一些非司法机构（“三人小组”“五人小组”）广泛的权力，他们有就地逮捕权，并可以决定对被告施以上至绞刑的刑罚。在莫斯科、列宁格勒和其他一系列大城市进行了一场大范围的镇压，波及一些政治上中立的前贵族、资产阶级、宗教人士、小资产阶级和其他“异己分子”的残余。对所有这些人，即便找不到他们任何罪证，也会将他们长期流放到苏联的偏远地区。

斯大林不仅镇压和迫害前反对派的领导人（下文将谈及），还包括数以万计有异己之嫌的共产党员。在苏共中央监察委员会的档案库，有 11 卷被集体枪决的共产党员名单。内务人民委员会将这些名单上报斯大林、莫洛托夫、卡冈诺维奇及其他最高领导签字。自 1934 年 2 月至 1938 年 9 月，根据名单共计枪决共产党员 38848 人，5449 人被监禁在监狱和集中营。根据斯大林、莫洛托夫和卡冈诺维奇签署的命令，党员中的政治侨民、“人民公敌”的妻子及其 15 岁以上的子女均受到惩处和迫害。例如，1937 年 7 月 30 日，联共（布）中央下达命令，规定苏联各共和国、边疆区和州应判处一级（枪决）和二级（十年劳改）刑罚的人员“名额”为 258950 人。与此同时，联共（布）中央收到地方领导来函，请求增加本地区的“名额”，他们的请求得到了肯定的答复。现存的不完整资料显示，1937 年共计 470 万人被捕，其中 68 万人被枪决。关押在古拉格集中营的劳改犯中数以万计的人死于极为繁重的体力劳动、疾病以及非人的生存条件。

基洛夫被暗杀后不久，以斯大林为首的领导层就针对原来的“反对派”——托洛茨基派和季诺维也夫派开展政治审判。在审判过程中，被告人被控参与策划暗杀的对象不仅是基洛夫，还有斯大林，并指控他们参与反苏活动以及组建地下反党集团。其中，“列宁格勒季诺维也夫反革命集团案”（1934 年 12 月）和“莫斯科中心案”的审判严重违反了诉讼程序（如对前一个案件的被告做出判决的不是法庭，而是内务人民委员会特别会议），对被告使用了酷刑和精神折磨，但最终的判决结果相对较“轻”——监禁或流放 5～10 年。然而，对于上述案件中的大部分被判刑人员来说，这一切仅是拉开了迫害他们的序幕，在 1936 年和后来的几年内他们相继被枪决。

1936 年上半年，苏联国内又制造了所谓的“托洛茨基－季诺维也夫反苏联案”，该案牵连 16 人，他们曾经是托洛茨基和季诺维也夫两派的积极分子，因此被开除出党，并被关押在监或流放。1936 年 8 月，苏联最高法庭军事委员会对该案进行重新审理。在刑讯的压力下，包括季诺维也夫、加米涅夫、叶夫多基莫夫、巴卡耶夫等人在内的所有被告均承认自己有罪，参与了反苏、间谍、破坏和恐怖活动，以及参与了暗杀基洛夫及策划针对斯大林、卡冈诺维奇、莫洛托夫、奥尔忠尼启则、日丹诺夫等党的领导人的恐怖活动。结果，16 人全部被判处死刑，于 1936 年 8 月 25 日被枪决。该案的控告结论是苏联总检察长 А. Я. 维辛斯基在开庭审理前很长时间就已经起草完成的，并经过了斯大林多次审阅和修改。并且，后者又补充了几名新被告接受审判，加重了指控，并预先决定了所有被告人的判决结果。

但是这对“重口味”的斯大林来说还不够。1936 年 9 月 25 日，正在索契休假的斯大林和日丹诺夫给卡冈诺维奇、莫洛托夫和其他联共（布）中央政治局委员发了电报，指出“必须”加强对刑罚执行机关的领导，加大镇压“人民公敌”的力度。电报中写道：“我们认为绝对有必要紧急任命叶若夫同志担任内务部人民委员职务。而亚戈达（内务人民委员会前任领导——著者注）显然在打击托洛茨基－季诺维也夫集团一案中未能胜任。

国家政治保安总局在对该案的处理上拖延了4年时间。所有的党务工作者以及各州大部分内务人民委员会代表都这样认为。”次日，叶若夫被任命为苏联内务部人民委员，同时仍然担任联共（布）中央书记和中央监察委员会主席职务。在“叶若夫的铁拳”治理下，联共（布）的镇压机器以最快的速度运转起来。

1937年1月，对“反苏托派中心案”再一次进行了“公审”。这次公审的被告是17名党和经济部门的高层领导，其中6人在十月革命前就已经入党，过去曾任中央委员和中央监察委员会委员，包括政治局候补委员（1924～1925年）Г. Я. 索科利尼科夫。他们均被开除出党，他们中的大多数人虽在20世纪20年代参加过托洛茨基的反对派组织，但之后都与其彻底决裂。尽管如此，他们仍然被控参与组建托洛茨基的地下恐怖中心，搞破坏活动和间谍活动，策划暗杀斯大林及其盟友。所有这些指控的证词和口供都是内务人民委员会的侦查员通过刑讯逼供或屈打成招得来的。实际上，没有任何能够指控被告有罪的客观证据可以向法庭出具，证据完全是伪造的。在准备审判的过程中，斯大林亲自审阅并修改了控罪结论和判决书，并就侦查方向和对被告应采取的措施做出了指示。最终13名被告被判枪决，其中包括Г. Л. 皮亚塔科夫、Л. П. 谢列布里亚科夫、Н. И. 穆拉洛夫、Я. Н. 德罗布尼斯等；4人被判监禁，其中2人在狱中被打死，另外2人于1941年在又一次审判中被缺席判处死刑。

这样一来，“托洛茨基－季诺维也夫反对派”被彻底肃清了。与此同时，在全国范围内开展群众性的揭发检举和镇压原托洛茨基分子的活动，其中包括已经在狱中和劳改营服刑的人。

1938年3月，就“右派托派反苏联盟案”进行了第三次“公审”。被告是布哈林、雷科夫、罗森果里茨、切尔诺夫、拉科夫斯基和其他党务和国务活动家，以及医生和原内务人民委员部领导人亚戈达。对他们所有人的控罪是企图发动国家政变、颠覆苏维埃政权、政治上要两面派、搞间谍和破坏活动、策划反对斯大林和其他党务活动家的恐怖活动。对医生的指控则是“杀害”高尔基及其儿子彼什科夫，以及古比雪夫和明仁斯基。

斯大林也直接参与了这次审判的准备工作，包括在1937年2月召开的联共（布）中央全体会议上当众羞辱布哈林和雷科夫，并通过决议将他们开除出党，把他们的案件移交内务人民委员会。尽管会议决定不将布哈林和雷科夫交予法庭，但他们还是在当天被捕。后来斯大林参加了对他们的审讯，当面对质，要求他们承认控罪。

审判结束后，包括布哈林、雷科夫、罗森果里茨、切尔诺夫等人在内的18名被告被判处死刑，立刻执行枪决；3人被判监禁，其中拉科夫斯基（原本判其20年监禁）于1941年在没有进行补充调查的情况下被缺席判处死刑。

但是，“公审”仅仅是大镇压、大迫害这座冰山上的一角。与此同时，在中央和地方还对党和苏维埃的国家机器进行着大规模的秘密清洗。如，未经审判清除了联共（布）中央政治局委员丘巴尔、埃赫、鲁祖塔克、波斯特舍夫；在139名中央委员和候补委员中，有98人被捕，几乎全部被枪决；在1966名党的十七大代表中，有1108人遭到迫害；各加盟共和国、自治共和国、边疆区和州的党和苏维埃的领导，以及大多数人民委员会、外交使团、大型企业等的领导几乎全员被撤换。

红军指挥员遭到了最为严重的打击。从1936年起，联共（布）开始逮捕军人。被捕者遭到了严刑逼供，他们不仅要承认自己的“罪行”，还要指控其他人，包括军队的高层官员，尤其是副国防人民委员M. H. 图哈切夫斯基元帅。所有材料都上交斯大林，他亲自参加了部分被捕军人的审讯。1937年5月末，图哈切夫斯基和其他著名军队指挥员被捕，他们的罪名是搞军事阴谋、策划军事政变、搞间谍和破坏活动、削弱红军的战斗力。6月11日，苏联最高法院军事法庭（其成员包括一些军队的高官，不久后他们也被枪决）用几个小时的时间召开了一次会议，8名被告全部判处死刑，他们是M. H. 图哈切夫斯基、И. Э. 亚基尔、A. И. 科尔克、И. П. 乌博列维奇、P. П. 埃德曼、Б. M. 费尔德曼、B. M. 普里马科夫和B. K. 普特纳。6月12日，他们被执行枪决。

随后，军队中开始大批逮捕军人。在接下来的两年里，有超过4万名指挥员和政治工作人员遭到迫害，其中包括11名副国防人民委员、80名军事委员会委员中的75人、4位元帅中的2人（叶戈罗夫和布柳赫尔）、16位将军中的14人以及90%的军团指挥员。这导致军队士气低落、纪律涣散、战斗力削弱，他们在1939～1940年冬天抗击芬兰的战争中及1941～1945年卫国战争初期的表现都证明了这一点。

大镇压造成了极为严重的后果。为了推卸责任，1938年初，以斯大林为首的党中央在联共（布）中央全体会议上通过了《关于党组织在开除党员方面的错误和对被开除者上诉的官僚形式主义态度以及消除这些缺点的措施》的决议。决议中指出，要为这些“缺点”负责的是各共和国和州的党组织，但这绝不意味着要停止镇压。现在他们的矛头指向那些造成党内互不信任气氛的告密者，以及犯下不少“错误”的刑罚机构的工作人员。新运动的一个牺牲者就是“斯大林的人民委员”叶若夫，根据“个人意愿”，他已辞去内务人民委员职务。1939年初，未经法庭审讯和侦查，他也被清除了，取代他接任内务人民委员会领导职务的是Л. П. 贝利亚——斯大林的心腹。纠正“错误做法”起到了一些成效：对少数案件进行重审，对错判的人予以释放，一部分被迫害的军官重新回到军队，等等。

但是，镇压和迫害的主要目的已经达到。在斯大林看来党内不可靠的部分——“列宁的近卫军”已被逐一铲除。20世纪20～30年代培养提拔起来的那批官员干部已经“过气”，无法适应新形势，都被撤换和消灭。取而代之的是身上沾满前人鲜血的新一代机关工作人员，他们应该更听话，并且愿意做一切。社会上人心惶惶，形成一种对斯大林卑躬屈膝、极尽吹捧的风气。国内和党内达到了表面上的同心同德，一片和谐，对党提出的任何目标和口号都不假思索，予以支持。其中，党的队伍不断壮大也说明了这一点：1938年，入党的人数超过50万。

然而，这并不意味着苏联国内再没有勇敢而又能独立思考的人了。他们存在于社会各个阶层，但在严格的警察监督和政治检查下，苏联社会绝对禁止阐明个人观点，这些人一直是“行走在刀锋之上”。

联共（布）30年代的活动总结

在20世纪20年代的时候，斯大林提出了在一国能够建成社会主义的思想，这与列宁的观点是相悖的。后者认为，在苏维埃俄国，由于国家的经济和文化落后，能否建成社会主义取决于能否获得在“那些疯狂的资本主义国家”获得胜利的无产阶级的支持和援助，即取决于世界无产阶级革命能否胜利。正因为如此，布尔什维克一直不懈地期待着，并且全方位地支持甚至是推动着世界的革命进程。托派及其他“反对派”分子以托洛茨基的“不断革命论”为依据，谴责斯大林狭隘的民族倾向。然而，世界性的革命并没有爆发，斯大林坚决与此划清界限。在1936年与美国记者罗伊·霍华德交谈时，他指出，苏联“从未有过”进行世界性革命的“计划和打算”。接下来进行了下面一番对话：

霍华德：斯大林先生，我认为，全世界长久以来形成了另一种印象。

斯大林：我认为这是误解的结果。

霍华德：是可悲的误解吗？

斯大林：不，是可喜的。或者说，是亦悲亦喜吧。

这意味着斯大林与国际布尔什维主义决裂，带着他的帝王野心和民族爱国主义、国家主义情绪站到了民族布尔什维主义的立场上。马克思的国家消亡论（列宁也赞同）在社会主义制度下被巩固社会主义国家的思想所取代。后者认为，即使是在共产主义制度下，在周围都是资本主义国家的情况下，社会主义国家仍然应该保存下来。

正是在这一时期，1936年，斯大林宣称过渡时期已经结束，苏联基本建成社会主义社会。1936年11月25日，他在全苏苏维埃第八次非常代表大会上说道：“苏联已经基本上实现了社会主义，建立了社会主义制度，即实现了马克思主义者所宣称的共产主义初级或者低级阶段。”他指明，在苏联已经消除了私有制和资本主义剥削，消灭了剥削阶级，苏联社会的阶级结构发生改变，现在，“摆脱了剥削的工人阶级”、“摆脱了剥削的集体农庄农民”和“新的劳动知识分子”，在统一联盟国家的体系下实现了各民族间的团结合作，“其牢固的关系是世界上任何一个国家都羡慕不已的”。

尽管这一切（当然，关于确定已经消灭私有制和资本主义剥削的言论除外）都是蛊惑人心的偏激言论，但当时人们都信以为真，斯大林关于社会主义取得胜利的声明一直伴随着与会者经久不息的掌声，当然，斯大林——这位苏联人民的“领袖和导师”的其他讲话也是同样的情况。在举国同庆、一片欢腾的气氛下，1936 年 12 月 5 日，联共（布）批准通过了新的斯大林时期的苏联宪法，这部宪法被称为“胜利的社会主义宪法”。

在不断加大对本国人民迫害力度的情况下，新宪法以法律文件的形式确定了劳动人民拥有平等的地位和自由，所有人都拥有平等且直接的不记名选举权，保障人民包括言论、出版、集会在内的民主自由权利，并宣布宪法是国家的根本大法。但这一切都局限于阶级范畴内，即在保持无产阶级专政的条件下。在报告中，斯大林谈及在苏联决不允许多党制的存在时称：“苏联只有工人和农民两个阶级，他们的利益不是敌对的，相反，是相互友爱的。因此，在苏联没有几个政党存在的土壤，也就是说没有这些党生存的基础。在苏联只有一个党，即共产党存在的土壤。苏联只有一个党可以存在，这就是勇敢的、彻底捍卫工人和农民利益的共产党。”鉴于此，宪法确定了共产党在苏联的领导地位，将它定义为“劳动人民为巩固和发展社会主义制度而奋斗的先锋队”，是“劳动人民各类社会和国家性组织的领导核心”。

联共（布）的领导虽然宣称民主自由，事实上他们却害怕民主，竭力限制人民的民主权利。在 1937 年 2～3 月召开的联共（布）中央全体会议上，当讨论到最高苏维埃选举的技术性问题时，“苏联的国家元首”加里宁解释说，选举将“没有选择”，因为每个地区只能有一名代表候选人。

各选区纷纷成立了宣传小组，基职责就是确保选民届时出席选举。正是这样，参加选举的人员数量才能达到 98%～99%。也正是因为这些措施，有96.8%的选举者参加了苏联第一届最高苏维埃选举（1937年），其中约98%的选民投票给“共产党和无党派人士联盟”的候选人。

至于法纪保障问题，不必在此赘述。对于这一时期来说，非常典型的是不经检察官批准实施逮捕行动，取消“无罪推定原则”，不经法庭审判就定罪，对受审者使用酷刑和精神折磨逼取口供，在缺乏客观证据的情况下根据被捕者的假口供进行指控。1939年1月，斯大林亲自签署致党的领导机构和内务人民委员会的电报，在电报中写道：“联共（布）中央已经说明，自1937年起，联共（布）中央就已准许内务人民委员会在实际工作中使用酷刑……联共（布）中央认为，酷刑应该仅限于对那些臭名昭著、彻头彻尾的人民公敌使用，在这种情况下这是可以容许的正确手段。”

综上所述，无论在工业领域还是农业领域，向社会主义的“大跃进”其实都没有成功，由此获利的只有国家、军工业和行政命令体制。人民劳动者承受着社会剧变带来的所有重负，却没有获得明显的福利，他们的生活水平降低了，自由没有了，空有对光明未来的希冀蒙蔽着他们。党和国家的最高领导利用他们的激情，用于谋取个人利益，以及加重对劳动人民的剥削和扩大自己的特权。

此时的苏联社会一步步边缘化和流氓化。数百万人昨天还是农民，现在离开业已习惯的生存条件，艰难地适应着工厂工人和城市居民的新身份。与此同时，数量成倍增长的工人阶级失去了他们一直引以为荣的技术、无产阶级的团结和政治上的原则性。同时受到恐怖手段威吓的集体农庄农民没有了当家做主的感觉，失去了在土地上耕作的兴趣和饲养家畜的热情，他们变成了对自己的劳动成果无所谓的短工。最后是知识分子，他们许多人是从机床旁和田间地头走来，从事科学文化事业，文化基础极为薄弱，专业上不够权威，整日担心受到迫害，战战兢兢，习惯于事事都随大流，失去了知识分子以前所素有的自由和民主的特性。

这就是20世纪30年代末处在布尔什维克试验下的苏联人民的真实写照，是以斯大林为首的最高领导层极权专制统治以及斯大林个人崇拜造成的可怕后果。此外，古拉格集中营里关押的囚犯数量不断增加，到30年代末期已达500万～700万人；还有大量流放者在监控之下修建运河、铁路、发电站和工厂，开采煤矿和金矿，秘密设计新型军事设备，他们事实上就是没有公民权利的奴隶。鉴于此，一党垄断的国家及其官僚机器领导的社会众生相全然展现出来。而正是这样的社会被称为社会主义社会，是布尔什维克承诺人民要建成的人间天堂。

时至今日，一切都一目了然。实际上，在联共（布）的领导下，苏联建成的是兵营式的社会主义。其典型特征是在满足人民需求方面实行苦行主义，在物质的分配上搞平均主义，极少数“革命领袖”享有特权、独断专行，整个社会体系官僚化，把人当作完成上级意志的工具。确立兵营式社会主义的主要手段是对人民暴力威吓、谎言欺骗乃至背信弃义。

第二十三章
伟大的卫国战争时期

Б. А. 托曼　Т. Б. 托曼

战斗的党

1941 年 6 月 22 日，德国法西斯发动了对苏战争。苏联的党和国家领导人掌握了对方准备入侵的情报，采取了相应的防范措施，期望能够逐渐获得军事和经济上的优势，尽量做到“在别国的领土上流最少的血”，从而迅速赢得胜利，但敌人在地面和空中都迅即掌握了主动权。

战争初期，这种形势完全是以斯大林为首的领导判断失误而造成的。《苏德互不侵犯条约》使德国在军事和经济方面获得了较大的优先权，而苏联政治和经济体制上存在的本质性缺陷显现出来。大规模镇压伤了党和红军指挥人员的元气，削弱了国民经济的活力，在国内形成人心惶惶、互不信任的气氛，扼杀了人民的主动性。推动经济和军事工业的发展、壮大武装力量的措施带来的效果只体现在数量上，而非质量上。最主要的是，无论是对红军方面军和兵团，还是对苏联人民来说，德国的进攻都是意外的突袭。

由于敌军迅速挺进，苏联政府措手不及，加之缺乏准确情报，在靠近前线的地区引起了一片恐慌。在开战的头三周，德军几乎占领了波罗的海沿岸、白俄罗斯、摩尔达维亚的全部地区及乌克兰的大部分地区，苏联红军失去了近 100 万名士兵和指挥官。

此刻，国家到了生死存亡的时刻。希特勒大肆宣传对苏战争是一场先发制人的战争，他们想让人们相信，德国是在努力帮助俄罗斯摆脱“犹太人共产党的领导”。事实上，德国法西斯是经过很长时间精心策划了这场侵略战争。其计划的主要内容包括：消灭苏联这个各民族组成的国家，对其进行经济掠夺，消灭知识分子和民族文化，实施彻底消灭一些民族、征服奴役其他民族的种族主义计划。

战争一开始，苏联的党和国家领导人就采取措施组织对敌人的反击。1941年6月22日正午时分，外交人民委员 B. M. 莫洛托夫代表政府发表广播声明，呼吁苏联人民团结一致，投身卫国战争；宣布国家进入战时状态，开始对预备役军人进行动员。同时，在领导层面成立了苏联武装部队最高统帅部、国防委员会、苏联情报局，通过了相关决议以保护企业机关，成立歼击营，制定新的工作时间制度，在东部地区建设新的航空工业和坦克工业基地。

战争开始时的惨烈和严重失利要求党和政府立刻做出调整，“一切为了前线，一切为了胜利!”这一口号是本次大调整的主要宗旨和内容。

战争开始前，联共（布）共计有约390万人和20.5万个基层组织。在大清洗和大规模镇压后，新入党人员中60%的人是在20世纪30年代末到40年代初被吸收入党的。大部分新增入党人员对共产主义理想充满信心。然而，无疑也有相当大比例的人在政治上并不积极或是怀着功利之心，这一切在严峻战争的考验下暴露无遗。

此外，联共（布）党员的年龄大多很年轻：年龄超过50岁的党员和预备党员不到5%；人数最为众多的年龄段在25~35岁，加上不到25岁的年轻人在内，约占党员总数的62%；超过1/3的党员在36~50岁；女性占比略高于15%；实际上联合了苏联各民族的代表。按照社会出身来说，工人和农民占大多数（2/3），如果按照从业种类划分，他们的占比不到1/3。超过60%的党员受教育程度不高或者只接受过初等教育，具有中等和不完全中等（七年）受教育程度的党员仅占1/3，而受过高等教育的党员占比略高于6%（不过，共产党员的受教育程度还是要高于居民的整体水平）。

在战争年代，党的人员构成得到了更新。数百万名新党员接替了牺牲的共产党员和因各种原因退党的人。这一时期，共发展联共（布）预备党员约510万人，正式党员约330万人。入党证明了自己对制度的忠诚，但又不限于此，在战争的残酷时刻，这首先代表了争做祖国积极捍卫者的意愿。

党的组织结构呈金字塔形，塔尖是它的最高机构，是以斯大林为首的领导层。斯大林不仅是执政党的领袖，还是苏联人民委员会和国防委员会主席，是武装部队最高统帅和国防人民委员，没有任何力量能够限制他独揽大权。

斯大林的亲信纷纷进入党的最高权力机构，将政权牢牢掌握在自己手中，不仅包括对党的领导，还包括对立法、执法、军事和民政部门的领导。例如，莫洛托夫任政治局委员、国防委员会和人民委员会副主席、外交人民委员，武装部队最高统帅部成员贝利亚是政治局候补委员、人民委员会副主席、国防委员会委员、内务人民委员，马林科夫是政治局候补委员、组织局委员、中央书记处书记、中央人事管理局局长、国防委员会委员。斯大林任命“自己人”担任党和国家的最高领导职务，通过这样的方式把权力牢牢控制在手中，以保证自己的独裁统治。

联共（布）章程规定，要定期召开代表大会和中央委员会例会及全体会议。但是在战争时期这条规定未能得到遵守，中央委员会全体会议仅在1944年1月召集过一次，以确定苏联最高苏维埃例行会议的议事日程和新的国歌。中央委员和候补委员领导了战时武装斗争和国民经济的改革工作，但是中央委员会作为集体领导机构并没有实际作为。原则上，党的领导以及通过党实现对国家的领导工作主要集中在中央最高执行机关——政治局、组织局和书记处，但事实上，即便在这些机关，集体领导制度也被压制到极致。

政治局的工作是针对最为广泛的问题做出决策，从预备役军人的动员工作、在战争开始的第一天宣布进入战时状态，到颁发大量嘉奖、授予最高军衔和其他各种荣誉称号等。党和国家的一切头等大事和高层干部调整都要通过政治局审议，然后由斯大林签署确定，之后会以苏联最高苏维埃主席团命令和苏联人民委员会决议的形式下达。

政治局还负责制定苏联的外交政策。例如，制定与英、美等西方国家组成反法西斯同盟，以及进行军事和外交合作的方针路线。这些西方国家具有不同于苏联的国家和社会制度及不同的意识形态，向苏联提供了重要的经济援助。

政治局（通过共产国际执行委员会）领导国际共产主义运动。1943 年 5 月，为改善与同盟国之间的关系，共产国际宣布解散。此后，转由中央国际信息部（其负责人是曾任共产国际执行委员会总书记的季米特洛夫）和一系列秘密机构执行共产国际的职能，这项工作的职能范围也变得更为广泛。

在战争最艰难的时期（1941 年 9 月 20 日至 12 月初和 1942 年 8 月至 1943 年 4 月初），中央组织局停止了工作。从 1943 年中开始，组织局定期听取地方党委的总结报告，参与人员的范围相当广，包括了中央机构、地方党组织和各部门的负责人。1943 年 8 月，政治局通过决议，确定了组织局和书记处的职责和权限，主持会议及所有实际领导工作都交由马林科夫负责。中央书记处常常就最为广泛的问题做出决策，最常见的就是干部问题。

中央机关的工作人员除了党和国家刑罚机关、执法机关、外交部门、文化机构、社会组织管理部门、大众传媒和宣传机构的工作人员以外，还包括国民经济各领域的领导干部（下至小企业的厂长和主任工程师），高校校长、科研院所所长、模范剧院院长（包括区级的全权负责人），以及培训机构的工作人员。所有官员的任命都要经由中央书记处批准。

中央书记处通过的决议涉及工业、农业、卫生、宗教、高等和中等院校及社会问题等多个领域。对于党的地方机关来说，书记处负责对苏联最高苏维埃主席团和各加盟共和国职权范围内的问题做出决策，批准地方的行政改革和各级苏维埃的选举时间改期等事宜。

书记处受理反映各类问题的申诉书和建议书，并针对这些问题组织检查，成立委员会，授权党的地方机关查明问题并惩治犯过错者。在个别情况下，书记处会做出详尽而全面的决议。书记处还负责审查意识形态方面的问题：从打击“问题”文章或者诗作到审查错误估计“民族斗争形势”的不坚定分子。

党的最高领导机关的工作方法就是通过下达命令、严格监督和威吓等手段直接掌控执行机构，进而形成自上而下的总的领导。

在加强中央集权方面，党的机关（其中首先是中央机关）及其各管理部门发挥着更为重要的作用。干部管理机构包括150多个部门，它们不仅负责干部管理，还覆盖了中央国家机关和国民经济各部门的职能业务。这些部门研究、调整和批准干部的任用，制定各机构及其下属机构的活动安排，处理当前的行政事务和经济问题。

机关的组织结构较为复杂，相应地，各宣传管理部门的机构设置也很庞大。1942年，相继出现了科学部、宣传部、印刷部、出版部、高校的马列教学部；1943年出现了文学部门、电影艺术部门；1944年出现了广播和无线电部门、理论问题手稿评估专家组；1945年出现了艺术部门、印刷工业和造纸工业部门、地方报纸部门。由此可以看出，党中央希望把所有问题的决策权都集中在自己手中，因此，机关开始变得越发庞大臃肿。这样虽然可以加强对党中央决议执行情况的监督，但同时削弱了各国家部门和社会组织的积极主动性。

联共（布）的领导不仅通过地方党组织发挥自己无所不在的影响力，还采取特殊形式的交叉监督机制。苏共中央向重要企业委派党委书记，到战争结束的时候达到1377人。1941年末，农业和交通部门的政治机关（1943年5月取消）在权力结构上形成了复杂的金字塔形。每一个区都指派了采购专员，各州都有党的全权监督委员会，所有这些机构都隶属于中央，独立于地方机构之外。

卫国战争爆发伊始，联共（布）就着手将国家生活的方方面面都调整为战时管理体系。首先就是改组自己的队伍。大部分地区的共产党员都应召加入武装部队，留驻在被占领地区的党员则开展地下工作，参加游击队。无论是大范围的全员总动员，还是针对共产党员和党的基层领导进行专门动员，联共（布）逐渐实现了党的力量的重新调配。

党的领导的首要任务在很大程度上决定了国家的命运，它要依靠基层组织和普通党员。在战斗中，党员和非党人士并肩作战、生死与共。在“劳动岗位”上他们也是并肩劳动和工作。应该指出的是，在向居民定额供应物资量极少的条件下，机关工作人员，即党和国家的官员在粮食和日用工业品的供应方面享有较大的特权。但是这些官员们并不满足于此，他们还常常利用职务之便谋取私利。然而，普通党员却没有任何优惠待遇和特权。除了严格的军事和劳动纪律之外，他们还要服从党的纪律。

行政命令管理体制形成进程的终结

早在土地资产收归国有时期，以党和国家机构高度集权为基础形成的政治体制就积累了在极端条件下运行的经验。早在战争开始前的许多年，任何形式的集体领导都被取缔了，多元化的意见和异己思想也被彻底铲除。人民的精力主要用于解决当前国民经济的发展问题和克服现实生活中存在的或者是人为制造的困难上。在战争环境，上级指示和无条件服从的工作方式最终完善了极权主义行政命令体制。

1945 年 6 月 30 日，苏联国防委员会成立，党完成了真正意义上的权力集中，最高国家机构和党的机构的职能不再有区别。国防委员会的成员包括斯大林（主席）、莫洛托夫、贝利亚、伏罗希洛夫、马林科夫，事实上这就是小范围的政治局。1942 年，国防委员会又增补了沃兹涅先斯基、卡冈诺维奇、米高扬为委员。苏联国防委员会成为特设的党和国家最高权力机构，其决议在战时具有法律效力，所有国家、党的管理机构以及社会组织都必须服从它的领导。

国防委员会不定期召开全员会议，不做会议记录。事实上，所有问题都是在斯大林的办公室里解决的，并且他会根据事务的轻重缓急召集人民委员及各经济管理部门的领导到这里来开会。1945 年 9 月 4 日国防委员会被撤销前，它共通过了 9971 项决议和命令，其内容涉及企业转型生产军工产品，军工生产的组织工作，干部培养，新型军工技术的研发，金属、燃料和电能的生产，交通部门运作等方面的决定。战时国防委员会负责组织领导工业企业的撤退，而后随着占领区的解放，又组织企业回迁和经济的复苏工作。当然，它的工作重心是组建新的方面军和兵团，并派驻领导干部到军队和国民经济各部门。国防委员会将前线的需求与各经济领域的供应对接起来，为前线协调各类物资的分配和运输。国防委员会与军工企业及重要企业的联系枢纽是特命全权代表，他们原来是党和经济管理各部门的领导。

所有涉及领导干部任命、武装部队组建、为军队提供物资技术保障、交通部门的计划和运作等方面的决议都由斯大林亲自签署。个别命令是由莫洛托夫、贝利亚、米高扬核准签发的。通常，决议下发至直接执行者，即各相关人民委员、各加盟共和国党中央的第一书记、边疆区委员、州委员、国防委员会全权代表等。苏联国防委员会的工作效率很高；除极个别情况，执行者须对所有决议无条件执行，同时，各级权力机构明确的组织监督制度和个人责任制为决议的执行提供了保障。然而，仅靠党、国家和国民经济各部门严格地执行纪律是不可能保证完成这些决议的，要做到这一点，首先是人民付出了繁重而艰辛的劳动。

在联共（布）中央的领导和严格监督之下，苏联政府——斯大林领导的人民委员会和人民委员部开展工作，并对相关的组织结构做出必要的调整变动。

根据宪法规定，国家最高权力机关是苏联最高苏维埃，但与各级地方苏维埃一样，它的权限和职能极为有限：主要负责执行党中央的决议。最高苏维埃例会共召开过3次（1942年、1944年和1945年）。М. И. 加里宁担任最高苏维埃主席团主席期间未曾有过换任，主席团的作用是对其管辖的苏联国防委员会、联共（布）中央和人民委员会的决议形成文件。最高苏维埃主席团的权威性有多高，只要看一点就明白了，被称为“国家元首”的主席团主席既不是国防委员会成员，也不参与决策的制定。

根据宪法规定，最高苏维埃主席团应负责对地方苏维埃的全面领导，解释法律并制定相应的实施办法。事实上，这些职能都被压缩了（甚至还是在和平时期）。战时，地方苏维埃执行委员会及其各部门做了大量工作：安置疏散人员、孤儿，组织帮扶军人家庭、残废军人，对全民普及军事知识，修建防御工事等。同时，各级苏维埃积极协助党做动员工作，号召劳动者众志成城，支援前线。然而，其民主代表机构的职能却始终未能发挥出来。此外，到战争快要结束的时候，在战前经选举产生的人民代表仅剩下一半左右，而新的选举一直没再举行。这样，人民代表的空缺直接由党的机关指派的工作人员补替，并将其增补为苏维埃成员或执行委员会委员。解放区执行委员会的全体成员都是由党的机关选派和确定的。不管听起来有多么荒谬，但事实上在苏联苏维埃没有任何实质性权力。

社会组织在党和国家机关的统一领导下运作。作为其中规模最大的组织，工会在战争初期团结起来2500多万人。他们参与组织社会主义劳动竞赛和其他群众性爱国运动，组织集体和个人蔬菜栽培，支援部队及其医院。共青团把超过1000万名团员联合在一起，在武装斗争、劳动、学习和日常生活的组织方面发挥了重要作用。苏联全国总工会第一书记 H. M. 什维尔尼克和列宁共产主义青年团中央第一书记 H. A. 米哈伊洛夫因此进入联共（布）中央组织局。在战争开始前就已经存在的苏联国防及航空化学建设促进会、红十字会和红新月会等社会组织也为共同的事业做出了自己的贡献。

为了建立对外联系，宣传苏联人民反法西斯斗争的信息，并方便从各类外国组织获取物质援助，苏联成立了一系列反法西斯委员会（如苏维埃妇女、学者、青年、全斯拉夫民族、犹太人等委员会），它们的一切活动都要接受联共（布）中央的严格监督。

在前线

对政治领导层进行改组以及对党的队伍进行重新调配是将苏联的全部生活调整到战时状态的重要举措。但毫无疑问，祖国的命运首先还是取决于战场的形势。

在战争伊始，政治局就通过决议，决定选拔共产党员成为“政工战士”，以加强党在各团和各师的政治影响力，提升军队的政治素养。动员的对象也包括优秀的共青团员。大多数政工战士（共计超过13万人）都具有高等和中等受教育程度，所以在经过相应的培训之后，他们有可能成为初级指挥员和政治工作人员。然而，他们大批地被填充到战斗伤亡最为惨重的部队，并且立刻投入作战，因此，人员损失是巨大的。

在靠近前线的地区，党员是共产主义歼击营、工人近卫军、民兵团的中坚力量。当然，民兵部队并不符合战争的作战要求，因而人员损失惨重。然而，在战斗中民兵体现出了大无畏和自我牺牲的精神。他们常常身穿普通的衣服，武器装备差，从未经过充分的训练，许多人也并非年轻体健，但无论是党员还是群众，在危急时刻都能挺身而出保家卫国。

在战争的头一年，通过总动员和有针对性的专门动员，参加武装部队的人数超过 134.4 万，达到战前各地区党员总人数的 40% 以上。这无疑加强了军队的力量，提高了它的战斗力。但是，民兵上前线并不总是有效和合理的。一年的时间里，约 63.4 万名党员在战斗中受伤、牺牲或失踪。在准备应战和战争的初期，党的优秀儿女们为以斯大林为首的领导层所犯下的致命错误和罪行付出了生命的代价。

为了领导全体人民抗击侵占者，数以万计的共产党员留在了敌占区。他们当中许多人很快就牺牲了，但在开战的第一年年末，游击队和地下组织中的党员人数超过了 6.5 万。此外，在没能撤退而留在占领区且没有委派任务的 6.9 万名党员中，也有一部分人加入了抗敌斗争。当然，这些人中出现了一些投敌分子。

希特勒的军队不仅在占领区确立了残酷的统治制度，还试图从意识形态上影响苏联民众，他们允许甚至是怂恿通敌叛国者搞“多党制”，组建亲法西斯的党派和民族主义党派。但是，所有这些掩盖恐怖和掠夺政策的企图都未能得逞。民众如饥似渴地收集着“祖国”传来的消息，他们对地下工作者和游击队员表示同情和支持。在占领区，人民群情激奋，对德国法西斯展开了一场真正的反抗侵略者的战争。他们攻击敌人的驻防军，破坏铁路干线，惩治叛徒——这些使敌人遭受了严重的损失，让侵略者和帮凶心生恐惧、信心动摇。

随着大批党员从地方组织调到部队，党的基层领导干部也进行了重新调配。军事和军政工作岗位上集中了近一半的中央委员，党中央、边疆区党委、州党委的许多书记都成了前线和军事委员会委员，以及敌后斗争的领导人。战争初期，党中央共征召500余名各加盟共和国党中央、边疆区党委、州党委、市党委和区党委书记，1265名其他中央机关干部，以及近300名中央机关工作人员。在中央和地方党校听课的人，凡是可以到部队任职者，均转到军队政治机关任用。在战争期间，根据中央决议调入红军担任党政职务的共产党员约有1.4万人。

战争年代，超过半数的共产党员参加了反法西斯的武装斗争，近200万名党员在战斗中牺牲、重伤或下落不明。党员参战及他们的英勇无畏精神提升了党的威信，扩大了党的影响力。

当时，入党的主要途径是参军。为了简化前线战士的入党程序，党中央对入党条件进行了修改。在前线，对一名同志的考察期可以不是一年，而是一次战役，因此，党员预备期降为三个月。并且，入党介绍人的党龄是一年以上即可，而不必是党章要求的三年。到战争快结束的时候，军队共发展党员和预备党员300余万人。

在联共（布）中央委员会的领导下，总政治部全面负责管理全军党的工作。总政治部主任由政治局候补委员、中央书记处书记A. C. 谢尔巴科夫［他同时兼任联共（布）莫斯科州党委和莫斯科市党委书记］担任。随着战争的开始，军队开始实行特殊的党的领导形式：各兵团、师、舰队、参谋部、军校都由政委来领导；在各连队和飞行中队设指导员制；政委的职责包括对士兵和指挥官进行思想政治教育和情感沟通，领导政治机关、各级党组织和团组织的工作，监督命令的执行情况。1942年秋，政委制度被废除，军队彻底实行一长制，设置了主管政治工作的领导副职（1943年这一职位也被撤销）。

抗击侵略者的力量在不断壮大。在南方，激烈的战斗在敖德萨和塞瓦斯托波尔打响了。这些地区的居民在党组织的领导下同红军部队一起英勇地保卫着家园，他们直接投入到战斗中，冒着敌人的炮火修筑起一座座防御工事和堡垒。

在列宁格勒进行了极为艰苦的战役。1941 年 6 月 30 日，在党组织的号召下，那里组建了数支民兵师。9 月 8 日，当德军对城市形成包围之势后，漫长而又充满苦难的时期开始了，人们忍饥挨冻，还有没完没了的炮轰，列宁格勒在重压之下力量不断被削弱。据不完全统计，在此期间共有约 66 万名列宁格勒人丧生，占战前该城市人口数量的 1/4 以上。然而，城市的生活、工作和战斗仍然在继续。

1941 年 9 月，伟大的莫斯科保卫战打响了。到 10 月中旬，敌军占领了卡卢加和加里宁，莫斯科局势极为严峻。10 月 15 日，苏联国防委员会通过决议，决定党政机构撤离首都。军事指挥部和莫斯科市党委采取了紧急措施，加强城市防守，快速组建了新的民兵部队，发动 150 万名莫斯科人修筑防御工事，做好了巷战准备，对重要工程进行了布雷。

莫斯科城区的交通陷入瘫痪。从前线下来的伤员和大量难民队伍连绵不断地经过城市。在这种条件下，莫斯科市党委和苏维埃领导全身心投入到如火如荼的防线构筑上，无法顾及民众的需求和情绪。于是，城市陷入一片慌乱，但紧张局势很快得到了控制。1941 年 10 月 17 日，谢尔巴科夫发表广播讲话，平息了市民的恐慌。10 月 19 日，莫斯科党委下令对莫斯科实行戒严：宣誓要誓死捍卫莫斯科，直至剩下最后一个人。12 月 5 日，红军转入反攻，最终以德国法西斯的第一次大溃败而告终。莫斯科保卫战的胜利对伟大卫国战争的进程具有决定性的影响。

由此，苏联的领导人开始充满信心，认为胜利近在眼前。尽管红军身经恶战，已受重创，而国内的经济还没有完成战时的改革，但是，斯大林坚持继续进行大规模的进攻。当时，只有莫斯科保卫战的苏军统帅朱可夫和人民委员会第一副主席沃兹涅先斯基敢于反对斯大林的意见，他们竭力劝说斯大林暂时转入防御。但斯大林根本听不进去，结果导致 1942 年夏苏军遭受了一系列重大的失败，敌军占领了顿巴斯，直逼斯大林格勒和北高加索。为了立即采取措施组织对敌军的回击，斯大林任命朱可夫为最高副统帅，并派他和苏军总参谋长 A. M. 华西列夫斯基一起前往斯大林格勒。在斯大林格勒战役中，德军遭到了毁灭性的失败。

1943 年 2 月 2 日，被围困的敌军宣布投降。

1943 年夏，敌军企图扭转局势，重新夺回战略主动权。然而，红军在 7 月库尔斯克战役中的胜利标志着战争发生了根本性转折。一方面，这是苏联红军在数量上和素质上日渐占据优势的结果，显示出了迅速成长起来的红军指挥官的军事指挥艺术、将士的实战经验以及敌占区的苏联人民抗击敌军的英勇大无畏精神；另一方面，也是后方劳动者英勇付出的结果。在库尔斯克战役后，红军开始全线进攻。同年秋，苏联红军解放了顿巴斯，并对第聂伯河地区发动强攻。

1944 年，苏军又获得了一系列新的胜利：1 月——列宁格勒保卫战结束；2 月——红军击溃科尔逊－舍甫琴柯夫斯基的敌驻军；5 月——解放了克里米亚地区；6～8 月——在白俄罗斯发动了“巴格拉季昂”行动，红军开始挺进德国边境；8 月——解放乌克兰和摩尔达维亚，红军发动波罗的海战役。

1945 年初，红军发动了最后一次决定性进攻，最终攻占了柏林。5 月 8 日，德国宣布投降。欧洲战争结束后，9 月 2 日，日本也宣告投降，第二次世界大战彻底结束了。

在后方

严峻的战争形势要求各地党组织根据新的紧急状态对各项工作进行重新调整，尤其是对前线附近各州的党组织来说，在 1941 年 6 月 29 日以前，他们没有收到过党中央对开战后局势进行评估的任何文件，除了 1941 年 6 月 22 日苏联政府发表的声明之外。他们依据具体指示和命令行事，其内容涉及战争全员总动员、对共产党员的动员、加大对大众传媒的监督力度等。

1941 年 6 月 29 日，中央的指示下达前线周围各地，以及基洛夫斯克、萨拉托夫、梁赞等州，这些地区在收到指示次日就积极行动起来。然而在大后方，直至 7 月 3 日斯大林发表广播讲话前，还没有及时采取措施对党的各项工作做出调整。因为他们远离前线，无法根据苏联情报局的通报了解到战争的规模、性质以及苏联红军在战争伊始的失败。在和平时期，人们常说战争是不可避免的，但当它真正到来的时候，还是令人感到意外。许多党务工作者已经习惯了根据中央的直接指示行事，所以，战争一开始，他们立刻处于惊慌失措的状态。

和平时期，他们习惯于精神抖擞地向上级报告完成各项活动的数量，却很少关心民众的情绪和民意。例如，伊万诺沃州党委向莫斯科报告说举行了数万次集会、会议和座谈，有超过100万人参加。而现实中，工人对粮食供应不足、工资下降、工作时间延长和市场价格提高等流露出了不满情绪，一些企业爆发了自发性的大罢工。10月中旬，伊万诺沃州的局势危急，党在一些工厂的基层组织暗中瞒着工人开始准备撤退。于是，在最大的混色纺织联合工厂举行了群众集会，党员和团员也参与其中。州党委、市党委和区党委的书记都赶到工厂，详细分析了当时的局势，停止拆卸设备，并撤换掉威信扫地的领导，这样才能平复人们的激动情绪。在这次事件中，共惩治了6名“主谋”。

党中央在对各地党组织进行大规模动员时，也遭遇了巨大的困难。整个战争期间，赶赴前线的人数占战前基层组织总人数的一半，许多党组织赴前线的人数甚至达到60% ~70%。同时，占领区和前线附近地区的党员，主要是技术熟练的工人和专家来到东部地区，那里正在建设重要的军事工业基地。在战争的第一年，共计疏散37.85万名共产党员。

即使是在和平时期，地方党组织也把本地区各项工作的领导权集中在自己手中。现在，由于原来横向和纵向的经济联系都被打破，它们发挥的作用更大了。中央政治局和国防委员会通过决议，规定州党委和市党委第一书记全权负责武器、弹药和军事装备等生产任务的完成工作。党委负责协调各人民委员部管辖的企业工作，实际上确立了跨行业的生产合作制，调配设备和原材料，将专家和工人由一些企业调派到其他企业，开展劳动动员工作。事实上，他们履行管理地方经济的职能。

地方机构的一切活动都是在莫斯科的严密监控下进行的。地方发挥主动性或提出倡议的举动常常会遭到否定，甚至会引起中央的警惕。地方组织机构举办任何活动，即使是开讨论会，也要报中央批准。所以，在整个战争期间，包括最为艰难的战争初期，地方党组织在实施特别管理形式的同时，还要遵循传统的规章制度。各州党委、边疆区党委、加盟共和国党中央的第一书记兼任国防委员会全权代表，各州、前线、部队军事委员会委员，各市国防委员会书记都有权独自做出决定。然而，党委会议制一直延续着，依然召开党委全体会议和党的积极分子会议。

在战争初期，为了补充党委成员，党组织往往不通过选举就对其缺员进行增补。不过即使是在这一时期，许多企业党委也是要依据规章进行人员增补的。1942 年，经中央批准，一些市级和区级党组织举行了总结及改选大会。这些会议虽然不多，却反映出了党员的高度积极性及其对市党委和区党委工作的严格要求。例如，在车里雅宾斯克州的 12 个区党委中，有 4 个区党委的工作被认定为不合格。自 1943 年起，地方的总结和改选工作在更大范围普及。

远不是所有地区的党组织都开展总结及改选活动，如各加盟共和国的党中央、莫斯科党委、列宁格勒党委和其他一些党委就不进行这些活动。不过，总结及改选大会的召开还是有利于保持党内生活的活力，提高党员的积极性。部分经选举产生的机构考评不合格，在不记名投票的情况下有相当数量的人向被提名的候选人投出了反对票，甚至还出现了党委书记考评不合格的情况。这些证明，爱国热情提升了党员的批评意识。但或许，正是这一因素使得党的高层领导基本限于在中层党组织开展总结及改选活动。

思想工作

党的思想工作的主要任务是将全社会团结起来，并以斯大林于 1941 年 7 月 3 日起发表的广播讲话等一系列讲话精神为基础。个人崇拜在战争期间更严重了，到战争快要结束的时候达到了顶峰。在群众的意识中，党和国家是与斯大林的名字联系在一起的，对斯大林的崇拜近乎宗教徒般虔诚。党的思想工作者致力于弘扬领袖的丰功伟绩。即使是在 1941 年夏苏军连连战败的形势下，还是将斯大林称为“我们胜利的象征”“最伟大的无产阶级统帅和战略家”“天才的胜利组织者”等。的确，如果说在战争初期，报纸上刊登的是斯大林身穿普通服装的照片，以支持30年代塑造的“伟大、朴实和亲切”的形象，那么，在战争的转折时期刊载的则是斯大林身着元帅服的图片，将其塑造成英雄的形象。

在斯大林独揽大权的情况下，无论是战争初期苏军的节节败退（这些失败他本人和他的战友们从未承认过），还是战争最后取得的胜利，实际上都与他直接有关。然而，对大多数人来说，斯大林的形象只与胜利有关。也正因为如此，以当时人民群众所具备的文化水平和政治素养，他在团结人民方面所发挥的作用是极其巨大的。

社会团结的主要条件是将这场战争视为决定国家和人民命运的卫国战争。德国作为资本主义国家刚与苏联这个社会主义国家交锋，其在战前希冀“通过革命摧毁一切”的妄想就被现实打破了。舆论宣传由最初的抽象抨击法西斯转为具体描述侵略者在占领区的残暴兽行，激发人们对敌人的仇恨和报复心理，“德国侵略者必死！”的口号正是反映了这一心理。

苏联红军将军事行动转移至德国的领土进行，并完成了解放的使命，这带来了新的宣传任务。官方针对战败敌军下达的指示同侵略者在我们的国土上实行的政策有着根本的区别。尽管也不乏暴力冲突事件，但是，对敌人的仇恨并没有转化为对被法西斯统治者蒙蔽的德国人民的盲目仇视。

法西斯仇视人类的思想是种族主义和侵略思想，是对被奴役民族的种族灭绝和掠夺。与之相对，苏联宣传国家独立、各民族平等友爱、公平和人文关怀等全人类的价值观。尽管国内当时实施的政策、社会现实与这些思想的差距还很大，但是，宣扬这些思想让苏联赢得了国外民主社会的好感，提升了苏联在国际上的声望和影响力。而在苏联国内，这让人们期待在战争胜利后国家能迎来重大的变化。

培养爱国主义精神的有效手段是大力宣传祖国保卫者在前线的斗争或游击队的地下活动等英雄事迹。Н. Ф. 加斯捷洛、В. В. 塔拉利欣、А. М. 马特洛索夫、З. А. 科斯莫杰米扬斯卡娅（即“卓娅”——译者注）、Е. И. 柴金娜的名字响彻全国。后方劳动模范 Д. Ф. 博瑟、Е. П. 阿加尔科夫、Е. К. 巴雷什尼科娃、Н. А. 卢宁、Ф. П. 戈洛瓦特的名字也是闻名遐迩。同样进行英勇无畏的战斗和劳动的还有后方千千万万的苏联人民，他们每个人都为战胜德国法西斯做出了不可估量的贡献。

在宣传战争年代的英雄事迹，以及宣扬社会主义和苏维埃的生活方式具有种种优势的同时，还在爱国主义教育中加强了对历史的回顾。俄罗斯的大公、沙皇和统帅取代了国内战争时被奉为典范的英雄，同时，赋予伊凡雷帝和彼得一世民族英雄的特征，将他们与斯大林相提并论，这也成为后者实施残暴制度的辩解理由。

在这一时期，苏联国内出现了向俄国国家传统回归的趋势，与此相应，确定了新的国歌，解散了共产国际，恢复了过去的一些标志性事物（如军官的肩章和军衔、苏沃洛夫陆军学校、中小学校的独立教学等）。在群众的意识中，这些事物的出现意味着背离苏联的价值观和传统。

不仅苏联的俄罗斯族逐渐增强对民族意识和对历史传统的关注，其他各民族也是这样。然而，这却被宣传思想工作的领导定性为一种极端民族主义的错误。

战时的文学和艺术讴歌了人民的英雄主义精神，鼓舞他们对胜利充满信心，但同时也力求讲述人们遭受的无尽苦难，思索和剖析这一切的成因。然而，这并非党的领导所愿，因而对意识形态领域的压制逐渐加强了。任何一部文学艺术作品、社会学家的论著未经联共（布）中央宣传局批准不得发表或出版。官员们一直遵循这一观点，认为这一切仅仅是开展思想工作的一种手段，是党的宣传工作者手中的一件工具。由他们来决定文学作品是否有价值，他们把控着创作者的命运，力求排除任何偏离已有条条框框的可能。

诸如 А. П. 多夫任科、И. Л. 谢尔文斯基、М. М. 左琴科、Н. И. 阿谢耶夫、А. Т. 特瓦尔多夫斯基、С. С. 普罗科菲耶夫和 Д. Д. 舍斯塔科维奇等文学大师们的作品常常遭到尖锐的批评，有的甚至被禁。苏共的宣传机构指责他们的作品中存在“世界主义思想”，缺少“深刻的民族性”，同时又担心普通读者受到“西方的不良影响”，因此，苏军千方百计地限制反希特勒盟国出版物在苏联的传播范围，严格控制关于苏军战绩的报道信息。

党和国家领导对教会的政策也发生了实质性的变化。在艰难的战争时期，各种艰辛和苦难激发了民众的宗教情绪，而教会始终站在忠诚于苏维埃国家的爱国主义立场上。1943 年秋，斯大林接见了东正教牧首，并在此后设立了俄罗斯东正教教会事务委员会。同时，苏共与其他教派的关系也得到了改善。当然，教会领导人的活动始终处在国家安全机构的严密监督之下，当局充分利用教会牧首的作用和影响，却绝不容许在广大群众中扩大宗教影响力的行为。实际上，在灌输全民志同道合的条件下，是不可能有信仰自由的情况出现的。

这场战争对于苏联这个多民族国家中的每个民族来说，都是一场卫国战争。每一个民族都尽其所能地为反法西斯斗争做出了自己的贡献。因此，加强苏联各民族间的友好团结是最重要的宣传主题。同时，也正是在战争期间开始切实实施根据民族特点选拔干部的原则。斯大林实行的政治制度犯下了严重错误，在各民族的意识中留下了致命的印记，给苏联的命运带来了毁灭性的影响。德意志族人、卡尔梅克人、卡腊查耶夫人、车臣人、印古什人、巴尔卡尔人、克里米亚鞑靼族人都被驱逐出境，这些民族的名称被从苏联地图上擦掉。同时，还有其他许多民族也受到迫害，斯大林的错误行为严重破坏了国家的民族关系。

在这种情况下，面对德国法西斯侵略者赤裸裸的威胁，团结全社会成为一项极为复杂的任务。毫无疑问，当时团结爱国、自我牺牲、准备承受战争的重负以及必胜的信心等情绪占了主导。与此同时，党和国家机关代表如果有任何不公正、掩盖真相、惊慌失措、怯懦自私的表现，都会引起社会民众的不满。因此，当时常常出现个别谈话、向上级机关投诉等情况，有时甚至是通过更为积极的形式（散发传单、自发性的集会等）。但通常这种抗议和不满的情绪都会遭到残酷镇压。在苏联领导人的意识里，人民好像是毫无个性特点、听话顺从的群体，而没有把他们当作独立的个体。并且，为了团结，当局使用的手段常常会滋生出新的矛盾，而这也在数十年后才渐渐为人所知。

苏联在卫国战争中获得了反法西斯的胜利，这是举国上下众志成城、英勇抗敌的结果。当然，不能否认的是，把人民团结和组织起来的只是执政党——共产党。

在战争年代，失去了2700万名同胞的苏联人民作为胜利者意识到了自己的力量和优势，同时，也意识到了自己的权利，包括过上更好的生活、自由和民主变革的权利。遗憾的是，他们的大多数愿望注定无法实现，因为战争促使极权主义专政的政治体制得以保存。“胜利者是不受责备的”，因此，无论领导犯下什么错误、失误还是罪行，似乎都可以用胜利一笔勾销。更重要的一点是，战时的领导和管理作风更加根深蒂固了：指示和命令代替了指导，绝不容许异己思想的存在，相信国家的力量和资源用之不尽，相信可以用战时的老手段来完成新任务。在即将进入战后历史新阶段的苏联，这一切催生了新的问题。

第二十四章

战后时期的共产党

H. H. 马斯洛夫

1945 年 5 月 9 日，苏联人民欢天喜地地庆祝反对法西斯德国战争的胜利，同年 9 月 3 日，又隆重庆祝了反抗日本帝国主义战争的胜利。反抗纳粹侵略的卫国战争最终粉碎了希特勒的法西斯主义，第二次世界大战以包括苏联在内的各国联军的获胜而告终。最终，他们击溃了世界上最反动的势力，热爱自由的各国人民获胜，揭开了人类历史的新篇章。

苏联为战胜威胁世界人民安全的敌人做出了巨大的贡献，在国际上赢得了很高的政治声望，获得了世界各国人民的感谢。而击溃法西斯主义也令欧洲和亚洲各国民主和民族解放力量的影响力增强。在许多国家，共产党积极参加抗战，并站在反法西斯战斗的第一线，政治地位大大提高。这些因素被斯大林充分利用。依靠苏联军队及各国人民对法西斯侵略者的同仇敌忾，依靠各方对苏联提供的政治和物质援助，东欧一系列国家的共产党进行了反对资产阶级的变革，建立了“新型”无产阶级专政，这事实上意味着共产党在各国统治地位的确立。

在东亚和东南亚，民族民主革命过后，先后出现了朝鲜民主主义人民共和国和越南民主共和国。20 世纪 40 年代末，中国共产党在国内战争中获胜，成立了中华人民共和国。在印度以及中东、近东各国也都掀起了波澜壮阔的民族主义运动，殖民体系的瓦解已经不可逆转。苏联积极支持这一进程，通过外交手段以及其他各种形式给予新成立的国家援助，其中包括军事援助。

苏联与战争年代共同反对希特勒德国的西方盟友们在全球利益的争夺中，矛盾和冲突日益激烈。1946 年 3 月，英国首相丘吉尔在美国富尔顿市发表演说时指出，美国拥有核武器，美英应该联合起来共同对抗苏联，并结成政治军事同盟反对苏联和共产主义。实际上这意味着西方世界宣布对苏联及其盟国的“冷战”正式开始。

与此同时，苏联联合另一些国家组成了另一个政治军事联盟，以对抗“世界帝国主义”。事实上，自此之后，世界分裂为两大相互对峙和敌对的体系，“冷战”拉开了序幕。这是一场充满野心、挑动神经、相互威胁和挑衅的争斗，世界不止一次被推到几近毁灭的边缘。

“冷战”的一个不可避免的后果就是引发了美苏之间的军备竞赛，并且日益激烈。双方都希望能够在大规模杀伤性武器的数量和威力上领先对手，占得优势。并且，苏联效仿美国，开始了制造核武器（之后是氢弹）和核导弹的工作，同时，也在不断改进并大规模生产“常规”武器。这就要求国家各方力量高强度运转，必然损害了人民的福利。但是，在斯大林领导的极权主义国家，其地缘政治野心、帝国梦以及思想政治模式决定了不可能缓和世界两大阵营的对抗，也不可能向“注定要灭亡”的帝国主义势力妥协。在苏联国内占统治地位的阶级斗争的意识形态以强硬的姿态出现在了世界的舞台上。

联共（布）的现状

反抗希特勒德国的卫国战争的胜利，对苏联人民的思想产生了巨大的影响。人民的爱国主义思想日趋成熟，自尊意识提高了，并开始以批判的眼光看待苏联的社会现实。所有人都期待着即将发生的变化，更多的自由、生活水平提高、大赦政治犯等。尤其是那些生平第一次来到国外的前线战士，他们看到了另一番生活、另一个世界的人们，他们的这种情绪尤为强烈。然而，苏联人民的期望未能变成现实。

苏联国内的政治局势和思想仍然和从前一样。斯大林式的个人崇拜一直保存下来，甚至更加严重了。卫国战争胜利后，击溃敌军的所有功绩都记到了他一个人身上。在斯大林亲自编辑的《约瑟夫·维萨里奥诺维奇·斯大林传略》一书中就是这样诠释胜利的。而胜利的真正组织者——苏联最高统帅部副统帅朱可夫和华西列夫斯基以及其他将帅，尤其是胜利的主要缔造者——普通士兵的作用却被极力贬低。1949 年 12 月，斯大林的 70 岁诞辰庆祝活动变成了一场全民庆典，在各大报刊上连续报道了几周。

但是在国家和党的管理活动中，党和国家的集体领导机构几乎是毫无作为的。联共（布）第十九次代表大会在十八大召开之后，过了 13 年，即在 1952 年才再次召开。实际上，党中央全体会议也没有定期召开：在十八大和十九大两次会议之间，仅召开过 7 次全会——1939 ~ 1941 年期间 4 次，1944 年、1947 年和 1952 年各一次。另外，联共（布）中央政治局委员全员聚齐开会的时候也很少。取而代之的是斯大林最亲近的几个人组成了圈子，常常在斯大林的官邸（通常是在位于莫斯科近郊的昆采沃别墅）以节日宴席的形式召开会议。

苏联最高权力机关——苏联最高苏维埃也是不定时召开会议。而且这些会议通常都是走形式，仅限于无条件支持并批准通过提交给它审议的国家文件草案，实际上却什么问题也解决不了，成为权力机构中的摆设。

与此同时，管理部门的数量不断增加。人民委员部（自 1946 年起改为各部）的数量到战争快要结束时增长至 150 个，并且还在持续增加。

1941 ~ 1945 年，尽管前线人员的伤亡巨大，但联共（布）的党员数量由 387.2 万人增长至 576 万人。同时，党员的成分构成发生了很大的变化，2/3 的党员是在战争期间入党，他们的党龄不长，超过一半的党员和预备党员是工人和农民。截至 1946 年 1 月，党员中工人占比为 34%，农民为 19%，公职人员为 47%。战争年代，军队集中了 55% 以上的党员和预备党员，实际上苏联军队的士兵和军官构成了党员的大多数。战后，随着他们开始复员，党员的力量分布状况发生了新的变化，地方党组织的党员数量占全体党员人数的比重增加，由 1945 年的 42.3% 增加到 1946 年的 63% 以及 1947 年的 80.4%。另外，将近 1/5 的党员为女性。

党员的受教育程度也提高了：1946 年受过中等和高等教育的党员人数比战前多了近 10%；党员中有超过 100 万名专业技术人员接受过高等教育或中专教育。但同时也存在着很多严重的问题。首先，曾被敌军占领的乌克兰、白俄罗斯、波罗的海沿岸各共和国及俄联邦各州等地党组织的力量遭到了极大的削弱，其党员人数远远落后于战前水平。其次，在战争快要结束的时候，联共（布）近 1/4 的人员是刚刚加入党组织的预备党员，他们对和平时期党的组织生活规则还不熟悉，并且根据联共（布）章程，还不具备党员的全部权利。最后，战争末期和战争结束后的头几年，在乌克兰西部和波罗的海沿岸地区，一些民族主义分子一直在搞分裂活动，制造危险事端。他们进行地下活动，打游击战，实施反党和反苏维埃领导的恐怖活动。为了解决这些问题，联共（布）广泛发动从军队复员的共产党员，委派他们担任这些“不安定”地区的党和国家机关的领导职务，在那里，他们与内务人民委员部（内务部）和部队协同作战。

至于为数众多的预备党员（1945 年占党员总数的 1/4）转正的问题，1946 年 7 月，联共（布）中央通过了决议，专门调整党员的社会成分。在 1945 年吸收的预备党员中，工人占 16.4%，工程技术人员占 7.7%，公职人员占 39.3%。的确，包括脑力工作者在内的公职人员的入党意愿（首先是出于仕途考虑）一直都比工人更为强烈，即使是对公职人员入党实行限额制度也未能改变这一趋势。

在战后的头几年，党员队伍依然保持迅速壮大的势头。联共（布）党员人数由 1946 年的 551 万人（其中 412.7 万人为正式党员，138.3 万人为预备党员）增加至 1950 年的 633.9 万人（其中 551 万人为正式党员，82.9 万人为预备党员）和 1952 年的 670.7 万人（其中 585.3 万人为正式党员，85.4 万人为预备党员）。同战前相比，联共（布）只发展成为一支群众性政党。这一方面是由于作为确保战争胜利的主要力量，其威信在不断提高（至少党的宣传部门是这样解释人们的入党意愿的）；另一方面，则是由联共（布）在社会上的特权地位决定的。入党将为各个领域的人提供职位升迁的机会，而没有入党则常常会影响到职位升迁，尤其是在外交、新闻、社会科学以及其他领域。因此，尽管许多人不会明说，但是，他们提交入党申请书的动机与其说是为了表现自我，在自己选择的职业领域有所成就，不如说是出于功利主义的考虑。这也是极权主义体制下的又一个怪象，上层欺瞒下层，下层对上层也要遮遮掩掩。

联共（布）领导准许那些因被法西斯侵占而损失严重的各共和国和州快速发展新党员和预备党员。波罗的海沿岸和摩尔达维亚的党组织不多，缺乏有经验的干部，因此，那里专门成立了党组织，直接归联共（布）中央管辖，并拥有全权。各共和国的党中央及其苏维埃、社会和经济管理机关、组织必须遵守联共（布）中央的决议。联共（布）中央党组在拉脱维亚、立陶宛和爱沙尼亚一直存在到 1947 年，在摩尔达维亚则存在到 1949 年，保障在这些共和国确立苏维埃政权的工作，指导其进行农业集体化，将“阶级敌对”分子全部驱逐出境，领导了反对民族主义分子秘密组织的斗争。乌共（布）中央在 1945～1947 年也设置了相应的部门负责乌克兰西部各州的工作。这样一来，在波罗的海沿岸地区由联共（布）中央直接负责，而在乌克兰西部各州通过乌共（布）中央对这些新的加盟共和国开展一体化工作。

为了加强党对运输业的管理，进一步完善工作，1948 年，交通部成立了政治工作部，此后，在铁路、河运和海运部门也相继成立了政治工作部。1947～1950 年期间，联共（布）中央通过一系列决议加强了对苏联军队政治机关的建设，全方位加强军队个人思想政治教育、军队党团组织活动以及各部队纪律等。为此，1950 年，军队又恢复了在各连队及同级部队设主管政治工作的副职制度。

从战时的生活环境和制度回归到和平时期，这似乎应为党内生活的民主化和发挥党员的能动性创造了条件，但事实并非如此。

对德国法西斯战争的胜利并没有改变联共（布）在苏联社会和国家体制中的地位。以斯大林为首的党的领导仍然是国家的政治核心和领导力量，对人民实行专政，在现阶段尤其需要用新人来替换和填补严重缺员的干部队伍，提高党、苏维埃和经济管理机关工作人员的职业素养和政治水平。

如前所述，在战后初期，由于部队军人复员，大量党员的关系由部队党组织调到地方。因此，许多复员党员填补了党在各机构的领导干部岗位。例如，1946 年 1 ~6 月，乌克兰提名担任基层领导工作的候选者中，从军队复员的党员占了一半。战后时期，仅在复员军官中就选举产生了超过 5690 名各市和区的党委书记，另有 7640 人被任命为党在各机构的负责人。

在这些人中，尽管绝大多数人在前线经历了很好的磨砺，但是他们不具备担任党的领导工作的经验，也没有接受过系统的政治教育。考虑到这一因素，联共（布）中央于 1946 年 8 月 2 日通过了《关于对党和苏维埃的工作人员进行培训和再培训》的决议。决议指出，目前该项工作的进行情况不能令人满意，因此，中央通过了关于建立党员培训机制的决议，并提出如下任务："为了真正提升党和苏维埃机关工作人员的政治素养和理论水平，必须在 3 ~4 年时间内使各共和国、边疆区、州、市及区的主要领导干部到党校和培训班接受培训学习。"

党的教育制度针对的是党的领导干部，并不针对党外人员。到党校听课学习的学员是由相应党委根据其所担任的职位决定派出的。鉴于此，联共（布）中央委员会建立了由干部管理局直接管辖的高级党校，学制为 3 年，专门培养"州、边疆区和共和国一级"的领导人员。党校内设两个系：党系和苏维埃系。党系培养党的组织工作者、宣传工作者和报社编辑；苏维埃系培养相应级别国家机关的领导人员。高级党校还开设为期 9 个月的培训班，对一些干部进行再培养。

联共（布）州、边疆区党委和各加盟共和国党中央下设州、边疆区和加盟共和国党校。党校学制为两年，培养市级、区级党和苏维埃的领导干部，而一系列共和国和州的党校则培养区级和市级报社的编辑人员。并且，这些党校还常年开设为期 6 个月的培训班，对区级、市级领导干部及基层党组织的党委书记、村委书记和共青团的工作人员进行再培训。

联共（布）中央特别关注党的理论干部的培养问题，认为党的理论干部匮乏。因此，联共（布）认为，必须在党中央直属单位宣传局下设立社会科学院，培养理论人员，包括政治经济学、外国经济和政治学、国家和法理、国际法、苏联史、历史学、国家关系、联共（布）党史、辩证唯物主义和历史唯物主义、俄国和西欧哲学史、逻辑学与心理学、文学和艺术学等学科的副博士。社会科学院研究生院的招生对象包括受过高等教育，具有党的宣传教学、工作或者文学创作经验，并且立志从事科学研究工作的党员。

当然，党校的教育和培训要遵循斯大林的思想，并且教学要根据《联共（布）简明教程》《斯大林传》及斯大林最新的关于语言学和社会主义政治经济学方面的著作进行讲解和诠释。这种教学上存在的倾向性客观上不利于对学员的培养，抑制了他们主观能动性和创造精神的发挥，使他们的知识局限在规定的条条框框内。1946~1950 年，各级党校共计培养毕业生超过 5 万人。

国内的经济形势

战争给苏联的国民经济带来了巨大损失。其中，给国家和人民带来直接经济损失 6790 亿卢布（按照国内战前的物价水平），如果加上间接损失，共计 2.89 万亿卢布。因此，战后国家的当务之急就是恢复被破坏的国民经济，重建城市和农村，工业和农业企业，铁路、公路及桥梁，恢复通信和电力输送线路。

1946 年，席卷乌克兰、摩尔达维亚、北高加索、伏尔加河沿岸及其他粮食产地的重大旱灾令国内局势更为紧张。大多数农村居民遭遇大饥荒，由于营养不良，人口死亡率骤升，达到了警戒线。

许多国外观察员认为，苏联的经济复苏需要至少 20~25 年时间。然而，他们没有考虑到人民的劳动激情和爱国热情，他们赢得了一场残酷战争的胜利，准备为振兴祖国去征服任何困难。必须指出的是，在正常条件下效果不好的行政命令体制在极端环境下却是行之有效的手段。管理上的高度集权，对有限的资源实行严格的分配制度，高标准、严要求——这些苏联经济模式的典型特征在战后时期发挥了积极的作用。在党和国家各机关的领导下，借助计划经济体制和广泛开展的宣传活动，加上行政措施甚至是惩罚措施，在很短的期限内苏联开启了大规模的重建工程。

工人和工程技术人员、集体农庄庄员和农业专家、学者和文化工作者们每天都在建功立业。在凭票配给体制下，在极为艰苦的环境里，他们常常仅凭最初级的技术设备恢复企业生产，重建城市和农村，保障生产出发展国民经济所必需的工业制成品和农产品，生产电能，开采煤炭、矿石和石油等。

人民时刻准备着自我奉献和牺牲，对日常生活条件要求不高，尽管他们满腔的热情曾经被党无情地利用过，但现今对自己能够创造“光明的未来”仍然充满信心，这创造出了真正的“苏联奇迹”。

官方数据显示，1950 年苏联的国民收入为 1940 年的 1.6 倍（是 1945 年的 2 倍），工业总产值为 1940 年的 173%（其中，消费品工业产值是 1940 年的 123%），农业总产值恢复到 1945 年的 99%。

各大报刊充斥着有关超额完成计划、在伏尔加河和西伯利亚地区“建设共产主义的伟大工程”、大搞能源建设以及“彻底”解决粮食问题（1952 年）等内容的报道。但对另一些事实却避而不谈：1953 年初，国内牲畜存栏数远低于 1940 年水平（比 1928 年少了 900 万头）；1953 的粮食产量低于十月革命前，也低于 1940 年战前的指标。

1947 年末，国内进行货币改革（主要是没收充公），取消了凭票配给制，适当提高了工人和公职人员的工资，尽管在此之后他们的生活水平仍然很低。集体农庄庄员的物质生活更加不如意，由于没有证件，他们仍然被固定在集体农庄。至于食品配给制度，有事实为证：向全国销售网络供给的食品中，1/2 的肉和蛋、1/3 的黄油只在莫斯科和列宁格勒销售。

更好的生活依然要等到“以后”——那渐行渐远的“光明的未来”。在 1946 年 2 月的一次会议上，斯大林这样描述国家的下一步发展规划：“至于更长期的计划，党打算开启新一轮强劲的国民经济振兴计划，让我们的工业水平得到提高，比如说，达到战前水平的三倍。”接下来他历数了国家应该生产和开采的数百万吨生铁、钢、煤炭和石油，并指出：“只有在这种情况下才能认为，我们的祖国能够应付任何情况。为此，我们大概需要实施至少三个新的五年计划。”而关于粮食、衣服、鞋的产量增长，以及住房和文化机构的建设问题，斯大林却只字未提。和以前一样，他根本不关心人民的需求。

尽管第四个五年计划（1946～1950年）基本恢复了饱受战争摧残的国民经济，但是未能让它稳定下来。苏共领导人多次随意修改计划完成的指标，导致工业发展比例严重失调。1948年，苏共中央提出了“斯大林的大自然改造计划”，计划决定建设一系列大型水电站，在干旱地区大造林，在西伯利亚西部地区进行大型土壤改良工程，甚至在水坝上造人工湖，希望把苏联远东沿海地区的寒流引走。该计划要求投入巨额资金，而这是国家所不具备的。与此同时，工业的各项指标——基金产值率、劳动生产率、生产费用、产品质量及其他指标不断下降。工人的工资尽管有所上涨（1945～1950年每年上涨8%），但是赶不上生活成本的上涨速度。

如前所述，到1950年农业产值还未恢复到战前的水平。粮食及其他农产品的收购价格低，对农民征收的赋税增加，限制农民对赖以生存的宅前地的使用，这些降低了集体农庄庄员的劳动积极性，促使其中最为积极的一部分人逃到城里。从20世纪40年代末至50年代初党的中央机关收到的函件内容可以看出，农村正处于崩溃的边缘。

然而，大多数共产党员并没有意识到国内正在形成的危机局势。联共（布）的普通党员一方面被关于“伟大的共产主义建设工程”的声势浩大的宣传活动搞得晕头转向，另一方面，他们必须参加针对“无祖国的世界主义者”的政治和思想审查运动。由于他们害怕遭到没完没了的迫害，因此他们选择继续做党的士兵，支持党的领导机关做出的所有决定。

1946～1953年的意识形态运动

战胜法西斯后席卷欧洲各国的民主浪潮也不可避免地影响到胜利的主要缔造者——苏联士兵的思想意识。正像当年的“十二月党人”一样，他们在战胜拿破仑回到俄国后，会用异样的眼光来审视国家，我们的士兵和军官可能还未厘清头绪，但也会滋生一种思革求变的情绪。斯大林非常明白这一点，于是采取了自己的措施。

首先，他怀疑所有留在德国法西斯占领区的人，当然，是指那些并非因为自己之错留下的人。在回到祖国后，他们又被关押到集中营。

苏联边境地区落下了“铁幕”，隔断了苏联人民与世界其他地方的联系。苏共规定，苏联人禁止与外国人通婚，甚至是社会主义阵营国家的人也不可以；国外有亲属并与其通信被视为卑躬屈膝的行为；骤然停止或中断与资本主义国家之间的学术交流；要获取第一手信息无论对外国记者还是对苏联记者来说，都是极其困难的事情；对国内大众传媒发表的所有稿件内容要实行严格的审查监督，不允许任何背离党的最高机关及其文件精神的行为。

在斯大林看来，一些出版机构和作家、作曲家、剧团工作者的观点与国家制度的利益相抵触，他亲自安排了针对这些人的意识形态运动。“显然，斯大林有充足的信息来源，这些信息来自不同渠道，而且彼此之间是封闭的，”К. М. 西蒙诺夫在其死后出版的《我们这一代人亲眼所见：关于斯大林》一书中写道，“空气中感受到某种气息，要求……立刻拧紧螺丝，停止对未来不切实际的期待。”于是，从1946年到1949年，联共（布）中央先后通过了《关于〈星〉和〈列宁格勒〉杂志》《关于剧院上演的剧目及其改进措施》《关于穆拉杰利的歌剧〈伟大的友谊〉》《关于电影〈大生活〉》等一系列决议。这些决议对苏联文化界一批杰出人士的作品进行了不公正的粗暴污蔑，其中包括 А. А. 阿赫玛托娃、М. М. 左琴科、Д. Д. 肖斯塔科维奇、В. И. 穆拉杰利等人。除了上述决议，联共（布）中央还指示在党报上开展反对所谓“戏剧批评家反党集团”的活动（1949年1月）。

如大量文献所证实的，联共（布）的这些决议以及与此相关的意识形态运动都是由斯大林本人授意、策划和组织的，并由联共（布）中央书记日丹诺夫和其他党的思想家在斯大林的直接领导下落实并执行。1946年8月16日，日丹诺夫在列宁格勒作家和出版社工作人员会议上开门见山地讲道：“关于《星》和《列宁格勒》杂志的问题是由斯大林同志提出的。同样，也是根据斯大林同志的提议在中央会议上对这一问题予以了讨论，斯大林同志本人亲自参加了讨论……同时，必须说一说此次会议的决议，很荣幸由我为大家汇报。”

前面提到，所有遭到批判的作品被认定为缺乏思想性，与苏联的文学和气质艺术格格不入，带来了资产阶级文化的“腐朽之气”。“我们苏联的文学，”日丹诺夫在报告中指出，“比任何国家的资产阶级文学都要优秀得多……我们明明可以做资产阶级文学的导师，却非要去给人家当学生，去崇拜海明威和奥尔丁顿。这对所有人、对我们这些苏联的爱国主义者来说合适吗？”

联共（布）在《关于剧院上演的剧目及其改进措施》的决议中指出：“剧院为资本主义国家文艺创作者创作的剧目提供舞台，实质上是在苏联宣扬资产阶级的反动思想和道德，是企图用异于苏联社会的世界观来毒害苏联人民的意识，让资本主义的残渣余孽在人们的意识和日常生活中复活。”

同时，苏联国内还开展了史无前例的反对“西方的腐蚀影响”、反对向资产阶级科学文化的“卑躬屈膝”、反对“无祖国的世界主义者”的运动。作家鲍里斯·扬波利斯基在回忆战后年代的时候写道：“生活从一个会议到另一个会议、一场运动到另一场运动，周而复始，每个下一场运动都是总结性的，都比前面的所有运动更全面、更残忍、更荒谬。”人们一直被罪恶感压抑，所有人都有这种感觉，仿佛永远也赎不清罪孽。”

另外，各大报刊对世界科学的成果奚落不停，而对俄国及苏联的科学成就则极力夸大。报刊上也经常出现各种关于各个知识领域“我们”均有首创的报道。其中一些让大家想起了国内专家那些已经被遗忘了的发现或发明，但在许多情况下，那些能证明是我们首创的“证据”，委婉地说，其实是有争议的。

除此之外，另一件事情的发生促使联共（布）加大了打击“崇拜西方”现象的力度。在战争开始前，Н. Г. 克柳耶夫和 Г. И. 罗斯金教授就研制出了抗癌制剂，其效用至今仍存在争议。在苏联医学科学院书记 В. В. 巴林院士访问美国时，应两位教授请求，将其著作《恶性肿瘤的生物疗法》的手稿转交给了美国的出版人。斯大林非常看重该抗癌制剂的科学意义和实践价值，认为此举是向敌人泄露最重要的国家机密。于是，巴林被指控搞间谍活动，判处有期徒刑 25 年。克柳耶夫、罗斯金以及因此而被撤职的卫生部部长 Г. А. 米捷列夫则长期被置于“道德审判”之下。同时，全国展开了批判上文提到的“无祖国的世界主义者”的运动，这更加彻底地切断了苏联学者的国际联系，将他们与国外同行隔离开来。

1948 年 8 月召开的全苏农业科学院会议给苏联生物学的发展带来了难以想象的恶劣影响。在会议上，学术界的投机分子、院士 Т. Д. 李森科得到了斯大林的支持（关于这一点他本人在报告中也曾经说过），提出了关于高级植物物种形成的招牌理论，并针对国内一批在战前就已在国际学术界居领先地位的遗传学家进行了抨击和批判。李森科公开宣布遗传学为“伪科学”，遗传学的支持者和研究者——达尔文学说和米丘林生物学的反对者则被称为“魏斯曼－孟德尔－摩尔根主义者”。此次会议导致苏联遗传学的发展戛然而止，各院校开始禁止讲授遗传学课程。因此，苏联的生物学研究远远落后于世界水平，这给国内农业和医学的实践工作都带来了严重的负面影响。

1950 年，苏联的心理学和进化生理学也遭到了类似重创，唯物主义者言之凿凿地称唯物主义的“巴甫洛夫生理学说”与伟大的学者 И. П. 巴甫洛夫及其学派的理论观点没有任何共同之处。

在那个年代，唯一一个斯大林“干涉”得比较少的科学领域就是物理学。物理学家们当时正在研制核武器和宇宙火箭，因此，联共（布）给他们提供了特别的保护，免受党的各个机关在意识形态上的高压政策影响，让他们可以专心做事。当然，他们的工作目标是伟大和重要的，而历史给他们的时间又是非常短暂的。

也许正是因为如此，物理学家和工程师们在这一领域所取得的成果尤为令人瞩目。1946 年，他们建成了欧洲第一座核反应堆；1949 年研制了出原子弹；1953 年研制出了世界上第一颗热核导弹；1954 年，在苏联建成了世界上第一座试验核电站；1957 年，火箭技术专家首次成功发射了洲际弹道火箭。这些项目的负责人分别是苏联的杰出科学家 С. П. 科罗廖夫、М. В. 克尔德什、И. В. 库尔恰托夫、А. Д. 萨哈罗夫等。

原子弹项目的最高领导者和具体工作的组织者是 Л. П. 贝利亚。大概也是这个原因，大部分新技术的研发者们同战前一样，都是被监禁起来，即在所谓的“封闭实验室”工作。那里为被监禁者提供了相对较好（同普通的监狱相比）的生活条件，但他们被剥夺了最重要的待遇——自由。他们就是在这种条件下工作，并取得了很高的科学技术成就。这是“苏联体制的又一个怪象”，是斯大林残暴专制的又一个体现。为了实施这些项目，斯大林不惜投入一切人力和物力资源，他重视的只是最后的结果。

在战后时期，《联共（布）党史简明教程》中的历史观和哲学观仍然统治着整个社会科学领域。随着时间的流逝，这些观点越来越教条化，成为探索科学真理路上的巨大障碍。与此同时，国际上发生了许多具有世界意义的重大事件，但是这些无论如何也不会载入《联共（布）党史简明教程》，战后再版的《联共（布）党史简明教程》一字不差地复制了第一版的内容，即 1938 年审订的标准文本。作为对该书的补充，在党的教育部分使用了斯大林“关于苏联伟大卫国战争”的讲话和指示的汇编，其中夸大了斯大林在战胜希特勒德国的战争中的作用，而对战争中的惨痛教训却只是弱化或避而不提。

1947 年，《斯大林传》出版，斯大林公开赋予该书重大的荣誉。他亲自审校这部给自己唱颂歌的“著作”，无视对历史的篡改，无限夸大自己的“丰功伟绩”。

斯大林对即将出版的传记极其感兴趣。“广大劳动者和普通人在研究马列主义时不能从列宁和斯大林的文集开始，”他说，“应该从传记开始。传记是非常严肃的东西，对普通人接受马克思主义教育具有巨大的意义。”该书本来计划出版 50 万册，但斯大林要求“印制 100 万册”。

在晚年，斯大林发起并参加了三场社会科学领域的讨论：1947 年（不公开），针对 Г. Ф. 亚历山德罗夫编写的教科书《西欧哲学史》，斯大林给联共（布）中央宣传部和中央书记下达了相应的指示，特别是对 A. A. 日丹诺夫做的开场报告给出了自己的意见；另外，1950 年围绕着语言学问题以及 1951 ~1952 年围绕社会主义政治经济学问题的辩论，斯大林都专门给出了意见。

斯大林面对任何知识领域都能驾轻就熟地发表“指导性”意见，并且这些意见立刻就会被阿谀奉承者无限吹捧，上升到雄才伟略、具有划时代意义的重大发现的高度。“我不是语言学家，自然无法令同志们完全满意，”在就语言学问题进行讨论期间，斯大林在给“青年同志小组”的批复中这样写道，“至于语言学中的马克思主义问题，同其他社会科学领域一样，这件事还是与我直接相关的。”

斯大林做出的许多结论实际上都是老生常谈，有一些甚至是有争议的，还有一些则是明显错误的。在围绕西欧哲学史展开讨论的过程中，斯大林提出（在同中央书记 П. Н. 波斯佩洛夫的电话通话中）：“马克思主义是一个阶级的信条，是其信仰的象征。”这句话从他嘴中说出来怪怪的，但显然符合他的处世态度。斯大林害怕人民群众深入研究马克思主义，他们理解的不仅是字面意思，还有马克思主义素有的革命精神。而将马克思主义变成新信条的教义体系、变成“无产阶级信仰”的象征则消除了这一危险。要知道信仰否决了疑虑，意味着不假思索地接受信条，对于这一点斯大林作为曾经的宗教学校学生也很清楚。

在关于苏联社会主义经济问题的讨论中，斯大林坚决反对市场经济，坚持要“加强和完善”中央集权的计划经济体制。他主张扩大实物交换的范围（并减少商品货币关系），坚称实物交换“将会缩小商品流通的范围，减轻由社会主义向共产主义过渡的负担”。除此之外，他还认为，实物交换“为将集体农庄的主要财产及产品都纳入统一的计划经济体制中提供了可能”，这些“珠玑”之言在基层被当成真理。当时，在农村常常是通过行政命令手段管理农业经济，实际上是给农民套上了新的封建式剥削枷锁，并完成了对农民土地的吞并。于是，农民本来就很低的劳动生产率降得更低了，国内主要食品也长期陷于供应不足的状态。在此，应该注意的是，一个在农村停留的时间未超过 1/4 世纪的人，仅凭一些经过粉饰的统计数据和《库班哥萨克》之类的电影，又怎能对农村的形势做出正确的判断呢？

斯大林对“讨论会”的干涉让讨论变质，变得毫无意义。在他发表意见后，便不可能再有人提出任何不同的观点和意见了，更不用说进行辩解。1950 年 6～8 月，《真理报》相继刊载了斯大林的三篇关于语言学问题的文章后，学界出现了连锁反应，一批向报社投稿的作者放弃了自己对所讨论问题的观点。

斯大林在参加讨论时总是一副掌握绝对真理的最高评判者的姿态，他发言从来都是不容辩驳的。与此同时，他仅限于从逻辑层面进行辩论，而不会“下”到“生活层面”，不涉及具体问题。例如，在论述经济问题时，斯大林没有使用一张图表，甚至连一个能够描述苏联经济现状并确定其发展趋势的数据都没有。他经常大量引用马克思、恩格斯、列宁著作中的话，断章取义，以此“揭发”反对派的观点与马克思主义理论相悖。

在回复一位社会主义经济讨论会参加者的来信时，斯大林写道：“如果用两句话来评价雅罗申科同志的观点，那么应该说，他的观点并非马克思主义的观点，是大错特错的。”也许，雅罗申科的某些观点的确不对，但斯大林根本不想承认他的观点中也有中肯的地方，即力求进一步剖析政治经济学中的具体问题，将其与社会生产中的现实问题更紧密地联系起来。

斯大林对该学者观点的断然否定令后者陷入了悲惨的境遇。Л. Д. 雅罗申科成了斯大林“最后的牺牲品”。在讨论会后，他被开除出党并被逮捕，直到 1953 年 12 月斯大林死后才获释。

而斯大林的思想一直都被拔高到党的纲领的高度。苏共第十九次代表大会《关于修改苏共纲领》的决议中写道：“在修改纲领时，应以斯大林同志在《苏联社会主义经济问题》一书中阐述的基本原理为依据。”

联共（布）和苏联的外交活动

战后，联共（布）领导和斯大林确定的苏联对外政策具有明显的帝国性质。一方面，苏联致力于巩固和扩大“和平、民主的社会主义阵营”；另一方面，加强反对以美国为首的“帝国主义阵营”的斗争。两大阵营之间形成的“冷战”格局体现在两大军事联盟即北大西洋公约组织和以苏联为首的军事同盟华沙条约组织的对抗、军备竞赛以及意识形态斗争的升级。

共产国际在二战期间（1943 年）被解散，斯大林于 1947 年建立了其后继组织共产党情报局，该机构成为联共（布）对各盟友，如保加利亚、匈牙利、波兰、罗马尼亚、捷克斯洛伐克、南斯拉夫、意大利和法国等国共产党实施绝对领导并监督其活动的工具。

1949 年，以约·布罗兹·铁托为首的南斯拉夫共产党领导层试图与苏联划清界限，并实行较为独立的内政外交政策，共产党情报局对此进行了强烈谴责，这成为该机构最出名的一次行动。斯大林将铁托等南斯拉夫领导人的行为定性为是对社会主义事业的背叛。经他提议，共产党情报局通过决议，宣布将“由刽子手和奸细掌权的南斯拉夫共产党”即“铁托集团”开除出共产主义运动，而南斯拉夫则被剔除出社会主义阵营。同时，斯大林和共产党情报局试图改变铁托等人制定的政治纲领，但最终未能如愿。这样，铁托保住了南斯拉夫的国家政权，得到了西方国家的援助，使国内经济复苏，同时保留了国家的社会主义发展方向（与苏联模式有很大区别）。在斯大林去世后，苏联政府曾向南斯拉夫人民和铁托本人致歉，为曾经对后者的侮辱表示歉意；同时，共产党情报局的决议也被取消，苏联和南斯拉夫的友好关系得到了恢复。然而，南斯拉夫事件令斯大林为加强对卫星国的控制而使用的手段昭然于天下。

继续进行大规模的迫害

斯大林执政苏联将近三十年。在这段时间里，苏联变成了拥有核武器，并且一直与“帝国主义世界”对抗的军事强国。但是，在这个“获胜的社会主义”国家内部建立起来的是极权制度和行政命令式的官僚管理体制，可以肆无忌惮地剥削劳动者，为新的统治阶级——党和国家机关的官员服务。而工人、集体农庄庄员、知识分子与所谓的“全民所有制”无关，在现实生活中他们完全没有任何民主权利和自由。

斯大林的体制得以留存和继续运行的必要条件就是借助威吓手段，不断营造全民沉默的氛围，持续不断地对劳动人民使用暴力，以及执政的共产党始终对外营造“坚不可摧的团结”表象。

1936～1938 年笼罩国内的恐怖活动并没有停止，在战后仍在继续。

继二战末期对曾经被俘者实行惨无人道的民族驱逐和迫害浪潮，在二战胜利结束后，苏联国内又立刻开始对那些与“魏斯曼－摩尔根主义”和“世界主义”有关联的科学家和文化活动家实施一连串的迫害行动，如逮捕或污蔑一些著名的学者、作家、作曲家、文学和戏剧批评家等人士。然而，迫害不限于针对科学和文化领域的“世界主义者”，新一轮行动席卷苏联的各个地区以及潜在反对派的各类人群。据 P. A. 梅德韦杰夫的不完全统计，1946～1953 年期间有 100 万～150 万人因政治原因被捕。

1947 年 5 月取消的死刑（被 25 年有期徒刑取代）在 1950 年 1 月 12 日又恢复执行了。

1948 年苏联国内的一个典型现象是“二进宫”，即在二战前被判刑，后来被赦免或者刑满释放的人数增加了，但很多人再次被捕入狱。在众多再次被捕者中有不少曾是前线的战士，当局在他们当中寻找“新的十二月党人”。同年 11 月，苏联最高苏维埃主席团通过了决议《关于追究卫国战争期间被流放到苏联偏远地区人员逃离指定流放地和永久流放地的责任》。该决议确定了特别移民流刑犯的身份是永久性的，即终身流放，对于逃离流放地者将处以 20 年苦役刑。

内务部就一系列“青年集团案”组织了“政治”审判。其中，最为典型的是国家安全部门炮制的“青年共产党案”，该案针对的是“青年共产党”的组织者和成员——沃罗涅日市的大学生和高中生（Б. 布图耶夫、В. 鲁德尼茨基、А. 日古凌、Ю. 基谢廖夫等）。实际上，在这个“非法”组织的纲领中没有任何“违法内容”。它的纲领写道：“我们奉行联共（布）和苏联共青团的路线方针，因此，我们完全可以合法地活动。”在向该“党”成员推荐的研读书目中有：“2. 《斯大林传》，莫斯科，1947 年……该书可以在图书馆借阅。3. 《联共（布）党史简明教程》，该书应作为‘青年共产党’每位党员的案头读物，这是一本真正的马列主义百科全书，必须以小组的形式认真学习和仔细研究。该书对于思想教育的重大意义无须多言。”

另外，国家安全部部长阿巴库莫夫在给斯大林的便函中告知：“我们部门发现了一个托洛茨基式的非法组织……对组织的相关成员进行了审讯，在此期间查明了该组织的性质、组织结构和领导成员。”阿巴库莫夫提请斯大林批准逮捕“青年共产党的中央委员”。1950 年 6 月，根据国家安全部部长特别会议决议，包括“青年共产党”的领导人和成员在内的 23 人被判处 2～10 年不等的有期徒刑。

在莫斯科国立大学历史系，Л. 克拉斯诺佩夫佐夫小组经常组织政治讨论会，研究共产党的理论与实践问题，后来该小组的参加者都被逮捕。

“列宁格勒案”（1949～1950 年）造成了极其严重的影响和后果。该案针对的是斯大林从未信任过的列宁格勒党组织。“列宁格勒案”的直接执行人除了贝利亚，还有马林科夫和国家安全部部长阿巴库莫夫。该案的负责人利用列宁格勒市的党委领导出现的一系列“错误”大做文章，并用相应的方式进行说明，指控该党组织搞分裂活动，企图与联共（布）搞对抗，策划反苏维埃的阴谋，而个别人士则被指控搞间谍活动。在针对列宁格勒市共产党员的各项控罪中，据说有一项是企图建立俄联邦共产党。

“列宁格勒案”的受害者超过 2000 人——从联共（布）中央政治局委员 Н. А. 沃兹涅先斯基、联共（布）中央书记 А. А. 库兹涅佐夫（前列宁格勒市党委书记）、俄罗斯联邦部长委员会主席 М. И. 罗季奥诺夫、列宁格勒党组织负责人 П. С. 波普科夫和 Я. Ф. 卡普斯京等到众多中上层以及基层党和苏维埃机关、思想政治机构、高校和中小学校、内务部及其他各部门的工作人员。经过审判后，主犯被判处死刑，并执行枪决。1954 年，苏联最高法院为“列宁格勒案”的所有被告平反，这也是斯大林去世后的第一次大规模平反活动。

20 世纪 40 年代末 50 年代初，联共（布）又接连制造了“白俄罗斯人案”和“米格列尔人案”，旨在削弱白俄罗斯和格鲁吉亚的领导层，在这两个加盟共和国的人民中间制造争端和分裂；此外，还包括“航空部门工作人员案”“国家计划委员会案”等。Г. К. 朱可夫后来讲道：“1948 年我被免除国防部副部长职务并转任乌拉尔军区司令，阿巴库莫夫根据贝利亚的指示制造了‘军事阴谋案’，逮捕了一批军人，也计划逮捕我。当时，阿巴库莫夫和贝利亚已经让案子进展到证实我就是反对斯大林的军人谋反案的主谋。后来，贝利亚向斯大林汇报了此案，斯大林当即回复说：‘不行，我不准逮捕朱可夫。我很了解他，打仗的四年让我对他的了解更甚于自己。’”事实上，斯大林曾计划逮捕朱可夫，只不过作为元帅的朱可夫对他还有用，所以才活了下来。

针对莫斯科人也组织了类似的大迫害。

斯大林晚年制造的最后一个案件是“医生案”（1953 年 1 月）。该案不仅带有政治色彩，还具有反犹太人的倾向。该案的控方言之凿凿地说被告——一批著名的苏联医生（其中大多数是犹太人），对国家领导人“故意采取不正确”的治疗方法，以致害死了日丹诺夫和谢尔巴科夫，并蓄谋杀害其他党和政府领导人。这是荒谬至极的谎言，案件完全是编造出来的。在斯大林去世一个月后，此案的所有被告都被无罪释放，对他们的指控也都被撤销。但此前，在严刑逼供下他们已经被迫承认了所有控罪。

应当指出的是，斯大林本人素有的反犹太人思想在二战时期，尤其是战后已经成为国家意识形态的一部分，并直接影响到党和国家的干部政策。谋杀苏联人民演员、国家犹太人剧团团长 C. M. 米霍埃尔斯事件就足以证明这一点。米霍埃尔斯的死亡——官方宣布死于意外车祸——发生在 1948 年 1 月的明斯克。事实上，后来证实这是苏联国家安全委员会特工人员根据高层指示制造的一起谋杀事件。犹太人反法西斯委员会在他死后一直没有领导。此后，1948 年 11 月，联共（布）中央政治局通过决议，宣布解散犹太人反法西斯委员会这个“反苏宣传中心”和“为国外情报机关提供反苏信息”的组织。之后不久，针对该组织的逮捕行动也迅速实施，国家安全委员会对该案开始立案侦查。1952 年 5 ~ 6 月，苏联最高法院军事委员会对该案进行庭审，会上不止一次提及已逝的米霍埃尔斯的名字，他就是这样在死后上了被告席。苏联国家安全委员会给犹太人反法西斯委员会成员编造的罪名是进行“反苏的民族主义活动”和定期“给外国情报机关提供反苏信息”。法院对 14 名被告中的 13 人做出死刑判决，实际上这些判决已经由苏联部长会议主席团和联共（布）中央政治局预先批准了。当主持法庭审判的切普佐夫大将因多项指控证据不足打算将案件发回进行补充调查时，他立即遭到了马林科夫的呵斥："政治局已经就该案研究了 3 次，请执行政治局的决议。"

1948～1952 年，被牵涉到犹太人反法西斯委员会一案的许多犹太人士被捕并被追究刑事责任，包括一些党和苏维埃的工作人员、学者、作家、诗人、记者、演员，共计 110 人被指控进行反苏的民族主义活动和间谍活动，其中 10 人被判处死刑，其他人则分别被判处 20～25 年有期徒刑和流刑。

上述案件的所有被告后来都因证据不足而获得平反。

1953 年初，根据斯大林的指示，苏联开始筹划将国内的犹太人驱逐到西伯利亚，只不过这位"伟大的国际主义者"的去世挽救了许多人的生命。

苏共变革前夕

随着斯大林年事渐高，他的身体状况越来越差，精力也大不如前。他最后一次公开讲话是在第十九次代表大会上，针对世界共产主义运动做了简短的演说。斯大林号召全世界的共产党员高举和平、民主和社会主义旗帜，因为除了他们，"没有其他人可以举起这杆大旗"。在发言的最后，他发出了"各兄弟党万岁！""国际和平万岁！"的呼吁，并以"打倒战争的制造者！"结束了自己的演说。

斯大林既没有为党中央做总结报告（后来由 Г. М. 马林科夫宣读了报告），也没有为会议致闭幕词（最后由 К. Е. 伏罗希洛夫致辞）。

第十九次代表大会（1952 年 10 月）是在联共（布）十八大召开的 13 年之后举行的。此次大会本应对 1941～1945 年的卫国战争和国民经济恢复 7 年来（1945～1952 年）的情况进行总结。这是一段复杂而又充满矛盾的时期，是失败与胜利、惨重损失与紧张劳动、前线将士与后方劳动人民英勇无畏斗争、希望与痛苦的绝望并存的时期。但是，在党中央的总结报告中，对战争的种种艰难只字未提——只是提及胜利的结果；也没有说出战争期间的实际伤亡人数；对国际形势则完全是从两大集团对抗的视角来分析，甚至认为不排除有爆发第三次世界大战的可能性，对此前景的预测也是不乐观的。“完全有理由认为，”报告中说道，“第三次世界大战将会引致世界资本主义集团的瓦解。”因此，在提出继续争取和平和开展国际合作的奋斗目标的同时，报告提出了要团结各社会主义国家，不断加强苏联的国防力量，并准备给一切侵略者以致命反击的要求。

无论是在联共（布）中央的总结报告中，还是在关于第五个五年计划的报告（1951～1955 年，报告人为国家计划委员会主席 M. 3. 萨布罗夫）中，苏联领导人对国内形势的评价都是十分积极乐观的。报告中指出，工业和农业已经恢复到战前水平，并在 1952 年之前实现大幅赶超，完全可以保障社会对所有必需品的需求。苏联人民“在斯大林同志的领导下”忘我地为社会主义祖国劳动，希望能够光荣地完成建设共产主义社会的历史任务。报告对一些不足提出批评，并认为应根据伟大领袖在《苏联社会主义的经济问题》一书中提出的英明指示克服困难。十九大上列举的数字都是为了证实这一令人欣慰的情形。

事实上，苏联的经济形势并没有那么好。大量数据被有意篡改，结论也是编造出来的。根据总的消费指标推断出的工业增长情况与实际的实物产品总产值并不相符；社会主义计划工业究其根本保留了大部分的手工劳动，而不愿运用最新的技术和工艺；劳动生产率增长缓慢；产品质量低劣；人民对许多日用品的需求无法得到满足；商品长期短缺导致了一系列的连锁反应，如排长队、“走后门”、投机倒把等。

歪曲实际情况最为严重的是对农业生产状况进行的评估。其中，在党中央的总结报告中指出，1952 年国内粮食总产量为 80 亿普特，“以前认为最棘手的粮食问题已经成功解决，并解决得非常彻底”。报告还指出，“苏联肉、奶、黄油、蛋、毛皮制品的商品总产值在整体上（到 1952 年之前——作者注）也超过了战前水平”。

然而，这一切都与现实不符。实际上，1952 年的粮食产量并非 80 亿普特，而只有 56 亿普特。尽管集体农庄和国营农场甚至把一部分种子都上交给国家，但国内粮食储备量仅为21亿普特，无法满足国家的日常需求。赫鲁晓夫在1958年12月召开的苏共中央全体会议上讲道："粮食收成达到80亿普特的声明是弄虚作假，是对党和人民的欺骗，其目的就是掩盖农业上的重大失败，而这项工作是交由马林科夫负责的。"

畜牧业的情况也是一样。尽管1947年通过了为期三年的畜牧业发展专项计划（总结报告中甚至没有提及这一点），但到1952年之前实际状况并没有得到改善。不仅增加牲畜存栏量的任务没有完成，许多地区的存栏量甚至减少了。同时降低的还有产乳量，而肉的产量增幅不大，而且主要是靠屠宰牲畜。

联共（布）的领导人就是这样对人民进行赤裸裸的欺骗，用拙劣的谎言来掩盖经济上不如人意的发展状况，以及斯大林及其亲信无力扭转局势的事实。

十九大决定将全联盟共产党（布尔什维克）更名为苏联共产党（КПСС）。大会通过的相应决议这样解释该决定："我党名称中包含着双重意义：'共产主义'和'布尔什维主义'，这是在历史上与孟什维克做斗争而来的，是为了与其划清界限。然而，由于孟什维克在苏联早已退出了政治舞台，所以党的名称中的双重含义已经失去了意义……"

至于通过新的党章，那么，对其做出的改动（报告人为赫鲁晓夫）体现了共产党员的作用。作为党的战士，共产党员应竭尽所能维护党的统一，履行党的各项决议，严格遵守党和国家的纪律，保守党和国家的秘密，不能欺骗党，要起到劳动表率作用，不断提高自己的生产和业务水平。对原有章程做出了特别补充，新增了党员的义务："党员不仅有权利（以前的党章中这样写的——作者注），还有义务向上至中央委员会的党的领导机关报告工作中存在的不足，无论涉及何人。"对党章做出的其他修改内容涉及党的领导机关的结构和权限（中央委员会主席团取代中央政治局）、取消召开全国党代会以及一系列关于党组织运行的技术问题。代表大会最后选举产生了新一届党中央委员会和其他领导机关成员。

1952年10月16日，在十九大刚刚选举产生的苏共中央第一次全体会议上，斯大林发表了讲话。这是一次不同寻常的讲话，西蒙诺夫在《我们这一代人亲眼所见：关于斯大林》一书中（该书应是目前为止唯一公开出版的文献材料）详细介绍了讲话内容。“他发言的主要内容，可以归结如下（如果不按原文，其思路是这样的）：他老了，到时候由其他人继续进行他未竟的事业，世界局势复杂，同资本主义阵营的斗争很艰难，在这场斗争中最危险的就是动摇、胆怯、退缩、投降……斯大林讲话内容的主要特点是，他认为没有必要泛泛而谈英勇或者怯懦，果断或者投降。他讲话的所有内容都是具体针对两位政治局委员的，他们两人也坐在这个礼堂，在他身后两米的地方，斯大林会这样说他们，比方说‘我是万万没有料到的’。斯大林的所有愤怒、不满、不尊重以及对怯懦和投降主义的谴责都是针对莫洛托夫和米高扬的。他显然是想让他们两个人妥协，贬低他们，去掉这两个除自己之外最有分量的历史人物身上的光环。”西蒙诺夫这样描述自己对斯大林讲话的理解。

同时，根据斯大林的提议对党的最高机构的人事做出了调整。中央委员会主席团的人员构成要比政治局庞大得多。在 25 名主席团成员中有 15 人是新人，11 名主席团候补委员中只有维辛斯基一人经历并参与了 20 世纪 30 年代的政治生活。最高机构设立了主席团委员会，一个小范围的组织，其成员主要是新人，而没有让莫洛托夫和米高扬进入。这一切都证实了人们的担心是真的，即领袖准备在最高领导层针对自己周围的人进行新一轮的清洗。但是，他已经没有时间做完这些事情了。1953 年 3 月 5 日，斯大林逝世了。

根据官方对斯大林的病和死亡做出的医学诊断，1953 年 3 月 2 日凌晨，他在原有高血压和动脉硬化的基础上突发脑出血，结果导致右侧躯体半身不遂，意识丧失，一切医学救助措施都未能挽救患者的生命。

斯大林逝世了，但是却留下了他的继承人——一党统治的党内权势分子，留下来他们的产物——行政命令体制，留下了斯大林主义的意识形态，而要去除这种意识形态的影响还需要几十年的时间。时至今日，在对我国社会基础进行根本变革的条件下，仍然没有取得对斯大林主义的最终胜利。要实现这一点，必须建成法制民主社会，建立服务社会的市场经济，把思想完全从过去的神话中解放出来，珍视人类的共同价值。

纵观从1917年11月至20世纪50年代初期的“苏共党史”，不能不说，人民有权了解关于我们过去的真相，而这些却是当代的一些政治家及其追随者希望忘却的。

历史是我们的祖先缔造的，而在离我们更近的现代——则是由我们自己创造的。它既不坏也不好，它就是我们的历史。

我们研究历史并不是为了用幻想出来的美好图景来安慰自己或者是姑息反对派病态的自尊。古人将历史称为“生活的老师”，我们在历史中寻找并最终找到了一件件事实真相，这帮助我们认识自己，找到可以效仿的榜样以及不再重蹈覆辙的方法。从历史中——好的和不好的——获取经验和教训，只有这样历史才能有意义，并且带来实际的益处。

伟大的俄国历史学家B. O. 克柳切夫斯基在驳斥德国哲学家黑格尔提出的“历史没有教会任何人任何东西”时写道：“即使这句话是对的，（这）也一点都不妨碍历史作为一门学科：要知道盲人看不见花，这并不是花的错。但黑格尔说得并不对：历史甚至会教导那些不向它学习的人；它会让他们因无知和蔑视而受到惩戒。绕过历史或者是逆历史而行事者，最终都会为此而追悔莫及。”

这是一位历史学家的真知灼见，也是历史给我们上的又一堂不容忽视的课。

第二十五章

从揭露斯大林主义到党的官僚化和僵化

A. A. 丹尼洛夫

斯大林之死与党内领导层的权力之争

1953 年 3 月 5 日，斯大林这个看起来会永生的“所有时代和民族的领袖”去世了。到此时为止，苏共已经是一个把近 700 万名党员联合在一起的一个庞大的机构。但是，这并没有影响到苏共固有的结构和等级，它们仍然是数十年前的样子。党和国家下一步应走什么样的道路，和从前一样，首先还是取决于位于党的金字塔塔尖，即位于权力最高层的几个人。应该说，长期以来缺少合法的政权移交机制导致党的内部产生了危机，党内领导层为争权夺利展开了激烈的争夺。中央委员会主席团成员们明白，三十年来形成的对斯大林的个人崇拜，致使在他死后不可能有谁能够独揽党的大权，因为不可能再出现一个与他“一样有分量”的人。因此，在斯大林逝世后，正式执掌政权的是所谓的以领袖最亲近的人为代表的集体领导：Г. М. 马林科夫、В. М. 莫洛托夫、Л. П. 贝利亚、Н. С. 赫鲁晓夫、Л. М. 卡冈诺维奇、А. И. 米高扬、Н. А. 布尔加宁、К. Е. 伏罗希洛夫等。然而，事实上权力集中在有限的几个人手中，是马林科夫和贝利亚的“二人执政”，正是他们两人在斯大林生命的最后时刻提出了重要决议的提案。1953 年 3 月 5 日的早上，当时斯大林还有气息，马林科夫和贝利亚决定在当晚召开苏共中央委员会、苏联部长会议和苏联最高苏维埃主席团联席会议，并起草了关于国家最高权力集团排位的提案。莫洛托夫后来委屈地回忆道："斯大林同志之死……我们站在正处于弥留之际的病人床旁，应该彼此之间交换一下意见，但是没有人和我们商量。这里由两个人做主——马林科夫和贝利亚，我们都排在后面：我、赫鲁晓夫、布尔加宁、伏罗希洛夫、卡冈诺维奇。他们手里拿着已经起草完的中央委员会提案、告人民书、最高苏维埃主席团的草案，以及政府各部门的人选名单，并提出一些部门要合并等。这一切都是贝利亚和马林科夫直接拿给我们看的。"

1953 年 3 月 5 日，马林科夫成为苏联部长会议主席，他原任的中央委员会书记一职保留，贝利亚、莫洛托夫、卡冈诺维奇任部长会议第一副主席。同时，赫鲁晓夫被建议应专心于中央委员会书记工作。在联席会议结束两个小时后，斯大林逝世了。

在这种情况下，从苏共中央委员会到政府都开始重新划分职权。苏共中央委员会主席团的所有成员（除了赫鲁晓夫乌克兰和阿塞拜疆共产党中央委员会第一书记 Л. 梅利尼科夫和 M. 巴吉罗夫外）均被任命为各部部长。与此同时，中央委员会主席团中还有 12 人担任苏共中央委员会地区党委的书记。根据列宁在世时形成的传统，中央委员会主席团会议由部长会议主席马林科夫主持。这样一来，实权现在掌握在部长会议的主席团手中。当然，这并不意味着苏共的作用被削弱了。不仅如此，马林科夫和贝利亚的"二人执政"很快就变成了"三巨头执政"——党的领袖赫鲁晓夫也加入进来。对党的中央机构实施监督的权力仍旧掌握在负责中央委员会主席团办公厅工作的马林科夫手中。

斯大林去世给他的继任者们留下的一项主要任务就是对社会进行大规模改革。领袖的继任者完全没打算取缔原有的体制，他们仅仅是希望把不受欢迎和令人反感的部分去除。

贝利亚比任何人都更了解体制的问题，因为关于国内民众最反对什么的所有信息都是要通过安全机构汇报给他的。正是贝利亚第一个对大规模镇压提出异议，以保住领导层的权威地位。此外，在对体制进行改革的初期，许多事情都是由贝利亚倡议发起的，这在客观上似乎把他突出成了头号人物，这也成为有关国内改革方面的激进措施都是由他提出的原因。

贝利亚（也包括马林科夫）首先反对在报刊上对斯大林歌功颂德，并停止出版《斯大林文集》。1953 年 5 月，中央委员会主席团通过决议，要求基层党组织在全民性的节日时“不要在游行队伍及建筑物上装饰（党的领导的——作者注）肖像”。（能说明问题的是，该决议在贝利亚被捕后立刻被取消。）贝利亚的另外一个举措就是改革斯大林时期形成的镇压制度，实行较为温和的制度。根据他的提议，1953 年 3 月 27 日颁布了大赦令，1184264 名在押犯人获释。这些人的罪名大多是“因盗窃集体农庄财产”而违反了“麦穗法令”（其中包括在战争期间把集体农庄的土地“增划”为自家用地）。在被赦免的人中，政治犯占比达 10%。同时，贝利亚提出取消对赦免者在全国 340 个城市居住的证件及权利方面的限制。4 月，贝利亚又提议终止对之前“炮制”的“医生案”的审查工作。6 月，他提出应限制苏联内务部特别会议权力的建议。在斯大林逝世后的第二天，贝利亚下令将劳改营管理总局转归苏联司法部管辖。作为政府第一副主席，贝利亚就国民经济发展问题也发表了意见。在自己的一系列讲话中，他对德意志民主共和国农业合作社的生产效率表示质疑，并提议不要采取这种形式。也许，这是释放“试探气球”，以便日后再提出苏联集体农庄制度的问题。在他的建议下，对并非发展国民经济所必需、花费巨大的大型项目予以停建，限制发展军工企业的经费拨款，后来这些被定性为“蛊惑人心的节约把戏”。在与匈牙利共产党总书记 M. 拉科西会谈时，在谈到新形势下党的作用以及匈牙利政府和党的中央机关职能分开等问题时，贝利亚表示：“让部长会议决定一切，而中央委员会负责干部和宣传工作吧。”5～6 月，贝利亚取消了斯大林时期给党的最高领导层的特权待遇——每个月发的“信封”——里面装着额外的奖金，而且他们以前既不需要纳税，也不需要缴纳党费。

贝利亚明白斯大林的民族政策所造成的严重危害，其导致各民族间的矛盾大大激化，因此，他提出恢复列宁时期的做法，在各加盟共和国的党和国家机关中实行干部本土化。此外，他提议建立共和国勋章和其他以民族英雄、杰出民族文化活动家的名字命名的奖励制度。

在对外政策方面，贝利亚主张德意志民主共和国与德意志联邦共和国合并，建立中立民主的德意志国家，提出与南斯拉夫实现关系正常化，并同芬兰“民主社会主义”思想的拥护者建立联系。这些后来都变成对贝利亚勾结社会主义事业敌人的指控。贝利亚对社会主义国家同盟机构的活动持否定态度，其中包括经济互助委员会和致力于各人民民主国家国防问题的协调委员会。贝利亚提议，应“设立一个由各人民民主国家和苏联指派的代表组成的统一机构”。有意思的是，随着华沙条约组织的建立，其成员国政治协商委员会的活动体现的正是贝利亚的这一想法。在党的建设问题上，贝利亚提出要在短期内筹备召开党代会，确定国内外的改革方针。

赫鲁晓夫和领导层其他成员非常不满马林科夫和贝利亚的专权，很快就一起密谋结成反对贝利亚的联盟。后来，赫鲁晓夫曾回忆，1953 年 6 月 26 日，在由他主持召开的苏联部长会议主席团会议上，与会者未能对贝利亚提出实质性的指控。当时，与会者更多谈的是保健人民委员卡明斯基的命运，集体通过贝利亚关于民族问题提议的错误，以及大赦令等问题，并没有人对贝利亚参与 20 世纪 30 ~40 年代的大规模镇压提出指控。这并奇怪，因为贝利亚也完全可以对在场的每个人都提出同样的指控。（贝利亚被逮捕后，曾被指控从事不道德活动。）然而，7 月召开的中央全会上提出，贝利亚曾企图削弱党的领导作用。（这曾是审讯贝利亚时的主要内容。）在回答“是否承认将内务部置于党的领导之上”这一问题时，贝利亚曾指出：“主观上我完全没有这样想过，但在客观上党的各机关可以这么说，这种说法是对的……这是我犯的一个不可饶恕的、致命的政治错误。”

在某种程度上，贝利亚的倒台不仅巩固了赫鲁晓夫的地位，还改变了最高层的力量分布，使形势更有利于赫鲁晓夫。同时，这也影响到了苏联新的内政外交政策的制定。

苏共二十大的召开之路

贝利亚的倒台以及对其削弱苏共作用的指控，客观上进一步加强了党对政权的垄断。1953 年 7 月召开的中央全会指出，必须“加强党对各级党和国家机关的领导”，坚决制止一切企图摆脱党的监督的行为。这不仅指某些组织和部门，还包括具体的个人。该指示意味着党恢复了对社会生活各个领域的绝对控制权，并巩固了党的实际领导人——赫鲁晓夫的地位。马林科夫（在春天的时候他自愿辞去了中央书记一职）明白这一点，并再次重申一个观点，即党的领导权不应由某一个领袖人物独揽，而应“由党的领导人组成的坚实、团结、一致的集体”来承担。他还指出，“任何人都无权、不能，且不应该一个人”接斯大林的班。当然，1953 年 7 月的时候，赫鲁晓夫还没有希望得到党的最高领导职位，即中央总书记（或者第一书记）的职位。

1953 年 8 月 8 日，苏联最高苏维埃召开了例会，会上部长会议主席马林科夫做了纲领性发言。这次会议主要讨论国家的经济发展问题。在过去的时期里，苏联经济经历了种种磨难。战后初期，党和国家领导人曾围绕经济问题展开争论，但最终结果是恢复战前的经济发展模式。这意味着，苏联社会将会重蹈覆辙，造成重复性开支。同时，当新的工业项目纷纷上马时，苏联却无法保障必需的物质以及专业的工程技术和管理干部。大批不具备基本技能和工作经验的工人涌入生产第一线，导致组织劳动生产过程中漏洞百出，具体表现为劳动生产率提高缓慢，并存在着大量违反劳动和技术纪律的现象，干部流失严重，工作强度增大。社会主义竞赛和以前一样，在很大程度上应该能解决一部分问题。但是，在缺乏实际物质激励措施以激发工人劳动积极性的情况下，“过分追求创纪录”再次促使党和国家提高了生产定额。战后，分给集体农庄的个人份地面积缩小了，占农民收入大部分的以实物形式支付的报酬也减少了，再加上其他措施的实施，农民的生活水平大大降低，大批农民开始离开农村。在战后时期（至 1953 年夏之前），共计约 800 万名村民迁往城市。

马林科夫提议转换发展战略和优先发展项目——大幅增加对轻工业、食品工业以及农业的投入。他建议将农业发展的重点放到提高产量（集约化生产）和吸引集体农庄庄员发展个体副业经济上：降低个体副业经济义务缴纳的标准定额，每一户集体农庄农户缴纳的现金税应减少 1/2，并且把他们往年欠缴的农业税尾数一笔勾销。同时，马林科夫认为，商业部门也需要进行改组。据同时代的人证实：“刊登这篇报告的报纸在农村都被读破了；普通的穷苦农民都说：‘这是为了我们做的。’”

1954 年，马林科夫在改进国家机关工作方面也做出了尝试。其中，政府部门的 46 个部共撤销 200 个总局和管理局、近 150 个托拉斯、4500 个各类办事处和管理机构、超过 4000 个小型管理机构。这样的改革可以为政府每年节省逾 50 亿卢布。

如果采纳马林科夫 1953 年 8 月提出的各项改革措施，苏联有望推动经济发展并在将来取得较大的成就，因为马林科夫在激发劳动积极性方面主要是以提高生产者的个人兴趣来取代纯粹的行政管理手段。然而，远不是所有的苏共领导人都是这样想的。赫鲁晓夫的立场与马林科夫的战略构想完全不同。在赫鲁晓夫的设想中，苏联必须优先发展农业（他认为自己在这方面是无可争议的权威）。其中，他计划大幅提高国家对集体农庄产品的收购价，通过开垦生荒地和撂荒地迅速扩大播种面积（就其本质而言，这意味着继续发展粗放型农业），同时要“发挥劳动者的主动性，积极开展社会主义劳动竞赛”。1953 年 9 月召开的苏共中央全会确定了赫鲁晓夫的思想。

1953 年 9 月的全会解决了重要的干部问题。根据与赫鲁晓夫事先商定好的内容，布尔加宁在休会期间向马林科夫提出了必须推选尼基塔·谢尔盖耶维奇·赫鲁晓夫为中央委员会第一书记的问题。布尔加宁还威胁道，如果马林科夫拒绝支持该提议的话，他将会独自在全会上提名赫鲁晓夫。于是，除了同意，马林科夫别无选择。

赫鲁晓夫当选为中央委员会第一书记，是他在争夺国家党政大权中获得的又一重大胜利。在这场争夺中，赫鲁晓夫充分利用了 20 世纪 20 年代斯大林的经验，尤其是利用了党的领导机关，它们归中央书记处管辖，而非中央委员会主席团。在任第一书记的一年时间里，赫鲁晓夫将党在中央和地方的干部大批更换。党的中央机构全部转归第一书记负责。与此同时，在赫鲁晓夫的领导下，苏联国内进行了大规模的意识形态宣传运动，加强了党对社会生活各个方面的领导。

然而，在马林科夫继续任政府首脑并主持中央委员会主席团会议期间，赫鲁晓夫的地位也并非绝对牢靠。因此，赫鲁晓夫针对马林科夫展开了一场运动，指控他是“人民的敌人”——贝利亚最亲密的战友，对大规模镇压负有责任，是一个懦弱无能的领导人。

1954 年 12 月，根据赫鲁晓夫的提议，苏联最高法院军事委员会对国家安全部最高领导人提起诉讼，指控他们是制造“列宁格勒案”的罪魁祸首。在诉讼过程中，马林科夫作为该案的主审人之一成为主要的被攻击对象。在赫鲁晓夫的倡议下，中央委员会主席团通过决议，决议中提及应“追究马林科夫作为政府首脑的道德责任”的问题。但决议没有提及刑事责任问题，这是因为主席团的所有成员或多或少都与 20 世纪 30 ~ 40 年代的大规模镇压有牵连。赫鲁晓夫意识到这一点，因此他竭力在权力之争中巩固自己的地位。在由他任命的国家委员会主席 И. А. 谢罗夫的帮助下，赫鲁晓夫将国家安全委员会档案馆存放的许多可能影响到自己的文件都销毁了。同时，他也借此机会查出能够攻击党和国家最高领导层其他成员的资料。

马林科夫是在 1955 年 1 月召开的苏共中央全会上下台的。此次会议的目的主要是讨论增加畜产品产量的问题。在会议期间，赫鲁晓夫就私下与主席团成员会面，说服他们必须罢免马林科夫的政府领导职位。对马林科夫的指控主要集中在苏联最高苏维埃第五次例会上（1953 年 8 月）他会见民众时的讲话，当时他提道，“核战争不可能获得胜利，它只会导致世界文明毁灭”。在对这一重要理论观点进行批判的时候（马林科夫是世界上第一位提出这一论点的领袖），莫洛托夫将其称为“十分危险的错误”。卡冈诺维奇也指出，马林科夫“让孟什维克式的经济学家们借机篡改我党关于重、轻工业对比关系的所有方针路线”。马林科夫在回应批评者时称：“在关于重工业的讲话中，我说的都是应该说的话，而且在该问题上我过去是、现在也是站在党的立场上。”然而，在会议要结束的时候，他却不得不放弃自己的观点。因此，作为回报，党中央保留了马林科夫在政府以及中央委员会主席团和书记处的位置。

然而，对于免除马林科夫的政府首脑职务，全国的共产党员和民众看法不一，而对布尔加宁的任命则被视为准备开战的标志。“战争一触即发，因此，领导政府的重任要交给军事活动家。”

事实上，事件的发展要简单得多——权力争夺已经进入了尾声。在争夺最高领导权的舞台上只剩下了赫鲁晓夫和莫洛托夫。

苏共二十大

召开新一届党代会的筹备工作在1955年的头几个月就开始了。此次党代会必将在苏共党史上发挥举足轻重的作用，其主要任务是为修正斯大林的内政外交政策奠定理论基础。更为重要的一点是，斯大林的接班人尽管展现出了“新人事新作风”，但从未公开说过要彻底改变治国的方针政策。这种模棱两可的形势有时会给党的积极分子队伍造成混乱，他们已经习惯了中央的明确指示。此外，贝利亚在1953～1954年以及之后的马林科夫都对修改政治方针做出了初步尝试（而且措施相当激进），他们的这些举措也都被取缔了，并被批判为走“孟什维克”和“机会主义”路线。这样一来，苏共最高领导层对即将召开的党代会主要有两种态度。一部分中央委员会主席团成员主张走斯大林发展模式的老路，谴责贝利亚和马林科夫实行的新政（在某种程度上赫鲁晓夫也提出了这一点）。另一部分（占大多数）则是以赫鲁晓夫为首，他们势必要建立起一套新的制定党的政策的方法。在后者中，立场最为坚定的是萨布罗夫、别尔乌辛、谢皮洛夫等人，他们与斯大林时期犯下的种种错误和罪行的牵连最少，客观上这些人都是赫鲁晓夫的盟友。

在中央委员会主席团的会前讨论中，核心问题是如何评价斯大林及其所属时代。莫洛托夫提议不仅应该保留列宁、斯大林治国方针的思想政治基础，还应继续贯彻在“斯大林是列宁事业的继承者”这一口号下制定的总结报告的全部内容。赫鲁晓夫及其一派则相反，他们千方百计地“躲避”已经逝去的领袖。因为他们明白，在开始进行大规模平反的情况下，斯大林时期的受害者从劳改营回来，会有很多话要说，到时候在党代会上要为大规模迫害和镇压这些罪行负责任的已经不是已逝领袖斯大林，而是他们这些人。

1955 年 10 月，赫鲁晓夫提议将斯大林时代犯下的罪行通报给党代会的代表们。应该说，赫鲁晓夫对时机的挑选并不是随意的，此时赫鲁晓夫已经确信，不会有人说他与斯大林时代的罪行有牵连，因为相关的文件均已被销毁。

П. Н. 波斯佩洛夫领导的专门委员会受命根据现有文献资料起草《关于对苏共十七大代表进行大规模迫害有关情况的报告》。1956 年 2 月 9 日，在对专门委员会的工作结果进行讨论后，中央委员会主席团决定召开闭门会议听取报告。同时，大会拓宽了报告中所提出问题的范围。主席团成员对报告内容的反应很有意思。例如，萨布罗夫表示："如果事实确凿的话，难道这是共产主义吗？这是不可饶恕的……这不是不足（如卡冈诺维奇所言），而是犯罪……应该彻底说出斯大林所起作用的真相。"马林科夫称，他为同志们被宣告无罪而感到高兴。他说："任何对敌斗争都不能说成消灭干部的理由。'领袖'确实是'亲爱的领袖'。"诚然，在报告的最终定稿中并没有加入专门委员会得出的最重要的结论，即事实上党内不存在任何反党"中心"和"集团"，而那些相关的指控都是捏造出来的。报告只是把拥护斯大林方针的共产党员作为斯大林主义的牺牲品。不仅如此，关于"人民公敌"以及斯大林领导的联共（布）与其进行斗争是否正确的问题，波斯佩洛夫的报告采纳了传统观点和说法（在莫洛托夫集团的影响下）。

该问题的报告人确定为赫鲁晓夫。在研究宣读报告的时间问题时，伏罗希洛夫建议在苏共中央机关选举后立即召开闭门会议，因为如果不这样做，代表大会"在党的领导机构选举时未必会投中央委员会主席团成员的票"。所有人都赞成他的提议。除此之外，大会还决定不仅不进行公开讨论，还要禁止向报告人提问。

关于个人崇拜报告的起草工作仍在继续。最初，赫鲁晓夫让波斯佩洛夫和阿里斯托夫参与这项工作，后来又让谢皮洛夫也加入其中。在起草过程中，他们还利用了党的老干部 А. 斯涅戈夫的书信资料，他在当年也受到过迫害。拿到了波斯佩洛夫和阿里斯托夫的报告稿以及谢皮洛夫起草的稿子，再加上书信资料，赫鲁晓夫口授完成了需要向党代会所做的报告文本。在最终定稿的报告中赫鲁晓夫又补充了一些问题，其中包括斯大林农业政策的失败，在战争年代和战后国际关系中斯大林所起的负面作用及其对苏联人民的迫害问题。但是，对波斯佩洛夫报告中的一些说法赫鲁晓夫并没有采纳，其中包括所谓“没有任何反对派集团和中心”“大多数轰动的案件都是由斯大林及国家安全机关制造出来的”等结论。报告还提到斯大林对普通公民实行大规模迫害的行动，但赫鲁晓夫对这一说法也没有采纳。在报告的结尾部分，赫鲁晓夫对斯大林给予了较为缓和的总体评价，不仅承认后者对党的社会主义建设事业具有巨大的功绩，也谈及他针对反对派展开的斗争是正确的。报告中提道：“不能说这是一个恣意妄为的人所做的事情。他认为，为了党和劳动人民，为了捍卫革命成果，需要这样做。”这样的结论实际上与报告的整体内容是矛盾的。

当报告提交给中央委员会主席团审阅时，党的最高领导们竭力平衡该报告的重要意义，特别注意指出报告在代表大会资料中所体现的新的理论方法，以及范围广泛的社会发展规划纲要。

报告得出的基本结论认为，不同社会制度的国家可以和平共处，不同国家向社会主义迈进的道路各有不同，有可能避免新的世界大战爆发。报告高度评价了科技进步的作用，没有这一点，生产产量的提高也无从谈起。在总结报告和一系列扩展性讲话中（其中包括米高扬的讲话），党中央发出了号召，呼吁将近年来出现的民主趋势固定下来，创造性地发展马列主义思想。

尽管对赫鲁晓夫在苏共二十大上所做的报告评价不一，但此次报告仍是具有真正历史意义的报告。并且，报告在解读斯大林主义这一现象、批判其罪行方面无疑是一个突破。

这也决定了苏共二十大在党和人民生活中具有的重大意义。然而，他们清楚地知道，继续消除斯大林主义的影响有可能会动摇甚至颠覆自己的政权根基。因此，赫鲁晓夫及其一派在二十大召开期间和会议结束后就已经开始部署对“个人崇拜”展开批判，同时为此画定了底线，这并不是偶然的。

在 1956 年一年里，苏共中央向基层党组织发出了三封密函，要求必须与“敌视性攻击”做斗争，其中也包括一些党员和无党派人士的讲话和声明，而后者的内容就其本质而言是高度评价二十大的思想，并进一步将其发扬光大。例如，在苏联科学院热力工程实验室党组织会议上，未来的持不同政见者——当时还很年轻的科研人员 Ю. Ф. 奥尔洛夫提出，应该更积极地贯彻社会民主化方针，他的讲话赢得了掌声。结果，中央通过了特别决议，解散了该党组织。决议中指出，要关注在讨论二十大报告内容过程中出现的“偏差”和问题。同年 12 月 19 日，党中央通过了新的《关于党组织应加强群众思想政治工作及制止反苏敌对分子攻击》的秘密决议。决议中所指的反苏分子包括 К. 帕乌斯托夫斯基、К. 西蒙诺夫和 О. 别尔戈利茨。因为，正是这些人通过演讲对 1946～1950 年通过的“具有意识形态色彩的”决议的主要内容进行了批评。决议的结尾部分还提道：“苏共中央特别强调，对于敌对分子，我们要坚决与其做斗争，绝不含糊。对反苏分子进行无产阶级专政应该毫不留情。”据此，各级党组织要求党员召开党会讨论该文件。

党的各级机关对决议的内容表现得非常积极，认为“中央的决议使问题明朗化，并把党组织武装起来同巧言惑众者、造谣中伤者以及反苏分子做斗争”。

普通党员对此的反应则相反。古比雪夫水力发电站的工程主任 В. 泽列诺夫表示：“党和政府领导在批评斯大林的个人崇拜问题上有点忙乱无序。一开始是谴责他，而现在又开始吹捧。”雅罗斯拉夫尔汽车制造厂的设计师 П. 基谢廖夫指出：“宣读决议的语气给人以暗示——要么闭嘴，要么就把你关进去。难道匈牙利就没教会我们其他的吗?”来自列宁格勒的 Ф. Р. 科兹洛夫提供的大量资料显示，对那些认真贯彻苏共二十大提出的发扬民主和同斯大林主义做斗争的人，除了开除他们的党籍之外，苏共还将他们驱逐出了列宁格勒，而在这些人中就有经历过数十年监禁刚刚从集中营回来的人。

这些都说明，苏共二十大批判的是斯大林，而不是斯大林主义，其实质也许斯大林的战友和继承者们并没有理解，而且也无法理解。

与此同时，苏共二十大对于为斯大林专制独裁的牺牲者平反昭雪意义重大。在1956年初，仅有约7000人被平反，到1956～1961年，共计为近70万人平反。而在1957年2月，车臣人、印古什人、巴尔卡尔人、卡腊查耶夫人、卡尔梅克人也获得了平反，并且党中央准许他们回归传统居住地。但与此同时，平反的对象并不包括德意志族人和克里米亚鞑靼人，这导致苏联国内民族自治运动高涨。当局对前面提及的言论反应激烈，这也引发了苏联一些民族的民族自觉意识高涨。

1957年夏，中央委员会主席团成员试图罢免赫鲁晓夫的行动失败，苏共最高领导层的权力争夺到此才结束。在中央委员会主席团决定行动的时候，问题似乎已经注定会得到解决。赫鲁晓夫利用党的机构的力量并依靠它来召集中央全会，对“反党集团”成员进行批判。最终丢掉职务的不是赫鲁晓夫，而是莫洛托夫、马林科夫、卡冈诺维奇，而在半年后，政府首脑布尔加宁也被免职。赫鲁晓夫成为斯大林逝世后第一个集党和政府领导人角色于一身的人。

苏共二十大的决议虽然有一定的局限性，但它仍具有重大意义。其意义不仅在于对斯大林进行批判并摘去他头上的桂冠，还在于尝试着让国家走上新的发展道路。党内高层的初衷只是希望通过苏共二十大稳定自身的执政地位，但除此之外，大会对党和国家及国际共产主义工人运动的命运产生了相当重要的影响。这主要体现在大会改变了原有的社会氛围，让数百万人，不仅包括苏联人民，还有其他社会主义阵营国家的人民（1956年波兰和匈牙利就已经开始尝试新的社会发展道路）的意识开始获得解放。然而，历史的发展证明，苏共最终未能巩固这次转变的成果，并将其充分发挥利用。

继续改革

苏共二十大的民主气息营造了全新的社会氛围，但更重要的是要用经济成果使其得到进一步巩固。

1955年3月，苏共尝试推行农业生产计划体制的改革，国内开始进行大规模的垦荒运动。1956 年，为了落实分散经济管理权这一方针，苏共中央将一系列苏联部委改组为加盟共和国各部。当时，约有 1.5 万个工业企业转由各共和国管理。在经济管理体制变革方面实施得最为果断的措施是在 1957 年撤销各部，成立国民经济委员会。也许，通过消除各部门之间的界限可以最大限度地利用地方现有资源。然而，这次机构内部改革仅在一定程度上达到了目的，同时还滋生了出许多新的问题。显然，如果不对经济管理体制进行彻底变革，国家的经济也就不可能取得质的变化。与此同时，这些新举措改变了生产第一线的环境，让许多从“下层”兴起的社会运动焕发出活力，积极创新，从而对取得新的经济成果产生了积极影响。1956 ~ 1958 年，苏联主要经济领域的增长速度为 10% ~ 15%，而计划增速为 7.6%。“七五”期间（1959 ~ 1965 年），苏联工业生产发展基金翻了一番。

综合 20 世纪 50 年代末至 60 年代初苏联国内经济发展的各项指标，可以得出结论，到此时为止苏联已经完成工业社会的基础建设。

这主要体现在以下几个方面：国内经济结构改变（苏联现在已经不是 20 世纪初期的农业国，也不是二战前的工业、农业并重型国家，而是以工业为主的国家）；出现了新的生产性行业（石油化学、电力工程、电机工程、人造材料生产等）；在主要生产领域机器生产取代了手工作业；工业和农业的能源保障率提高；劳动生产率提高；经济发展速度明显增快（同时，经济增长速度超过人口增长速度）；提高居民整体受教育程度和工人文化技术水平的条件已经形成。

这些是在苏联整个发展阶段取得的最为重要的成果。与此同时，新经济管理体制的缺陷在 20 世纪 60 年代初期开始显现出来，在农业方面体现得尤为明显。继 1954 ~ 1958 年短短几年的增长后（当时年均增长速度为 8%，而基本建设投资额约占总投资额的 1/3），生产又出现新的下滑，导致粮食供应中断。自 1963 年起，苏联开始定期从国外收购粮食。在苏共农业政策造成危机的种种原因中，首先应该指出的一点是，在 20 世纪 60 年代初苏联政府逐渐放弃了对农户进行物质激励的原则，减少对农业的投入，不正确地使用土地令荒地土壤受到腐蚀，产量下降了 65%，同时，“大种玉米活动”

导致粮食大幅减产。此外，在“共产主义大跃进”和实施大规模的社会性规划（主要是在城市）的情况下，农业又重新变成经济的“附属”和搞到资金的渠道（如今已经是为了满足“全面展开共产主义建设”的需要）。60年代初的农业形势再次证明，以剥夺和没收生产者的农产品为原则组织农业生产让扩大再生产变成了不可能的事情。

造成20世纪60年代中期苏联经济危机的深层原因则在于，在取消斯大林的镇压和迫害体制之后，苏联传统的经济模式也随之开始瓦解。

这一切都证明，随着工业社会基础建设的完成，苏联经济和政治体制中的“动员”模式也已完成了自己的主要任务，现在也需要进行重大变革。

与一贯的论调相反，苏联社会呈现的新变化引起了国家领导人的关注，他们从意识形态的立场出发来评价这些变化的性质和实质。苏联取得的显赫成果让赫鲁晓夫及其周围的人大为欢欣，并坚信共产主义社会将很快建成。1959年，苏共宣布苏联的社会主义建设已经取得完全彻底的胜利，从人均工业品和农产品的产值来看，“赶超”先进资本主义国家的任务已完成。1961年通过的新的苏共纲领拉开了全面建设共产主义的序幕。

这些年，苏联还进行了轰轰烈烈的反宗教运动。关于已经开始全面建设共产主义的论断推动了这一运动的开展，同时也意味着加强了与“过去残余”的斗争。在短短几年里，被炸毁的教堂及被判刑的神职人员和教会活跃分子的数量几乎赶上了之前20年的总和。到1963年之前，东正教教会的数量比1953年减少了一半还多。1961～1965年，有1324人因宗教被判刑。

在这种情况下，1961年10月召开了苏共第二十二次代表大会。会议共代表970万名共产党员（1952年为680万人，而苏共二十大代表的党员人数为720万）。此次大会通过了新的苏共纲领，纲领提出了在苏联建成共产主义的理论依据，并确定了几个基本阶段。为此，苏联需要解决三位一体的任务：为共产主义建设提供物质技术基础；向共产主义自治过渡；培养全面发展的新人。

会议通过的重要决议涉及执政党的改革。在新的苏共党章中首次出现了一些条款，其中涉及如下问题：是否可以组织党内辩论；中央和地方党的干部轮换制；扩大党的地方机关的权力；党组织不能代替国家机关和社会团体等。苏共党章特别强调，提拔党的干部和负责人首先必须以他们的业务能力为依据。苏共党章中还规定，近年来要坚持缩减党内各级机关在编人员数量，转由义务工作的积极分子行使其职能。

所有这些措施如果能一一落实，在很大程度上是能促使苏共在现存政治体制框架下焕然一新的，也能提升党的开放性、民主性和实干精神。况且，这些变化并没有触及苏共的存在基础和原则。

苏联社会民主化道路的下一步应对法律基础进行修改。1962 年 4 月，苏联最高苏维埃确定了宪法制定委员会成员名单，这是苏维埃政权建立以来的第四部宪法。该委员会在 1962 ~ 1964 年工作期间提出了多项积极的建议，旨在推动苏联政治生活的民主进程。在该版宪法草案中，知识分子首次被称为社会主义社会的一个阶级；确定开展民主建设是推进政治体制建设的主要方向；提出新的社会政治制度（对重要法案进行全民性的公开讨论；国家领导人向民众汇报工作；召开各行业劳动者会议，旨在为国家机构建言献策；人民监督制度）；确定人民代表轮换制；扩大各委员会常务委员会的权利；赋予各加盟共和国权力，可以与其他国家建立经济、文化和外交关系，可以拥有共和国自己的部队；还加入了关于公民个人所有制、集体农庄庄员个人副业和小私有制经济的条款。

然而，这些积极的提议未能进入 1964 年夏讨论的宪法草案终稿。相反，终稿的内容体现了一系列教条主义思想：苏共的领导和主导作用随着共产主义建设的发展日益增强（第 43 款）；将马列主义作为苏联社会和国家制度的思想基础；将各种社会主义所有制形式融合为统一的共产主义所有制的前景。

毫无疑问，宪法草案反映了苏联政治制度民主化的客观需求。如果草案的内容得到落实，民主化进程就会快速向前推进。此外，如果最初提出的那些建议被采纳，就不会出现后来持不同政见者的运动，或者说至少能延迟其出现的时间，因为该运动在20世纪60年代中期提出了很多内容相似的改革方案。同时，不得不承认，如果要落实宪法草案中规定的各项权利和自由，也会造成对现有制度的损害。关于这一点，一部分苏共高层领导很清楚，他们本来就已经觉得赫鲁晓夫时期做了许多对苏共来说很危险的事情，这也解释了为什么在赫鲁晓夫被撤除领导职务后宪法委员会的工作就立刻停止了。

1964年的保守派政变与社会经济和政治的“停滞”

1963～1964年，赫鲁晓夫看似不可动摇的地位事实上已经岌岌可危。社会上和党内对他的改革大失所望（首先是物价上涨，农民个人经营的副业全部被清除，粮食脱销，经济增长速度回落等），而大规模裁军也引起了军队对赫鲁晓夫的不满。在对外政策方面，“加勒比危机”令赫鲁晓夫的威望严重受损。赫鲁晓夫屡屡提出创新，尤其是提出机构重组和干部的重新调配以及新的思想（如要求党的积极分子在发言时一定要为党员挑错），这让党的机关干部大为恼火。另外，党的最高领导人的脾气也变得越来越难以捉摸，因此也越来越危险。令事态日趋严重的还有他的个人品质——冲动、粗暴、缺乏文化修养、决断不经深思熟虑、前后不一等。此外，为了庆祝赫鲁晓夫的七十岁大寿，苏共开始用各种方式为他歌功颂德，而另一面则是经济发展失败以及对斯大林个人崇拜的又一轮批判。这种反差加速了赫鲁晓夫声望的急剧滑落。苏共二十二大之后，赫鲁晓夫再次提出必须与党和国家领导干部的特权做斗争，而这让人再也无法容忍。

在国家安全委员会领导B. E. 谢米恰斯内和国防部部长P. Я. 马利诺夫斯基的支持下，党和国家领导人（Л. И. 勃列日涅夫、H. B. 波德戈尔内、H. Г. 伊格纳托夫、A. H. 谢列平等）迅速做通了大多数中央委员的工作，提出必须把赫鲁晓夫撤换掉。尽管行动进行得很秘密，但是赫鲁晓夫还是知道发生了什么。在欢迎印度尼西亚总统苏加诺的招待会上，即将动身去休假的赫鲁晓夫突然指着中央委员会主席团成员说：“我很健康，但他们却送我去休假。我不久前才刚刚休假回来，就又让我去休息。没关系，等我回来的！”这一感叹预示着即将发生的一幕。1964 年 10 月 13 日，中央委员会主席团实际上已经就最主要的问题达成了一致，赫鲁晓夫被召回莫斯科，并对他的“唯意志论”和“主观主义”发出责难。10 月 14 日的中央全会做出决定，“鉴于赫鲁晓夫年事已高，并且健康状况欠佳”，免去其苏共中央委员会第一书记和苏联部长会议主席的职务。Л. И. 勃列日涅夫当选为苏共中央委员会第一书记（当时许多人觉得他只是一个“过客”），而部长会议主席由 А. Н. 柯西金担任。

在回忆和对自己任国家最高领导人期间的活动进行评价时，赫鲁晓夫说：“我知道，一定会众说纷纭……一切已经过去了。但最主要的是，我们所有人，包括那些站在铁丝网外和身处铁丝网内正瑟瑟发抖的人全都呼吸到了另一种新鲜的空气，这才是主要的，因为现在已无法剥夺人民呼吸到的新鲜空气，它永远不会消失，反而会扩散。”

打着与赫鲁晓夫的“主观主义”和“唯意志论”做斗争的口号，苏共开始实施一系列反对其方针路线的重大举措。在经济方面，原来的中央集权管理体制不仅重新恢复，还得到了进一步增强。在赫鲁晓夫被免职后的 20 年里，管理机关的干部数量由 300 万人增加到 1800 万人。到这时候为止，国内平均每六七个人中就有一位“管理人员”，每年供养这些人员的费用高达 400 亿卢布。经济管理方法的变化和国家干部人数的增长在客观上加强了苏共在国家机构体系内的作用。

党对社会生活各个方面的监督都加强了。苏共第二十三次代表大会（1966 年）提出取消所有赫鲁晓夫时期制定的关于党内生活的新制度，其中包括令领导干部深恶痛绝的党的干部轮换制。新一版苏共党章（1971 年苏共第二十四次代表大会通过）规定，党具有对行政单位的活动进行监督的权力，其中不仅包括生产部门（原来就有），还包括科研院所、学校、文化单位和卫生机构。1977 年苏联宪法在苏联历史上首次确立了苏共在社会上的领导和指引作用，并指出党是“政治制度的核心”。

勃列日涅夫在工作中比赫鲁晓夫更喜欢用纯机关的那套手法：和自己前面的几任领导人一样，他也利用中央书记处对准备解决的问题进行预先讨论（其结果往往也预先决定了）。同斯大林时期一样，国家的重大决策是由小范围的几个人做出的。打着“为了党的统一而奋斗”的口号推翻一切与“总路线”不一致的观点，不再进行批评与自我批评。勃列日涅夫时期，禁止政治局委员和书记在党的全会和代表大会上发表与中央论调不一致的言论。通常由书记处通过特别决议，经选举产生党的中央机构成员，派他们在全国进行工作巡视。在党的领导人向公众发表演说之前，要对他们正式演讲稿的内容进行统一。勃列日涅夫还提出了一个极其荒谬的规定，要求在他讲话的过程中在预先指定的地方由波德戈尔内带头起立并鼓掌，以此带动所有听众都这样做。后来，在克里姆林宫会议厅举行党和团的代表大会时都要进行分组排座，以确保在大厅里能够产生“轰动效果”。

从 20 世纪 60 年代末开始，苏联社会掀起了一波又一波颂扬勃列日涅夫的高潮。他被先后授予大将和苏联元帅军衔，四次获得“苏联英雄”（和国家英雄 Г. К. 朱可夫元帅一样）和“社会主义劳动英雄”称号，十四次获得捷克斯洛伐克、蒙古国和其他社会主义国家授予的英雄称号。他甚至还被授予最高级统帅军功勋章——胜利勋章（这违反了相关规定）。

勃列日涅夫的“稳定干部”政策在党的代表大会决议中得到肯定，这不仅意味着领导干部可以“长期把持某一职位”，也意味着现有制度日趋老化。这种制度使任何级别的官员都可免受处罚，由此造成腐败猖獗、滥用职权、言行严重不一等问题的出现。

勃列日涅夫成为党和国家官员利益最彻底的代言人，而他的统治简直就是他们的“黄金时代”。

为了从思想上推翻赫鲁晓夫的“伟大十年”的民主发展论，勃列涅日夫提出了“发达社会主义”理论。1967 年，勃列日涅夫首次宣布苏联已经步入这一发展阶段。该理论的思想基础是认为苏联的社会结构是完美的，尽管相对单一，但在其内部完全不存在现实的矛盾纠纷。该理论的现实依据是苏联已经建成工业社会，勃列日涅夫正是因此宣布发达社会主义已建成。苏联社会主义建设的一个主要特征是依据自身的特点发展社会主义。“发达社会主义”理论公开宣称，它在苏联国内变为现实是因为高度集中的体制拉紧了社会进步的链条，但实际上，这一理论为专制制度的持续存在奠定了理论基础。

赫鲁晓夫被免职半年多后，勃列日涅夫开始悄悄地为斯大林“恢复名誉”，与此同时也包括为斯大林主义平反。斯大林的名字和形象又开始频频出现在文学作品、电影、回忆录和期刊中。在苏共二十三大召开前夕，科学界和文化界的杰出代表 П. 卡皮察、И. 塔姆、М. 列昂托维奇、В. 卡达耶夫、К. 帕乌斯托夫斯基、К. 楚科夫斯基、О. 叶夫列莫夫、И. 斯莫克图诺夫斯基、Г. 托夫斯托诺戈夫、М. 罗姆等人致信勃列日涅夫，就“为斯大林部分或者间接恢复名誉”一事向他表达了自己的忧虑。

在马林科夫和赫鲁晓夫执政时期，原本应该团结一致的政权阶层乃至社会却暴露出了严重的分歧，持不同政见者运动的产生就是明显的证据。为了打击该运动，苏共中央于 1967 年 7 月成立了克格勃五局，专门负责“组织开展针对敌人意识形态颠覆活动的反侦察工作”，并在各城市和区设立克格勃分局和分部（开始只在各州和边疆区）。由此，苏联国家安全机构的编制大增，并且新机构成为党的领导者手中掌握的强有力的工具。1967 年 8 月，苏共中央通过特别决议，坚决禁止对下列人员的公务和业务工作进行审查，其中包括国家高层领导，中央委员会成员，部长及党和共青团在各边疆区委、州委、市委和区委的书记，各级法官和检察官，工会委员会主席和书记（州级以上），党、共青团和工会机构出版的报纸和杂志的编辑以及各级苏维埃执行委员会主席。这样一来，整个党、苏维埃、共青团和工会的领导干部仅需接受党“中央”的监督。而这必然导致他们滥用职权，或与犯罪组织勾结、沆瀣一气。

收紧对内政策、迫害异己的思想在苏共坚持的意识形态上找到了保障。苏共中央正式通过了关于在和平共处条件下两大阵营意识形态斗争激化的纲要，该结论是斯大林提出的“随着一步步接近社会主义，阶级斗争也日益激化”这一著名理论的变体。

同时，苏共政权进一步加大了对苏共二十大通过的决议和后来意识形态中出现的自由主义倾向的监察力度。具体表现为党的代表大会的召开要极为隆重，理论越发脱离社会实际，问题越堆越多，也越来越严重，但是却不去有效地解决，而只是经常大肆鼓吹那些伪造的虚假的成就。

应该说，20 世纪 60 年代，苏联保守的意识形态与 1965 年进行的相对激进的经济改革是格格不入的。诚然，到 60 年代末，经济改革已经开始放慢了脚步，最终确定了保守的发展路线。在当时的情况下，客观上苏联当局应尽量减少思想上的领导，而应该更多地思考国家健康发展的思路，因为在经济技术发展方面苏联已经阶段性地落后于同时期的西方发达国家了。1973 年第一台微处理器的发明意味着人类进入了一个崭新的发展阶段——信息（后工业）时代。多年以后，人们明白了后工业化不仅意味着生产的自动化和计算机化，使用机器人，并运用知识密集型技术，这一切仅是后工业化非常重要的外在表现，而更为重要的是其在社会方面的体现——劳动过程工业化，将劳动变成自由创作活动及社会生活各个方面的人文化和民主化等。

然而，在人类生活进入新的发展阶段之际，苏共领导层正陷入各种集会、“宫廷”阴谋和吹捧“伟大的总书记”之类活动的狂热浪潮中。当局根本没有注意到国内同样也在发生的变化，并且变化还非常大。

20 世纪 60 ~ 70 年代，苏联的人口形势发生了改变：二战导致人口出生率下降、死亡率上升；在国内仅有中亚和外高加索地区的人口出现了增长。此外，工业化的结束也意味着都市化进程开始加速推进，在 25 年的时间（1960 ~ 1985 年）里，苏联国内移居城市的人口超过 3500 万。

而居民的受教育程度也有了长足的提高。到 20 世纪 70 年代末，全国超过 64% 的人口接受过中等或高等教育（1959 年仅占 17%）。但同时应当指出的是，人民整体的受教育程度并不尽如人意。

20 世纪 60 ~ 70 年代，居民的物质生活条件有了很大改善：工资不断上涨；实行了全民退休人员保障制度；绝大多数人住进了单独的住宅；电视、冰箱、洗衣机、收音机走进了人们的日常生活；饮食结构进一步优化。在此过程中，并不是集约化的生产发挥了巨大的作用，而是由于苏联开始大量向西方出口石油和天然气。在整个70年代至80年代上半期，能源销售给苏联带来了4500亿美元的进账。然而，这些收入主要用于满足军事需求和援助“阶级兄弟”，仅有很少的一部分用于采购粮食和生活必需品。战前形成的通过指令性计划对经济进行管理的模式保留不变，对人民的劳动积极性却缺少相应的物质奖励和刺激。这些因素致使80年代初苏联的国民财政收入中消费品占比不超过35%～38%（国民收入也要比发达国家少很多），而此时西方的占比为65%～82%。而另外一些社会主义阵营国家的生活水平要比苏联高很多。在这些国家，市场元素发挥着一定的作用，哪怕只是一点点，同时它们还保留着一部分民主传统。

20世纪60～70年代，苏联发展陷入停滞的一个重要因素是社会上产生了严重的道德危机。随着党的官方言论和宣传口号与现实生活的脱节越来越严重，打着民主和人文关怀口号的伪民主制度不仅阻碍了新形势下道德观念的形成，还导致现有社会行为规范的瓦解。当时，苏联社会道德沦丧的自然产物就是犯罪率上升，尤其是盗窃和受贿行为增多。仅1973～1983年，犯罪数量增加了近一倍，而受贿数量则增加了两倍。其中，仅数额巨大及数额特别巨大的盗窃案数量就增加了4倍。据不完全统计，七八十年代之交，苏联社会上存在的“影子经济”的资本额已达到700亿～800亿卢布。

作为执政党，苏共自身经历了向纵深发展的进程，其人数从1966年的1240万增长到1985年的1900万。1971～1986年，苏共基层党组织的数量由37万个增长到44万个。与此同时，苏共毫无顾忌地向党的基层群众和全体人民显示自己严格的等级管理制度。

苏共的对外政策也经历了复杂的变革。其对外政策的基本立足点是意识形态的对抗思想。遵循这一思想，苏共领导人认为，资本主义自身具有的特性决定了社会主义和资本主义不可能长期和平共处。此外，为了说明自己为什么放弃了原来对和平共处原则的理解，苏共的思想家将此解释为劳动者与资本家之间进行阶级斗争的新形式。因此，苏联开始使用“不断加强两大阵营的意识形态斗争”的说法。苏共领导层制定对外政策的出发点是不现实的，他们提出，要借美国及其盟国的国际地位有所下降之机彻底改变国际政治舞台上的力量对比。另外，苏联对外政策的出台也是由于两大阵营在军事战略方面势均力敌（相应地，任何一方都不可能在核冲突中获胜），并且苏共领导人认为，当时在发展中国家内部人民的革命斗争浪潮高涨。苏共领导人认为，西方国家提出在裁军问题上协调一致是一种示弱的象征，是无奈之举。但实际上，西方国家决定缓解国际紧张局势是出于其他原因的考虑。20 世纪 70 年代初，东西方国家之间开展的核武器竞赛导致各国的军火储备处于饱和状态，不可能进行核战争。美国及其战略盟友同意进行裁军，因为它们认为，极权专制制度只有在强硬军事对抗的背景下才能继续发挥效力。1975 年，欧洲安全和合作会议签署了最后文件后，各方都试图让新局势能为己所用，这并不奇怪。自 1976 年起，苏联开始在德意志民主共和国和捷克斯洛伐克社会主义共和国部署中程核导弹，两个“超级大国”在地区层面的对抗逐渐加剧。1979 年 12 月，苏联军队出兵阿富汗。此后，美苏两国的裁军计划宣告彻底失败。而新一轮军备竞赛的开始让苏联和其他社会主义国家的经济陷入极其艰难的境地，在客观上加剧了世界体系内的结构性危机。

20 世纪 70 年代末至 80 年代初，苏联社会生活的各个领域都明显充斥着一种腐朽之气。以勃列日涅夫及其“不朽”的政治局委员们为首的苏联领导人都在胸前挂满了勋章，但不可否认的是，他们都已年老体衰，似乎正昭示着政治制度的腐朽与没落。苏联社会在期待着新的变革。

1982 年 11 月，勃列日涅夫逝世。这让党内和全社会都开始期待能够发生好的变化。Ю. В. 安德罗波夫当选为新一任苏共中央总书记、苏联最高苏维埃主席团主席。此前，他曾长期担任克格勃主席。同 1953 年的贝利亚一样，安德罗波夫非常了解体制的弊端和问题所在，他应该扮演拯救者的角色。从执掌政权开始，他着力治理的正是那些公认的对体制破坏最为严重的问题。他并没有提议进行任何重大改革，而是致力于整顿基本秩序。这种观点非常合机关官员们的心意，因为这样可以让他们有机会保住自己的职位。在任内，安德罗波夫有意提拔年轻的领导干部，并且希望为苏共的领导层积聚年轻的力量。这些人不仅能为保护政权而战斗，同时也致力于恢复党的活力。在安德罗波夫时期，苏联人民发出了“不能再这样生活下去”的呼声，这也成为当时所进行的温和改革的主旋律。作为勃列日涅夫的接班人，安德罗波夫在执政的15个月里在改革方面取得了比较显著的成效。而且他的改革思路产生了巨大的影响，直至他在1984年2月逝世后其影响力依然存在。

安德罗波夫去世后，继任苏共中央总书记、苏联最高苏维埃主席团主席的是72岁的К. У. 契尔年科。他在就任时就已经体弱多病，其实并没有能力管理这个庞大的党和国家。而不管是苏联国内的普通民众，还是党的权力阶层对这一事实都是心知肚明的。当时在执政党和苏联社会之间形成的主要矛盾是，现行的制度已无法满足国内居民急速增长的对知识和文化方面的需求。为了满足这些客观需求，必须在建成工业社会的基础上为人民提供新的、高品质的生活，而这却是无法完成的任务。因此，这就要求苏联紧跟落后国家的脚步，修正自己的发展目标，从而完成与后工业化时期相匹配的主要任务。在传统的经济和政治体制模式下解决这些问题是不可能的，而要废除这一体制也是没有必要的。摆脱困境的唯一办法就是在保存现有体制的情况下借鉴外国的先进经验，即在保持自身特点的同时，坚持两种不同制度的“融合”。对于这种“融合”的可能性问题，А. Д. 萨哈罗夫在其发表的《关于进步、和平共处和知识分子自由的思考》（1968年）一文中就已经预见到。

苏联政权希望强化已僵死的经济和政治发展模式，以取代要求改革的呼声。苏共领导层的这个选择必然使苏联人民遭受新的考验和折磨，而其自身也不可避免地遇到危机，并在未来彻底退出政治舞台。

第二十六章
苏共未能完成的改革尝试

Л. Н. 多布罗霍托夫

加速、公开化和“新思维”

1985 年 3 月，К. 契尔年科去世后，接替其在苏共最高领导职位的是相对年轻，但在苏联国内非常知名的 М. С. 戈尔巴乔夫。

新的总书记一上台就立刻给苏联民众一种感觉，他执掌大权就是为了使苏联的社会生活重现生机。在中央委员会的四月全会（1985 年）上，虽然表面上依然强调要“延续之前的发展战略方针”，但戈尔巴乔夫开始谈到必须“加快社会经济进步”，使“苏联的社会生活达到新的、更高的水平”。

戈尔巴乔夫的这一观点被认为是完善苏联各项政治和社会制度，深化“社会主义民主”，使人民实现自我管理的必要条件。在此，激活“人的因素”就被赋予了重要的意义，这指的是要加强人们的组织性和纪律性，提高人们的思想道德水平和职业素养。这是很自然的，因为根据苏联宪法规定，苏共是苏联政治体制中的核心力量，它全面领导苏联社会日常生活的各个领域，被视为社会改革的“主导力量”。

因此，应该说，“即将启程的改革快速列车”在启动时还是相当从容不迫的，有关改革的主要观点也是“神圣和不可触犯的”。为什么新的领导层需要在苏联社会改变些什么呢？他们的解释看起来也是符合逻辑的。的确，苏联在社会生活的各个领域都取得了重大成就，他们认为，正是依靠“新体制的优势，国家在较短的历史时期内使经济和社会生活水平达到了顶峰”（在此他们援引了一系列有说服力且真实存在的数据，以印证自己的观点）。但是，苏联党和国家的领导人却没有提到自20世纪70年代起在苏联经济发展中出现的“不良趋势”，他们也不敢“在客观条件下评论生产发展的变化（简单而言，他们忽视了国际上技术革命的出现），以及必须实现生产的集约化和改变经营的方式”。总之，现在这些问题越发严重，要想彻底解决它们就必须实施加速改革的方针。值得注意的是，加速改革这一命题在刚刚提出时旨在保护社会经济发展的各个领域，只想赋予它们更大的能动性。

新的领导层向社会民众承诺，将给他们带来新的、高品质的社会生活。在此，苏联领导人指的是西方国家的物质生活标准。与此同时，他们使用了大量现在人们耳熟能详的用语，如“提高人民的物质生活水平”“社会公正”“解决住房问题”“个体的和谐发展”等。其中，苏联领导人特别关注的是政治自由、精神解放以及社会道德水平的提升。

因此，当戈尔巴乔夫提出了自己的政策后，在社会上立刻受到了广泛的支持，这并不奇怪。苏联社会的各个阶层都渴望着变革，至少在表面上看起来是这样的。党的各级机构也热情洋溢地接纳新任总书记的改革方针，许多党的机关干部第一时间认为，总书记的改革是要加强党的领导作用和职能。

到此时，苏共已不仅仅是一个强有力的社会政治组织，它还是一个强有力的国家政权机构。而苏共的各级机关组织，包括从区一级的委员会到中央委员会，实际上都是具体的管理机构，它们负责管理社会生活的各个领域。应该说，这些党的机关组织是国家政权的固定组成部分，是构成国家和社会这座大厦的骨架和支柱。

但众所周知的是，在苏联上百万的普通党员与党的具体职能毫无关联。早在斯大林时期就已经形成了这样的体制，普通党员基本被隔离在政治生活之外，更不可能影响党的机关通过的决议。在苏联，通过决议是党的机关的特权，当然，这里的机关指的只是最高一级的机关。实际上，党的所有权力都集中在政治局、书记处以及中央委员会下属的一些部委中。能够决定党的内外政策的大概只有30人，如政治局委员、总书记的助手、中央委员会的书记以及上述部门的副职。

由此，党对国家政权的垄断逐渐导致了党的最高领导层的衰退，尤其是思想和道德层面的蜕化和堕落。那些70多岁的政治局委员们由于年事已高，在日常事务中表现得迟钝且毫无作为。关于他们的特权，在苏联的大街小巷早已传为笑谈。实际上，这些人早已脱离了普通人民的现实生活，他们根本不了解人民是如何生活的。当然，如果他们想了解，是完全可以了解到的。

而在党的基层单位，人们也纷纷效仿党的高层领导人的工作和生活作风。因此，在苏联社会中，苏共政权逐渐失去了往日的声望。这就是为什么当新的领导人提出要扭转“停滞时期的腐败风气时”，立刻就受到了广大社会民众的热烈欢迎。

在匆忙搭建了自己的政治领导班子后，戈尔巴乔夫立刻将“勃列日涅夫时期的老人”赶出政治局，因为他们可能会是自己实施改革方针的阻碍。同时，戈尔巴乔夫开始在各州、自治区、边疆区等实施干部轮换。政治权力的最高层——政治局迎来了新的面孔，在四月全会上增加了 Е. 利加乔夫和 Н. 雷日科夫，在七月全会上新增了 Э. 谢瓦尔德纳泽，而在1986年戈尔巴乔夫又为自己的“改革班子”增添了 А. 雅科夫列夫和 Б. 叶利钦。经过全面换班的党的领导干部机构（根据戈尔巴乔夫的思路，提拔起来的这些人可以有效保障各项改革措施的执行和落实）开始充满激情地工作，具体负责的是党的二号人物利加乔夫。

戈尔巴乔夫准备好了全面改变党的工作作风，他抓住一切机会强调，要从自己做起。1985年10月，戈尔巴乔夫在会见各州党委第一书记时尖锐地批评了颂扬自己的行为。作为结果，苏联的大街小巷和办公室中总书记的肖像画瞬间减少了。但是，他开始成为常驻电视荧屏的主人公，这成为他著名的“走进人民群众”的渠道之一。苏联人民最初是带着美好和真诚的心愿看待戈尔巴乔夫的这些行为的，并把这些视为民主改革的信号。

西方国家称苏共领导人的“新交流方式”为“戈尔巴乔夫的工作风格”，总书记本人则认为这是“列宁的工作风格”，其重要特点就是同劳动人民进行广泛而充分的交流，研究问题的具体细节，保证工作中的公开性。

同时，戈尔巴乔夫也根据这一标准衡量和评判党的机关干部的具体工作。

至于对党的队伍的“清理”，以戈尔巴乔夫为首的领导层是这样解释的，他们认为，“清理”并不是出于党内存在政治分歧，而是希望克服干部队伍中存在的惰性和消极心理，这种思想的存在导致人们只想稳定，不想变革。对许多领导干部的撤换进行得自然有序，“没有必要去压制干部”，所有人都有机会“领悟中央的要求，并且重新得到安置”。

党员干部工作遭到批评最多的一般是主观、随意的工作作风，保守的工作方式和态度，在党内大搞形式主义导致党内“死气沉沉”，过分限制自由发言，压制批评的声音，以及弄虚作假和滥用职权等。因此，中央认为，应从精神上改变干部作风，首先针对的就是领导干部：从现在开始他们应该认真研究社会现实问题，倾听人们的意见，激励并表彰社会积极现象，以批判式的态度对待工作。

“公开性”概念的出现向国际社会表明，苏联社会要发生翻天覆地的变化。最初，这一概念是以党中央交给党的各级基层机构的任务的形式出现的，即各基层机构要协调好同人民群众的关系，向他们传递党中央领导层的改革思路。后来，“公开性”的概念逐渐变为实现社会民主化的手段，成为“建设未来生活的工具”。一般来说，取消对社会经济和政治问题的公开议论的限制有助于社会民众更加了解危机的状况，从而制定克服危机的措施，同时也有助于把执掌党和国家领导大权的高层领导人的活动和工作置于人民的监督之下。

应该说，“公开性”的出现使长久以来受到限制的大众传媒放开了手脚。在它们的帮助下，苏联一直以来处于“保密范围”的领域，如军队、克格勃、法庭、检察院，当然，最主要的还是党的机构的工作立刻曝光在社会民众的视野中。

但这一切都是由戈尔巴乔夫本人做出的决定。1986 年夏，他批评了党的机关拖延改革的作风和工作方法，他的意见一直贯彻到了各州和共和国一级的党委，以及中央部委的各级党委。戈尔巴乔夫强调指出，从工人到部长，从中央委员会的书记到政府领导人，都必须改变工作作风和方式。与此同时，媒体舆论界不仅对党的各级机关的官僚主义工作作风展开了铺天盖地的批评，同时也抨击了高级官员们享受特权及滥用职权的行为。总之，对党的地区一级的个别领导人（以前这些人是媒体舆论界根本碰不得的）的批评甚至责难等于对现行制度发起了严肃的挑战，这为日后苏共党内高层出现矛盾对立埋下了伏笔。

戈尔巴乔夫公开宣称经过长期酝酿的改革是“革命性”的，同时他向国际社会建议，应多关注一下他在苏联进行的改革。并且，戈尔巴乔夫的“新思维”成为社会变革的理论基础。它的实质是，要优先承认“全人类的价值观”，拒绝在意识形态、阶级和民族间搞对立。苏联改革的总设计师认为，在当代——一个开启了核武器争夺的时代，人类必须学会和平生活，以保护自己的安全。

戈尔巴乔夫“新思维”的现实结果是苏联方面开启了“裁减军备的和平进程”。接下来的一系列和平建议迎来了大量掌声和吹捧，但实际上却是苏联对西方世界的单方面让步。

在世界上，戈尔巴乔夫被认为是“即将到来的 25 年时间内的国际和平活动家”。1985 年末，美国一家出版社出版了他的著作《和平——时代的要求》。之后，他的同类著作相继在葡萄牙、希腊、英国、意大利和西班牙等国出版，1987 年，他的知名著作《改革与新思维——对于我们国家和全世界》问世，并同时在苏联和美国出版。

你给的“改革”

1986 年 2 月，苏共召开第二十七次代表大会，会上通过了一系列“战略性决议”。这些决议主要涉及进入 21 世纪后苏联将会怎样，社会主义又将会是一个什么样子。同时，代表大会还确定了中央四月全会通过的“加速改革”战略。而“加速”的思想也被理解为要在苏联社会的各个领域实施激进改革，并且这一思想被写进了新版党章。新版党章对苏联社会的现状进行了比较客观的评价（新版党章并没有录入关于“完善发达社会主义”

的命题，但是保留了“即将进入发达社会主义阶段”的提法)，并在总体上确定了“向共产主义社会迈进”的明确目标。另外，新版党章承认“苏共是领导和指引苏联社会前进的核心力量”。

但是在苏共二十七大结束后，仅仅经过了几个月的时间，就有观察家指出，“加速”观念有些不合时宜，因为在经济领域苏联并没有取得任何实际的进展。在此，除了一些客观的因素拖慢了经济发展速度（如过度损耗主要的生产基金、技术工艺陈旧、手工劳动占了很大的比重、生产效率低下等)，在国民经济管理体系中出现了一些严重的人为失误。苏共中央的决议是优先发展机器制造业，但看起来是不现实的，因为它无法达到把资本投入提高1.8倍的要求。上百万卢布的资金盲目流到其他经济领域，而这些对资本投入进行分配的决策失误在加速发展经济的过程中暴露出来。

切尔诺贝利的灾难性事件（1986年4月）给新政权的声望带来了沉重的打击，而不动脑筋就提出的反酗酒运动更是激起了民众的强烈不满。由此，苏联社会上开始传出了针对戈尔巴乔夫政策方针的批评声音。

“改革”这一概念最初只是出现在苏共的文件中，总书记在讲话时提到“改革”只是针对经济的管理问题，偶尔会针对领导干部。但是，在苏共二十七大后，戈尔巴乔夫在使用“改革”这一概念时针对的范围变得更加广泛了，他开始讲道，要改变每一个人的思维和精神状态，改革必须针对每一个工作岗位。1986年，在中央六月全会的报告中，戈尔巴乔夫讲道，要对整个社会进行改革。在报告中他分析了“改革初期的一些教训”，并列举了一系列阻碍改革进程的因素（如以前的惯性和惰性、一些陈规陋习及僵化的精神状态等)。

1987年的中央委员会一月全会后，“改革”这一概念已经完全进入了苏联的社会日常生活中。应该说，“改革”的概念是比较激进的，但在思想内容上却并不固定（如改什么？改成什么样？这些问题同时呈现在人们面前，却又让人搞不清头绪，每个人只好用自己的想法自由地填充这一概念，这样的情况一直持续到1988年前)。

根据一些分析家的意见，“加速改革”战略的失败证明，用传统的行政命令手段是无法实现改革的，取而代之的应该是另一种模式，即民主改革模式，公开地讲，就是西方国家的模式（因此，一些评论家把“改革”称为“欧式的修复”也是不奇怪的）。

1987 年，苏联制定了研究“改革”理论的方法，同时，中央委员会的一月全会宣布，苏共要在社会实行激进的民主化措施，相应地，也包括对苏共党内生活的民主化。一月全会形成了全面的“改革”纲领（纲领中提出了 7 个主要发展方向），强调了“改革”的主要目的，即赋予社会主义最现代化的社会组织形式。并且，全会还提出了动员口号：“更强的社会主义！更多的民主！”此外，“改革”思想激励全社会“完善和优化社会主义，清除斯大林主义的残余”。

于是，“改革”变得更加激进，这首先体现在与之相关的言辞上。戈尔巴乔夫在报告中经常尖锐地抨击历史，在分析 20 世纪 70～80 年代苏联国内状况时他常常加重批评语气。而苏共中央委员会是最先遭到总书记批评的领导机构，他认为：“由于一些主观原因，中央委员会不能及时认清变革的必要性，不清楚隐患增长的危害性，以至于不能及时采取必要的措施，并且不会利用社会主义体制内的一切有利条件。”

同时，总书记还批评了社会上存在的一些消极因素，如住宅、粮食供应、医疗服务和教育、交通等领域的问题。戈尔巴乔夫非常愤怒地提到了社会上对社会主义公平原则的丑化和歪曲，也激烈地批判了违反社会主义根本原则（在此指的是按劳分配原则，它常常被人曲解为平均主义，实际上这是一种坐享其成的不良作风）的一些行为和现象。在报告中，总书记甚至公开且具体地指出了一些地方的干部存在腐败行为。

在报告结束后，苏共中央得出了结论，即必须进行更加深刻的变革，这已经超出了 1986 年四月全会上规定的“改革”范畴，并且在用语和措辞上都在强调“革命性措施”。因此，在 1987 年的一月全会后，在苏联的思想领域开始众口一词地强调“‘改革’的革命性质”，“自上而下的改革”，而西方媒体则宣称，在苏联进行的是“第二次俄国革命”。

最初，戈尔巴乔夫的领导班子把希望寄托于六月全会（1987 年）通过的经济改革纲领上。于是，在苏联国内开始了对经济管理的激进改革，其实质是在各级领导层面实现从行政命令方式向依靠经济管理措施转变，对现存的管理体制实施民主化改革。

但是，这些激进的经济改革措施没有收到积极的效果，也没有得到改革的具体执行者——主要生产管理者的热情响应和支持。其中，最大的障碍来自产品定价。要解决这一问题就意味着必须提高许多商品及服务的价格，这必然会影响到民众的福利待遇。因此，反对的意见不仅来自普通大众，大量学者和研究人员也对此持反对意见，就连政府内部很多官员的态度和立场也不是很坚定。并且，苏联社会内部也在一定程度上出现了一种担忧，即这样的改革意味着要脱离社会主义基础。总之，苏联的最高政治领导层显然还没有决定好是否要做出最主要的同时又是最不受欢迎的改革举措。

到 1987 年底，苏联社会上曾经存在的对改革无比期待的热情已经消失殆尽。众多民众并不急于加入这场“自上而下进行的革命”，他们开始怀疑正在进行的“改革”只不过又是一场例行的政治宣传运动。“改革”不仅是“空转”了，而且还遇到了前所未有的阻力，这些阻力来自党政苏维埃机关、经济管理部门及一些政府强力机构。并且，所有人都越发明显地表现出对激进改革者的不满，以及对改革性质和速度的不满。

对于这种情况，“改革”的倡议者认为，必须清除“保守派”（指一些党政机关、军队和克格勃）的阻碍，吸引人民加入“改革”进程，而大众传媒也应该做好相应的准备工作。

总书记号召大众传媒挺身而出，扮演好反对派的角色。这实际上等于号召大众“向总司令部开火”，把炮火对准国家体系内的骨干机构。在面对人民发表讲话时，戈尔巴乔夫常常强调：你们一定要“自下而上”地给它们施加压力，而我们则“自上而下”地给它们施压。由此，在苏共政权内部开启了“自我挖掘和剖析”的进程，而且戈尔巴乔夫人为地创造出一个反对派。之后不久，这个反对派不仅搞垮了执政党，就连改革的总设计师也下了台。

此时，在政治局内部也出现了分裂，分出了两支对立的力量：一派是以

A. 雅科夫列夫为首的激进改革派，也被称为社会民主派；另一派则是以 E. 利加乔夫为首的正统共产主义派。而戈尔巴乔夫本人则置身于矛盾对立之上，他经常调解两派之间的矛盾和纠纷，有时支持这一派，有时又支持另一派。但是，他真正支持的多半是激进派，因为他在表扬保守派时总是语意模糊或语带双关。

对“改革”进程批评得最为激烈的代表人物是政治局候补委员、莫斯科市委书记鲍·叶利钦。在中央委员会的十月全会（1987 年）上，他公开宣称“改革”的设计者缺乏明确清晰的观点，同时指责了党的最高领导机构（包括总书记在内）的工作作风，并认为，应该立刻将那些“政治投机分子”和“分裂主义者”赶出最高政治权力圈。由此，在苏共的领导层出现了一段持续很长时间的危机。

应该说，叶利钦的政治反应在当时那个年代是史无前例的，在苏联社会引起了巨大的反响。虽然他的行为更多的是出于个人动机，但广大民众普遍认为他是在对苏共体制发出挑战。许多人尤其是身处首都的知识分子认为，这位不安分的市委书记很快就会因“打击改革”而遭到迫害，而苏共中央也很快会重拾同思想异己者进行斗争的老办法。从那时起，叶利钦就已成为反抗暴政的标志性人物。

1987 年与 1988 年之交，苏联社会对“改革”的不满已不仅停留在改革的速度上，同时也包括了改革的目标。许多人已逐渐开始明白，现在争论的主要问题是“我们将要怎么做？究竟是完善和深化社会主义，还是复辟资本主义？”1988 年的中央二月全会给出了明确的答案：党一步也不会背离马列主义立场，不会轻易放弃人民赢得的胜利果实，党一直力争复兴列宁式的社会主义面貌。

报纸《苏维埃俄罗斯》刊载了 H. 安德烈耶娃那篇闻名于苏联社会，同时引起巨大争议的文章——《我不能放弃原则》。在文章中，安德烈耶娃指责苏共领导层背离了社会主义的基本原则，揭示了党的领导机关集体做出的宣言同其现实政策之间的矛盾。

随后，在《真理报》上，安德烈耶娃的文章遭到了苏共官方的公开批判，并被称为“反对改革派的公开宣言”。于是，围绕着这封信展开的思想战加剧了政治局的分裂，保守派（E. 利加乔夫）和激进改革派（A. 雅科夫列夫）的两极对立也更加激烈，从而暴露出了更加深刻的矛盾本质，这里指的是对“改革”目的的不同理解。

总体上，在苏联国内整个运动被认为是反对斯大林主义者对新斯大林主义者的巨大胜利，是“改革”的支持者对反对者的有力打击。但接下来发生的事件表明，同保守派的斗争不仅是以新斯大林主义者的失败而告终的，也证明了那些从列宁主义的立场批判斯大林主义的人同样也是失败的。戈尔巴乔夫为那些攻击“站在 H·安德烈耶娃身后的人”开了绿灯，实际上这等同于自杀行为，因为这场解脱桎梏的运动已经不能让人满足于仅仅褪去斯大林主义的光环，更是开启了对马列主义的批判。持批判态度的人认为，马列主义思想是有缺陷的，正是它们造就了专制体制，而否定了社会主义思想和原则。这时，在苏联的政治舞台上开始出现了自由民主主义力量的身影，他们以“在市场条件下建设高效的经济社会”为口号，以此取代原有的口号“完善和优化社会主义”。

失败——1989年

1988 年 6 月底，在第十九次全苏党员代表大会上出现了“改革”时期的转折时刻。会上曾爆发了激烈的争论，并最终通过了关于进行政治体制改革的原则性决议。虽然众多的与会代表在表面上强调，要加强苏共作为全社会政治先锋队的作用和地位，以及各级苏维埃是人民政权真正的代议机构等，但各项决议的实质最终归结于终结苏共对政权的垄断，并要把一系列管理职权转交给变形的苏维埃。

这是“革命性”的一步，而决定迈出这一步的正是苏共最高领导层，其前提因素是经过长期酝酿的经济改革遭遇了失败。一些改革者认为，实际上正是一些手中牢牢掌握着国家管理大权的党政机关的暗地阻挠，才导致了改革的失败。而根据戈尔巴乔夫的想法，必须通过政治体制改革把这些保守派力量从改革的道路上清除出去。

激进改革派认为，“十九大完成了自己的历史使命，为民主发展进程创造了契机”。但是，他们也被迫承认，尽管改革派的情绪高昂，但还不足以认为“民主发展进程会顺利地推进”。相反，他们一直警惕地等待着反对派的蓄力反扑和斗争的加剧。

戈尔巴乔夫改革方针的反对派，现在被称为“右翼保守派”，尽管他们无力影响十九大的决议，但还是在一定程度上展示了自己的力量。在此，值得关注一下苏联作家 Ю. 邦达列夫曾名噪一时的发言。他认为，“改革”破坏了现存秩序，并把“改革”比喻为“一架正在升空的飞机，然而，它却不知道，自己有没有着陆的地点”。

总之，尽管看起来是改革派获得了胜利，但苏共党内的分裂却成为不争的事实，并且这决定了后续事件的进一步发展。政治局内部的秘密斗争在 1987 年就已公开显露，现在这种斗争不断扩大和升级，并蔓延至党的各级机构。

正是感受到了党的机构对“改革”的强大阻力，戈尔巴乔夫着手改组党的机构，他首先从中央委员会的机构入手。1988 年，根据中央委员会九月全会的决议，苏共把一些管理职权转交给了苏维埃机构和经济管理部门，而与这些职权相关的原苏共中央委员会的下属机构则被取消了。中央委员会新组建了一些下属委员会，专门负责制定内外政策，这显示了选举机构面对党的机构时具有优先的位置。与此同时，各地方的党的机构也进行了改组。

并且，戈尔巴乔夫也完成了对政治局力量的重新配置。利加乔夫和雅科夫列夫分别被赶出思想和意识形态管理领域（前者被抛到了农业领域，后者则被放逐到了国际事务领域）。两者的冲突彻底粉碎了党内统一的幻想，对二人的放逐看起来也仅仅是暂时缓解矛盾的应急之策。雅科夫列夫依然是“改革”的思想和理论家，而利加乔夫则被确定为党内保守派的领袖。

十九大后，民主运动的组建被提上了日程，而它对改革终极目标的阐述与戈尔巴乔夫公开宣称及苏共党章中规定的改革目标相去甚远。民主运动确定，其任务就是要从根本上改变苏联的政治和社会经济体制，而其提出的口号是“一切权力归属苏维埃!”毫无疑问，这个尖锐口号的目标直指苏共。

对于苏共而言，政治体制改革已经成为一道难题，苏共硬着头皮去解，却又不知如何入手。1989 年底，苏联通过了新的关于选举法以及对苏联宪法进行变更和补充的法令。这些法令的出台等于把苏共置于即将展开的选举运动中，这样，苏共实际上就必须同其他社会政治组织进行平等的竞争。

新的法令规定，在单选选区根据不同社会政治组织提交的选举名单，投票和选举同时进行（这一点遭到了民主派的质疑，他们认为，规则本身已把议员置于不平等的地位）。1989 的一月全会首次在苏联的历史上提名了 100 名议员候选人（之后，他们在议会中形成了备受争议的“红色地带”），在同年的三月全会上他们成为人民议员。

选举的结果被确定为合法和有效的。虽然在新当选的人民议员中共产党人所占比重达到了 87%，但民主派却获得了精神上的胜利。因为众多被提名的共产党人实际上是支持激进改革的，他们是未来的反对派分子，并很快会脱离苏共的队伍。这种情况在一些大城市中比较突出，如莫斯科、列宁格勒等。

戈尔巴乔夫在展示了自己的乐观主义态度后肯定地表示，选举活动的举行是苏联社会向民主化迈进的重要一步，它见证了一点，即“我们成功地唤醒了社会，并激励民众走进政治生活”。但政治局委员们对选举活动的评价却大相径庭，他们中的多数人认为，选举的结果意味着苏共遭到了惨痛的失败，其领导层也遭遇了严重的危机。在选举中，有 30 名苏共提名的候选人（他们都是州委或市委书记）没能得到人民的支持，输给了自己的竞争对手（非共产党人士）。应该说，苏共失利的罪魁祸首正是大众传媒，因为在选举活动中大众传媒不遗余力地针对苏共的历史过失进行宣传，导致苏共及其机构的名誉扫地。并且，一些苏共中央委员会下属的出版物如《真理报》的报道过于偏激和片面。

一些领导人，如 Н. 雷日科夫和 Э. 谢瓦尔德纳泽认为，摆脱危机的出路是政治局集体下台。根据他们的想法，只有这样做才能解放戈尔巴乔夫，使之组建新的、不会授人以柄的、能够重获人民信任的“领导班子”。但戈尔巴乔夫走了另一条路，他提出大面积更换中央委员会和中央监察委员会的人员。在这一史无前例的动作下，两个委员会中共计 110 名已达退休年龄的委员被清退。

这样一来，利加乔夫于 1988 年开启了“干部培育”计划。在这一阶段，苏联的建筑工程企业、集团农庄、国营农场、苏维埃以及党的各级机构大约更换了 2/3 的领导干部。在苏联的最高领导层这一进程一直持续到 1989 年秋才宣告结束，却已无法挽救当时的形势。

第一波集中批评戈尔巴乔夫领导班子的声音出现在中央委员会的四月全会（1989 年）上。四月全会召开时，苏共在人民议员选举活动中遭遇失利的阴影还未散去。根据戈尔巴乔夫的建议，会上全面讨论了苏联社会目前的状况。戈尔巴乔夫仍寄希望于能够获得社会的支持，并且他想让民众“看一看苏共中央委员会的实际工作状况，以及总书记究竟是在一种什么样的环境下工作的”。

苏联第一届人民议员代表大会结束后，激进派不满足于大会的结论和成果，于是加紧了对苏共的批评。激进派认为，在实际工作中苏共并不愿意把权力转交给苏维埃，因为宪法第六章仍在发挥效力，而第一届人代会却没能取缔这一章。于是，1989 年夏，在苏联正式形成了以“跨地区议员团”为代表的民主反对派，随后，它立刻投入争夺政权的斗争中。

同时，共产党人自愿退党的现象越来越多了。在 1988 年，大约有 18000 名党员和候补党员退党，而在 1989 年，退党的人数超过了 136000 人。由此，政治局要求各级党组织“积极协调同致力于社会主义振兴的各支社会政治力量的关系，并同其开展建设性对话”，希望以此加强党组织对社会的影响力。以此为出发点，苏联国内出现了一些新的报刊（如《工人讲坛》《经济与生活》《对话》《苏共中央委员会消息报》）。

1989 年 7 月，中央委员会召开各边疆区和各州党委第一书记会议，大会主席 H. 雷日科夫在发言中激烈地批评了政治局和总书记。这次苏共紧急召开的会议的思想受到了一致的欢迎，与会代表不管是保守派，还是激进派都对大会表示了支持。所有人都想终止戈尔巴乔夫令人捉摸不定的“改革”

路线，及其常常游走于对立两派之间的策略。但是，戈尔巴乔夫及其幕僚成功地冻结了大会的提议，因为他们有理由认为，在现有条件下这次紧急大会极有可能导致改革派的落败。

在这段时间之前，苏联国内的民族冲突愈演愈烈。1988 年 2 月爆发的卡拉巴赫危机已经把民族危机由局部地区引向了全国范围。长期以来，戈尔巴乔夫及其领导班子一直忽视民族问题，对其估计不足，而现在这一问题已经成为激起斗争的一个重要因素。

在这种情况下，人们都把解决问题的希望寄托在召开以探讨解决民族危机为目的的中央全会。中央全会审议通过了扩大各联邦主体（包括各加盟共和国、自治地区）权力的决议，提升它们的独立自主权。同时，全会坚持，一定要巩固和加强联邦制，在苏联联邦制依然有发展潜力和前景。并且，全会第一次提出要拟定新的联盟条约。

但是，全会的决议来得还是有些晚，民族关系问题的激化已经导致了形势的失控。在波罗的海国家、摩尔达维亚、西乌克兰以及外高加索地区的几个加盟共和国，分离主义倾向已经明朗和公开化，且愈演愈烈。最主要的是，上述加盟共和国的各级党组织也发生了分裂。例如，在立陶宛共产党第二十次代表大会上出现了分裂，一部分立陶宛共产党人公开宣布要退出苏共组建独立的政党，而另一部分党员则坚守苏共纲领派的阵地。这样，立陶宛共产党分裂成了各自为政的两支党派，分别拥有自己的中央委员会。

对此，苏共中央委员会专门召开了非例行全会，谴责了立陶宛的分裂行为，同时委托戈尔巴乔夫在政治局委员和中央委员会书记的陪同下前往立陶宛进行“解释和劝说”。但是，戈尔巴乔夫的使命并没有完成，他没能及时制止立陶宛共产党脱离苏共。由此，苏共开始了党的联邦化进程。

在这种情况下，在俄联邦共产党各级组织机构中出现了一个问题，即俄罗斯的共产党队伍是不是也必须独立？在国内民族关系日益紧张的情况下，俄罗斯的因素具有重要的意义，所以不能忽视这个问题。如果在当时俄联邦共产党实现独立的话，就会立刻引发苏共的瓦解。在搞清楚这一点后，政治局采取了安抚的措施以缓和紧张的局势，即组建苏共中央委员会俄罗斯局，由戈尔巴乔夫担任主席职务。

退　让

1990 年，苏共中央委员会召开的二月全会在党的历史上起到了决定性的作用。与 1989 年的四月全会一样，二月全会的进行也伴随着激烈的争吵，会上，激进派和保守派关于改革路线的争执已趋白热化。全会通过了中央委员会为召开党的二十八大准备的纲领，内容主要包括一系列创新思想，同时也评论了许多问题。例如，它评价激进派为不彻底分子，做事犹豫不决、有头无尾；认为保守派是社会民主主义分子，是机会主义派，背离了马列主义基本原则。

纲领宣称发展“人道的、民主的社会主义”是党的最高理想。苏共肯定了自己的责任和义务是继续巩固、加强和拓展苏联人民的经济和社会权益，提高人民的物质财富水平。纲领中认为，激进的经济改革是希望把计划和市场两种手段结合起来，以调节经营管理活动和工作。同时，纲领还提出新的任务，即“要深刻改革所有制关系”。纲领中指出，苏共支持多种形式的所有制模式。为此，纲领还将“私有制”变换成了其他的概念，如“劳动集体所有制”“劳动个体所有制”。

另外，在政治生活领域也出现了重大变化。纲领提出，在国家体制建设上要优先建设法治国家，剔除任何阶级的专政形式，要把权力转交给苏维埃并深刻变革联邦制。毫无疑问，二月全会最重要的决议是决定取消苏联宪法第六章，承认多党制，并提议在苏联设立总统职位。

纲领制定了一系列主要的措施，以振兴苏共。例如，纲领认为，“要重新思考民主集中制原则在工作中的运用，应该把注意力从集中制转到民主制”。纲领计划改变中央机关的设置，如引入苏共主席的职位和两名由人代会选举产生的副主席。

在第三次人民议员代表大会上，戈尔巴乔夫被选举为苏联总统。同时，会上通过决议取消了苏联宪法第六章，并且组建了由 16 人组成的总统委员会，其中 10 人为政治局委员或候补委员，以及中央委员会委员。

在 1990 年的二月和三月全会后，就中央委员会制定的纲领草案和党章爆发了激烈的争论，并且在争论过程中各方明显具有了拉帮结派的意思。为此，中央委员会特意向共产党人发出了一封公开信，名为《在原则的基础上保证团结》，其目的是要反对那些在党的代表大会召开前夕有意制造分裂的人。相应地，党的各级机关对此的反应也分成了三派，完全依据党内派别的划分。温和改革派支持这封信；保守派一方面反对“分裂主义者”，另一方面又嘲笑这封信完全符合戈尔巴乔夫的风格，即对问题束手无策；激进派则疾风暴雨式地批评这封信，认为它是戈尔巴乔夫开始“右倾”并向党的机关作风投降的证据。

此外，在代表大会召开前夕，党的分裂已经体现在了组织形式上。1987 年夏天至秋天，激进民主主义反对派已经在苏共党内站稳了脚跟。“改革派”联合的形式是在全国范围内组建党的活动俱乐部。其中，最激进的应数莫斯科的俱乐部——“捍卫改革的共产党人”。根据它的提议，1989 年末，来自苏联国内 16 个城市和地区的代表聚集在一起，共同组建了新的运动——“共产党人改革派”。

在自己的纲领文件中，“共产党人改革派”详细论述了苏共已经落后于社会民主化的进程，并提出，苏共应该彻底将权力移交给苏维埃，同时在国内确立多党制。由此，“共产党人改革派”认为，有必要重新审议苏联宪法，并制定和通过新的关于苏共的法律，其中要明确规定党在社会政治体制内的法律地位；制定和通过新的党章，其中要从根本上审视并探讨民主集中制原则成为行政官僚体制形成的主因，这里既指的是苏共本身，也指现行的政治制度。“共产党人改革派”提议，应该给予社会团体、组织以及党内生活中出现的一切原则性变化以自由。

1990 年 1 月，许多党的俱乐部和组织聚集在莫斯科，举行了联合代表大会，同时共同创建了“苏共党内民主纲领派”，并选举出了它的领导机构——组织协调委员会。加入该组织的著名人物包括 Б. 叶利钦、Ю. 阿法纳西耶夫、Г. 波波夫、Н. 特拉夫金、Г. 布尔布利斯、В. 雷先科、В. 绍斯塔科夫斯基等。“苏共党内民主纲领派”认为苏共中央二月全会的决议是不彻底、模棱两可且充满矛盾的，因此，它的协调委员会公开声称，在苏共的中央委员会和政治局内部分裂已无可避免，也必然会造成党的分裂，由此需要重新分配党的财产和资源。

这样一来，苏共党内的分歧越发严重。苏共党内又出现了新的组织——“苏共党内马克思主义纲领派”。与此同时，莫斯科、列宁格勒的党组织，爱沙尼亚共产党以及俄罗斯共产党组织的首次代表大会纷纷制定了自己的纲领（俄罗斯共产党组织认为，自己的纲领并没有什么特别之处，只是从正统的马克思主义立场严厉批判苏共中央委员会）。

如果比较分析苏共中央委员会和“苏共党内民主纲领派”的纲领就会发现，它们之中有很多共同之处（例如，需要改变权威、官僚式的垄断政权体制；通过议会选举活动赢得政治上的领袖地位；要向可调控的市场经济转型，认同一切形式的所有制，包括私有制的合法存在；等等），同时也包含了一些原则性的分歧。最主要的，依然是政治权力问题。“苏共党内民主纲领派”的领袖认为，苏共提出不再垄断政权，并准备把权力移交给苏维埃的提议不过是一种策略，是“改革”的一种机关式方案，它是希望通过局部的改革变相地保留一党统治。

因此，这两个纲领在国家体制和联邦制改革的问题上存在着严重的分歧。如果苏共中央委员会承认各民族拥有自决权，这可能会导致各民族日后的分离和独立，那么实际上就等于自我否定了“必须捍卫苏联统一完整”这一宣言的合理性。而“苏共党内民主纲领派”则认为，由于波罗的海三国已经公开声明脱离苏联，那么做什么都来不及了。并且，“苏共党内民主纲领派”强调，在通往“崭新的民主大厦”的道路上必然要穿过一段真空地带，但是想阻止满怀对民主和权利向往的人民的脚步是办不到的；现在，必须缔结新的联盟条约，并规定各族人民的权利平等；在每一个加盟共和国国内都要就民族自决和是否认同新的联盟条约等问题进行全民公决。

这些原则性的分歧同样存在于正经历变革的苏共党内的各级组织中。

“苏共党内民主纲领派”主张以联邦制的形式建设苏共，以领土划分为原则创建党的基层组织，并且在党内建立平行的组织机构，强调纲领、结社和组织的自由。

“苏共党内马克思主义纲领派”同样提出了摆脱目前危机的方案。它的代表人物公开反对任何形式的党内集团，支持维护党的队伍的统一；坚决反对党内的官僚主义作风和思想，以及刻意地划分“将军”和“士兵”（上级和下级）；支持在苏联社会实现民主制、多元化和多党制。同时，它比苏共中央委员会更加尖锐地提出，应恢复党的威信和声誉。为此，它提议，应对共产党员重新进行登记注册，以使党的队伍摆脱那些持有不同政治信仰且在思想道德上“腐化堕落的变质分子”。最重要的是，“苏共党内马克思主义纲领派”认为，应该坚定地突出党的思想立场，把党作为“社会的选择和建设共产主义未来的支柱”，同时，“应该摒弃允许恢复私有制秩序的异己思想”。

苏共党内的思想分化导致党内出现了形形色色的纲领，但它们都不能清晰地表达出社会的基本需求，以至于人们把知识分子称为“扰乱安宁和平静的人”。而这些知识分子的激动情绪都在“苏共党内民主纲领派”（多一些）和“苏共党内马克思主义纲领派”（略少一些）上集中体现出来。大学生群体和大多数大城市的工人，以及一部分苏共的机关工作人员支持“苏共党内民主纲领派”；原则上来说，“苏共党内马克思主义纲领派”应该拥有广泛的社会基础，但实际上支持者数量很少。

1990 年 7 月 2 日，苏共二十八大在莫斯科召开。这次代表大会被认为具有划时代意义，它不仅决定了苏共的命运，同时也决定了国家的未来。同以往一样，会上展开了空前激烈的争论，这是自十七大后苏共历史上从未有过的现象。应该指出的是，大会的第一位发言人就尖锐地要求“以政治局为首的苏共中央委员会集体下台，并且不能把他们选入代表大会的领导机构，因为在落实和执行苏共二十七大和第十九次党代会决议的工作中，他们完全失败了”。尽管大会主持人可以压下这一不愉快的事件，然而发言者的尖锐观点适时调动起了与会代表的情绪，对大会下一步工作的进行产生了巨大的影响。

代表大会肯定了引起全社会担忧的政治危机正在全国范围蔓延开来，但它提出的摆脱危机的出路和办法是矛盾和对立的。在“改革”初期不执行中央的方针路线，被称为矛盾制造者的保守派，要求立刻终止具有极大破坏性的“改革”进程；另一派是激进改革派，这时他们已经不再掩饰自己的主要目的，即改变苏联的社会体制，削弱国家的力量和作用，使苏共分裂；而始终存在的中间派则是以戈尔巴乔夫及其亲信为代表。

最终，大会的总结不能使苏共党内的任何一派感到满意。保守派认为，大会的总结表明，未来苏共将会执行机会主义和社会民主主义的方针，因为大会的文件中列入了市场（虽然标明是可调控的）、个体所有制（虽然被称为“劳动”个体所有制）、政治多元化等一系列概念。由此保守派认为，这些都表明大会已经严重背离了列宁的基本原则。

与保守派相反，激进派认为，大会出台的文件意味着“反改革派力量”的大胜。他们觉得，苏共已经拒绝将全部权力移交给苏维埃，因为它不想同苏维埃分享党和国家机关的职权，拒绝清除克格勃、内务部、军队和一系列国家强力机构的政治影响力，不想在生产过程中失去党委的官方影响力和地位，以及不想把苏共的财产转交给人民。激进派指出，现在戈尔巴乔夫把总统和总书记的大权都握在自己手中，以后，他已经不需要再向中央委员会负责了，而只需向党的代表大会汇报工作，这是令人无法容忍的加强联盟中央权力的行为，而激进派已为此抗争了多时。因此，激进派得出的结论是，苏共既不能对自身进行激进变革，也无力对整个社会实施激进改革。

八月的溃败

二十八大后，苏共内部出现了退党潮。到 1990 年末，自愿退党的人数达到 180 万，有的人公开忏悔，有的人在摄像机前公然烧毁党员证。自此，国内展开了一场声势浩大的反共运动，并且这场运动在大众传媒的助推下不断发酵升温（1990 年 8 月，新的《出版法》出台，彻底奠定了“公开性”

的合法地位）。

在这种情况下，苏共已经完全无力开展任何行之有效的思想斗争了，它不仅无法掌控国内的形势，也无力影响形势的发展。新一届政治局工作不力，因为实权已掌握在总统权力机构手中（不过，这些机构也没有真正的权力调节机制）。

到1990年秋，政权危机已经发展到了一个新的阶段，人们都在高声谈论着“国家可能已经濒临分崩离析的状态”，如果在经济领域和国家体制问题上再不采取紧急措施的话，一场“灾难”已经不可避免。戈尔巴乔夫和叶利钦曾尝试着以沙塔林和雅夫林斯基的“500天计划”为基础，共同实现向市场经济的过渡（这里指的是苏联和俄罗斯联邦），但未能获得成功。

此时，苏联消费市场的危机越发严重，国内已经开始凭票供应粮食和日用品，香烟和伏特加酒的缺乏导致出现了骚乱，排队买面包已成常态，甚至在街头巷尾流传着军队即将发生大的变化的谣言。与此同时，俄联邦和苏联的两位总统在国家体制问题上的冲突和对抗却愈演愈烈。

很明显，戈尔巴乔夫已无力再掌控国家这艘大船，反对派政治力量对其惯常使用的协调手段和出卖原则立场的行为已经忍耐到了极限，表示出了自己的强烈不满。1991年“一月事件”后，叶利钦在波罗的海国家公然要求戈尔巴乔夫下台，并号召民主派力量对苏联的领导人宣战。在这里，我们需要援引一下1991年3月7日进行的全民公决的结果。在这次公决中，大部分人支持保留苏联，议员团“联盟”和众多身为共产党员的国家公职人员都要求总统采取紧急措施，他们认为，这是恢复宪法秩序和拯救苏联的唯一办法。

戈尔巴乔夫自身立场摇摆不定，只会在不同的政治力量间搞平衡，擅长堆砌大量华丽的辞藻和宣布决议声明，却缺乏有效而连续的具体行动措施，这些已经使保守派忍无可忍。最终，在1991年的中央四月全会上，这种不满爆发出来。会上，与会者要求把总书记报告列入日程（这是因为，戈尔巴乔夫常常抱怨，身为总统却不能利用议会提供给他的补充权力以及处理紧急事务的权力）。

在这种情况下，戈尔巴乔夫宣布自己将下台，这成为其正式反攻的开始。很快，戈尔巴乔夫对政治局密授机宜，政治局随即提议取消在中央委员会全会上审议关于戈尔巴乔夫下台的建议。而事实上，大部分中央委员会委员支持这一建议。于是，建议被压了下来，党内第一次针对戈尔巴乔夫的暴动就这样无声无息地结束了，并且被人讥笑为“跪在地上的暴动”。尽管中央委员们对总书记不满，但党的纪律依然发挥着作用，大多数委员选择遵守党的纪律，没有以更激烈的行动去挑战它。

与此同时，戈尔巴乔夫的亲信们也在总结，他们认为，党内的矛盾已经非常尖锐了，分化已是不可避免的了。至此，苏共实际上已经没有了真正的领袖。倍感屈辱的总书记几乎公开地对党及其中央委员会宣战。前政治局委员谢瓦尔德纳泽和雅科夫列夫创建了“民主改革运动”，“共产党人改革派”的领袖之一 A. 鲁茨科伊在俄罗斯议会中组建了议员团——“保卫民主制度的俄罗斯共产党人”。

此时，苏共开始制定新的党纲，而这部党纲的内容应该介于“改革派”和“正统派”的要求之间。苏共公开宣称起草了一份社会民主主义纲领，党纲的制定者在解释纲领起草的目的和原因时称，戈尔巴乔夫“改革”的政治方针“是从革命向自然演化过渡的历史性转折，即逐渐过渡到社会改良主义”。

1991 年 6 ~7 月，苏联国内的危机已经达到了顶点。苏共的七月全会本来要讨论新党纲的草案，但由于此时党内冲突日益加剧，且超出了戈尔巴乔夫的预计，所以，戈尔巴乔夫本人也没有信心，会议会按照日程安排顺利完成。因此，当全会把叶利钦关于取消政党活动的命令列入会议日程时，所有与会代表都觉得这是专门献给戈尔巴乔夫的“礼物”，同时，这也给苏共造成了沉重的打击。

应该说，这个命令打击的主要是苏共（一些政治分析人士认为，这个命令给苏共带来的损害绝对要重于取缔宪法第六章）。

同时，叶利钦的命令引起的“共产党人的抗议”看起来并不严重，他们只是在“保守派控制的”报刊上发了些牢骚。对此，总书记的反应也不激烈，就像他在中央全会上的表现一样，无精打采、毫无斗志。也许，当看到新的、具有社会民主主义倾向的党纲草案在全会上未经特别讨论就获得通过，总书记已经感到满意了。并且，对于苏共来说，这不算是一次令人沮丧的事件，因为它已经在等待着捱完自己的最后一点时间。

1991 年的八月事件导致苏共彻底退出了政治舞台。苏共作为一支政党，创建了一个强大的国家，在特殊的历史条件下承担起了管理国家的重任，在许多艰难的时刻都屹立不倒，现在终于终止了自己的政治生命。应该说，它的离去看起来很平常，也很滑稽：当时，在俄联邦最高苏维埃会议大厅人们都在欢声庆祝，叶利钦，正像他自己描述的，“是为了缓和气氛”，他签署了禁止苏共在俄罗斯领土上的一切活动的命令，而苏共也被称为“发动暴乱”的组织。

从“流放地”回来后，总书记在 1991 年 8 月 22 日召开了新闻发布会。在发布会上，总书记强调，他要联合“党内一切进步力量”，以新的党纲为思想基础进行斗争。但是，第二天，他就迫于“胜利者”的威势，背弃了曾将他推上权力顶峰的党，卸掉了总书记的职务，并要求苏共中央委员会自行解散。当然，后者也顺利地执行了总书记的命令。

在 1991 年八月事件后，有关苏共是否参与了“密谋”和组织“暴动”的问题在苏联社会引起了长时间的争论。获胜的民主派认为，苏共的领导人不仅在思想上占据主导，同时他们还是“暴动”的发起者和组织者。事实到底是不是这样，一直没有弄清楚，而俄联邦最高法院最终宣布对国家紧急状态委员会的参加者实行大赦，1993 年 2 月国家杜马也通告了这一情况。

当俄罗斯总统颁布总统令禁止共产党在俄罗斯领土上的一切活动后，共产党的总书记戈尔巴乔夫也抛弃了党，这个拥有数百万名共产党员的党瞬间从政治舞台上消失，并且没有进行任何反抗。胜利者没收了苏共的所有财产，封闭了所有的区、市党委，但是没有任何一名共产党人站出来保卫这些党委。这是什么原因呢？

最初，很显然，国家紧急状态委员会的失败使这些党员震惊，使其茫然不知所措。尽管大家都在说，是苏共发起和组织了“暴动”活动，但真相是，在“暴动”时大多数共产党人和党组织原地未动，没有参与八月事件。因为他们既无力支持国家紧急状态委员会，也无力去反对它。

党的基层群众早已习惯了服从纪律，并永远准备好听从上级的指令，他们并不会做出什么有创新意义的举措，事发时也没有来自领袖的任何命令可以执行（据说，党中央曾有过冲动的意见，但在共和国和州一级的领导层被压了下来）。而党的领袖们早已习惯了在很小的范围内争权夺利。况且，在党的领袖间早已存在分歧，一些人已经站在了不妥协的反对派的立场上。

苏共消亡的主要原因之一是独占政权，并想方设法掩盖真相。由于缺少反对派，所有人都对苏共所推行政策的严重失误缄默不语，或盲目地夸耀它的成绩。这导致苏共党内对工作不负责任的态度滋生蔓延，最终造成党的最高领导层在工作和思想道德方面的蜕化。他们逐渐丢弃了政治上应有的意志、品质，并常常对党和国家所面临的问题束手无策。由此，苏共逐渐在普通党员和人民的心目中失去了原有光环、声望和权威性。

党的精英阶层的蜕变促使党中央加强了中央集权式的统治方式，竭力把权力掌控在党的官僚机构，其实就是它的最高权力机构手中（党中央在制定和通过决议时，普通党员和群众完全不知情，他们只能盲目地去执行）。而所谓的对党的领导人的民主选举则完全表现为“党的机关体制内的游戏”，是党的官僚间的密谋结果，充分体现了党内帮派主义和裙带关系的原则。这样一来，最后呈现的结果往往是，经选举产生的党的最高领导层完全是由一些天才和行家组成的。

苏共失败的最主要原因是其思想和意识形态领域出现了危机。这是由于党的日常宣传同苏联的社会现实生活之间存在着巨大的鸿沟，导致共产主义理想和社会主义价值观严重贬值，衍生出了怀疑论和人们彼此间不信任的情况。这些严重冲击和侵蚀了共产主义思想体系，但苏共却没有时间去研究确定新的不容置疑的思想和精神理念以取代它。

在党的最后时刻，正是总书记本人同党展开了残酷的斗争。这是因为，总书记觉得“党的机构”已背叛了自己，并且自己也无法把党改造成议会类型的左派政党。于是，总书记决定消灭它，但这种行为意味着对数百万名党员的背叛。

根据这些情况，政治家和政治学研究者们得出了一个结论，即这是一场史无前例的共同背叛：苏共领导层背叛了党员和自己的理想信念；党员则以自己消极的态度和盲目遵守党的纪律，并且习惯性地执行上级命令的方式背叛了党；而他们共同背弃了苏联的政权和社会经济体制，当然，最具悲剧性的是，他们共同背叛了国家，背叛了苏联。

在一系列促使苏共消亡的原因中需要提及的是，苏共领导层在变革中表现出迟疑、犹豫和缺少决断性。就像通常所讲的，苏共政治局和中央委员会的工作长期处于“超负荷”状态。这不仅是由于领导层内部长期不团结，同时也是因为领导层根本不信任普通的党员。尽管在“改革”初期，戈尔巴乔夫曾多次提到必须推动人民加入改革大潮中，使上层的改革思想同来自下层的人民运动统一起来。但事实上，他害怕人民的真正想法，只是把“改革”进程当成一次管理上的变革，这一点他是特别针对党内而言的。

在政治局的工作总结中，苏共中央委员会常常比现实中的改革步伐慢半拍，他们不支持普通党员提出的合理化建议，因为这些人要求真正实现民主化。毫无实际成效的“清谈”，以及缺乏期待已久的具体改革措施，逐渐使人们对“改革”心态淡漠，一部分人心灰意冷，而另一部分人则转到了反对派的立场。由此造成了党的分裂，分化成不同的思想立场，这实际上意味着党的消亡。

正如前文所指出的，苏共事实上代表了国家机构，它的机关组织已渗透苏联社会生活各个角落的管理机构。在掌控着国家大权，并宣称它是在一个团结的集体领导下的同时，苏共把自己塑造成了各级权力组织及分支机构的核心。而苏共下属的具体机构则取代政府的职权管理着国民经济，具体而言，它们越过政府的相关部委和各级经济管理者，但是又可以不负具体的责任。因此，当戈尔巴乔夫谈到，党的作用和功能应该体现在意识形态和思想领域中，不应再允许出现这种越权取代的行为时，他实际上是沉重地打击了“国家党”，这注定了“共产党专政的末日”。

同时，这也促使了党的机关主动远离改革，因为它们不希望失去手中的权力。在党的机关里，没有人喜欢从事思想和意识形态工作，其际上也没有人会做这项工作。并且，正如上文所提到的，党的思想早已经威信扫地。在失去了经济领域的职权，同时又没有了信仰之后，党的机关好像一下子处在了真空之中，于是，它们选择同“戈尔巴乔夫的改革班子”进行斗争。

在“改革”末期，正为政权而战的各派政治力量要么认为苏共及其下属机构已经没有什么作用，要么直接有意识地忽视它们。1991 年 8 月，当苏共被清除出历史舞台后，民主派的领袖们还没有完全意识到，他们的这一行动将带来怎样的毁灭性后果。著名哲学家和社会学家 A. 季诺维也夫形象地刻画了共产主义社会中权力体系的形成，他写道：“如果你要尝试从社会的躯体上抽去权力的网络，那么就等同于从人或动物的身体上撕下一块肉或扯下一块骨头，在这一含义上，社会的覆灭与活生生的物质的死亡是一样的道理。”而在苏联社会和国家中，苏共下属的机关组织正是这样的“权力的网络”。

在国家紧急状态委员会的八月事件失败后，苏联的权力机构随之进行了改组，标志着社会政治体制的更迭。而戈尔巴乔夫的“改革”成果则与既定目标完全对立：原本是想实现对苏共的变革，最后变成反对宪法的规定，彻底把它逐出了政治舞台；本来是想完善和优化原有制度，但结果变成彻底摧毁了它；最初是想振兴苏联，结果却导致了它的彻底解体。

1991 年 11 月 6 日，俄联邦总统叶利钦签署了总统令，在俄联邦共和国的领土上禁止一切共产党组织的活动（这一文件与布尔什维主义被取缔联系在一起，标志着一个时代及与其相关联的政治统治的终结）。尽管这一禁令并没有进一步促进政权民主化，但反对旧制度的胜利带来的激情又使人们增添了对其他方面的幻想。

1991 年的八月事件后，共产主义运动中开始形成了“多党林立”的局面。在苏共和俄联邦共产党的废墟上形成了一些政治倾向不同的共产党组织，如俄罗斯共产党人党、共产党人联盟、俄罗斯共产主义工人党及全联盟布尔什维克共产党。

但是，八月事件后为了推动停滞的共产主义运动向前发展，许多共产党组织的领袖首先关心的是重建苏共和俄联邦共产党。一批共产党组织的人民议员向宪法法庭提交了请愿书，指出叶利钦的总统令与宪法规定相违背。而民主派力量则提交了内容相反的请愿书，直指苏共的违法性。

最终，在宪法法庭上经历了长时间的较量后，产生了一个折中的结果，判决总体上对共产党人有利。在判决中，叶利钦的十一月总统令被认为不符合宪法的部分大概指的是禁止俄联邦共产党的一些基层组织活动，因为这些组织的构建是依据区域划分原则，且具有典型的社会特征，并且它们也无力代行苏联国家机构的职权。于是，这些以区域划分原则为基础组建的基层组织得以继续存在下去，并且还可以再次组建政党。由此，俄联邦共产党终于从“地下”走了出来（关于这部分请参看第二十八章）。

第四部分
当代俄罗斯多党制

第二十七章
当代俄罗斯的多党制奇景

B. B. 茹拉夫廖夫

当代俄罗斯多党制的奇景容易让人联想起水坝决堤时的情景，即产生了许多的轰隆声，以及四处飞溅的水花最终又汇聚在一起，这与俄罗斯政治舞台上重新出现的形形绝色的政治思想和组织，以及人们表现出来的政治激情和狂热的景象几乎是一样的。但这一激情澎湃的景象究竟是能够推动社会向前发展，还是迫使它后退？在很大程度上，众多的政治家和政治研究者们，以及那些普通人（他们现在或是将来都可能成为某个政党的支持者）对这一问题都没有搞清楚。

要想展现和统计当代俄罗斯多党制的效力，是一项复杂、艰难而又需要多角度考量的任务。在此，必须考虑这样一个因素，即在多大程度上现存这些批量产出的政党能够符合历史进步的逻辑，并且能够适应当代俄罗斯的社会现实？想要回答这个问题，必须提前搞清楚，这些政党和运动能否客观评价历史和现实，并且是否能够合理确定国家未来的发展规划？因为这对处于历史转折时期的俄罗斯以及整整一代俄罗斯人都将产生重要的影响。如果没有这一世界观式的自我定位，以及对自己支持者的准确预计，任何一个政党都无权称自己拥有光明的政治前景。

目前，已登记注册以及那些自我宣布成立的政党和运动的数量一直在增加。根据俄罗斯联邦司法部的登记注册数据统计，目前俄罗斯拥有全俄范围内的政党 95 个，社会政治联盟 155 个。现在我们做一些限制，即只考虑研究那些规模较大的政党和运动的纲领文件，以及它们参加 1993 年和 1995 年杜马选举时的竞选纲领。

在当代俄罗斯的政治舞台上，政党和政治运动的思想政治倾向从君主主义思想到极端无政府主义思想呈现五花八门的状态。这样一来，在研究的过程中必须合理地找到一条“中轴线”，并将其指定为“中间派”。但在当代俄罗斯，政治学意义上的中派主义其实还不存在，因为无论是在数量上，还是在中产阶级的形成上，都没有为中派主义的出现奠定社会基础。那么，上文提到的所谓“中轴线”应该指定为不同力量间的分界线。在此，不同力量具体表现为：一派为秩序稳定的拥护者，他们希望“永久保存”（在这里，我们一定会记起 В. 切尔诺梅尔金的那句名言：“我们会持续很久，我们甚至会永远……”）正在形成的、具有过渡时期特征的社会经济和政治现实；另一派则是稳定派的竞争对手，他们激烈地抨击现存秩序，并决定用激进的手段改变它。

如果以此标准为依据，那么靠近“中轴线”或与之并行的应该是社会政治联盟——“雅博卢”联盟。“雅博卢”联盟坚持温和的自由主义思想（它主张把市场机制同国家适当的调节作用相结合，同时主张推出广泛的社会纲领），并宣布自己是总统和联邦政府的“民主反对派”。

“雅博卢”联盟居于中间派位置并不意味着以它为中轴至两翼的距离是均衡和对称的。实际上，从它到右翼的堡垒（“我们的家园——俄罗斯”）的距离要近些，而它到左翼最有影响力的政党（俄共，在这里就不提比俄共更加激进的“俄罗斯共产主义工人党”）的距离则要远些。

那么，如何来解释这种不均衡的现象呢？

第一，苏联解体后，俄罗斯民众的情绪和社会思潮持续“左倾”，并日趋激化，这促使 Г. 雅夫林斯基的政党在发展中不能保持一致的方向，只能迂回前行，逐渐“向右倾斜”。这样的变化是因为，雅夫林斯基及其政党最初就认为，同 Г. 久加诺夫相比，自己与 Б. 叶利钦更接近。

第二，左、右两派根据政治倾向划线，并积极争取自己选民的支持，但他们都遇到了一个问题，即“雅博卢”联盟现在有了更多的机会吸引那些潜在的、曾支持亲政府派政党的选民，这要比争取反对派、亲共产党派以及爱国主义派的选民容易得多。但是，需要注意的是，涉及历史评价问题及需要阐明自己的立场时都要小心谨慎，有时甚至需要注意措辞或故意模棱两可。同时，这种态度也应体现在制定党的纲领文件的过程中。

在“雅博卢”联盟的纲领文件中，对苏联历史、社会体制以及它失败的原因的分析并不偏激，还是比较客观的。1995 年 9 月，“雅博卢”联盟召开了第二次代表大会。会上，联盟通过了自己的政治纲领，对上文提到的问题倾注了比较大的精力。纲领中，“雅博卢”联盟从温和自由派的立场出发，在分析了苏联的计划指令性经济问题的同时，更加细致地分析了那些在政治立场上比自己更加右倾的政党和运动的思想纲领及竞选纲领，内容主要针对它们在思想上的最低目标和政治倾向。鉴于此，“雅博卢”联盟的纲领得出了一个结论，即苏联的解体是完全可以避免的，或者说俄罗斯是完全可以消弭苏联解体带来的不良后果和消极影响的。如果把这一观点推广到对苏联经济制度问题的分析上，就可以得出一个相应的结论，即苏联本有机会遏止危机现象的频发，从而避免经济体制的崩溃。纲领认为，戈尔巴乔夫“改革”的目的和任务“毫无疑问是处在正确的方向上的”，但是从一开始“它就显得过于简单化，并且缺乏对改革具体措施的深思熟虑”。另外，纲领认为，苏联的领导层应该对苏联的解体负主要责任，因为“它（不包括苏联总统）早已在苏联社会中丧失甚至败坏了自己的权威和声望”。同时，俄罗斯的领导层对苏联解体也负有一定的责任，因为“正是由于它的连续施压，苏联领导层完全放弃了制定并筹备缔结新的联邦条约的工作”。

随着国内思潮的逐渐“右倾化”，“雅博卢”联盟对以往社会经济制度的评价更加严厉，而其对苏联体制及其自身的瓦解也有了更加清晰的分析。在分析和评价“俄罗斯的民主选择党”的纲领时，“雅博卢”联盟认为，正是中央集权制的国家“把苏联架到了灾难的边缘，而它却又无力实现自我完善和优化”。

在“我们的家园——俄罗斯”的纲领中缺乏对苏联历史的分析和评价，但它详细阐述了自己的目标、原则和任务，并指出，这些都是“人民的选择，已载入了1993年宪法”。关于“历史根源问题”，纲领只是“在提到地方自治问题”时涉及过。纲领重点强调了一些宣传性的口号，如“‘我们的家园——俄罗斯’运动有意识地以重振俄罗斯民族、恢复所有俄罗斯人的民族自觉意识为己任”。或许可以这样理解这段话，即“我们的家园——俄罗斯”产生之前，俄罗斯民族及其代表的民族自觉意识压根就不存在。

在左派政党的纲领中，更多的内容认为苏联解体是不合法的，是一种犯罪行为，而激进自由派的领袖则是实施这一犯罪行为，即“野蛮摧毁苏联社会主义体制的罪魁祸首”。在俄联邦共产党的纲领（1995年1月）中设有专门的章节“俄罗斯的历史教训和摆脱危机的出路”。该章节进行了新的尝试，即将党的立场由原来的共产主义转到社会民主主义，从无产阶级的共产国际主义转到爱国主义。并且，俄共希望通过立场的转换客观评价苏共在国家不同发展时期的成绩与错误。此外，俄共的纲领批判性地分析了自己的前辈——苏共。俄共认为，在苏共党内存在着两派，即小资产阶级派和官僚主义派，正是这两派最终把苏共变成了“背叛国家的党”，而党内健康的一部分才真正可以被称为“无产阶级的、民主的、爱国主义的政党”。在否定“苏共已垮台”的同时，俄共认为自己才是苏联解体后原苏共党内“健康部分”的继承者，并能够在思想和政治上对抗以“总统政权”为代表的“背叛国家的党”。

在评价斯大林和斯大林主义时，俄共基本坚持苏共二十大的基本路线。但由于要保护和加强自己的队伍以及成分各异的社会基础，俄共领导层在采取具体策略时必须灵活多变。这里有一个很好的例子，俄共在自己的纲领中引用了斯大林著名的关于阶级斗争激化的观点，但选取了一个很巧妙的角度：“1993年的‘十月流血事件’是摧毁我们国家的常规步骤，炮击最高苏维埃大厦则拉开了批准允许总统专权的宪法的序幕。而这些实际上在很大程度上应验了那句著名的预言，即随着社会主义的建立，敌对力量不仅没有偃旗息鼓，反而会以最残酷和非人道的方式进行反扑。”

现在，俄共所面临的困难有很多，主要存在于理论、世界观和思想政治等领域内，并且这些困难好像都在成倍地增长。如果俄共想要成为一个过渡类型的党，那么，它就必须学会在过渡时期如何应对。众多右翼政党与俄共不同，它们大可以回避那些对自己不利的问题，俄共却不行。在政治斗争中，所有来自右翼的竞争对手（有时也包括左翼的竞争对手）不会放过任何攻击Г. 久加诺夫的政党“软肋”的机会，即它的历史继承权问题。但随着时间的推移，激进自由派开始深挖并扩容自己的历史，可笑的是，不管浪费多少纸张，也无法粉饰或增加自己的历史内容。总之，上述援引的片段只是俄共发起回击的手段之一，同时，这也可以“安抚”左派激进主义者及其同情者。

应该说，当代俄罗斯各政党的纲领普遍会去尝试评价和分析国家的历史过往，这成为它们思考现实并为我们目前生活的社会进行定位的出发点。

但的确有一些政党，它们在纲领中不对历史问题进行严肃认真的分析，或者仅仅是单方面抨击某些历史问题，甚至排斥之前长达70多年的历史。例如，“我们的家园——俄罗斯”的纲领就缺乏对历史问题的分析和评价，其所阐释的都是超过俄国历史范畴的概念，如“改革的自由主义阶段”、“以市场经济规律为依据”建设新的制度等，而纲领中其他的内容关注的则是一些口号性和宣传性的东西，有些类似于传授如何致富的百科全书。这样，我们看到的就不是一部致力于发展的纲领，而只是做出了许多抽象的承诺，目的是保存现行制度和地位。有趣的是，“我们的家园——俄罗斯”纲领的开篇是这样写的：“我们反对一切推崇用革命和暴力手段改变现行制度的思想。”

“俄罗斯民主选择党”的纲领在肯定了“俄罗斯正处在一个最复杂的历史阶段”后，却没有解释和分析这种状况。另外，一个属于激进自由派的社会政治联盟——“向前，俄罗斯”在《对纲领的说明》中简单地补充了一些内容，如“我们正经历转折期”“我们国家正处在一个十字路口”等。这些简单、空洞的内容在纲领中反复出现。“向前，俄罗斯”的领袖Б. 费奥多罗夫为自己的政党提出了标志性的口号：“我们既不是左派，也不是右派，我们是像大家一样的正常人。”

综上所述，我们清楚地看到，那些年政府以及游离于政府左右的政党都不想具体深入地讨论这样的问题，即我们到底生活在一个什么样的社会？由此，这些政党在构建并阐释自己的目标和任务时，往往显得不具体、不充分，并且容易暴露自己的薄弱之处。

在另一些民主派政党的纲领中，最直接的表述就是宣称自己为现行制度的民主反对派。1995 年 11 月，“劳动者自我管理党”（领袖为 C. 费奥多罗夫）通过了自己的纲领。纲领中指出：“坚决支持向市场关系的过渡。”同时，纲领认为，“自上而下的强迫式的改革”是不合理的，由此引发的后果包括“国内爆发了内战，经济正在被摧毁”，而“现时的民主制度就是一个谎言”，“大多数知识分子持反动的观点和立场”，“现行政权兼具专制和官僚主义特征”。

在很大程度上，“雅博卢”联盟的纲领与“劳动者自我管理党”的纲领相近。两者都认为，原则上来说，俄罗斯需要这些改革，但在现实中，改革的实施却走了样，“变得更加病态和充满矛盾性”，反而成为国家发展和人民生活中的“直接威胁”。由此，它们得出结论：“作为一个国家，俄罗斯不应长时间地处于这种可悲的、半分崩离析的状况中。”

一些自称为“不妥协反对派”的政党在自己的纲领中分析和评价现阶段俄罗斯社会的发展状况时，明显具有与“不妥协反对派”这个称谓相称的特征。例如，俄共在自己的纲领中强调：“现在，俄罗斯正处在悲剧性的十字路口上，而现行政权正企图用谎言和暴力迫使人民重返野蛮时期和资本主义发展的原始阶段。这是一条通往灾难的道路。”

现阶段，在俄罗斯国家和社会的发展建设中，不可避免地会引发各派政治力量的冲突和对抗。一方面，这一思想已经渗透进亲政府派的纲领文件中；另一方面，也反映在大多数反对派的纲领文件中。对立双方都认为，自己能够清醒地认识和分析现实状况，并有能力使处于转型时期的国家摆脱泥足深陷的危机状态。他们自以为清醒，但事实上却被蒙蔽了双眼，以至于无法依据具体的现实情况制定关于俄罗斯未来发展模式的方案和规划。

“我们的家园——俄罗斯”的纲领性原则、目标和任务的构建居然完全依照不久前还存在的、众人皆知的思路，即假装“清楚”地预见自己的目标以及为达成这一目标所需的手段，同时，通过边缘化的表述连续重击人们虚假的自信心，并且结合一些抽象空洞的表述，如成为、给予、加强、保障、保存、持续、实现等，充作具体的内容；之后，通过对国家历史发展的了解和研究，认为只要是以国家官僚为基础组成的政治力量“就能够代表全俄罗斯、它的所有人民以及各地区的利益”，“就会成为力量聚合中心，所有人都会朝自己聚拢过来”。

在盖达尔领导的政党的纲领中，对国家未来发展的预测在某些方面采用的是折中主义，且表现得并不平衡。盖达尔政党的纲领表达的是著名的自由派的货币主义观点：“我们不能认同把希望寄托在加强国家调节的作用上。”但可笑的是，在这样平和的口吻下推行的都是强硬的社会政策。纲领的作者们一方面宣称米留可夫、纳博科夫、韦尔纳茨基等人是自己的“历史前辈”，但在纲领中却明显要滑头、说假话。这是因为，与他们不同，这些前辈们在20世纪初俄国的自由主义改革中积极支持国家的调节作用。

在其他一些自以为是改革派的政党的纲领中，也都载入了这种类型的宣言，即“我们想看到俄罗斯成为一个自由的、稳定的和繁荣的国家”。但综合考虑，对于一些问题，诸如“我们往何处去?”“分析前进道路上的矛盾和困难”“自由主义模式发展的失误”等，并不一定要立刻给出答案。

俄共仍然坚定地认为，在未来的俄罗斯，“社会主义将会以最好的形式出现”，而共产主义仍将是“人类社会最美好的未来”。应该说，俄共的目标好像是很明确的。俄共反复地援引这些话，并迫使大多数民族相信选择社会主义道路的正确性。但是，俄共的努力与现阶段病态地尝试“社会主义建设”的试验是结合在一起的，许多笃信社会主义思想的人都坚持这一点，而有一些共产党组织在向社会灌输社会主义思想时，已经悄然改变了方式，它们在尝试着通过社会民主主义思想的形式宣传社会主义的思想和意识。

因此，认真分析当代俄罗斯各政党纲领对历史的评价、对现状的分析以及对未来的规划，在一定程度上可以揭示俄罗斯多党制的成熟程度，以及各政党能否理性地看待历史的经验、教训，并合理应对时代的挑战。

在反思历史的同时，不管是右派政党，还是左派政党，都暂时无力单独解决所有问题。但是，它们可以尝试学习西班牙的例子，在弗朗哥统治结束后，西班牙各派政治力量尝试着通过和平、自然发展的方式实现了从专制体制到民主体制的平稳过渡。这正是通过对历史的反思达成一致的典型范例。当然，我们要求的不是思想和精神上的绝对统一。我们认为，在当代俄罗斯，各派政治力量应尝试加强彼此间的理解，比如在回答“我们从何处来”这样的问题时。另外，各派政治力量必须学会尊重大家的选择，不能在社会某一发展阶段或历史转折时期就随意或任性地排除某些社会政治力量。

上述问题在俄罗斯的各政治力量中都有实质的体现。这表明，当代俄罗斯的多党制实际上是“伪多党制”，并且正处在社会的过渡和转型时期，在各社会政治力量间经常会爆发各种各样的矛盾与冲突。因此，迄今为止，俄罗斯的政党制度还未成型，它正处于形成过程中。目前，在俄罗斯的政治舞台上，只能说存在着思想、目的截然相反的两个政治力量联盟：一派是“政权党”及与其目的一致或接近的政治力量；另一派则是同属于“不妥协反对派”的所有政党和政治运动。

总之，暂时还未出现第三种力量有能力挑战这两派力量，1996 年的总统大选就是很好的例证。

1995 年的国家杜马选举前夕，俄罗斯政权阶层曾经尝试着“统和”俄罗斯的政治力量格局，希望在俄罗斯建立“两党制”的格局。但是，这一尝试最终归于失败。在竞选前夕，“政权党”为自己拟定的政治纲领都是抽象、空洞且具有口号宣传特征的，其活动方法是滑稽可笑的。最典型的是，时任杜马主席 И. 雷布金的竞选联盟匆忙与电视营销广告绑定在一起，这对选民而言是极不严肃的。最终，雷布金的竞选联盟在 1995 年选举中仅获得 1.1% 的选票。这一结果对于崇尚形式主义却又想在俄罗斯创建英国式工党原则的官僚而言，并不是偶然的。

因此，当代俄罗斯正在形成的是一种虚假的政党制度和伪政党，暂时它们还无法完成多党政治制度的任何职能，如代表或揭示国家发展的现实选择，或动员自己的支持者实现自己的任务和目标。但这种虚假的政党制度却在客观上解决了俄罗斯历史上一直争论的问题，即“谁对谁”的问题，一些有影响力的政治力量依然就此问题争论不休。前面提及的各政治力量的纲领对国家历史和现状的分析和评价，以及对未来发展的预测和规划，其实都是解决这一历史争议的附属任务。在这种情况下，各政治力量对自身的政治定位及对队伍支持者的定位完全退到了第二位，有的政治力量甚至压根不考虑这些问题。

由此，我们就会清楚地了解到，为什么会在当代俄罗斯出现“设立两党制”的考量，以及为什么会频频出现狂热地执迷于政治角力的情况。

这些政党及其追随者自身都陷入了迷途，那么，他们还能指望什么呢?我们认为，首先，他们可以依靠社会低层次的政治文化。具体而言，我们目前虚假的政党制度可以利用社会上低层次政治文化的特点，即政党的成功与否与其纲领毫无关系，它更取决于政党领袖这一个体及其手段、策略、实际声望或是一些旁门左道的东西（如利用丑闻吸引人们的注意）。而创建由“领袖领导的”政党的过程从一开始就完全走样了，把目的变成了手段，并且这些手段中最不体面的就是披着崇高理想的外衣，却“断然否定他人”的情况。

因此，当代俄罗斯正在形成的是虚假的政党制度。在它的框架下，政党和政治联盟的世界观也正处在形成阶段，而它们距离达到自我认同就更远了。政党的结构是松散的，成员的流动性极强。并且，所有的政治力量正抓紧一切机会寻找属于自己的用武之地。

与此同时，我们也应该看到，尽管目前俄罗斯正在形成的是虚假的政党制度，但它意味着俄罗斯向政治民主化的道路迈出了坚实的一步。政党和社会政治运动不仅应当成为社会民众所习惯的元素，同时，它们还应当成为当代俄罗斯社会生活和政治生活不可或缺的组成部分。

总之，我们需要从历史的角度对多党制形成的环境、发展阶段以及现状变化进行具体分析。这也正是我们接下来要阐述的内容。

第二十八章

俄罗斯共产党人：徘徊在正统派与改革派之间

M. P. 霍尔姆斯卡娅

目前活跃在俄罗斯的各派政治力量中共产党的组织结构最完善，可以获得不可小视的选民队伍的支持，这一点在 1995～1996 年的议会选举活动中得到了印证。在 1993 年的议会选举中，作为俄罗斯规模最大的一个共产党，俄共赢得了 700 万张选票；在 1995 年的议会选举中，它获得了 1500 万张选票；而在 1996 年的总统大选中，由共产党主导的左派联盟的候选人在第一轮投票中获得了 2400 万张支持票，在第二轮投票中则赢得了将近 3000 万名选民的支持。

与此同时，目前俄罗斯各支共产党组织在活动中各行其是也是显而易见的，并且将来也未必会像前苏共那样成为一支统一的政治力量。而俄罗斯共产主义运动中的多元化因素和接二连三的斗争已成为俄罗斯政治生活中的一个奇葩景象。另外，现阶段所有自称共产党的政党组织和运动确定的宗旨和纲领各不相同，从社会民主主义到斯大林主义，可谓形形色色、五花八门。这种奇葩景象的形成既有参与者的主观因素，如领袖们表现出的政治野心，各党的精英阶层并没有准备好面对权力的重新分配，以及过分夸大、渲染彼此纲领间的差异与不同等，同时也存在着客观因素，如各个共产党组织的结构主体是由不同的社会群体构成的。

两次“浪潮”

正如在第二十五章所提到的，从 1989 年末起在苏联社会中逐渐显露出了苏共解体的迹象，在苏共内部出现了不同的派别、运动，甚至不同的纲领，而这一过程的发展经历了两次“浪潮”。

第一次“浪潮”始于 1989 年 7 月，当时作为对风头正盛的民主派运动“人民阵线”的回应，一些秉承正统共产主义思想观点的共产党人在苏共党外创建了新的组织——“劳动人民团结阵线”，并吸收了摩尔达维亚的“国际运动”以及波罗的海各加盟共和国的共产党组织等。1989 年 9 月，在俄罗斯联邦建立了“劳动人民团结阵线”的分支组织，并联合了一些非正式的共产主义组织和工人组织。总体而言，“劳动人民团结阵线”的领导者 B. 亚林、A. 谢尔盖耶夫、P. 科索拉波夫等将组织的目标定位为“为共产主义的改革目标”而奋斗，并保证苏共作为一个工人阶级政党将实现重新崛起。实际上，“劳动人民团结阵线”是唯一一个以共产主义为奋斗目标，且直接面向广大人民群众宣告成立的政治组织。

1990 年入夏之前，苏共党内“改革派”和“保守派”的激烈对抗导致党内产生了一个新的政治组织——俄罗斯共产党，即“俄联邦共产党”。该党的创始人为 И. 波罗兹科夫、Г. 久加诺夫、В. 库普佐夫等人，并成为以戈尔巴乔夫为首的党中央政策路线的反对派。尽管一些资料数据显示，当时俄联邦共产党拥有 1000 万名党员，但在争夺俄联邦政权的关键战役，即 1991 年举行的俄联邦总统大选中，它败给了 Б. 叶利钦。总统大选失败后，В. 库普佐夫取代 И. 波罗兹科夫成为俄联邦共产党的第一书记。

到 1991 年夏，苏共党内已是派系林立，从坚定的共产主义者到社会民主主义者，复杂多样。因此，虽然苏共表面上还保持着统一，但其内部已经分裂成了几个不同的派别，并专门反对以戈尔巴乔夫为首的苏共党中央。同时，每个派别都制定了相应的思想纲领，飞速地发展自己的组织机构。

反对派中右翼的代表是苏共党内的“民主纲领派”。它创建于 1990 年 1

月，创建者支持多元化民主制、私有制，以及主张在劳动者和企业主之间建立伙伴关系，其实质是反对共产主义思想。苏共二十八大（1990 年 7 月）后，“民主纲领派”产生了分裂，其中一部分留在了苏共党内，被称为“共产党人民主运动”。1991 年夏，“共产党人民主运动”作为主要发起者之一创建了新的社会民主主义政党——“俄罗斯共产党人民主党”。

在反对派中，中间派的代表是苏共党内的“马克思主义纲领派”，创建于 1990 年 4 月，由一些非正式的马克思主义研究俱乐部联结而成，其领袖包括 A. 布斯加林、A. 普里加林和 C. 斯科沃尔佐夫等人。“马克思主义纲领派”的支持者并不反对在苏联社会内部进行变革，但他们主张重振苏共的活动和工作，支持苏共党内的思想自由，创造性地发展马克思主义，并彻底摆脱斯大林主义的影响。

反对派中左翼的代表是“共产主义首创运动”，其领袖为 B. 久里金、A. 谢尔盖耶夫和 P. 科索拉波夫等人。“共产主义首创运动”创建于 1990 年 1 月，主张在苏共内部建立持正统马克思主义思想观点（以“劳动人民团结阵线”的思想纲领为基础）的政党“俄罗斯共产党”。它极力主张建立针对以戈尔巴乔夫为首的中央领导层的反对派，抨击戈尔巴乔夫等人的“背叛行为”以及“导致苏共和苏联消亡的错误行径”，并声称如果苏共解体或者在未来逐渐偏离共产主义轨道，自己将做好合法接替它的准备。

反对派中极左派的代表是苏共党内的“布尔什维克纲领派”。它创建于 1991 年 7 月，以联盟运动“统一——为了列宁思想和共产主义理想”为基础，其领袖为 H. 安德烈耶娃。“布尔什维克纲领派”的目标是坚决同苏共党内的修正主义做斗争，并力争在苏联的政治、经济生活中恢复“列宁和斯大林时期的秩序”。

除了上述派别，在苏共内部也存在着一些并不活跃且未形成组织规模的群众组织，它们多是由机关公职人员组成，习惯于“追随党的总路线和方针”。1991 年夏，戈尔巴乔夫最积极的支持者建立了“民主改革运动”。这样一来，完全可以大胆预测，即便没有发生 1991 年的“八月事件”，二十九大后的苏共也极有可能分裂成一系列的政党或运动。

1991 年 8 月 19 ~ 21 日事件后，苏共和俄联邦共产党被定性为与“叛乱分子”同谋，因此，在同年 8 月 23 日和 11 月 6 日俄联邦总统分别签署命令，全面禁止苏共和俄联邦共产党的活动。与此相关的是，苏共和俄联邦共产党在俄联邦境内的活动被全面禁止，其组织机构被解散，党的资产被没收。

尽管如此，俄联邦当局希望将共产党人从社会生活中清除掉的意愿并没有达成。相反，“八月事件”及其后颁布的总统令赋予了共产党组织新的发展契机，在共产党组织内部出现的派系分化恰恰为建立新的独立的政党组织奠定了基础（这就是所谓的第二次“浪潮”）。在东欧国家，是来自“上层的革命”促成了共产党的分裂，而伴随着这种分裂的是，一部分共产党人坚守正统的共产主义价值观，另一部分人则转而信仰社会民主主义。但在俄罗斯，苏共瓦解后的意识形态却呈现了更加多样的情况。

1992 年开始的激进经济改革（通常也被称为“休克疗法”）在俄罗斯社会中引发的不满情绪日益增加。在这种情况下，在共产党人面前出现了新的发展机遇，即趁机联合当权者的反对派并成为其力量核心，同时利用社会上的不满情绪巩固自己的影响和阵营。

未来，共产主义运动在俄罗斯的发展应分为三步，即创建新的共产党组织、恢复俄联邦共产党、恢复苏共。

组建新的政党

国家紧急状态委员会在宣告阻止国家分裂的行动失败后，苏共党内的各个派别立刻就开始了向独立的、有组织的政党转型。导致这种局面出现的原因主要有以下几点：以马克思、列宁思想为基础的苏共缺乏思想上的真正统一；尽管苏共拥有 1900 万名党员，但他们中的相当一部分人入党是为了有利于仕途发展，其所作所为也证明他们只是表面上的共产党人；苏共总书记戈尔巴乔夫并不能把党内的不同派别团结在自己周围；个别党内领袖的行动出发点完全服从于个人的政治野心。所有这些致使共产党各派别不断地经历着分裂、联合、再分裂和再联合的过程。

1991 年 8 月 26 日，“共产主义首创运动”的部分成员成立了“俄罗斯共产主义工人党”的筹备建立委员会。

同年 9 月 8 日，“马克思主义纲领派”召开的协调大会指出，“必须以真正的马克思、列宁主义为行动指导原则，这才是复兴共产主义运动的出路”，这被认为是创建新的共产党的信号。但是，由于“马克思主义纲领派”内部长期存在众多的分歧，如对待运动的纲领，以及如何评价国家紧急状态委员会的行动等。这些分歧导致了“马克思主义纲领派”的分裂，从其内部分裂而出的持不同见解的团体在之后组建了多个不同的共产党组织。

“社会主义劳动者党” 1991 年 10 月 2 日，苏联和俄罗斯联邦的一些人民议员代表，以及苏共中央委员会和俄联邦共产党中央委员会中部分坚持苏共二十八大精神的委员们（包括 A. 杰尼索夫、И. 雷布金、P. 梅德韦杰夫等人）联合发表了共同宣言。宣言指出，作为一个政治组织，原来的苏共已经彻底消失了，因为它失去了人民的信任，导致了自身的灭亡。因此，宣言提出，要创建一个新的以社会主义为目标的左派政党。这份宣言的达成源于发起人的一个共同认识，即苏共的失败并不是因为社会主义思想学说有问题，而是因为在社会主义运动中出现了“极端的布尔什维克派”。

1991 年 10 月底，“社会主义劳动者党”召开了代表大会。根据原来的设想，这次代表大会可以吸引所有的左派力量参加。但实际上，大会仅仅成为由于苏共分裂而产生的众多共产党分支组织中的一支力量的创建大会。“社会主义劳动者党”的主要目的为：保持俄联邦的完整，即保护历史发展中把生活在这块土地上的人民凝结在一起的国家的完整；恢复经济和政治同盟，珍视并发展苏联人民的历史文化共性；引导国家摆脱社会主义发展道路上的危机。“社会主义劳动者党”第一届代表大会（1991 年 12 月 21 ~ 22 日）通过了党的纲领性文件，选举出了联邦委员会、管理机构和 7 个联合主席。在党的第二届代表大会（1993 年 6 月 5 ~ 6 日）上则选举 Л. 瓦尔塔扎罗娃为党的主席。

1991 年初，“社会主义劳动者党”成为苏共党内社会民主派的继承者。1991～1992 年，它成为绝大部分前苏共基层工作者的避难所，尤其是俄联邦共产党的工作人员。最初，“社会主义劳动者党”的活动主要集中在议会领域，同时在俄宪法法庭上捍卫苏共，以及在地方从事纯粹的机关性事务工作。由于许多“社会主义劳动者党”的成员曾是苏联时期地方或城市的第一书记，因此“社会主义劳动者党”在地方权力机构中依然保有一定的影响力。在俄共重建大会（1993 年 2 月）召开后，“社会主义劳动者党”召开了第二届代表大会，事实上中断了同共产党组织的一切合作。根据“社会主义劳动者党”领导人的判断，其党员人数在成立之初大概超过 7 万人（其中约有 60% 为知识分子）。到了 1998 年，“社会主义劳动者党”日渐式微，人数锐减（大约剩余 1 万人），影响力急剧下降。因此，它倾向于同一些中左派、民主派以及“强国派”的政治组织结成联盟。

“全联盟布尔什维克共产党”　1991 年 11 月 8 日，“统一——为了列宁主义和共产主义理想”和“布尔什维克纲领派”的部分代表联合举办了“全联盟布尔什维克共产党”的成立大会。该党的纲领性目标为：恢复社会主义所有制的统治地位；恢复国家对外贸的垄断；恢复普通劳动者的权益；保障 1977 年宪法的合法效力；依靠当代的科技知识振兴计划经济体制；禁止使用野蛮和暴力手段加强农村集体化政策；复兴苏联并实现无产阶级专政。“统一”运动的政治委员会主席 H. 安德烈耶娃被选举为“全联盟布尔什维克共产党”中央委员会的总书记。由此可以肯定，苏共党内已经在组织上公开形成了斯大林主义派。

从成立之时起，“全联盟布尔什维克共产党”就成为苏联国内为数不多的公开反对私有制乃至一切市场经济模式的政治力量。表面上，该党保持了“全联盟”政治组织的规模和地位。成立之初，“全联盟布尔什维克共产党”拥有数千名成员，但到了 1993 年初，由于相当多的成员转到了俄共，成员人数锐减至数百人。1995 年夏，“全联盟布尔什维克共产党”发生了分裂，并分别形成了以 H. 安德烈耶娃为首的“全联盟布尔什维克共产党”和由 A. 拉宾领导的“全联盟共产党（布）”。

苏共党内的“布尔什维克纲领派”　在“布尔什维克纲领派”分裂后，以T. 哈巴罗娃为首的一部分成员发表声明，坚持保留“布尔什维克纲领派”的名称，拒不承认由总统签发的所有关于禁止苏共活动的法令，并号召所有共产党人挺身而出对抗总统令，立志恢复苏共，同时反对创建其他的共产党组织。1992年10月，在第二届跨地区代表大会上，T. 哈巴罗娃被选举为“布尔什维克纲领派”的协调书记。但“布尔什维克纲领派”的发展并不顺利，该组织仅由一小撮矢志恢复“斯大林、列宁时期体制”的人组成，他们主张立即恢复苏维埃政权、苏联以及苏共。

“共产党人联盟”　1991年11月16～17日，在苏共党内的“马克思主义纲领派”分裂后，以其“左翼”力量为基础组建了新的共产党组织——“共产党人联盟”，其领袖为前苏共中央委员会成员及“马克思主义纲领派”领导人之一的A. 普里加林。“共产党人联盟”宣称，要建立一个具有高度组织性的社会，确立具备政治民主原则的社会主义经济制度。“共产党人联盟”主张建立计划经济体制，反对雇佣劳动制（尽管它并不反对“私有制”）。耐人寻味的是，在成立之初，“共产党人联盟”并未有计划地建立自己的组织机构，而是积极地联系支持苏共复兴的组织和团体。

1992年9月，当“共产党人联盟”在司法部正式登记注册时，大约拥有5000名成员。俄共重建后，“共产党人联盟”的组织和成员基本上都加入了俄共，以致原组织的成员锐减至1000～2000千人。1993年10月，“共产党人联盟”发生了分裂，组织内部对组织同苏共的关系、参加议会选举以及其他一些问题都存在着很大的分歧。因此，从1993年12月至1995年4月出现了两个并行的“共产党人联盟”，分别由A. 普里加林和C. 斯捷潘诺夫领导。

“俄罗斯共产主义工人党”　1991年11月，在叶卡捷琳堡由“列宁格勒首创运动”倡议召开了俄罗斯共产党人代表大会，这被视为筹备创建“俄罗斯共产主义工人党”的第一阶段。创建者来自“共产主义首创运动”（领袖为B. 安皮洛夫和B. 久里金等人）等一些共产党组织，他们主张“彻底摆脱苏共党内长期存在的机会主义和修正主义的思想和行为”，以列宁主义的思想原则为依据构建新的共产党组织。成立大会通过了新的决议，号召团结所有共产党组织，并在苏联的范围内建立新的共产国际。创建大会的第二阶段（1992 年 12 月，于车里雅宾斯克）通过了党的纲领，该纲领是以 M. 波波夫为首的“列宁格勒小组”拟就的草案为基础制定的。

1993 年 9 ~ 10 月的一系列事件导致“俄罗斯共产主义工人党”被禁，以 M. 波波夫为首的“列宁格勒小组”提议创建新的、与“俄罗斯共产主义工人党”并立的合法政党，在保留原有名称缩写（РКРП）的同时冠以新的名称。但波波夫及其提议被党的高层认定为“向现行制度投降，是现政权的帮凶”。在党的第二届代表大会上（1993 年 12 月），B. 久里金被选举为中央委员会第一书记。波波夫和他的支持者没有进入党的权力高层，但他们同时在下诺夫哥罗德举行了“俄罗斯工农党”的成立大会，并宣称自己才是“俄罗斯共产主义工人党”的合法继承者，原来的党已经流于“机关党”，而且“工人在其中只是少数派”。

1992 ~ 1993 年，“俄罗斯共产主义工人党”的人数超过了 6 万人。但它是名副其实的“街头集会党”，并不适合于议会活动。在群众大规模抗议政府实行价格自由化的阶段，“俄罗斯共产主义工人党”的活动特点符合了群众的心理要求，并且在很大程度上提升了该党在莫斯科的领袖，同时也是“劳动俄罗斯”执委会主席 B. 安皮洛夫的个人影响力。

“劳动俄罗斯”　“劳动俄罗斯”创建于 1992 年 10 月，主要参与者包括“俄罗斯共产主义工人党”、“劳动人民团结阵线”、“共产党人联盟”和“统一”社团的莫斯科分支，以及“全联盟布尔什维克共产党”“俄罗斯共产主义青年团”等组织的代表。到 1996 年，“劳动俄罗斯”共在 57 个地区设立了分支组织，如圣彼得堡、新西伯利亚和莫斯科等地。

俄共的出现吸引走了大批“俄罗斯共产主义工人党”的支持者。1996 年 9 月，“俄罗斯共产主义工人党”又发生了分裂，开除了 B. 安皮洛夫，由其领导的莫斯科分支组织也被解散。1997 年 11 月，安皮洛夫召开了“苏联共产党人党”的复兴大会，意图成立一个统一的“苏共”。

在“俄罗斯共产主义工人党”分裂后，“劳动俄罗斯”也分裂为以安皮洛夫和以“俄罗斯共产主义工人党”中央委员会第一书记久里金为首的两派。到 1998 年末，在俄罗斯存在着两个名称完全一致的政党，一个由安皮洛夫领导，另一个由“俄罗斯共产主义工人党”在国家杜马中的议员 B. 格里高利耶夫领导。

尽管党内存在着如此复杂多变的问题，但在众多的共产党组织中“俄罗斯共产主义工人党”的党员数量仅次于俄共，大约拥有 3 万名党员，分布于俄罗斯境内 50 多个地区。

“俄罗斯共产党人党” “俄罗斯共产党人党”成立于 1992 年 12 月，它是以苏共党内的中间派“马克思主义纲领派”、莫斯科的“复兴”小组以及一系列的地区首创小组为基础创建的。在党的创建大会上通过了纲领性声明（号召在俄罗斯国内实现政治多元化，拒绝教条主义和已建成社会主义的虚假宣传）和党的章程。“俄罗斯共产党人党”支持在一定条件下发展个体所有制，在经济管理中主张计划经济与市场经济相结合，废除垄断制和非国有化，同时坚决反对私有化改革。1992 年 5 月，A. 克留奇科夫当选为“俄罗斯共产党人党”中央委员会政治局主席。在正式登记注册时，该党在俄罗斯各地共计拥有党员 5000 人左右，到 1998 年末，该党的党员人数下降至 1000 人左右。

总体而言，到 1992 年初，以苏共为基础派生出了众多的左派政党和组织，如“俄罗斯共产主义工人党”“共产党人联盟”“俄罗斯共产党人党”“社会主义劳动者党”等。这些政党和组织的纷纷涌现强化了俄罗斯共产党人在政治思想和世界观上的自我认同感，同时使其活动合法化，并获取苏共不曾具备，也不可能具备的以文明的手段参与政治斗争的经验。但是，由于在思想和纲领上普遍存在着巨大的分歧，党员个体间存在着矛盾和争斗，党的领袖普遍抱有更大的政治野心，这些原因致使各共产党组织希望创建一个统一的、团结的、在普通共产党人乃至公众心目中可以合法继承苏共的政党的尝试依然没有结果。“俄罗斯共产主义工人党”和“社会主义劳动者党”在当时是比较大的两个共产党组织，但在政治地位和党员数量上都无法与苏共同日而语，苏共党员的主要群体基本未加入新组建的共产党组织。官方的资料显示，到1992年春，俄罗斯新组建的各个共产党组织的总人数不超过30万人，在莫斯科集中了1.5万~2万人，这两组数字分别相当于苏共在俄罗斯和莫斯科党员人数的2%。值得注意的是，在新组建的共产党组织中，以前从未加入过苏共的党员比例并不小，大概从10%（“社会主义劳动者党”）到40%（“俄罗斯共产党人党”），而在“布尔什维克纲领派”和“全联盟布尔什维克共产党”中，根据一些资料记载，这一比例甚至超过了50%。

反对派——体制内与体制外

从1992年秋起，还是在俄联邦宪法法庭做出一系列的裁决之前（参见第二十五章），在俄联邦就已开启了重建俄联邦共产党的活动与工作。同时，关于重建以及在未来如何发展俄罗斯共产党的问题有几种不同的看法：“俄罗斯共产主义工人党”认为，新的共产党必须并尽可能地团结所有的共产党员，但只能遵循“俄罗斯共产主义工人党”的思想纲领，并且要把“俄罗斯共产主义工人党”视为新共产党最广泛的群众和积极分子的基础；“俄罗斯共产党人党”认为，必须举行俄罗斯共产党人代表大会，以1991年8月后诞生的共产党组织为基础创建新的、团结（或联合）的共产党组织，在新的组织中要保持各加盟共产党组织的独立自主性，并且禁止苏共和俄联邦共产党的领导人参加；一部分俄联邦共产党中央委员会的成员认为，必须重建俄罗斯共产党，但要独立于苏共之外；“布尔什维克纲领派”、“共产党人联盟”和“全俄列宁共产主义青年团”中央委员会等组织认为，不应受到俄联邦宪法法庭裁决的影响，应恢复俄联邦共产党，并作为苏共的组成部分（或地区组织）。

1992年11月，在俄罗斯成立了关于召开俄罗斯共产党人代表大会的组织委员会，该委员会既包括新成立的共产党组织（“俄罗斯共产党人党”、“社会主义劳动者党”和“共产党人联盟”）的代表，同时也吸收了前俄联邦共产党中央委员会的部分成员（Г. 久加诺夫、И. 安东诺维奇等人）。

“全联盟布尔什维克共产党”和“俄罗斯共产主义工人党”认为即将成立的共产党组织具有“社会民主主义”性质，因而拒不参加组织委员会的任何工作。渐渐地，由于逐渐显露出俄联邦宪法法庭可能做出有利于俄联邦共产党的裁决的迹象，苏共和俄联邦共产党的领导人，以及部分“社会主义劳动者党”的领导人获得了组织委员会的主导权。由此，最初拟定的全俄共产党人联合代表大会的设想已经演变为恢复并重建俄联邦共产党的组织机构，以及举行它的第二届“团结—复兴”代表大会，并且新的俄联邦共产党是作为独立的政治组织出现（独立于苏共之外）。

代表大会召开前夕，组织者公布了纲领性的宣言草案。该草案不仅复制了苏共二十八大的思想和立场（如承认市场经济，允许私有经济的存在等），同时也包含了一系列新的观点和细则，如规定党的活动要符合俄联邦的法律，以及承认独联体已取代苏联的事实等。

大约有 700 多名代表了新的共产党 455000 名党员的委员参加了第二届“团结—复兴”代表大会，大会于 1993 年 2 月在莫斯科郊外举行。代表大会通过的决议规定，恢复俄联邦共产党（简称俄共）作为独立政治组织的活动及其组织结构，承认它是苏共在俄联邦境内所有财产的合法继承者，并选举出新的领导机构。Г. 久加诺夫成为俄共中央委员会主席团的主席（同时也是“人民爱国力量”协调委员会的领袖之一和“民族救亡阵线”的联合主席），副主席是 В. 库普佐夫。尽管代表大会是由坚持“社会主义劳动者党”的社会民主主义立场和路线的派别筹备的，但在大会中获得最后胜利的是之前一直隐藏在暗处、默默无闻的“人民爱国力量”的支持者，他们关注的重点并不是共产主义思想和纲领，而是如何“把俄罗斯从罪恶的买办资本手中拯救出来”的任务。在俄共新的领导层中充斥着“改良主义派”和“强国主义派”，坚持正统共产主义思想的派别则被排斥在外。

代表大会并没有提出要把团结全俄所有共产党员作为自己的任务。因此，一些新出现的共产党组织拒绝加入俄共，并且在代表大会召开的同时，“俄罗斯共产主义工人党”自行召开了“第二届俄联邦共产党非常代表大会”。与会的委员们认同俄联邦共产党需要复兴的观点，但认为以 В. 库普佐夫为首的党中央委员会的工作是令人不满意的，应将 В. 库普佐夫、И. 安东诺维奇、А. 伊利因和 Г. 久加诺夫开除出党的队伍。

俄共重建大会的召开标志着“八月事件”后共产主义运动在俄罗斯得到了进一步发展。得益于原苏共基层组织的支持，俄共被认为是苏共的合法继承者，并宣称自己是俄罗斯人数最多、最具有组织性的政党。随着俄共的重建，在俄罗斯的共产主义运动中形成了新的局面。“八月事件”后，俄共吸收了原苏共大部分党员和众多位于俄罗斯境内的基层组织，使俄共的队伍像滚雪球一样迅速壮大起来。由此，曾在某一段时期内成为俄共产主义运动支柱的一些政党，如“俄罗斯共产主义工人党”、“俄罗斯共产党人党”、“全联盟布尔什维克共产党”和“共产党人联盟”等，都立刻处在了俄共产主义运动的边缘地带。

尽管如此，在 1993 年“秋季危机”之前，共产党人成为反对叶利钦政权的反对派的主要力量，但他们始终未能在国内形成大规模的反对派联合运动，这在很大程度上注定了他们的最终失败。同时，共产党人既没能成功地在国内新旧工会组织和各种不同的工人组织中建成属于自己的牢固阵营，也没能赢得俄罗斯精英阶层以及社会各阶层民众的广泛支持。

在 Б. 叶利钦的第 1400 号总统令即关于解散人民议员代表大会和俄联邦最高苏维埃的总统令发布后，共产党人，既包括激进的共产党组织，也包括俄共，在仍然坚持一些保留条件的情况下都转入了议会活动，并且表示支持副总统 А. 鲁茨科伊接手总统的权力与职责。同时，共产党各派组织的活跃分子积极参加集会、游行，以及保卫苏维埃大厦和进攻“奥斯坦丁诺”电视中心等一系列“阻止国家发生剧变”的活动。

1993 年 9 ~ 10 月，一系列事件的发生使俄罗斯共产主义运动继 1991 年“八月事件”后再一次面临被审查乃至被禁止的威胁。应该说，“联合反对派”和俄联邦最高苏维埃的领导人给了官方合法镇压“共产党人的法西斯式暴乱”，以及宣传“共产主义运动在俄罗斯彻底垮台”的最好的理由和借口。随后，俄联邦司法部通过颁布一系列法令终止了（而实际上是禁止了）“民族救亡阵线”、“俄罗斯共产主义工人党”、“劳动人民团结阵线”、“俄罗斯青年共产主义同盟”、“劳动俄罗斯”及“劳动莫斯科”等共产党组织的一切活动，理由是它们“参加了10月3～4日在莫斯科发生的暴乱活动”。之后，俄联邦司法部门又专门颁布了禁令，主要内容为在禁令颁布后两周内停止俄共的一切活动，而事实上俄共的各基层组织并未公开参与发生在1993年10月的一系列事件。同时被禁的还包括由共产党组织和民族爱国主义力量支持的各种出版物（如《日子》《苏维埃俄罗斯》《公开化》《闪电》等）。

面对新的情况，共产党人必须同时解决两个问题：首先，如何保持及保障组织自身的生命力；其次，决定参加或不参加国家杜马选举。而俄共成为唯一拒绝抵制选举的共产党组织。这意味着，俄共承认了Б. 叶利钦政权的合法性，并认同民主制度下的游戏规则（尽管这也可被视为无奈之举）。事实上，1993年12月的选举结果表明共产党组织分裂成了两派，即以俄共为首的“体制内”的议会反对派和“体制外”的激进派及正统派。后者在1994年7月创建了“俄罗斯共产党联盟”，这是一个非正式的左派（或革命派）共产党联盟，并视自己为“机会主义者”——俄共的对立派。由此，在俄罗斯形成了一个在组织上与俄共并立，坚持正统共产主义的观点立场，并组建了俄罗斯共产主义运动左派的共产党人联盟。在组织规划上，“俄罗斯共产党联盟”是一个松散的政党联盟或共产党人联盟，在承认设立一个统一的协调组织——“俄罗斯共产党联盟委员会”的前提下，各参加党派保持组织的独立性（保留自己的纲领和章程）。根据1998年12月的资料记载，“俄罗斯共产党人党”、“俄罗斯共产主义工人党”和“俄罗斯共产党－苏共”加入了“俄罗斯共产党联盟”。

苏共的“复苏”

与那些积极地加入新的共产党组织或筹划重建俄共的人相比，苏共的很多党员依然处于无所事事的状态。在他们的思想意识里，苏共已经成为一个信仰的象征，他们不希望看到它的转变，或者是加入一个新组建的共产党组织中。此外，他们也不承认俄罗斯联邦的合法性，只认同在唯一宪法约束下的国家组织联盟。

最初，在重建苏共的问题上有两种不同的想法。一种是通过宣传和倡议“自下而上”地联合苏共的基层组织；另一种是通过吸引苏共领导层的上层人士加入并筹划召开党的第二十九届代表大会，用“自上而下”的办法重建苏共。

前一种想法是由苏共党内“马克思主义纲领派”协调委员会的成员 C. 斯科沃尔佐夫提出的，由他提议创建的“为团结所有共产党人而奋斗的全联盟委员会”的所有工作和活动都围绕着“自下而上”地重建苏共而展开。1992 年 4 ~ 5 月，“为团结所有共产党人而奋斗的全联盟委员会”召开了“团结的俄联邦共产党”重建会议，会议宣称要重建俄联邦共产党；同年 7 月，又召开了被称为“苏共二十九大”的代表大会，大会以及上文提到的重建会议通过的决议都拒不承认任何一个新组建的俄罗斯共产党组织的合法性。

后一种想法的实现得益于部分苏共中央委员会成员为召开苏共中央委员会全会，于 1991 年 12 月专门创建了筹划小组。1992 年 5 月，成立了筹备召开“苏共二十九大”代表大会的委员会，参加委员会的包括“共产党人联盟”、“全俄列宁共产主义青年团莫斯科市委会”、苏共党内“布尔什维克纲领派”以及“苏联国际运动”等组织的代表。6 月，召开了苏共中央委员会委员会议，并确定本次会议等同于苏共中央委员会全会，原中央委员会的 400 多名委员中有 46 人参加了本次会议。会议决定将 M. 戈尔巴乔夫开除出党的队伍，罪名是其“毁灭了党和国家，背叛了劳动人民的利益”，并且，会议决定解散原中央委员会政治局和书记处，因为它无法保证对党的领导。同时，为了筹备召开苏共二十九大，会议要求建立新的苏共中央委员会机构。此外，会议号召重建党的基层和地方组织机构，而不必等待宪法法庭的裁决和认可。但是，会议的提议和行动在俄罗斯各个共产党组织中并没有获得一致的响应和支持。例如，“全联盟布尔什维克共产党”的领导绝对禁止自己的成员参与重建“机会主义的、戈尔巴乔夫式的苏共的活动”。

尽管如此，在 1992 年 10 月依然举行了苏共二十次全联盟代表大会，会上通过了关于建立苏共二十九大筹备委员会的决议。1993 年 3 月，苏共二十九大在莫斯科召开，共有来自 13 个苏联加盟共和国（这里并不是指共和国级的共产党组织，仅是个别的共产党组织和机构）及 60 多个地区的 416 名代表参加了会议。会议发表了宣言，主要内容是将苏共临时（指在恢复苏联之前）改造为一个国际社会政治组织，名为“共产党联盟 - 苏共”，并且会议宣称“共产党联盟 - 苏共”是苏共唯一的合法继承者。

苏共二十九大通过了“共产党联盟 - 苏共”的纲领和章程，鉴于加入进来的各党组织的情况各不相同，大会确定了它们在组织和纲领等问题上的独立性，同时大会选举出了委员会和执行机构，苏共中央委员会书记、国家紧急状态委员会成员 O. 舍宁被选举为执行委员会主席。到 1993 年 7 月，有一些共产党组织尽管没有参加二十九大，但确认自己加入“共产党联盟 - 苏共”，如塔吉克斯坦共产党、吉尔吉斯斯坦的“共产党人党”等，而来自俄罗斯的“共产党人党”在“共产党联盟 - 苏共”成立之初就已加入。（1998 年 10 月的资料显示，“共产党联盟 - 苏共”联结了 20 支政党组织和 2 支政治运动，活动于苏联所有加盟共和国境内，共代表了 1034000 名共产党人，来自俄罗斯的俄共和“俄罗斯共产主义工人党”现在也已加入。）因此，“共产党联盟 - 苏共”成为苏联范围内凝聚共产主义运动的中心。但是，由于在俄罗斯境内没有设立组织机构，“共产党联盟 - 苏共”只能充当一个协调和传递信息的机构。

应当指出的是，支持重建俄共的共产党人由于在思想理论和组织建设等问题上存在着分歧，从而分成了两派：以舍宁和尼古拉耶夫为首的一派主张重建后的俄共应当成为苏共固有的组成部分；而以久加诺夫和库普佐夫为首的一派则坚持重建后的俄共要成为独立于苏共之外的全俄罗斯规模的政党。这一分歧在筹备于 1993 年 1 ~2 月召开的俄联邦共产党第二届代表大会的进程中暴露出来，并以久加诺夫一派的暂时获胜而告一段落。1993 年夏，由于不接受“共产党联盟”的一些纲领细则，俄共拒绝直接加入该组织。但在 1994 年 4 月，在普通党员“自下而上”的呼吁的压力下，俄共还是加入了“共产党联盟－苏共”。在加入“共产党联盟－苏共”后，久加诺夫派事实上取得了联盟领导层的主导权（到 1995 年春，俄共成员已经夺取了联盟执行委员会的所有席位），这在表面上造成了一个假象，即在俄共和“共产党联盟－苏共”的领导层之间由分歧和矛盾导致的紧张局面消失了，但实际上久加诺夫派和“共产党联盟－苏共”支持者在思想上的分歧矛盾并没有消除，依然保留了下来。

在俄共领导层的施压下，苏共三十大（1995 年 6 月）通过新的纲领，并对党的章程进行了修改，取消了“共产党联盟－苏共”中的个体席位，即要求所有的共产党员必须加入一个已经存在并已加入“共产党联盟－苏共”的政党。同时，新的纲领章程彻底抛弃了苏共建设中的单一性原则，事实上批准了把联盟的性质转变为“邦联制”。但久加诺夫派关于取消“共产党联盟－苏共”中的“苏共”的缩写的提议没有获得通过。

苏共三十一大再次显示出，俄共全面掌控“共产党联盟－苏共”的领导权。从组织上加强“共产党联盟－苏共”，以及赋予它的领导机构决策权（而非像以前拥有的建议权）的所有尝试最终都没有取得结果。

苏共的支持者联合起来，通过不断努力最终建成了一个新的共产党组织——“俄罗斯共产党－苏共”，并希望它能取代“共产党联盟－苏共”的地位。“俄罗斯共产党－苏共”创建于 1995 年 4 月，主要创建者为“共产党人联盟－苏共”中的 A. 普里加林派，以及一些以 1994 年春恢复的苏共莫斯科市党组织为基础建立的苏共基层组织。

尽管没有得到“共产党联盟－苏共”领导层的正式支持，重建苏共的支持者仍然拒绝承认俄共是俄罗斯唯一能够团结所有共产党员的力量中心，也不认可俄共是“共产党联盟－苏共”的支柱力量，因为他们认为，“俄共在理论和行动上的机会主义观点导致其在政治现实中已处在右派的立场上”。因此，他们不断努力，试图建立“苏共在俄罗斯的团结阵线”，并极力吸引那些尚未加入任何一个共产党组织且依然对苏共保存着忠诚和信仰的共产党人加盟。到 1998 年秋，“俄罗斯共产党－苏共”在人员数量上成为仅次于俄共和“俄罗斯共产主义工人党”的第三大共产主义党派（它约有

1500 名成员，在俄联邦境内 20 个地区拥有 107 个基层组织)，在莫斯科它的规模则排在第二位（大概有 400 名成员)。尽管如此，但“共产党联盟 - 苏共”的领导层一直拒绝承认它，也不接纳它加入“共产党联盟” - 苏共。

正统派和改革派

在俄罗斯共产党人的思想形态中始终存在着两个主要派别——正统派和改革派。

正统派最旗帜鲜明的代表是“全联盟布尔什维克共产党”、“俄罗斯共产主义工人党”、“俄罗斯共产党人党”及“俄罗斯共产党 - 苏共”。这些政党最典型的特征是反对官僚主义，处于现行体制外（属于“不妥协反对派”)，并明确表达自己是“反久加诺夫派”（拒不接受俄共领导层的思想立场)。在某种程度上，它们都或多或少地保留了经典马克思主义的思想理论特点，总是以阶级的态度和立场考虑社会现象，且最终目的是社会主义革命的成功。

在社会基础方面，正统派各党派之间没有什么明显的差别：首先，传统上其作为工人阶级的代表这一点已极不明显，在正统派中占人数优势的是人文科学领域的知识分子和熟练技工的代表，但多已接近退休或处在已退休的年龄，与俄共相比，能够保证党的组织和生命活力的年轻人和中年人代表极少。并且，正统派中除了一些有分量的人物，如 H. 安德烈耶娃和 B. 安皮洛夫以外，其他人很少为俄罗斯的选民所熟知。

同时，正统派的成分也很复杂，可以划分为（当然，这在很大程度上是一种相对的划分）坚信一切马克思、恩格斯思想都适用于当代的教条主义者，以及认为应该“创造性地发展马克思主义思想理论”的支持者。在前者的行列中包括“全联盟布尔什维克共产党”和“俄罗斯共产主义工人党”。在政治上他们主张恢复斯大林式的（当然，最好的情况是勃列日涅夫式的）专制集权统治，在经济上主张恢复简单粗暴的经济国有化手段（包括官僚计划体制公有制占主体等)。“全联盟布尔什维克共产党”在本质上是公开的斯大林主义者，并不为其他的正统派所接受。

而“俄罗斯共产党人党”和“俄罗斯共产党－苏共”在批判斯大林主义和勃列日涅夫主义的同时，一直致力于把自治、劳动者自发组织、政治民主、经济民主等思想融入苏联社会。两个政党都反对官僚制度和集权制度，均认为，“社会主义社会应该是现实的、民主的社会，其中不仅要在法律上，同时也要在事实上保障公民及各种劳动集体的政治权利和自由”。

对俄罗斯共产党联盟各政党（“俄罗斯共产主义工人党”、“俄罗斯共产党人党”和“俄罗斯共产党－苏共”）的纲领进行比较分析得出的结论表明，它们之间的矛盾分歧并不涉及党的斗争目标和主要斗争方式。分歧和争议，一方面，在于如何评价苏联社会及其危机爆发的原因，以及如何对待斯大林主义；另一方面，主要集中在一系列问题上，即继承苏共的合法性问题、在现阶段如何合理利用无产阶级专政的口号、社会主义社会中的多党制和人权、消除私有经济的速度和连续性、在国家监控的条件下合理利用市场关系等。

与其他共产党组织不同的是，“俄罗斯共产党人党”认为，社会主义在苏联从来没有建成过，它反对立刻消灭私有制，因为担心重犯20世纪20年代取消新经济政策时所犯的错误，而私有制会在建设社会主义的过程中慢慢地消亡。另外，“左派”共产党人在确定“先进阶级”的定义时始终无法统一思想，但他们认为，“先进阶级”一定要符合马列主义的思想传统，并且要成为革命的社会基础。“俄罗斯共产主义工人党”谈论的依然是是坚持工人阶级的垄断地位和无产阶级专政；“俄罗斯共产党－苏共”重视“新的无产阶级”，他们把所有雇佣劳动者都归入“新的无产阶级”队伍，其中包括知识分子阶层；“俄罗斯共产党人党”则比较喜欢劳动人民夺取政权的论调。在“俄罗斯共产主义工人党”的文件中实际上常常避开政治民主和人权等问题，并且，到目前为止，它依然拒绝批评斯大林时期的“大清洗”。与之相反，“俄罗斯共产党人党”在声讨斯大林主义的同时，认同在苏联社会建设民主制度。“俄罗斯共产党－苏共”支持建立能够保证公民和劳动集体权益的符合国际规范的“现实民主制”，虽然没有具体提到苏联时期的独裁统治，但它谴责了高度集权体制，反对把国家权力集中到个别“领袖”手中，从而不受党和人民的监督。

由俄共领导的改良主义派更具有代表性，并成为俄罗斯共产主义运动的发展方向。在思想领域，俄共把社会民主主义的经济理论同俄罗斯传统的国家官僚主义干预思想结合在一起。许多“普通”公民和“下层”小官吏构成了改良主义派的社会基础，他们还没有适应新的变化，也没有学会投身于行会式的资本主义。俄共改良主义派的政策思想同西欧新的“左派”政治组织的实际区别在于，其目的是使国家变得更强。由此，就会在国家层面产生一系列的问题，如大国沙文主义因素、地缘政治现实中的扩张主义因素、以巩固国家权力机构和军队为目标等。

当自己已成为俄罗斯最大的共产党组织，甚至是规模最大的政党组织（在俄联邦 89 个主体中大约拥有 57 名党员和 2 万多个地方基层组织）后，俄共开始希望在俄罗斯共产主义运动中居于统治地位。在俄罗斯社会，人们常常把俄共同共产主义运动相提并论，但事实上俄共还无法成为俄罗斯整个共产主义运动的力量核心，这在很大程度上是因为俄共领导层“机会主义”立场及“机会主义”纲领的存在。例如，“左派”共产党就认为已拥有大量有分量的证据，从而坚决拒绝承认俄共为“共产主义性质”。

另外，值得注意的是，在思想理论方面俄共内部的意见也并不统一，党内和领导层实际上分成了三个不同的思想派别：“社会民主派”，其目标是逐渐演变为全欧社会主义运动或社会民主主义运动（Г. 谢列兹尼奥夫、В. 库普佐夫）；“强国爱国主义派”（ Г. 久加诺夫、Ю. 贝洛夫）；“正统的共产主义派”，或者是“列宁主义派”，主张在符合现实的基础上恢复共产主义思想，但要依据马克思列宁主义的基本原理（Т. 阿瓦里亚尼）。

当然，这种分类只是表面上的，因为“社会民主派”的领袖同欧洲社会民主主义运动很少有交集和联系。因此，它们事实上只是苏共党内“温和改良主义派”的继承者，正统的共产党组织称其为“后戈尔巴乔夫主义派”。在俄共的领导层占据绝对优势的是以 Г. 久加诺夫为首的“强国爱国主义派”。

对俄共和俄罗斯共产党联盟各政党的纲领、原则进行比较，就会发现它们在思想方面的一致性和差异性。所有共产党组织所宣称的共产主义价值观和原则都是一致的，如憧憬共产主义的前景，坚持马克思列宁主义学说，坚持国际主义，保护工人阶级、农民和人民知识分子的利益，承认工人阶级是社会变革的主导力量等；主要目标和所使用的斗争方法具有一致性（差别仅在于次序安排上的不同）；对 20 世纪一些重大历史事件的评价和描述，对苏联社会危机原因的挖掘，以及引导国家走出危机并走上社会主义发展道路的方法措施等方面也是一致的。但俄共和俄罗斯共产党联盟各政党在纲领方面也存在着原则性的差别，涉及的问题也很广泛，如达成既定目标的方法各异（是通过自然演变式的发展，还是通过社会主义革命），斗争方式各异（议会斗争还是院外斗争），对同盟者的选择各异（人民爱国阵线还是“左派”集团），对无神论、无产阶级国际主义、政治民主、人权、私有制、经济多元化、民族自治的态度和认识各异等。

主要目标

俄共宣称，自己的战略目标是用合法的方式清除政权阶层中“具有反人民、黑帮和买办性质的集团，即卖国党”，确立属于劳动人民和爱国主义力量的政权；保持俄罗斯国家的完整性，重建并恢复苏联各民族联盟，保证俄罗斯的民族统一；强化新联盟的政治独立性和经济自主性，重塑其在世界舞台上的传统利益和地位；在社会中保障和平秩序与安定，在对话的基础上，通过法律途径解决分歧与争端。而俄罗斯共产党联盟各政党的主要目标是重新确定国家的发展方向，即确定走社会主义的发展道路，分歧主要在于是否暂时承认社会主义建设的失败以及“资本主义的复辟”。

主要战略

俄罗斯共产党联盟的各政党主张进行第二次社会主义革命，与之相反的是，俄共领导层认为，“俄罗斯已经不会再有革命和国内战争的可能性了”，因此，他们建议走以社会改革为目标的发展道路，“这不会导致国内出现尖锐的矛盾对立”。俄共纲领的政治目标是恢复苏维埃形式的人民政权。

俄罗斯共产党联盟的目标并不像俄共那样，即赢得总统大选的胜利以及组建“人民信赖”的政府，其目标是取消总统这一职位，构建“社会主义劳动人民的政府”，把罢工参与者和工人苏维埃纳入政权体系。

正统共产党人与俄共的思想区别在很大程度上集中在行动策略上，他们认为，只要共产党人夺取政权就可以立刻实施社会主义变革。而俄共则坚持必须经过社会民主发展阶段即民族解放斗争阶段，他们认为，应把捍卫俄罗斯的民族国家利益同反对殖民扩张主义的斗争，同反革命分子的斗争，同建设社会主义以及人民政权的斗争有机地结合起来。因此，俄共纲领的特点是，社会主义建设的任务要服从于“为了自由和俄罗斯完整而发起全民运动”的任务（在此，俄共认为，国家的因素应高于社会因素，而不应是俄罗斯共产党联盟各政党主张的那样）。

关于所有制

俄共反对国家所有制的绝对垄断，反对严苛的集中制和国有化管理形式。因此，俄共认可多种经济成分在社会中并存，即俄共支持国家、社会和私有制形式的共存（当然，这要以集体和社会所有制形式优先为前提）。俄共领导人认为，任何对生产资料的垄断形式，包括全民所有制，都会导致经济腐败现象的出现。

对于这一问题，俄罗斯共产党联盟的各政党抱有更加严厉的态度。“俄罗斯共产党－苏共”原则上反对私有制和多种经济成分并存的命题。同时，它支持发展劳动集体（或合作社）对生产资料的各种所有制形式（当然，必须遵循这样一个原则，即“每个劳动者都是生产资料所有者，反之，每个生产资料所有者也都是劳动者”）。“俄罗斯共产主义工人党”则主张优先发展苏联时期的全民所有制形式。“俄罗斯共产党人党”认为，在优先发展社会集体所有制的前提下，在国家监控和社会监督的条件下可以允许私有制形式的存在，同时它认为，多种经济成分并存是国家在过渡阶段无法避免的。

关于多党制

俄共坚决否定一党制形式和“国家党”的存在，它认同目前俄罗斯存在的政治多元化形式，并希望在宪法允许的范围内所有政党都能参与到政权组织中。对此，俄罗斯共产党联盟各政党并没有统一的看法。“俄罗斯共产主义工人党”原则上不接受多党制的思想，“俄罗斯共产党人党”支持建立“左派力量”并存的多党制形式，而“俄罗斯共产党-苏共”则主张支持一切政治组织的构建和活动的自由，包括政党、协会、各种政治力量的联盟，甚至包括法西斯主义和种族主义组织。

对宗教的态度

俄共承认宗教信仰自由，并允许自己的党员信仰不同的宗教。在党的纲领中俄共宣称，尊重东正教以及其他一切俄罗斯劳动人民所信仰的宗教。俄罗斯共产党联盟各政党则要求党的一切活动以严厉的无神论为准则。

关于民族问题

与俄罗斯共产党联盟各政党不同，在俄共的纲领中缺乏对民族自治权利、民族分离或构建新的独立国家等问题的阐述。

关于联盟国家

尽管在俄共的纲领中有关于必须恢复联盟国家的描述，但俄共领导人认为国家已经不可能恢复到苏联时期的原状，而目前的首要任务是把俄罗斯、乌克兰、白俄罗斯和哈萨克斯坦联结在一起。俄罗斯共产党联盟各政党则主张无条件恢复苏联时期的原状。

显然，俄共的纲领是俄共党内不同思想派系妥协的结果，是各种思想汇集的混合体，其中糅合了“俄罗斯思想”、“东正教思想”和“精神力”，同时还包含了“爱国主义”和“国际主义”思想，以及俄共试图建立“社会集体所有制占主导地位”的，并且是“摆脱了剥削和压迫的、自由的、无阶级差别的社会”的目标。应当指出的是，俄共的官方思想纲领反映了俄共党内复杂的思想状况及其内部暂时的思想和力量的妥协与平衡，一旦打破这种平衡就会威胁到党的统一。许多政治学研究者认为，俄共在思想上无法统一的原因一方面归结为党的纲领同Г. 久加诺夫设定的宗旨目标间存在着分歧，另一方面则在于党的纲领细则同社会现实间存在着巨大的差别。而政治学研究者对俄共的认识也存在着很大的差异，他们认为，俄共是“波洛兹科夫型的复辟党，无法摆脱自己的历史问题”，或是“俄罗斯式的欧洲共产党”“成熟的社会民主党”“具有强烈的民族主义情结的右翼社会民主党”“披着‘红色’外套却具有‘白色’精神的右翼保守派”等。同时，绝大多数政治学研究者认为，俄共既不是具有革命性的、列宁式的共产党，也不是传统意义上的“左派”政治组织（这里指的是传统西欧意义的“左派”），甚至久加诺夫本人也不是一个传统意义上的共产党人。

1995~1996 年，俄共的思想发生了进一步的演变。通过分析俄共领导人的各种讲话、演讲，以及 Г. 久加诺夫作为总统候选人时的竞选纲领可以发现，原来在俄共纲领中曾经出现的关于“同反人民的制度进行斗争的运动”需要具有自觉性，以及关于“组织俄罗斯人民同殖民主义和奴役现象进行斗争的民族解放运动”等诸如此类的表述都悄无声息地消失了。

另外，应该指出的是，俄共的思想演变并不具备共产主义思想的特点，同时与党的原纲领有了明显的区别。例如，虽然在俄共的竞选纲领中依然包含了将来要取消总统职位的内容，但在久加诺夫个人的竞选纲领中却做出了关于“把总统置于监督之下以及把总统变为有责任的人民代表”的表述。与此同时，在久加诺夫的竞选纲领中还有这样一些内容，如关于“社会对话”，以及“在不能超越国家利益和违背和平秩序的基础上准备做出巨大的妥协和让步”等。

1996 年总统大选前，俄共实际上完成了向“中派”过渡的过程，并突破了自己原有的共产主义思想和政策的束缚，这一过程早在 1993 年就已开始了。值得注意的是，久加诺夫本人在竞选前的一次演讲中承认：“如果说到我们党的本质，那么可以认为，它已经做出了重要的改变，并靠向了中间派。关于这点是有根据的，如它认可多种因素并存的经济体制、私有制甚至是经济运行中的所有形式，以及政治生活中的各种议会形式。”

评判俄共的思想未来将走向何方，可以参考久加诺夫的个人著作《俄罗斯——我的祖国：国家爱国主义思想》。久加诺夫认为，以否定西方自由化道路、个人伦理学以及盲目崇拜西方自由市场为基础的传统学说应成为新思想的理论依据。因此，久加诺夫提出，新的思想理论的组成要素应该包括既反映当代社会现实，又包含苏联政权在长达70年的执政期间里形成的“俄罗斯思想”；关于对国家作用的理解，要了解和明白国家在俄罗斯历史发展中的“领路人”作用，同时要清楚国家是社会发展的关键因素；要把国家利益置于个体、社会、合作组织以及种群组织之上；关于对俄罗斯族的评价，俄罗斯族是新成立的俄罗斯乃至苏联国家的核心力量；拒绝以阶级的态度对待俄罗斯民族的统一；要把“红色”和“白色”思想结合起来。

显然，久加诺夫的“国家爱国主义”理论并不具备马克思主义思想理论的基本特征。但久加诺夫认为，考虑到俄罗斯国家发展中的民族、历史和文化特殊性，在马克思主义经典理论中有许多学说可以解释、说明及修正当今社会正在发生的情况，如关于资本家无偿剥削剩余价值的学说，关于工人阶级逐渐变为绝对或相对赤贫的学说，以及以无产阶级专政为目的的无产阶级革命理论。同时，根据久加诺夫的想法，俄共并没有用俄罗斯强国主义思想、俄罗斯精神、民族爱国主义思想、支持多种经济成分的思想、欧亚大陆的文化以及和平稳定发展思想去修正马克思列宁主义学说，相反，恰恰创造性地丰富了马列主义思想理论。

在把自己及支持者归结为“新型的”（文明的）共产党人的同时，久加诺夫认为，当党“以恢复社会凝聚力为目的”不再“通过极端手段进行阶级斗争”，并重拾“历史遗留的民族精神财富”，承认“国家历史发展的延续性”，拒绝“好斗的无神论思想”，拒绝“在无产阶级国际主义口号的掩饰下”漠视俄罗斯人民的发展命运，以及随时准备把他们几世纪以来形成的特点和民族利益向“战争之神”莫洛赫献祭时，就意味着，党在思想理论自我完善和更新的道路上迈出了关键的一步。因此，久加诺夫认为，俄共这种思想上的“急转弯”就是同一切“已僵死”的思想断绝关系，包括苏共的思想，进而获取“新的、高品质”的思想理论，“在政治上取得新的发展前景”。

同政权的妥协："支持"与"反对"

对现行政权的态度，包括对现行政权的各项基本制度，如在对待总统、政府、联邦会议上的分歧是俄共和俄罗斯共产党联盟各党在战略思想和策略上的众多原则性分歧之一。

俄共主要的战略思想和策略是进行"历史性的妥协"。这一策略的实质是，俄共并不觊觎独占政权，而是力图与国内主要的政治力量达成战略协议并共同参与政权的组建与管理。因此，俄共首先要与在政治舞台上占据主导地位并拥有大批商界精英的"政权党"达成妥协和一致。

实行妥协战略客观上既是由现阶段俄共的本质决定的，同时也受到了外部环境的影响。俄共领导层已经意识到，俄共无力复辟以前的体制，俄共自身特别是其领导人缺乏实现此目的的必要的政治意愿，党的下层积极分子也缺乏凝聚力和一致性，并且不接受未经批准的任何形式的社会激进活动。由此，大致可以得出这样的结论，即俄共同意参加改革进程是因为其没有足够的力量使社会倒退。最终，俄共与现行体制的妥协使国家政权更加重视俄共的思想理论，这与现行政权对待左派激进分子的态度是有巨大差异的，即现行政权认为，俄共的思想和活动并不是摧毁，而是在巩固和加强国家。

现在，俄共的领袖及其领导团队已经成为俄罗斯现行政权及体制的一部分。因此，对于俄共的领导层而言，这个充满"合作精神"的精英阶层的利益要比自己的党及其选民的利益和观点要重要得多。尽管俄共的绝大部分成员和久加诺夫的支持者在情绪上表现出了激进反对派的态度，在行动上也根据"越坏越好"的原则，但俄共高层向政权精英阶层的靠拢时刻提醒其要成为"建设性反对派"，并使自己的政治立场和态度保守化。久加诺夫认为，政权与反对派之间应该进行"建设性对话"，应把彼此视为伙伴而不是敌人。

在 1996 年总统大选后的一段时间里，俄共领导层并没有表现出直接与现行政权进行联合的态度和行动，而是针对不同的政权力量集团采取了灵活多变的策略，并逐渐向政权体系“渗透”。这种策略并没有促使俄共的代表立刻进入联邦政府一级的权力层面，但是在1996～1998年的地方选举中，俄共成功地获得了胜利。根据俄共领导层的判断，俄共至少在30多个联邦主体赢得了选举的胜利，并在一些地处俄罗斯中央地带且人口众多的州（被称为“红色地带”）选举中获得了州长的位置。因此，在赢得物质资源和拓宽信息渠道方面俄共极大地提升了自己的影响力，同时它还获得了能够影响中央政府的额外的杠杆。

在寻找“历史性妥协”的框架下，应当重点分析俄共领导层同B. 切尔诺梅尔金政府的各种交易，这种交易有时发生在议会内，有时又表现为俄共参与有三大权力参加的“圆桌会议”以及各种三方委员会等，这是1997年俄共活动的策略特点。

但是在1998年4月后，随着B. 切尔诺梅尔金离职以及Б. 叶利钦始终无法同反对派就总理人选达成一致，俄共领导层被迫承认其妥协策略是无效的，并声称要重新考虑自己的策略。在俄共第五次代表大会（1998年5月）上通过了新的决议，决议指出俄共拒绝再同叶利钦政权进行“建设性对话”，同时提出，要紧紧依靠劳动集体中的群众组织准备进行全俄政治大罢工，并掀起弹劾叶利钦总统的运动。

1998年8～9月，俄政府总理经历了走马灯似的轮换，并最终在俄共领导层的坚持下，在国家杜马绝大多数“左派”议员的支持下确立了以E. 普里马科夫为首的、被称为“符合全民利益的政府”，同时俄共也没有放弃反对叶利钦的运动，并声称对E. 普里马科夫政府进行“有选择的支持”。在同意自己的代表加入E. 普里马科夫政府后，俄共必须为本届政府所推行的政策负起责任。在取得了一定的成绩（获得了通往现政权阶层的许可）后，俄共的策略隐含着一定的危机，即它可能失去部分反对现政权的选民，这是正面临1999～2000年选举的俄共所不愿意看到的。

与俄共领导层不同，左派共产党人恪守自己的原则，即拒不接受现政权，同时也不同它达成任何形式的妥协。虽然有反对派代表加入E. 普里马科夫政府，但这并没有影响到反对派的基本立场，反而为其更加激烈地抨击久加诺夫的党提供了借口。各左派共产党认为，俄共和“民族爱国主义力量联盟”暴露了自己“机会主义者和妥协主义者的本来面目”，因为它们用议会里的阴谋勾当取代了共产党人同资产阶级进行斗争的现实。各左派共产党要求叶利钦政权无条件下台，并表示不会信任任何资产阶级政府，同时要求彻底铲除总统制权力体系，因为这种权力总是象征性地“修补”非法的、维护资产阶级利益的宪法，且只会同那些导致俄罗斯受难的罪魁祸首们组建联合政府。俄罗斯共产党联盟各政党要求以各级苏维埃为基础，依靠广泛的劳动人民自治组织体系构建权力并行机构，组建“苏维埃政府”。因此，它们与久加诺夫领导层的观点是迥然不同的。

1993 ~1996年的选举活动

应该指出的是，参加选举活动以及承认政治民主化，并在现行法规框架内活动等问题对于俄罗斯共产党人而言是相当复杂且颇有争议的。这些问题的第一次爆发是在 1993 年的首届国家杜马选举中。

1993 年 9 ~ 10 月的悲剧事件后，“俄罗斯共产党人党”、“共产党人联盟”、“俄罗斯共产主义工人党”、“全联盟布尔什维克共产党”、“共产党联盟 – 苏共”以及“劳动俄罗斯”运动共同决定抵制一切 Б. 叶利钦任命的政府人选和就俄联邦新宪法草案举行的全民公决。由此可以肯定的是，左派共产党人奉行的策略是不让现行制度合法化。但很明显，现实与他们的愿望是不一致的：左派共产党各政党的力量薄弱，党的活动经费匮乏，由于无力征集到支持自己的 10 万个签名，因此无法在一个被严重缩短的选举周期内（1993 年 12 月至 1995 年 12 月）开展完整意义的选举活动。

与“左派”共产党人的抵制立场相对的是，俄共决定积极参与选举活动和全民公决。为此，俄共提出了自己参加国家杜马选举的议员候选人名单（共 151 人），该名单由 Г. 久加诺夫、宇航员 В. 塞瓦斯特亚诺夫和法学家 В. 伊柳欣领衔。俄共对选举结果的统计显示，在选举中俄共获得了 12.35% 的选票和 61 个议席，位列自民党和“俄罗斯选择党”之后，排在第三位。

选举结果展示了俄共策略的巨大成功，它由此一跃成为议会党派，并获得了能够宣讲自己纲领的更大的讲台。但俄共在选举过程中的一个主要目的并没有达到，即尽可能多地吸引人们参与到选举活动中以及使大多数人放弃对新宪法草案的投票。这就使来自共产党阵营的左翼反对派有理由相信，其抵制全民公决的策略和决定在政治上是可行的和合理的。

1995 年，随着政治环境的变化，左派共产党被迫放弃了以前的抵制策略，并参加了第二届国家杜马的选举活动。尽管有人多次提出了共同行动的建议，但在 1995 年的选举活动中俄共和左派共产党依然是以两个选举阵营出现的（在一些地区的选举活动中俄共和左派共产党形成了统一的竞选联盟，这是因为一些左派共产党组织自身的力量薄弱，只能与俄共的地方组织进行合作）。

俄共参加第二届国家杜马选举的候选人名单（共 262 人）由久加诺夫、C. 格里亚切娃和 A. 图列耶夫领衔。而由“俄罗斯共产主义工人党”、“俄罗斯共产党人党”、“俄罗斯共产党 - 苏共”、“劳动俄罗斯”运动以及“劳动人民团结阵线”等左派共产党组织创建的竞选联盟—“共产党人 - 劳动俄罗斯 - 为了苏联”提出的竞选名单由三人担纲：B. 久里金、A. 克留奇科夫和 B. 安皮洛夫。

在 1995 年的选举活动中，俄共和俄罗斯共产党联盟各政党的竞选策略的目的是完全不同的。俄共认为，自己的目的是获得议会的多数席位，从而达到组建“人民信任”的政府，改变政治和经济的方针政策，通过能够保障以苏维埃形式出现的人民政权的新宪法的目标。左派共产党组织与俄共的区别主要在于强调希望利用议会作为宣讲自己思想纲领的讲台。关于这一点在“共产党人 - 劳动俄罗斯 - 为了苏联”的竞选纲领中有直截了当的阐述：“我们努力进入杜马，就是为了用苏维埃权力体制取代它和总统制权力体制。为此，我们将竭尽全力……”同时，在竞选纲领中左派共产党人丝毫没有掩饰自己已计划好的帮助国家摆脱困境的措施，“即确立绝大多数劳动人民掌权的专政体制，这种体制可以有效地镇压那些把自己的财富积累建立在广大人民群众赤贫化上的人”。

1995年12月国家杜马选举结果显示，俄共占据了头名，它在参与投票的选民中获得了22.3%的支持率，在联邦选区获得了99个席位，在单选选区获得了58个席位。由此，俄共组建了最大的议会党团（其议员人数占杜马议员总数的35%），它的一些代表也占据了国家杜马的重要职位，如Г.谢列兹尼奥夫任国家杜马主席，С.格里亚切娃任副主席，并且另有9名俄共议员出任国家杜马下设委员会的主席（共有28个委员会）。至于左派共产党联盟，在联邦选区只获得了4.53%的选票，没能通过5%的选举门槛，因此未能在国家杜马中获得代表席位（而在单选选区也只有“俄罗斯共产主义工人党”中央委员会的В.格里高利耶夫一人获得了席位）。

在总统大选前夕，俄共所面临的最紧迫的任务就是动员所有共产党人，包括争取获得左派力量的支持，这主要是由于共产党选民阶层的自身力量不足。1996年3月4日，支持Г.久加诺夫的竞选联盟成立了，М.拉普申（“俄罗斯农业党”）、Н.雷日科夫（“人民政权”议员团）、О.舍宁（“共产党联盟－苏共”）、В.安皮洛夫（“劳动俄罗斯”）、С.巴布林（“俄罗斯社会人民联盟”）、А.鲁茨科伊（“强国运动”）以及50多个小规模政党和运动的领导人共同签署了协议。应该说，他们共同提名和支持久加诺夫等于承认了原本希望在俄共之外建立一个大规模激进反对派政党，哪怕是影响力和政治组织潜力都远逊于俄共的政党的努力失败了。

尽管如此，在新成立的左派竞选联盟之外依然还有一些左翼民主派的力量（包括左派社会民主党人、社会主义党人、无政府主义者和托洛茨基派）。这些左派共产党组织都没有加入支持久加诺夫的竞选联盟，而只是简单地发表声明，口头支持久加诺夫。这些组织拒绝签署协议的原因在于不认同俄共领袖久加诺夫的竞选纲领（认为它缺乏必要的共产主义特性），并且不希望对俄共的现状和未来负责。

在竞选活动中，久加诺夫的幕僚和竞选团队极力为俄共打造受人尊敬的议会党的形象，并努力使人相信，只有俄共才能与俄罗斯的政治精英、与西方打交道，并且不需要通过暴力革命的手段就能把国家引上当代的发展道路。但最终的投票结果显示，俄共既没能成功地吸引极具发展前景的社会主义党派的支持，也没有成功地扩大自己的选民基础。在总统大选的第二轮投票中，久加诺夫获得了40.31%的选票，叶利钦获得了53.82%。因此，在一些东欧国家（如波兰和立陶宛）的共产党人成功重掌政权后，俄罗斯共产党人面对的则是总统大选的惨痛失败。

总之，1995～1996年的选举活动和结果表明，俄共明显没有积极地打造一支强大的、具有凝聚力的，并且在久加诺夫获胜后能够“自下而上”地支持他进行社会体制改革的政治力量。相反，它尽可能地与参加社会抗议和集会的力量保持距离，让政权阶层感觉它的“危险性”很小。之后，俄共议会党团的活动目的转变为努力调整和修正共产党运动内部大多数反对派的行动方式和目标，即达到以和平方式赢得政权的目的。同时，俄共为俄罗斯共产主义运动确定了活动和思想基调，即社会民主主义的色彩和“社会友好和谐党”的面孔。

同盟者和同路人

俄共是俄罗斯反对总统权力的反对派中毫无争议的领袖。但俄共明白，仅靠俄共自身的力量是无法取得政权的，因此俄共领导层制定了联盟策略。这一策略源于“社会阶级”运动和“人民爱国”运动在思想上具有的一致性和统一性。俄共认为自己潜在的同盟者不仅包括左派力量（共产主义者和社会主义者），同时也包括爱国主义派、中间派、纯粹的民主派和工会组织等力量，还包括一些创造性组织和通过宗教联系起来的传统宗教组织。因此，俄共同“精神遗产”、“共产党联盟－苏共”以及俄罗斯农业党等政治组织始终保持着紧密的联系。

其中，俄罗斯农业党（领袖是M. 拉普申）是俄共最亲密的仆从党，这主要是因为它们在实际行动中的原则和立场是非常接近的，具体表现在当国家杜马就某些关键问题进行表决时，只要有俄共议员参与，俄国斯农业党议员团始终同俄共议员团保持一致，进行联合投票；另外，在1996年总统大选以及举行大规模政治活动时，俄罗斯农业党始终和俄共保持联合行动。1993

年2月，在俄联邦最高苏维埃“农业联盟”议员团、俄罗斯农业联盟以及农工综合体的工会组织的共同提议下组建了俄罗斯农业党。俄罗斯农业党主张调整现行的改革方针，支持在农村实施不同形式的经营管理手段，以及坚决维护农工综合体领导层中小团体的利益。同时，俄罗斯农业党不接受自由买卖农业用地的政策。在俄罗斯农业党内至少可以分为两派：一派是亲共产党派，其立场比较一致，都支持俄共（代表者是来自农工综合体的领袖 H. 哈里托诺夫）；另一派是中间派，也被称为“温和派”，其支持农业党的独立自主性（领袖是 A. 扎维留哈和 A. 纳扎尔丘克，当时他们都在 B. 切尔诺梅尔金政府担任要职）。成立之初，农业党共计拥有 3124 名党员。到 1998 年末，俄罗斯农业党的人数大幅增长，根据党的领导层估计，人数大概有 30 万人。

俄共反对纯“左派”联盟的思想，主张构建由所有反对派力量（甚至可以包括君主派党人和大俄罗斯党的支持者）参与的、没有任何思想分歧的、更加广泛的民族爱国主义阵线。早在 1991 年初，Г. 久加诺夫就已开始酝酿成立民族爱国主义阵线，最初他参与组建并领导了几个具有雏形性质的运动，如民族救亡阵线（1992 ~ 1993 年）和政治运动“为了俄罗斯的和睦”（1994 年）等。但是这些组织的存活时间都不长，其中主要障碍和问题是，在俄共的合作伙伴中绝大多数的小规模政党和组织认为，既然新的联合组织公开宣称参与者的权利平等，那么它们绝不认同俄共在新组织中主导一切的“老大哥”作风。

显然，这些尝试的失败导致了人们对俄共结盟策略可行性的质疑。但是俄共的领导人依然坚持沿着这条路走下去，并在 1996 年 8 月以竞选联盟“左 - 右翼”集团为基础创建了新的政治运动——“俄罗斯民族爱国主义联盟”。根据创建者的想法，“俄罗斯民族爱国主义联盟”应当成为一个强有力的社会爱国主义组织和运动，它可以依靠民族、国家的思想和意识形态，并应公开反对和拒绝“过去的”、与苏共和苏联有关的一切痕迹和东西。在成立之初，俄共、俄罗斯农业党、俄罗斯农业联盟、政治运动“精神遗产”和“强国运动”、大俄罗斯党纷纷加入了“俄罗斯民族爱国主义联盟”（到 1998 年底，它总共联结和吸引了 50 多个政党、政治运动和社会组织的加盟）。事实上，在很大程度上现在的这个联盟是以前联盟的翻版，但它的确已成为俄共的“保护伞”。并且，在一些地区的地方选举活动中它成功地联合了所有的反对派力量，取得了令人印象深刻的成绩（例如，1998 年 11 月在克拉斯诺达尔边疆区举行的立法会议选举中俄共和“俄罗斯民族爱国主义联盟”一方的代表共赢取了 50 个议员席位中的 40 席）。

与俄共不同，俄罗斯共产党联盟的各政党以思想相近为原则构建了自己的联盟政策，并拒不认同“团结一切力量以反对共同敌人”的策略。它们强调要同一切沙文主义、民族爱国主义、民族主义组织，以及现政权的不妥协反对派组织保持距离。它们的典型特征是拒绝加入不同派别的混合组织，以及所谓的“左－右翼”集团。

遵循这一方针，俄罗斯共产党联盟的各政党拒绝加入“俄罗斯民族爱国主义联盟”，它们提出了自己的方案，即“左派社会主义者的目标”，并且以俄罗斯共产党联盟各政党和政治运动“共产党人－劳动俄罗斯－为了苏联”为基础创建了新的“现实的反对派力量”联盟。这个左派联盟的建立不仅以反对叶利钦政权为原则，同时兼具了“鲜明的左派特征，即为社会主义和苏维埃政权而奋斗”。新的联盟命名为“俄罗斯的共产主义和社会主义力量运动－苏维埃祖国”，其创建者包括“俄罗斯共产主义工人党”、“俄罗斯共产党－苏共”、“俄罗斯共产党人党”、“保卫童年”运动以及“军官联盟”。此外，加入新联盟的还有“马克思主义纲领派”、“劳动俄罗斯”运动（以 B. 格里高利耶夫为首）、工会组织“保卫”以及“大学生保卫”运动等。“俄罗斯的共产主义和社会主义力量运动－苏维埃祖国”公开声明，“坚决反对以俄共为首的擅于撒谎的反对派通过议会斗争方式‘修正’改革方针政策的做法”，新的联盟致力于推动劳动人民的自发性组织斗争，并有意识地发展民众的反抗精神，直至在整个国内掀起大规模的政治罢工运动。

联合还是划清界限？

苏联解体后，关于俄罗斯的共产党人是否应该联合起来的争论就从未停止过。但共产党人的向心力还是保留了下来，共产党的基层组织、党员以及积极分子普遍主张抛弃思想理论方面的分歧，并不惜任何代价捍卫组织上的统一。至于目前阶段共产主义运动中出现的多党化趋势，他们认为主要原因在于党的领导人自身暴露出了更大的政治野心。

其实，从1992年开始，俄罗斯各共产党组织就已多次尝试重建统一的共产党，但都失败了，因为每个共产党组织都在觊觎着统一后的领导地位。相反，在俄罗斯各地，不同派别的共产党组织在活动中联合得更加紧密，其团结性和统一性更多地反映在大规模的群众抗议活动中。甚至在某一段时间内，在俄罗斯的共产主义运动中允许乃至推广双重或三重党籍，即同一批人可以同时是几个不同的共产党组织的党员。

现阶段，在俄罗斯的共产主义运动中对于统一的认识存在着几种不同的态度。

俄共提议，所有希望在社会主义红旗的指引下战斗的人都要以俄共为基地联合在一起，组建最具群众性、有组织的政党。

俄罗斯共产党联盟各党认为，应该依据列宁的原则，“在联合之前，必须要先划清界限”。左派共产党人常常针对俄共使用“划清界限”一词，因此，俄罗斯共产党联盟的领导层否认了同Г. 久加诺夫领导的俄共进行联合的一切可能性，他们指出，联合只适用于俄罗斯共产党联盟各政党（以坚持马克思、列宁主义为原则）。左派共产党人认为，创建统一的俄罗斯共产党组织的必要条件包括以下几个要素：要彻底同“俄共队伍中的机会主义派和妥协派以及俄共领导层奉行的投降策略”划清界限；“共产党联盟－苏共”的领导人“不应再以敌对的态度对待俄罗斯共产党联盟及其所属党派，同时应该承认俄罗斯共产党联盟在团结共产主义各派力量中的积极作用”。

“共产党联盟－苏共”的领导层则就一些观点展开了争论：以俄共现有的组织机构为基础开展联合；在“共产党联盟－苏共”最高权力机构的领导下创建联合的俄罗斯共产党，在此，既可以把“共产党联盟－苏共”作为“共产党联盟”在俄罗斯境内的组织力量支柱，同时也可以吸纳在思想领域比俄共更左的政党。

“劳动俄罗斯”的领袖 B. 安皮洛夫认为，必须“自下而上”地联合苏联范围内的所有共产党人，并且依据由其制定的具有左翼激进派性质的《苏联共产党人宣言》结成统一的“苏联共产党人党”（类似于苏共）。1997年11月1~2日，在莫斯科开始了该计划第一阶段的落实工作，筹备召开“列宁斯大林式的政党－苏联共产党复兴代表大会”。代表大会向所有的共产党组织和普通党员发出号召，呼吁他们致力于在所有地方恢复苏共基层组织的活动。在代表大会上，B. 安皮洛夫当选为苏共临时中央委员会的第一书记。但是在苏联境内活动的绝大多数共产党组织的领导人并不支持安皮洛夫的倡议，因此，对安皮洛夫倡议的落实最后变为只是建立了一个共产党组织，即“安皮洛夫党”。

在总统大选中落败后，俄共面临着几种不同的选择：党转向左翼激进派，并以此为基础联合所有的共产党人；在共产主义运动的激进派和温和派之间继续奉行灵活多变的策略；向社会民主派倾斜，并吸引这一派的下层选民（参照东欧国家共产党的做法）；继续沿着“温和的”民族主义道路走下去。

综合考虑所有的选择方案，前两种方案并不能给俄共带来美好的前景，只会使其陷入边缘化的局面，且无力角逐国家社会的领导地位。而第三种方案在很大程度上是可能引发组织分裂的，但它的确为俄共创造了一个现实的发展前景，即可能成为俄罗斯社会中最具影响力的政治力量之一，并且能够成为有能力与“右派力量中心”抗衡的“左派力量中心”。

同时，也不能排除这样一种可能性，即俄共（或它的一部分）不再就自己是否为左派的问题同左派力量进行辩解，而是彻底地转向民族主义方向。1998年底发生的事情有利于这种情况的发展，当时在俄共党内民族主义情绪高涨，甚至公开出现了反犹主义呼声，而这些并没有得到俄共领导层的一致批评。另外，应当清楚的是，当这种选择方案向民族社会主义方向转变时，极有可能在俄共党内引起尖锐的对立和斗争。因为必须考虑到，俄共的大部分党员还是主张保留党的左派方向的，他们并不在意形式的变化。

应该说，后两种方案对俄共都不适合，这是因为激进的情绪和思想在党内底层党员群众中比较盛行，而俄共的领导层也担心后两种选择会削弱党的群众基础。因此，以久加诺夫为首的领导层主张继续在左翼激进派和温和派（类似于Ю. 卢日科夫领导的“祖国”运动）之间推行灵活多变的策略，特别是已临近杜马和总统大选，各政党的首要任务都是激活自己的选民阶层，同时也要吸引“其他党”的选民。尽管党内存在着矛盾，并且其政策方针在一定程度上意思含糊、模棱两可，但不可否认的是，俄共已成为俄政治舞台上最具影响力和生存时间最久的政治力量之一。

至于俄共队伍可能发生分裂的问题，确实，在俄共党内正统派已尝试组建了“列宁斯大林主义纲领派”（其主要代表人物为俄共中央委员会成员Т. 阿瓦利亚尼、А. 马卡绍夫、Л. 彼得洛夫斯基等），甚至有个别的俄共议员声明退出俄共及其议员团（如В. 谢马科和В. 戈贝尔金），这些虽然都从侧面证实了俄共党内存在着激烈的斗争，但都没有形成大的规模，也并没有达到导致俄共队伍分裂的程度。应该说，维系俄共队伍完整的关键因素是Г. 久加诺夫在俄共领导位置上的无可争议性、党员年龄上的成熟稳定性、普通党员的凝聚力和对俄共的向心性。尽管如此，在俄共的未来发展过程中不排除发生分裂的可能性，如分裂成“正统派”和“改革派”，或“民族主义者”和“国际主义者”。

俄罗斯共产党联盟暂时还无法对俄共的地位构成现实的威胁。其作用仅限于协调各党派的功能，联盟各党派也没有出现统一的迹象。并且，“俄罗斯共产主义工人党”的领导层常常与联盟内的伙伴保持一定的距离，相反，前者比较喜欢同俄共开展联合活动（这些活动依据双方在1998年3月缔结的双边协议），同时也在全力巩固以“俄罗斯共产主义工人党”为核心的联盟集团——“共产党人－劳动俄罗斯－为了苏联”运动。

总之，目前俄罗斯共产主义运动的生存状态可以描述为正面临着思想和组织上的危机，主要表现为：在共产主义运动中涌现出大量形形色色的社会思潮——从社会民主派的孟什维主义到大国沙文主义、反犹主义和公开的斯大林主义；分裂的行动依然在继续，出现了大量的平行机构和新的组织，它们都公然宣称自己的“共产主义属性”（如А. 勃列日涅夫领导的“全俄共产主义运动”、Л. 彼得洛夫斯基领导的“人民共产主义运动”等）；包括俄共在内的所有共产党的党员人数都没有增加，却出现了减少的趋势，并且在共产党的队伍中老年人居多；等等。

正是由于这些原因，在过去的七年间俄罗斯共产党人始终未能挽回民众已失去的对共产主义思想的信念、共产党在群众心目中的威望以及同自己传统的社会基石——工人阶级的紧密联系。

2000 年大选前夕，在议会中关于俄共将要分裂的说法甚嚣尘上，出现了许多假设和推断，如：在俄共党内由于对参加选举的策略的看法不同而产生了分裂；俄共党内根本就没有上面提到的分裂现象，未来也不会有。那么，由此总结出的共识就是俄共党内可能存在某些小规模分裂的迹象。关于这一点是有迹可循的，1999 年 6 月俄共党内出现了一个“建设性新反对派”——“复兴与统一”运动，其领袖为阿曼·图列耶夫，他是俄共和人民爱国力量联盟的领导人之一。并且，图列耶夫的人正加速在各地方的共产党人中获取支持。

第二十九章
俄罗斯自由主义的复兴

A. A. 丹尼洛夫

“新的自由主义者”

20 世纪 80 年代末至 90 年代初，最具影响力的思想和政治运动是自由主义运动，没有它的兴起，Б. Н. 叶利钦的支持者无法想象能够在 1991 年的俄联邦总统选举中庆祝胜利，正是在自由主义者呐喊的口号声中和自由派政党、运动的支持下，叶利钦走向了俄联邦总统的宝座。自由主义者自出现时起就一直没有形成系统的思想观点，只是充满激情地为活跃在戈尔巴乔夫改革大潮中的自由主义派作者及其著作摇旗呐喊。正是这些充满自由主义思想和精神的作品逐渐削弱了苏联党和国家的官方媒体对整个经济、政治生活的影响力，并使所有公民产生了不再接受国家控制和影响的思想。应该说，这是苏联的知识分子对苏共长期垄断政权的最直接的反应。总之，自由主义思想的兴起是社会主义意识形态和苏维埃体制面临严重危机时自然而然产生的新的选择思路。

之后，在 1990～1991 年俄罗斯的自由主义运动明显具有了亲西方的特点和色彩。当时，绝大多数的“新自由主义者”认为，必须用市场经济取代计划性的指令型经济，以政治多元化替换苏共对政权的长期垄断，只有在这一切变革按部就班地完成后，国家才会朝着有利于所有人的方向发展下去。但从产生之时起，苏联民众并不接受“新自由主义派”的主要观点，即把强调个人主义的发展同苏联民众在传统上理解和接受的集体主义对立起来。而自由主义思想的传播者并不是典型的西方意义上的“中产阶级”，他们只是一群知识分子，这是自由主义在苏联社会复兴的一个主要特点。这群自由主义者的核心观点是要在苏联社会建立以满足消费市场为目的的市场经济体制，而不是构建公民社会和法治国家（这在西方自由主义者和20世纪初俄罗斯自由主义者的思想观点中占有重要的地位）。因此，他们的观点在自由主义的文献中被称为“消费型自由主义”。与此同时，在苏联人的意识中个人主义思想也发生了严重的变异，在西方国家个人主义常常被认为是每个个体都拥有自己的权利，并可以自由地表达自己的想法（这可以理解为对反对派的一种宽容和容忍），但在苏联的“改革时期”个人主义的范畴被无限放大了，常常被理解为可以恣意妄为和无法无天。

1998年5月，在苏联社会出现了第一个属于“新自由主义派”的政党——“民主联盟”。出现伊始，“民主联盟”内部就分成了两派——“改革派”和“激进派”，并且联盟并没有大家认可的统一的领袖人物，В. И. 诺沃德沃尔斯卡娅成为联盟的实际领导人。“民主联盟”成立初期时的社会成分是这样的：30% ~35%的成员为知识分子代表，25% ~29%为大学生代表，18% ~20%为工人代表。在成立后的两年内，“民主联盟”迅速在苏联的30个城市中组建了地区分支机构。

“民主联盟”是苏联国内第一个自我宣布成立的政党，因此一些反对苏共对政权的垄断以及反对苏联传统发展模式的党派迅速向它靠拢，如“俄罗斯青年民主主义者联盟”（列宁格勒分支）、“苏共党内的社会民主派议员团”以及一些基督教民主主义者。正是因为这样，在之后的两年内，“民主联盟”的领导人及其活跃分子不断从基督教民主主义者（持自由主义派立场）和社会民主主义者中吸引和招募追随者。这种情况突出体现了“新自由主义派”的一个重要特点，即在产生之初它并不介意或刻意区分思想派别的不同。只是随着时间的推移以及政治实践和经验的积累，自由派阵营中出现了不同思想派别的划分。

“民主联盟”的成员公开宣称，要用激进的手段和方法彻底改变苏联社会及其政治体制，并最终实现“建立议会民主制的目的”。第二届“民主联盟”代表大会（1989 年）通过的宣言把这一点作为自己的中心目标，宣言称：“对于我们而言，民主并不是空洞的口号和召唤，它是社会体制的表现形式和实质，是以政治、经济和精神多元化为根基，以具有自由开放的媒体和不受国家控制的工会组织为特征的多党政治体制为基础。”同时，宣言将必须以非暴力的革命手段改变苏联体制作为自己的基本政治原则；宣言谴责使用恐怖手段进行政治斗争，认为合理的模式应是开展大规模的公民反对运动和政治宣传。的确，在 1991 年爆发的维尔纽斯事件期间，诺沃德沃尔斯卡娅在第五届“民主联盟”代表大会上曾提议“以武力对抗发生在一些加盟共和国境内的大规模屠杀事件，这些恐怖活动正是针对在这些共和国国内进行的民族民主革命运动”。

除了“民主联盟”，在 1989 ~ 1991 年还产生了许多自由主义派政党。1989 年 8 月，“俄罗斯基督教民主联盟”召开了成立大会，并在第二届代表大会上确立了自己的目标和宗旨，即“俄罗斯基督教民主联盟”要团结“那些致力于振兴俄罗斯经济、复兴俄罗斯精神传统以及以基督教民主思想为原则在俄罗斯建立法治民主国家的所有基督教徒”。该组织的领袖为 A. 奥格罗德尼科夫。

与“俄罗斯基督教民主联盟”相似的组织是 1990 年 4 月宣布成立的“俄罗斯基督教民主运动”，该组织纲领和理论的制定主要依据 C. 弗兰克、C. 布尔加科夫、И. 伊利因、H. 罗斯基、П. 诺夫哥罗德采夫、Б. 维舍斯拉夫采夫、H. 别尔加耶夫、Г. 费多托夫、П. 斯特卢维的思想观点，并期望在这些思想家的指引下实现俄罗斯的复兴。

一个月后，“俄罗斯基督教民主党”宣告成立，并宣称自己是“一个受基督教福音指引的、开放的、人民的政党”。

1989 年 8 月，“民主联盟”的一部分支持者创建了“苏联民主党”，领袖是 Л. 乌鲍日科。之后不久，这个政党转变为“苏联保守党——苏共 -2”。

1989 年 11 月，以非正式组织“公民尊严”为基础成立了苏联第一个立宪民主党——“立宪民主党人联盟”，但它在下一年的 5 月分裂成为三个不同的立宪派组织。

1989 年 12 月，一部分“民主联盟”的前成员开始筹划建立一个大规模的自由派政党——“苏联自由民主党”（从 1990 年 10 月起它被称为“自由民主党”，而从 1991 年起被称为“俄罗斯自由民主党”）。在其纲领性文件中规定，该党的目的是在经济健康发展的基础上“在苏联建成欧洲式的工业社会”。党的领袖是 B. B. 日里诺夫斯基，他是第一位正式由自己的政党推荐参加俄罗斯联邦总统大选的候选人，并且根据选举结果，他的得票率紧随 Б. Н. 叶利钦和共产党推举的候选人 Н. И. 雷日科夫之后，排在第三位。

1990 年 5 月，当时规模最大且最具权威性的自由派政党组织——“俄罗斯民主党”宣告成立。该党的筹建委员会包括“苏共党内民主纲领派”、“列宁格勒人民阵线”和“莫斯科选民联盟”等组织的代表。Н. И. 特拉夫金被选举为该党的首任主席。

俄罗斯民主党人认为，“共产主义意识形态以及在历史发展中有计划地消灭了几千万最优秀的人才精英，并刻意压制人民在经济发展领域的主动创新意识”是击垮苏联社会且引发危机的根源。俄罗斯民主党人认为自己最主要的任务是重建独立自主的俄罗斯国家，并且以平等为原则自愿地与其他共和国结盟，同时要（依据自由主义精神）制定新的俄罗斯宪法。另外，俄罗斯民主党人主张创建统一的民主派（自由派）政党联盟，同时也要吸纳工人组织和工会组织，并赋予他们集体委员的资格。至于自己同其他政党和运动的关系，俄罗斯民主党认为应依据独立、平等且互不干涉党内事务的原则。在党的组织原则上，俄罗斯民主党主张根据联邦制原则。与苏共不同的是，在俄罗斯民主党内部不仅建立了垂直型的，同时也建立了并行的权力结构（主要根据专业性、创造性和趣味性等原则划分）。在党的功能和职能方面，俄罗斯民主党内部存在着比较大的分歧和激烈的争论，但正是这些分歧和争论的存在有助于对党内不同意见进行比较、综合，并逐渐达成一致。俄罗斯民主党拥有一份公开出版的报纸《民主俄罗斯》（印数达到 25000 份）。到 1991 年初，俄罗斯民主党大约拥有 30000 名成员。1991 年 4 月，这个最大的自由派政党产生了分裂，以 Н. 特拉夫金为首的多数派主张社会变革应遵循自然演化的规律，以 Г. 卡斯帕罗夫和 А. 穆拉舍夫为首的少数派则坚持通过发起全俄政治罢工运动来改变现存的政治体制。

在自由派政党中，1990 年 8 月成立的“人民立宪党”宣称要秉承历史先辈的思想传统，即依据“10 月 17 日联盟”的政治思想建设自己的思想和理念。在其文件中提出：“为了回归到1917 年十月革命前的时期，即布尔什维克以强制手段中断国家法制化发展进程之前，就必须断然否定布尔什维克体制下做出的一切举措和决议，如把俄罗斯划分成若干个共和国以及按照社会经济体制划分俄罗斯。”同时，为了俄罗斯的未来发展命运，“人民立宪党”提议召开立宪会议。

1990 年 11 月，“俄罗斯联邦共和党”宣告成立，该党是以在苏共二十八大期间脱离“苏共党内民主纲领派”的一部分民主派为班底组建的，党的领袖为 В. Н. 雷先科、С. С. 苏拉克申和 В. Н. 绍斯塔科夫斯基。

很快，一些人数少、规模小的自由派政党就意识到，必须通过联合加强自身的实力。这一点突出体现在 1990 年春各派力量筹备并参与俄联邦人民议员的选举过程中。在同年 10 月，各民主派力量联合起来，组建了统一的自由派政治运动“民主俄罗斯”，该运动囊括了当时俄罗斯所有的民主派力量。该运动的主要经济目标表现为：市场自由、经营活动自由，并且允许不同的所有制和经济成分自由竞争。“民主俄罗斯”的政治理想体现为：主张政治、思想和文化领域的多元化，支持实行多党制，力主取消专制的国家权力体系，实行民主制，取消党对司法审判机关的控制，并且主张在尊重少数民族权利的前提下推行民族自治法。

应该说，Б. Н. 叶利钦毫无争议地赢得了 1991 年总统大选的胜利在很大程度上正是依靠“民主俄罗斯”的支持，并且充分利用了民主派的口号。这意味着俄罗斯的自由主义发展进入了一个新的阶段，即自由主义者开始掌控政权。

但是，要想在联盟中央以外就对外政策、国防等一些关键问题的表决上取得优势地位，自由派所获得的权力显然还不够，也不可靠。由此，根据叶利钦的倡议在俄罗斯开启了俄罗斯政权阶层与联盟中央的对立阶段。

1991 年 8 月政治危机的爆发迅速巩固并加强了俄罗斯自由派的力量，其知名度和影响力首次传播到了苏联的各个角落。但由此而来的“双权并立时期”并不仅是戈尔巴乔夫政权对阵叶利钦政权以及联盟中央对俄联邦政权，同时也是共产党人改革派同自由主义改革派的角逐。这种情况不能长久地持续下去，否则就会失去控制。

政权中的自由派

1991 年 10 月底，Б. Н. 叶利钦总统在俄联邦人民代表大会上发表了市场经济改革纲领，并预计将在短期内实施价格自由化及对大部分国有资产私有化的改革措施。在筹划各项改革方案的时候，对于接下来的行动措施和社会变革方向主要有两种不同的观点。E. T. 盖达尔建议，在改革之初应放开价格，引入自由贸易模式，然后大规模地推行私有化改革，并在此基础上创建市场经济所需的基础设施以及保障宏观经济的稳定。盖达尔认为，这种观点的社会代价可能会高一些，但为之付出的高额花费不会持续很久，因为可以预计消费市场很快就会膨胀起来，接下来就是经济的稳定增长。

另一种观点的代表者是 Г. А. 雅夫林斯基。他认为，在改革之初就应该实施私有化改革，然后进行价格自由化改革，这样会使社会损失降到最低。最终，叶利钦总统委任 E. T. 盖达尔为俄罗斯政府副总理，专门负责改革事务。经过一段时间后，叶利钦又下令盖达尔代行俄政府总理的职责。这意味着，叶利钦总统已接受了盖达尔的改革方案。

从 1992 年 1 月 2 日起，俄罗斯放开了对商品价格的束缚，同时取消了以前集中分配资源的体制。这样，在俄罗斯市场上很快就显示出，经济学家们预计的价格只会提高 2 ~ 3 倍是不准确的。事实上，市场价格一下子提升了 10 ~ 12 倍，这导致绝大多数居民无力购买生活必需品，而政府承诺的工资和退休金的涨幅也没有达到 70%。另外，居民们在当时号称俄罗斯“最可靠”的银行——俄联邦储蓄银行的存款一直在贬值。这些情况的发生直接将几千万退休者和靠政府预算发工资的公务人员（他们只能断断续续地收到微薄的薪水）置于生活贫困的边缘。

同时，地下经济的掌控者以及在戈尔巴乔夫时期就已形成规模的行业垄断资本都迅速地将目标定位为收购已公开宣布私有化的工业企业中的20%、商业和服务类企业中的70%，甚至包括部分原材料资源的产地和相关企业。而众多居民所购买的私有化企业的股票价值也所剩无几。在此情况下，俄联邦自由改革派政府宣布从1992年10月1日起发放私有化企业的有价证券，并允许凭此证券购买私有化企业的股份（从1993年起）。但是，此令一出，一些俄罗斯新兴的企业主和银行家蜂拥而至，根据当时的表面价格（比实际价格降低很多）大肆收购这些证券。同时，市场商品的价格在这一年内也在不断上涨，到1992年底，价格上扬了100～150倍，而民众的平均工资只提升了10～15倍。这导致了俄民众对食品的消费水平急剧下滑。例如，民众对肉类食品的消费水平下降至81%（与1991年的最高消费水平相比），牛奶为56%，蔬菜为84%，鱼为56%，并且大部分家庭将收入的3/4用于购买食品。同时，从1992年起，俄罗斯的人口数量开始下降（这是战后首次出现的情况），如果说在1992年人口数量大致减少了7万人，那么到了1995年，这个数字提升到将近百万。另外，1992年俄罗斯的工业生产水平下滑了35%，俄联邦政府对通货膨胀无能为力，盖达尔政府翘首以盼的西方的财政援助也始终无法兑现。国际货币基金组织认为俄罗斯现时的情况并不稳定，所以采取了袖手旁观的态度。总之，一系列事件发展的不可预知性促使在私有化过程中暴富的“新俄罗斯人”不把钱投入国内的经济发展中，而是比较喜欢投资国外。仅在1992年，从俄罗斯流出的资金就达到170亿美元。而以前的国家公职人员和官僚们（以前这些人是担心国家和人民的监督和惩罚措施）的隐性腐败现在也公开化和合法化了。

在改革的第一年，遭到沉重打击的不仅有那些常年亏损的、技术落后的企业（这是自由派改革者们所预料到的），同时也包括许多技术先进的生产企业（首当其冲的就是那些大型的军工综合体）。并且，俄罗斯1993年的国内生产总值仅仅与西班牙、墨西哥和巴西这样的国家持平。

与此同时，在外交领域的急剧变化导致俄罗斯同苏联时期的各加盟共和国以及前东欧伙伴国的经贸联系在短期内陷入瘫痪状态，这深刻地影响到了俄罗斯国内的经济发展。

由此，改革第一年的主要任务——宏观经济稳定无论如何也没有实现，至于万众期待的“文明的市场经济”却变成了半非法的“野蛮的资本主义经济”。

毫无疑问，对于正执掌政权的自由派而言，他们必须对苏联解体承担自己的那份责任。如果说自由派领袖们过度膨胀的政治野心和狭隘的政治利益还不是主因，那么力主签署《别洛韦日协议》则一定是最主要的罪责了。而做出这一决议的动机则是自由派政府希望迅速摆脱妨碍自由化改革的联盟中央。

在 1991 年的总统大选期间，自由派候选人不止一次地向一些地方呼吁，“你们想要多少权利就拿走多少”，而这些地方也完美地利用了这一承诺。由此，这一行为不仅破坏了原有的中央垂直管理体系的稳定，不可避免地在俄联邦境内引发了争端，同时一些地方还公开尝试成立独立的国家，试图摆脱俄联邦中央的控制。这一问题日益严重，在俄联邦境内的相邻民族间引发了一系列武装冲突，为日后出现的车臣战争埋下了隐患。

在外交领域情况也变得极为复杂，首先，俄罗斯的地缘政治状况发生了改变。由于苏联解体以及共产主义制度在东欧全面崩溃，二战后出现的、曾给世界带来稳定的两极体制瓦解了。同时，苏联曾拥有的庞大的、统一的武装力量也随之瓦解，“私有化改革”促使苏联各加盟共和国境内出现了大量武装到牙齿的军事团伙和组织，遍布于苏联边界的四周，这不仅降低了俄罗斯的国防水平，同时在很大程度上推动并促使苏联地区的民族冲突和矛盾的升级，这些已经在高加索、中亚和德涅斯特河沿岸等地区爆发出来。

随着“社会主义阵营”的瓦解以及苏联和俄罗斯相继拒绝援助处于“第三世界”的传统盟友，俄罗斯就已经把自己置于复杂而艰难的境地。但是它还未能同西方国家达成盟友关系，这种关系不仅是“戈尔巴乔夫改革的实际操作者”所希望的，同时也是取而代之后入主俄罗斯政权的自由派所想要的。而俄罗斯的伙伴——西方的自由主义者则加强了同独联体各国的联系，这不仅源于抽象空洞的思想，如“世界大同”和“全人类价值观”等，更多的是从现实的角度和国家利益（包括政治利益）出发。在这种情况下，俄罗斯对外政策的优先方向自然就落到了自己的周边国家，即独联体国家和旧日的传统盟友和伙伴。但是，俄罗斯并不是从开始就想明白这一点的，这迫使众多的独联体国家在独立之初就转而投向其他的有影响力和实力的邻居。

与此同时，也不能忽视自由派政府所取得的一些成绩。例如，改革派利用在国外采购的商品丰富了国内消费品市场（俄罗斯人民第一次感受到了不用排队等待的自由）；在较短的时间内，改革派政府就成功地筹划并签署了相关条约，巩固及加强了同西方和发展中国家在政治和经济领域方方面面的联系；俄罗斯开始逐渐融入欧洲一体化进程，并且加入了以前并不接纳它的国际体系；俄罗斯同其主要对手之间可能爆发核武器战争的危险程度明显降低了。但是，与期望赢得大多数俄罗斯人民对自由化改革初年的积极评价相比，改革派政府做出的这些成绩还远远不够。

1992 年 12 月，俄联邦人民议员代表大会认为俄联邦政府的工作是不令人满意的，并弹劾盖达尔下台，新的内阁首脑换成了“温和的自由派”B. C. 切尔诺梅尔金。

尽管切尔诺梅尔金政府保留了一些盖达尔的支持者——激进自由派的代表人物，但总体上俄罗斯政治权力高层力量的重新配置说明，现阶段俄总统和人民议员对温和的自由改革派表现出了浓厚的兴趣。在俄罗斯国内，自由改革派也开始了新的力量重组，这导致一批盖达尔的拥护者离开了内阁。而切尔诺梅尔金政府保持了市场改革的基本方针，并且投下了新的赌注，即全力支持俄国内企业（包括那些亏损的企业）。同时，切尔诺梅尔金政府高度重视俄罗斯的燃料、能源和军工企业，它们可以从政府那里获得贷款。但这些措施都急需政府的补充资金，并加剧了通货膨胀。这时，在西方乃至俄罗斯国内都开始传言，新的政府并不是在修正前政府的改革政策，而是要变更改革的基本方针。在这种情况下，盖达尔重返内阁并成为内阁副总理，专门负责经济改革问题。并且，到 1993 年底，盖达尔通过恢复严厉的金融政策降低了通货膨胀的增长速度。总体上，切尔诺梅尔金政府政策的主要特点是关税保护主义。1994 年初，由于在改革原则上存在分歧，盖达尔再次离开了内阁。

1993 年俄罗斯的主要标志是总统和代议机构矛盾对抗，这使整个国家的政局发展和宪法制定陷入了僵局。这一矛盾的实质是以自由派为首的总统权力体制同苏维埃制度无法兼容。

1993 年秋，俄总统决定解散各级苏维埃，并宣布开始构建新的政治体制和制定新的俄罗斯宪法。1993 年 10 月初，在莫斯科发生武装冲突期间，自由派内部对冲突的态度和立场也各不相同。盖达尔曾在电视上号召自己的支持者走上街头对抗最高苏维埃的拥护者，之后又无条件地支持总统做出的一切举措。

总体上，1993 年事件的落幕一方面在俄罗斯加强了总统的权力，同时也削弱了立法和司法权力。这意味着，曾把建立分权体制作为自己主要任务和目标的自由派并没有如愿，在现实中分权并没有完全实现，但这些并不能抹掉 1993 年政治改革的成绩，它终究还是向前迈出了一大步。

杜马中的自由派

1993 年秋，在大选前的活动中以盖达尔为首的激进自由派提出，联合一切力量支持总统的行动。为此，激进自由派创建了选举联盟“俄罗斯选择”，在 1993 年的国家杜马选举中收获了 15.5% 的支持票，排名第二。根据“俄罗斯选择”提供的议员选举名单，E. 盖达尔、Г. 布尔布利斯、A. 戈贝尔、Ю. 古斯曼、A. 努伊金、A. 丘拜斯、A. 沙巴德、Г. 雅库宁、C. 尤申科夫等人（共有 40 人）成为国家杜马议员。同时，还有许多竞逐单选席位胜出的议员也加入了他们的阵营。由此，自由派议员团的人数扩大了一倍，成为杜马中最大的议员团。这也是自由派在民主选举中取得的最大的成就。

1994 年春，为了巩固已取得的成绩，自由派以竞选联盟为基础着手筹建新的自由派政党。同年夏天，新的政党正式成立，并命名为“俄罗斯民主选择”。在新政党的纲领性文件中，构建“自由人群的社会”被确定为政党的主要行动目标；市场经济的根本是私有制和自由竞争；具有自由主义政治传统的文件强调，每个公民都应肩负起构建新型社会的责任；新的政党认为在经济领域最重要的任务是继续推行对国家所有制的私有化改革，扩大对经济的投入，但并不依靠国家，而是依靠私人资本、公民储蓄和外资的投入。纲领还对以温和自由派为主的政府实行的关税保护政策提出了批评。“俄罗斯民主选择”代表大会通过的文件强调，必须实行严厉的竞争政策才能尽快废除俄罗斯国内的行业垄断制，并保证经济的进一步发展。另外，新政党的纲领文件还引入了俄罗斯国家利益的概念。根据纲领制定者以及参与讨论者的意见，俄罗斯国家利益的实质在于“让俄罗斯重返世界文明的怀抱”，根据他们的说法，俄罗斯要回到被布尔什维克“遗忘”的过去。车臣战争开始后，“俄罗斯民主选择”实际上已经成为一个统一的政党，它尖锐地批判联邦政权的军事行动。

在第一届国家杜马中，另一支自由派的政治力量是以 Г. А. 雅夫林斯基为首的温和自由派，他们在 1993 年杜马选举前创建了“雅夫林斯基－博尔德廖夫－卢金”竞选联盟（简称“雅博卢”联盟）。在 1993 年 12 月的杜马选举中，该联盟获得了 7.86% 的选票，在杜马中拥有 27 个议员席位。温和自由派的代表在国家杜马中领导着国际事务委员会（В. 卢金）以及预算和财政金融委员会（М. 扎多尔诺夫）。

同“俄罗斯选择”一样，“雅博卢”联盟成为另一个吸引自由派加入的力量中心，并且它还是首个以温和自由主义为宗旨的政党。在它成立之初，一些其他自由派政党纷纷加入联盟，其中包括“俄罗斯联邦共和党”“俄罗斯基督教民主联盟”等政党。雅夫林斯基及其支持者们认为自己是自由派阵营中激进派的反对者，1994 年初雅夫林斯基等声称，盖达尔和切尔诺梅尔金政府的改革方针并没有达成预期目的，反而加剧了国内社会的经济和政治危机，造成了国内大部分居民的赤贫化。盖达尔被认为对市场经济改革缺乏清晰的思路和表述，即在俄罗斯创建市场经济基础需要做些什么。在抨击盖达尔政府实施的货币政策的同时，“雅博卢”联盟正确地指出了推行这种改革所付出的高昂的社会代价，而成绩是微不足道的。雅夫林斯基认为，近年来俄罗斯经济发展的主要问题，一方面是因为在经济发展中保留了垄断模式，雅夫林斯基戈尔巴乔夫时期以“大换班为幌子”开始的经济改革，其结果是造就了庞大的资源垄断行业（如天然气总公司统一动力系统股份公司），另一方面则是经济发展缺乏必要的投资。

在政治领域，雅夫林斯基和盖达尔对民主制的认识是有分歧的。前者认为，法治国家部门机关的方方面面都需要构建和协调；而后者认为，必须把权力集中到拥护现行权力机构的支持者的手中，并且绝不允许以激进的手段恢复国家的权力机构。

另一个自由派政治组织是 B. B. 日里诺夫斯基领导的自由民主党。最初，自由民主党持“社会自由化”的立场，但是随着国内政治局势的不断变化，亲西方的激进自由派的威信及选民支持率不断下降，自由民主党开始向“民族自由派”政党转型。并且，随着大部分选民对激进自由主义的彻底失望（对选民而言，1992～1993 年激进自由派政府及其改革是令人失望的），自由民主党开始综合自由主义价值观和俄罗斯（有时则仅是俄罗斯民族）的民族传统思想（在自由民主党的口号中呈现为“自由、法律、俄罗斯”），这成为其吸引选民的一个全新且有诱惑力的思路。

在这一过程中 B. B. 日里诺夫斯基发挥出了非同寻常的重要作用，鲜明地表现出了自己的权威和个性。在日常政治生活中，日里诺夫斯基会极力简化政治难题，在选举过程中使自由民主党目标明确地招揽倾向于他们的主要社会阶层（具体内容体现在选举口号中），这些带来了积极的结果。1993 年的国家杜马选举结果表明，日里诺夫斯基的党在投票中位列第一，把盖达尔的激进自由派政党甩在了身后。在自己的纲领性文件中，自由民主党用一系列思想取代了传统的自由主义思想，如在苏联的领土上创建“统一的法治国家”；保障俄联邦境内公民的基本权利；保护人民免遭犯罪团伙以及国家权力机关官僚的侵害；提倡思想和政治多元化；承认个人的幸福是政党政治和国家政策的主要出发点；支持俄国内各民族和人民的权利平等；强调国家间的平等合作。

日里诺夫斯基及其拥护者对补充进自由民主党纲领中的“民族思想”有着特殊的理解和认识。日里诺夫斯基认为，从19世纪末期起，西方世界就对俄罗斯富饶的资源和国土产生了浓厚的兴趣，以至于在整个20世纪期间它们都在尝试着破坏俄罗斯作为一个独立的地缘政治国家的完整。由此，他把俄罗斯和苏联所进行的战争都归咎于此。同时，日里诺夫斯基也对苏联历史进行了多方位的解析和评价。他认为1917年的十月革命是一场“民族灾难”，但这并不妨碍他高度评价苏联时期建立的工业社会基础及所取得的成就，他认为这些都是苏联政权取得的成绩，应该在苏联历史中拥有自己的位置。至于苏联“停滞时期”产生的根源，日里诺夫斯基认为与党政高层领导集团的能力衰退有关。因此，在现实政治生活中，日里诺夫斯基公开以一个国家强力政权拥护者的姿态出现。

1991年事件，这里首先说的就是苏联解体，日里诺夫斯基将其视为一场巨大的历史灾难，他认为这是西方意在消灭自己潜在的竞争对手之举。

日里诺夫斯基认为，从1991年起，激进改革派的所作所为就是在背叛俄罗斯，他们并没有利用手中的权力帮助俄罗斯走出困境，而是协助美国和西欧国家掠夺俄罗斯的国家财富。同时，自由民主党的领袖认为，20世纪90年代上半期俄罗斯的典型标志就是压制国内经济的发展，在金融、科学技术和粮食等领域有意识地加强俄罗斯对西方国家的依赖性，并且人为地抹去俄罗斯的民族历史传统和民族文化。

日里诺夫斯基指出，自由民主党特别关注俄罗斯民族的问题。他认为，俄罗斯民族在历史上并没有形成统一的民族国家，这可能导致俄罗斯民族的不断衰退并发生变异。

那么，民族自由派认为俄罗斯走出目前困境的出路是什么呢？

“必须让俄罗斯重新站起来”，为此日里诺夫斯基和自由民主党提议，应通过加强国家的军事国防能力，提高军官、国家安全和内务部门工作人员的社会威望等途径来恢复俄罗斯在世界上的军事战略影响及地缘政治领地。自由民主党领袖认为，构建强有力的军队和内务部力量不仅能够消灭非法存在的军事武装，同时也有助于国家推行“统一的反黑帮政策”。

自由民主党认为，在经济领域必须禁止利用国外贷款，只有在国外投资符合国家民族利益的情况下才能对其加以使用。同时，国家应允许并鼓励企业的自由发展，免除针对公民收入的所有限制（关于这点，要遵循严格的税收制度，并且经济活动必须合法）。自由民主党认为，重振俄罗斯经济的主要途径包括：追回流出国外的资本（首先指的是俄罗斯金融经济集团输往国外的资本）；扩大武器出口；以盈利为目的有效使用国外资产；追讨“第三世界”国家欠俄罗斯的巨额债务；加强国家在经济发展中的调节作用。

在民族国家建设方面，自由民主党认为，应该恢复昔日俄罗斯帝国的规模和疆域，它的思路是通过自愿结盟的方式恢复苏联时期的边界，但结盟后的一体化水平应区分对待。自由民主党认为，必须创建民族俄罗斯国家（现在的俄罗斯领土应该成为构建它的基础），并且将以民族国家的划分方式取代原来的行政区划（以州的形式划分）。上述这些都将成为构建俄罗斯联邦的基础，而且，根据自由民主党的预想，加入构建俄罗斯联邦国家的应是苏联时期的各个加盟共和国。之后，会围绕俄罗斯联邦国家组建东欧斯拉夫国家联盟。当然，自由民主党将通过何种方式实现这一模式或构想，暂时还不清楚。

在对外政策领域，自由民主党主张重新定位同西方国家的关系，对外政策的重点应转向苏联时期的传统盟友，首先应考虑的就是“第三世界”的一些国家。

尽管许多观点乃至党的组织结构都是不完善的，领袖的个人形象也是令人生厌的，在杜马中的活动有时甚至是自相矛盾的，但出人意料的是，自由民主党并没有退出政治舞台。在1995年的俄国家杜马选举中，自由民主党获得了11%的选票（在政党选区名列第二），在1996年的俄总统大选中，其领袖B. B. 日里诺夫斯基赢得了5.8%的支持率（在所有总统候选人中名列第五）。

另一个自由民族主义政党是由将军A. И. 列别德领导的“人民共和

党”。列别德将军转战政治舞台，并在1996年总统大选的第一轮投票中取得了令人信服的成绩（他赢得了将近15%的选票，在所有候选人中排在Б. Н. 叶利钦和Г. А. 久加诺夫之后位列第三），成为俄罗斯自由主义运动中新涌现出的一股力量。“人民共和党”的纲领立场与自由民主党相当接近，但其呈现在公众面前的领袖形象却与自由民主党大相径庭。与性格不稳定、尖酸刻薄、难以捉摸且行为怪诞的日里诺夫斯基相比，选民们在列别德身上看到了一个深孚众望并具有战斗精神的将军形象，认为他有能力在托付给他的领地上保证秩序的稳定（列别德在德涅斯特河流域的战斗经历已经充分证明了这一点），同时，列别德无条件拒绝重回共产主义时期。总之，列别德留给人们的印象是关心身处俄罗斯周边国家的俄罗斯人的命运和利益，以自由民族主义思想为基础振兴俄罗斯经济，以及让俄罗斯重新夺回世界第二强国的地位。

列别德的话“为了强国而气愤!”引起了人们的共鸣，点燃了大多数选民的情绪，提高了这位政治家在选民心目中的威望，并让他短期出任俄罗斯国家安全委员会秘书和总统安全助理的职务，其主要活动和工作成绩就是终止俄军在车城地区的武装行动。之后不久，同其他自由派政党一样，“人民共和党”也经历了危机，并产生了分裂。

1995年初，在俄罗斯出现了另一个政治组织——社会政治运动“向前，俄罗斯!”，领袖是Б. Г. 费奥多罗夫。其竞选纲领认为，俄罗斯尚未准备好进行自由主义改革，Б. Н. 叶利钦总统需要为此负责。费奥多罗夫相信，他的纲领可以吸引数以百万计的普通选民。纲领的主要内容包括：降低税收；精简国家公务机关；赋予国家杜马确定政府首脑的权力；取消总统和总理的预算外基金；等等。费奥多罗夫认为，纲领中提出的“金融金字塔式的还债方式”是吸引选民的主要内容。但是，事与愿违，这些并没有让“向前，俄罗斯!”迎来期望中的成绩，在1995年的杜马选举中该政治运动只获得了1.8%的选票。

1993年杜马选举前夕，在俄罗斯成立了一个新的自由派政党——“俄罗斯统一与和谐党”。该党的建立是基于1993年“十月事件”后自由派产生了大规模的分裂，时任政府副总理 C. M. 沙赫赖持传统的保守主义立场，并成为新组建政党的领袖。新政党的纲领保留了自由主义的基本观点，如人权、法治国家、私有制、自由竞争等。同时，沙赫赖还是自由派阵营中第一个公开支持联邦主义优先的领袖，在党的纲领中称之为“在俄罗斯构建社会生活的万能原则”。在指出应合理利用西方世界的经验的同时，党的纲领强调必须考虑俄罗斯的历史传统。但是，这些观点和立场仅仅出现在“俄罗斯统一与和谐党”的一些公开宣言中，并没有形成具体的措施。另外，在公众心目中，作为政府副总理的沙赫赖也应为之前自由派政府主导的改革政策承担责任。因此，尽管在 1993 年的杜马选举中“俄罗斯统一与和谐党”获得了 6.7% 的选票，但在 1995 年的选举中它只获得了 0.36% 的选票，说明了这一派的自由主义者遭到了政治生涯中的完败。

由此，在俄罗斯的自由派运动中渐渐出现了离心趋势，以前接近或倾向于总统和政府的自由派政党纷纷失去了选民的信任和威信，这促使总统在 1995 年秋着手尝试组建新的自由派政党——“政权党”。而竞选联盟“我们的家园——俄罗斯”成为新的“政权党”，时任政府总理 B. C. 切尔诺梅尔金成为党的领袖。由于仍需为之前激进改革派政府的失误负责，且缺乏严谨的政策修订，尽管获得了巨大的物质支持，但该竞选联盟在 1995 年的杜马选举活动中仅位列第二。并且，在切尔诺梅尔金总理下台后，“我们的家园——俄罗斯”同样遭遇了危机和分裂，其政治威望也急剧消失。

1996 年的总统大选表明，在两轮投票中绝大多数选民更为担心的是重返苏联时期的体制模式，因此，他们宁愿选择继续相信自由派及其自 1991 年开始实施的经济改革方针。同时，不容置疑的是，所有自由派政党的选民阵营的规模都急剧缩减了。那么，俄罗斯自由主义改革失败的原因有哪些，自由主义的发展前景又如何呢?

自由派软弱乏力的一个深层原因在于，数个世纪以来俄罗斯社会形成了统一的精神力，其根基是集体主义。而历史证明，自由主义原理及个人主义原则与俄罗斯人世代沿袭的历史传统间存在着不可调和的矛盾。如果想尝试着通过教育领域的改变“折断这一精神力”，那么必定会引起广大俄罗斯人民的激烈反对。

20 世纪 90 年代自由派的改革并没有促使中产阶级出现，在任何社会中产阶级恰恰是自由主义思想的主要载体，而由自由派引入的税收制度将中产阶级的出现延后了许多年。

应该说，自由派政治力量的活跃分子并不多，他们星星点点像一盘散沙一样散落在俄罗斯众多的政党中间。其中原因并不仅仅是思想观点上的分歧，在大多数情况下一些政党领袖或活跃分子强烈的政治野心和物质欲求造成了自由主义运动现在的这种状态，因为在这些人眼里普遍的利益（自由主义运动追求的利益）已经退居到了第二位。

由于中产阶级匮乏，知识分子（主要指的是从事科学技术和创造工作的知识分子）成为自由主义思想传播的主要力量和载体。但并不是所有知识分子都加入了这一行列，这些人主要集中在莫斯科和圣彼得堡，而自由派在一些知识分子很有影响力的地区的活动和工作却很很少（这些地区的知识分子很少加入自由派政治组织）。

最后，激进改革派政府的工作失误，尤其是在改革最初两年里的失误，导致了俄社会对自由主义思想的抵触，这与 20 世纪 80 年代末 90 年代初共产主义思想发生的情况极为类似。重要的是，激进改革派为什么不去尝试理解和思考，即在考虑广大民众对新的社会变革的适应性的情况下，必须在社会上推行已经调好的政策。

近些年的经验教训表明，自由派要想在俄罗斯获得光明的未来，必须停止盲目效仿其他国家的经验，并且要尝试着考虑国家的历史传统和改革的合理性。否则，自由主义运动在俄罗斯的“第二次降临”很可能以失败告终，就像第一次一样。

第三十章
民族激进主义

B. Д. 索洛维

民族运动的蓬勃发展曾被认为是苏联落幕，或者说是强大的苏联帝国彻底崩塌的主要原因之一。在新出现的独立国家中，政权纷纷落到了民族运动，抑或是变换了民族主义色彩的旧式苏维埃政权精英的手中，他们充分利用有利的政治局势摆脱克里姆林宫的控制，并确立自己的权力地位。虽然到20世纪90年代中期民族主义的发展势头有所减弱，但在绝大多数苏联解体后独立的国家中，民族主义依然是它们合法存在的重要依据，即这些国家是独立存在的民族国家，民族主义是它们主要的官方意识形态和宣传武器。

而俄罗斯明显摆脱了这一情况。苏联人数最多的民族——俄罗斯族的民族主义思想并不接受任何大规模的民族主义运动。在俄罗斯，民族主义作为一种政治思潮是软弱的、缺乏影响力的，而在社会生活中占主导地位的是坚持民主思想的知识分子，他们以冷漠的态度对待民族主义思想和行动，也不会尝试去接受它。但与苏联各加盟共和国的知识分子不同的是，俄罗斯的知识分子尝试着把民族主义思想和民主思想结合起来。另外，俄罗斯的政治精英们也像躲避瘟疫一样躲避民族主义思想。

到1993年底，情况发生了变化。在俄罗斯的议会和总统大选中民族主义者明显开始赢得了民众的支持，它的宣传机器运用了大量的民族主义思想和用语，在选举活动中飞快而高效地运转着。虽然在民族主义者的纲领中至今还没有确定有关国内政治发展的基本内容，但不可否认的是，它已经成为俄罗斯政治生活中不容忽视的一个要素。

那么，民族激进主义是如何在内容上丰富自己的思想和纲领的？它在俄罗斯的政治舞台上占有什么样的位置？10 年来它是如何发展的？对这些问题的一一解答有助于加快对俄罗斯民族主义的了解和熟悉，并确定它的影响力和发展前景。

首先要了解一下“民族主义”的概念。当代学术界对“民族主义”并没有负面或正面的评价，认为它属于一种特定的奇景，其特点和目的也各不相同。打着民族主义旗号的政治运动都是极力争夺和掌控政治权力，并且这些行动都是在民族主义思想的指导下完成的，且始终把“民族”置于最高的地位。在这种情况下，对“民族”的解释也各不相同：一种解释强调历史文化和语言的共性，即历史命运、语言和文化的共性；另一种解释强调血缘亲族关系（这一观点带有种族主义特征）；最后一种解释是，在当代世界尤其是西方国家流传最广泛的民族定义是，民族是摆脱了种族起源的同一国籍的统一群体（这在习惯上被称为“政治民族”）。

对民族主义基本范畴的研究表明，民族主义本身并没有什么不妥的地方。但不应忘记的是，历史上在民族国家形成时，或者是在为了民族独立而战斗的过程中，民族主义具有了极富侵略性的特征和影响。与此同时，应当注意的是，“积极的”和“消极的”民族主义之间的界限极为模糊，纯粹防卫的民族主义不经意间就会转变为带有侵略和反动特征的民族主义。

苏联时期俄罗斯民族的民族主义

民族主义作为一个政治派别产生的原因在戈尔巴乔夫“改革运动”前是绝对禁止谈论的。苏共甚至不允许在公众面前暗示已经出现了新的选择，即新的政治和思想派别。但是，随着时间的推移，苏共对俄罗斯民族主义的态度发生了转变，明显具有了双重性。

在 20 世纪 20 年代和 30 年代上半期，对俄罗斯人利益的评价具有明显的政治色彩，即认为它是“俄罗斯大国沙文主义的体现”，而对俄罗斯民族的定位则是“曾受到压迫的民族”，为沙皇曾经犯下的或是虚构的罪行和过失承担责任。但是从 30 年代中期起，俄罗斯民族主义的一些元素（主要是一些具体的标志和口号）逐渐进入苏联官方的思想和意识形态中。在战争年代，这种趋势逐渐强化了，斯大林承认“俄罗斯民族是伟大的苏联的领导者”。在政权力量的庇护下，以前曾被残酷镇压的东正教卷土重来。从 40 年代末起，苏联国内开展了同世界主义进行斗争的运动，并到处宣传“俄罗斯民族是最优等民族”的思想，其中充满了大量民族沙文主义的内容。

正是在斯大林时期，苏联政权对俄罗斯民族主义逐渐形成了两种态度：一种是弱化并压制它；另一种则是充分利用它的功能。应该说，每一种态度的背后都有充分的理由。

前一种态度的理由是，俄罗斯的民族主义主要同支撑苏联现行制度合法化的思想和学说，即无产阶级国际主义的超民族思想和马克思主义学说构成了矛盾和冲突，因为俄罗斯的民族主义无论如何也融不进苏联时期的“统一的人类大家庭”的思想。对莫斯科的权力中心而言，俄罗斯民族主义情绪的增长强化了苏联其他民族的离心趋势，同时也威胁到了由多民族构成的苏联权力精英阶层的统一。在苏联体制内，对任何民族主义思想的放任都会对政治稳定构成威胁，而俄罗斯民族是由多民族构成的民族共同体，它的民族主义的危险程度要高得多，如果放任它自由发展，它就有可能从内部摧毁苏联。

与此同时，值得注意的是，俄罗斯民族主义具有一系列的特点，如果忽略它们是很危险的，但如果善加利用则有利于巩固政权的稳定。第一，俄罗斯民族主义具有巨大的动员和鼓动潜力，这在伟大的卫国战争期间得到了充分的体现和印证。第二，如果忽视了苏联帝国主要民族（从人口数量和社会职业结构考虑）的利益，就等于把俄罗斯民族置于威胁国家政治稳定的境地，这也相当于变相鼓励俄罗斯民族主义的发展。第三，如果把俄罗斯民族主义的帝国思想补充作为苏联政权合法化的重要依据，作为苏联官方思想学说的辅助工具，那是有相当大的作用和意义的。

苏联政权利用俄罗斯民族主义的目的是巩固自己的执政基础。苏联共产主义体制的一些基本原则客观上限制了俄罗斯民族主义的影响和发展：绝不允许俄罗斯民族主义蓄意伤害马克思主义学说和十月革命成果，不能允许其成为潜在的、敌对政权的“宗教式”依据；禁止俄罗斯民族主义者的财产要求，以及希望享受同苏联其他加盟共和国相同权利的要求，俄罗斯民族应该明白，他们是苏联政权维护帝国完整和实现帝国顺利运转的牺牲品。虽然在苏联掌权的政治精英中俄罗斯民族占据了很大的比例，但这说明不了什么问题，况且在他们自己的意识中，他们大多会认为自己是苏联民族，而非俄罗斯民族。

从 20 世纪 50 年代下半期起，苏联政权对待俄罗斯民族主义的政策具有了明显的双重性。一方面，苏联政权不允许俄罗斯民族主义以大规模群众运动的形式出现，禁止其对政治精英阶层和政权统治集团的渗透；另一方面，苏联政权又必须采取一定的措施以迎合俄罗斯民族的要求，部分地满足他们的利益和愿望。总之，苏联政权正是试图在此之间维持着一种脆弱的平衡，换言之，即对俄罗斯民族实行“大棒和蜜糖”政策。

苏联政权对待俄罗斯民族主义政策的双重性特别明显地体现在 20 世纪 70 年代至 80 年代上半期。尽管俄罗斯的民族主义者屡次提出政治要求和愿望都被苏联政权残酷地驳回了，但是在文化、文学和艺术领域俄罗斯民族主义的发展相当顺利（尤其是在 20 世纪 60 ~ 70 年代农村题材的文学作品中俄罗斯民族主义情绪得到了尽情的释放）。在这些领域，俄罗斯民族主义者有时甚至得到了某些政权高层人士的支持和庇护。在此情况下，“全俄历史文物和文化保护社团”发展出了自己的分支网络，而一些与其相关的文化启蒙俱乐部和被苏联政权驱逐的、由俄罗斯民族主义者支持的非正式组织也纷纷发展了起来。

在戈尔巴乔夫改革前，俄罗斯民族主义者代表的人群对俄罗斯和俄罗斯民族现状的担忧与日俱增，他们担忧俄罗斯非黑土地带日趋恶化的现状，担心俄罗斯的生态问题和民族文化的发展，担心对历史文物的破坏以及居民们日益沉迷酗酒的问题等。而俄罗斯民族本身没有任何成型的政治纲领，其思想也处于萌芽状态，而且表现出来的是民族布尔什维主义思想（他们尝试着把俄罗斯民族思想同共产主义价值观结合起来）、多神教元素、东正教的君主制思想以及“反犹太主义”相结合的混合体。在20世纪60～70年代苏联官方的宣传中，“反犹太主义”占有重要的地位。对于部分俄罗斯民族主义者而言，“反犹太主义”恰恰可以作为他们的掩护，可以使他们自身的思想言论处于一种半公开的状态。而一些俄罗斯民族主义者正希望在犹太主义学说中找到使俄罗斯陷入灾难的原罪（这种想法并不是什么新鲜的东西，众所周知，它可以回溯到对20世纪初“黑暗百年”的根源的探索）。

“纪念”组织与其他

戈尔巴乔夫“改革运动”的开始并没有为俄罗斯民族主义运动带来什么明显的改变，它的组织形式和活动场所一如往昔，例如，依然是一些力量分散的小组和俱乐部，参与者基本是从事文化启蒙和文物修复工作的人。但是，俄罗斯民族主义者逐渐开始意识到，自己必须了解戈尔巴乔夫“公开化”改革的政策、措施及其成果，因为正是这一改革唤醒了沉睡多年的苏联社会。同时，他们也要了解以戈尔巴乔夫为首的领导集团的想法和建议，他们中的一些人完全符合俄罗斯民族主义者的要求，民族主义者会敦促他们做一些事情以最终实现自己深藏心底的愿望，即民族主义派力量执掌苏联政权。

戈尔巴乔夫的“改革春风”所到之处，在苏联国内开始出现了自发的政治活动的迹象。在这一过程中，俄罗斯民族主义者充当了“急先锋”，在“全俄历史文物和文化保护社团”的宣传鼓动下，他们通过自己合法存在的俱乐部和小组不断推动政治自发活动的发展。在1985～1987年，“纪念”组织（以德米特里·瓦西里耶夫为首）得到了飞速的发展，并明显具有了政治色彩。他们的组织形式依然是文化启蒙俱乐部，但坚定地提出了自己经过掩饰的政治要求，其宣传鼓动活动则通过日益高涨的“反犹太主义”热潮逐渐渗入苏联社会，发展势头迅猛。总体上，这一组织支持者的范围还是有限的，“纪念”这一名称同俄罗斯民族主义运动的结合也只是流于表面，但在俄罗斯其他一些城市也开始出现冠以“纪念”这一名称的组织。

1987年5月6日，在莫斯科由“纪念”组织发起的游行集会活动真正提升了“纪念”组织的知名度，这也是戈尔巴乔夫改革时期发生的第一次大规模群众性政治抗议活动。时任莫斯科市委书记的鲍里斯·叶利钦接待了集会的参加者，而“纪念”组织（涉及最广泛的问题是俄罗斯民族主义问题）则成为政治局委员们激烈讨论的对象。

苏联政权为应对俄罗斯民族主义运动的公开宣言进行了一场规模浩大的宣传活动：禁止各大报纸以耸人听闻的标题描述有关“反动的小资产阶级民族主义思想”死灰复燃的危险（西方媒体甚至刊出了关于“俄罗斯法西斯主义”威胁的文章）。尽管在“纪念”组织和其他俄罗斯民族主义组织的口号和要求中或多或少地关注了社会舆论所关心的问题（如要求停止在阿富汗的战争、加强同官僚主义的斗争、修复俄罗斯的历史文物和古迹等等），且以出版物的形式呈现给公众，但苏联大众媒体对俄罗斯民族主义问题的关注点集中在民族主义者就“反犹太主义”和“反共济会”的问题展开的辩论上。

苏联政权宣传活动的打击目标绝不仅仅是“纪念”组织，很快，严厉批判的炮火就蔓延到了以民族问题为创作方向的文学作品（代表人物包括瓦西里·贝洛夫、瓦基姆·科日诺夫、瓦连京·拉斯普京等人），以及一系列杂志，如《我们的当代人》《青年近卫军》，甚至在某种程度上杂志《莫斯科》也受到了批判。并且，苏联政权认为上述提到的作家和杂志都归结为对“纪念”组织进行了隐蔽或公开的支持，并认定他们在反犹太主义、维护具有侵略性的民族主义以及忠于斯大林主义等问题上犯下了错误。

这段时期，处于舆论焦点的是知名文学杂志《我们的当代人》和《青年近卫军》展开的争论，杂志《莫斯科》对前者表达了谨慎的支持，而《人民友谊》《旗帜》《涅瓦》《十月》《星火》则对后者进行了支持。虽然这些杂志展开争论的焦点都是围绕着一些文学作品（如阿纳托利·雷巴科夫的小说《阿尔巴特街的儿女》和瓦西里·格罗斯曼的小说《生活与命运》），但是争论的中心问题是对苏联历史的评价和国家发展战略的选择。因此，这些形式上的文学争论就具有了清晰的政治考量的特点。

实际上，在20世纪80年代末的苏联社会中，一个久远的争论话题重回人们的视野，即斯拉夫主义者和西方主义者在历史上争论的“俄罗斯往何处去”的话题。这一次，争论的双方是“进步的民主主义者－西方派”对“爱国主义者－反动派”。由此，在文学争鸣中迸发出了激情四射的辩论，而在“揭露”俄罗斯民族主义罪行时产生的义愤填膺则伴随着明显的歪曲和断章取义。这场宣传攻势导致的结果是俄罗斯民族主义在公众心目中形成了极为负面的形象，即它成为反犹太主义和政治反动派的代名词。

支持戈尔巴乔夫改革的媒体不断推出揭露反民族主义运动的节目，恰恰反映出了苏共权力高层在对待改革战略的问题上出现了极大的分歧。为此，支持“改革派”的媒体在节目中不断地向公众做出解释和说明，宣称以党的二把手叶戈尔·利加乔夫为首的“保守派－新斯大林主义者”（还包括政治局委员、克格勃的头子维克托·切布里科夫、米哈伊尔·索洛缅采夫等人）不仅试图削弱，而且尝试彻底推翻以苏共总书记米哈伊尔·戈尔巴乔夫为首、阿列克桑德尔·雅科夫列夫在幕后出谋划策的“改革派”。而这些保守派分子还经常公开指使媒体，并竭尽所能地支持俄罗斯民族主义者。

随着一系列事件的发生，如尼娜·安德烈耶娃发表了著名的公开信《我不会在原则问题上让步》（刊载于《苏维埃俄罗斯报》，1989年3月13日），被保守派奉为“反对戈尔巴乔夫改革的公开宣言”。应该说，安德烈耶娃的公开信等一系列事件进一步明确了“保守派阴谋”反对“改革派”的事实与格局。因为，利加乔夫在安德烈耶娃的信公开发表一事上起到了决定性的作用，这封公开信表达了与戈尔巴乔夫改革路线相对立的路线。同时，“民主派力量”毫不怀疑地认为，在“罪恶天才”利加乔夫的领导下，一个“右翼力量集团”正在形成，它联合了新斯大林主义者、俄罗斯民族主义者和保守派的官僚，试图掐断新生的、脆弱的公开化改革的苗头，以及与自由和民主相关的一切事物，让国家重回黑暗的专制统治时期。

而实际上，利加乔夫从未以俄罗斯民族主义者保护人的身份出现过。尽管“俄罗斯乡村文学”也曾触动他的心灵，他也分享过“乡村文学”带来的激情，担忧过“乡土俄罗斯”的命运，但利加乔夫始终是一个“坚定的马克思主义者”。他认为，20世纪80年代末的改革并未脱离尤里·安德罗波夫确定的方针路线，即严格的纪律、对思想领域的监控、党对政策的管控、谨慎小心的经济改革措施。

虽然苏共高层对于做出能够决定国家命运的重要决议存在分歧和批评的声音，但这是很自然的反应，部分政治局委员对戈尔巴乔夫政策的不满也并没有演变成直接的对立。戈尔巴乔夫本人认为，完全接受俄罗斯民族主义是很危险的，他正确地指出，加强俄罗斯民族主义运动会对苏联的统一和完整构成威胁。至于民族主义者，他们首次对总书记表现出了宽容甚至赞许的态度，这也在很大程度上促使苏联领袖主动同东正教教会实现了关系正常化。

同时，在苏联国内开始了新的揭发运动，运动直指苏共党内的“保守派－斯大林主义者”及其同盟“民族主义派－反犹太主义者”。这次运动力图削弱戈尔巴乔夫在1987年开启“自上而下的革命”后公开出现的对抗分子以及潜在的反对派。戈尔巴乔夫开启这场革命的目的是加速实现苏联的现代化，积极吸取和利用西方国家的经验，其中包括政治领域的经验。应该说，这场运动仅是为了削弱反对派，而不是简单粗暴地压制，因为戈尔巴乔夫的公开化改革并不是简单地择优选录，也不是仅仅传播与改革派相近的思想（例如，瓦连京·契金是民族布尔什维克报《苏维埃俄罗斯》的主编，在发表了安德烈耶娃的公开信后并没有被解职）。也正是得益于此，民族主义者才得以保留自己在一些报纸和杂志中的阵地。

总之，反对民族主义的运动看起来还是很有效果的。在苏联公众眼中，俄罗斯民族主义同某些落后的、具有侵略性的群体（民族主义者中公开或隐蔽的反犹太主义者补充了这一群体）达成了一致，并构建了牢固的同盟关系；作为政治派别，在苏联社会中俄罗斯民族主义运动明显是被边缘化了。除了这些成绩，反民族主义运动的影响还会陆续显现出来。

在这一过程中，除了民族主义概念，同时还有“爱国主义”概念，它们常常结合在一起与民主和自由的概念形成尖锐的对立（在这一时期的新闻媒体中到处都可以找到这样的表述：“爱国主义就是那些坏蛋最后的避难所。”）在这时的俄罗斯，民族主义同民主主义这两大价值观看起来要分道扬镳，这种情况在东欧和中欧的社会主义国家以及苏联的各加盟共和国中从未出现过，因为在这些地方正是民族主义思想同民主主义思想的相互结合形成了 20 世纪 80 年代末大规模群众运动的思想基础。而在 20 世纪 80 年代末 90 年代初的俄罗斯，“民主主义”思想却同“爱国主义”和“民族主义”思潮形成了势均力敌的对立关系，这一点清晰地反映在了双方在政治上尖锐对抗的态势上。

值得注意的是，在政治上针对俄罗斯民族主义者的责骂和侮辱最终把民族主义者拖入了政治辩论中，并加快了民族主义运动的政治化进程。

俄罗斯人和“俄罗斯的民族性”

对俄罗斯民族主义运动的打击暂时停顿了，但并没有停止。这一时期，在波罗的海各国成功建立民族阵线的经验，在苏联各个领域民族主义浪潮的风起云涌，苏共中央无力遏制民族主义运动的崛起，同时，俄罗斯社会民众的政治热情迅速高涨，组建了针对苏共和联盟中央的极具影响力的民主反对派，戈尔巴乔夫和叶利钦之间又产生了矛盾和竞争，所有这些都极大地促进和推动了俄罗斯民族主义运动的发展。

20 世纪 80 年代末，俄罗斯民族主义运动明显活跃起来。首先，俄罗斯民族主义运动的组织数量显著增加，活动的范围和场所也得到了极大的扩展。在那些公开存在的政治组织之外，又出现了许多新的组织，其中包括文化启蒙、宗教信仰、生态、民族主义俱乐部等不同类型的组织。在极速政治化的大环境下，各政治组织加快了思想政治的细化进程，如以前民族主义运动的思想、宗旨不确定且含糊不清，那么现在看起来正在形成自己的、有着明确的意识形态因素支撑的思想。

同时，在思想和意识形态领域，俄罗斯民族主义运动中甚至形成了一种新的、完全不同的、类似于外来的政治派别，如东正教君主派，该派宣扬要在俄罗斯复辟君主制，并维护国家的统一（认为苏联是俄罗斯帝国的延续和变体）。这些思想被零散的“纪念”组织、“基督教爱国主义联盟”、“基督教复兴联盟”以及一系列规模和影响力都较小的组织所接受。东正教君主派的思想可以追溯到遥远的历史，实际上是20世纪初沙皇俄国“黑帮”运动的延续，该派狂热地支持“君主专制统治”，反对犹太主义、自由主义和西方化。此外，君主派政治组织的纲领几乎一字不差地照搬了“俄罗斯人民联盟”的纲领。

与君主派并立的还有共和派，共和派认为共和国是最适合俄罗斯的国家组织形式。但是，共和主义的思想同民主主义思想并不合拍。尽管并不是所有的俄罗斯民族主义者都同意不惜任何代价地保留帝国的形式，但他们中的大多数人坚决反对开放社会的价值观，极力主张建立强有力的专制政权。例如，尼古拉·雷先科领导的“俄罗斯民族共和党”、伊戈尔·阿尔杰莫夫领导的“俄罗斯社会民族联盟”及其他一些政党组织主张一步步地分解苏联，从中划分出东斯拉夫的核心，即俄罗斯、乌克兰和白俄罗斯，这些地方可以归结为“历史上形成的俄罗斯的领土”（包括北哈萨克斯坦、德涅斯特河流域和爱沙尼亚的一部分等）。俄罗斯解放运动向来支持在俄联邦内构建一个“罗斯共和国”，它要建在俄罗斯境内，并支持把俄罗斯民族迁居于此。

俄罗斯民族主义者对“俄罗斯人民”的理解是一致的，即“俄罗斯人民”是“三位一体的集合”，他们包括了大俄罗斯人、小俄罗斯人以及白俄罗斯人。但这种理解上的统一并不妨碍民族主义者们在阐述“俄罗斯的民族性”时产生严重的分歧，即怎么理解“俄罗斯人”。一些追随费奥多尔·陀思妥耶夫斯基的人（首先指的就是东正教君主派）宣称，对东正教的归属性是俄罗斯民族的主要标志，但事实上这是一种狭隘的民族主义认识范畴，即他们把东正教归结为“俄罗斯宗教”。另一些人则从更广义的范围阐述俄罗斯的民族性，俄罗斯民族的衡量标准应是以下几个条件，即承认俄语为母语、能够融入俄罗斯文化和传统、热爱俄罗斯。因此，前一类人是从民族宗教的角度阐述俄罗斯的民族性，而后者对俄罗斯民族性的理解看重文化精神和文化历史的一致性。同时，应当指出的是，俄罗斯民族主义最初对俄罗斯民族性的评定主要依据“客观存在”的标准，即根据血缘来判断，这就容易产生种族主义歧视和偏见。

历来在俄罗斯民族主义者中颇受欢迎的反犹太主义终于在一些“反犹太主义”组织中找到了自己的合法地位，并有了用武之地。这类组织包括“为了支持比例民族制的代表－纪念组织”而组建的联盟（它的领袖是康斯坦丁·斯米尔诺夫－奥斯塔什维利，此人由于在1990年初在文艺工作者之家由民主派作家联盟“四月”主办的例会上组织闹事而出名，并且这一事件也进入了法律程序，法庭受理并进行审判）和“世界（！）反犹太主义和反共济会阵线－纪念组织”。这些组织认为自己主要和最终的目的是同“犹太主义”进行斗争，但是它们完全忽略了随之出现的一系列民族主义问题，至少在表面上，这些问题才是民族主义运动应该面对和解决的中心问题。

尽管俄罗斯民族主义者在思想理论上存在着分歧，但大多数民族主义组织依然拥有许多共同特点。首先，他们一致认为，应该追求建立专制政权模式，并把国家及其强权机构，如军队和国家安全组织视若珍宝，在他们眼中，这些机构才是国家的中流砥柱。其次，反对西方主义，以及由此引出的反对自由主义和反对民主主义。俄罗斯民族主义者认为，“西方”并不仅仅是个地理或地缘政治概念，它是一个形而上学的范畴，是所有敌视且在内涵上有异于俄罗斯文明的其他文明的化身。

在经济领域，俄罗斯民族主义者并没有制定具体的纲领，并且常常由于过于极端的宣言而备受指责。他们首推的经济发展思想是有别于苏联社会主义和西方资本主义发展道路的“第三条道路”。这一思想具体表述为一种混合型的经济发展思想，它强调国家的主导作用，重视国家机构对经济的重要战略部门，如工业和外贸的垄断，注重对国家商品生产企业的保护，与金融部门相比更加强调生产部门的优先权，因为他们坚信，世界各国的资产阶级依然在此领域占据统治地位。

在俄罗斯民族主义组织的纲领文件中，与发展俄罗斯民族文化以及克服人口危机等相关的一系列问题占据重要的位置。对于未来的俄罗斯如何布局，俄罗斯民族主义者有着众多不同的观点（是模仿苏联，还是否定苏联模式），而关于是否必须从俄联邦的联邦制向单一制过渡，民族主义者们产生了巨大的分歧（因为单一制事实上留存到了20世纪90年代初）：一方面可以用州取代自治共和国；另一方面，如果从区域自治的角度考虑，那么只能按照民族文化划分区划。另外，民族主义者认为，对待非俄罗斯民族的政策必须具备种族家长制的特点，并且一系列民族主义组织主张，应对犹太人和哈萨克种族代表们实行禁止政策和有差别的不平等待遇。

20世纪80年代，俄罗斯民族主义纲领的基石是其口号：保证俄罗斯的主权完整，并保证俄罗斯同苏联其他加盟共和国的完全平等。民族主义者们要求在俄联邦建立尚缺乏的一些制度，同时坚决拒绝由俄罗斯来补贴其他加盟共和国以及提高俄罗斯在各加盟共和国中的地位。他们认为，实现了他们的要求就可以振兴俄罗斯民族，但是他们不明白也不愿意承认，完全实现俄罗斯的主权愿望就极有可能推动苏联走向分裂（就像现在发生的这样）。

在对外政策方面，民族主义者的许多观点是含糊不清的，且在很大程度上又喜欢故弄玄虚。一般来说，俄罗斯民族主义者并不支持扩张政策，他们主张“珍惜已有的东西”，但是关于战略同盟选择的问题始终成为困扰他们的难题。至于俄罗斯的主要敌人是美国和以色列，这是毋庸置疑的，但是有关与俄罗斯并肩同“罪恶帝国”作战的战友的选择却明显决定不下来。有人认为是德国，因为据说它始终保持着自己的民族精神；也有人主张在东方，包括近东和远东等地，选择伙伴；甚至有人偏执地认为，全世界都在与俄罗斯作对，因此俄罗斯不可能有盟友。

最终，在俄罗斯民族主义运动中形成了独特的政治亚文化，其典型特征是完全依靠神话模式自圆其说，而不是依据现实的概念与情况。这种政治亚文化的基础是严格的二元论，即“我们对他们”（换言之，不和我们在一起的，都是反对我们的人）。

总体而言，20世纪80年代末的俄罗斯民族主义思想可以归结为右翼保守主义，虽然它也针对现时俄罗斯的特点做出了一定的修改；而到了90年代初，右翼激进主义的上升势头明显增强。传统上民族主义在右翼和中右翼政治领地占有一席之地，但是在后苏联时期，左翼保守派的共产党人却比右翼保守派的民族主义者更接近右翼（因此这些共产党人也被冠以“右派”

和“保守派”的称呼）；同时，民族主义派又是右翼西方派的反对派，即自由派和民主派的反对派，因此，它们在80年代末时也被称为“左派”。

上述可以归结为民族主义派在20世纪80年代末的政治斗争中进行自我定位的过程。并且，总体上，俄罗斯民族主义者以十分克制的态度对待共产党体制，尽管他们认为是共产党人摧毁了传统的俄罗斯，但仍有相当一部分民族主义组织支持共产党人反对民主派的斗争。它们的理由很清楚：一方面，与共产党政权相比，民主派毫无疑问是更坏的一方；另一方面，他们寄希望于实现政权的俄罗斯化，从而在众多的共产党组织中以“本土的和根的”原则战胜原来的世界性的共产国际原则。在不断展示自己对现行政权和体制的好感，以及对它积极支持的同时，民族主义派认为自己有资格成为现行政权的一个“小伙伴”，而实际上，它依然在习惯上被视为“黑帮组织”。

此外，还有一些民族主义派组织（如“俄罗斯民族共和党”）宣称，自己要在两条战线上作战，既要同民主派，也要同共产党做斗争。另外一些民族主义组织（它们是明显的少数派）加入了民主运动，它们希望为民主运动注入民族主义思想，并争取把民族主义和民主主义价值观结合起来，这样的例子产生在波罗的海沿岸国家，如维克托·阿克休乞察领导的“俄罗斯基督教民主运动”以及米哈伊尔·阿斯塔菲耶夫领导的“立宪民主党－人民自由党”。

20世纪80年代末，把俄罗斯民主运动的参与者团结起来的主要因素是他们面临着共同的敌人——共产党和联盟中央领导层，同时还包括那些含糊不清的、抽象的自由主义价值观，这也是温和或“文明的”民族主义运动和民主主义运动在当时能够共存的主要原因。

苏联解体前的俄罗斯民族主义运动

从20世纪80年代末起，为支配和控制俄联邦而爆发的斗争成为苏联政治发展过程的主要脉络之一，而由此引发的后果是加速了苏联解体的进程，削弱了联邦中央的权力与影响，并把苏联的各加盟共和国变为谋求独立的力量中心。这场政治大剧的主角是共产党人和民主派，民族主义者只获得了微不足道的小角色，也正是由于自己的力量弱小，民族主义者无法以独立的政治力量的身份参与这场大战。

对苏共的削弱，以及苏共实际上是主动放弃了对国家领导权力的掌控，并取消了联邦宪法第 6 章（该章从法律角度保障及加强了共产党在苏联政治体制内的核心领导地位），在保持苏联形式的条件下尝试向议会制过渡，凡此种种逐渐导致政治斗争的重心转移到了议会。民主派在俄联邦人民议员代表大会的选举中获胜，意味着民主派将掌控国家权力机构、国土及俄联邦共和国的全部资源，而俄联邦也俨然成为整个苏联帝国的核心和政治宗主国。但民主派的胜利等于主动放弃了联邦中央领导层的支持，他们只是成为克里姆林宫的主人。

在 1990 年的选举活动中，在俄罗斯首次出现了各派政治组织筹划合作的情况，这指的是俄罗斯民族主义派同非共产党组织和共产党内反对戈尔巴乔夫的官僚（主要是中下层官僚）组成的反对派的合作。1989 年底，在苏联形成了一个反对民主运动的选民集团——“俄罗斯社会爱国主义运动”，它是由民族主义派、民族布尔什维克派以及新布尔什维克派联合发起组建的，并且被赋予了新的组织形式，即“劳动人民联合阵线”的形式。

新集团的纲领立足于两个主要原则：保留统一的苏联，并完全实现俄罗斯的国家主权，保证俄罗斯同其他各加盟共和国的经济平等（正如前文所述，这些想法明显具有互相排斥的特点）。帝国思想、联盟思想同俄罗斯民族主义思想的结合是俄罗斯帝国民族主义思想最鲜明的体现，在此，俄罗斯民族主义运动可以被定位为辅助或从属的地位，它曾经致力于激发俄罗斯民族的帝国本能以完成自己最主要的任务，即保留苏联帝国。（帝国思想最著名的倡议者是在 1990～1991 年具有相当大影响力的政治运动“联盟”，其领导者为维克托·阿尔克斯尼斯、耶夫根尼·克甘、尼古拉·佩特卢申科等人。与“爱国主义集团”不同的是，“联盟”运动并不具备鲜明的民族主义或意识形态色彩。）

在俄罗斯地方区域内，爱国主义联盟的分支机构一直都享有部分地方党政机关的支持，同时在莫斯科直接得到苏共莫斯科市委的暗中关照。并且，为了创建“民族共产主义阵线”，莫斯科共青团市委和工会组织也伸出了援助之手。这一切举动是为了激励党政机关干部，特别是莫斯科地区的干部，希望他们积极参与组建相关的竞选联盟，这一出发点是毋庸置疑的。因为，民主派思潮和群众力量在大城市，尤其是在莫斯科和列宁格勒占有比较大的优势，没有给共产党候选人（意指“领导安插的人”，这在当时是对这类人比较流行的界定）留下什么好的机会，所以利用其他的意识形态做掩护就有了特殊的意义。另外，一部分官僚主动同民族主义者的联合使运动具有了明显的国家干预色彩，并且他们的主要目的是对戈尔巴乔夫的政策提出批评。

但是，这种联合最初是完全失败的，在莫斯科和列宁格勒“民族共产主义联盟”遭到了自己的主要竞争对手“民主俄罗斯”运动的毁灭性打击。这一爱国主义联盟失败的原因有很多，如组织建设上的严重失误、负面形象（来自“纪念”组织）、大众媒体的负面报道。但事实上，失败存在着更加深刻的原因。第一，在反对共产主义的思想日渐盛行，且整个社会对苏联政权和苏共基本持批判态度的同时，民族主义者却同共产党组织保持一致，这对他们明显是不利的。民族主义派对共产党政权的支持恰恰选取了一个最不好的时机，即整个社会都成了共产党政权的反对派。民族主义派帮助了政权，却对自己本就不好的声誉造成了无法挽救的损失。

第二，对于民族主义者而言，他们发自内心地希望激发出俄罗斯人民族感的举措明显是失败的。因为同苏联其他各大民族相比，俄罗斯民族的自我认同感是最弱的，且早已被苏联政权消灭了，这时要唤醒俄罗斯民族身上沉睡已久的民族本能，无疑困难重重。与此同时，与俄罗斯民族性相比，俄罗斯人更多地感觉自己是“苏联人”，所以他们支持保留苏联（在 1991 年 3 月 17 日举行的全民公决中，俄联邦拥有投票权的居民中有 71.3% 的人支持保留苏联），“俄罗斯的俄罗斯人”的最终目的是保留苏联帝国，他们不想再失去什么了。

此外，在竞选活动中民主派成功地掠取了民族主义派自诩为“旗帜”的“俄罗斯主权思想”，并当作自己的政治标志。应当指出的是，鲍里斯·叶利钦的政治生涯从未显示他是俄罗斯命运的保护者以及不屈不挠为俄罗斯主权而战的斗士。在1989年前，叶利钦的观点始终具有平民主义政治家的特征，并不具备任何民族主义色彩，而有关俄罗斯民族的要素也未着痕迹。一位俄罗斯政治家曾准确地指出，叶利钦是从1989年夏开始加入民主主义运动的，当时在民主派阵营中弥漫着一种情绪，即“全面”否定一切与俄罗斯人和俄罗斯民族有关的东西和思想，对于大多数民主主义者而言，“俄罗斯”和“俄罗斯人”的概念曾与“帝国”紧密地联系在一起，直观上会带来负面影响。

但是，到1989年底，苏联国内的政治现实令叶利钦以及民主派迅速而紧密地同“俄罗斯问题”结合在一起。为了在俄罗斯议会选举中获胜，叶利钦和民主派必须找到一把能够开启俄罗斯人心灵的“钥匙”，为自己开辟新的选民阵营和领地。为此，1990年成立的“民主俄罗斯”竞选联盟在自己的纲领和口号中加入了旨在招揽俄罗斯选民的一系列新的要求，如通过新的俄联邦宪法，让东正教信徒重返教堂，在现实中实现俄罗斯主权。

民主派从自己的对手那里借鉴了这些口号，同时也赋予了它们新的含义：民主派最大限度地削弱了这些口号中的民族主义元素，对其使用时并不是重点强调“俄罗斯民族性”，而是强调“俄罗斯国家性”；不再使用苏联时期的概念解释“民族就是种族”，这也是俄罗斯民族主义者基本认同的概念，民主派提出了西方的概念——“政治民族”（这一概念解释了一种可以把所有公民凝聚在一起的、超越种族界限的共性）。虽然民主派偶尔也会想办法激发俄罗斯人的民族感，但他们会严格控制“度”，并始终把它作为辅助策略。总体上，民主派不会刻意突出这一主题，因为在他们看来，非俄罗斯民族和俄罗斯的民族自治地区是他们同“戈尔巴乔夫的权力中心”进行斗争的重要盟友。

尽管民主派在议会选举中获得了重大胜利，但总体上在人民议员代表大会内民主派和民族主义派形成了势均力敌的格局，这也是共产党人最初设定的格局。(在 1990 年 6 月，民族主义派创建了议员团“俄罗斯”，其最有名气的领导人为谢尔盖·巴布林和尼古拉·巴甫洛夫。)在第一届人民议员代表大会上，围绕着俄联邦最高苏维埃主席人选的问题展开了激烈的斗争，最终叶利钦也只是在第三轮投票中以微弱优势胜出。1990 年 6 月 12 日，人民议员代表大会通过了有关俄罗斯主权的宣言。总之，对于民主派和叶利钦来说，关于俄罗斯主权的口号就像有神奇的魔力，为他们打通了取得最高权力的道路。

于是，俄罗斯民族主义派陷入了窘境，即由其精心推出的俄罗斯主权主义思想转而成为其最凶恶的对手加以炫耀的成就，成为对手用以肢解苏联帝国的强力武器，而这种思想恰恰又是相当一部分民族主义者膜拜的信仰。在信息和政治领域受到孤立，又不擅于利用民众的支持，民族主义派全方位地输给了既获取了能量，同时又昏招迭出的民主派。至此，俄罗斯民族主义派仅剩下了一条出路，即投奔更加强大的政治玩家。而民族主义派最大的耻辱是在 1990 年满怀希望地促成了“俄罗斯共产党”的建立，因为他们认为，这个政党可以变为“俄罗斯人的党”，可以捍卫俄罗斯的民族国家利益和国家的统一，这一点同样被写进了于 1990 年春成立的“俄罗斯共产党”的党纲。

成立后不久，“俄罗斯共产党”立刻着手打造俄罗斯民族主义者和共产党人联盟。但是与 1990 年春成立的共产党联盟不同，新的联盟并不是打着红色的、布尔什维克的旗帜，而是坚持温和的民族主义道路，更为主要的是，奉行国家主义思想。换言之，新的联盟将坚持帝国民族主义思想，且不沾染其他意识形态的色彩。新联盟的推动者和幕后操纵者是在新组建的“俄罗斯共产党”内主管意识形态工作的书记根纳季·久加诺夫。

左翼和右翼联盟的形成分为两个阶段。第一个阶段始于 1991 年 2 月，根据“俄罗斯共产党”中央委员会的建议和鼓动，民族主义者、民族布尔什维主义者和新共产主义者聚集在一起，召开了名为“为了伟大和统一的俄罗斯”的主题大会。大会成立了新的委员会，专门负责与提出建立“右翼联盟”机构的协调工作。但很快，由很多俄罗斯共产党人支持的开展大规模院外活动的想法被临时搁置了，“俄罗斯共产党”决定采取院内斗争的方式，他们认为，凭借俄罗斯共产党在议会内强大议员团的力量一定会把叶利钦从俄联邦最高委员会主席的位置上拉下来，彻底除掉这个由政权力量支撑的超凡领袖。但在第三届人民议员非常代表大会（1991 年 3 月底至 4 月初）上，由于一系列的原因这一计划失败了。并且，叶利钦及其支持者也攫取了俄罗斯共产党的政治倡议，即议会首脑的职权范围已经被扩大了，接下来要在 1991 年 6 月进行俄联邦总统的选举。

短暂的大选活动以叶利钦的大胜而告终。虽然很多渠道都传递出叶利钦最终会获胜的消息，但叶利钦团队中还是很少有人寄希望于他在第一轮投票中就顺利胜出。最终，叶利钦获得了超过 57% 的支持票，紧随其后的是他的主要竞争对手、共产党的候选人尼古拉·雷日科夫，仅获得了 17% 的支持票。令人意外的是，位列第三（得票率略高于 7%）的是鲜为人知的政治家弗拉基米尔·日里诺夫斯基，他是规模并不大的“苏联自由民主党”（不久后变为“俄罗斯自由民主党”）的领袖。（尽管存在着偏差，但从类别上看“俄罗斯自由民主党”应该属于典型的俄罗斯民族主义派政党，它积极活跃在民族主义运动中，始终被视为俄罗斯民族主义运动的领头羊。）

在发表了帝国民族主义纲领后，日里诺夫斯基俨然成为 6 位总统候选人中唯一一个能够充分利用俄罗斯民族主义口号，且以极端激进的形式表现出来的候选人。因此，日里诺夫斯基的成就可以用来考量俄罗斯民族主义运动的政治发展潜力。但是，俄罗斯民族主义者却并非以同样的眼光看待日里诺夫斯基的成就，在他们眼中，日里诺夫斯基并不是“自己人”，也绝不是一个合适的领袖，更不能作为一个好的同盟伙伴。俄罗斯民族主义者以嫌弃的态度对待日里诺夫斯基的出身（他的父亲是犹太民族），同时也非常讨厌他那毫不遮掩的政治野心。

应该说，叶利钦在大选中的获胜直接导致了创建右翼联盟的计划重新被列入共产党人的议事日程。这一次，一些新的组织将加入其中，如苏联军队和海军舰队政治局，以及已公开建立的全俄爱国主义运动“祖国”。另外，久加诺夫和作家亚历山大·普罗汉诺夫共同拟就的《致人民书》（1991 年 7

月底）成为创建“右翼联盟”的重要倡议，它开启了大规模的政治运动（“人民爱国运动”）。

可以认为，在苏联解体前的5年内俄罗斯民族主义运动逐渐发展成为一个政治派别，但是它在组织上依然是软弱和零散的，在思想纲领上也是陈旧且缺乏吸引力。直到苏联解体前，俄罗斯民族主义运动也没有成为政治发展进程中的主导力量，它依然是配角，最好的情况也只是为共产党摇旗呐喊。

在“不妥协反对派”中

1991年8月，以革命的名义发生的暴乱被镇压后，苏共组织及其活动也被全面禁止，曾在俄罗斯政治生活中占主导地位的两极体制，即民主派对抗共产党的局面被彻底打破了，在俄罗斯的政治舞台上开启了新的政治力量重组。最早出现的结果是民主派产生了分裂，且主要围绕着两个焦点问题，即对俄罗斯经济改革模式的选择和如何对待置苏联于死地的《别洛韦日协定》等问题。如前文提到的民主派爱国主义力量——“俄罗斯基督教民主运动”和“立宪民主党－人民自由党”就先后离开了“民主俄罗斯运动”，并迅速转变为现行政权和制度的坚定反对派，由此获得了“不妥协反对派”的称谓。

当时，一些政治观察家曾认为，苏共被解散后俄罗斯民族主义派力量有能力成为反对派的核心，并且能够成为影响俄罗斯政治生活的主要力量之一。与此同时，1991年秋，几位俄罗斯民族主义派的核心人物把自己的政治前途寄托在大人物叶利钦身上，他们希望通过公开支持叶利钦总统以换取总统的庇护。人们由此产生了一个大致的判断，即由于新政权正面临着加速构建新的俄罗斯国家的任务，它只能为俄罗斯民族主义派披上民主主义的合法外衣，与此类似的情况曾发生在一些东欧和中欧国家以及苏联加盟共和国。

换言之，民族主义派乐观地认为，叶利钦在镇压了自己的主要对手——苏共后，一定会着手重建传统的俄罗斯帝国，到那时民族主义派一定会重归自己熟悉的角色，并成为政权力量的支柱。但是，《别洛韦日协定》和俄罗斯对外政策方针的亲美倾向以及激进经济改革的失败及其负面效应的显现，都使俄罗斯民族主义派重返强国轨道的希望落空。因此，民族主义派被迫重拾独立前行的思路。

从 1991 年秋至 1992 年秋，民族主义派试图吸引和团结其他的各派政治力量组建统一的反对派，其目的是反对新的俄罗斯政权，首当其冲的就是叶利钦总统。但是，这些建立强有力的、反总统的联盟的尝试都失败了。不管是谢尔盖·巴布林领导的“俄罗斯社会人民联盟”（创建于 1991 年 10～12 月），还是维克托·阿克休乞察和米哈伊尔·阿斯塔菲耶夫领导的“俄罗斯人民大会”（1992 年 2 月），以及由克格勃退役将军亚历山大·斯捷尔里高夫领导的“俄罗斯民族会议”（1992 年 2 月和 6 月），当然还包括“民族救亡阵线”（1992 年 10 月），这些组织的建立绝不仅仅是吓唬俄罗斯政权的，但最终它们都没能成为大规模的、有成效的政治组织。

造成这一局面的原因是俄罗斯民族主义各派缺乏吸引人的思想纲领，这导致其无力成为真正存在于共产党和西方民主派之外的第三股力量。此外，在缺少个性鲜明的领袖的情况下，民族派政治家更多地展现了个人的政治野心和欲望，这阻碍了民族主义各派政治力量的联合。同时，许多知名的民族派领袖本身就是俄罗斯最高苏维埃的成员，这使他们总是优先关注议会活动，而从未真正关心开展大规模政治运动所需的组织梯队的建设。

这让人想起了 1991 年 8 月后的民主派，正是它们同苏共的对抗使共产党人和俄罗斯民族主义者联合起来，尽管后两者在思想和政治目标上存在着巨大的差异，但他们都反对民主派主导的激进经济改革且都不认可《别洛韦日协定》，这促成了他们彼此间的联合。而现实中，创建更广泛的右派和左派联盟的想法最终也未能真正实现。为实现这一想法，在思想准备和组织筹划过程中起到了主要作用的是在反对派中备受欢迎且深具影响力的报纸《日子》（现在换成了报纸《明天》），当时它的版面充斥着号召“白色”力量和“红色”力量实现历史性和解的内容，并称这种联合是为了以民族革命的形式反抗“反人民的制度”。但实际上，这种联合是为了组建新的国内民族统一阵线，其模板是二战时期在欧洲各国出现的民族阵线组织，当时民族主义派为阵线注入了思想，而共产党人则为阵线带来了人民的支持。

但创建左派和右派联盟的努力并没有产生明显的效果。虽然在1992年3月1日联盟的筹划者宣布创建联合反对派，但事实上参与的只是俄罗斯民族主义派，共产党人则否定了自己之前的想法。因此，“民族救亡阵线”的领导层以及其他的左、右派联盟组织的参加者主要是俄罗斯民族主义者。之后，随着共产党力量的不断加强，尤其是在1993年2月俄共重建后，共产党组织常常表现出要将“民族救亡阵线”等民族派组织招入麾下的想法，这导致了“民族救亡阵线”的分裂，其内部的一些民族派组织纷纷出走和离开。

应该指出的是，在创建左、右派联盟的过程中产生的唯一一个积极的结果就是于1992年4月在议会中组建了议会联盟——“俄罗斯统一”，其创建者既有左派组织，也有民族主义派议员团（如“俄罗斯”运动、“祖国”运动、“俄罗斯共产党人”以及“农业联盟”等）。该议会联盟的人数为300~350人，大约占人民议员总人数的1/3左右，并且他们中有50人处在人民代表大会的最高领导机构——最高苏维埃中。该联盟的领导层主要由民族主义者组成，包括米哈伊尔·阿斯塔菲耶夫、伊利亚·康斯坦丁诺夫、谢尔盖·巴布林以及尼古拉·巴甫洛夫等人。

共产党人和民族主义者在思想和政治上的主要分歧被归结为对等级制度认识的不同，这也成为他们的联合之路不可克服的障碍。维克托·安皮洛夫领导的“劳动俄罗斯”和“俄罗斯共产主义工人党”属于共产党组织中最激进的派别，它们主张开展街头抗议活动，捍卫狭隘的“单个阶级合法论”，坚决拒绝与反共产主义者以及从民主派阵营投奔过来的人合作共事。同时，民族主义者们也没有主动尝试着去信任自己的左派伙伴，以便同心协力地同“反人民的制度”进行斗争。另外，众多的反对派领袖各怀异心，这严重影响并阻碍了反对派间的联合。

虽然在1992~1993年共产党各派和民族主义派等反对派组织经常被贴上“联合”和“不妥协”的标签，但实际上它们离达成一致还差得很远。

在议会中，左派和右派就某些问题的意见达成过统一，如共同组织过群众抗议活动。然而，共产党和民族主义者在议会外的组织和活动始终未能实现联合。议会内和议会外的反对派间仅有的几次合作和接触也显得异常脆弱和不稳定，常常是民族主义者刚定下调子，激进的共产党正统派就立刻予以否定，并重新定调。

与构建“不妥协反对派”同时进行的是组建中派反对派，其根基是“公民联盟”。应该说，“不妥协反对派”和中派反对派在纲领的细节上有一些相似之处，这为它们的合作提供了可能性。但是，由于两派的群众基础并不一样，政治气质和终极目标都存在着差异，这种合作只能是临时性的。

1992 年，在俄罗斯的政治舞台上形成了“三足鼎立”的政治模式，即民主派、“不妥协反对派”和中派，并且后两者不同程度地反对前者。很难说正处在形成阶段的反对派能给“八月政权”带来多大的威胁，因为它既未能获得来自体制内的支持，也没有找到一位制度内的领袖（如在议会中）。但恰恰是政权内部的分裂，以及随之而来的两权之间的矛盾冲突给予了反对派特殊的力量，并使“不妥协反对派”更加肯定自己的主张和想法。

政治冲突和民族主义

1992～1993 年，俄罗斯政治进程的特点是日益积聚的政治矛盾和冲突逐渐发展成为一场大规模的政治危机，最终这场危机于 1993 年 9～10 月爆发，并在持续了两周后以流血事件告终。这场政治危机的主要矛盾双方为把持政权的两股力量，即议会（最高苏维埃）和总统，外界更多地关注危机呈现的外在现象，而非导致危机爆发的原因。事实上，危机爆发的潜在导火索是俄罗斯的旧制度向新制度转化的进程，即加速从指令性的计划经济体制和家长命令式的行政体制向市场经济和自由民主的政治体制过渡。后共产主义时期，俄罗斯面临着体制的转型，两权之间矛盾冲突的格局也早早确立了下来。无论是议会，还是总统，都是民主制度下合法权力的代表，但同时在这两者之间缺乏明确的权力划分机制。因此，两权为了权力，为了占据正处于初创期的俄罗斯政治体制的核心地位展开了冲突和对抗。在思想纲领方面，总统和执行权力机构以及议会之间的矛盾主要集中在如何选择国家的经济改革模式，以及如何决定苏联的命运。而一些个人因素的作用给予了这场斗争残酷乃至非理性的特征，使这场斗争在手握重权、热衷于权力以及酷爱冒险主义的政客间展开，这些人包括总统鲍里斯·叶利钦，以及他的对立面议长鲁斯兰·哈斯布拉托夫和副总统亚历山大·鲁茨科伊。

1993 年初以前，“不妥协反对派”提出的主要口号是“从 1992 年春末起提议叶利钦下台”，但未能对议会的重要职能——制定政治方针的工作施加现实的影响。在这一时期，议会的工作是由议长哈斯布拉托夫和中派议员团掌控的，在 1992 年一整年的时间里议会展开的斗争活动仿佛并不是针对叶利钦总统，它只是不断地对总统施加影响以反对当时的内阁政府。在当时议会的斗争策略中，“不妥协反对派”的角色被定位为“撞城锤”，即利用由其公开的活动和举措通过人代会的渠道向总统施加压力，而最高苏维埃以及人代会中的中派议员团则注意保持谨慎的立场，并最终达成妥协或折中的决定。

从 1993 年春起，俄罗斯的政治冲突愈演愈烈，政治矛盾已经处于不可调和的状态。如果说在 1992 年议会中占主导地位的是中派力量，那么到 1993 年掌控权已经转移到了“不妥协反对派”的手中。

议会的政治倾向性并不仅仅是由它的内部机制和立法权力机构内部的力量配置决定的，在一定程度上它是由一种强大压力造成的。在此，这种压力是议会外反对派，尤其是左翼激进派和俄罗斯民族主义者施加给最高立法机构的。虽然在能动性和鼓动力方面民族主义者远不如左翼激进派，但双方的战略都具有了革命的特征。共产党人认为，这是“第二次无产阶级革命”，民族主义者则表示，他们发起的是“民族起义”。于是，由反对派在莫斯科发起的三次大规模群众示威抗议活动（1992 年 2 月 23 日和 6 月 22 日，1993 年 5 月 1 日）彻底断绝了它们同政权力量的公开接触。因此，反对派具有侵略性的政治风格促使政权力量决定“要给它们一个教训”，并在心理上做好了镇压有组织的街头抗议活动的准备。

1993 年 4 月 25 日举行的全民公决成为决定议会同议会外反对派关系走向的转折点。与最高苏维埃的预期相反，全民公决的结果显示了总统一方的获胜，而反对派的希望则落空了，其一直乐观地认为，在这场全民公决中政权力量不仅无法赢得社会的支持，同时也会丢掉自身的合法性。四月的公决结束后，议会被迫采取了同“街头反对派”公开结盟的策略，因为在这时它已经极度需要动员社会民众支持自己。

对于日里诺夫斯基的“俄罗斯自由民主党”而言，全民公决成了“真理时刻”。如果说在全民公决前“俄罗斯自由民主党”还完全赞同反对派尽快推翻现行政权的想法，认同现政权是没有根基的空中楼阁，那么，在全民公决后，自由民主党人立刻同主要反对派划清了界限，并且在明确自己的政治倾向前保持了观望、中立的态度和立场。此后，日里诺夫斯基参加了反对派抵制的宪法大会（1993 年 6 月 5 日），对由总统一方提交的宪法草案表示了支持，晚些时候则公开支持了著名的关于解散议会的第 1400 号总统令。

应该说，俄罗斯最高立法机关是被迫同议会外的激进主义者结盟的，而且它也无力掌控激进主义者的街头抗议活动。因此，议会内的“不妥协反对派”同专门进行街头抗议活动的激进主义者之间的联系完全是脆弱和不稳定的，并且这种联系更多是表面上的。综上所述，俄罗斯最高立法机关给人留下的印象是要依赖外部的力量来支撑自己的政治逻辑。而对于“不妥协反对派”而言，支持代议机构的意义在于，它可以使自己的政治诉求合法化。于是，尽管战略目的大相径庭，但议会和议会外反对派都企图利用对方。另外，正如 1993 年 9 ~ 10 月发生的一系列事件所展示的，左派和右翼激进派都不想削弱两权的任何一方，因为它们不想看到两权的一方轻易战胜另一方。

团结在议会周围的支持者并不都是对议会怀有好感，有很多人是因为憎恨总统政权以及与其有关的机构或人。在保卫“苏维埃大厦”的人群中起到主要作用的是激进主义者，其政治色彩各不相同，“红色的”代表了安皮洛夫领导的共产党人，“黑色的”则代表了来自“俄罗斯民族统一运动”的极端民族主义者。但不管是哪一方都没有想过去捍卫俄罗斯的民主制度，他们的行动完全是由不同的动机驱动的，即挑起社会或民族革命。如果议会一方最终获得胜利（必须承认的是，在1993年10月3日的数小时内议会一方离最后的胜利相当接近），那么攫取胜利果实的一定不是最高苏维埃的领导者，也不会是鲁茨科伊，只会是在背后支持他们且手持武器的那些人。

反对派所期望的社会报复和民族革命都破灭了，议会同总统一方正面交锋的失利也是注定的，这就为左翼和右翼反对派提出了新的课题，即必须严肃认真地修订自己的政治战略。在国家杜马选举期间，新产生的俄罗斯议会下院禁止在议会中再次出现左派和右派的联盟。当时俄罗斯国内最大的政党——根纳季·久加诺夫的俄共不喜欢在自己的选民圈内划分明确的界限。事实上，俄共的“白色”同盟者并不信任自己的“红色”盟友，并认为他们是1993年10月政治溃败的罪魁祸首。在议会选举中，反对派获得了新的发展契机，即在直面竞争对手的同时可以确定，究竟是共产党人还是民族主义者，他们中谁能够赢得社会民众的信任，谁可以成为反对派运动的核心力量和开路先锋。

在失去了盟友的支持后，俄罗斯民族主义派凸显出自己组织的虚弱性，并导致了选举活动的彻底失败。其中，任何一个民族主义派政治组织都无法征集够10万份签名，而这是俄联邦中央选举委员会为政党注册设定的必需条件和最低门槛。尽管如此，日里诺夫斯基的“自由民主党”却获得了新的发展良机，赢得了非共产主义倾向的反对派的支持。

1993年12月12日的议会选举结果（与议会选举同时进行的是就新俄罗斯宪法草案举行的全民公决）对于叶利钦政权具有双重意义。一方面，以全民公决的形式通过了新俄罗斯宪法，该宪法慷慨地赠予了总统巨大的权力，同时几乎剥夺了一切议会应有的特权，因此，新宪法被冠以“超级总统制共和国宪法”的名称。另一方面，对于现政权而言，议会选举的结果又是令人担忧和沮丧的，并且标志着新俄罗斯国内的政治不满情绪明显增加。在选举中，打着激进民族主义旗号的“俄罗斯自由民主党”取得了出人意料的好成绩，在政党选区以23%的得票率排名第一。叶·盖达尔领导的亲总统派的竞选联盟——“俄罗斯选择”是大选前呼声最高的政治力量，它以15%的得票率在政党选区排名第二；位列第三的是获得12%支持票的俄共，在选举期间它的宣传鼓动活动受到了极大的限制。另外，参考单选选区的成绩，“俄罗斯选择”获得76个议员席位排名第一，“俄罗斯自由民主党”排名第二（63席），排在第三位的是中左派议员团、亲俄共的“俄罗斯农业党”（55席），紧随其后的则是俄共（45席）。之后不久，在议会内部形成了三个不同的议员团体，其中民族主义派议员团是由谢尔盖·巴布林领导（共有25人）。这样一来，在议会选举后反对派取得的成绩是显而易见的，它控制了议会的188个席位，相反，民主派的失利也是不争的事实。

这样的议会选举结果完全出乎总统一方的意料，也是其不能接受的，因为总统派一直指望着通过选举巩固和加强自己在1993年10月取得的胜利果实。同时，议会选举后随之而来的是一波高频率的新闻发布会，因为日里诺夫斯基的政党引起了国内外媒体和政治分析家的浓厚兴趣。应该说，日里诺夫斯基的“俄罗斯自由民主党”能够取得如此惊人的成绩应归功于其思想的多变性和多元性、政党组织的平民化、擅于激起俄罗斯人的民族自尊感，以及其政治领袖日里诺夫斯基自身具备的巧言善辩且擅于利用电视媒体的特点。

显然，上述情况的出现是有自己的道理的，但在广义的社会学范畴内可以用民主制度转型（不同制度间的转变）的逻辑来解释议会选举结果。根据这一逻辑，1993年12月的民主选举只是表面上通过存档的形式记录了“第一次”民主选举，而实际上它应是“第二次”民主选举。因为，第一次自由的、“具有开创意义的”选举活动本应在1991年8月，即共产党体制在苏联垮台后举行，但由于一系列原因当时的俄罗斯政权并没有决定进行选举活动。并且，依据惯例，“第二次”选举结果往往都是“令人失望的”，因为这时在社会上大量存在的“政治摇摆人”常常会选择倒向反对派。

“十月后的政权体制”正经受着明显的政治和思想危机，这迫使它主动从民族主义反对派那里借鉴爱国主义口号及其用语（如“强国”“民族骄傲”“俄罗斯的伟大”等）。在此，叶利钦政权无论是在内政（如车臣战争），还是在外交方面（如大多通过口头的照会强化俄罗斯的态度和立场）

都采取了一系列的措施和手段，这为正处于转型初期的俄罗斯政权打下了一个烙印，即它的转型具有传统的（指的是继承了苏联帝国的俄罗斯）动机和目的。

之前曾有预测，认为国家杜马的职能和行为将类似于被解散的最高苏维埃，注定会同权力执行机构产生冲突，但事实上，在新一届议会的下院，无论是左派还是民族主义反对派，在行事时都异常谨慎和小心。如“俄罗斯自由民主党”尽管常有激进的言辞，但其政治路线和策略就显得温和多了。“俄罗斯自由民主党”的领袖日里诺夫斯基经常有一些不体面的、爆炸性的发言，大众媒体也常常指责“俄罗斯自由民主党”的行为非民主化，且近似于法西斯，但是所有这些都没有妨碍日里诺夫斯基的政党顺利地同当权者找到了共同语言，并且它多次在议会投票中支持了当权者及其政府。在“俄罗斯自由民主党”的积极参与下，在车臣战争初期议会反对派尽管也在批评叶利钦总统及其政府，但总体上给予了重要的支持，使议会冻结了那些反战争提案。

议会外的俄罗斯民族主义者一致支持叶利钦政权在车臣的军事行动，他们认为，这是现政权向民族帝国迈进的重要标志。并且，议会外的民族主义者在思想和情绪上更加激进，其代表者为“俄罗斯民族统一”运动，是由一系列规模较小的政党联合组成的，包括“人民民族党”“人民社会党”“民族阵线”“俄罗斯民族联盟”等。应该说，右翼激进派并不认同甚至是抵触比较温和的民族主义者和左派组织的，它们在思想和意识形态方面实际上已经与法西斯主义没有区别了。

在此，对“法西斯主义”这一命题的使用并不是在政论语体中，而是从科学研究的角度出发。当代史学研究认为，“法西斯主义”是一个具有众多血缘分支的概念，它包括了纳粹主义，以及以不同形式呈现的法西斯主义的非纳粹主义形式，其核心是构建民族复兴的神话。俄罗斯国内的法西斯主义的典型特征包括以下几个方面：从种族的角度理解俄罗斯民族，即强调血缘的同一性，并宣称俄罗斯的民族利益绝对优先；民族沙文主义以及明确表示出的反犹太主义；完全否定自由主义和民主主义价值观；企图建立专制制度国家；在经济上号召走不同于社会主义和资本主义的“第三条道路”；主张排外，并号召对外扩张。

“新右翼反对派”在观点和立场上接近于法西斯主义，但并不完全一样。“新右翼反对派”一直希望把经典的右派和左派思想及价值观结合起来，并笃信“保守革命”的思想。俄罗斯“新右翼反对派”最著名的理论家和鼓吹者是亚历山大·杜金，他是杂志《元素》和《小天使》的出版人，以及一系列书籍和小册子的作者。

检阅——1995年和1996年

应该说，对于这次选举活动民族主义反对派准备得要比 1993 年充分得多，大约一半（指的是占民族主义派政治组织总数的一半）的组织被允许参加议会选举。但最终的选举结果表明，只有“俄罗斯自由民主党”顺利通过了议会设定的5%的准入线。这也是在 1995 年 12 月 17 日举行的议会选举活动中爆出的重大新闻之一。在选举前，俄罗斯的观察家们预测，在上一次选举活动中取得成功的“俄罗斯自由民主党”这次注定要失败，最好的情况就是勉强达到5%的及格线。但是，最终结果却与这些观察家的预测相反，“俄罗斯自由民主党”再次在选举中取得胜利，在政党选区中它仅次于俄共，名列第二（自由民主党人赢得了 11.8%的支持票），在单选选区中则排名第三（位列第二的是亲政府的“我们的家园——俄罗斯”运动）。毫无疑问，这次杜马选举的最大胜利者是俄共，它共获得了 157 个议会席位，同时，这次选举也被视为之后将要进行的总统大选的预演。

另一个让人惊讶的新闻则是“俄罗斯公民大会”在选举中落败，因为在预测中它一直被认为是领先于众多竞选对手的佼佼者。“俄罗斯公民大会”是一个民族主义派政治组织，成立于 1993 年，其目的是捍卫俄罗斯人以及生活在俄罗斯周边国家的俄语居民的利益，其领袖是年轻的政治家德米特里·罗戈津。从 1995 年春起，“俄罗斯公民大会”吸引了众多选民的目光，当时它的领导人是俄联邦安全会议前秘书、俄罗斯商品生产者联盟总裁尤里·斯科科夫，他被认为是当时俄罗斯国内最有影响力的“幕后”政治家之一。斯科科夫的副手选择了俄罗斯第 14 军军长，曾率军驻扎于德涅斯特河流域的少将亚历山大·列别德，他在当时俄罗斯选民中具有超凡的影响力。拥有了一大名人，另外又加上富有吸引力的竞选前活动，“俄罗斯公民大会”寄希望于在议会选举中获胜。但实际上，“俄罗斯公民大会”未能突破 5% 的议会选举门槛，最后只有 5 个人进入议会，其中列别德自己也是通过单选选区的选举才得以入选。

总之，“俄罗斯公民大会”失败的原因在于，对于俄罗斯民族主义派的支持者及普通选民而言，在它的身上民族主义和反对派的成分不足，这主要是指它对叶利钦政权的态度相对温和，不如反对派和民族主义派那样坚决。因此，“俄罗斯公民大会”的一些潜在支持者宁愿把自己的选票投给以“俄罗斯自由民主党”为代表的“真正的”民族主义者和以俄共为代表的真正的反对派。

议会选举结果基本展示了俄罗斯民族主义派的选民发展潜力大大逊色于共产党人。在俄罗斯社会中，激进民族主义者的立场由于车臣战事产生动摇，因为极端民族主义派领袖日里诺夫斯基充分显示了自己好斗和好战的特点，这是很危险的。同时，这也是导致日里诺夫斯基在总统选举中失去良机的主要原因。

一部分民族主义者在经过了短暂的摇摆后决定支持反对派候选人、俄共的领袖久加诺夫，其中包括巴布林和鲁茨科伊领导的政党组织以及一些小规模的民族主义派组织，它们一起加入了“人民爱国力量联盟”（这是一个近似于“人民阵线”的组织）。右翼激进派则坚决拒绝加入由共产党领袖领导的联盟，然而由于其自身也无法提出强有力的总统候选人，于是选择了支持叶利钦。并且，需要指出的是，右翼激进派笃信的原则是“越差越好”。

虽然日里诺夫斯基作为独立候选人参加了总统选举，但由于当时俄罗斯社会民众对其评价极其糟糕，这已经注定他早早失去了进入第二轮投票的希望。

对于叶利钦总统一方而言，决不允许久加诺夫争取到非共产主义倾向的反对派选民。而列别德将军非常适合充当“安插在敌人队伍中的自己人”的角色。因为列别德将军是一个具有非凡魅力的人，他有着忠诚战士的形象，在反对派中，特别是在具有民族主义政治倾向的选民中极受欢迎且享有盛誉。而拉拢极重功名的列别德的出发点在于，他在大选活动中缺乏资金援助，且缺少信息和得力的精英团队等资源。因此，这种合作对于列别德是有利的。叶利钦总统同列别德的合作始于 1996 年 3 月。列别德的选举阵营吸收了一些知名的自由派代表，由此列别德也获得了不少的资金援助，并顺利地与大众媒体建立了联系，甚至可以自由地同地方政权进行交往。

获得更大的权力以及自由派的资金援助已经成为列别德竞选活动的主要目的。而列别德作为一个进步的将军和一个市场经济拥护者的形象也已深入民心，俄罗斯民众相信，他有能力扭转俄罗斯混乱的政治和经济秩序。另外，列别德成功地借用了共产党人的口号，即“要同犯罪和贪腐行为做斗争”。同时，列别德表现出自己绝不是一个民族主义者（在他的纲领和宣传活动中极少强调民族问题），他表现得更像一个凌驾于政党和政治纷争之上的国务活动家，他极力让自己看起来更像是“俄罗斯的戴高乐”，关心的是国家的富足。

应该说，在总统选举的第一轮和第二轮投票间，叶利钦总统一方的深思熟虑和良苦用心已显露无遗。当时，在第一轮投票（1996 年 6 月 16 日）后叶利钦和久加诺夫之间的得票差距并不大，具体为 35.28% 对 32.04%，而列别德则排名第三（他获得了 14.52% 的支持票）。列别德呼吁自己的支持者在第二轮投票中把票投给叶利钦，这不仅促成了叶利钦的最终获胜，同时也为自己换来了国家安全委员会秘书及总统国家安全事务助理的职位。并且，叶利钦还发表了一份模棱两可的声明，大致的意思是承认列别德为自己的接班人。

但是，叶利钦和列别德的结盟从一开始就隐藏着矛盾和冲突。在总统的选举策略中列别德将军的作用虽然被认为是重要的，但他终究还是属于从属的位置。如果说邀请列别德加入政权是出于选举策略的需要，那么对于这位具有极大政治野心的政治家而言，与总统一方的结盟则是带有前提条件的：

列别德将军把这一结盟视为奔向俄罗斯政坛奥林匹斯山顶峰的踏板。因此，结盟的各方，包括总统班子、亲叶利钦总统且已达成利益默契的俄罗斯精英以及列别德将军，从结盟之初就有着严重的分歧，这注定他们之间必然会爆发冲突。

自从这位神秘的、酷爱权力的民意维护者——列别德进入了俄罗斯最高权力阶层后，在俄罗斯权力高层业已形成的权力平衡面临着被打破的危险，并且他的到来也威胁到了支撑最高权力阶层的基础核心，这也是俄罗斯的金融寡头们联合起来反对列别德的原因。而与他们不谋而合的竟然还包括反对派，如久加诺夫领导的共产党和日里诺夫斯基领导的“俄罗斯自由民主党”，因为在反对派看来，表面上依然属于反对派行列的列别德的得势必然会导致反对派组织的分裂，造成反对派选民的流失和减少，削弱反对派在社会中的影响力。因此，列别德在政权中心的位置是极为脆弱的，他已成为政权阶层和反对派共同针对的对手。

从列别德被任命后他就已处于孤立中，他希望扩大国家安全委员会的职权范围、影响官员的任免，以及在最高权力层面影响决策的制定等都被严厉地拒绝了。但列别德出人意料地在“荆棘密布”的车臣地区通过调解车臣冲突博得了新的荣誉和民众的信任。对于俄罗斯政权高层来说，这是他们始料未及的。他们原以为在车臣地区战事最激烈的时候任命列别德为“和平使者”（1996 年 8 月 10 日）可以有效地打击这位将军的政治声望，但列别德并未身陷泥潭，反而竭力通过自己的行动和手段最大限度地扩大了自己的声望，这倒使俄罗斯权力高层陷入困境，即他们究竟应该继续进行这场不受欢迎的战争还是依从车臣的条件缔结和平协议。应该说，列别德进行了一场赌博并最终成了赢家，在哈萨维尤尔特同车臣签署了和平协议后，列别德被社会民众誉为一位为国家利益着想的高效的政治家。

而列别德将军赢得这一成就时（1996 年底，在民意调查中列别德作为总统候选人的声望已经远远超过其他几位可能参选的候选人，他的支持率一直高居 25% ~30%）恰逢叶利钦总统由于不明原因出现身体健康问题，并要进行复杂的外科手术，这使俄罗斯的权力精英阶层加剧了对列别德的恐惧感。与此同时，列别德也开始筹划提前进行总统大选，这实际上等于公开了自己的真实目的。因此，将列别德清除出权力阶层只是时间的问题了，而具体的行动计划和措施都得到了俄罗斯高层权力核心的支持。

对于列别德而言，局势变得更加严峻了。尤其是1997年春，在经历了复杂的手术且长期的康复治疗后叶利钦总统重返岗位，这对列别德的计划几乎造成了致命的打击。因为这意味着列别德已失去了自己政治战略的关键前提，即提前举行总统大选。同时也意味着他必须改变自己政治战略目标，即不再寄希望于政治上的极速启程，而是要准备好迎接漫长而艰苦的赛程。

1997年一整年列别德都在忙着创建属于自己的政党，到处寻找资金援助，力求突破叶利钦政权对他的信息封锁，调整自己的策略以及在政权精英阶层寻找同盟者。虽然他仍是俄罗斯国内最有影响力的政治家，但他暂时无法成为在全国范围内具有同样影响力的反对派组织的领袖（或者说他现在具备这样的潜力）。现实的情况促使列别德决定在1998年春参加克拉斯诺亚尔斯克边疆区的州长选举活动，并寄希望于在获胜后可以将该边疆区作为自己日后政治会战的大本营。

虽然列别德在州长选举中赢得了胜利，但是他所取得的州长职权并没有给他带来预想的利益，反而使他身陷泥潭。因为与在地方极具影响力的精英阶层产生了激烈冲突，列别德失去了巨额资金的来源，由自己一手创立的运动和政党也处在分裂的边缘。这些因素导致列别德在俄罗斯国内外的光环开始褪色，并最终影响到他的政治前途。

1995～1996年的选举以及选举后的一段时期都表明，在俄罗斯的政治舞台上“俄罗斯自由民主党”的作用和影响力一直在不断地下降。对于这一现象已经不能简单地用竞争更加激烈这一原因来释疑，即不能认为是列别德的崛起夺去了日里诺夫斯基政党大量具有民族主义政治倾向的选民，但在一定程度上说明了“俄罗斯自由民主党”的政治战略和手段出现了一些问题。表面上，“俄罗斯自由民主党”依然是一支反对派力量，但是在议会中它的议会党团经常在关键问题的投票上支持“政权党”，这令很多日里诺夫斯基的支持者感到失望。最终，日里诺夫斯基的“俄罗斯自由民主党”已经转化成为体系内的重要元素，尽管在政治格局中处于边缘化的状态，但它的活动极大地维护了体系的稳定。

其他的民族主义派政治组织，包括温和派和激进派的政治影响力都很小，在政治上处于边缘化的境地。它们中的一部分投奔了“人民爱国力量联盟”，处在俄共的“政治庇护”下。另一部分如“俄罗斯社会人民联盟”希望同久加诺夫及其政党保持距离，并推行自己的政治路线，但由于力量弱小且缺乏强有力的盟友的支持而没有取得任何成果。还有一些民族主义派政治组织，如“俄罗斯公民大会”投奔了由时任莫斯科市长的尤里·卢日科夫组建的“祖国”运动。

此外，右翼激进派政治组织在俄罗斯政治舞台上也日益衰退，其中最强大的“俄罗斯民族统一”运动虽然在人数和影响力方面都略有提高（尤其是在俄罗斯南部地区），但在现实政治中并没有取得任何成就。

有人认为，俄罗斯民族主义派最终会同自由主义和共产主义各派达成妥协，这个结论和预测显得过于草率。民族主义派的活动虽然还是很频繁，并且很热闹，但他们的影响力很小是不争的事实。虽然根据一些调查结果显示，有1/5～1/4的俄罗斯人在情绪和心理上能够接受俄罗斯民族主义，但在现实中民族主义的选民圈很小。

俄罗斯民族主义派选民主要分布在一些大城市或正处于交战状态的地区（主要接近于北高加索地区），在社会中他们只能在那些被称为“民族”资产阶级并为赢得一席“阳光普照之地”而奋斗的中小资产阶级那里获得认同感。同时，在俄罗斯各地民众的意识中，民族主义情绪并不占统治地位，强国主义和社会保守主义情绪更受欢迎。因此，在俄罗斯的内陆地区多数选民并不是投票支持民族主义者，他们更多的是支持共产党人，因为在他们眼中，共产党人奉行国家主义和保守主义原则，是社会公正的理想化身。令人奇怪的是，西方文明认为社会主义传统是反保守主义和反民族主义的，但在俄罗斯它们却成为国家传统的组成要素。

值得关注的是俄罗斯民族主义正面临的危机状态，而这种危机状态不仅仅是俄罗斯反对派现时需要面对的，同样也是俄罗斯国内政治危机的一种反映。并且，目前针对这种危机提出的各种“诊断”和措施也未必是最好的方案。同时，不能排除在俄罗斯民族主义运动中正孕育着新的政治行为体。当然，结果也可能正相反，即俄罗斯民族主义运动彻底退出政治舞台，退化成某种特殊的派别。但毫无疑问，不管是哪一种情况，俄罗斯民族主义运动的命运取决于俄罗斯国家的发展程度（这种发展会影响到民族主义运动的发展）。不管怎么说，不应提前决定未来的事情，在世纪之交俄罗斯民族主义运动还有机会发挥自己的作用。

结 论

E. A. 杰维廖娃　B. Д. 索洛维

《俄罗斯政党：历史与现实》通过回溯近百年的俄罗斯历史，综合分析和研究了俄罗斯国内政党制度的发展，本书的结论是由编辑和作者们共同得出的，同时也对多党制在俄罗斯的前景问题进行了分析和解答。

如果不了解俄罗斯多党制发展的独特性（与其他国家相比），或者不分析它的典型特征，就无法回答前面提出的问题。显然，俄罗斯多党制的特点是俄罗斯历史发展进程及国内政治演变的结果。如果说到决定俄罗斯政党制度的自然属性和特征的具体因素，则主要归纳为：政党产生的条件、政治文化的类型以及俄罗斯政权组织的特点。

在俄罗斯，20 世纪初期的政党制度及 20 世纪末期出现的多党制都是在缺乏公民社会这个前提条件和基础的情况下产生并形成的，这就导致俄罗斯民众自身具备的社会政治激情和能量无法得到正确的引导和利用。的确，在比较相关的历史发展主线时就会发现，与 1905 年沙皇政权在自下而上产生的巨大压力下颁布《十月宣言》不同，在 20 世纪 80 年代下半期，由于戈尔巴乔夫在苏联社会推行政治经济改革，社会民众已经开始接受政治多元化的孕育和产生。

在西方国家，政党主要是通过“自下而上”的方式产生的，这反映了客观的社会需求和孕育政党的成熟社会条件的存在；与西方国家不同，俄罗斯的公民社会异常虚弱无力，因此在这里起作用的只能是另一种原则。在俄罗斯，知识分子“自上而下”地培育并构建政党的组织结构，他们认为，这些人为建成的政党早晚能在社会中寻找到可靠的支持。唯一的例外应该是当代俄罗斯的左派政党、苏共的继承者——俄共，它是在苏共于 1991 年被禁后通过“自下而上”的方式重建而成的。

目前在俄罗斯，政党的创建和建设工作异常艰难，这主要是因为“旧的”苏联社会阶层在很大程度上已经瓦解了，而新的社会阶层还没有形成，并且它在形成过程中恰恰又遇到了大规模的金融经济危机（1998 年夏末至秋天），且因此而中断了。

此外，在俄罗斯社会民众不擅长表达自己的社会政治利益，这导致了俄罗斯的政党普遍具有“思想政党”的特征（他们常常把政党纲领的第一章确定为思想原则，而不是具体的、现实的目标），反映的也通常是思想目的，而非民众的日常需求和社会关注的问题。这一情况导致的后果是，俄罗斯各政党普遍缺少科学的、有依据的政治经济纲领，在纲领中根据政治局势的变化经常充斥着彼此雷同的内容。

20 世纪初，俄罗斯奉行的依然是传统的政治文化，虽然在过去的百年间俄罗斯经历了巨大的变化，并受到了现代自由民主政治文化的强烈冲击，但是家长式的专制统治制度仍然维护住了自己的地位和影响。对于专制统治制度而言，它只接受专制和独裁，拒不接受分权制；专制制度也不接受反对派，因为反对派站在它的对立面，并且在反对它的时候总能做到团结一致；在专制政权的思想意识里，通过合法竞争的形式获取政权的原则（这其实是政党最重要的职能）本身就是不可接受的。

这一套专制体系不仅对于社会各阶层民众，同时在一定程度上对于政治精英阶层和服务于它的知识分子阶层而言都是独特的。俄罗斯政权世代相传的特点包括了不间断的冲突和对抗、拒不接纳外来思想以及长期以来形成的对事物缺乏耐心。因此，可以断定，20 世纪初沙皇政权是被迫允许多党制存在的，而事实上沙皇政权不仅不打算接受多党制，而且还想尽一切可能地、一劳永逸地消除这一“极其有害”的现象。类似的政治危机发生在 1992 ~ 1993 年，当时如果不是发生了流血冲突事件，这场危机还结束不了。但在危机中，冲突的双方彼此都显露出了妥协的倾向，并希望遵循民主程序来解决矛盾冲突。

在俄罗斯的政治舞台上，一种政治文化能否占据统治地位的前提条件是要在政权与反对派的斗争中强调坚忍无情和决不妥协的个性。这在20世纪头20年的俄国表现得特别明显，当时的政权与反政权力量，制度与反制度力量一直在进行全力对抗。

在俄罗斯历史上特别突出的一点是缺乏“中间派文化”的传统。在政治上，这表现为异常鲜明的两极性（一极是过于庞大且被奉若神明的国家，另一极则是无政府主义刁民）。出现这种情况是因为在当时的俄国中间派政治力量极弱，无力参与另外两极的斗争。毫无疑问，这种情况对于历史上以及现阶段尝试在俄罗斯创建中间派政治组织是有极大负面影响的。

最后，需要强调的是，在俄罗斯政权机构一直拥有极其庞大的权力分支机构，这是以牺牲掉代议机构为前提的。无论是在20世纪初，还是在现阶段，议会始终处于从属和依附的地位，它的职权范围被严格限制，对政治的影响力很小（虽然现在的影响力比90年前有了明显的提升）。因此，国家和地方各级议会无法推动和促进政党组织的发展，政党也逐渐失去了实现自己主要目标（通过立法机构参与国家政权及政策决定）的良机。

上述列举的因素是俄罗斯多党制虚弱且不能健康发展的原因，这一结论适用于20世纪初以及20世纪末期的俄罗斯政治状况。俄罗斯政党的地位和影响力在很大程度上是由在全俄范围内通行的比例选举制支撑起来的，如果取消这一制度政党在俄罗斯的数量就会急剧缩减，而政党制度的总体发展则是令人失望的。大部分俄罗斯政党具有“曲高和寡”的特点，完全有理由称它们为“沙发党”。并且，当代俄罗斯政党常常发挥不了自己特有的作用，只能扮演院外集团的角色，或者是充当政治关系中的枢纽，专门为某一高级政客服务。

俄罗斯多党制的另一个特点就是政党和运动组织的数量极为庞大。在20世纪初俄国存在着近300个在全国范围内拥有影响力的政党和运动。在新建立的俄罗斯联邦，据统计，到1999年夏已在联邦司法部登记注册的全联邦社会联盟达到了3500个，在俄联邦境内其总数达到了10万个，而根据联邦司法部的意见和标准，其中至少一半的组织将被清理。目前，参与到俄联邦政党体制运行中的政治组织超过了 250 个，它们都力争使自己的组织在全俄范围内具有影响力和地位。这样独一无二的多党制在俄罗斯出现的前提条件有很多，首先就是俄罗斯社会环境的复杂性，以及知识分子在思想政治立场上的极端性，同时也应注意到，目前俄罗斯正在经历着体制转型和过渡的阶段。

在长达数世纪的历史中，在俄罗斯并没有形成在法律和政治意义上统一的民族，在经济和文化的认同上也缺乏同一性。于是，俄罗斯社会一直呈现的是不同民族和文化共存的混合体，多种经济成分并存，等级隔阂明显，公民缺乏应有的平等权利和必需的政治自由，这就是外表看起来“统一且不可分割”的帝国。在很大程度上，相同的情境一直保留到 1917 年“十月革命”后，尽管苏共通过硬性规定塑造了同一性，即苏联人民，但是在长达 80 年的时间内它却无法创造一个统一的民族，也无力抹平各民族共和国和地区间的经济发展差异。所有这些都推动了知识分子阶层在立场和认识上的分裂，相应地，也促使他们组建了众多的组织和小团体，并宣称自己的组织为政党和政治运动。

现阶段，在俄罗斯出现了数量众多的政党和政治运动的主要原因是政治领袖们企图以此为渠道进入权力阶层，首先就是要进入立法权力机构。因此，许多已经建成的政党，包括正在草创的政党都挑选议会选举和地方立法机构选举以及俄罗斯总统选举的时刻宣布自己成立，其目的也是获取选民支持。最鲜明的例子要数“我们的家园——俄罗斯”、“祖国”运动、“全俄罗斯”运动以及“俄罗斯之声”等组织，它们都公开宣称自己为“政权党”。但是，大多数政党并不公开参与政治事务，它们只是躲在幕后，“在暗地里谋划和斗争”，并在议会选举失败后竭力争取把自己人数和规模并不大的选民圈出卖给规模和影响力都很大的政党。另外，值得注意的是，绝大多数小规模的政党（除了它们的领袖）极少为人所知。

实际上，在当代俄罗斯只有一个政治组织具备完整意义上的政党的一切标志，即俄共，但它在很大程度上是继承了上一代的苏共。除了俄共外，在某种程度上能够配得上全联盟政党地位的也只有“俄罗斯自由民主党”、“雅博卢”联盟和某一时段的“俄罗斯农业党”。

必须指出的是，在俄罗斯并没有真正产生社会民主主义倾向的政党，这其中有一系列的主观和客观原因。其中最主要的原因是中产阶级尚未形成，以及工人运动游离于主流的社会政治运动之外。并且，一部分知识分子在其中起到了负面作用，他们致力于效仿美国的思维模式和生活方式，同时忽视西欧国家的发展模式，其实在那里（包括一些发达国家）社会民主派已经占据了统治地位。除了上述原因，社会民主派在俄罗斯得不到民众的信任也有历史原因，如以斯大林为首的苏共领导层在其执政后期曾到处散播对社会民主派的不信任。

另外，仍须指出的一点是，俄罗斯多党制尚处在过渡阶段。正如 20 世纪初的沙皇俄国，政党的产生及其合法化是政治、经济现代化进程加速的结果的反映，是对“赶超式发展”的一种响应。同时，当代俄罗斯多党制的产生正逢后共产主义时期转型阶段，而俄罗斯正处在现代化进程加速，并从专制体制向政治民主化和市场经济过渡的阶段。但是，这一进程本身并不能保证最终实现现代化、政治民主化以及市场经济等目的，并且，也可能出现进程迟滞、中断甚至掉头走回头路的情况。众所周知，俄罗斯第一次政治民主化的尝试被流血冲突打断了，并最终确立了专制体制，尽管如此，我们也必须承认，布尔什维克实际上完成了俄罗斯经济现代化的基本任务。

因此，可以推断，当代俄罗斯多党制的建立只是一个过渡性的阶段性成果，它距离实现这一进程的最终目标还很遥远。形象地说，这就是一艘被冠以“俄罗斯”之名的大船，尽管历经无数次的改革和革命，换了无数的船长（沙皇、总书记和总统），它依然徘徊在海岸线之外，这是因为它缺少必要的导航仪，使它能够找到正确的路线，并引领它进入港湾。

但是，如果认真研究俄罗斯的政治发展史，就一定会对目前俄罗斯的政治发展抱有谨慎的乐观态度。根据一系列重要指标，当代俄罗斯的政治发展状况要远远优于 20 世纪初，即悲剧式的崩溃发生前的状况。这里指的是目前阶段通过社会舆论和媒体机构的调查，能够确定俄罗斯社会民众真正具有自己的政治目的。

尽管俄罗斯大多数民众对“民主”和“市场”等概念比较冷淡，甚至是抵触（这是因为民众是通过“自由化改革”接触和了解到这些概念的，但事实上这种改革同真正的自由主义没有丝毫关系），但他们还是积极地了解并接纳这些要素是民主社会价值观和制度的基本体现，如自由竞争的选举活动、独立的媒体、多党制、法治国家、议会制、市场经济等。必须着重指出的一点是，目前在俄罗斯只有10%多一点的人支持以革命的手段消灭现行的政治和社会经济制度，同时大约有2/3的人允许通过渐进式的演变改变现存状态。

当然，可以去反驳上面的说法，如认为政治激进派的支持者占俄罗斯民众的10%这个比例并不小，因为当初布尔什维克赢得政权时的支持水平也就大抵如此，也谈不上是高支持率。但问题在于，目前俄罗斯主要政党（这里指的是左派政党）的政治气质早已远离了革命式的激进主义，这从其精英成分和投票支持它的选民构成中可以看出。现在俄罗斯政治舞台上的主要力量，如俄共在实际活动中遵循的是民主原则，并且客观上支持现存政治体制的稳定。因此，俄共和其他左翼温和派的领袖事实上已经成为俄罗斯政治核心力量的一部分，他们不会再执着于革命的反对派精英的名号。

目前，以极左派和极右派为代表的政治激进派在俄罗斯政治舞台上处于边缘状态，它们只是一群人数少、影响力较小的团体和组织。但不能因此而忽视它们团结起来后所产生的巨大影响力，尤其是在俄罗斯政治局势恶化（主要是由俄罗斯政治精英不负责任的态度以及自私自利的行为导致的）的情况下。

因此，对政治精英阶层的严厉批评是完全正确的，但必须指出的是，他们也在慢慢地学习掌握民主规则和程序，不能指望情况一下好转。同时，政权精英阶层也清楚，它们必须拥有自己的政治组织去参与竞选活动，这就是它们创建“我们的家园——俄罗斯”运动的动机和原因。但是政权精英阶层希望在俄罗斯现有的条件下复制美国两党轮流执政的模式（在俄罗斯它们的想法是分别组建两个亲总统的中右派和伪装为左派的中左派组织）是不现实的。尽管如此，这样的想法有助于促进俄罗斯政党制度的发展，并在民众的政治意识中巩固多党制的地位。

由此可以得出结论，总体上多党制有机会在现阶段的俄罗斯站稳脚跟并得到进一步的发展，它的情况要远远好于它第一次在沙皇俄国出现时的状况。具体的理由主要包括以下几点：第一，对它的支持是一种社会需求的反映；第二，俄罗斯国内各界精英认可多党制存在的必要性；第三，目前在俄罗斯缺乏有能力向它提出挑战的政治力量。

与此同时，必须注意到当代俄罗斯多党制表现出来的差异。与20世纪初相比，当代俄罗斯多党制的发展似乎走样了，这不仅是因为在俄罗斯国内的政治舞台上缺乏有影响力和有分量的中间派力量（这好像已经成为习惯了），还因为左派政治力量在数量上一直占据上风。虽然在十月革命前俄国左派看起来比右派更加团结，更有组织性和决断性，但是也并没有打破固有的力量平衡，左派占上风的局面也没有出现。对于当代的左派力量而言，很显然，它们的优势来源于对苏共的继承，另外则是由于虚假的自由主义改革的失败削弱了自由主义思想和价值观在后共产主义时期的影响力。

至于盖达尔和丘拜斯的激进改革思想以及他们领导的“俄罗斯民主选择党”，其最典型的特征就是崇拜西化思想，并拒绝考虑俄罗斯国家的发展特点。而极力希望拉拢持保守主义思想的选民的“我们的家园——俄罗斯”运动则戏剧性地衰败下来，它的政治前景笼罩在一片阴云之下。另外，一个严重威胁到俄罗斯政治稳定、国际和平乃至国家发展前景的因素是法西斯主义及其活动的兴起。这一现象在俄罗斯的孕育和发展具有很好的前提条件和土壤，如经济和社会的退化、政权力量的软弱无能、国家由强到弱的屈辱感，同时还包括苏联荣耀的光环褪去，代之而起的是对社会主义发展历史的粗暴批评。这些都导致社会民众自身反抗法西斯主义的意志力和免疫力逐渐衰退，尽管目前还很难判断法西斯主义在俄罗斯是否具有广阔的前景。

那么，俄罗斯的多党制究竟何去何从？从政治精英阶层的角度出发，它们希望形成由一个政党占主导地位的政党制度。在这里需要解释一下，这样的政党并非苏共那样的专制且具有统治地位的政党，它是一个代表精英阶层利益并吸引精英加盟的政党，它应在政治多元化的框架内活动，并且不存在与其对立的、有分量的竞争对手。因此，它可以在长达数十年的时间内一直把持政权。在国外有很多这样的例子，但是在俄罗斯缺乏这一类型的政党制度演变的基本条件。第一，俄罗斯国内的政治精英始终不能团结在一起，且总是处于激烈的对抗中；第二，俄罗斯的知识分子始终不能承担起人民精神领导者的角色；第三，想要在俄罗斯找到这样一个具有主导地位的政党，则要求政权阶层在社会经济领域取得了巨大的成就（这一点显然是决定性的）。

在俄罗斯理论上存在着形成两党制的可能性（如在一系列处于后社会主义时期的欧洲国家就是这样），在此一定要有一个团结的精英阶层，它能够代表所有支持政权的社会各阶层的利益，同时还要有一个合法的、体制内的反对派。但是，这一方案目前看来还不现实，这不仅是由于前文提到的精英阶层七零八碎，同时也因为反对派四分五裂。在俄罗斯与共产主义反对派比肩而立的是一些非共产主义倾向的反对派组织，其中包括民主派和民族主义派。但它们融合在一起的前景是令人生疑的，原因是它们的思想纲领和社会属性各自不同。

因此，也许在未来的几年里将会由数个影响力大的政党决定俄罗斯政局的发展变化（反正一定不会是两个政党），到时就能出现一些政党组成的联盟。

那么，在俄罗斯的政治舞台上将会出现什么样的具体变化呢？俄共大概仍会保持自己在左派中的主导地位，但是也不排除在其领导层中会出现小的分裂。同时，在它身边已经出现了新的同盟者，它们是从其他运动和组织中分裂出来的“温和的爱国主义派”。另外，还可能会出现一个强大的、与之比肩的、带有民族主义色彩的左翼激进派联盟，虽然在整个政治环境中这样的组织可能仍将处于边缘化的状态。同时，在未来也不排除出现一个统一的社会民主党的可能性。

“曾经辉煌”过的政党，如盖达尔、丘拜斯、费奥多罗夫和基里延科领导的政党也都重新开始活跃起来，它们共同组建了新的联盟——“正义事业”。它们寄希望于来自美国和西欧国家的资本援助，当然，它们最可能得到的是当年它们自己“隐藏”在国外的资本。但是，俄罗斯的政治发展进程表明，大多数选民已经不再信任这些蹩脚的自由派政客。

“雅博卢”联盟的未来将和一些重要因素联系在一起。其中具有决定性作用的是以下几点：要公布自己的经济纲领；应扩大自己在小城镇和农村地区的选民基础，在这些地方“雅博卢”联盟的影响力很小；要同政治立场相近的政治运动和政党缔结同盟关系，如卢日科夫领导的“祖国”运动；必须在 2000 年的总统选举活动中恢复雅夫林斯基的声望，即他不能仅仅作为首都那些口味精致的知识分子的偶像，同时他也要作为那些关心日常生活疾苦的普通选民的代言人。1999 年初的一系列事件表明，雅夫林斯基及其同伴和联盟本身在策略方面做出了相应的改变，导致联盟已不再像一个政党。

最后，距离政党制度的建成还差一些东西。首先，不能排除这样一种可能性，即在未来俄罗斯可能会出现相当有影响力的中间派政治运动，目前阶段朝着这个方向发展的是由莫斯科市长尤里·卢日科夫领导的“祖国”运动。同时需要指出的是，汇集了一部分州长的“全俄罗斯”运动和“俄罗斯之声”也可能沿着这一路线发展下去。并且，后两者的地区分支组织会不断得到强化，其领袖的政治野心和欲望也会不断膨胀，在政权阶层中的行动和目标也会摇摆不定。

其次，俄罗斯人的民族主义情绪正在缓慢而持续地增长，在未来的某个时间段内，它有可能汇集到一个强大的民族主义派政党身上，并且，日里诺夫斯基的“自由民主党”的日渐式微会使这样的政党最终脱颖而出。而在未来，将会公开讨论的一个问题焦点将会是关于这样一个（目前假定会有）政党的政治目的和宗旨，即它会是温和的、“文明的”民族主义派运动，还是会走向激进主义（也可能会是法西斯主义）？对这一问题的解答最终将取决于俄罗斯国内经济水平和政治秩序等的发展情况，这些发展越不如人意，左翼和右翼激进派的机会就越大。

需要特别强调的一点是，当代俄罗斯政党建设的前景取决于国内年轻政治领袖的成长。他们必须有能力肩负起重任，即以在俄罗斯建立公民社会、真正的民主制度和多党制为名领导政治组织的创建和发展。

在中短期的一个时间段内（1 年至 1 年半），俄罗斯多党制的发展状况取决于将要举行的议会选举和总统大选。正如前文已经指出的，议会选举对政党制度的发展具有巨大的推动作用和意义，而在未来，总统选举可能对其发展的意义会更大。对于俄罗斯国内政治发展而言，未来具有划时代意义的将是通过法律和民主程序实现国内政权的更替。如果希望实现这样的政权更迭，还需要修改宪法，具体表现为扩大议会的职权范围（与此相应的是，政党的知名度也会得到极大的提升）。到那时，我们就可以坚定地认为，多党制已经在俄罗斯建成并将稳定地运转。

译后记

本书翻译工作的具体分工如下：万冬梅负责翻译《理论研究、史学研究及档案文献学研究视角下的“党”》，以及第一部分、第二部分和第三部分的第二十章至二十三章；崔志宏负责翻译第三部分的第二十四章至二十六章、第四部分及结论。全书的校译工作由崔志宏负责完成。此外，应当指出的是，硕士研究生陈江娟参与了第一部分第五章至第九章的初步翻译，为本书翻译工作的最终完成提供了帮助，在此特别表示感谢！

图书在版编目(CIP)数据

俄罗斯政党：历史与现实 /（俄罗斯）阿·伊·杰维廖夫，（俄罗斯）尤·巴·斯维里坚科，（俄罗斯）瓦·瓦·舍洛哈耶夫主编；崔志宏，万冬梅译．--北京：社会科学文献出版社，2020.8（2023.1 重印）
（俄国史译丛）
ISBN 978-7-5201-7035-2

Ⅰ.①俄… Ⅱ.①阿… ②尤… ③瓦… ④崔… ⑤万… Ⅲ.①政党-研究-俄罗斯 Ⅳ.①D751.29

中国版本图书馆 CIP 数据核字（2020）138047 号

·俄国史译丛·
俄罗斯政党：历史与现实

主　　编 / ［俄］阿·伊·杰维廖夫　尤·巴·斯维里坚科　瓦·瓦·舍洛哈耶夫
译　　者 / 崔志宏　万冬梅

出 版 人 / 王利民
组稿编辑 / 恽　薇
责任编辑 / 颜林柯
责任印制 / 王京美

出　　版 / 社会科学文献出版社（010）59367226
地址：北京市北三环中路甲 29 号院华龙大厦　邮编：100029
网址：www.ssap.com.cn
发　　行 / 社会科学文献出版社（010）59367028
印　　装 / 北京虎彩文化传播有限公司

规　　格 / 开　本：787mm × 1092mm　1/16
印　张：44.75　字　数：678 千字
版　　次 / 2020 年 8 月第 1 版　2023 年 1 月第 3 次印刷
书　　号 / ISBN 978-7-5201-7035-2
著作权合同登记号 / 图字 01-2020-4394 号
定　　价 / 198.00 元

读者服务电话：4008918866

版权所有 翻印必究